Relever les défis de la

GESTION DES RESSOURCES HUMAINES

Avertissement

Dans cet ouvrage, le masculin est utilisé comme représentant des deux sexes, sans discrimination à l'égard des hommes et des femmes et dans le seul but d'alléger le texte.

Sylvie St-Onge, Michel Audet,
Victor Haines, André Petit

Relever les défis de la
GESTION DES RESSOURCES HUMAINES

gaëtan morin
éditeur

Montréal □ Paris □ Casablanca

Données de catalogage avant publication (Canada)

Vedette principale au titre:

Relever les défis de la gestion des ressources humaines

Comprend des réf. bibliogr. et un index.

ISBN 2-89105-683-3

1. Personnel - Direction. I. St-Onge, Sylvie.

HF5549.R45 1998   658.3   C98-940953-8

Tableau de la couverture : *Dans le temps et l'espace*
Œuvre de **Normand Lauzon**

Né à Montréal en 1925, Normand Lauzon peint depuis une trentaine d'années. Il a fait ses études aux Beaux-Arts de Montréal ainsi qu'un stage à Los Angeles, où il a présenté une exposition. Dans les années 50, il a exposé aux Beaux-Arts de Montréal et au Salon du printemps, où deux de ses œuvres furent sélectionnées. Il se retire ensuite du monde des galeries pour approfondir son œuvre.

Pour cet artiste, l'art de peindre répond à un besoin de vivre libre de toute attache. Malgré ses connaissances et sa formation, il reste un peintre intuitif qui nous touche par ses éclats de couleur et le mouvement de ses formes.

On trouve les œuvres de Normand Lauzon, notamment, à la Galerie Myrka Bégis, de Saint-Lambert.

Montréal, Gaëtan Morin Éditeur ltée
171, boul. de Mortagne, Boucherville (Québec), Canada J4B 6G4. Tél. : (450) 449-2369
Paris, Gaëtan Morin Éditeur, Europe
105, rue Jules-Guesde, 92300 Levallois-Perret, France. Tél. : 01.41.40.49.20
Casablanca, Gaëtan Morin Éditeur – Maghreb
6 bis, Rond-point des sports, 20000 Casablanca, Maroc. Tél. : 212 (2) 49.02.17

Il est illégal de reproduire une partie quelconque de ce livre sans autorisation de la maison d'édition. Toute reproduction de cette publication, par n'importe quel procédé, sera considérée comme une violation des droits d'auteur.

Révision linguistique : Jean-Pierre Leroux

Imprimé au Canada 1 2 3 4 5 6 7 8 9 0   07 06 05 04 03 02 01 00 99 98

Dépôt légal 3e trimestre 1998 – Bibliothèque nationale du Québec – Bibliothèque nationale du Canada

© gaëtan morin éditeur ltée, 1998
Tous droits réservés

AVANT-PROPOS

Les ressources humaines : un atout concurrentiel

À l'avenir, il sera ardu pour les dirigeants d'entreprise de bâtir un avantage concurrentiel à long terme en ne s'appuyant que sur des facteurs de succès traditionnels comme une technologie d'avant-garde, un créneau sur le marché, un accès privilégié aux matières premières et de meilleures conditions de financement. En effet, la technologie, le produit ou le service d'une entreprise sont rapidement copiés par la concurrence. Par ailleurs, l'accès privilégié à un marché ou à une matière première est difficile à maintenir dans un contexte de libre-échange et d'amélioration des réseaux de distribution. Finalement, il est aussi difficile de conserver un meilleur accès aux ressources financières alors que les marchés s'ouvrent et que le capital circule plus librement.

Dans ce contexte, force est de conclure qu'à long terme le plus important facteur de succès repose sur ce qui a peut-être été le plus négligé jusqu'à maintenant : les ressources humaines. Une gestion des ressources humaines efficace s'avère donc la source d'un avantage concurrentiel-clé pour les organisations. Les entreprises gagnantes seront celles qui parviendront à mieux gérer leurs ressources humaines, c'est-à-dire à mieux relever les défis traités dans le présent livre.

LA GESTION DES RESSOURCES HUMAINES : UNE RESPONSABILITÉ PARTAGÉE

Cet ouvrage s'adresse à un large auditoire puisque la GRH s'avère un domaine où la responsabilité est partagée entre divers intervenants : les dirigeants d'entreprise, les cadres, les syndicats, les employés, les professionnels en ressources humaines et les consultants. En somme, tous les lecteurs, quel que soit le domaine de leur expertise, auront un rôle à jouer en matière de GRH. Ce volume est donc tout indiqué pour les étudiants désireux d'acquérir des connaissances générales ou spécialisées en GRH, ou encore pour les cadres, spécialisés ou non en GRH.

Les objectifs de cet ouvrage

Après la lecture de cet ouvrage, le lecteur devrait être plus qualifié pour prendre des décisions ou porter des jugements en matière de GRH, puisqu'elle devrait lui permettre de:
- prendre conscience de l'importance de relever efficacement certains défis de GRH;
- comprendre qu'une bonne GRH est l'affaire de tous, que ce soit les dirigeants, les cadres, les employés, les syndicats, les gouvernements et les professionnels en ressources humaines;
- se familiariser avec des moyens et des conditions à respecter pour mieux relever les défis de la GRH;
- démystifier certaines activités et techniques de GRH sans pour autant adopter un langage et un contenu trop spécialisés;
- traiter des nouvelles tendances dans le domaine de la GRH;
- comprendre qu'une GRH efficace est adaptée à la catégorie de personnel et au contexte d'affaires.

La structure de cet ouvrage: les défis de la gestion des ressources humaines

La présentation de ce livre repose sur la nécessité de relever divers défis de la GRH. Même si la fonction «ressources humaines» a fait beaucoup de progrès au cours des deux dernières décennies, elle reste encore trop techniciste et inflexible pour répondre adéquatement aux exigences du nouvel environnement, caractérisé notamment par la mondialisation des échanges économiques, la diversité de la main-d'œuvre et de nouveaux modes d'organisation du travail. L'optimisation de l'efficacité de la GRH dans ce nouveau contexte d'affaires réclamera qu'on mobilise les nombreux acteurs — dirigeants, cadres, professionnels en ressources humaines, employés et syndicats — afin qu'ils relèvent divers défis.

Ce volume se divise en six parties, chacune traitant de défis particuliers de la GRH. Le premier chapitre présente en détail la structure du livre et de ses 16 chapitres, dont la rédaction a été partagée entre les auteurs en fonction de leur expertise et de leurs intérêts respectifs. Plus précisément, les défis de la GRH et les chapitres correspondants sont présentés dans le tableau suivant.

Défis de la GRH	Chapitres du livre
Défis du **partenariat**	1. Relever les défis de la gestion des ressources humaines
	2. Partager les responsabilités à l'égard de la GRH
	3. Respecter les droits des employés et établir des relations du travail harmonieuses
Défis du **renouvellement**	4. S'adapter aux changements
	5. Donner une orientation et de la cohérence à la GRH
Défis de la **compétence**	6. Se doter d'employés compétents et motivés
	7. Développer les compétences
	8. Gérer les carrières
Défis du **rendement**	9. Gérer le rendement au travail
	10. Reconnaître le rendement au travail
	11. Intervenir auprès des employés difficiles
Défis des **conditions de travail**	12. Offrir des salaires et des avantages sociaux équitables
	13. Organiser le travail
	14. Négocier et administrer des conventions collectives
	15. Promouvoir la santé et la sécurité du travail
Défis de la **légitimité**	16. Évaluer et renouveler la gestion des ressources humaines

LES ATOUTS PÉDAGOGIQUES

Afin de favoriser l'apprentissage, chaque chapitre débute par une mise en situation, c'est-à-dire un article de presse ou une illustration d'un cas réel d'une entreprise. On trouve aussi dans les chapitres plusieurs tableaux et figures. À la fin des chapitres, des questions de révision, des cas et une liste de lectures supplémentaires sont proposés.

REMERCIEMENTS

Cet ouvrage est le fruit d'un travail collectif qui va bien au-delà des efforts fournis par ses quatre auteurs.

D'abord, il faut souligner le professionnalisme du personnel de notre maison d'édition, Gaëtan Morin Éditeur, et plus particulièrement celui d'Isabelle de la Barrière, éditrice en administration, de Christiane Desjardins, chargée de projet, et de Jean-Pierre Leroux, réviseur linguistique. Ils ont réussi à apporter une contribution de qualité sur le plan de l'édition à l'intérieur de délais très serrés. Félicitations et merci.

Notre reconnaissance va également aux professeurs René Doucet (École des HEC) et Ginette Dussault (Département des relations industrielles, Université Laval) pour leurs commentaires, ainsi qu'à Nathalie Provencher (Université de Sherbrooke) pour son aide à la dactylographie de certains chapitres. Nous remercions également la direction de l'École des HEC, notamment Jean-Marie Toulouse, directeur de l'École, Michel Patry, directeur de la recherche, et Maurice Lemelin, directeur du service de l'enseignement de la GRH, qui ont accordé une aide financière pour la rédaction de certains cas pédagogiques présentés dans cet ouvrage. À ce sujet, nous remercions Mario Giroux et Annabel Paquet-Gagnon, étudiants aux HEC, d'avoir rédigé certains de ces cas.

De même, un gros merci aux étudiants et aux gestionnaires des milieux des affaires que nous avons côtoyés au fil des années. Leurs commentaires et leurs réactions au sujet de nos prestations et de nos propos nous ont amenés à améliorer la pertinence et la qualité de notre enseignement et de nos écrits.

Nous tenons aussi à remercier nos conjoints Michel, Dany, Roxanne et Gemma pour leur patience et leur soutien; ils nous ont bien aidés à «accoucher» de ce livre. Nous avons d'ailleurs maintes fois parlé d'accouchements, de celui-ci et d'autres… La période de rédaction de ce volume s'est en effet avérée très fertile. En 1995 et 1996, il y a eu l'arrivée respective de CarolAnne et de Vivianne dans la vie de Sylvie St-Onge. Ensuite, en 1996, l'épouse de Michel Audet a mis au monde des jumeaux, Antoine et Samuel. En 1997, Victor Haines leur a emboîté le pas: il a offert à sa fille Florence un petit frère, Edward. André Petit, lui, a assumé le rôle de «sage-homme», anticipant le jour où ses deux grands enfants, Geneviève et Matthieu, feront de lui un grand-père. Compte tenu du fait que notre processus de rédaction a été ponctué de naissances, le tableau de la couverture, une réunion de personnes autour d'un bébé, nous semble particulièrement approprié et symbolique. Finalement, quoique la période de gestation de ce volume ait été longue, nous sommes satisfaits: notre bébé s'est rendu à terme et il est en bonne santé!

Bonne lecture.

Sylvie St-Onge
Michel Audet
Victor Haines
André Petit

Table des matières

Avant-propos v

CHAPITRE 1   Relever les défis de la gestion des ressources humaines 1
Objectifs d'apprentissage 1
Mise en situation 2
Introduction 4
1.1   Définitions de la gestion des ressources humaines 5
1.2   L'évolution historique de la GRH 12
1.3   Les rôles des professionnels en ressources humaines
       et les compétences requises 20
1.4   Les défis de la GRH et le plan de ce livre 23
Questions de révision 24
Références et lectures suggérées 25

PARTIE I
LES DÉFIS DU PARTENARIAT

CHAPITRE 2   Partager les responsabilités à l'égard de la GRH 31
Objectifs d'apprentissage 31
Mise en situation 32
Introduction 34
2.1   Les acteurs de la GRH dans les organisations 34
2.2   Les dirigeants d'entreprise 35
2.3   Les cadres hiérarchiques 42
2.4   Les professionnels en ressources humaines 46
2.5   Les employés 54
2.6   Les syndicats 55
2.7   Le partenariat en GRH: quelques conditions de succès 58
Conclusion 67
Questions de révision 67
Références et lectures suggérées 68
Cas 70

CHAPITRE 3 Respecter les droits des employés et établir des relations du travail harmonieuses 73
Objectifs d'apprentissage 73
Mise en situation 74
Introduction 75
3.1 Les droits et les responsabilités des employés et de la direction 75
3.2 L'encadrement juridique des droits et des responsabilités des employés et de la direction 81
3.3 La nature et l'évolution des rapports collectifs du travail 97
3.4 Les institutions syndicales modernes 106
3.5 Les stratégies patronales relatives aux relations du travail 116
Conclusion 118
Questions de révision 119
Références et lectures suggérées 119
Cas 121

PARTIE II
LES DÉFIS DU RENOUVELLEMENT

CHAPITRE 4 S'adapter aux changements 125
Objectifs d'apprentissage 125
Mise en situation 126
Introduction 128
4.1 Pourquoi faut-il s'adapter aux changements? 128
4.2 L'adaptation à l'environnement: un cadre de référence 129
4.3 La transformation de l'environnement 130
4.4 Les défis de la GRH dans un environnement en mutation 146
Conclusion 152
Questions de révision 153
Références et lectures suggérées 154
Cas 156

CHAPITRE 5 Donner une orientation et de la cohérence à la GRH 159
Objectifs d'apprentissage 159
Mises en situation 160
Introduction 163
5.1 Les termes-clés 164
5.2 L'importance de la planification des ressources humaines 164
5.3 La planification stratégique des ressources humaines 168
5.4 La planification opérationnelle des ressources humaines 177
Conclusion 193
Questions de révision 193
Références et lectures suggérées 194
Cas 196

PARTIE III
Les défis de la compétence

CHAPITRE 6   Se doter d'employés compétents et motivés 199
     Objectifs d'apprentissage 199
     Mise en situation 200
     Introduction 201
     6.1   La dotation et ses conditions de réussite 202
     6.2   Connaître les postes et le milieu de travail 210
     6.3   Établir le profil des compétences 214
     6.4   Générer des candidatures par le recrutement 216
     6.5   Procéder à une sélection efficace 231
     6.6   Prendre une décision d'embauche et favoriser l'intégration
          des nouveaux employés 246
     Conclusion 248
     Questions de révision 249
     Références et lectures suggérées 249
     Cas 251

CHAPITRE 7   Développer les compétences 253
     Objectifs d'apprentissage 253
     Mise en situation 254
     Introduction 255
     7.1   Le domaine du développement des compétences 255
     7.2   L'importance confirmée du développement des compétences 259
     7.3   Les différents acteurs de la formation 264
     7.4   L'analyse des besoins en formation 268
     7.5   La conception du plan spécifique de formation 274
     7.6   L'apprentissage et le transfert des apprentissages 286
     Conclusion 289
     Questions de révision 290
     Références et lectures suggérées 290
     Cas 292

CHAPITRE 8   Gérer les carrières 295
     Objectifs d'apprentissage 295
     Mise en situation 296
     Introduction 297
     8.1   Qu'est-ce que la gestion des carrières? 299
     8.2   Pourquoi la gestion des carrières est-elle cruciale
          dans le domaine de la GRH? 300
     8.3   Les caractéristiques influençant la carrière et la gestion
          des carrières 303
     8.4   Les pratiques de gestion des carrières 312

8.5   Les stratégies organisationnelles de gestion des carrières 320
Conclusion 321
Questions de révision 322
Références et lectures suggérées 322
Cas 325

PARTIE IV
LES DÉFIS DU RENDEMENT

CHAPITRE 9   Gérer le rendement au travail 329
Objectifs d'apprentissage 329
Mise en situation 330
Introduction 333
9.1   La gestion du rendement : un enjeu stratégique 334
9.2   L'utilité de la gestion du rendement pour les cadres
       et les employés 337
9.3   Qu'est-ce que la gestion du rendement ? 339
9.4   Valoriser et planifier le rendement 341
9.5   Exercer un suivi sur le rendement 346
9.6   Évaluer le rendement 348
9.7   Récompenser la contribution des employés 367
Conclusion 369
Questions de révision 370
Références et lectures suggérées 371
Cas 372

CHAPITRE 10   Reconnaître le rendement au travail 379
Objectifs d'apprentissage 379
Mise en situation 380
Introduction 385
10.1 L'importance de la reconnaissance du rendement 386
10.2 Les formes de reconnaissance 390
10.3 La rémunération variable 396
10.4 La gestion des récompenses 410
Conclusion 417
Questions de révision 417
Références et lectures suggérées 418
Cas 420

CHAPITRE 11   Intervenir auprès des employés difficiles 423
Objectifs d'apprentissage 423
Mise en situation 424
Introduction 425
11.1 Qu'est-ce qu'un employé difficile ? 426

11.2	L'importance de la gestion des employés difficiles	427
11.3	L'intervention auprès des employés difficiles	430
11.4	Le *counselling* auprès des employés difficiles	434
11.5	La discipline	449
11.6	Le rôle de divers acteurs dans la gestion des problèmes humains au travail	465

Conclusion 467
Questions de révision 469
Références et lectures suggérées 469
Cas 471

PARTIE V
LES DÉFIS DES CONDITIONS DE TRAVAIL

CHAPITRE 12 Offrir des salaires et des avantages sociaux équitables 475

Objectifs d'apprentissage 475
Mise en situation 476
Introduction 477

12.1	Les composantes de la rémunération globale	478
12.2	Les incidences de la rémunération	479
12.3	Qu'est-ce qu'une rémunération équitable?	486
12.4	Les structures salariales traditionnelles	500
12.5	Les nouvelles approches de la gestion des salaires	504
12.6	L'équité salariale	513
12.7	La gestion des avantages sociaux	518

Conclusion 528
Questions de révision 529
Références et lectures suggérées 530
Cas 531

CHAPITRE 13 Organiser le travail 535

Objectifs d'apprentissage 535
Mise en situation 536
Introduction 539

13.1	Définitions de l'organisation du travail	539
13.2	Pourquoi faut-il réorganiser le travail?	541
13.3	La recherche de nouveaux modèles d'organisation du travail	544
13.4	Les trois perspectives de l'organisation du travail	548
13.5	Organiser le travail dans le temps et l'espace	567
13.6	Organiser le travail dans la relation d'emploi	570
13.7	Les facteurs de succès dans la réorganisation du travail	574

Conclusion 579
Questions de révision 580
Références et lectures suggérées 581
Cas 583

CHAPITRE 14 Négocier et administrer des conventions collectives 585
  Objectifs d'apprentissage 585
  Mise en situation 586
  Introduction 587
  14.1 Définition et caractéristiques de la négociation collective 588
  14.2 L'aspect légal d'une négociation collective 589
  14.3 Les aspects pratiques d'une négociation collective 593
  14.4 L'administration d'une convention collective 608
  Conclusion 614
  Questions de révision 615
  Références et lectures suggérées 616
  Cas 618

CHAPITRE 15 Promouvoir la santé et la sécurité du travail 619
  Objectifs d'apprentissage 619
  Mise en situation 620
  Introduction 621
  15.1 Les données globales concernant la santé et la sécurité
        du travail au Québec 622
  15.2 La gestion des dossiers de santé et sécurité du travail 629
  15.3 La gestion de la prévention 633
  15.4 La promotion de la santé au travail 638
  Conclusion 642
  Questions de révision 643
  Références et lectures suggérées 644
  Cas 646

PARTIE VI
LES DÉFIS DE LA LÉGITIMITÉ

CHAPITRE 16 Évaluer et renouveler la gestion des ressources humaines 649
  Objectifs d'apprentissage 649
  Mise en situation 650
  Introduction 651
  16.1 L'évaluation de la GRH 652
  16.2 Le renouvellement de la GRH 670
  Conclusion 675
  Questions de révision 676
  Références et lectures suggérées 677
  Cas 679

  Index 681

CHAPITRE 1

Relever les défis de la gestion des ressources humaines

OBJECTIFS D'APPRENTISSAGE

Après l'étude de ce chapitre, le lecteur devrait être plus apte à:

- Définir la gestion des ressources humaines tant au niveau des organisations, en tant que fonction, qu'au niveau de la société, en tant que domaine spécialisé d'études, de recherches et d'activités professionnelles.

- Nommer et expliquer les principaux défis qui se posent en matière de gestion des ressources humaines.

- Énumérer et expliquer les principales étapes de l'évolution historique de la gestion des ressources humaines, de l'époque de la révolution industrielle jusqu'à l'époque récente des approches stratégiques.

- Nommer et expliquer les nouveaux rôles que doivent jouer les professionnels des ressources humaines et les compétences qu'ils doivent acquérir pour pouvoir jouer ces nouveaux rôles.

MISE EN SITUATION

Défis du gestionnaire d'aujourd'hui[1]

M. Claude Boivin, président et chef de l'exploitation d'Hydro-Québec, nous parle des défis auxquels font face les gestionnaires d'aujourd'hui.

D'APRÈS VOUS, LE RÔLE DES GESTIONNAIRES EST-IL PLUS COMPLEXE AUJOURD'HUI QUE PAR LE PASSÉ ?

Les gestionnaires se retrouvent de nos jours devant une multitude de défis à relever. Le contexte économique évolue de plus en plus rapidement, les marchés se mondialisent, amenant l'expansion ou la création de fronts communs des pays industrialisés pour faire face à la concurrence. Les entreprises emboîtent le pas et on assiste à des fusions ou tout simplement à des ententes de coopération ou des projets communs. De plus, les restructurations sont de plus en plus fréquentes au sein d'une même entreprise. Les gestionnaires d'aujourd'hui sont donc dans une situation tout à fait différente de celle que connaissaient leurs prédécesseurs. Auparavant, les règles étaient peut-être mieux définies, la carrière était plus stable, c'est-à-dire qu'on évoluait le plus souvent au sein d'une même entreprise, elle-même assez statique, et qu'on se préoccupait de gestion d'une manière assez technique, si vous me permettez l'expression.

Aujourd'hui, les entreprises redécouvrent leurs gestionnaires. Elles apprennent à mieux accepter l'initiative individuelle et elles sont de plus en plus conscientes de la nécessité pour leurs gestionnaires de jouer le rôle d'animateurs de ressources humaines. Mais cela est nouveau et la réflexion provoque une relative déstabilisation chez ceux et celles qui doivent repenser non seulement leur mode de fonctionnement, mais aussi l'évolution de leur carrière.

LES GESTIONNAIRES SE RETROUVENT DONC DANS UNE SITUATION À LAQUELLE RIEN NE LES PRÉPARAIT ?

C'est malheureusement vrai. La formation en gestion, pour excellente qu'elle soit, ne suffit plus vraiment à répondre à toutes les exigences auxquelles font face les gestionnaires. Des situations nouvelles ont émergé, les valeurs sociales se sont modifiées et les cadres sont parfois pris au dépourvu par les nouvelles orientations en matière de gestion. Prenons, par exemple, la gestion des ressources humaines. Les entreprises redécouvrent aujourd'hui l'importance de l'ensemble de leur personnel. On ne peut plus gérer uniquement des projets ou une production. On doit tenir compte du facteur humain et encourager fortement la participation de tout le personnel à la bonne marche de l'entreprise. Le gestionnaire est alors confronté non seulement à des questions de gestion pure, mais aussi à une kyrielle de problèmes inhérents aux relations humaines.

Dès lors, sa réflexion doit se dédoubler. On peut même dire qu'elle doit être triple. Il ne faut pas perdre de vue que le gestionnaire doit aussi songer à ses propres aspirations, c'est-à-dire qu'il doit repenser sa propre philosophie de gestion et la marche de sa carrière. Dans l'évolution actuelle des choses, le jeune loup cherchant l'ascension en dévorant tous ceux qu'il trouve sur son passage a de moins en moins sa place. Les gestionnaires qui obtiendront le plus de succès seront ceux qui sauront faire preuve de souplesse et d'un grand esprit de créativité, ceux qui sauront obtenir la participation de leur personnel en assurant une interaction constante entre tous les paliers hiérarchiques.

LES GESTIONNAIRES SONT AUSSI PARTIE PRENANTE À LA RESPONSABILITÉ SOCIALE DE L'ENTREPRISE. NE DOIVENT-ILS PAS ENTAMER UNE RÉFLEXION DANS CE SENS ?

Parfaitement, il est d'ailleurs temps que toutes les entreprises, tant privées que publiques, intensifient leur

---

1. Publireportage paru dans *Les Affaires*, 7 avril 1990, p. 32.

réflexion quant à leur responsabilité sociale. La société tout entière amorce un virage important, par exemple en matière d'environnement. Le développement durable est à l'ordre du jour de toute entreprise soucieuse de l'avenir de la planète. Les gestionnaires doivent bien sûr participer à la réflexion de leur entreprise et trouver les applications qui découlent des nouvelles philosophies en matière de responsabilité sociale.

Je vous donne un autre exemple. Sur la question de la place qui revient aux femmes dans les entreprises, les gestionnaires ont un rôle essentiel à jouer. En effet, il est temps d'aller au-delà de la réflexion, il est plus que temps de passer à l'action. Il faut se fixer des objectifs précis et tout mettre en œuvre pour les atteindre. Vous savez qu'à Hydro-Québec nous comptons augmenter la représentation féminine à 30% d'ici l'an 2000. Cela semble peu, mais il ne faut pas oublier que très peu de femmes sont actuellement formées pour les emplois dont Hydro-Québec a besoin. Certains de nos gestionnaires iront donc dans les écoles parler de nos besoins et inciter les jeunes femmes à envisager une carrière dans les domaines techniques. De plus, ils doivent travailler, à l'intérieur de l'entreprise, à vaincre les résistances qui persistent. Comme on le voit, les gestionnaires doivent être de plus en plus polyvalents.

AVEC TOUS LES DÉFIS QUI SE POSENT À EUX, LES GESTIONNAIRES ONT-ILS LE TEMPS DE SONGER À LEUR PROPRE QUALITÉ DE VIE ?

La qualité de vie, c'est plusieurs choses. Il y a une qualité de vie à maintenir, et même à améliorer au travail, et c'est aux entreprises de voir à ce que leurs cadres se sentent à l'aise. Ils ont trop souvent l'impression de n'être que les exécutants de décisions qui viennent d'**en haut**. Il faut trouver le moyen de revaloriser leur rôle, de faire en sorte qu'ils sentent qu'ils ont une part importante dans les décisions de l'entreprise.

En parallèle, il y a la qualité de vie à l'extérieur de l'entreprise. Je crois que les gestionnaires d'aujourd'hui sont beaucoup plus conscients de l'importance de leur vie personnelle. Mais comment harmoniser vie professionnelle et vie privée? C'est une question à laquelle les femmes sont confrontées depuis longtemps, mais les hommes doivent y réfléchir aussi. Une réflexion sur les nouvelles formes de gestion implique que l'on songe à la qualité de vie non seulement à l'intérieur de nos entreprises, mais aussi dans nos vies personnelles.

Je parle beaucoup de la nécessité de s'interroger sur toutes les questions qui touchent la gestion et les gestionnaires. Cette réflexion ne doit pas seulement se faire par chaque personne pour elle-même. Nous avons besoin d'un lieu de rencontre où les gestionnaires peuvent échanger, faire le point sur leur situation. C'est pourquoi j'appuie les initiatives du Centre des dirigeants d'entreprise. Parmi ces initiatives, il y a La semaine des gestionnaires québécois, qui se tiendra cette année du 30 avril au 4 mai sous le thème « Le gestionnaire élastique », expression qui en dit long sur la condition des gestionnaires dans le contexte actuel.

Je sais que les gestionnaires modernes sont des gens qui n'ont pas peur du ressourcement. Leur grande curiosité les amène à se tenir au courant des nouveautés dans tous les domaines qui les touchent de près ou de loin. Je suis persuadé que ce dynamisme transparaîtra dans les échanges que nous aurons lors de cette Semaine des gestionnaires québécois.

QUESTIONS

1. Nommez trois des défis à relever par les gestionnaires modernes dans les nouveaux rôles précisés par M. Claude Boivin.

2. Quels liens peut-on établir entre l'apprentissage des concepts et habiletés associés à la gestion des ressources humaines et les conditions auxquelles il faut satisfaire pour obtenir le succès dans une carrière en tant que gestionnaire?

Introduction

De tout temps, et dans toute organisation, les défis des gestionnaires ont essentiellement porté sur la transformation d'intrants (ou de ressources) en extrants (ou résultats), par le recours à divers processus de transformation. Une première catégorie d'intrants, les plus tangibles, consiste dans les ressources matérielles qu'on se procure, qu'on transforme et qu'on met sur le marché sous forme de produits ou de services avec l'objectif de réaliser des ventes. Une deuxième catégorie d'intrants concerne les ressources financières avec lesquelles on se procure les autres ressources et qu'on doit contrôler adéquatement dans l'espoir de réaliser un profit et d'atteindre un niveau satisfaisant de rendement des investissements. Une troisième catégorie d'intrants (celle dont traite ce livre) concerne les ressources humaines qu'il faut se procurer en qualité et en quantité suffisantes, à qui il faut fournir un environnement sécuritaire, propice au rendement, satisfaisant et perçu comme équitable, tout cela pour espérer être efficace (c'est-à-dire « faire les bonnes choses » et atteindre les résultats visés) et efficient (c'est-à-dire « bien faire les choses » en s'assurant, entre autres, que la valeur des extrants surpasse celle des intrants et des processus de transformation). Ces trois catégories d'intrants sont résumées au tableau 1.1.

Dans différents milieux et à différentes époques, les « ressources humaines » ont porté différents noms. Chez Wal-Mart, par exemple, on les appelle des « associés »; chez IBM, tous les gestionnaires sont appelés des « directeurs ». Ailleurs, on utilise d'autres expressions telles que les « employés », les « salariés », les « membres du personnel », la « main-d'œuvre » ou le « personnel ». Le choix de privilégier le terme « ressources humaines » repose sur la conviction de plus en plus répandue (voir, par exemple,

TABLEAU 1.1   Les défis essentiels des gestionnaires

Intrants	Processus de transformation	Extrants
1. Ressources matérielles	Achats, prospection, production (opérations, mise sur le marché, vente)	• Ventes • Qualité du service • Part de marché
2. Ressources financières	Financement, emprunts, crédit, taxes, comptes, comptabilité, etc.	• Profits ou pertes • Rendement des investissements
3. Ressources humaines	Planification, recrutement, sélection, accueil, évaluation du rendement, rémunération, développement, information, santé et sécurité, etc.	• Efficacité • Efficience • Équité et satisfaction

Pfeffer, 1994) que les ressources humaines et les mécanismes de gestion des ressources humaines constituent les ressources les plus importantes d'une organisation, celles qui sont le plus susceptibles de lui procurer un avantage concurrentiel et sur lesquelles il faut le plus compter pour obtenir un rendement satisfaisant de ses investissements.

Relever les défis de la gestion des ressources humaines (GRH), c'est trouver des solutions aux multiples problèmes et enjeux qui se posent et qui dérivent de la présence nécessaire et inévitable de personnes ou de « ressources humaines » dans les organisations. Les défis reliés aux ressources humaines sont autant d'appels à l'action qui ont en commun l'obligation de résultats. C'est ce à quoi ce livre est consacré: vous exposer les plus importants de ces défis, et vous présenter le plus clairement et le plus simplement possible quelques-unes des solutions qui émergent de la pratique ou de la documentation spécialisée.

Dans ce chapitre, la première section présentera des définitions de la GRH et tentera de circonscrire ses multiples facettes. La deuxième section constituera un bref retour en arrière pour préciser les principales étapes qui ont jalonné l'évolution de la GRH. La troisième section traitera des rôles que doivent jouer les professionnels de la GRH et des compétences qu'ils doivent acquérir pour pouvoir jouer ces rôles. Enfin, la quatrième section traitera des défis que la GRH a à relever et présentera sommairement le plan de ce livre.

1.1 Définitions de la gestion des ressources humaines

1.1.1 L'approche « ressources humaines »

Le terme « ressources humaines » est relativement nouveau. Il est devenu populaire surtout à partir du début des années 70 alors que, sous l'influence de l'approche des systèmes (que nous expliquerons un peu plus loin), les spécialistes de la gestion et des sciences administratives ont démontré qu'il était plus avantageux, tant pour les organisations que pour les employés, de traiter les employés comme des « ressources » plutôt que comme des « facteurs ou coûts de production » ou comme des « personnes dont les comportements seraient surtout guidés par les émotions ». L'approche « ressources humaines » (Carrell, Elbert et Hatfield, 1995) postule que les objectifs organisationnels et les besoins individuels, au lieu d'être incompatibles et en conflit, peuvent devenir compatibles et complémentaires, à condition qu'on prenne les moyens d'y parvenir. À ce sujet, la

FIGURE 1.1 L'approche « ressources humaines » ou la complémentarité de la satisfaction des besoins humains et des objectifs organisationnels

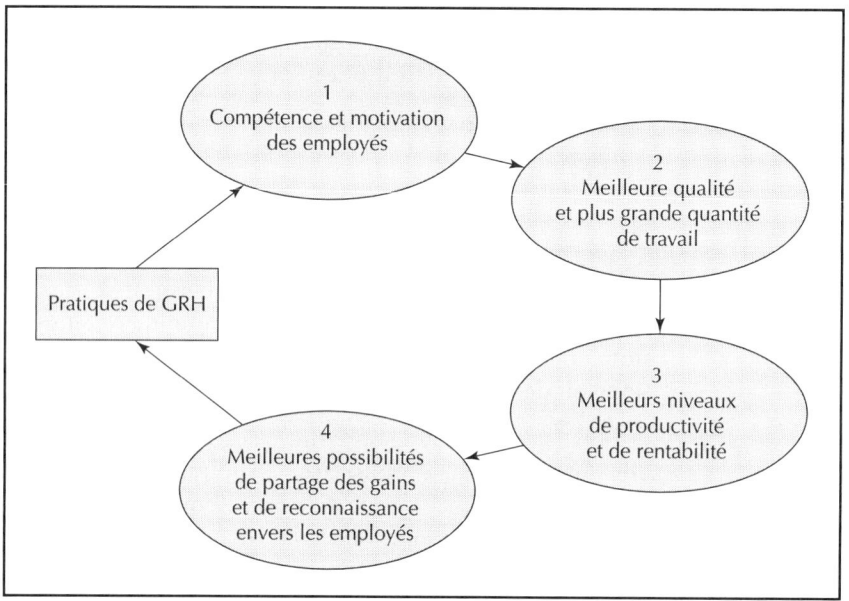

Source : Adaptée de M.R. Carrell, N.F. Elbert et R.D. Hatfield, *Human Resource Management: Global Strategies for Managing a Diverse Workforce*, Englewood Cliffs, N.J., Prentice Hall, 1995, p. 9.

figure 1.1 montre que les pratiques de GRH peuvent constituer le point de départ d'une sorte de « cercle vertueux » par lequel des investissements dans des pratiques de GRH peuvent influencer les compétences et la motivation des employés, ce qui devrait faciliter une meilleure qualité et une plus grande quantité de travail, qui mèneraient à de meilleurs niveaux de productivité et de rentabilité, qui permettraient de renouveler la boucle en offrant de meilleures possibilités de partage des gains de productivité et de reconnaissance envers les employés. La figure 1.2 fournit un exemple de l'approche « ressources humaines » en action en reproduisant le credo de la compagnie Cascades inc.

Dans le contexte de cette approche, notre définition de la GRH se situe à deux niveaux : celui des organisations et celui de la société. Dans les organisations, la GRH constitue une fonction de gestion (analogue aux fonctions production, marketing ou finances). Dans la société, la GRH est aussi un domaine spécialisé d'études, de recherches et d'activités professionnelles.

FIGURE 1.2   Le credo de la compagnie Cascades inc.

Employés	
Base de la réussite	
Si vous désirez	**Apportez**
de l'intérêt	des activités sociales
de la satisfaction	Répondez à leurs besoins
des discussions	Favorisez les échanges
des négociations	Mettez cartes sur table
de la fierté	Engagez-vous des deux côtés
de l'autonomie	Donnez-leur de la liberté
du rendement	Donnez-leur de la formation
de la consultation	Donnez-leur de l'information
de la collaboration	Sollicitez leur participation
de la motivation	Établissez une communication
du respect	Traitez-les d'égal à égal
de la valorisation	Donnez-leur du temps
de la considération	Montrez-leur de l'appréciation
de l'intégrité	Ouvrez votre porte
des améliorations	Écoutez-les
un climat de travail	Créez une ambiance
de la fidélité	Faites-leur confiance
de l'honnêteté	Donnez-leur un sentiment d'appartenance
EFFICACITÉ	PRODUCTIVITÉ

Adopter la politique du gros bon sens et prêcher par l'exemple.
Créer un intérêt commun, proposer un objectif connu des employés pour établir un climat d'appartenance.

| À tous les niveaux | Relation d'égal à égal | Succès que l'on connaît |

1.1.2 LA GRH EN TANT QUE FONCTION DE GESTION

Comme nous l'avons mentionné au début du chapitre, toute organisation implique la présence inévitable et obligatoire de personnes ou de « ressources humaines ». Sur ce plan, la fonction de GRH constitue un ensemble variable de pratiques qui visent à aider l'organisation à résoudre avec efficacité, efficience et équité les problèmes associés aux diverses étapes du cycle d'emploi. Ces étapes sont essentiellement celles de la **préparation** (planification, organisation du travail et conception des postes de travail), du **choix des collaborateurs** ou « associés » (recrutement, sélection), de l'**ajustement entre la qualification requise et les compétences acquises** (formation, évaluation du rendement, gestion des carrières), et de la **détermination des conditions de travail** (rémunération, reconnaissance, respect des droits, négociations, gestion de la discipline et gestion de la santé et de la sécurité du travail).

À l'intérieur des entreprises, les buts de la gestion des ressources humaines sont souvent conflictuels, puisque, d'une part, il y a les membres d'une équipe de direction dont le mandat consiste à trouver des solutions efficaces et efficientes aux situations de production, et, d'autre part, il y a l'ensemble des employés, qui souhaitent que leurs besoins soient pris en considération de façon à optimiser leur bien-être et leur satisfaction au travail. Ces deux points de vue peuvent être réconciliés, mais nul n'a besoin d'une longue expérience pour deviner le conflit potentiel qui existe dans toute organisation. La fonction des ressources humaines implique donc un nécessaire arbitrage d'intérêts qui repose sur l'éthique. En d'autres termes, cela exige des dirigeants qu'ils aillent au-delà d'une réflexion strictement instrumentale centrée sur les pratiques de soutien de l'organisation, pour atteindre un niveau de réflexion « éthique » qui interroge les décisions d'une organisation à la lumière de valeurs non seulement économiques et financières, mais aussi sociales et humaines. De plus, notons que les résultats de toutes les décisions de gestion des ressources humaines dans chaque entreprise se transforment, au niveau de la société, en problèmes potentiels de main-d'œuvre qui peuvent nécessiter l'intervention de l'État par des politiques de marché du travail, qui, à leur tour, influenceront la GRH dans chaque entreprise.

Comme nous le verrons d'une façon plus approfondie au chapitre 4, une grande partie des défis contemporains de la GRH découle directement des changements qui sont intervenus dans l'environnement externe des entreprises. Dans ce contexte de bouleversements et d'ajustements, les pratiques de GRH, autrefois considérées comme mineures, se sont soudainement transformées en mécanismes privilégiés d'obtention et de maintien de la capacité concurrentielle de toute organisation. Le rôle des professionnels de la GRH a aussi beaucoup évolué, passant « d'une activité de soutien basée sur des transactions relativement simples et bureaucratiques centrées sur l'embauche et les licenciements à un ensemble d'activités impliquant des décisions complexes reliées au rendement des employés et à la rentabilité de l'entreprise » (Wright et Rudolph, 1994).

Actuellement, de plus en plus de dirigeants d'entreprise semblent partager le point de vue de David Crisp, vice-président des ressources humaines chez La Baie, à Toronto, selon qui « les ressources humaines constituent aujourd'hui le facteur critique de différenciation et de succès […] les ressources financières et les clients vont aller aux entreprises où les employés seront les plus rapides sur le marché, avec de meilleures idées et une meilleure coordination » (1995, p. 4).

Mais qui sont les gestionnaires responsables des diverses activités qu'on trouve en GRH ? Cette responsabilité incombe-t-elle, de façon exclusive, aux spécialistes de la GRH ou est-elle le lot de tous les gestionnaires ? Comme nous le verrons plus en détail au chapitre 2, l'un des défis majeurs de la GRH consiste à trouver, pour chaque organisation, une manière appropriée de **partager les responsabilités** entre les divers intervenants, en particulier entre les gestionnaires hiérarchiques (*line*) et les autres gestionnaires (*staff*) spécialisés en GRH qu'on trouve dans les services des ressources humaines (ou du « personnel », ou des « relations industrielles »). Dès que la direction d'une entreprise prend la décision de créer un service des ressources humaines, c'est-à-dire une unité administrative spécialisée qui s'occupera des enjeux reliés aux ressources humaines, le problème du partage des responsabilités se pose. Le tableau 1.2 résume d'ailleurs les différences entre la fonction et le service des ressources humaines.

On convient de plus en plus, aujourd'hui, que tous les gestionnaires, quelles que soient leur spécialité fonctionnelle, leur position dans la hiérarchie ou la taille de l'entreprise pour laquelle ils travaillent, doivent contribuer à s'attaquer de façon efficace et satisfaisante aux enjeux relatifs à la GRH. Comme l'affirmait M. Claude Boivin dans l'entrevue rapportée au début de ce chapitre, les compétences requises pour répondre à ces enjeux font de plus en plus partie des compétences essentielles de tout « bon gestionnaire ». Une autre façon de décrire cette situation consiste à dire

TABLEAU 1.2 **Les distinctions entre la fonction et le service des ressources humaines**

	Fonction	**Service**
1. Définition	Ensemble de responsabilités d'encadrement	Unité administrative spécialisée
2. Qui est en cause ?	Tous les gestionnaires	Quelques « spécialistes »
3. Où les trouve-t-on ?	Dans toutes les entreprises	Dans certaines organisations de plus grande taille
4. Sur quoi l'accent est-il mis ?	Sur les relations entre les supérieurs et les subordonnés	Sur les relations de conseil et de soutien
5. Quels sont les types d'autorité ?	Autorité hiérarchique directe	Autorité de conseil et autorité fonctionnelle

que les enjeux de ressources humaines sont dorénavant considérés comme trop importants pour qu'on les laisse uniquement entre les mains des professionnels d'un service des ressources humaines, aussi compétents soient-ils. Le rôle de ces derniers est de soutenir, et non de supplanter, les autres gestionnaires dans leurs responsabilités en matière de ressources humaines (Gomez-Mejia, Balkin et Cardy, 1995).

1.1.3 La GRH en tant que domaine spécialisé d'études, de recherches et d'activités professionnelles

Les études spécialisées en GRH

En Amérique du Nord, le premier manuel (*textbook*) spécialisé pour l'enseignement de la GRH (alors appelée «administration du personnel») serait apparu en 1920 (Tead et Metcalf, 1920). L'année 1920 marque aussi, selon Bruce E. Kaufman (1993), la naissance du domaine des relations industrielles en Amérique du Nord avec la création conjointe d'un département universitaire consacré à ces enjeux sociaux (à la University of Wisconsin) et d'une association professionnelle (l'Industrial Relations Association of America). À l'époque, l'administration du personnel, d'une part, et les relations patronales-syndicales, d'autre part, étaient considérées comme des composantes du domaine plus vaste des relations industrielles.

Au Canada, la formation de spécialistes en relations industrielles s'est intensifiée, surtout à partir de 1943, année de la fondation du département des relations industrielles rattaché à la Faculté des sciences sociales de l'Université Laval (Blouin et autres, 1994). En 1945, l'Université de Montréal créait également un département de relations industrielles, qui s'est transformé plus tard en École de relations industrielles (Bourque et Trudeau, 1995). Assez curieusement, l'approche québécoise et francophone qui a consisté à créer des départements (ou écoles) relativement autonomes diffère grandement de l'approche utilisée au Canada anglais (Université McGill, Queen's University at Kingston ou University of Toronto), où l'on a plutôt choisi de créer des unités de recherche et d'enseignement en relations industrielles alimentées par les professeurs-chercheurs déjà membres de facultés, de départements ou d'écoles où ils sont rattachés principalement comme l'administration, le droit, l'économique, la psychologie ou la sociologie (Hébert, Jain et Meltz, 1988).

Dans les facultés ou écoles d'administration (ou de sciences administratives), la formation en GRH date surtout du début des années 70 avec l'instauration de concentrations de cours (ou d'options spécialisées), par exemple, à l'École des Hautes Études Commerciales de Montréal (HEC) ou à la Faculté d'administration de l'Université de Sherbrooke. En 1981, l'école de gestion de la Harvard University, à Boston (la Harvard Business School), innovait en créant un nouveau cours en GRH et en le rendant obligatoire pour tous les étudiants (de maîtrise et de doctorat) inscrits aux programmes de formation de cette prestigieuse institution. Une autre caractéristique de ce nouveau cours: on y privilégiait la perspective et les responsabilités des généralistes de la gestion plutôt que celles des spécialistes de la GRH (Beer et autres, 1984).

Aujourd'hui, la GRH constitue un domaine d'études spécialisées solidement établi dans de nombreuses universités autour du monde. Il est de plus en plus possible d'obtenir des diplômes en GRH tant au baccalauréat qu'à la maîtrise ou au doctorat.

Les recherches en GRH

En tant que domaine de recherches, la GRH a d'abord compté historiquement sur les relations industrielles pour encadrer et stimuler les chercheurs. C'est ainsi que furent créées aux États-Unis et au Canada des associations de recherches regroupant des spécialistes de diverses disciplines (économique, droit, psychologie, sociologie, histoire, etc.). Aux États-Unis, c'est en 1947 que fut créée l'Industrial Relations Research Association, alors qu'au Canada, c'est quelques années plus tard que fut instituée l'Association canadienne de relations industrielles (ou Canadian Industrial Relations Association). Du côté des sciences administratives, la création de la section «Ressources humaines» (d'abord appelée «Personnel et ressources humaines»), au sein de l'organisme américain qui regroupe les professeurs et les chercheurs en «management» (l'Academy of Management), date de la fin des années 60. Au Canada, l'organisme équivalent qui rassemble les chercheurs en sciences administratives s'appelle l'Association des sciences administratives du Canada (ASAC), et ce n'est qu'en 1988 qu'on y créa une section spécialisée en RH. Du côté européen, c'est en 1990 que les chercheurs français intéressés au domaine de la GRH établissaient l'Association de gestion des ressources humaines (AGRH), dont les membres se sont réunis à l'extérieur de la France (soit à Montréal) pour la première fois en 1997 (Tremblay, 1997; Tremblay et Sire, 1997).

Les activités professionnelles

Les ancêtres des spécialistes actuels de la GRH sont apparus au Canada vers la fin du XIXe siècle. On les appelait des «travailleurs sociaux d'entreprise» ou des «secrétaires au bien-être des employés» (Milkovich et autres, 1988).

Le premier regroupement canadien de praticiens du domaine de l'administration du personnel a été constitué à Montréal en 1934, date de la fondation de la Montreal Personnel Association. Il a servi de tremplin à la création, vers 1960, de l'Association des professionnels en ressources humaines du Québec (APRHQ), une organisation très dynamique qui, en 1997, regroupait quelques milliers de membres et constituait, de ce fait, le regroupement le plus représentatif de praticiens en GRH.

En parallèle, les praticiens du domaine des relations industrielles créaient, en 1963, la Société des conseillers en relations industrielles du Québec, avant d'instaurer, en 1973, la Corporation professionnelle des conseillers en relations industrielles du Québec (Deslierres, 1990).

Une importante page d'histoire s'est tournée en 1997, puisqu'on a assisté à la fusion de la Corporation professionnelle des conseillers en relations industrielles du Québec et de l'Association des professionnels en ressources humaines du Québec, et à la création d'un nouvel organisme dont l'appellation choisie, mais non encore officielle au moment d'écrire ces lignes, est l'Ordre professionnel des conseillers en ressources humaines et en relations industrielles du Québec. Il s'agit d'un organisme dynamique et solidement implanté dans les milieux de travail puisqu'il regroupe près de 4 000 membres.

Il existe d'autres regroupements de praticiens en GRH. C'est le cas, entre autres, des spécialistes en rémunération (la Canadian Compensation Association et la Canadian Payroll Association), en formation (l'Ontario Society for Training and Development), ou en systèmes d'information en RH (l'International Human Resource Information Management Association). Cette dernière association comporte une section québécoise et un site sur Internet (http://www.ihrim.org).

1.2 L'ÉVOLUTION HISTORIQUE DE LA GRH

Tout au long du XXe siècle, la GRH a évolué, passant d'une dimension associée à la supervision et considérée comme secondaire à une dimension fondamentale de la gestion stratégique des organisations. Pour mieux comprendre la réalité actuelle de la GRH et ses perspectives d'évolution, nous retracerons les principales étapes de son évolution et préciserons, pour chaque étape, les principaux événements et les principales caractéristiques de la GRH.

1.2.1 La révolution industrielle et l'émergence des problèmes associés au facteur humain

Au XIXe siècle, la révolution industrielle, essentiellement caractérisée par l'invention du métier à tisser, de la machine à vapeur, et par le recours à la mécanisation, a provoqué l'industrialisation massive des nations occidentales (Europe et Amérique du Nord). Dans ces différents pays, les « manufactures », soit ces grands établissements où l'on fabriquait des produits, ont connu une croissance spectaculaire de l'emploi (de 200% à 300%). Alors que les premières entreprises étaient plutôt petites (artisanales) et dirigées par leur propriétaire, les nouvelles entreprises manufacturières étaient de plus en plus importantes, ce qui a créé la nécessité de faire appel à des gestionnaires pour encadrer une main-d'œuvre de plus en plus « prolétarisée » par l'éloignement entre l'employé et le propriétaire-patron, par la déqualification du travail (à cause de la mécanisation) et par l'insécurité presque totale en ce qui a trait au maintien de l'emploi et aux niveaux de rémunération. De plus, les pratiques dominantes de GRH consistaient à confier tout le pouvoir aux contremaîtres, dont la méthode privilégiée de supervision était le *drive system*, décrit en ces termes par Bruce E. Kaufman : « Le *drive system* impliquait une supervision constante et étroite de la part d'un contremaître et l'utilisation d'un langage blasphématoire visant par l'abus verbal et l'intimidation à inciter les employés à travailler plus fort » (1993, p. 7).

Même si ces pratiques ont permis l'obtention de résultats efficaces et efficients pendant de nombreuses années, elles ont aussi été responsables de la montée incessante de la frustration parmi les travailleurs et de plusieurs affrontements caractérisés par la violence sur les lieux de travail. Ces réactions des travailleurs étaient surtout provoquées par les trois facteurs suivants : de fréquentes manifestations de favoritisme dans les décisions des contremaîtres en matière de ressources humaines, l'absence de toute procédure permettant d'en appeler de ces décisions et d'espérer être entendus en toute justice, et les attitudes autocratiques et insensibles manifestées par la grande majorité des gestionnaires à tous les niveaux.

Les actes de plus en plus nombreux de violence sur les lieux de travail ont amené, dès le début du XXe siècle, un courant de réforme représenté par trois voies de solutions : le génie industriel ou l'organisation scientifique du travail, à la Taylor, la psychologie industrielle et le mouvement des relations humaines, et l'approche de l'économique institutionnelle du travail, centrée sur le rôle des syndicats et des gouvernements dans l'instauration d'un équilibre entre le pouvoir patronal et le pouvoir des salariés représentés par un syndicat.

1.2.2 Le taylorisme ou l'organisation scientifique du travail

Selon Taylor (1911), les problèmes associés au facteur humain étaient simplement dus à des méthodes inadéquates de production. Le recours aux principes de l'organisation scientifique du travail devait permettre de trouver la meilleure façon (*the one best way*) de sélectionner, de rémunérer et de former les employés pour l'obtention du meilleur rendement possible. Un peu comme les promoteurs contemporains de la réingénierie, Taylor proposait le recours à des experts (comme lui) pour procéder à des études des temps et des mouvements, pour concevoir des systèmes ingénieux de rémunération incitative, pour mettre au point des programmes de formation et des méthodes de sélection.

Dans cette approche, ni le travailleur salarié ni le contremaître n'avaient besoin d'être mis à contribution, puisque la «science» fournirait les bonnes réponses. En somme, on a prétendu résoudre les problèmes associés au facteur humain en oubliant de tenir compte de l'élément humain.

1.2.3 La psychologie industrielle et le mouvement des relations humaines

Même si la plupart des écrits sur le mouvement des relations humaines associent ce courant de pensée strictement aux travaux du professeur américain Elton Mayo aux usines Hawthorne de Western Electric, de 1927 à 1934, l'expression «relations humaines» était, dès 1920, utilisée fréquemment dans les écrits de praticiens engagés dans la pratique naissante de la gestion du personnel. Le point de vue de l'école des relations humaines consistait à soulever le fait que s'il y a des problèmes entre la direction et les salariés, c'est d'abord parce qu'on ne s'est pas donné la peine de considérer les besoins psychologiques des salariés et, ensuite, qu'on n'a pas accordé suffisamment d'importance à des pratiques de gestion caractérisées par le leadership, les communications, la reconnaissance et le respect des personnes.

L'une des conséquences positives de cette approche a été l'abandon progressif par plusieurs employeurs des méthodes de supervision axées sur l'intimidation et la peur de perdre son emploi (le *drive system*), et leur remplacement par des méthodes plus positives orientées vers l'instauration d'un climat de justice et de respect mutuel.

1.2.4 L'APPROCHE INSTITUTIONNELLE OU L'ÉMERGENCE DES SYNDICATS ET DU DROIT DU TRAVAIL

Selon les praticiens de l'approche de l'économique institutionnelle du travail (*institutional labor economics school*), les problèmes de relations entre les directions d'entreprise et les salariés étaient fondamentalement dus d'abord au déséquilibre des pouvoirs entre les deux groupes, puis à l'autoritarisme des gestionnaires, et enfin à la précarité économique que vivaient les salariés. Par exemple, deux voies de solutions qu'on trouve en particulier dans les écrits de Sydney et Beatrice Webb (1894) concernent, d'une part, les négociations collectives conduites par des syndicats libres et, d'autre part, des règles légales (droit du travail) constituant des obligations imposées aux employeurs par l'État. C'est surtout sur la base de cet important courant de pensée que se sont bâtis les programmes de formation en relations industrielles et qu'on a favorisé, dès le début du XXe siècle, l'émergence d'un droit du travail, qui a lui-même permis l'éclosion du syndicalisme qu'on connaît aujourd'hui.

On peut donc soutenir que tout au long du XXe siècle et jusqu'aux années 60, la GRH, en tant que fonction dans les entreprises et en tant que domaine d'études, de recherches et d'activités professionnelles dans la société, a été caractérisée par trois courants principaux qui sont plus ou moins contradictoires les uns par rapport aux autres et qui continuent d'exercer une certaine influence. Ces courants sont: l'**approche techniciste** (à la Taylor), dans laquelle la GRH est abordée comme un ensemble de règles ou de méthodes à mettre au point; l'**approche psychosociale** (ou des relations humaines), dans laquelle la GRH est abordée surtout sous l'angle du dynamisme humain et où une importance considérable est accordée aux habiletés des gestionnaires dans les relations interpersonnelles; et l'**approche légaliste** (ou des relations du travail), dans laquelle la GRH est abordée suivant les relations structurées (et souvent antagonistes) entre la direction et ses représentants, d'une part, et les employés-salariés et leurs représentants (syndicats), d'autre part.

Jusqu'aux années 60 environ, ces approches n'ont fait que coexister au sein des organisations et des programmes d'études. En fait, elles se sont même, en plusieurs cas, opposées les unes aux autres. Par exemple, dans plusieurs écoles ou départements de relations industrielles, on a pu assister à de «spectaculaires batailles théoriques entre les partisans des relations humaines (creuset de la gestion du personnel) et ceux de l'économique institutionnelle du travail (creuset des relations du travail)» (Kaufman, 1993, p. 95). Ces écoles et départements ont d'ailleurs accordé un poids prépondérant aux relations du travail, surtout à partir de 1958 lorsque le professeur Dunlop fit paraître un livre intitulé *Industrial Relations Systems*. Son objectif consistait à fournir aux relations industrielles un cadre de référence emprunté à la théorie des systèmes et destiné à faciliter la représentation de l'ensemble des variables intervenant dans un système de relations du travail. Le livre du professeur Dunlop a exercé une influence considérable sur le domaine des relations industrielles, qui en est venu à être identifié de façon presque exclusive aux relations du travail, c'est-à-dire aux rapports collectifs entre directions d'entreprise et salariés, dont les règles sont principalement définies par l'économique et le droit du travail.

Progressivement, l'approche des relations humaines et de la gestion du personnel a presque été évacuée des écoles et des départements de relations industrielles, alors qu'on a pu assister, paradoxalement, à son émergence dans les écoles de gestion et dans les entreprises. À partir des années 60, l'approche et la nouvelle appellation « gestion des ressources humaines » ont continué à se développer (Armstrong, 1988; Kaufman, 1993; Lewin, 1991; Miles, 1965) par le recours, entre autres choses, à l'approche systémique.

1.2.5 L'APPROCHE SYSTÉMIQUE

À peu près jusqu'aux années 60, la GRH (qui ne s'appelait pas encore de cette façon) constituait « un éventail d'activités juxtaposées, sans référence à une vision d'ensemble » (Petit et autres, 1993, p. 14). L'emploi de modèles tirés de la théorie des systèmes allait changer cet état de choses.

Le concept de systèmes a été utilisé par les chercheurs de disciplines aussi diverses que les mathématiques, la physique, la cybernétique, puis finalement le management (Laszlo, 1975; Murdick et Ross, 1975). Un système peut être défini comme une entité (par exemple une organisation) orientée vers la réalisation d'objectifs et composée d'un ensemble d'éléments interdépendants qui doivent contribuer à optimiser la réalisation des objectifs. Comme l'illustre la figure 1.3, un système ouvert est influencé par l'**environnement**. Il fonctionne en faisant appel à des **ressources**, qui sont utilisées dans un cycle d'**activités**, qui se renouvelle et se régularise par le recours à la **rétroaction** (régulation interne) et au mécanisme de **distribution des résultats**, qui permet le **renouvellement des ressources**.

Appliquée à la GRH, l'approche systémique implique d'abord une analyse des composantes de l'environnement qui exercent une influence tant sur les ressources consacrées à la GRH que sur les activités et les objectifs que l'organisation devrait poursuivre. En tant que sous-système (ou fonction) d'une organisation, un système de GRH doit poursuivre des objectifs compatibles avec ceux du système global dans lequel il s'insère. En même temps, le système de l'organisation est inévitablement influencé par

FIGURE 1.3 Une illustration des composantes du système ouvert

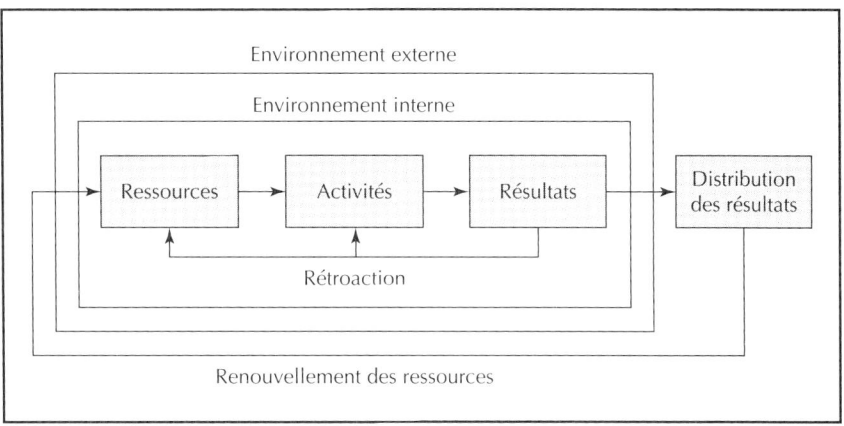

FIGURE 1.4 L'approche systémique appliquée à la GRH

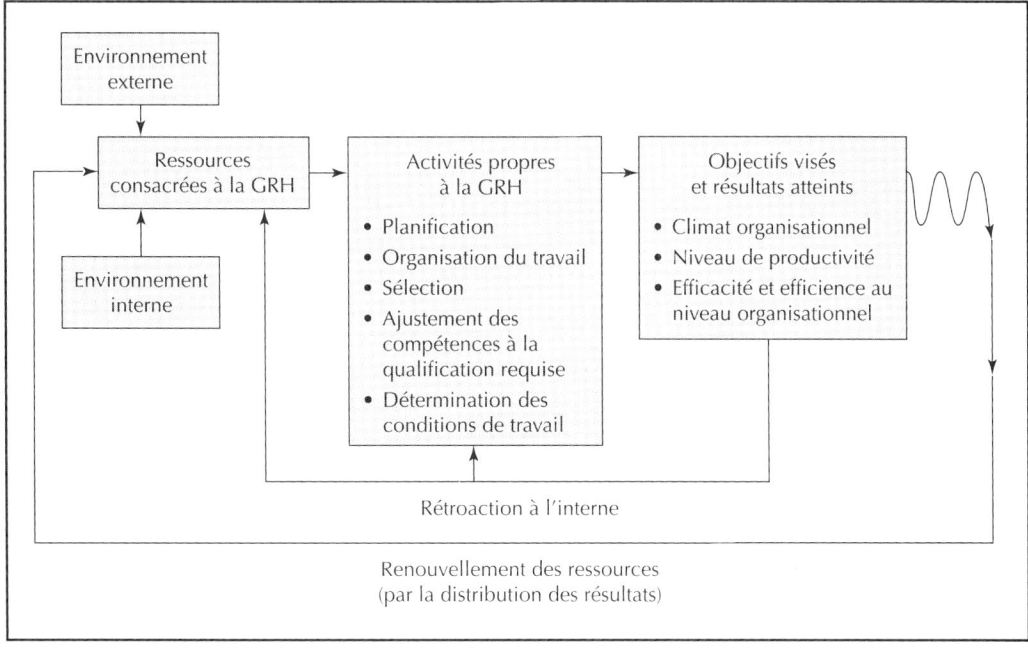

ce qui se passe dans n'importe lequel de ses sous-systèmes (à cause de l'interdépendance), et le système de GRH ne fait pas exception à cette règle (Bélanger, 1978).

L'approche systémique implique ensuite que, pour chacune des activités de GRH, on définit d'une façon rigoureuse les objectifs à atteindre ou l'apport à la réalisation des résultats recherchés (Bélanger, 1990). Cela permet non seulement de contribuer à une plus grande cohésion de l'ensemble des activités de GRH, mais aussi de procéder à une évaluation, dans la mesure où l'on s'est donné la peine de formuler, pour chaque objectif visé, des normes ou des indicateurs qui aideront à porter un jugement éclairé sur le degré de succès ou d'échec des activités. La figure 1.4 illustre l'approche systémique appliquée à la GRH.

Ce n'est donc que depuis l'émergence de l'approche systémique et son application à la GRH que les pratiques de GRH peuvent systématiquement faire l'objet d'une évaluation de leur contribution à la réalisation d'objectifs organisationnels. De plus, la notion d'interdépendance entre le système et les sous-systèmes permet aussi de s'interroger sur la place que le volet RH occupe dans les objectifs globaux de toute entreprise.

1.2.6 L'approche stratégique

Les modèles traditionnels de GRH étaient constitués «d'un assemblage disparate d'activités souvent réactives et parfois superflues» (Dyer, 1982). Cette situation a évolué d'abord sous l'influence de l'approche systémique. Dans les années 80, une dimension stratégique est venue s'ajouter à l'approche systémique, ce qui a provoqué une transformation encore plus marquée des pratiques de GRH. Les pratiques et les conceptions de GRH ont été transformées à un point tel que certains observateurs ont parlé de «révolution des ressources humaines» (Kravetz, 1988). La caractéristique principale de ces modèles plus récents réside dans le fait qu'ils tentent de réunir diverses activités choisies en fonction de l'obtention de résultats et qu'ils les intègrent en un ensemble orienté de façon prospective vers les besoins de l'organisation (Petit, 1990). En d'autres termes, ces modèles font de plus en plus appel à une perspective stratégique (Allaire et Firsirotu, 1993; Hafsi, Toulouse et autres, 1996).

Dans la Grèce antique, un «stratège», c'était un général de l'armée. Par extension, la stratégie, c'est, du moins selon l'une de ses significations, l'art de conduire des opérations militaires, ce qui implique de faire des choix en tenant compte de l'ensemble des facteurs susceptibles d'influencer la victoire ou la défaite. La tactique, qui constitue une composante de la stratégie, est l'art de mener une bataille particulière.

Transposé dans le contexte de la gestion des entreprises, le concept de stratégie désigne «le processus de formulation et de mise en œuvre des moyens appropriés en vue d'atteindre les objectifs d'une entreprise et de réaliser sa mission, dans un environnement difficilement prévisible et fortement concurrentiel» (Bélanger, dans Petit et autres, 1993, p. 21).

Mintzberg (1987) apporte une contribution intéressante à la réflexion sur le concept de stratégie dans un texte intitulé «Les organisations ont-elles besoin de stratégies? Un autre point de vue». Sa réponse à cette question consiste à dire que oui, les organisations ont réellement besoin de stratégies pour se donner une direction, assurer la coordination des activités et promouvoir l'efficience et l'efficacité dans des conditions de cohérence, malgré l'adversité. Mais attention, nous dit-il, «un excès de planification peut parfois gêner l'efficacité et l'exécution».

Hafsi (1985) présente des éléments de réflexion qui vont dans le même sens. Il dénonce notamment les modèles de formulation de stratégies globales proposés historiquement par certaines sociétés d'experts-conseils. Ces modèles, qui font appel à peu près exclusivement à des notions de finance et de marketing, ont été beaucoup utilisés dans les écoles de gestion. Selon Hafsi, «ces modèles niaient en fait la nécessité de la gestion». Et, ajoute-t-il, «ces modèles, ou plutôt l'utilisation simpliste qui en a souvent été faite, sont aujourd'hui remis en cause à la fois par les universitaires et par les praticiens».

La **formulation** d'une stratégie est sans doute difficile (elle implique un «acte éminemment créatif»), mais la **mise en œuvre** est souvent encore plus difficile. Ces deux dimensions sont les aspects fondamentaux de l'idée de stratégie: d'abord les buts à atteindre (générés surtout par la conception stratégique), puis les voies et les moyens (associés à la mise en œuvre de la stratégie). Deux autres étapes du processus de gestion stratégique viennent s'ajouter: le **diagnostic**, comme étape préalable pour alimenter la conception stratégique, et l'**évaluation**, pour compléter la mise en œuvre et vérifier le degré de réalisation des objectifs visés. Le tableau 1.3 illustre les quatre étapes par lesquelles il faut normalement passer dans le cadre d'un processus de gestion stratégique.

TABLEAU 1.3 Les étapes d'un processus de gestion stratégique

1. **Diagnostic**
   - Analyse de l'environnement externe
   - Analyse du système interne (intrants, activités, extrants)
2. **Formulation de la stratégie**
   - Développement d'objectifs prioritaires
   - Développement des plans d'action privilégiés
3. **Mise en œuvre** (organisation et exécution)
   - Budgétisation des ressources requises
   - Aspect structurel: politiques, programmes, attribution des responsabilités, méthodes d'évaluation, etc.
   - Aspect motivationnel: outils de stimulation matérielle et idéologique (communications, renforcement positif, etc.)
4. **Évaluation**

Appliqué à la GRH, le concept de gestion stratégique consiste à établir un lien plus organique entre les stratégies de l'entreprise et l'ensemble des pratiques de GRH. Cette même approche implique que les ressources humaines (et particulièrement les gestionnaires spécialisés en ressources humaines) soient plus étroitement associées au travail d'élaboration des stratégies de l'entreprise. L'approche stratégique en matière de GRH implique également un effort accru de la part de tous les gestionnaires en cause pour gérer les ressources humaines en faisant explicitement appel au processus de gestion stratégique. Mais pourquoi cela est-il nécessaire? Gosselin (1996) souligne l'urgence « de considérer les employés comme une ressource stratégique ». Il ajoute ceci:

> *Quand les principaux actifs d'une entreprise sont contenus dans les connaissances et les habiletés des employés plutôt que dans les inventaires, les immeubles et la machinerie, les gestionnaires responsables des orientations stratégiques d'une entreprise n'ont pas d'autres choix que de mettre le facteur humain au centre de leurs préoccupations* (1996, p. 297).

Ces propos rejoignent ceux formulés antérieurement par Aktouf, qui, dans la 3e édition de son livre portant sur le management, termine justement son chapitre traitant de planification en soulignant le problème de « la distance et [des] différences de perceptions entre ceux qui conçoivent ou formulent les plans et ceux qui sont chargés de les exécuter ». Il suggère donc que la planification stratégique « soit une œuvre plus commune et mieux répartie à travers l'organisation, aussi bien dans sa formulation que dans son implantation » (1994, p. 129).

1.3 LES RÔLES DES PROFESSIONNELS EN RESSOURCES HUMAINES ET LES COMPÉTENCES REQUISES

Gérer les ressources humaines d'une façon stratégique impose à tous l'apprentissage de nouveaux rôles et le développement de nouvelles compétences. Ce fait est particulièrement vrai pour les professionnels en ressources humaines. Comme le soulignent Guérin et Wils, le modèle traditionnel de gestion générale axé sur le contrôle montre de nombreux signes d'essoufflement. Le contexte récent de turbulence et de concurrence accrues est générateur de tensions. Et alors que pour atteindre leurs objectifs les cadres auraient besoin de solliciter et d'obtenir la collaboration de leurs employés, le modèle traditionnel les amène plutôt à faire des gestes de provocation et d'intimidation qui « dégénère[nt] en affrontements et frustrations de toutes sortes » (1997, p. 44). (On dirait que l'histoire se répète!) Un modèle renouvelé de gestion générale est proposé par un très grand nombre de spécialistes (entre autres, Lawler, Mohrman et

Ledford, 1995; Sérieyx, 1986). C'est un modèle dit de «haute implication» qui repose sur le partenariat et la mobilisation des employés. Ce modèle de gestion générale est décrit par Guérin et Wils de la façon suivante:

> *C'est une gestion qui clarifie les rôles, organise la délégation, aménage la communication, favorise l'ouverture sur l'extérieur, exalte la créativité interne, assure la sanction des mérites et répond par le fait même aux besoins qu'ont les employés de participer, de prendre des responsabilités, de communiquer, de s'ouvrir au monde, de construire et de s'assumer* (1997, p. 45).

C'est aux professionnels en ressources humaines (les personnes dont les compétences sont justement centrées sur les connaissances et les habiletés relatives aux ressources humaines) que revient tout naturellement le mandat d'aider les cadres à effectuer ce nécessaire virage. Il s'agit, en somme, d'un rôle d'**agents de changement** qui vient s'ajouter au rôle déjà prescrit de **partenaires d'affaires**. Ces deux rôles relativement nouveaux pour les professionnels en ressources humaines comportent, en ce qui concerne les compétences, des exigences que nous allons maintenant examiner.

À la suite d'une étude effectuée pour le compte de la Society for Human Resource Management, Lawson (1990) présente un modèle des nouvelles compétences requises pour les professionnels en ressources humaines. Ce modèle, qui est reproduit à la figure 1.5, comporte les cinq facettes suivantes:

- la maîtrise des aspects techniques de la GRH;
- la connaissance des affaires;
- une gestion basée sur les objectifs et orientée vers l'action;
- un leadership fonctionnel et organisationnel;
- la capacité d'exercer de l'influence.

Pour leur part, Boroski, Blancero et Dyer (1994) présentent un modèle (basé sur la réalité de l'entreprise Eastman Kodak) qui associe un ensemble de 6 rôles à un autre ensemble de 11 compétences de base. Les 6 rôles des professionnels en ressources humaines sont les suivants: instigateur et leader du changement; consultant; partenaire dans l'élaboration et la mise en œuvre des stratégies d'affaires et de ressources humaines; développeur de compétences; soutien opérationnel; leader de son service. Quant aux 11 compétences de base, ce sont, dans l'ordre, les suivantes: le sens de l'éthique (référence, entre autres, à l'intégrité et au respect des personnes), l'efficacité des communications écrites et verbales, le sens de l'écoute, la capacité d'établir et de maintenir un réseau de relations, la capacité de travailler en équipe, l'adoption de normes élevées de qualité, le

FIGURE 1.5   Un modèle des compétences requises en GRH

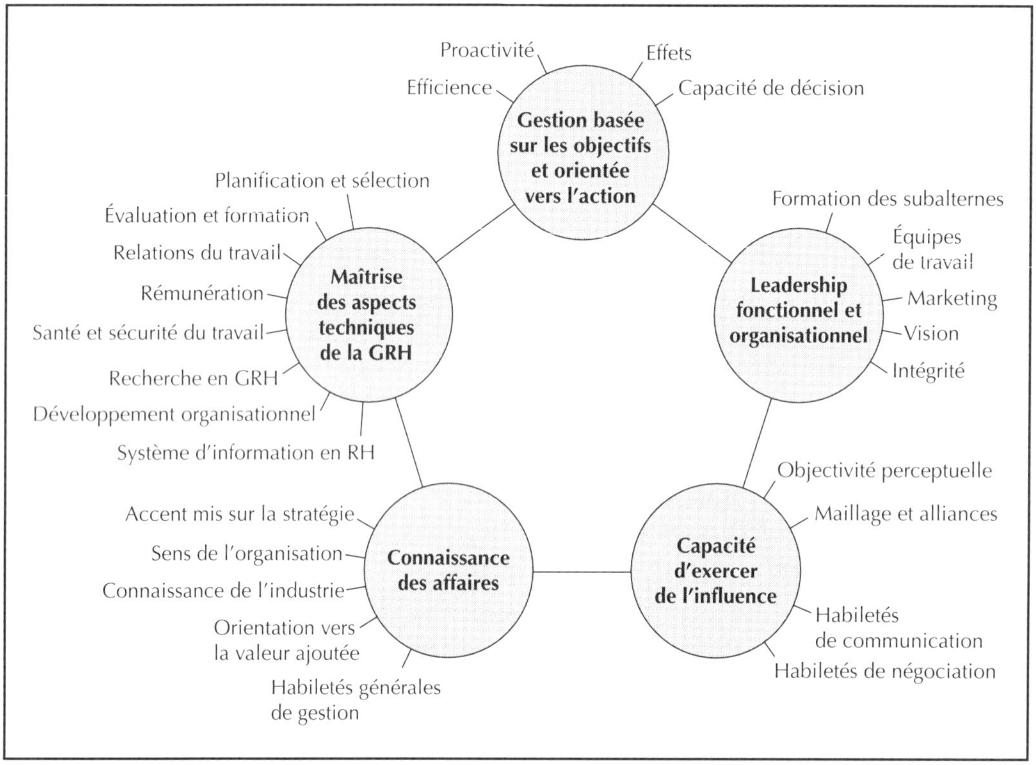

Gestion basée sur les objectifs et orientée vers l'action
- Proactivité
- Efficience
- Effets
- Capacité de décision

Maîtrise des aspects techniques de la GRH
- Planification et sélection
- Évaluation et formation
- Relations du travail
- Rémunération
- Santé et sécurité du travail
- Recherche en GRH
- Développement organisationnel
- Système d'information en RH

Leadership fonctionnel et organisationnel
- Formation des subalternes
- Équipes de travail
- Marketing
- Vision
- Intégrité

Connaissance des affaires
- Accent mis sur la stratégie
- Sens de l'organisation
- Connaissance de l'industrie
- Orientation vers la valeur ajoutée
- Habiletés générales de gestion

Capacité d'exercer de l'influence
- Objectivité perceptuelle
- Maillage et alliances
- Habiletés de communication
- Habiletés de négociation

Source : Tom Lawson, *The Competency Initiative: Standards of Excellence for Human Resource Executives*, Alexandria, Virginie, Society for Human Resource Management, 1990.

jugement, l'orientation vers des résultats, le sens de l'initiative, la confiance en soi et, enfin, l'enthousiasme et l'engagement.

Une étude réalisée par Haines et Arcand (1997) et utilisant une méthodologie d'analyse du contenu d'annonces de presse affichant des postes en GRH permet de préciser encore plus les compétences requises pour des professionnels en ressources humaines œuvrant sur le territoire québécois. À partir de cette analyse d'un grand total de 385 postes répartis sur 20 ans (1975, 1985 et 1995), il apparaît que certaines connaissances ont évolué à la hausse. Il s'agit, dans l'ordre, de la maîtrise de la langue anglaise, de la connaissance de l'informatique et de la connaissance des nouvelles approches de gestion. Quant aux qualités personnelles, elles étaient davantage appréciées en 1995 par rapport à 1985 et à 1975. Ce sont d'abord les habiletés interpersonnelles (communication, leadership, entregent, etc.) qui faisaient l'objet de la plus forte demande, suivies des habiletés en gestion (sens de l'organisation, vision, etc.) et des qualités de savoir-être (dynamisme, autonomie, créativité, etc.).

De nouvelles compétences sont donc requises pour jouer de nouveaux rôles et surtout pour relever les nombreux défis de la gestion des ressources humaines. C'est à une présentation de ces défis et du plan de ce livre que sera consacrée la prochaine section de ce chapitre.

1.4 Les défis de la GRH et le plan de ce livre

Dans la première partie de ce livre, les chapitres 2 et 3 concerneront les défis du partenariat entre les différents acteurs en GRH. Ainsi, le chapitre 2 (Partager les responsabilités à l'égard de la GRH) portera sur les rôles respectifs des dirigeants, des cadres et des employés en matière de GRH. Ensuite, le chapitre 3 (Respecter les droits des employés et établir des relations du travail harmonieuses) amènera la réflexion sur le plan de l'encadrement légal des rapports entre la direction et les employés, ce qui permettra d'analyser les rôles des gouvernements, des syndicats et du patronat dans l'établissement de relations du travail plus ou moins harmonieuses.

La deuxième partie du livre sera consacrée aux défis du renouvellement des pratiques de GRH. Le chapitre 4 (S'adapter aux changements) consiste en une présentation des principaux changements qui sont intervenus dans l'environnement externe des entreprises et en une analyse des effets que ces changements ont entraînés sur la GRH. Ensuite, le chapitre 5 (Donner une orientation et de la cohérence à la GRH) permettra d'explorer les mécanismes de planification stratégique et opérationnelle par lesquels les pratiques peuvent le mieux s'accorder avec ces nouvelles circonstances.

La troisième partie aura trait aux défis de la compétence. Le chapitre 6 (Se doter d'employés compétents et motivés) sera consacré au recrutement et à la sélection des ressources humaines. Quant au chapitre 7 (Développer les compétences), il portera sur la gestion des activités de formation dans l'entreprise. Le chapitre 8 (Gérer les carrières) concernera les défis de l'adaptation à plus long terme entre les besoins (et les moyens) de l'entreprise, d'une part, et les compétences et les aspirations individuelles, d'autre part.

La quatrième partie examinera les défis du rendement. On y traitera d'abord du défi de gérer le rendement au travail (chapitre 9), puis du défi de reconnaître le rendement (chapitre 10) et, enfin, du défi d'intervenir auprès des employés difficiles (chapitre 11).

TABLEAU 1.4 Les défis de la GRH et les objectifs visés

Défis de la GRH	Objectifs visés au niveau individuel	Objectifs visés au niveau organisationnel	Défi ultime
• Partenariat • Renouvellement • Compétence • Rendement • Conditions de travail • Légitimité	Ressources humaines • compétentes • satisfaites • motivées • productives • polyvalentes • flexibles • etc.	• Efficacité • Efficience • Équité • Rapidité d'ajustement • Etc.	• Obtention d'un avantage concurrentiel • Maintien de cet avantage concurrentiel

La cinquième partie du livre traitera des défis reliés à la détermination des conditions de travail. Le chapitre 12 sera consacré au défi d'offrir des salaires et des avantages sociaux équitables. Puis le chapitre 13 sera centré sur le défi d'organiser le travail. De son côté, le chapitre 14 portera sur le défi de négocier et d'administrer des conventions collectives. Finalement, le chapitre 15 étudiera le défi de promouvoir la santé et la sécurité du travail.

Comme l'illustre le tableau 1.4, toutes les pratiques de GRH visent à contribuer à l'enregistrement de résultats qui se situent soit au niveau individuel (compétence, rendement, satisfaction, etc.), soit au niveau organisationnel (partenariat, renouvellement, conditions de travail, légitimité, etc.), ou encore au niveau sociétal (respect des droits des employés). Le défi ultime associé à l'atteinte de ces résultats concerne l'obtention et le maintien d'un avantage concurrentiel. Un chapitre de conclusion à ce livre (chapitre 16) se penchera donc sur le défi de la légitimité en GRH, ce qui implique d'évaluer et de renouveler les pratiques de GRH.

QUESTIONS DE RÉVISION

1. En faisant explicitement appel aux notions d'intrants, de processus de transformation et d'extrants, nommez et expliquez sommairement les trois défis essentiels que doivent relever les gestionnaires.

2. Expliquez, à partir de l'approche dite des ressources humaines, de quelle façon des investissements dans des pratiques de ressources humaines peuvent donner des résultats compatibles tant avec les objectifs

organisationnels qu'avec les besoins individuels.

3. Nommez cinq différences entre la GRH en tant que fonction et la GRH en tant que service.

4. En quoi les buts de la GRH sont-ils souvent conflictuels?

5. En tant que domaine d'études spécialisées, dans quels départements, écoles et facultés la GRH s'est-elle retrouvée?

6. En tant que domaine de recherches, quels sont les principaux organismes regroupant des chercheurs où la GRH a suscité de l'intérêt pour les recherches?

7. À quels regroupements professionnels la GRH est-elle associée?

8. Comment aborderiez-vous (ou définiriez-vous) la GRH si vous utilisiez, l'une après l'autre, l'approche techniciste, l'approche psychosociale et l'approche légaliste?

9. En quoi consiste l'approche systémique et qu'est-ce que cette approche a apporté à la GRH?

10. En quoi consiste l'approche stratégique et qu'est-ce que cette approche a apporté à la GRH?

11. Nommez cinq compétences requises pour œuvrer avec succès en tant que professionnel de la GRH.

12. Nommez cinq défis fondamentaux à relever en GRH.

Références

Aktouf, O. (1994). *Le management: entre tradition et renouvellement*, 3e éd., Boucherville, Gaëtan Morin Éditeur.

Allaire, Y. et M.E. Firsirotu (1993). *L'entreprise stratégique: penser la stratégie*, Boucherville, Gaëtan Morin Éditeur.

Armstrong, M. (1988). *A Handbook of Human Resource Management*, New York, Nichols.

Beer, M., B. Spector, P.R. Lawrence, D.Q. Mills et R.E. Walton (1984). *Managing Human Assets: The Groundbreaking Harvard Business School Program*, New York, The Free Press, A Division of Macmillan, Inc.

Bélanger, L. (1978). *Gestion des ressources humaines: une approche systémique*, Chicoutimi, Gaëtan Morin Éditeur.

Bélanger, L. (1990). « L'évolution historique de la gestion des ressources humaines », dans *Vingt-cinq ans de pratique en relations industrielles au Québec*, sous la direction de R. Blouin, Cowansville, Les Éditions Yvon Blais, p. 651-665.

Bélanger, L. (1993). « La nature et l'évolution de la gestion des ressources humaines », dans *Gestion stratégique et opérationnelle des ressources humaines*, A. Petit et autres, Boucherville, Gaëtan Morin Éditeur, p. 3-28.

Blouin, R. (1990). *Vingt-cinq ans de pratique en relations industrielles au Québec*, Cowansville, Les Éditions Yvon Blais.

Blouin, R., J. Boivin, E. Déom et J. Sexton (1994). *Les relations industrielles au Québec: 50 ans d'évolution*, Québec, Les Presses de l'Université Laval, Département des relations industrielles.

Boroski, J., D. Blancero et L. Dyer (1994). *Competency Implications of Changing Human Resource Roles*, Working Paper 94-31, Ithaca, N.Y., Center for Advanced Human Resource Studies, ILR/Cornell.

Bourque, R. et G. Trudeau (1995). *Le travail et son milieu: cinquante ans de recherche à l'École de relations industrielles*, Montréal, Les Presses de l'Université de Montréal.

Carrell, M.R., N.F. Elbert et R.D. Hatfield (1995). *Human Resource Management: Global Strategies for Managing a Diverse Workforce*, Englewood Cliffs, N.J., Prentice Hall.

Crisp, D. (1995). « Your voice », *Canadian HR Reporter*, 16 janvier, p. 4.

Deslierres, J.-P. (1990). «La Corporation professionnelle des conseillers en relations industrielles du Québec», dans *Vingt-cinq ans de pratique en relations industrielles au Québec*, sous la direction de R. Blouin, Cowansville, Les Éditions Yvon Blais, p. 63-80.

Dunlop, J.T. (1958). *Industrial Relations Systems*, New York, Holt.

Dyer, L.D. (1982). «Human resource planning», dans *Personnel Management*, sous la direction de K.M. Rowland et G.R. Ferris, Boston, Allyn and Bacon, p. 52-77.

Gomez-Mejia, L.R., D.B. Balkin et R.L. Cardy (1995). *Managing Human Resources*, Englewood Cliffs, N.J., Prentice Hall.

Gosselin, A. (1996). «Réaliser la stratégie: avant tout une question de ressources humaines», dans T. Hafsi, J.-M. Toulouse et autres, *La stratégie des organisations: une synthèse*, Montréal, Les Éditions Transcontinental, p. 295-300.

Guérin, G. et T. Wils (1997). «Repenser les rôles des professionnels en ressources humaines», *Gestion*, vol. 22, n° 2, été, p. 43-51.

Hafsi, T. (1985). «Du management au métamanagement: les subtilités du concept de stratégie», *Gestion*, vol. 10, n° 1, p. 6-14.

Hafsi, T., J.-M. Toulouse et autres (1996). *La stratégie des organisations: une synthèse*, Montréal, Les Éditions Transcontinental.

Haines, V. et M. Arcand (1997). «Évolution de la pratique de la gestion des ressources humaines. Une analyse de contenu d'annonces de presse (1975-1985-1995)», *Relations industrielles*, vol. 52, n° 3, p. 583-607.

Hébert, G., H.C. Jain et N.M. Meltz (1988). *L'État de la discipline en relations industrielles au Canada*, étude réalisée sous les auspices de l'Association canadienne de relations industrielles, monographie n° 19, Montréal, École de relations industrielles, Université de Montréal.

Kaufman, B.E. (1993). *The Origins and Evolution of the Field of Industrial Relations in the United States*, Ithaca, N.Y., Cornell Studies in Industrial and Labor Relations Number 25, ILR Press.

Kravetz, D.J. (1988). *The Human Resources Revolution: Implementing Progressive Management Practices for Bottom-Line Success*, San Francisco, Jossey-Bass.

Laszlo, E. (1975). «The meaning and significance of general system theory», *Behavioral Science*, janvier, p. 20-21.

Lawler, E.E., S.A. Mohrman et G.E. Ledford, Jr. (1995). *Creating High Performance Organizations: Practices and Results of Employee Involvement and Total Quality Management in the Fortune 1000*, San Francisco, Jossey-Bass.

Lawson, T. (1990). *The Competency Initiative: Standards of Excellence for Human Resource Executives*, Alexandria, Virginie, Society for Human Resource Management.

Lewin, D. (1991). «The contemporary human resource management challenge to industrial relations», dans *The Future of Industrial Relations*, sous la direction de H.C. Katz, Ithaca, N.Y., ILR Press, p. 82-99.

Miles, R. (1965). «Human relations or human resource?», *Harvard Business Review*, vol. 43, juillet-août, p. 148-163.

Milkovich, G.T., W.F. Glueck, R.T. Barth et S.L. McShane (1988). *Canadian Personnel/Human Resource Management: A Diagnostic Approach*, Plano, Texas, Business Publications.

Mintzberg, H. (1987). «Les organisations ont-elles besoin de stratégies? Un autre point de vue», *Gestion*, vol. 12, n° 4, p. 5-9.

Murdick, R.G. et J.E. Ross (1975). *Information Systems for Modern Management*, 2ᵉ éd., Englewood Cliffs, N.J., Prentice Hall.

Petit, A. (1990). *Émergence de nouvelles pratiques en gestion des ressources humaines: le cadre théorique*, document 90-4, Sherbrooke, Université de Sherbrooke, Faculté d'administration.

Petit, A. (1992). «Comment élaborer un P.D.R.H.?», dans *Cap sur le développement des ressources humaines*, actes d'un colloque organisé par l'Association des hôpitaux du Québec, 5 et 6 février 1992, Montréal, p. 151-199.

Petit, A., L. Bélanger, C. Benabou, R. Foucher et J.-L. Bergeron (1993). *Gestion stratégique et opérationnelle des ressources humaines*, Boucherville, Gaëtan Morin Éditeur.

Pfeffer, J. (1994). *Competitive Advantage Through People: Unleashing the Power of the Work Force*, Boston, Harvard Business School Press.

Sérieyx, H. (1986). «L'entreprise du troisième type», dans *La mobilisation des ressources humaines: tendances et impacts*, 41ᵉ congrès des relations industrielles, Québec, Université Laval, p. 85-97.

Taylor, F.W. (1911). *The Principles of Scientific Management*, New York, The Norton Library.

Tead, O. et H.C. Metcalf (1920). *Personnel Administration: Its Principles and Practice*, New York, McGraw-Hill.

Tremblay, M. (1997). *GRH face à la crise: GRH en crise?*, actes du VIIIᵉ congrès de l'AGRH, 4 et 5 septembre 1997, Montréal, Les Presses des HEC.

TREMBLAY, M. et B. SIRE (sous la dir. de) (1997). *GRH face à la crise: GRH en crise?*, Montréal, Les Presses des HEC.

WEBB, S. et B. WEBB (1894). *A History of Trade Unionism*, Londres, Longmans, Green.

WRIGHT, P. et J.J. RUDOLPH (1994). « HRM trends in the 1990s: Should local government buy in? », *The International Journal of Public Sector Management*, vol. 7, n° 3, p. 27-43.

LECTURES SUGGÉRÉES

BEATTY, R.W. et C.E. SCHNEIER (1997). « New HR roles to impact organizational performance: From "partners" to "players" », *Human Resource Management*, vol. 36, n° 1, p. 29-37.

BURKE, W.W. (1997). « What human resource practitioners need to know for the twenty-first century », *Human Resource Management*, vol. 36, n° 1, p. 71-79.

COHEN, A.R. (1995). « Les nouvelles orientations de la gestion des ressources humaines », *MBA-Management: synthèse des meilleurs cours des grandes business schools*, Paris, Maxima (pour la traduction française).

DOWNIE, B. et M.L. COATES (1993). *The Changing Face of Industrial Relations and Human Resource Management*, Kingston, Ont., IRC Press, Industrial Relations Centre, Queen's University.

DOWNIE, B. et M.L. COATES (1995). *Managing Human Resources in the 1990s and Beyond: Is the Workplace Being Transformed?*, Kingston, Ont., IRC Press, Industrial Relations Centre, Queen's University.

FITZ-ENZ, J. (1997). *Restructuring the Human Resource Department: Objectives, Methods, and Results. A Report by the Saratoga Institute*, AMACOM, A division of American Management Association, New York.

GUÉRIN, G. et T. WILS (1992). *La gestion des ressources humaines: du modèle traditionnel au modèle renouvelé*, Montréal, Les Presses de l'Université de Montréal.

HAINES, V. et A. PETIT (1997). « Conditions for successful human resource information systems », *Human Resource Management*, vol. 36, n° 2, p. 261-275.

PARTIE I

LES DÉFIS
DU PARTENARIAT

CHAPITRE 2

Partager les responsabilités à l'égard de la GRH

OBJECTIFS D'APPRENTISSAGE

Après l'étude de ce chapitre, le lecteur devrait être plus apte à:

- Comprendre l'importance et la pertinence de l'étude de la GRH quel que soit le poste que l'on occupe au sein d'une organisation.
- Constater qu'en matière de GRH les responsabilités sont partagées entre plusieurs acteurs au sein des organisations.
- Connaître les rôles et les responsabilités de divers acteurs en matière de GRH: dirigeants, cadres, professionnels en ressources humaines, syndicats et employés.
- Se rendre compte à quel point il est important que le partenariat entre les acteurs de la GRH — notamment entre les cadres opérationnels et les professionnels en ressources humaines — soit établi et maintenu.
- Comprendre les conditions de succès du partenariat en GRH.

MISE EN SITUATION

Pas d'amélioration continue sans participation intensive des employés[1]

La clé de la qualité totale dans une entreprise est la mise dans le coup des employés au processus d'amélioration continue. Ce point de vue fait l'unanimité parmi les personnes réunies aux fins de ce dossier.

« L'amélioration continue favorise l'engagement des employés et permet d'obtenir le meilleur d'eux-mêmes, soutient Michel Boudreault, directeur des ressources humaines de l'usine de Papiers Perkins, de Laval. Les employés aiment l'amélioration continue parce que ça permet de les responsabiliser.

« Puisque toutes les entreprises ont accès aux mêmes technologies et aux mêmes marchés, ce sont les employés qui font la différence entre les entreprises. C'est pourquoi l'amélioration continue est une valeur sûre pour l'avenir. »

Le syndicat : un acteur incontournable

Il ne faut toutefois pas prendre pour acquis l'engagement des employés. À preuve, l'usine de Papiers Perkins a renouvelé difficilement sa convention collective à l'été 1994 même si l'entreprise était engagée dans la qualité totale depuis deux ans.

« On a négocié selon le modèle traditionnel et ça a failli tout gâcher, rappelle M. Boudreault. On a appris de cela. Quand on est passé à sept jours/semaine en décembre, il a fallu rouvrir la convention collective. Cette fois, ça a pris seulement 15 jours pour s'entendre. Actuellement ça va bien. »

À l'usine de Perkins, « le syndicat (CSN) est un acteur incontournable, dit M. Boudreault. Le président du syndicat est présent dans toute la démarche. On ne peut pas réussir en qualité totale si on n'implique pas le syndicat. »

Guy Déziel, ex-vice-président, exploitation, de Standard Deak, fait le même constat. « Chez nous, le syndicat (Teamsters) a permis que ses membres acquièrent de la formation sur leur propre temps, pourvu qu'on leur fournisse les outils de formation. »

Michel Boudreault avertit que ce n'est pas facile de faire de l'amélioration continue. « C'est un processus en dents de scie. Il y a des périodes de découragement et il ne faut pas attendre des résultats rapidement. Il faut aussi que les dirigeants acceptent les erreurs de parcours des groupes qualité. Ça peut prendre de trois à cinq ans avant d'avoir des résultats probants. Ça prend une direction très forte et très convaincue. »

Informer pour vaincre la résistance

Certaines entreprises rencontrent de la résistance, d'autres non. Jean-Luc Lemaire, qui a fait une recherche sur l'implantation de la qualité totale dans plusieurs entreprises de Laval, dit avoir constaté que l'insécurité des employés survient surtout au début de la mise en place d'un processus.

Michael Lister, directeur de l'assurance qualité de Digico, qui fait de la sous-traitance électronique, dit que son entreprise n'a pas rencontré de résistance de ses employés.

Tous s'entendent sur la nécessité d'expliquer, d'informer et de motiver les employés pour en arriver au but visé, mais « il ne faut pas le faire par la peur, avertit Christian Morin, vice-président, qualité totale, de LG Technologie. Il faut faire appel à la fierté des gens. »

Guy Déziel soutient toutefois que les entreprises n'ont pas le choix. « Si ça n'enclenche pas parce qu'il y a de la résistance des employés, les entreprises doivent passer à l'action quand même. »

---
1. Jean-Paul Gagné, Les Affaires, 1er juillet 1995, p. 3.

Le nœud : les contremaîtres

C'est au niveau des contremaîtres que l'entreprise rencontre la plus forte résistance à l'implantation de la qualité totale. «Pour enclencher le processus d'amélioration continue, affirme M. Déziel, il faut modifier le rôle traditionnel du superviseur pour en faire un coach. Des contremaîtres ont commencé par refuser de participer au programme de formation pour ne pas montrer leur faible niveau d'instruction.»

Selon Michel Boudreault, «les contremaîtres se demandent ce qu'il y a pour eux là-dedans. Ils savent que les équipes de travail vont devenir autonomes et ils savent que leur rôle sera modifié. La qualité totale modifie la notion de pouvoir dans l'établissement. Il faut les rassurer, leur dire leur rôle dans le futur immédiat.»

Christian Morin, de LG, affirme que son entreprise n'a pas rencontré la même résistance. «On est une jeune entreprise.»

Rencontre d'employés

Toutes les entreprises qui ont du succès en amélioration continue font beaucoup de communication, «surtout verbale, dit M. Boudreault. Il n'y a jamais trop d'information. Le journal d'usine doit donner de l'information dans les deux sens.» Autrement dit, il ne doit pas servir seulement à diffuser de l'information du haut vers le bas.

Gilles Lauriault, président de LG, nous disait récemment qu'il faisait chaque matin la visite de ses usines, histoire de dire bonjour à ses employés et de prendre le pouls des équipes de travail. De façon plus formelle, il rencontre à tour de rôle une quinzaine d'employés deux fois par mois pour donner de l'information et obtenir de l'information des employés.

Daniel Beauchemin, directeur de l'usine de Papiers Perkins, de Laval, rencontre chaque mois tous les employés d'usine.

«Il ne faut pas laisser pourrir le climat, dit Michael Lister. Quand on a un problème, on rencontre tout de suite les employés.»

«Il faut être proactif, affirme Christian Morin. L'autre jour, on a invité un client à venir dire lui-même aux employés qu'il était content des produits qu'ils fabriquent. Ça a été très bien reçu.» Au début, le client s'est montré réticent, tellement ce n'est pas dans les mœurs de féliciter et de remercier.

«C'est facile de fouetter, difficile de remercier, rappelle Michael Lister. Il faut donner des tapes dans le dos. Pourquoi ne félicite-t-on pas ceux qui sont présents au travail? On blâme bien ceux qui s'absentent.

«Quand on a eu notre accréditation ISO 9002, on a réuni nos employés et on leur a dit que c'est grâce à eux qu'on a réussi ça. Et c'est vrai. Sans leur collaboration, on ne l'aurait pas eue.»

«La reconnaissance est essentielle dans tout processus de qualité totale», rappelle Guy Déziel.

Questions

1. Pourquoi faut-il se préoccuper de faire participer les employés et les syndicats à une démarche de développement organisationnel?

2. Pour quelles raisons les contremaîtres résistent-ils souvent à la démarche d'amélioration continue? Que pourrait-on faire pour réduire leur résistance?

Introduction

Ce chapitre a pour objectif de présenter les acteurs responsables de la qualité de la gestion des ressources humaines ou GRH (le « qui ») au sein des organisations. En effet, une caractéristique qui distingue la GRH de la gestion du marketing, de la gestion des finances et de la gestion de la production tient au fait qu'elle repose sur les épaules d'intervenants variés dans les organisations. Il s'agit d'acteurs **internes** comme les dirigeants d'entreprise, les cadres (du premier niveau hiérarchique aux niveaux supérieurs), les professionnels en ressources humaines, les employés sans responsabilité de supervision et les syndicats. C'est d'ailleurs cette notion de responsabilité partagée en GRH qui rend la lecture de ce livre utile pour toute personne, quel que soit l'emploi qu'elle occupe ou l'entreprise où elle travaille.

Plus précisément, ce chapitre poursuit deux objectifs. Le premier objectif consiste à indiquer les responsabilités en matière de GRH de cinq acteurs présents dans les organisations, soit les dirigeants, les cadres, les professionnels en ressources humaines, les employés et les syndicats. Le second objectif consiste à traiter des conditions qui favorisent un partenariat de qualité entre ces acteurs. L'article intitulé « Pas d'amélioration continue sans participation intensive des employés » (Gagné, 1995), qui est reproduit au début de ce chapitre, illustre particulièrement bien l'importance du partenariat, notamment entre les employés, les syndicats et les contremaîtres, dans la réussite d'un programme d'amélioration continue ou de qualité totale.

Le prochain chapitre traitera d'un acteur ou d'un autre partenaire **externe** — le gouvernement — dont les nombreuses lois contraignent autant l'action des dirigeants, des cadres, des professionnels en ressources humaines que celle des syndicats en matière de GRH: la Loi sur les normes du travail, la Charte des droits et libertés de la personne, le Code du travail, la Loi sur la santé et la sécurité du travail, etc.

2.1 Les acteurs de la GRH dans les organisations

Avant de décrire les responsabilités respectives des acteurs en matière de GRH, il s'avère nécessaire de définir qui sont les dirigeants d'entreprise, les cadres, les professionnels en ressources humaines, les employés et le syndicat.

Les dirigeants d'entreprise forment un groupe de trois à cinq personnes qui occupent les postes au plus haut niveau hiérarchique dans une organisation. Quant aux cadres, ce sont les personnes qui supervisent le travail d'au moins une personne et qui n'œuvrent pas dans le service des ressources humaines.

Par ailleurs, les professionnels en ressources humaines sont les personnes dont le rôle principal consiste à optimiser la productivité de l'entreprise, notamment en accordant une aide — technique, humaine et administrative — aux cadres afin qu'ils supervisent adéquatement leurs employés. On les appelle «spécialistes des ressources humaines», «spécialistes en relations du travail», «conseillers en ressources humaines» ou encore «agents de personnel». Les professionnels en ressources humaines œuvrent dans le service des ressources humaines, c'est-à-dire l'unité administrative dont la mission consiste à fournir aux cadres et aux employés d'une entreprise des services en matière de GRH (par exemple le recrutement, la sélection, la formation, la rémunération et la négociation collective). La qualification d'une telle unité administrative varie: certains parlent du «service du personnel», d'autres du «service des relations du travail», d'autres encore du «service des relations avec les employés», etc.

Les employés sont les membres du personnel qui n'occupent pas un poste de cadre, c'est-à-dire qui ne supervisent pas le travail d'un ou de plusieurs subordonnés. Enfin, le syndicat désigne une association de salariés au sens du Code du travail, c'est-à-dire «un regroupement de salariés constitué en syndicat professionnel, union, fraternité ou autrement et ayant pour buts l'étude, la sauvegarde et le développement des intérêts économiques, sociaux et éducatifs de ses membres et particulièrement la négociation et l'application de conventions collectives» (Code du travail, 1997, 1a).

2.2 Les dirigeants d'entreprise

2.2.1 Les dirigeants d'entreprise et la GRH

Si l'on se fie à leurs discours ou à leurs messages dans les rapports annuels, la majorité des dirigeants d'entreprise accordent une importance stratégique aux ressources humaines. On y trouve couramment des expressions telles que celles-ci: «les personnes sont notre ressource première», «le succès de notre entreprise repose sur nos ressources humaines», «nos employés font la différence», etc. Toutefois, plusieurs dirigeants semblent avoir beaucoup de mal à passer de la parole aux actes.

Hypnotisés par les bénéfices à court terme de leur entreprise ou doutant de la véracité de ce qu'ils prêchent, les dirigeants d'entreprise prennent souvent des décisions contraires à leurs discours. Par exemple, ils négligent d'investir dans la formation ou bien dans des modes d'organisation du travail mieux adaptés à la nouvelle main-d'œuvre. Selon une enquête faite auprès d'entreprises canadiennes, 53% d'entre elles adopteraient encore une approche de gestion « traditionnelle », qui accorde peu souvent la priorité stratégique aux ressources humaines (Betcherman et autres, 1994).

Il apparaît aussi que les dirigeants recourent très vite à la rationalisation des effectifs pour redresser les affaires de leur organisation. Ainsi, une autre enquête canadienne montre que les compressions du personnel et l'introduction de nouvelles technologies sont parmi les interventions qu'ils privilégient le plus couramment pour faire face aux nouveaux défis de la compétitivité (Downie et Coates, 1994).

2.2.2 Les rôles des dirigeants d'entreprise en matière de GRH

Quoique la responsabilité ultime de la qualité de la GRH repose sur les dirigeants d'entreprise, peu d'écrits ont permis de distinguer clairement leurs responsabilités à cet égard. C'est ce que nous tenterons de faire dans cette section. Plus précisément, nous croyons que le discours optimiste des dirigeants d'entreprise à l'endroit de leur personnel a plus de chances de coïncider avec leurs décisions d'affaires dans la mesure où ils assumeront adéquatement trois grandes responsabilités en matière de GRH, soit celles de voir dans les ressources humaines un avantage concurrentiel, de promouvoir une GRH adaptée au contexte d'affaires de l'entreprise et d'exercer un leadership fort et axé sur la communication (figure 2.1).

Voir dans les ressources humaines un avantage concurrentiel

Dorénavant, il y a peu de possibilités que les dirigeants d'entreprise acquièrent un avantage concurrentiel à long terme en s'appuyant sur des facteurs de succès comme une technologie de pointe, un créneau sur le marché, un accès privilégié aux matières premières et de bonnes conditions de financement. En effet, les concurrents sont maintenant capables de copier rapidement la technologie, le produit ou le service qui distinguent une entreprise. Par ailleurs, l'accès privilégié à un marché ou à une matière première est plus difficile à garder dans un contexte de libre-échange et d'amélioration des réseaux de distribution. L'accessibilité aux ressources financières n'est pas non plus un atout à long terme étant donné que les marchés financiers

FIGURE 2.1   Les principales responsabilités des dirigeants d'entreprise en matière de GRH

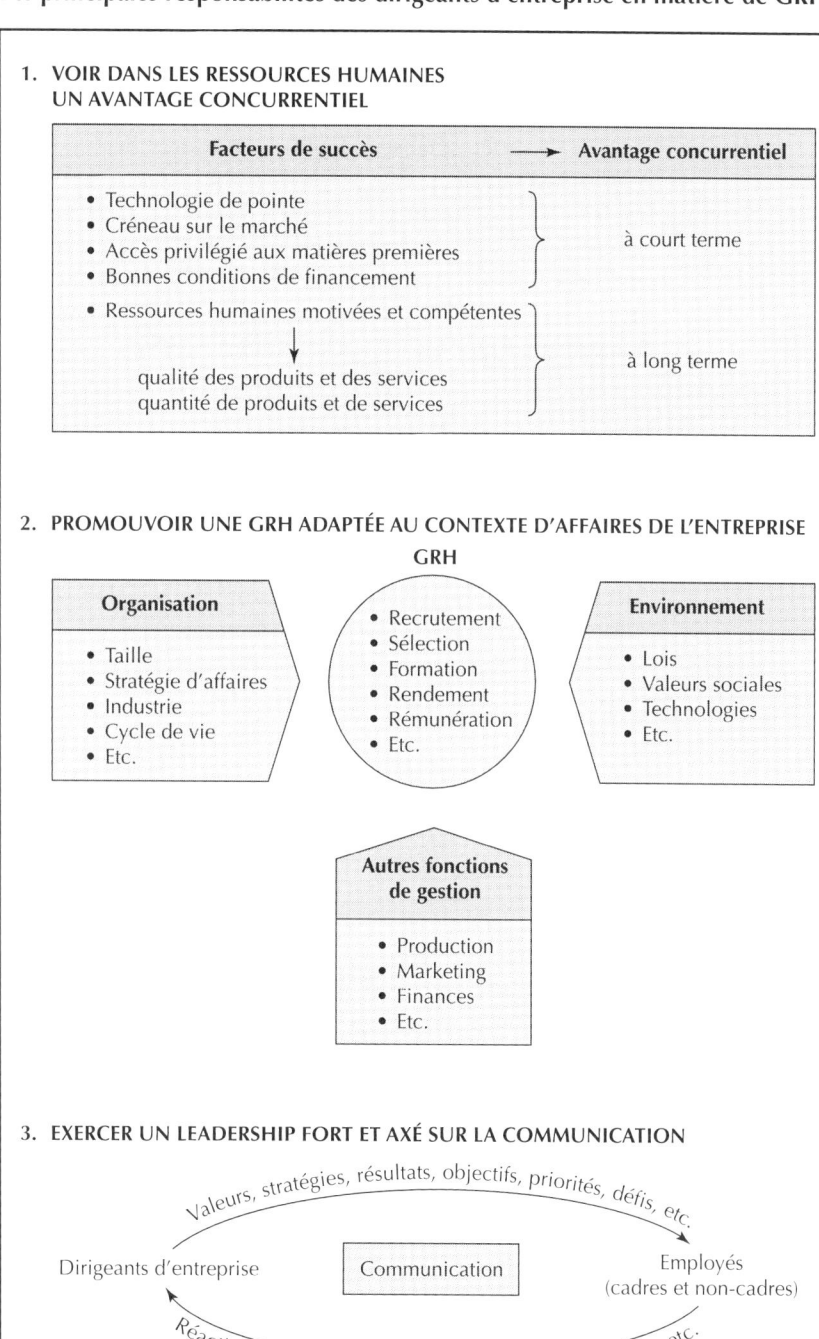

s'ouvrent et que le capital circule plus librement. Dans une telle situation, force est de conclure que le principal facteur de succès pour les années à venir correspond à celui qui a peut-être été le plus négligé jusqu'à maintenant: les ressources humaines.

Une enquête réalisée récemment auprès de 400 chefs de PME situées au Québec confirme que les trois principaux facteurs — ceux qui ont été choisis par plus de 80% d'entre eux — qui différencient leur organisation et qui amènent les clients à privilégier leurs produits et leurs services plutôt que ceux des concurrents sont liés aux compétences des employés: le service personnalisé, la qualité supérieure des produits et des services et le dynamisme du personnel (Des Roberts, 1991).

Par conséquent, les organisations gagnantes sont celles qui arrivent à mieux gérer leurs ressources humaines, ou encore à mieux relever les défis de la GRH dont traite ce livre. Comme il est impossible de l'emporter dans les deux volets de la concurrence — l'amélioration de la quantité et de la qualité des produits et des services — sans le concours du personnel, c'est sur la capacité des dirigeants de bien gérer cette ressource que repose le succès de leur organisation. La qualité de la GRH — c'est-à-dire des pratiques de sélection, de formation, de rémunération, etc. — peut constituer un avantage concurrentiel, car elle influence le rendement des employés, la réalisation de la stratégie d'affaires et le rendement de l'entreprise.

Promouvoir une GRH adaptée au contexte d'affaires de l'entreprise

La perspective dite contingente (ou synergique) à l'égard de la GRH peut être exprimée simplement: il n'existe pas de solutions miracles! Les dirigeants d'entreprise doivent donc renoncer à rechercher des «recettes» dans ce domaine. Les ressources humaines constituent un véritable atout dans la mesure où elles sont gérées au moyen de politiques et d'activités qui sont cohérentes entre elles, cohérentes avec celles des autres fonctions de gestion et alignées sur la réalisation de la stratégie d'affaires.

«La bonne façon de faire» en GRH est donc celle qui s'adapte au contexte d'affaires propre à chaque organisation — notamment ses valeurs, sa culture, ses objectifs, sa stratégie et son environnement — et qui évolue au même rythme que l'environnement et la stratégie d'affaires. Cela signifie que les dirigeants d'entreprise ne doivent pas s'accrocher aux traditionnelles façons de faire en GRH — qui ont certes pu être à l'origine du succès passé de leur entreprise — alors que le nouveau contexte exige certains changements.

Cela dit, il ne s'agit pas non plus pour eux de modifier continuellement leurs politiques et leurs programmes de GRH sans égard au contexte d'affaires. En effet, de nombreux dirigeants d'entreprise s'aventurent dans des courants à la mode qui ne sont que des solutions toutes faites n'ayant rien à voir avec ce qu'il faudrait accomplir pour résoudre le problème qu'ils connaissent. Certains d'entre eux procèdent à des changements majeurs — comme la réduction des effectifs et l'implantation de nouvelles technologies — alors que des modifications plus simples seraient davantage adaptées à leur stratégie d'affaires et permettraient d'accroître le rendement de leur entreprise. D'autres cadres supérieurs s'appuient même sur l'implantation successive de programmes dernier cri, comme la qualité totale, la réingénierie des processus, le *kaizen* ou la gestion par compétences, pour se bâtir une «bonne» réputation. Ces dirigeants, qui se préoccupent plus de soigner leur image auprès des employés, du public et de la presse que d'améliorer les conditions de travail réelles des employés, peuvent être tentés d'opter pour les innovations les moins coûteuses qui permettent certes d'accroître leur réputation, mais qui ne répondent à aucun besoin des employés. Malheureusement, certains conseils d'administration et dirigeants d'entreprise évaluent la compétence de leurs cadres supérieurs selon le nombre de changements qu'ils proposent et implantent, sans tenir compte de leur pertinence.

Les résultats d'un sondage réalisé auprès de plus de 2000 employés (cadres et non-cadres) d'une entreprise dans le secteur des services financiers (Kossek, 1990) illustrent bien l'échec de nombreuses innovations. Interrogés sur les huit innovations en GRH que leur employeur avait implantées au cours des dernières années (dont l'horaire flexible, les cercles de qualité et les programmes de primes), les participants ont confirmé que ces innovations avaient été conçues et implantées sans engagement ou avec peu d'engagement de la part des cadres de premier niveau et des employés. Par ailleurs, les participants à l'enquête qui occupaient un poste de dirigeant ou de cadre tendaient plus que les non-cadres à percevoir que les innovations ont été efficaces. Les dirigeants d'entreprise se disaient plus satisfaits de l'efficacité des innovations qui s'adressaient aux employés de la base, tels les cercles de qualité, l'affichage de postes et les programmes de reconnaissance ou de primes. Comme l'expliquait un employé participant, plusieurs cadres ont intérêt à estimer que de telles innovations sont bonnes parce qu'on les implante souvent en leur disant: «Regardez tout l'argent que nous dépensons pour les employés: nous devons sûrement faire un bon travail!»

Lorsque, par un heureux concours de circonstances, de telles innovations improvisées s'avèrent un succès, les dirigeants d'entreprise s'en approprient vite le crédit. Toutefois, et ainsi qu'il faut s'y attendre, ces innovations (autres que celles qui ont un caractère routinier) donnent rarement les résultats escomptés. Le plus souvent, les dirigeants jettent alors le blâme sur leur traditionnel bouc émissaire: les professionnels en ressources humaines. Dans ce contexte, il ne faut pas être surpris que les employés deviennent de plus en plus sourds, sceptiques, voire cyniques à l'égard des dirigeants d'entreprise qui leur demandent de collaborer activement à la réalisation d'«un autre» changement organisationnel. Ils doutent de la sincérité des intentions des dirigeants et de la portée à long terme du changement en question. «Plus ça change, plus c'est pareil», diront plusieurs avec raison.

Exercer un leadership fort et axé sur la communication

Pour se mobiliser et «être dans le coup», les employés et les cadres doivent reconnaître clairement le leadership de l'équipe de direction. De leur côté, les dirigeants doivent constamment communiquer — verbalement et par écrit — afin d'indiquer à tous les employés leur vision, leurs valeurs, leurs objectifs, leurs priorités, leurs stratégies et leurs résultats. Le principal signe de l'importance que revêtent les ressources humaines aux yeux des dirigeants tient au soin et au temps qu'ils prennent, d'une part, pour expliquer leurs actions et leurs décisions aux employés et, d'autre part, pour écouter les réactions, les attentes et les craintes de ces derniers.

Aussi, avant d'adopter des changements majeurs dans le domaine de la GRH, les dirigeants devraient s'assurer que les cadres de premier niveau et les employés de la base sont consultés, qu'ils comprennent la raison d'être de ces changements, les acceptent et les estiment nécessaires.

Dans son livre intitulé *Leadership Is an Art*, Max Dupree (1989), ancien président de Herman Miller Company, considère que tous les employés doivent être informés continuellement sur les sujets suivants:
- les résultats financiers détaillés;
- les mesures courantes à propos de la productivité;
- les besoins et les attentes des clients;
- la part de marché des concurrents et leurs actes;
- les stratégies de l'organisation;
- le lien entre les stratégies et les priorités des divers groupes;
- les statistiques sur la qualité;
- les statistiques sur la satisfaction des clients;
- les nouveaux services et les produits en développement;
- les pertes, la pollution et le coût de l'énergie utilisée.

Il semble que de nombreuses organisations aient du travail à faire à cet égard. Une étude réalisée par Lawler, Mohrman et Ledford (1995) auprès des organisations faisant partie du Fortune 1000 indique qu'en 1993 seulement 46 % de ces organisations transmettaient une information de base en matière de bénéfices à tous leurs employés ou à la plupart d'entre eux. Leur étude montre que les organisations sont encore plus secrètes — cette fois, moins de 20 % des organisations — en ce qui a trait aux plans d'affaires, au rendement financier de leurs unités d'affaires et aux comparaisons entre le rendement de l'organisation et celui des concurrents.

Par ailleurs, sachant que les dirigeants sont les premiers responsables de la culture de leur organisation, ils doivent exprimer une ouverture aux considérations relatives aux ressources humaines et s'assurer qu'ils la communiquent de plusieurs façons (tant par écrit et oralement que par leurs gestes et leurs décisions). Aussi, lorsque la plupart des employés ne savent pas que leur rôle est important dans la réussite de leur entreprise et que leurs attitudes et leurs comportements à l'endroit des clients font la différence, une partie du blâme revient aux dirigeants de l'organisation. Selon Lawler, le caractère secret entourant le rendement des organisations — notamment à l'égard du rendement des concurrents — serait particulièrement dommageable étant donné qu'« un certain sentiment d'urgence face aux concurrents est nécessaire pour réduire les résistances aux changements. Sans cette information, il est difficile pour les employés de comprendre le sérieux de la concurrence » (1996, p. 221-222 ; notre traduction).

Finalement, Jac Fitz-enz (1997) a réalisé une étude s'étendant sur quatre ans auprès des 100 organisations américaines les plus performantes sur le plan des bénéfices et du maintien du personnel. Ses résultats indiquent que ces organisations se distinguent des autres en ayant en commun les huit meilleures pratiques de GRH, qui sont présentées au tableau 2.1. Ces pratiques résument bien les propos de cette section.

TABLEAU 2.1   **Les huit pratiques de GRH adoptées par les meilleures organisations**

1. Une recherche de l'ajout de la **valeur** tant sur le plan humain que sur le plan financier.
2. Un **engagement** à long terme dans une stratégie d'affaires de base : la recherche du changement indépendamment des modes.
3. Une gestion consciente et active visant à assurer des liens étroits entre la **culture organisationnelle** et les systèmes de gestion.
4. Une préoccupation marquée en ce qui a trait à la **communication** et à la transmission de l'information à tous les intervenants.
5. Un **partenariat** avec les intervenants à l'intérieur et à l'extérieur de l'organisation.

TABLEAU 2.1 Les huit pratiques de GRH adoptées par les meilleures organisations (suite)

> 6. Une aide et une **collaboration** mutuelles à tous les niveaux, entre les fonctions de gestion et au sein des fonctions, de manière à accroître la cohésion de l'organisation et à mieux se défendre contre les attaques provenant de l'extérieur.
> 7. Une volonté d'**innover**, de prendre des **risques** et de réaliser des changements radicaux.
> 8. Une **passion pour la compétition**, impliquant le rejet du *statu quo* et la recherche constante des améliorations.

Source : Inspiré de J. Fitz-enz, *The 8 Practices of Exceptional Companies*, AMACOM, American Management Association, 1997.

2.3 LES CADRES HIÉRARCHIQUES

2.3.1 LES CADRES HIÉRARCHIQUES ET LA GRH

Selon la définition que nous en avons donnée précédemment, le cadre est une personne qui supervise le travail d'au moins une autre personne. Tous les cadres doivent assumer des responsabilités face aux ressources humaines et être tenus pour responsables, du moins en grande partie, de la qualité de la GRH dans leur entreprise. Ces responsabilités de GRH sont inhérentes à la relation supérieur-subordonné. En effet, les cadres hiérarchiques, quelle que soit leur spécialisation (production, marketing, ventes, finances, etc.), doivent optimiser non seulement la gestion des ressources matérielles et financières, mais aussi celle des ressources humaines qui sont sous leur autorité hiérarchique.

Par exemple, un directeur du marketing doit, en plus de se préoccuper des ventes, du nombre de clients, de la qualité du produit et de sa distribution, superviser efficacement les personnes qui relèvent de son autorité, comme les professionnels, les vendeurs ou les représentants. Il a la responsabilité de s'entourer de subordonnés compétents, de voir à ce qu'ils aient la formation requise, de gérer leur rendement, d'organiser leur travail, etc. En somme, le rendement de son équipe repose sur une saine GRH. Plus précisément, les cadres hiérarchiques ont deux grandes responsabilités en matière de GRH, soit celle d'établir des relations efficaces, respectueuses et équitables, et celle d'assurer la supervision de leurs subordonnés.

2.3.2 LES RÔLES DES CADRES HIÉRARCHIQUES EN MATIÈRE DE GRH

Les rôles des cadres hiérarchiques en matière de GRH sont importants. D'ailleurs, la qualité de la GRH aux yeux des employés repose d'abord et avant tout sur leur perception de la qualité des relations avec leur superviseur et les membres de leur équipe.

Établir des relations efficaces, respectueuses et équitables

Comme tous les cadres sont des gestionnaires des ressources humaines, l'acceptation d'un poste d'encadrement exige de développer des habiletés de supervision ou de *coaching* permettant d'établir des relations efficaces, respectueuses et équitables avec les subordonnés, qui sont de plus en plus instruits. Les normes et les prescriptions sur le sujet étant nombreuses, nous résumons au tableau 2.2 les comportements que l'on conseille le plus souvent aux cadres d'adopter.

Assurer la supervision des employés

Quoique certains puissent rêver à cela, il est impossible d'être cadre sans superviser le personnel! Aussi, dans la mesure où un employé ne veut pas avoir à se préoccuper de GRH, il serait préférable pour lui de refuser les promotions et de se cantonner dans des postes de premier niveau, de représentant ou de conseiller. Rappelons-le: devoir superviser des gens est inhérent à tout poste d'encadrement, de celui de président à celui de superviseur de premier niveau ou de contremaître. Les cadres sont d'ailleurs tenus pour responsables — et avec raison d'ailleurs — des résultats et de la cohésion de leur équipe.

TABLEAU 2.2   Les principales responsabilités des cadres en matière de GRH

1. Établir des relations efficaces, respectueuses et équitables

- Écouter les employés
- Favoriser l'autonomie, déléguer
- Exprimer leurs attentes
- Encourager la formation
- Reconnaître et souligner les réussites, remercier
- Stimuler l'esprit d'équipe
- Responsabiliser les employés
- Remédier au mauvais rendement
- Orienter le travail, lui donner un sens
- Faire des critiques en privé
- Affronter les problèmes
- S'entourer de gens compétents
- Agir comme modèles
- Donner une rétroaction continue
- Se méfier de leurs préjugés ou biais
- Reconnaître le droit à l'erreur
- Se soucier de l'équité
- Respecter les gens
- Communiquer

2. Assurer la supervision des subordonnés

Ainsi, selon un sondage effectué par la firme Samson, Bélair, Deloitte & Touche (1995) auprès de 220 premiers responsables des ressources humaines d'entreprises canadiennes, la grande majorité (soit 70%) des personnes à la tête d'unités administratives sont tenues pour responsables du rendement des employés de leurs unités et de la qualité de la GRH qu'on y observe. Malgré que les responsabilités de GRH soient le lot de tous les cadres, elles le sont de manière plus évidente pour les cadres des petites entreprises, puisqu'on n'y trouve à peu près pas de professionnels en ressources humaines pour les seconder.

La figure 2.2 illustre comment, au sein des moyennes et grandes entreprises, les cadres et les professionnels en ressources humaines partagent certaines responsabilités à l'égard des différentes activités de GRH. Elle montre, entre autres, que les cadres sont couramment engagés dans plusieurs activités de GRH telles que l'organisation du travail, la sélection de leurs employés, l'évaluation de leur rendement et la détermination de leurs augmentations de salaire. Dans la majorité des cas, les cadres rencontrent les candidats intéressés à combler un poste, prennent la décision d'embauche, évaluent le rendement de leurs subordonnés, leur communiquent leurs attentes en matière de rendement, recommandent les augmentations de salaire qu'ils devraient recevoir, etc.

En fait, les cadres hiérarchiques sont souvent les personnes les mieux placées pour prendre plusieurs décisions de GRH étant donné qu'ils connaissent très bien leurs subordonnés et les exigences de leurs emplois. Aussi, les cadres sont en droit de s'attendre à ce que les professionnels en ressources humaines travaillent étroitement avec eux pour répondre à leurs besoins (en ce qui concerne les formulaires, les grilles, les politiques, les conseils, la formation) et les aider à relever leurs défis de GRH (comme celui de mobiliser les employés dans un contexte de réduction des effectifs ou de changements technologiques).

Finalement, plusieurs auteurs croient que les cadres de tous les niveaux hiérarchiques sont appelés — et le seront davantage dans l'avenir — à jouer un rôle prépondérant dans la réalisation de nombreuses activités de GRH. Pour Guérin et Wils (1992), l'intérêt et l'engagement accrus des cadres pour ce qui est de la GRH tiennent au fait que les dirigeants d'entreprise accordent plus d'importance aux ressources humaines et encouragent plus l'engagement des cadres dans des activités traditionnellement dévolues aux professionnels en ressources humaines (comme la formation, la planification de la main-d'œuvre et la rémunération). Par exemple, les professionnels en ressources humaines ont généralement la responsabilité d'élaborer des grilles d'augmentations de salaire et de s'assurer que les cadres les respectent. Aujourd'hui, certaines organisations décident

FIGURE 2.2 Le profil courant du partage des responsabilités de GRH entre les cadres et les professionnels en ressources humaines (PRH) des grandes entreprises

Activités de GRH	Responsabilités		
	des PRH seulement	pleinement partagées	des cadres seulement
1. Rédaction des politiques de GRH	▬		
2. Recrutement des candidats	▬		
3. Réalisation des entrevues de sélection		▬▬▬	
4. Passation et interprétation des tests d'embauche	▬		
5. Décision d'embauche de tel ou tel candidat		▬▬▬▬▬	▬
6. Accueil des nouveaux employés		▬▬	
7. Intégration des nouveaux employés dans l'équipe		▬▬▬	
8. Détermination des besoins de formation	▬		
9. Formation des employés		▬▬	
10. Gestion (planification, supervision, évaluation, suivi) du rendement des employés		▬▬▬▬▬	
11. Élaboration des formulaires d'évaluation du rendement	▬		
12. Réalisation des entrevues d'évaluation du rendement		▬▬	
13. Détermination des structures salariales		▬▬	
14. Détermination du budget des augmentations salariales	▬		
15. Détermination des augmentations individuelles de salaire		▬▬▬▬	
16. Rédaction des mesures disciplinaires		▬▬	
17. Application des mesures disciplinaires		▬▬▬▬▬	
18. Établissement des règles de santé et de sécurité du travail		▬▬▬	
19. Application des règles de santé et de sécurité du travail		▬▬▬	
20. Négociation des conventions collectives	▬		
21. Gestion des griefs jusqu'à l'arbitrage		▬▬	
22. Élaboration des programmes d'égalité des chances d'emploi ou d'équité salariale	▬		
23. Respect des chartes des droits et libertés, du Code du travail, des lois, etc.		▬▬	
24. Réalisation des enquêtes d'opinion auprès des employés	▬		
25. Mise à jour des dossiers des employés	▬		

d'accroître le pouvoir discrétionnaire des cadres et de les rendre responsables du coût total des augmentations de salaire qu'ils accordent. Dans ces organisations, les professionnels en ressources humaines ont alors, en comparaison du rôle de contrôleur, davantage le rôle de conseiller qui doit donner de l'information aux cadres afin de les aider à décider d'augmentations de salaire qui soient équitables vis-à-vis du marché sans être trop coûteuses pour l'entreprise.

2.4 Les professionnels en ressources humaines

2.4.1 Les professionnels en ressources humaines et la GRH

La qualité de la GRH au sein des entreprises constitue également une responsabilité des professionnels en ressources humaines. En effet, leur rôle premier consiste à optimiser la productivité des employés en accordant une aide technique, humaine et administrative aux cadres hiérarchiques pour qu'ils supervisent adéquatement leurs employés.

Comme nous l'avons déjà mentionné, les postes des professionnels en ressources humaines sont qualifiés de diverses façons, que ce soit « spécialistes des ressources humaines », « spécialistes en relations du travail », « conseillers en ressources humaines » ou encore « agents de personnel ». Ces professionnels œuvrent souvent au sein d'un service des ressources humaines, c'est-à-dire d'une unité administrative dont la mission est de fournir aux cadres et aux employés d'une entreprise des services à l'égard de la réalisation des activités de GRH (comme le recrutement, la sélection, la formation, la rémunération et la négociation collective). Cette unité peut porter différents noms, comme « service du personnel », « service des relations du travail » ou « service des relations avec les employés ».

2.4.2 Les raisons de la présence des professionnels en ressources humaines

Quels que soient le titre du poste occupé par les professionnels en ressources humaines et le nom de leur unité administrative, leur présence dans l'entreprise n'est pas automatique. Elle est généralement attribuable à deux raisons : le manque de temps et le manque d'expertise des cadres.

Le manque de temps des cadres hiérarchiques

Dans les petites entreprises, les cadres réalisent seuls les activités de GRH sans éprouver trop de problèmes. Toutefois, lorsque le nombre d'employés augmente, les activités de GRH, et notamment la sélection et la formation, leur prennent beaucoup de temps, au point qu'il devient difficile pour eux d'assumer adéquatement leurs fonctions premières, comme celles d'augmenter les ventes pour le gestionnaire des ventes, d'améliorer la production pour le directeur de la production et de faire de la recherche et du développement pour l'ingénieur. Lorsque l'accomplissement des responsabilités des cadres en matière de GRH entrave la réalisation des objectifs de l'entreprise (c'est-à-dire améliorer les ventes, la production, le service, etc.), il est temps d'embaucher un professionnel en ressources humaines. Voilà pourquoi l'on commence souvent par attribuer des tâches qui requièrent énormément de temps — comme la gestion des salaires et des avantages sociaux et le recrutement — aux premiers professionnels en ressources humaines qui arrivent dans l'entreprise.

Le manque d'expertise des cadres hiérarchiques

Face à des problèmes particuliers reliés à la supervision (comme l'insubordination ou le manque de relève), à l'improductivité ou au climat de travail, plusieurs dirigeants et cadres ont besoin de conseils précis. Les cadres peuvent également avoir besoin de conseils d'experts pour s'assurer qu'ils ne contreviennent pas aux obligations légales sans cesse croissantes rattachées aux chartes des droits et libertés, au salaire minimum, à l'équité salariale, à l'égalité des chances d'emploi ou aux normes du travail. Dans le contexte où l'obtention de tels conseils auprès d'entreprises-conseils est trop coûteuse ou inappropriée, il devient rentable d'embaucher un professionnel en ressources humaines. Cela explique pourquoi les responsabilités des professionnels en ressources humaines sont plus grandes à l'égard des actions ou des activités qui découlent d'une loi ou d'un règlement du travail, comme la négociation d'une convention collective ou l'élaboration d'un programme d'équité salariale ou d'égalité des chances d'emploi. Le jargon et les connaissances techniques du métier sont nécessaires, et l'on ne peut demander à tous les cadres de les maîtriser.

Ainsi, ce n'est pas parce que les cadres sont souvent les mieux placés pour prendre plusieurs décisions de GRH qu'ils n'ont pas besoin de l'aide ou des conseils des professionnels en ressources humaines pour prendre les meilleures décisions. En outre, si la présence de professionnels en ressources humaines permet aux cadres de se départir de certaines tâches liées à la GRH, d'autres décisions de GRH, comme celles ayant trait à la sélection finale et à l'évaluation du rendement, restent de leur ressort. Par ailleurs, il faut s'assurer qu'on n'embauche pas un professionnel en ressources humaines pour de mauvaises raisons. Cela arrive plus souvent qu'on ne le pense, ce qui crée aussi plusieurs problèmes de relations entre cadres et professionnels en ressources humaines. Pensons aux cadres qui demandent l'embauche de professionnels parce qu'ils n'aiment pas accomplir les activités de GRH. Ou encore aux directeurs à la tête d'un service des ressources humaines qui embauchent des professionnels pour se bâtir un empire; ils souffrent alors du syndrome consistant à considérer que «plus on est gros, plus on a du pouvoir et plus on est payé».

Selon une récente enquête du Conference Board du Canada (Benimadhu, 1995), le **ratio d'embauche moyen** est de 8 professionnels en ressources humaines par 1 000 employés, soit 8 : 1 000. Toutefois, ce ratio décroît avec la taille des entreprises : il s'élève à 17 : 1 000 dans les petites entreprises, à 10 : 1 000 dans les entreprises de taille moyenne, à 6 : 1 000 dans les grandes entreprises et à 5,6 : 1 000 dans les très grandes entreprises. Les petites entreprises ont proportionnellement plus de professionnels en ressources humaines parce que les économies d'échelle y sont moindres et que les professionnels y réalisent des tâches qui ne sont pas considérées comme faisant partie de leurs responsabilités dans les plus grandes entreprises. Finalement, remarquons que ce ratio d'embauche des professionnels en ressources humaines augmente avec le pourcentage de main-d'œuvre syndiquée au sein des entreprises : le ratio s'élève à 9,5 : 1 000 dans les entreprises non syndiquées, à 6 : 1 000 dans celles dont moins de 20 % de la main-d'œuvre est syndiquée, à 8 : 1 000 lorsque de 20 % à 49 % de la main-d'œuvre est syndiquée et à 7 : 1 000 lorsque celle-ci correspond à plus de 50 % des employés.

2.4.3 Les rôles des professionnels en ressources humaines en matière de GRH

Plusieurs auteurs ont traité des rôles des professionnels en ressources humaines en tenant un discours plutôt normatif dans lequel ils avaient tendance à prescrire ce qu'ils devraient faire plutôt que de décrire ce qu'ils font généralement dans les entreprises. La plupart de ces auteurs se complaisent à idéaliser les rôles des professionnels en ressources humaines en en faisant presque des héros, que personne n'a eu la chance de rencontrer ou n'a la possibilité de devenir !

Pour notre part, nous tenterons d'adopter une perspective plus descriptive que normative. Pour ce faire, nous délimiterons les rôles des professionnels en ressources humaines en nous appuyant sur deux documents : d'abord les résultats de l'étude de Labelle et Dyer (1992) effectuée auprès d'un échantillon de 264 entreprises américaines du secteur privé, puis le livre de Dave Ulrich (1997) intitulé *Human Resource Champions*. Ces deux ouvrages nous amènent à regrouper les rôles des services des ressources humaines, et conséquemment des professionnels en ressources humaines, en quatre grandes catégories (tableau 2.3) : le rôle de

TABLEAU 2.3 Les principaux rôles et objectifs des professionnels en ressources humaines

Rôles	Objectifs
Partenaire stratégique	Gérer le personnel de façon à réaliser la stratégie d'affaires
Spécialiste en administration du personnel	Gérer les activités quotidiennes du personnel de manière efficiente et professionnelle
Représentant du personnel	Offrir des services qui répondent aux besoins du personnel et mobiliser celui-ci
Agent de contrôle et de changement	S'assurer de l'efficacité de la gestion du personnel en effectuant les changements requis pour l'optimiser

partenaire d'affaires, qui gère le personnel de façon à réaliser la stratégie d'affaires ; le rôle de spécialiste en administration du personnel, qui gère de manière efficiente les activités quotidiennes du personnel ; le rôle de représentant du personnel, qui offre des services répondant aux besoins du personnel et qui le mobilise ; et enfin le rôle d'agent de contrôle et de changement, qui s'assure de l'efficacité de la gestion du personnel en effectuant les changements requis pour l'optimiser.

Notons que ce regroupement des rôles des professionnels en ressources humaines s'accorde avec d'autres écrits récents sur le sujet. Par exemple, dans un article intitulé « Repenser les rôles des professionnels en ressources humaines », Guérin et Wils (1997) illustrent comment, dans un environnement turbulent, concurrentiel et difficile, la contribution et la mobilisation des employés deviennent essentielles et exigent que l'on remplace le modèle traditionnel de gestion du personnel par un modèle renouvelé (figure 2.3). Comme l'expriment ces auteurs, ne serait-ce que pour aider les cadres « rétro » à mettre le cap sur la gestion de l'an 2000, les professionnels en ressources humaines sont appelés à jouer deux nouveaux rôles : celui de partenaires d'affaires et celui d'agents de contrôle et de changement. Ces nouveaux rôles ont des répercussions sur les services des ressources humaines (visibilité, décentralisation, travail de généralistes, etc.), sur les exigences et le développement professionnels (connaissance de l'organisation, habiletés à gérer le changement, formation continue), et sur la formation universitaire (deuxième cycle, spécialisation en management et en GRH).

FIGURE 2.3 Un tableau synoptique des idées-maîtresses du processus de changement auquel font face les professionnels en RH

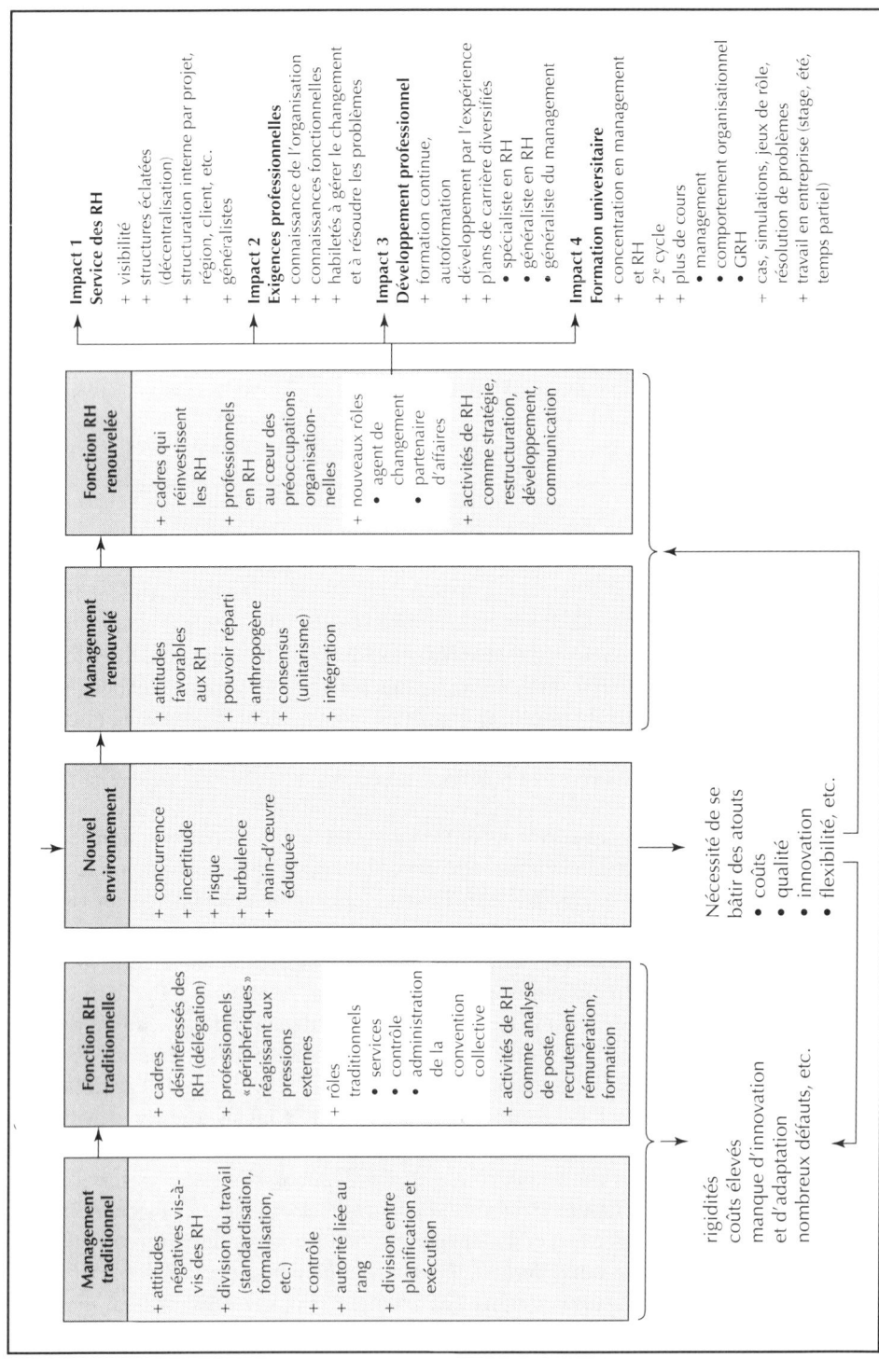

Source : G. Guérin et T. Wils, « Repenser les rôles des professionnels en ressources humaines », *Gestion*, vol. 22, n° 2, été 1997, p. 48.

Par ailleurs, une récente enquête du Conference Board du Canada (Benimadhu, 1995) auprès de 500 vice-présidents des ressources humaines confirme qu'une majorité d'entre eux estiment que leur profession impliquera dans les prochaines années un engagement accru dans la planification stratégique, le développement d'un partenariat d'affaires avec les cadres et une orientation plus marquée vers les affaires (*business*) et les résultats.

LE RÔLE DE PARTENAIRE D'AFFAIRES

Les professionnels en ressources humaines doivent être plus que des contrôleurs ou des conseillers. Ils doivent agir comme des partenaires d'affaires et des consultants internes en proposant des activités qui amélioreront le rendement des organisations. L'étude de Labelle et Dyer (1992) associe d'ailleurs ce rôle des professionnels en ressources humaines aux activités suivantes: agir comme partenaires stratégiques, influencer les décisions des dirigeants d'entreprise, agir comme conseillers au moment de la prise de décisions stratégiques, approuver les décisions importantes liées au personnel et relier la GRH à la stratégie d'affaires de l'organisation.

Il semble que plusieurs services des ressources humaines aient encore beaucoup de travail à faire pour assumer plus adéquatement cette responsabilité. Ainsi, l'enquête de Foucher (1991), réalisée auprès d'un échantillon de 186 organisations des secteurs privé et public québécois, révèle que plusieurs directeurs des ressources humaines commencent à peine à exercer le rôle de partenaire d'affaires.

LE RÔLE DE SPÉCIALISTE EN ADMINISTRATION DU PERSONNEL

Comme nous l'avons indiqué précédemment, on crée des postes de professionnels en ressources humaines principalement parce que les cadres manquent de temps ou d'expertise pour accomplir convenablement leurs responsabilités de GRH. Une bonne partie du travail, si ce n'est la plus grande — dans un milieu syndiqué, par exemple —, du service des ressources humaines porte sur la gestion des activités quotidiennes reliées aux ressources humaines, comme l'administration des conventions collectives, la gestion des salaires et des avantages sociaux ou la gestion du recrutement. L'étude de Labelle et Dyer (1992) associe d'ailleurs ce rôle des professionnels en ressources humaines aux activités suivantes: régler les problèmes quotidiens, informer les employés, gérer les activités de GRH comme l'embauche et la rémunération, informer les cadres et effectuer des tâches administratives.

Cet aspect « opérationnel » du travail du service des ressources humaines s'avère très important. En fait, il faut reconnaître qu'il a été et restera toujours la principale raison d'être de la plupart des services des ressources humaines. Certes, l'aspect plus « stratégique » de leur travail doit être mieux assumé dans l'avenir, mais cela doit s'ajouter aux responsabilités quotidiennes et non se faire à leur détriment.

Le rôle de représentant du personnel

Les professionnels des services des ressources humaines doivent aussi s'assurer que la GRH correspond aux objectifs d'affaires de leur entreprise en pratiquant ce qu'ils prêchent, c'est-à-dire en mettant l'accent sur la qualité et le service. La nécessité de mieux répondre aux besoins de leurs clients — les dirigeants, les cadres et les employés — fait en sorte que certains professionnels en ressources humaines sont moins nombreux dans les sièges sociaux que dans les divisions administratives, car ils doivent mieux comprendre les activités et démontrer des talents de généralistes.

Le service des ressources humaines fournit l'expertise en matière de GRH alors qu'un client privilégié — les cadres — fait appel à cette expertise. Comme service-conseil (*staff*), le service des ressources humaines a la responsabilité de répondre aux besoins et aux attentes des cadres et des employés. En cela, le professionnel en ressources humaines est un représentant du personnel. Par ailleurs, la seule façon efficace pour les professionnels en ressources humaines de connaître les besoins de leurs clients et d'y répondre adéquatement consiste à travailler en étroite collaboration avec eux. L'étude de Labelle et Dyer (1992) lie d'ailleurs cette responsabilité des professionnels en ressources humaines aux activités suivantes: soumettre aux cadres les décisions importantes de GRH ou les projets de GRH afin d'obtenir leurs avis, faire correspondre leurs priorités à celles des cadres, tenir compte des suggestions de ces derniers, modifier les activités de GRH pour mieux répondre à leurs besoins, faciliter la réalisation de leurs activités de GRH et faire des enquêtes sur les besoins des employés ou pour recueillir leurs opinions.

L'importance pour les professionnels en ressources humaines de collaborer avec les cadres pour mieux répondre à leurs besoins ne date pas d'hier. Une étude réalisée par Gitzendanner, Misa et Stein (1983) montre qu'il y a un fossé entre les entreprises très performantes et leurs concurrentes peu performantes quant à leurs façons respectives de superviser leur personnel. Dans les entreprises très performantes, la GRH repose sur les efforts conjoints ou la collaboration des professionnels en ressources humaines et des cadres, alors que dans les entreprises peu performantes, la

GRH est partagée entre ces deux groupes d'acteurs sans qu'ils travaillent ensemble. Dans ce dernier cas, les programmes et les activités relèvent souvent des professionnels en ressources humaines qui n'ont pas fait participer les cadres à leur développement. Dorénavant, on attribue davantage un rôle de consultant — en comparaison de celui de conseiller — aux professionnels en ressources humaines : ils doivent chercher à comprendre les préoccupations et les problèmes des cadres en matière de GRH, proposer des activités de GRH adéquates, aider les cadres à les implanter et les former afin qu'ils puissent les gérer davantage eux-mêmes.

Le rôle d'agent de contrôle et de changement

Les professionnels en ressources humaines jouent également un rôle d'agent de contrôle et de changement. Ainsi, ils sont chargés de s'assurer de l'efficacité de la GRH au sein de leur entreprise. L'étude de Labelle et Dyer (1992) associe cette responsabilité aux activités suivantes : vérifier si la GRH appuie les activités qui se trouvent au cœur de la mission de l'entreprise (la production et les services), analyser les forces et les faiblesses du service des ressources humaines, déterminer les besoins à l'égard d'innovations en GRH, évaluer la satisfaction des employés face à la GRH et aux activités du service des ressources humaines, améliorer la qualité des outils de GRH et recourir à des indicateurs objectifs pour évaluer la qualité des activités de GRH.

En démontrant sa contribution à l'amélioration de la productivité de l'organisation, le professionnel en ressources humaines gagne de la crédibilité et augmente ses chances de devenir l'un des joueurs les plus importants au sein de l'équipe de direction. Par exemple, Carroll (1991) rapporte le cas d'une entreprise qui, après avoir implanté un régime de partage des gains de productivité, a vu sa productivité augmenter de 31%, ses coûts baisser de 14% et l'absentéisme des employés diminuer de 26%. Paris (1989) cite le cas d'une entreprise canadienne à laquelle l'instauration d'horaires flexibles a permis d'économiser annuellement 250 000 $, soit le coût estimé des retards et de l'absentéisme occasionnés par les problèmes d'équilibre travail-famille.

Bien que la réaction initiale de nombreux professionnels en ressources humaines soit souvent de dire qu'il est impossible d'évaluer avec précision les effets de leurs activités, ils ont tout à gagner à tenter de le faire en avançant des chiffres fiables quoique imparfaits. En effet, moins les dirigeants d'entreprise arrivent à estimer l'apport du service des ressources humaines à l'aide de chiffres — analyse coûts-bénéfices —, plus ils sont susceptibles d'y abolir certains postes à plus ou moins brève échéance.

Finalement, le fait que bien des dirigeants d'entreprise exigent rarement que leur service des ressources humaines contrôle la qualité de la GRH au sein de l'entreprise n'améliore pas la situation. Cela laisse croire qu'ils prennent moins au sérieux la GRH que la gestion du marketing ou la gestion de la production, qui, elles, sont souvent évaluées de près. Il ne faut pas oublier le principe de base selon lequel on obtient seulement ce qu'on évalue.

Une enquête du Conference Board du Canada (Benimadhu, 1995) indique que 61 % des 500 vice-présidents des ressources humaines disent que le président de leur entreprise exige qu'ils mesurent sous une forme ou une autre leur contribution. En outre, les mêmes participants à l'enquête considèrent que l'accent sera mis davantage sur la mesure de l'efficacité de la GRH au cours des cinq prochaines années: plus précisément, 76 % d'entre eux disent qu'ils devront évaluer les répercussions d'un plus grand nombre de programmes de GRH.

2.5 LES EMPLOYÉS

Si les employés s'attendent à ce que les dirigeants de leur entreprise leur accordent une rémunération juste et des conditions de travail sécuritaires et équitables, les dirigeants d'entreprise doivent s'attendre à ce que leurs employés fassent le travail demandé, atteignent les standards normaux de rendement et respectent les règlements du travail. Ce sont là les responsabilités de base des employés.

Toutefois, pour des raisons de compétitivité, de plus en plus de dirigeants d'entreprise exigent davantage de leurs employés. Par exemple, ils leur demandent de prendre plus d'initiatives au travail, d'acquérir de nouvelles habiletés ou de s'identifier encore plus à l'entreprise. En effet, de plus en plus de dirigeants délèguent à leurs employés de la production des responsabilités accrues en matière de GRH. Par exemple, de plus en plus d'employés sont chargés d'évaluer leur propre rendement ou celui de leurs collègues, d'écrire leur propre description d'emploi, de participer à l'évaluation de leur emploi en répondant à un questionnaire, de gérer leur carrière, etc. La réduction récente du nombre de niveaux hiérarchiques au sein de nombreuses organisations fait d'ailleurs en sorte que plusieurs activités, autrefois du ressort des contremaîtres, sont maintenant assumées par les membres d'équipes de travail dites «autogérées», «semi-autonomes» ou «autonomes». Ainsi, les membres de ces équipes sont souvent appelés à exécuter des tâches à tour de rôle, à évaluer le rendement de l'équipe, à fixer leurs objectifs de travail, et même à participer à la sélection et à la formation de nouveaux coéquipiers. Finalement, de plus en plus d'employés professionnels qui n'ont aucune responsabilité d'encadrement — c'est-à-dire aucun subordonné à superviser — assument également plus de responsabilités en matière de GRH. Par exemple, certains ingénieurs interviewent des diplômés de l'université qui postulent un emploi dans l'entreprise.

Remarquons ici que les exigences des dirigeants d'entreprise à l'égard de leurs employés peuvent diverger de celles auxquelles ces derniers sont prêts à satisfaire. En effet, selon l'ampleur de leurs besoins de sécurité, d'argent, de pouvoir ou d'accomplissement, les employés n'aspirent pas tous également à se surpasser au travail ou à assumer davantage de responsabilités ; ainsi, certains désirent mieux équilibrer leurs responsabilités familiales et professionnelles, avoir plus de temps libre pour mener à bien des projets personnels ou, tout simplement, pour ménager leur santé. Par ailleurs, on peut aussi s'interroger sur la compatibilité des exigences de plus en plus grandes de certains dirigeants d'entreprise face à l'engagement des employés au travail alors qu'en même temps ils procèdent à des réductions massives d'effectifs, ils accordent de plus en plus de contrats à des sous-traitants, ils offrent une moins grande sécurité d'emploi, et ainsi de suite. Les employés ne sont pas dupes, ou ne le restent pas longtemps : ils se dépenseront sans compter dans leur travail et assumeront plus de responsabilités dans la mesure où ils en retireront certains avantages, comme une formation continue qui améliorera leur « valeur » sur le marché du travail, une meilleure rémunération ou encore une participation réelle à la prise de décisions et aux bénéfices de l'entreprise.

2.6 LES SYNDICATS

Historiquement, les syndicats ont aussi été en partie responsables de la qualité de la GRH au sein des entreprises en raison de leur rôle de représentants ou de défenseurs des intérêts de leurs membres dans les négociations des contrats de travail avec les dirigeants. Traditionnellement, l'arrivée d'un syndicat a influencé la gestion des activités reliées à la mobilité du personnel (comme l'embauche, les mutations, les promotions et les licenciements), à l'organisation ou à la division du travail, au contrôle de l'absentéisme, à la gestion de la rémunération, aux horaires de travail et à la discipline, etc.

Au sein d'une entreprise, l'influence du syndicat sur la GRH est importante étant donné qu'elle s'étend souvent aux catégories d'employés non syndiquées. Ainsi, les augmentations de salaire négociées pour les employés de la production peuvent créer une pression à la hausse sur les salaires d'autres groupes d'employés non syndiqués, comme les cadres et les employés de bureau, qui seront insatisfaits de leurs conditions de rémunération si elles ne s'améliorent pas dans la même proportion.

Traditionnellement, l'influence des syndicats sur la GRH était un peu difficile à cerner étant donné que les politiques véhiculées par les diverses centrales syndicales différaient beaucoup. Toutefois, l'attitude de tous les syndicats a évolué au cours des dernières années. Nous résumons ci-après les propos de Lapointe et Bélanger (1996) sur l'évolution de la position des syndicats à l'égard des nouvelles formes d'organisation du travail qui ont souvent une incidence sur les modes de GRH.

Historiquement, certains syndicats, comme la CSN et la FTQ, se sont opposés à ces nouvelles approches, prétextant qu'elles diminuaient l'importance de la convention collective, affaiblissaient les syndicats en cooptant leurs chefs, accroissaient le pouvoir des dirigeants sur les salariés et détérioraient les conditions de travail en augmentant la charge de travail et en réduisant l'emploi. Par contre, certains syndicats, comme la CSD, songeant plutôt qu'ils s'affaibliraient s'ils restaient à l'écart, se sont montrés un peu plus ouverts. Ils estimaient que ces nouvelles approches étaient inévitables et que la participation des syndicats à leur introduction contribuerait, au contraire, à réduire les risques et à faire un pas vers la démocratie industrielle.

Depuis quelques années, plusieurs changements dans l'environnement ont restreint le pouvoir des syndicats, forçant du coup les dirigeants syndicaux à revoir leur position traditionnelle. Ainsi, la mondialisation des marchés a eu pour effet de mettre les salaires et les conditions de travail offerts par les entreprises de moins en moins à l'abri de la concurrence (pensons à Bell Canada, par exemple). Par ailleurs, on décentralise et on fragmente de plus en plus les négociations des conditions de travail à l'échelle des usines au moment où le recours à la grève s'avère de moins en moins possible devant un employeur qui menace de fermer ses portes. Finalement, les nouvelles formes d'organisation du travail exigent plus de flexibilité et une réduction des règles qui ont historiquement donné du pouvoir au syndicat, comme les augmentations de salaire en fonction de l'ancienneté, la procédure de règlement des griefs, la classification étroite des emplois, les lourdes structures salariales et les politiques relatives aux mouvements du personnel.

Les pressions précédentes font en sorte qu'aujourd'hui les syndicats sont ouverts (certains diront qu'ils y sont contraints) à l'égard des nouveaux modes de gestion de la rémunération. Aujourd'hui, les préoccupations des syndicats concernent plutôt l'équité du processus de changement. Ainsi, ils se posent les questions suivantes: quel type de changement peuvent-ils favoriser? Comment doivent-ils y participer? Quelle formation doivent-ils obtenir pour suivre l'employeur dans ce processus de changement? Quelles conditions doivent-ils veiller à protéger chez leurs membres? L'équité des processus de gestion de la rémunération prend donc davantage d'importance.

Ce changement d'attitude des syndicats résulte aussi des pressions du nouveau contexte d'affaires. Aujourd'hui, l'établissement et le maintien de relations patronales-syndicales harmonieuses et efficaces deviennent une priorité pour la majorité des organisations syndiquées. Certains auteurs, comme Audet et Grisé (1994), parlent de la nécessité d'établir un partenariat patronal-syndical. Ce partenariat exige, d'un côté, que les syndicats jouent un rôle plus important de partenaire économique et social tant à l'intérieur qu'à l'extérieur des entreprises et, d'un autre côté, que les dirigeants fassent confiance à leurs alliés, appliquent une éthique des affaires et partagent davantage l'information, le pouvoir et le capital. Ainsi, plusieurs syndicats, comme dans les industries de l'automobile et de l'aviation, ont fait des concessions salariales et collaborent à l'implantation de nouvelles approches de travail (comme les équipes de travail et le régime de partage des gains de productivité) de façon à aider la direction à traverser des périodes difficiles.

Une enquête effectuée en 1994 par les conseillers en management de Samson, Bélair, Deloitte & Touche (1995) révélait que 60% des 221 premiers responsables des ressources humaines d'entreprises canadiennes planifiaient ou avaient planifié la mise en œuvre de projets en collaboration avec le syndicat ou le personnel afin d'améliorer le rendement de leur organisation. Les projets les plus populaires avaient trait aux modifications apportées aux horaires et aux formules de travail, à la rémunération et aux applications de la gestion de la qualité totale.

Finalement, il faut souligner que ce n'est pas seulement la présence d'un syndicat qui influence la GRH, mais aussi la volonté de l'employeur d'éviter une éventuelle syndicalisation. Comme une mauvaise GRH (souvent due à des dirigeants et des cadres qui n'assument pas adéquatement leurs responsabilités de GRH) entraîne la syndicalisation des employés (le syndicat comblant les faiblesses des gestionnaires), une bonne GRH reste la meilleure façon de l'éviter! Cela explique pourquoi les organisations non syndiquées, et qui veulent le rester, doivent souvent offrir des conditions de travail (des avantages sociaux, des salaires, une sécurité d'emploi, etc.) qui s'avèrent aussi alléchantes, sinon meilleures, que celles accordées par les entreprises syndiquées concurrentes. Plusieurs entreprises non syndiquées, comme IBM, ont d'ailleurs des pratiques de GRH plus coûteuses et des conditions de travail plus généreuses que celles de bon nombre d'entreprises syndiquées concurrentes.

2.7 LE PARTENARIAT EN GRH : QUELQUES CONDITIONS DE SUCCÈS

La description que nous venons de faire des responsabilités respectives de divers acteurs à l'égard de la GRH permet de faire certaines constatations.

Premièrement, une mauvaise GRH représente un problème complexe à régler, car la découverte des causes et la mise en œuvre des solutions nécessitent la collaboration de plusieurs intervenants. En réalité, les problèmes de GRH sont beaucoup moins souvent dus aux professionnels en ressources humaines — les boucs émissaires! — qu'aux intervenants qui assument mal les principales responsabilités en matière de GRH : les dirigeants et les cadres hiérarchiques de l'entreprise.

Deuxièmement, la GRH représente l'art de trouver un compromis optimal entre divers groupes d'acteurs dont les intérêts et les objectifs respectifs peuvent être conflictuels. Pensons, par exemple, aux employés qui recherchent un emploi stable et suffisamment rémunéré, alors que les dirigeants veulent maximiser les profits de leur entreprise et contrôler le coût des salaires. Ou encore aux cadres qui veulent accorder des salaires permettant d'attirer les meilleurs candidats et d'éviter la syndicalisation, alors que les professionnels en ressources humaines veulent offrir des salaires concurrentiels et proportionnels aux responsabilités des emplois.

Troisièmement, dans ce contexte, il est important de respecter certaines conditions qui favorisent un partenariat de qualité entre les divers acteurs de la GRH, soit les dirigeants, les cadres, les professionnels en ressources humaines, les employés et les syndicats. Selon nous, le succès d'un tel partenariat repose essentiellement sur les cinq conditions suivantes :

1. Promouvoir les compétences en supervision dans la sélection et la promotion, la formation et l'évaluation du rendement des cadres.
2. S'entourer de professionnels en ressources humaines compétents, définir leur mandat et leurs objectifs, leur donner des ressources adéquates et s'assurer de leur contribution.
3. Faire participer le responsable des ressources humaines au processus de planification stratégique et le faire relever directement du président ou du directeur général de l'entreprise.
4. Clarifier l'autorité respective des dirigeants, des cadres et des professionnels en ressources humaines.
5. Appuyer la GRH sur des politiques claires et adéquates.

Avant de décrire ces préalables du partenariat, il est important d'observer qu'ils s'appuient sur la volonté des dirigeants d'entreprise. Cela explique pourquoi on peut considérer ces derniers comme les premiers responsables de la qualité de la GRH dans les entreprises. Les seconds responsables sont les cadres, puisqu'ils ont un contact quotidien avec leurs subordonnés, ce qui leur permet d'influencer leurs attitudes et leurs comportements au travail.

2.7.1 Promouvoir les compétences en supervision

Bien superviser le personnel exige des aptitudes et des habiletés de la part des cadres. Les dirigeants d'entreprise doivent combler les postes d'encadrement en faisant appel à des personnes qui ont ces compétences; ils doivent aussi s'assurer que ces personnes reçoivent au besoin de la formation sur le sujet. Cela signifie que les dirigeants d'entreprise doivent considérer les compétences en supervision du personnel des candidats dans la prise de décisions reliées aux promotions.

Par ailleurs, si les ressources humaines sont un véritable facteur de succès pour l'entreprise, les dirigeants devraient évaluer les cadres — des cadres de premier niveau aux cadres supérieurs — sur la qualité de leur gestion du rendement de leurs subordonnés. Encore ici, les dirigeants peuvent s'assurer que les cadres supervisent bien leurs subordonnés dans la mesure où ils sont évalués à l'égard de cette responsabilité. Dans cette perspective, certains dirigeants d'entreprise vont jusqu'à adopter un système d'évaluation dite «ascendante» où les employés évaluent les qualités de leadership de leur supérieur immédiat.

2.7.2 S'entourer de professionnels en ressources humaines compétents

Les professionnels en ressources humaines — et surtout le responsable du service — devraient être des personnes compétentes. Habituellement, on préfère confier le poste de la direction du service des ressources humaines à un candidat qui a un profil de généraliste plutôt que de spécialiste, qui est en mesure de comprendre les multiples facettes d'une situation. On entend par là un candidat qui connaisse l'ensemble des affaires de l'entreprise, qui possède une certaine expertise sur l'ensemble des activités liées à la GRH (comme la dotation, la rémunération et la formation) et qui comprenne les préoccupations de l'ensemble des autres fonctions de gestion (comme le marketing, les finances, la production et la recherche et le développement). En fait, face au choix de ce profil, il y va de la crédibilité du responsable du service des ressources humaines auprès des autres cadres de l'entreprise avec lesquels il devra constamment interagir.

Par-delà leur compétence, les professionnels en ressources humaines doivent disposer des ressources adéquates — notamment l'information, l'argent et le temps — pour faire évoluer la GRH en fonction du contexte d'affaires de l'entreprise.

Finalement, au même titre que les autres cadres, les professionnels en ressources humaines doivent être évalués en ce qui concerne la façon dont ils assument leurs rôles en matière de GRH. Toutefois, cette évaluation n'est pas faite fréquemment. Selon l'enquête de Cashman et McElroy (1991) faite auprès de 74 professionnels en ressources humaines aux États-Unis, 32% d'entre eux disent que leur employeur évalue le service des ressources humaines au moins une fois par année, alors que 29% d'entre eux disent que leur employeur procède rarement ou ne procède jamais à une telle évaluation. Par ailleurs, lorsqu'un tel audit a lieu, il est souvent effectué par un professionnel du service des ressources humaines (rarement par des consultants externes) qui se limite à présenter ses opinions sur la qualité des activités du service. Remarquons qu'il est possible d'évaluer le rendement d'un service des ressources humaines dans la seule mesure où les dirigeants d'entreprise ont préalablement défini une mission et des objectifs clairs pour ce service. La même enquête confirme d'ailleurs que les services des ressources humaines qui ont une mission formelle, ou écrite, sont plus fréquemment évalués par les dirigeants. Le problème est que peu de dirigeants d'entreprise définissent une mission et des objectifs clairs pour le service des ressources humaines et communiquent cette information aux autres cadres. Cela éviterait pourtant bien des conflits de territoires.

2.7.3 Faire participer le responsable des ressources humaines au processus de planification stratégique

Si les dirigeants veulent faire en sorte que leur service des ressources humaines assume adéquatement ses responsabilités, ils doivent faire participer au processus de planification stratégique le responsable des ressources humaines au même titre que les responsables des fonctions finances, production et marketing. Une enquête de Samson, Bélair, Deloitte & Touche (1995) auprès de 220 premiers responsables des ressources humaines au sein d'organismes canadiens montrait que 80% d'entre eux participaient à un comité de la haute direction et que 62% étaient membres du comité de direction.

Deux autres enquêtes, réalisées par le Conference Board du Canada (Benimadhu, 1989, 1995), indiquent que la participation des premiers responsables des ressources humaines à la planification stratégique s'est accrue au cours des cinq années précédant l'enquête et devrait s'accroître dans l'avenir. Respectivement 84% et 92% des personnes qui ont répondu aux deux enquêtes de 1989 et 1995 disaient participer au processus de planification stratégique de leur entreprise. L'une d'entre elles faisait remarquer qu'un groupe, composé du président et des vice-présidents de la planification, des opérations, des finances et des ressources humaines, se réunissait régulièrement pour décider de la direction stratégique de l'entreprise. Paradoxalement, 65% des participants à cette enquête estimaient que l'intégration des premiers responsables des ressources humaines dans la planification stratégique et l'amélioration de leur leadership constituaient les 2 défis prioritaires (sur une liste de 17) pour les 5 années suivantes. Si cela correspondait à des défis, c'est donc dire que la participation et le pouvoir des premiers responsables des ressources humaines représentaient toujours un problème. Aussi, bien que la participation des responsables des ressources humaines aux affaires des entreprises se soit accrue au cours des dernières années, il semble qu'il y ait encore de la place pour l'amélioration. L'enquête canadienne de Betcherman et autres (1994) indique d'ailleurs que les professionnels en ressources humaines sont souvent en dehors du cercle des preneurs de décisions importantes.

Par ailleurs, la position hiérarchique et le titre du poste du responsable des ressources humaines ont aussi une importance stratégique et symbolique. Ils ont une importance sratégique, puisque cela influence dans quelle mesure le point de vue des ressources humaines sera pris en considération dans les décisions d'affaires. De même, ils ont une importance symbolique, puisque cela témoigne de la valeur que la direction de l'entreprise accorde à la GRH. Comme c'est souvent le cas pour les responsables des finances, du marketing ou de la production, le responsable des ressources humaines devrait relever directement du président-directeur général. S'il n'occupe pas un poste de niveau hiérarchique semblable au leur, il pourra difficilement prétendre être également partie intégrante des affaires et influencer autant qu'eux les décisions et les pratiques de gestion stratégique. Par ailleurs, l'absence d'un lien hiérarchique direct entre le président et le responsable des ressources humaines perpétue l'idée selon laquelle le rôle de ce dernier est uniquement administratif et dénie son rôle stratégique.

Les enquêtes portant sur la position hiérarchique et le titre du poste des premiers responsables des ressources humaines sont peu nombreuses. Selon deux enquêtes du Conference Board du Canada (Benimadhu, 1989, 1995), près de 77% des premiers responsables des ressources humaines disent relever directement du président de leur entreprise, les autres disant se rapporter à d'autres cadres supérieurs, tels le vice-président de l'entreprise, le vice-président de l'administration, le vice-président de la production ou le vice-président des finances.

Une autre étude effectuée en 1994 par la firme de conseillers en management Samson, Bélair, Deloitte & Touche (1995) auprès des premiers responsables des ressources humaines de 221 organismes canadiens des secteurs privé, public et parapublic montre que 60% d'entre eux relevaient directement du chef de la direction ou du sous-ministre, et que le titre de leur poste était «vice-président des ressources humaines» dans 30% des cas, «directeur des ressources humaines» dans 45% des cas, «chef de service» dans 19% des cas et «directeur général» dans 6% des cas.

2.7.4 Clarifier l'autorité respective des dirigeants, des cadres et des professionnels en ressources humaines

En raison du partenariat en GRH qui doit s'établir entre les dirigeants, les cadres et les professionnels en ressources humaines, il devient important que leur autorité respective soit précisée afin de minimiser les affrontements. Ces conflits risquent d'être plus sérieux au moment de la prise de décisions touchant plusieurs intervenants, comme celles qui ont trait à la discipline, à l'organisation du travail, aux congédiements, aux mutations, aux promotions et à la planification des ressources humaines. Plus précisément, les intervenants doivent distinguer les trois types d'autorité suivants: l'autorité hiérarchique, l'autorité de conseil et l'autorité fonctionnelle.

L'autorité hiérarchique

Ce type d'autorité correspond à celle des cadres, qui peuvent donner des ordres à leurs subordonnés et s'attendre à ce que ces ordres soient réalisés. Au même titre que le directeur du marketing, le directeur du service des ressources humaines est responsable du travail de plusieurs personnes et possède une autorité hiérarchique sur ses subordonnés.

L'autorité de conseil

Ce type d'autorité est accordé à des personnes qui ont des connaissances spécialisées et reconnues; ces personnes ont le droit de donner des conseils dans le champ de leurs compétences. Ainsi, les professionnels en ressources humaines peuvent conseiller les cadres au cours de leur prise de décisions en matière de supervision. Toutefois, la plupart du temps, ces derniers ne sont pas obligés de suivre leurs recommandations, car les professionnels en ressources humaines n'ont pas d'autorité hiérarchique sur les cadres.

L'autorité fonctionnelle

Ce type d'autorité permet aux professionnels en ressources humaines de donner des directives à des cadres et d'en surveiller l'application, pour autant qu'elles découlent de politiques ou de programmes approuvés par les dirigeants de l'organisation, ou encore du respect de lois ou de programmes gouvernementaux. Cette autorité est indispensable aux professionnels en ressources humaines pour s'assurer que les politiques, les programmes de GRH ainsi que les règles légales sont respectés et appliqués par l'ensemble des cadres de l'entreprise.

Comme l'autorité fonctionnelle est souvent à l'origine des conflits entre les cadres et les professionnels en ressources humaines, il importe de bien la distinguer. Voici quelques exemples d'applications auxquelles elle donne lieu. Lorsque les dirigeants d'une entreprise ont adopté une politique de recrutement interne, le professionnel en ressources humaines a, en vertu de son autorité fonctionnelle, le droit de refuser qu'un cadre embauche un ami ou un cousin issu de l'extérieur de l'entreprise (aussi compétent qu'il puisse l'être!) si une personne à l'intérieur de l'entreprise s'avère qualifiée et désireuse de combler le poste vacant. De la même façon, lorsque des dirigeants adoptent un programme d'égalité des chances d'emploi — selon lequel, à compétence égale, un candidat d'un groupe protégé (femmes, handicapés ou autochtones) est privilégié au moment des décisions d'embauche ou de promotion —, le professionnel en ressources humaines a le droit d'empêcher qu'une unité administrative ou que certains cadres nient l'existence de cette politique, de la même manière qu'on ne peut accepter que le directeur d'une usine adopte des méthodes comptables différentes de celles utilisées dans les autres usines de l'entreprise.

2.7.5 Appuyer la GRH sur des politiques claires et adéquates

La culture d'une organisation repose en grande partie sur les politiques formelles (écrites) ou informelles (non écrites) en matière de GRH. Les politiques de GRH correspondent à des énoncés fondamentaux communiquant les attitudes, les intentions, les objectifs ou les préférences des dirigeants d'entreprise en ce qui a trait aux conduites acceptables ou approuvées dans le domaine de la GRH. Voici des exemples de politiques:

> À compétence égale, on privilégie les candidats de l'interne par rapport à ceux de l'externe lorsqu'il s'agit de combler des postes.

> Le rendement de tous les employés doit être évalué au moins une fois par année; celui des nouveaux employés doit être évalué périodiquement.

> *La santé et la sécurité des employés sont primordiales; il faut éliminer tout danger.*
>
> *Les salaires et les avantages sociaux accordés aux employés sont comparables à ceux offerts sur le marché.*
>
> *Le salaire des cadres est fonction de leur rendement annuel.*

Le contenu des politiques de GRH doit être fonction de la philosophie de gestion des dirigeants. Par exemple, les politiques de GRH adoptées par les dirigeants de la firme américaine Lincoln Electric valorisent la sécurité d'emploi, le service à la clientèle, la participation à la propriété ou l'actionnariat et la participation aux bénéfices au moyen de primes qui peuvent doubler le salaire des employés. Par conséquent, contrairement à ce que plusieurs croient, les politiques de GRH ne correspondent pas à des règlements administratifs (ayant trait, par exemple, au temps accordé à la pause-café ou aux endroits où il est permis de fumer) ou à des énoncés généraux de conduites (comme «les employés doivent être loyaux» ou «les employés ne doivent pas voler les biens de l'entreprise»).

Par ailleurs, l'adoption de politiques formelles, ou écrites, de GRH dépend de plusieurs facteurs. Premièrement, la taille de l'entreprise: plus une entreprise est grande, plus elle tend à adopter des politiques formelles. Deuxièmement, la syndicalisation et la catégorie de personnel: les entreprises syndiquées dont la main-d'œuvre est composée principalement d'employés de la production adoptent moins de politiques de GRH, ces dernières étant examinées dans la convention collective. Troisièmement, les activités de GRH: les politiques concernant les avantages sociaux, l'évaluation des emplois et la rémunération sont plus formalisées que celles ayant trait à la sélection, à la formation et à l'évaluation du rendement des employés.

L'utilité des politiques de GRH

Les cadres sont généralement réfractaires à tout ce qui réduit leur pouvoir de décision en matière de supervision (ce qu'entraînent les politiques de GRH) parce que ce sont eux qui, finalement, sont tenus pour responsables du rendement de leurs subordonnés. C'est d'ailleurs pourquoi ils expriment souvent à l'égard des politiques et des programmes de GRH des plaintes ou des reproches de ce genre: «Les membres du service des ressources humaines mènent l'entreprise»; ou encore: «On n'a pas à nous dire ce que nous avons à faire». Toutefois, lorsque aucune politique n'oriente les décisions d'embauche, de promotion, de rémunération, de discipline, etc., les cadres risquent fort de ne trop savoir quoi faire, d'avoir besoin de beaucoup de temps pour prendre des décisions relatives au personnel ou de prendre ces décisions de façon incohérente et inéquitable.

Ainsi, l'adoption de politiques de GRH s'avère importante pour plusieurs raisons. Premièrement, de telles politiques correspondent à des guides d'action qui réduisent l'incertitude ainsi que le temps nécessaire pour prendre diverses décisions de GRH. Les politiques agissent comme des fondations sur lesquelles les programmes et les activités de GRH s'appuient. Par exemple, une politique de promotion interne exige qu'on accorde une formation aux employés afin que des candidats de l'entreprise aient la qualification requise pour occuper les postes à combler. Par ailleurs, une politique de salaire au mérite — c'est-à-dire basé sur le rendement individuel — exige qu'on dispose d'un système d'évaluation du rendement adéquat.

Deuxièmement, les politiques de GRH permettent de réduire le favoritisme, la partialité, l'arbitraire ou l'iniquité dans la prise de décisions. En somme, elles représentent un compromis entre le respect de l'autorité hiérarchique de chaque cadre et le souci de la cohérence et de l'équité dans les décisions de GRH prises par les cadres. Ainsi, l'adoption d'une politique disciplinaire permet d'éviter que, dans des cas similaires d'insubordination, un cadre congédie un employé, un deuxième cadre lui donne un avertissement verbal et un troisième lui impose une suspension d'une semaine.

Selon une enquête réalisée par Applebaum (1991), les principaux cas d'éthique auxquels les professionnels en ressources humaines disent qu'ils font face ont trait à la différence de traitement due au favoritisme ou aux relations avec des membres de la direction. Plus précisément, les 10 principaux cas d'éthique sont, dans l'ordre:

1) la préférence (favoritisme) accordée aux amis ou aux membres de la famille dans les décisions portant sur la sélection, la formation et la promotion;
2) les différences dans les décisions concernant la rémunération, la discipline, les promotions, etc., prises à l'égard de personnes ayant des liens privilégiés avec les cadres supérieurs;
3) le harcèlement sexuel;
4) la discrimination dans l'octroi des promotions en fonction du sexe des candidats;
5) la procédure disciplinaire différente pour le personnel cadre et pour le personnel non cadre;
6) le non-respect de la confidentialité;
7) la discrimination dans la détermination des salaires en fonction du sexe des titulaires;

8) l'évaluation des employés en fonction de facteurs qui ne sont pas reliés au rendement ;
9) les accords avec des vendeurs ou des entreprises de consultation qui permettent de retirer un gain personnel ;
10) la discrimination dans les décisions de recrutement et de sélection en fonction du sexe des candidats.

Finalement, les politiques délimitent les aspects de la GRH sous lesquels les professionnels en ressources humaines ont une autorité fonctionnelle, c'est-à-dire le pouvoir d'imposer aux cadres l'application de règles, de programmes ou de processus de gestion, qu'il s'agisse d'une grille d'augmentations de salaire à respecter, d'un formulaire d'évaluation du rendement à remplir, et ainsi de suite.

Les caractéristiques des politiques de GRH efficaces

Les politiques de GRH sont efficaces, c'est-à-dire qu'elles sont utiles de la manière que nous venons de décrire, dans la mesure où elles respectent certaines conditions.

Premièrement, elles doivent correspondre à des énoncés généraux qui limitent le pouvoir décisionnel des cadres en matière de GRH sans le leur enlever. Par exemple, une politique de promotion interne force les cadres à privilégier — à compétence égale — des candidats de l'interne, mais elle ne les oblige pas à embaucher tel ou tel candidat.

Deuxièmement, les politiques de GRH doivent être cohérentes par rapport aux autres politiques, comme celles du marketing ou de la production. Par exemple, si les politiques de marketing d'une entreprise consistent à offrir des services de qualité supérieure à prix élevé à des consommateurs dont le revenu est élevé, une politique de GRH cohérente peut être d'offrir des salaires supérieurs à ceux du marché et d'accorder de la formation, de manière à attirer et à conserver du personnel qualifié.

Troisièmement, les politiques de GRH, ainsi que les procédés et les programmes qui en découlent, doivent correspondre à des moyens permettant d'appuyer la stratégie d'affaires et de faciliter la réalisation des objectifs. Ces politiques ne sont pas une fin en soi. Les dirigeants d'entreprise ne remettent pas assez souvent en question la pertinence de leurs politiques alors que les défis ou la stratégie de leur entreprise ont beaucoup changé. Dans la mesure où des politiques de GRH, et conséquemment les programmes et les activités de GRH, ne favorisent pas la réalisation des objectifs de l'entreprise, celle-ci doit les éliminer, sinon elle éprouvera des problèmes si elle continue à les appliquer. Outre qu'ils sont chargés de veiller à ce que les politiques de GRH soient respectées, les responsables des ressources humaines ont le devoir de remettre en question leur utilité et leur pertinence.

Quatrièmement, les politiques de GRH doivent être cohérentes par rapport au discours des dirigeants, à leur philosophie de gestion et à la culture organisationnelle pour assurer la réussite des programmes qui en découlent. En effet, il s'avère très difficile pour les professionnels en ressources humaines de faire en sorte que les cadres appliquent des politiques de GRH qui ne sont pas confirmées par le discours, les décisions et les comportements des dirigeants d'entreprise. Comme nous l'indiquions à la figure 2.2, les cadres sont les principaux responsables du respect des politiques et des programmes de GRH — souvent proposés par les professionnels en ressources humaines et approuvés par les dirigeants d'entreprise —, et ce sont eux qui doivent les appliquer dans le quotidien.

Conclusion

Dans ce chapitre, nous avons pu constater que plusieurs acteurs à l'intérieur des entreprises ont des responsabilités en matière de GRH: les dirigeants, les cadres, les professionnels en ressources humaines, les employés et les syndicats. Tous, et plus particulièrement les dirigeants et les cadres, sont donc en partie responsables de la qualité de la GRH au sein des entreprises. Les dirigeants d'entreprise peuvent être considérés comme les premiers responsables, puisque c'est d'eux que dépend la satisfaction des principales conditions de succès du partenariat entre les divers acteurs de la GRH. Par ailleurs, la qualité de la GRH repose dans une large mesure sur l'ensemble des cadres de l'entreprise, car ils ont un contact quotidien avec les employés et exercent un effet important sur leurs attitudes et leurs comportements au travail.

QUESTIONS DE RÉVISION

1. En quoi la GRH se distingue-t-elle de la gestion des autres fonctions (telles que les finances, le marketing et la production) dans les entreprises?

2. Quelles sont les responsabilités des dirigeants d'entreprise en matière de GRH?

3. Quelles sont les responsabilités des cadres — c'est-à-dire des personnes qui supervisent le travail d'au moins une personne — en matière de GRH?

4. Quelles sont les responsabilités des professionnels en ressources humaines — les

spécialistes qui œuvrent au sein du service des ressources humaines — à l'égard de la GRH?

5. Discutez de la façon dont les employés et les syndicats exercent une influence sur la qualité de la GRH.

6. Quelles sont les principales conditions à respecter pour garantir le succès du partenariat entre les divers acteurs de l'entreprise qui déterminent la qualité de la GRH, soit les dirigeants, les cadres, les professionnels en ressources humaines, les employés et les syndicats? Sur qui repose principalement la satisfaction de ces conditions?

Références

Applebaum, F.H. (1991). *APD, 1991 SHRM/CCH Survey*, Chicago, Commerce Case Claringhouse, juin, p. 1.

Audet, M. et J. Grisé (1994). «La redéfinition des relations de travail», dans *Les défis de la compétitivité: bilan et solutions*, sous la direction de A. Martel et M. Oral, Montréal, Publi-Relais, p. 109-126.

Benimadhu, P. (1989). *Human Resource Management: Charting a New Course*, Ottawa, Conference Board of Canada, Report 41-89.

Benimadhu, P. (1995). *Adding Value: The Role of the Human Resource Function*, Ottawa, Conference Board of Canada, Report 157-95.

Betcherman, G., K. McMullen, N. Leckie et C. Caron (1994). *The Canadian Workplace in Transition*, Kingston, Ont., IRC Press.

Carroll, S.J. (1991). «New HRM roles, responsibilities and structures», dans *Managing HR in the Information Age*, sous la direction de R.S. Schuler, Washington, SHRM/BNA Books, p. 204-226.

Cashman, M.E. et J.C. McElroy (1991). «Evaluating the HR function», *HR Magazine*, janvier, p. 70-73.

Code du travail (1977). *Code du travail* (Québec), L.R.Q., C-27.

Des Roberts, G. (1991). «Les deux tiers des PME québécoises gèrent mal leurs ressources humaines», *Les Affaires*, 6 mars.

Downie, B. et M.C. Coates (1994). *Traditional and New Approaches to Human Resource Management*, HRM Project Series, Kingston, Ont., IRC Press, Industrial Relations Centre, Queen's University.

Dupree, M. (1989). *Leadership Is an Art*, New York, Doubleday.

Fitz-enz, J. (1997). *The 8 Practices of Exceptional Companies*, AMACOM, American Management Association.

Foucher, R. (1991). «Les rôles des directions ou services des ressources humaines: résultats d'un sondage récent», conférence prononcée lors du congrès annuel de l'APRHQ, Montréal.

Gagné, J.-P. (1995). «Pas d'amélioration continue sans participation intensive des employés», *Les Affaires*, 1er juillet, p. 3.

Gitzendanner, C., K.F. Misa et R.T. Stein (1983). «Management's involvement in the strategic utilization of the human resource», *Management Review*, octobre, p. 13-17.

Guérin, G. et T. Wils (1992). *La gestion des ressources humaines: du modèle traditionnel au modèle renouvelé*, Montréal, Les Presses de l'Université de Montréal.

Guérin, G. et T. Wils (1997). «Repenser les rôles des professionnels en ressources humaines», *Gestion*, vol. 22, n° 2, été, p. 43-51.

IBM/Towers Perrin (1992). *Priorities for Competitive Advantage: A Worldwide Human Resource Study*, New York, Towers Perrin, p. 26.

Kossek, E.E. (1990). «Why many HR programs fail», *Personnel*, mai, p. 50-53.

Labelle, C. et L. Dyer (1992). «Une étude empirique sur les rôles de base des services de ressources humaines», *Relations industrielles*, vol. 47, n° 4, p. 673-688.

Lapointe, P.-A. et P.-R. Bélanger (1996). «La participation du syndicalisme à la modernisation sociale», dans *L'état des relations professionnelles, traditions et perspectives de recherche*, sous la direction de G. Murray, M.-L. Morin et I. Da Costa, Québec, Octares éditions et Les Presses de l'Université Laval, p. 284-310.

Lawler, E.E. (1996). *From the Ground Up: Six Principles for Building the New Logic Corporation*, San Francisco, Jossey-Bass.

Lawler, E.E., S.A. Mohrman et G.E. Ledford, Jr. (1995). *Creating High Performance Organizations: Practices and Results of Employee Involvement and Total Quality Management in Fortune 1000 Companies*, San Francisco, Jossey-Bass.

Paris, H. (1989). *Les programmes d'aide aux employés qui ont des obligations familiales*, Conference Board du Canada, Ottawa, rapport n° 43.

Samson, Bélair, Deloitte & Touche (1995). *La situation de la fonction ressources humaines au Canada*, services de conseils en stratégie organisationnelle de Samson, Bélair, Deloitte & Touche, sondage auprès des premiers responsables des ressources humaines du Canada — 1994.

Ulrich, D. (1997). *Human Resource Champions*, Boston, Harvard Business School Press.

Lectures suggérées

Benimadhu, P. (1995). *Adding Value: The Role of the Human Resource Function*, Ottawa, Conference Board of Canada, Report 157-95.

Guérin, G. et T. Wils (1997). « Repenser les rôles des professionnels en ressources humaines », *Gestion*, vol. 22, n° 2, été, p. 43-51.

Lawler, E.E. (1996). *From the Ground Up: Six Principles for Building the New Logic Corporation*, San Francisco, Jossey-Bass.

Lawler, E.E., S.A. Mohrman et G.E. Ledford, Jr. (1995). *Creating High Performance Organizations: Practices and Results of Employee Involvement and Total Quality Management in Fortune 1000 Companies*, San Francisco, Jossey-Bass.

Ulrich, D. (1997). *Human Resource Champions*, Boston, Harvard Business School Press.

CAS 2.1

LA BOÎTE DE PANDORE[2]

Le président de Transnational inc., une entreprise de transport qui emploie 5000 personnes, mandate une entreprise de consultants pour l'examen des responsabilités et des activités des six directions de l'entreprise : la direction du service à la clientèle, la direction du transport, la direction de la maintenance, la direction du marketing, la direction des finances et la direction des ressources humaines. Au cours des derniers mois, il a eu à résoudre plusieurs conflits au sujet des rôles et des responsabilités entre les cadres des différentes directions. Deux incidents illustrent bien la situation.

Le premier incident a trait à la conception d'un sondage d'opinion qui devait être mené auprès des employés. Le vice-président du marketing estimait qu'il devrait en être responsable, puisque les enquêtes relevaient de la compétence de son groupe. De leur côté, les responsables des directions du service à la clientèle, de la maintenance, du transport et des finances prétendaient que chacune d'entre elles devrait réaliser son propre sondage. Les particularités de leur personnel et de leurs activités rendaient inutile un sondage unique pour l'ensemble de l'entreprise. Finalement, le vice-président des ressources humaines croyait qu'il était tout à fait logique que le sondage soit conçu et dirigé par les cadres de sa direction.

Le second incident concerne l'achat récent d'une série de logiciels d'ingénierie par la direction de la maintenance. Ces logiciels utilisés pour la planification de l'entretien des équipements ont été achetés directement par le service de l'ingénierie. Selon la politique établie, les services des achats et de l'informatique, qui sont sous la responsabilité de la vice-présidente des finances, auraient dû être associés à cette décision.

Le mandat confié par le président à l'entreprise de consultants comprend deux volets : mettre au jour les principaux problèmes (irritants, obstacles) entre les directions, qui nuisent à la réalisation des objectifs de chacune des directions, et proposer pour chacune des directions une mission accompagnée des responsabilités correspondantes. Pour exécuter leur mandat, les consultants ont demandé aux vice-présidents en cause de rédiger un rapport sur ces deux volets pour leur direction respective. Deux mois plus tard, ils ont en main les rapports des cinq directions. En les examinant, ils constatent que toutes les directions semblent avoir maille à partir avec la direction des ressources humaines.

La nature exacte des différends varie d'une direction à l'autre, mais voici quelques extraits représentatifs des commentaires exprimés dans ces rapports :

> Les spécialistes des ressources humaines s'ingèrent dans nos décisions au chapitre de la sélection du personnel en nous imposant des tests inutiles et coûteux.
>
> Les spécialistes des ressources humaines se prennent pour la «police» et interprètent les lois de façon trop prudente.
>
> Les spécialistes des ressources humaines sont obsédés par l'équité. Cela devient paralysant. On ne peut plus se départir des employés difficiles.
>
> On ne peut pas donner les augmentations de salaire aux employés qui le méritent, ni décider du montant. On perd beaucoup d'employés supérieurs à cause des contraintes imposées par le responsable de la rémunération.
>
> La tâche principale de la direction des ressources humaines est de multiplier la paperasse. Elle

---

2. Cas rédigé par Mario Giroux, sous la direction de Sylvie St-Onge. Reproduit avec permission de l'École des Hautes Études Commerciales de Montréal.

devrait s'assurer qu'elle le fait de façon efficace plutôt que de chercher à nous montrer comment gérer notre personnel.

La gestion du rendement du personnel, c'est leur spécialité, pas la nôtre. On a déjà assez de travail, sans avoir à remplir leurs formulaires.

Si on est trop transparents avec le groupe des ressources humaines, on se fait reprocher nos erreurs.

Les programmes de formation conçus par la direction des ressources humaines ne sont pas adaptés à nos besoins. On doit utiliser nos budgets pour trouver des programmes pertinents à l'externe.

Chaque direction devrait avoir son propre groupe de spécialistes des ressources humaines. Ainsi, les besoins de chacun seraient mieux comblés.

Les consultants ont l'impression d'avoir ouvert une véritable boîte de Pandore. Ils décident de rencontrer le vice-président des ressources humaines de l'entreprise pour discuter de ces résultats.

Questions

1. Comment le vice-président des ressources humaines peut-il répondre aux différentes remarques exprimées par les cadres des autres directions?

2. Quelles recommandations les consultants peuvent-ils faire au président en ce qui a trait au partage des responsabilités entre la direction des ressources humaines et les autres directions?

3. Que pensez-vous de la démarche entreprise par le président et du processus utilisé par les consultants pour réaliser leur mandat?

CAS 2.2

Le rendez-vous manqué[3]

C'est jour de fête au siège social de Communications inc., une entreprise qui offre des services de télécommunications partout au Canada. On procède au lancement du programme de suggestions «On veut connaître vos idées». Ce programme est le résultat de six mois de travail d'un groupe formé de quatre cadres supérieurs de l'entreprise et de deux consultants d'une entreprise américaine spécialisée dans la conception de programmes de motivation au travail. En réalité, comme des programmes similaires avaient déjà fait leurs preuves dans d'autres entreprises, la principale tâche du groupe a été d'adapter un de ces programmes à la situation particulière de Communications inc. Les dirigeants ont le ferme espoir que les suggestions des employés permettront de retrancher plus de quatre millions de dollars des coûts d'exploitation et d'administration.

«On veut connaître vos idées» est un programme éclair de suggestions mis en place pour une période de six mois. La participation est volontaire. Ce programme s'adresse à l'ensemble du personnel, à l'exception de certains cadres supérieurs et dirigeants de l'entreprise. Son principe est simple. Les employés se regroupent en équipes de sept ou huit et essaient

---

3. Cas rédigé par Mario Giroux, sous la direction de Sylvie St-Onge. Reproduit avec permission de l'École des Hautes Études Commerciales de Montréal.

de trouver des moyens de réduire les coûts des différentes activités administratives ou opérationnelles de l'entreprise. Les réunions doivent avoir lieu en dehors des heures de travail. Lorsqu'une équipe a trouvé une suggestion et déterminé les économies qu'elle entraînerait, elle la soumet à un comité d'évaluation. Si la suggestion est acceptée, chaque membre de l'équipe reçoit un nombre de points correspondant à la valeur des économies prévues. Il n'y a pas de limite inférieure ou supérieure au montant des récompenses qui peuvent être accordées. Les points accumulés sont échangés contre des « prix », qui vont de la tasse de café avec le logo de l'entreprise jusqu'au voyage à Paris dont la durée est liée au nombre de points qui y sont consacrés.

Après la cérémonie de lancement du programme, la vice-présidente des ressources humaines retourne à son bureau. Une « petite » surprise l'attend. Les quatre syndicats qui représentent les différentes catégories d'employés (80% de l'ensemble du personnel) lui ont fait parvenir un avis l'informant qu'ils ont recommandé à leurs membres de boycotter le programme « On veut connaître vos idées ». Elle comprend difficilement cette réaction. En effet, elle avait rencontré les dirigeants syndicaux deux semaines plus tôt pour leur communiquer la date du lancement du programme. De plus, au cours des trois mois précédents, elle s'était déplacée partout au Canada, d'une division à l'autre, afin d'expliquer le programme aux employés et les assurer qu'aucun changement dans les conditions de travail — notamment la perte d'emplois — ne pourrait résulter des suggestions émises par le personnel. Lors de ces rencontres, on avait même présenté une vidéo où le P.D.G. et le président du conseil d'administration reprenaient cet engagement.

Le téléphone sonne. Le secrétaire de la vice-présidente l'informe que le président vient de convoquer une réunion d'urgence du comité de gestion au sujet du programme « On veut connaître vos idées ». Elle sent qu'elle aura à répondre à plusieurs questions…

Questions

1. Comment expliquez-vous la décision prise par les différents syndicats ?

2. Comment aurait-on pu éviter qu'une telle situation ne se produise ou, du moins, en limiter les risques ?

3. Quelles mesures devrait-on proposer pour obtenir le plus rapidement possible l'adhésion des différents syndicats ?

CHAPITRE 3

Respecter les droits des employés et établir des relations du travail harmonieuses

OBJECTIFS D'APPRENTISSAGE

Après l'étude de ce chapitre, le lecteur devrait être plus apte à:

- Comprendre la nature et les sources des droits et responsabilités des employés et de la direction.
- Remettre en question certaines pratiques de gestion des ressources humaines à la lumière de l'encadrement juridique de la relation d'emploi.
- Expliquer comment le Code du travail protège et encadre la liberté d'association.
- Situer le rôle des syndicats dans la protection des droits des travailleurs.
- Connaître les principales institutions syndicales et décrire leurs structures décisionnelles.

MISE EN SITUATION

Victoire des femmes de la fonction publique dans une cause de discrimination[1]

Quatre corps d'emplois du gouvernement, où on retrouve une majorité de femmes, ont été victimes de discrimination salariale basée sur le sexe, vient de statuer la Commission des droits de la personne du Québec.

Ces corps d'emplois sont les diététistes, les bibliothécaires, les traducteurs et les travailleuses sociales.

Le jugement donne 90 jours au gouvernement pour s'entendre avec les femmes concernées, sous la médiation de Mme Louise Caron-Hardy. Sinon, le dossier reviendra devant la Commission qui sera appelée alors à trancher.

Une plainte avait été portée en avril 1981 par le Syndicat des professionnels du gouvernement. On alléguait que certains corps d'emplois, occupés par des femmes dans au moins 60% des cas, étaient moins bien rémunérés que d'autres corps d'emplois équivalents. Il s'agissait d'une discrimination basée sur le sexe, laquelle est contraire à la Charte des droits et libertés de la personne, plaidait le Syndicat.

Outre les quatre corps d'emplois mentionnés, la plainte concernait deux autres groupes, soit les agents d'information et les agents culturels. Mais la Commission a statué qu'il n'y avait pas eu discrimination salariale basée sur le sexe dans ces deux derniers cas.

Le jugement de la Commission a porté sur la période de 1981 à 1990 puisqu'en janvier 1991, le gouvernement signait avec les syndicats représentant ses fonctionnaires une nouvelle convention collective qui reclassait les employés et faisait dans l'ensemble disparaître dans la fonction publique toute forme de discrimination salariale basée sur le sexe.

Lors de la signature de cette convention collective, le gouvernement avait exigé que le Syndicat des professionnels retire sa plainte. Le syndicat a effectivement retiré la plainte, mais les femmes concernées ont poursuivi la lutte judiciaire à titre personnel.

Il y avait originalement 151 plaignantes, mais la cause pourrait toucher les quelque 500 personnes qui ont été victimes de la discrimination entre 1981 et 1990.

Il est très difficile pour le moment d'évaluer quel montant global pourrait être consenti aux personnes victimes de discrimination.

Mais des calculs effectués par les plaignantes établissent qu'une diététiste ayant occupé sa fonction de 1981 à 1990 pourrait toucher rétroactivement 129 881 $, sans compter les intérêts depuis 1991 sur cette somme.

Dans le cas d'une bibliothécaire, la somme atteindrait 104 236 $, toujours sans les intérêts.

Mme Chantale Roy, présidente du groupe de femmes qui avaient porté plainte, était particulièrement heureuse de la décision de la Commission. «Après 15 ans de lutte, cette reconnaissance de la discrimination dont étaient victimes les femmes est une victoire majeure», a dit Mme Roy, une employée du ministère de l'Agriculture et de l'Alimentation.

«La conclusion de cette affaire constitue une étape capitale dans la lutte à la discrimination, à la veille de l'entrée en vigueur de la Loi sur l'équité salariale», a ajouté Mme Roy.

Questions

1. Pourquoi la Charte des droits et libertés de la personne est-elle évoquée dans ce dossier de discrimination salariale basée sur le sexe?

---

1. N. Delisle, *La Presse*, 28 juin 1997, p. A17.

2. Quel rôle les syndicats devraient-ils jouer dans de telles situations de défense des droits de certains groupes de travailleurs?

3. Quelles actions administratives sont requises de la part de l'employeur pour éviter une telle lutte judiciaire?

Introduction

Dans notre société, les gens ont le droit d'être traités de façon juste et équitable. Comme en témoigne la situation évoquée précédemment, ce droit s'applique également à la vie dans le milieu de travail, notamment en ce qui concerne la discrimination salariale basée sur le sexe. Cette situation démontre aussi que le non-respect des droits et des libertés des employés comporte parfois des coûts pour l'employeur. Il importe alors de bien comprendre les règles du jeu afin d'intervenir adéquatement en gestion des ressources humaines, car, comme la comptabilité ou la fiscalité, la GRH a ses lois.

Les organisations évoluent à l'intérieur d'un environnement social et juridique en constante évolution (voir le chapitre 2), ce qui accroît naturellement la complexité et le formalisme de la GRH. Tandis que les membres du personnel vivent dans une société libre et démocratique et que leur scolarité augmente constamment, de nouvelles approches de gestion sont requises. D'autre part, il faut composer avec l'État, qui est l'acteur principal dans la société en ce qui concerne la normalisation des droits et leur mise en vigueur. Finalement, les syndicats jouent les rôles d'agents économiques et de groupes de pression pour l'obtention de lois protectrices des salariés.

Dans ce chapitre, nous explorerons la question des droits et des responsabilités des employés et de la direction tant du point de vue social que des points de vue légal, individuel et collectif.

3.1 Les droits et les responsabilités des employés et de la direction

3.1.1 Les origines des droits et des responsabilités

Les droits et les libertés qui règlent les rapports entre les personnes au travail sont déterminants pour les systèmes de GRH. Ces droits reflètent l'attention que la direction prête aux relations avec ses employés ainsi que ses préoccupations éthiques ou morales. Ils sont composés d'éléments divers, dont le droit à la santé et à la sécurité du travail, le droit à la participation, le droit à l'intégrité de la personne, le droit de travailler sans être harcelé sexuellement et le droit à la liberté d'association.

Certaines organisations soucieuses de l'établissement et du maintien de bonnes relations avec leurs employés accordent beaucoup d'importance à ces droits, tandis que d'autres ne vont pas au-delà de ce qui est imposé par la loi. La primauté de certains droits dépend aussi du contexte national dans lequel évolue l'entreprise. Par exemple, en Corée du Sud, la sécurité d'emploi existe par tradition; elle représente pour le travailleur la garantie de conserver son emploi au sein de son organisation pour la durée de sa vie active. Selon Wils et autres, il y a trois sources importantes des droits des employés ainsi qu'une condition essentielle à l'existence de ces droits. Ces droits existent parce qu'un employé est un **être libre**, parce qu'il agit comme un **partenaire** pour assurer la survie de l'entreprise et enfin parce qu'un employé est aussi un **membre** dans une minisociété appelée «organisation». Le droit à la justice, qui implique un droit de recours, constitue la condition fondamentale de l'existence des droits des employés. Comme l'indiquent ces auteurs, «en l'absence d'un droit de recours, il n'est pas possible de parler de droits; il vaut mieux parler alors de "pseudo-droits" ou simplement d'"avantages octroyés par l'employeur"» (1989, p. 364).

Si l'adaptation à l'environnement social représente une forte incitation à la prise en considération des droits fondamentaux des ressources humaines, il ne faut pas négliger pour autant les aspects juridiques de la relation d'emploi. Il existe en effet une panoplie de lois qui forment l'encadrement juridique pour l'établissement et le maintien des droits des employés. Ces lois soutiennent également le droit à la justice, c'est-à-dire le droit à un recours dans le cas où un employeur refuserait de reconnaître un droit protégé par la loi. L'encadrement juridique appuie aussi le droit de gérance de la direction d'une entreprise tout en le limitant.

Les fondements de notre système de droit du travail se trouvent dans le contrat individuel de travail, qui précise les droits et les obligations du salarié et de l'employeur (figure 3.1).

Le Code civil du Québec énonce clairement le fait que le salarié est tenu d'exécuter son travail avec prudence et diligence; il doit également agir avec loyauté et ne pas faire usage de l'information à caractère confidentiel qu'il obtient dans l'exécution ou à l'occasion de son travail. En vertu du contrat individuel de travail, l'employeur doit, pour sa part, fournir au salarié le travail convenu et assumer la responsabilité du maintien de conditions de travail propices à l'exécution du travail par l'employé. L'employeur doit également prendre les mesures appropriées à la nature du travail en vue de protéger la santé et la sécurité du salarié de même que sa dignité. L'obligation de rémunération en échange d'une prestation de travail représente une autre composante du cadre légal de la relation d'emploi. À la lecture de ce chapitre, vous serez en mesure de constater à

FIGURE 3.1   **Les droits et les obligations du salarié et de l'employeur**

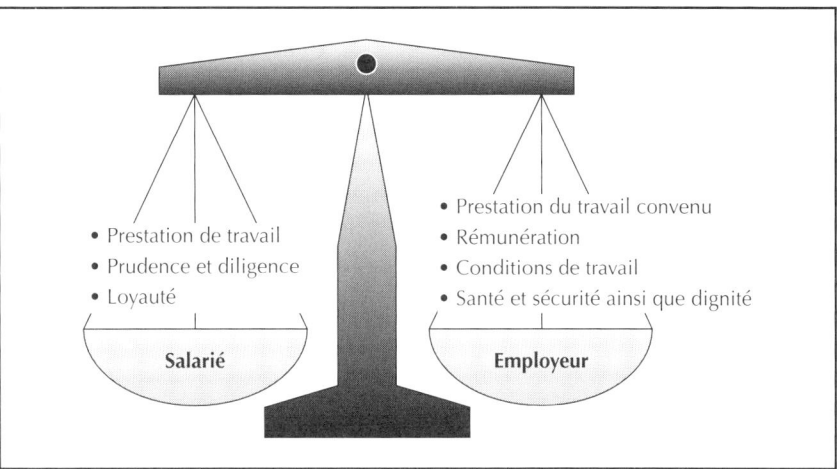

quel point les diverses lois du travail élargissent la portée de ces droits et de ces obligations mutuels. À titre d'illustration, avec la présence syndicale, la convention collective détermine en grande partie les rapports entre employeurs et salariés. Le contrat individuel de travail ne joue alors, et au mieux, qu'un rôle supplétif.

3.1.2 Les composantes d'un système de relations du travail

En général, on s'accorde pour dire que les relations du travail concernent l'ensemble des rapports individuels et collectifs qui s'établissent entre les travailleurs et les employeurs. On utilise également les expressions «relations industrielles» et «relations professionnelles» pour désigner la même réalité, alors que l'expression «relations patronales-syndicales» touche l'ensemble des rapports entre les syndicats et les employeurs. Il importe de comprendre ce système, car il place le défi du respect des droits des employés dans un réseau intégré d'influences.

Afin de situer les principales composantes du système de relations du travail, nous faisons appel au cadre d'analyse des choix stratégiques (Kochan, Katz et McKersie, 1986) qui représente un raffinement de la perspective systémique conçue par Dunlop en 1958. Comme l'illustre la figure 3.2, cette représentation comprend trois composantes essentielles, soit l'environnement externe, la structure des relations du travail et les résultats.

FIGURE 3.2 Le cadre d'analyse des choix stratégiques en relations du travail

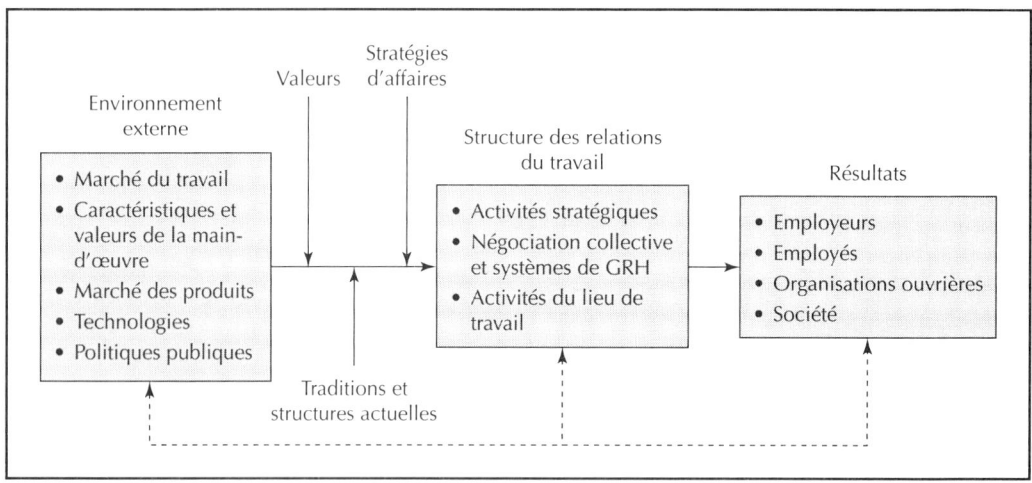

Source: Adaptée de T.A. Kochan, H.C. Katz et R.B. McKersie, *The Transformation of American Industrial Relations*, New York, Basic Books, 1986.

L'environnement externe est composé des facteurs qui exercent une influence sur les rapports entre la direction et les employés. Le chômage, l'inflation, l'ouverture du marché des produits, la déréglementation, les technologies modernes ainsi que le cadre juridique ont tous des répercussions sur la structure des relations du travail. La fabrication de vêtements dans des pays étrangers par des ouvriers ayant un faible revenu pourrait ainsi accroître la volonté des entreprises de réduire les coûts de main-d'œuvre au Canada. Par ailleurs, les demandes syndicales concernant les augmentations de salaire sont généralement formulées selon l'évolution de l'inflation. La législation influence les rapports entre la direction et les employés en encadrant la démarche d'accréditation syndicale et de résolution de conflits. Au Québec, en matière de santé et de sécurité du travail, le législateur a prévu des structures paritaires qui favorisent la concertation patronale-syndicale.

Par contre, l'environnement externe ne détermine pas entièrement l'état des relations du travail. Les valeurs dominantes des employeurs (et de leurs associations), des employés (et de leurs associations) et du gouvernement peuvent façonner les réponses aux changements dans l'environnement. On mentionne souvent, par exemple, que l'opposition patronale au syndicalisme aux États-Unis expliquerait dans une certaine mesure le faible taux de syndicalisation dans ce pays, et ce surtout dans les États du Sud. En Amérique du Nord, ce sont essentiellement les valeurs propres au syndicalisme d'affaires, dont l'action est concentrée sur les besoins immédiats des membres, qui ont fourni la base du système de négociation collective par lequel les conflits entre les parties ont pu se résoudre d'une façon plutôt paisible. Les acteurs dans le milieu de travail ont également tendance à faire des gestes qui correspondent aux traditions et aux structures syndicales et patronales de leur organisation et de leur secteur d'activité. Ainsi, dans l'industrie de l'automobile, on procède par une négociation type avec un employeur, pour ensuite faire accepter l'entente par l'ensemble des employeurs. Finalement, selon que l'organisation poursuit une stratégie de réduction des coûts ou une stratégie de différenciation, les rapports entre la direction et les employés n'évolueront pas nécessairement de la même façon. Ce sont alors les stratégies d'affaires qui déterminent en partie les structures de relations du travail requises pour s'adapter aux changements dans l'environnement.

L'environnement, les valeurs, les traditions et les stratégies d'affaires aident à mieux comprendre la structure des relations du travail qui s'établit à l'intérieur d'une organisation, d'un secteur d'activité ou d'un pays. Cette structure prévoit des interventions et des initiatives qui peuvent se réaliser sur trois plans. Sur le plan de la **prise de décisions stratégiques**, les activités des employeurs portent surtout sur les stratégies d'investissement et les stratégies de GRH. À ce palier supérieur, les syndicats tentent d'exercer des pressions sur les acteurs des décisions et élaborent leur stratégie d'organisation syndicale. Les activités du gouvernement sur ce plan concernent les politiques macroéconomiques et sociales. Sur le plan de la **prise de décisions intermédiaires**, les principales activités sont la négociation collective, qui vise à déterminer les règles traditionnelles qui seront contenues dans la convention collective, la mise au point d'un système de ressources humaines et l'administration des lois du travail. Sur le plan du **lieu de travail** se situent les activités de supervision, les initiatives de participation ouvrière, l'organisation du travail, l'administration des conventions collectives ainsi que le maintien des normes minimales du travail et des droits des employés. Ce sont donc les actions des employeurs, des syndicats et du gouvernement sur ces trois plans d'intervention qui caractérisent la structure des relations du travail. Pour adopter une action cohérente, il faut bien sûr faire en sorte que ces trois plans correspondent les uns aux autres.

Les principaux résultats des interactions qui se déroulent à l'intérieur de la structure des relations du travail s'expriment, pour les employeurs, par des indicateurs de rentabilité et de croissance. Pour les employés, la structure des relations du travail peut contribuer à augmenter ou à diminuer l'engagement au travail, la volonté de participer à la prise de décisions ou d'adhérer à une organisation syndicale. Pour les organisations ouvrières, les activités qui se déroulent dans la structure des relations du travail peuvent contribuer à augmenter ou à diminuer les taux de syndicalisation et la participation à la vie syndicale. Enfin, pour la société, les résultats des interactions s'expriment par le climat des relations du travail, qui peut être harmonieux ou conflictuel. La paix industrielle, mesurée notamment par le nombre et la durée des conflits de travail, le nombre de personnes touchées, le nombre de jours de travail perdus à cause de ces conflits, représente un résultat recherché par la plupart des gouvernements.

3.1.3 Les conséquences pour la GRH

La présence syndicale et le cadre juridique des relations du travail font clairement ressortir le fait que les employeurs ne sont pas les seuls maîtres à bord lorsqu'il s'agit de résoudre leurs problèmes de GRH. Les droits individuels et collectifs leur imposent des balises à respecter dans la façon d'intervenir auprès de leurs employés.

Dans un contexte où la protection des droits de chacun s'avère une priorité, on voit apparaître la nécessité d'implanter dans le milieu de travail des pratiques de GRH respectueuses des droits et des libertés de chacun. Prenons l'exemple de l'interdiction de la discrimination basée sur le sexe, qui a des répercussions sur les méthodes de recrutement, de sélection, de formation et de rémunération. Seulement en matière de rémunération, pour éviter une discrimination salariale basée sur le sexe, les employeurs doivent implanter des pratiques d'évaluation des emplois et prendre les mesures permettant de corriger les écarts salariaux à l'égard des personnes qui occupent des emplois dans des catégories d'emplois à prédominance féminine.

Le service des ressources humaines est souvent responsable de la mise en place d'une politique ferme portant sur l'équité salariale, sur le harcèlement sexuel, sur une gestion des ressources humaines non discriminatoire quant à l'âge, sur la protection des non-fumeurs, sur la protection des femmes enceintes, sur la protection des renseignements personnels et sur l'embauche de personnes handicapées. Les normes minimales du travail imposent également certaines restrictions dans les relations avec les employés. Les employeurs doivent se conformer au salaire minimum, accorder les congés auxquels ont droit les employés et n'avoir recours au congédiement que pour une cause juste et suffisante. Le cadre juridique de la santé et de la sécurité du travail nécessite l'implantation de procédés sécuritaires et la gestion des retraits préventifs. C'est donc dire qu'il faut connaître les droits des employés et prendre les mesures requises pour assurer leur protection dans le milieu de travail.

La présence syndicale et les relations collectives du travail comportent d'autres exigences pour la GRH. Avec la présence syndicale s'imposent la préparation en vue des négociations collectives, l'établissement de comités de négociation, la négociation proprement dite et l'utilisation de moyens de pression. Il faut aussi assumer l'administration de la convention collective et gérer la procédure de règlement des griefs. Les cadres doivent prendre des décisions et des orientations au regard des conditions de travail prévues dans la convention collective. La direction, pour sa part, doit composer avec les limites de son pouvoir administratif et disciplinaire imposées par la syndicalisation.

Pour cohabiter avec un syndicat, il faut que les parties passent continuellement des accords sur des problèmes d'intérêts divergents en se basant sur leurs intérêts communs. Nous expliquerons au chapitre 14 comment, aujourd'hui, les acteurs en cause font appel à de nouveaux mécanismes de résolution de problèmes pour augmenter les chances de succès à cet égard. Mentionnons aussi que les méthodes de recrutement, de sélection, de gestion du rendement, de formation et de rémunération, etc., doivent s'adapter à la dynamique des relations collectives du travail.

La menace de la syndicalisation comporte aussi des répercussions significatives pour la GRH. Une stratégie patronale visant à éviter la syndicalisation consiste à établir des conditions de travail tellement intéressantes que les employés ne ressentiront pas le désir d'avoir recours à une représentation syndicale. Pour inciter les employés à conclure qu'ils n'ont pas besoin d'un syndicat, les entreprises peuvent favoriser un climat égalitaire, la sécurité d'emploi, des pratiques de dotation équitables, le recrutement interne et des mécanismes d'écoute des suggestions des employés (Foulkes, 1981). Auriez-vous envie de participer à une démarche d'accréditation syndicale au sein d'une entreprise qui offre l'horaire flexible, une quantité d'avantages sociaux et un encadrement juste et équitable?

Dans les prochaines sections, nous présenterons l'encadrement juridique des droits et des responsabilités des employés et de la direction, de même qu'une analyse du phénomène syndical. Ces renseignements sont essentiels à la compréhension des rapports individuels et collectifs du travail et à une intervention efficace en GRH.

3.2 L'ENCADREMENT JURIDIQUE DES DROITS ET DES RESPONSABILITÉS DES EMPLOYÉS ET DE LA DIRECTION

En présentant diverses facettes du droit du travail, nous allons insister sur le domaine d'application de chaque loi ainsi que sur les droits et les obligations des employés et de la direction.

3.2.1 LE PARTAGE DE LA COMPÉTENCE LÉGISLATIVE

À l'examen de l'article 92 de la Loi constitutionnelle de 1867, les tribunaux ont affirmé que les relations du travail tombent sous le titre de compétence des provinces en matière de propriété et de droits civils. C'est donc dire que la compétence législative en matière de relations employeurs-employés revient aux provinces. Cependant, le fédéral se réserve le droit de légiférer sur les relations du travail à l'endroit des entreprises qui sont soumises à sa compétence législative, notamment:

a) tout ouvrage, entreprise ou affaire réalisé ou dirigé dans le cadre de la navigation (intérieure ou maritime), y compris la mise en service de navires et le transport par navire partout au Canada;

b) tout chemin de fer, canal, télégraphe ou autre ouvrage ou entreprise reliant une province à une ou plusieurs autres, ou s'étendant au-delà des limites d'une province;

c) toute ligne de navires à vapeur ou autres, reliant une province à une ou plusieurs autres, ou s'étendant au-delà des limites d'une province;

d) tout service de transbordeurs entre provinces ou entre une province et un pays autre que le Canada;

e) tout aéroport, aéronef ou ligne de transport aérien;

f) toute station de radiodiffusion;

g) toute banque;

h) tout ouvrage ou entreprise que le Parlement du Canada déclare (avant ou après son achèvement) être à l'avantage du Canada en général, ou de plus d'une province, bien que situé entièrement dans les limites d'une province;

i) et tout ouvrage, entreprise ou affaire ne ressortissant pas au pouvoir législatif exclusif des législatures provinciales.

Comme préalable de la résolution d'une question légale en rapport avec les droits des employés et de la direction, il importe de déterminer si l'entreprise en cause est sujette à l'application de la législation provinciale ou fédérale du travail. À titre d'exemple, si les salariés d'une institution financière soumettent une requête en accréditation, l'employeur aura intérêt à consulter la procédure d'accréditation décrite dans le Code canadien du travail plutôt que celle contenue dans le Code du travail du Québec. Pour la détermination des congés annuels payés, l'employeur d'une entreprise relevant de la compétence fédérale se doit d'accorder un congé annuel payé de trois semaines aux salariés qui comptent **six années de service**, alors que, selon la Loi sur les normes du travail du Québec, un congé annuel payé de trois semaines doit être accordé aux salariés qui comptent **cinq années de service continu chez le même employeur**. Ainsi, les règles du jeu changent selon la compétence. Au Canada, environ 90% des employés appartiennent à des entreprises où s'appliquent les lois provinciales du travail.

3.2.2 LES NORMES DU TRAVAIL

La Loi sur les normes du travail du Québec confère des droits économiques et concerne en particulier l'établissement de conditions de travail dites «minimales» ou «raisonnables» dans le milieu de travail. Les dispositions de cette loi ne constituent aucunement des conditions maximales, mais bien des «conditions minimales, susceptibles d'améliorations importantes» (Hébert et Trudeau, 1987, p. 25).

La portée de la Loi sur les normes du travail est assez étendue. Elle vise les employeurs (quiconque fait effectuer un travail par un salarié) et chaque salarié au sens du droit civil (travail subordonné pour autrui, moyennant rémunération). Cette loi comprend plusieurs sujets concernant les conditions de travail et la protection de l'emploi, notamment le salaire minimum, la durée du travail, les jours fériés et chômés, le congé annuel, la protection de l'emploi, le congédiement sans cause juste et suffisante et l'avis de cessation d'emploi ou de mise à pied.

LE SALAIRE MINIMUM

La loi sur les normes du travail contient les dispositions suivantes au sujet du salaire minimum:
- Le taux horaire du salaire minimum général s'établissait à 6,80$ au 1er octobre 1997.
- Le taux horaire du salaire minimum réduit pour les employés qui reçoivent habituellement des pourboires s'élevait à 6,05$ au 1er octobre 1997.
- Le taux horaire du salaire minimum réduit payable au domestique qui réside chez son employeur est établi sur une base hebdomadaire; il était de 264,00$ pour 49 heures de travail au 1er octobre 1997.
- L'article 39.1 de la loi comprend des exclusions.
- L'intervalle maximal de versement du salaire régulier est de 16 jours.

LA DURÉE DU TRAVAIL

En ce qui concerne la durée du travail, la Loi sur les normes du travail stipule les points suivants:
- Il n'existe aucune durée maximale du travail au-delà de laquelle l'employé aurait le droit de refuser de travailler.

- La semaine normale de travail a été fixée à 43 heures pour le 1er octobre 1997, à 42 heures pour le 1er octobre 1998, à 41 heures pour le 1er octobre 1999 et à 40 heures pour le 1er octobre 2000.
- Tout travail exécuté en sus de la semaine normale de travail doit être rémunéré à un taux majoré de 50% (150% du salaire horaire habituel).
- L'employeur doit accorder au salarié une période minimale de 30 minutes (non rémunérée, à moins que le salarié ne soit tenu de demeurer à son poste de travail) pour prendre son repas après chaque période de 5 heures consécutives de travail.

Les jours fériés et chômés

L'article 60 prévoit 7 jours fériés et chômés, soit les suivants:
- le 1er janvier;
- le Vendredi saint ou le lundi de Pâques;
- le lundi qui précède le 25 mai;
- le 1er juillet ou, si cette date tombe un dimanche, le 2 juillet;
- le premier lundi de septembre;
- le deuxième lundi d'octobre;
- le 25 décembre.

La Loi sur la fête nationale ajoute un huitième jour de congé chômé et payé, soit le 24 juin.

Le congé annuel

Pour ce qui est du congé annuel, la Loi sur les normes du travail contient les dispositions suivantes:
- Le salarié qui compte moins d'un an de service continu dans l'année de référence (du 1er mai d'une année au 30 avril de l'année suivante) a droit à un jour de congé par mois de service continu, jusqu'à concurrence de deux semaines.
- Celui qui compte un an ou plus de service continu a droit à deux semaines consécutives.
- Celui qui compte cinq ans de service continu acquiert le droit à une troisième semaine de congé consécutive.

La protection de l'emploi

L'employeur ne peut congédier, suspendre ou déplacer un salarié pour les raisons suivantes:

- À cause de l'exercice par ce salarié d'un droit, autre que celui visé à l'article 84.1, qui résulte de la présente loi ou d'un règlement.
- Pour le motif que ce salarié a fourni des renseignements à la Commission des normes du travail ou à l'un de ses représentants sur l'application des normes du travail ou qu'il a témoigné dans une poursuite s'y rapportant.
- Pour la raison qu'une saisie-arrêt a été pratiquée à l'égard du salarié ou peut l'être.
- Pour la raison qu'une salariée est enceinte.
- Dans le but d'éluder l'application de la présente loi ou d'un règlement.
- Pour le motif que le salarié a refusé de travailler au-delà de ses heures habituelles de travail parce que sa présence était nécessaire pour remplir des obligations reliées à la garde, à la santé ou à l'éducation de son enfant mineur, bien qu'il ait pris tous les moyens raisonnables à sa disposition pour assurer autrement ces obligations.
- L'article 122.2 prohibe le congédiement, la suspension ou le déplacement du salarié qui s'est absenté pour cause de maladie ou d'accident.
- En ce qui concerne la mise à la retraite, l'article 84.1 affirme le droit du salarié de demeurer au travail malgré le fait qu'il a atteint ou dépassé l'âge ou le nombre d'années de service à compter duquel il serait autrement mis à la retraite.

LE CONGÉDIEMENT SANS UNE CAUSE JUSTE ET SUFFISANTE

Le salarié qui compte trois ans de service continu dans la même entreprise et qui croit avoir été congédié sans une cause juste et suffisante dispose, en vertu de l'article 124 de la loi, d'un recours spécial qui lui permet de faire contrôler la décision, d'être réintégré dans son emploi et indemnisé.

L'AVIS DE CESSATION D'EMPLOI OU DE MISE À PIED

En ce qui a trait à la cessation d'emploi ou à la mise à pied, la loi précise les points suivants:
- L'employeur doit donner un avis écrit au salarié engagé pour une durée indéterminée et qui compte au moins trois mois de service continu avant de mettre fin à son contrat de travail.
- Ce préavis est d'une semaine si le salarié compte moins d'un an de service continu, de 2 semaines s'il compte d'un à 5 ans de service continu, de 4 semaines s'il compte de 5 à 10 ans de service continu et de 8 semaines s'il compte 10 ans ou plus de service continu.

La Commission des normes du travail surveille l'application des normes du travail et reçoit les plaintes des salariés dans la mesure prévue par la loi et les règlements. Dans le cas d'un congédiement fait sans une cause juste et suffisante, le salarié peut déposer une plainte par écrit à la commission dans les 45 jours suivant son congédiement. Dans de telles circonstances, la commission fait d'abord enquête et peut nommer une personne qui tentera de régler la plainte; faute d'un règlement, le salarié peut demander par écrit le renvoi de sa plainte au commissaire général du travail pour qu'il entende l'affaire et en décide. Dans le cas d'un recours pour un congédiement sans une cause juste et suffisante, la commission représentera gratuitement les salariés comptant au moins trois années de service. La Commission des normes du travail offre d'ailleurs à la population un service d'information sur les normes à l'adresse électronique suivante: http://www.gouv.qc.ca/minorg/indexf.htm.

3.2.3 La santé et la sécurité du travail

En matière de santé et de sécurité du travail, les droits et les obligations des travailleurs et des employeurs sont énoncés dans la Loi sur les accidents du travail et les maladies professionnelles et dans la Loi sur la santé et la sécurité du travail. De même, l'article 49 de la Charte des droits et libertés de la personne reconnaît le droit de toute personne qui travaille à des conditions de travail qui respectent sa santé, sa sécurité et son intégrité physique. Également, les articles 2087 et 2088 du Code civil du Québec décrivent succinctement les obligations respectives de l'employeur et du salarié à l'égard de la sécurité.

La Loi sur les accidents du travail et les maladies professionnelles

La Loi sur les accidents du travail et les maladies professionnelles vise principalement l'indemnisation du travailleur victime d'une lésion professionnelle, c'est-à-dire d'une blessure ou d'une maladie qui survient par le fait ou à l'occasion d'un accident du travail. Cette loi fait en sorte que l'employeur assume les charges administratives associées à la réparation à la suite d'un accident du travail ou d'une maladie professionnelle. Les principaux aspects de la loi sont décrits par Céline Z. Boisvert (1992) dans l'ouvrage *Gestion de la santé et de la sécurité au travail*, notamment le droit à l'indemnisation, le droit à l'assistance médicale, le droit à la réadaptation, le droit au retour au travail ainsi que l'indemnisation et le financement.

Le droit à l'indemnisation

En ce qui concerne le droit à l'indemnisation, un employé victime d'une lésion professionnelle, telle qu'elle est définie par la loi, a droit à une indemnité soit pour le remplacement du revenu, soit pour des dommages corporels ou, s'il y a lieu, pour un décès.

Le droit à l'assistance médicale

Outre l'indemnité qu'il reçoit, l'employé a droit à l'assistance médicale pour les soins que requiert l'état dans lequel il se trouve à la suite de son accident ou de sa maladie professionnelle. L'assistance médicale comprend les services professionnels de santé, les soins hospitaliers, les médicaments et autres produits pharmaceutiques, les prothèses et orthèses prescrites et les autres soins ou frais déterminés par la Commission de la santé et de la sécurité du travail (CSST).

Le droit à la réadaptation

Le droit à la réadaptation est réservé à l'employé qui, en raison d'une lésion professionnelle, a subi une atteinte permanente à son intégrité physique ou psychique. La réadaptation a pour objet d'éliminer ou, du moins, de diminuer les séquelles de la lésion professionnelle et de faciliter la réintégration rapide de l'employé dans son travail ou dans un travail équivalent, ou, le cas échéant, dans un travail convenable.

Le droit au retour au travail

Ce droit permet à l'employé, qui s'absente de son travail en raison d'une lésion professionnelle, de conserver les avantages liés à cet emploi. Ainsi, il pourra réintégrer cet emploi ou un emploi équivalent dans un établissement de son employeur dès que sa condition physique le lui permettra. Il pourra occuper un emploi différent mais convenable au cas où il serait incapable d'exercer son travail initial, tout en respectant les règles de l'ancienneté.

L'indemnisation et le financement

La loi prévoit un fonds d'indemnisation pour les personnes victimes d'accidents du travail ou de maladies professionnelles. Les coûts des indemnités de remplacement du revenu pour les dommages corporels et pour les décès de même que ceux qui sont reliés à l'assistance médicale et à la réadaptation sont comptabilisés dans le dossier financier de l'employeur. Comme ces montants sont souvent considérables, on a prévu 1 053,3 millions de dollars en 1992 pour le coût des programmes de réparation des lésions, et la CSST a établi un fonds d'accidents. Les employeurs contribuent à ce fonds selon le principe de la mutualité, et sa gestion est confiée à la CSST. C'est par le biais des cotisations que l'employeur fournit les fonds nécessaires. La CSST fixe annuellement, en fonction des grands secteurs d'activité économique, les taux de cotisation applicables.

La Loi sur la santé et la sécurité du travail

La Loi sur la santé et la sécurité du travail a pour objet la prévention par l'élimination à la source même des dangers pour la santé, la sécurité et l'intégrité physique des travailleurs. Cette loi établit aussi les mécanismes de participation des travailleurs et de leurs associations, ainsi que des employeurs et de leurs associations, à la réalisation de cet objectif. L'article 9 de la loi affirme que le travailleur a droit à des conditions de travail qui respectent sa santé, sa sécurité et son intégrité physique. Il a le droit de refuser d'accomplir un travail s'il a des motifs raisonnables de croire que son exécution l'expose à un danger pour sa santé, sa sécurité ou son intégrité physique ou peut avoir l'effet d'exposer une autre personne à un danger semblable (article 12). L'exercice de ce droit de refus implique l'intervention du représentant de la prévention de l'entreprise et, à défaut de solution, l'intervention d'un inspecteur. La Loi sur la santé et la sécurité du travail prévoit, à l'article 32, la possibilité du retrait préventif du travailleur exposé à un contaminant. On y précise qu'un travailleur qui fournit à l'employeur un certificat attestant que son exposition à un contaminant comporte pour lui des dangers, eu égard au fait que sa santé présente des signes d'altération, peut demander d'être affecté à des tâches qui ne comportent pas une telle exposition et qu'il est raisonnablement en mesure d'accomplir, jusqu'à ce que son état de santé lui permette de réintégrer ses fonctions antérieures et que ses conditions de travail soient conformes aux normes établies par règlement pour ce contaminant. L'article 40 prévoit le droit de la femme enceinte de demander d'être affectée à des tâches ne comportant aucun danger physique pour l'enfant à naître ou pour elle-même. Une telle possibilité de réaffectation existe aussi lorsque ses conditions de travail comportent un danger pour l'enfant qu'elle allaite (article 46).

Bien que la Loi sur la santé et la sécurité du travail confère certains droits au travailleur, celui-ci doit respecter les obligations suivantes:

- Prendre connaissance du programme de prévention qui s'applique à sa situation.
- Prendre les mesures nécessaires pour protéger sa santé, sa sécurité et son intégrité physique.

- Veiller à ne pas mettre en danger la santé, la sécurité ou l'intégrité physique des autres personnes qui se trouvent sur le lieu de travail ou à proximité du lieu de travail.
- Se soumettre aux examens de santé exigés pour l'application de la présente loi et des règlements.
- Participer à la détermination et à l'élimination des risques d'accidents du travail et de maladies professionnelles sur le lieu de travail.
- Collaborer avec le comité de santé et de sécurité et, le cas échéant, avec le comité de chantier ainsi qu'avec toute personne chargée de l'application de la présente loi et des règlements.

En vertu de la Loi sur la santé et la sécurité du travail, l'employeur se voit reconnaître le droit à des services de formation, d'information et de conseil en matière de santé et de sécurité du travail (article 50). Cependant, il doit prendre les mesures nécessaires pour protéger la santé et assurer la sécurité et l'intégrité physique des travailleurs, notamment celles-ci:

- S'assurer que les établissements sur lesquels il a autorité sont équipés et aménagés de façon à assurer la protection des travailleurs.
- Désigner des membres de son personnel qui seront chargés des questions de santé et de sécurité, et en afficher les noms dans des endroits visibles et facilement accessibles aux travailleurs.
- S'assurer que l'organisation du travail ainsi que les méthodes et les techniques utilisées pour l'accomplir sont sécuritaires et ne portent pas atteinte à la santé des travailleurs.
- Contrôler la tenue du lieu de travail, fournir des installations sanitaires, l'eau potable, un éclairage, une aération et un chauffage convenables, et faire en sorte que les repas pris sur le lieu de travail soient consommés dans des conditions hygiéniques.
- Utiliser les méthodes et les techniques visant à établir, à contrôler et à éliminer les risques pouvant affecter la santé et la sécurité des travailleurs.
- Prendre les mesures de sécurité contre l'incendie prescrites par règlement.
- Fournir un matériel sécuritaire et assurer son maintien en bon état.
- S'assurer que l'émission d'un contaminant ou l'utilisation d'une matière dangereuse ne porte pas atteinte à la santé ou à la sécurité de quiconque se trouvant sur un lieu de travail.
- Informer adéquatement les travailleurs sur les risques reliés à leur travail et leur assurer la formation et la supervision appropriées pour faire en sorte qu'ils aient l'habileté et les connaissances requises pour accomplir de façon sécuritaire le travail qui leur est confié.

- Afficher, dans des endroits visibles et facilement accessibles aux travailleurs, l'information qui leur est transmise par la CSST, le département de santé communautaire et le médecin responsable, et mettre cette information à la disposition des travailleurs, du comité de santé et de sécurité ainsi que de l'association accréditée.
- Fournir gratuitement aux travailleurs les moyens et les équipements de protection individuels choisis par le comité de santé et de sécurité conformément au paragraphe 40 de l'article 78, ou, le cas échéant, les moyens et les équipements de protection individuels ou collectifs déterminés par règlement, et s'assurer que les travailleurs, à l'occasion de leur travail, utilisent ces moyens et ces équipements.
- Permettre aux travailleurs de se soumettre aux examens de santé en cours d'emploi exigés pour l'application de la présente loi et des règlements.
- Communiquer aux travailleurs, au comité de santé et de sécurité, à l'association accréditée, au chef du département de santé communautaire et à la CSST la liste des matières dangereuses utilisées dans l'établissement et des contaminants qui peuvent y être émis.
- Collaborer avec le comité de santé et de sécurité ou, le cas échéant, avec le comité de chantier ainsi qu'avec toute personne chargée de l'application de la présente loi et des règlements, et leur fournir tous les renseignements nécessaires.
- Mettre à la disposition du comité de santé et de sécurité les équipements, les locaux et le personnel de bureau nécessaires à l'accomplissement de ses fonctions.

En somme, la Loi sur les accidents du travail et les maladies professionnelles ainsi que la Loi sur la santé et la sécurité du travail ont permis de préciser davantage les responsabilités et les obligations de l'employé et de l'employeur en matière de santé et de sécurité du travail.

3.2.4 Les droits fondamentaux de la personne

Tous les systèmes de GRH sont soumis à l'influence des lois protégeant les droits fondamentaux de la personne. Mentionnons d'abord la Charte canadienne des droits et libertés, enchâssée dans la Constitution canadienne de 1982. Cette charte établit les droits à l'égalité et les libertés fondamentales comme balises pour toutes les lois canadiennes. Ensuite, il y a la Loi canadienne sur les droits de la personne, qui s'applique à la compétence fédérale, ainsi que la Charte des droits et libertés de la personne, qui correspond aux matières qui sont de la compétence législative du Québec. C'est ainsi que la Charte des droits et libertés de la personne représente au

Québec la principale source des droits fondamentaux des travailleurs dans leurs relations avec leur employeur. Puisque la charte québécoise est la loi qui s'applique le plus souvent dans les relations du travail au Québec, nous présenterons ses principales dispositions concernant le cadre de la relation d'emploi.

La Charte des droits et libertés de la personne est considérée comme une loi au-dessus des autres lois. Sa principale caractéristique est la protection qu'elle accorde contre la discrimination, un concept que la Cour suprême du Canada a décrit comme suit:

> [...] la discrimination peut se décrire comme une distinction, intentionnelle ou non, mais fondée sur des motifs relatifs à des caractéristiques personnelles d'un individu ou d'un groupe d'individus, qui a pour effet d'imposer à cet individu ou à ce groupe des fardeaux, des obligations ou des désavantages non imposés à d'autres ou d'empêcher ou de restreindre l'accès aux possibilités, aux bénéfices ou aux avantages offerts à d'autres membres de la société.

Les caractéristiques personnelles de l'individu auxquelles la Cour suprême fait référence sont les motifs de discrimination prévus à l'article 10 de la charte québécoise:

> *Toute personne a droit à la reconnaissance et à l'exercice, en pleine égalité, des droits et libertés de la personne, sans distinction, exclusion ou préférence fondée sur la race, la couleur, le sexe, la grossesse, l'orientation sexuelle, l'état civil, l'âge sauf dans la mesure prévue par la loi, la religion, les convictions politiques, la langue, l'origine ethnique ou nationale, la condition sociale, le handicap ou l'utilisation d'un moyen pour pallier ce handicap.*

Il existe des situations de discrimination plus spécifiques visées par la charte. Par exemple, l'article 16 interdit la discrimination dans l'embauche, l'apprentissage, la durée de la période d'essai, la formation professionnelle, la promotion, la mutation, le déplacement, la mise à pied, la suspension, le renvoi ou les conditions de travail d'une personne ainsi que dans l'établissement de catégories ou de classifications d'emplois.

La charte interdit également le harcèlement en raison de l'un des critères énumérés à l'article 10. Comme l'indique un ouvrage récent:

> [...] par l'effet combiné des articles 10.1 (interdiction de harceler), 10 (droit à l'égalité), 4 (atteinte discriminatoire à la dignité), 16 (non-discrimination dans l'emploi) et 46 (droit à des conditions de travail justes et raisonnables), la Charte offre donc une protection complète contre le harcèlement fondé sur un des motifs interdits de discrimination (Bernier, Granosik et Pedneault, 1997, p. 9-1).

La Commission des droits de la personne du Québec définit le harcèlement dans le milieu de travail de la façon suivante:

> Il s'agit d'une conduite se manifestant, entre autres, par des paroles, des actes ou des gestes répétés, à caractère vexatoire ou méprisant, à l'égard d'une personne ou d'un groupe de personnes en raison de l'un ou l'autre des motifs énumérés à l'article 10 de la Charte.

En ce qui concerne plus particulièrement le harcèlement sexuel, les résultats tirés d'une étude réalisée en 1993 par Statistique Canada ont permis d'établir que (1) dans les 12 mois précédant l'enquête, 6% des femmes qui occupaient un emploi et qui étaient âgées de 18 ans ou plus avaient été victimes d'au moins une forme de harcèlement sexuel relié au travail; et que (2) pas moins de 23% des Canadiennes ont été victimes de harcèlement sexuel relié au travail à un moment de leur vie active (Johnson, 1994). Cette étude illustre quelques comportements de harcèlement sexuel, comme faire des commentaires inappropriés sur les formes physiques et les pratiques sexuelles, mettre une femme mal à l'aise en multipliant les invitations et en refusant un non comme réponse, frôler une femme ou tenter de la coincer, ou encore menacer sa sécurité d'emploi si elle n'accorde pas des faveurs sexuelles.

D'autres situations de discrimination spécifique concernent le droit à l'intégrité physique de la personne ainsi que le droit au respect de sa vie privée. La charte a donc des répercussions sur la pratique consistant à exiger des examens médicaux au moment de l'embauche ou pour des circonstances de santé et de sécurité du travail. Comme nous l'expliquerons au chapitre 6, l'employeur conserve le droit de mettre sur pied une politique d'embauche incluant un examen médical, mais il doit s'assurer que l'examen est relié aux tâches à exécuter. Une autre situation qui peut survenir dans le milieu de travail est l'instauration d'une politique de dépistage de drogue dès l'embauche ou encore de façon régulière en cours d'emploi. Dans cette situation précise, le défi est d'établir un équilibre entre la protection de l'intégrité physique de la personne et les risques associés à un travail particulier. Les tests de dépistage sont permis seulement lorsque l'employé accorde un consentement libre, volontaire et éclairé ou dans des circonstances particulières comme le retour au travail à la suite d'une maladie reliée à l'alcool ou aux drogues.

Comme nous l'avons vu dans ce survol, la Charte des droits et libertés de la personne a plusieurs répercussions dans le milieu de travail. Nous pourrions expliciter également la notion de respect de la vie privée (article 5), la notion de liberté d'association et le droit de toute personne de fonder un syndicat ou de s'y affilier (article 3), qui ont des répercussions évidentes sur les rapports individuels et collectifs du travail; cependant,

TABLEAU 3.1 La répartition des 579 plaintes dans le secteur du travail déposées à la Commission des droits de la personne et des droits de la jeunesse en 1996

	Occasions de discrimination							
Motifs	Embauche	Congédiement	Mise à pied	Conditions de travail	Équité salariale	Autres	Total	%
Sexe	19	57	3	49	3	14	145	25,0
Handicap	38	59	3	13	–	11	124	21,4
Race/couleur/origine ethnique/nationale	10	27	1	26	–	12	76	13,1
Âge	17	33	3	7	–	11	71	12,3
État civil	15	18	2	2	–	7	44	7,6
Orientation sexuelle	1	11	2	10	–	6	30	5,2
Antécédents judiciaires	11	15	–	1	–	2	29	5,0
Grossesse	2	9	4	7	–	–	22	3,8
Langue	3	6	–	2	–	4	15	2,6
Condition sociale	3	4	1	2	1	1	12	2,1
Religion	2	2	2	1	–	1	8	1,4
Convictions politiques	1	2	–	–	–	–	3	0,5
Total	122	243	21	120	4	69	579	
%	21,1	42,0	3,6	20,7	0,7	11,9		100 %

Source : Commission des droits de la personne et des droits de la jeunesse, « Discrimination en milieu de travail : les plaintes déposées à la commission en 1996 », *Bulletin d'information de la Direction des programmes d'accès à l'égalité*, vol. 8, n° 3, 1997, p. 3.

faute d'espace, nous ne pourrons approfondir ces notions. Comme l'indique le rapport annuel de 1996 de la Commission des droits de la personne et des droits de la jeunesse, sur les 2 036 demandes désignées comme plaintes possibles, 883 ont donné lieu à l'ouverture d'un dossier d'enquête. De ce nombre, 579 plaintes de discrimination ou de harcèlement provenaient du monde du travail. À cet égard, le tableau 3.1 présente la répartition des plaintes dans le secteur du travail déposées à la commission en 1996.

Il apparaît à l'examen de ce tableau que le sexe et le handicap ont été des motifs de discrimination fréquemment invoqués par les plaignants. Les principales occasions de discrimination sont le congédiement, l'embauche et les conditions de travail.

3.2.5 L'encadrement juridique des rapports collectifs

Le régime de représentation ouvrière au Canada et au Québec reflète la volonté du législateur de favoriser une relative harmonie dans les rapports collectifs de travail. Le cadre juridique du régime de représentation ouvrière québécois est exposé en détail dans le Code du travail.

Mentionnons premièrement que le champ d'application du Code du travail est réservé aux « employeurs » et aux « salariés » au sens du contrat de travail du droit civil. On y indique, par ailleurs, que le personnel associé d'une façon ou d'une autre à la direction ou à la gestion de l'entreprise, c'est-à-dire le personnel de gérance, ne peut avoir recours à la représentation syndicale. À cet égard, au Québec, même si la Loi sur les syndicats professionnels et la Loi sur les compagnies permettent aux cadres de se regrouper au sein d'associations professionnelles, elles ne contraignent nullement l'employeur à négocier et à convenir d'une entente collective de travail avec ses cadres.

Chez le salarié qui, contre rémunération, fournit son travail à une autre personne à laquelle il est subordonné, le Code du travail protège et encadre une de ses libertés fondamentales, qui est sa **liberté d'association**. L'article 3 reconnaît le droit de tout salarié d'appartenir à une association de salariés de son choix et de participer à la formation de cette association, à ses activités et à son administration. Ensuite, puisque la représentation ouvrière n'est pas toujours bien accueillie par les employeurs, l'article 13 interdit le recours à l'intimidation ou aux menaces pour amener quiconque à devenir membre, à s'abstenir de devenir membre ou à cesser d'être membre d'une association de salariés. En pratique, cela signifie que l'employeur doit s'abstenir de menacer de fermer l'entreprise ou de modifier les conditions de travail au désavantage des salariés s'ils décident de se syndiquer. L'employeur doit également s'abstenir de chercher à dominer, à entraver ou à financer la formation ou les activités d'une association de salariés, ou d'y participer.

Le régime du monopole de la représentation ouvrière concédée à une association a prévu une procédure d'accréditation bien précise qui suit quatre étapes: la requête en accréditation soumise par une « association de salariés », la détermination de l'unité d'accréditation, la vérification du caractère représentatif du syndicat et l'octroi ou le refus de l'accréditation.

La requête en accréditation soumise par une association de salariés

On considère qu'une requête en accréditation est déposée le jour de sa réception au bureau du commissaire du travail. Une demande d'accréditation pourrait être dirigée contre une association nouvellement accréditée 12 mois après la date de son accréditation si cette dernière n'a pas réussi à conclure une convention collective et si le différend à ce sujet n'a pas été soumis à l'arbitrage ou, à défaut, ne fait pas l'objet d'une grève ou d'un lock-out permis par le Code du travail. L'accréditation au moment de l'expiration d'une convention collective de courte durée (trois ans ou moins) se réalise entre le quatre-vingt-dixième et le soixantième jour précédant la date d'expiration d'une sentence arbitrale tenant lieu de convention collective ou la date d'expiration d'une convention collective. Dans le cas où les parties ont conclu une convention collective de longue durée (plus de trois ans), la demande d'accréditation peut être faite du cent quatre-vingtième au cent cinquantième jour précédant la date d'expiration de la convention collective ou du cent quatre-vingtième au cent cinquantième jour précédant le sixième anniversaire de la convention collective et chaque deuxième anniversaire subséquent (le huitième, le dixième, et ainsi de suite).

La détermination de l'unité d'accréditation

Les requérants doivent proposer une description de l'unité d'accréditation qu'ils veulent représenter chez l'employeur. L'unité peut être générale ou formée d'un groupe distinct de salariés à l'intérieur de l'entreprise. Ainsi, dans une même compagnie d'aviation, il pourrait y avoir une unité d'accréditation pour les agents de bord, une autre pour les pilotes de ligne et une troisième pour les machinistes, chacune vouée à la défense des intérêts communs de ses membres.

En cas de désaccord entre l'employeur et les salariés concernant la définition de l'unité d'accréditation, le commissaire du travail s'inspire habituellement des critères suivants pour déterminer l'unité appropriée:
- la volonté des salariés librement exprimée;
- l'histoire des accréditations, des négociations et des conventions collectives chez cet employeur ou chez d'autres employeurs similaires, et, s'il y a lieu, l'évolution de la structure de l'entreprise;
- la division territoriale ou géographique des usines;
- la mobilité de la main-d'œuvre ou de l'exécution du travail;
- la paix industrielle, qui ne doit pas être troublée par la multiplication des groupes et des associations;
- le simple bon sens exigeant que tous les salariés qui ont des intérêts communs ne forment qu'un groupe.

Notons que notre régime de rapports collectifs, contrairement à ceux de certains pays européens, ne favorise pas la formation d'unités qui regrouperaient les salariés de plus d'un employeur (les accréditations multipatronales).

LA VÉRIFICATION DU CARACTÈRE REPRÉSENTATIF DU SYNDICAT

Le Code du travail prévoit deux moyens pour vérifier le caractère représentatif du syndicat. Le premier moyen consiste à déterminer le nombre de salariés de l'unité d'accréditation visée par la requête qui ont signé un formulaire d'adhésion et qui ont payé une somme de 2$ à titre de cotisation syndicale, de façon à voir si elle y dispose de la majorité. Un exemple de formulaire d'adhésion utilisé par la Centrale des syndicats démocratiques (CSD) est présenté à la figure 3.3.

FIGURE 3.3 Le formulaire d'adhésion syndicale utilisé par la Centrale des syndicats démocratiques

CENTRALE DES SYNDICATS DÉMOCRATIQUES

Formulaire d'adhésion

Nom : _____   Prénom : _____
Adresse : _____
Ville : _____
Province : _____   Code postal : _____
Tél. Rés. : ( ) _ _____   N.A.S. : _____
Tél. Trav. : ( ) _ _____   Poste : _____

Je, soussigné(e), donne librement mon adhésion au

[   ]

Je m'engage à en observer les statuts, règlements et décisions, ainsi qu'à payer la cotisation syndicale fixée par le syndicat.

J'ai payé les droits d'adhésion le _____ 199 __ $ _____
EN FOI DE QUOI, j'ai signé le _____ 199 __.

_____
Signature de l'adhérent

Source : Centrale des syndicats démocratiques, 1997.

Le second moyen consiste à procéder à un scrutin secret et d'octroyer l'accréditation si l'association requérante obtient la majorité absolue des voix. Cette deuxième façon de procéder s'applique dans les circonstances où le calcul des effectifs (formulaires d'adhésion) révèle qu'entre 35% et 50% des salariés de l'unité sont membres de l'association.

L'octroi ou le refus de l'accréditation

La décision d'octroyer ou de refuser l'accréditation est prise par un agent d'accréditation (l'envoyé du commissaire général du travail), qui considère la définition de l'unité d'accréditation de même que la représentativité de l'association. Au Canada, la majorité des accréditations est octroyée sans la tenue d'un scrutin secret. Aux États-Unis, par contre, toute accréditation syndicale doit être précédée d'un vote.

Les nouvelles obligations

La présence syndicale entraîne une dynamique de rapports collectifs ainsi que de nouvelles règles à respecter. Par exemple, le Code du travail du Québec impose, depuis 1977, la retenue des cotisations syndicales (formule Rand). Le syndicat a l'obligation légale de représenter tous les salariés compris dans l'unité de négociation, qu'ils soient ou non membres du syndicat. L'employeur, pour sa part, doit reconnaître le syndicat comme le représentant collectif et exclusif de tous les salariés compris dans l'unité de négociation. L'employeur est également contraint à négocier de bonne foi avec le syndicat et à s'abstenir de faire appel à des briseurs de grève en vue de conclure une convention collective. L'employeur et ses représentants doivent aussi comprendre le phénomène syndical ainsi que la structure de décision syndicale afin d'intervenir adéquatement dans le milieu syndiqué.

3.3 La nature et l'évolution des rapports collectifs du travail

Le syndicalisme est né avec l'industrialisation et l'arrivée de la production capitaliste au début du XIXe siècle. La croissance de la main-d'œuvre dans le secteur industriel a favorisé le regroupement des travailleurs de plus en plus nombreux à effectuer des tâches similaires. Évoluant dans un climat de libéralisme économique, les premiers syndicats ont été déclarés illégaux parce qu'ils nuisaient à la liberté de manœuvre des dirigeants d'entreprise. Les premiers regroupements de travailleurs étaient alors considérés comme des «conspirations restreignant la liberté de commerce». Cependant, en 1944, l'arrêté en conseil CP 1003, inspiré du Wagner Act américain, a obligé les entreprises à reconnaître les syndicats et à négocier avec eux.

3.3.1 Les différentes perspectives du phénomène syndical

Comme intervenant dans le monde du travail, dans un milieu syndiqué ou pas, il importe d'avoir une compréhension générale du phénomène syndical. Pour expliquer le syndicalisme, nous explorerons différentes perspectives ou visions du phénomène syndical. Nous présenterons ensuite un portrait du syndicalisme moderne ainsi qu'une analyse de l'état de santé du syndicalisme et des raisons qui motivent les travailleurs à donner leur appui à la syndicalisation.

La **perspective révolutionnaire** situe le syndicalisme dans la dynamique de la lutte des classes, c'est-à-dire à l'intérieur du contexte historique de l'exploitation de la classe ouvrière par la classe bourgeoise. Le discours qui l'accompagne témoigne de la nécessaire résistance et de l'intégration de la perspective révolutionnaire au sein des organisations ouvrières. Il y est question également des intérêts divergents entre les capitaux (c'est-à-dire les détenteurs de moyens financiers) et le labeur, de l'autogestion des entreprises et du triomphe éventuel de la classe ouvrière. La perspective révolutionnaire du syndicalisme n'est pas très présente en Amérique du Nord aujourd'hui, mais elle aide tout de même à comprendre certaines luttes syndicales de même que le syndicalisme politique en Europe.

Selon la **perspective basée sur la compassion envers les plus pauvres**, la représentation ouvrière s'avère nécessaire pour défendre la dignité et les intérêts des plus démunis de la société. En réaction aux conditions de vie misérables dans les manufactures et les usines du début de l'industrialisation, les ténors de cette vision du syndicalisme réclamaient l'application de l'éthique religieuse à la réforme sociale. Même si les conditions de travail se sont beaucoup améliorées depuis les premiers jours de la révolution industrielle, les principes de compassion, de justice et de charité sont encore présents dans les milieux syndicaux. L'ancien militant syndical et professeur Marcel Pépin presse d'ailleurs les organisations syndicales de défendre les intérêts des chômeurs et des assistés sociaux (Salvet, 1993). Pour sa part, le président actuel de la Confédération des syndicats nationaux (CSN), Gérald Larose, parle d'imposer de nouveau des objectifs sociaux de partage de la richesse, d'équité et de justice (Lapointe, 1993). S'exprime ainsi le besoin d'un retour au **syndicalisme d'entraide** d'autrefois.

On peut aussi voir dans le syndicat un levier de protection des intérêts des travailleurs. C'est ce qu'il est convenu d'appeler le **syndicalisme d'affaires**, dont l'action est concentrée sur la sécurité d'emploi et sur la satisfaction des besoins immédiats de ses membres, et qui cherche toujours à obtenir «plus et mieux». N'ayant pas comme ambition première de transformer la société, ce syndicalisme s'intéresse surtout à l'obtention de salaires concurrentiels et à la protection des acquis. Cette perspective rend plus compréhensibles les droits reliés à l'ancienneté que réclament les syndicats en relation avec les promotions, les mutations et les mises à pied. Selon cette perspective, il faut considérer davantage l'idéalisme pragmatique que l'altruisme comme force motrice de l'action syndicale.

3.3.2 Le nouveau syndicalisme

Au cours des 20 dernières années, le discours du mouvement syndical a beaucoup changé. Depuis l'époque de la lutte des classes où la Fédération des travailleurs et travailleuses du Québec (FTQ) publiait en 1971 un tract intitulé *L'État, rouage de notre exploitation* et où la Centrale de l'enseignement du Québec (CEQ) intitulait sa brochure de propagande *L'École au service de la classe dominante* en 1972, l'action syndicale a trouvé le chemin de la conciliation. La société a alors été témoin, au cours des trois dernières décennies, du passage d'un syndicalisme conflictuel (lorsque le syndicat et l'employeur considèrent leurs buts comme incompatibles) à un syndicalisme de coopération (le syndicat est un partenaire plutôt qu'un adversaire).

La collaboration à la réorganisation du travail, la concertation, la recherche du consensus et l'acceptation des objectifs patronaux remplacent progressivement l'affrontement comme mode d'intervention. C'est dans ce nouveau climat qu'une centrale syndicale publiait récemment un guide à l'intention de ses affiliés portant sur les équipes de travail, la responsabilisation et l'autonomie (FTQ, 1997). Une autre centrale syndicale se dit favorable à l'engagement de ses membres dans la transformation de l'organisation du travail. Les extraits suivants, tirés d'un document préparé par la Confédération des syndicats nationaux (CSN), expriment bien l'impasse à la source d'une nouvelle orientation syndicale:

> En s'appuyant constamment sur les sacro-saints droits de gérance et de propriété, écrivions-nous, le patronat a réussi à faire en sorte que nous nous sentions étrangers à notre lieu de travail. Nous proposons aujourd'hui d'investir ces lieux de travail: qu'il s'agisse de gestion économique, de choix d'investissements ou même de la qualité de la production et des services, il nous faut nous impliquer.
>
> Nous rendons-nous compte qu'un refus de nous préoccuper suffisamment de ces questions ne fait que maintenir la politique traditionnelle du

syndicalisme nord-américain : aux patrons les pouvoirs de décision, aux syndiqué-es les seuls pouvoirs de négociation des conditions de travail et de salaire (1995, p. 3)?

Ce virage à 180° s'explique par l'accumulation des défaites des centrales syndicales depuis 1972, par la détérioration de la situation économique et par la recherche de la flexibilité de la part des employeurs. Faisant face à la persistance d'un taux de chômage élevé et aux menaces de fermeture d'usines dans un contexte de libre-échange, les syndicats encouragent maintenant la participation des salariés à la vie et au développement des entreprises. Avec le virage du « partenariat social », on voit les syndicats s'engager de plus en plus dans la réorganisation du travail ou même dans le redressement d'une entreprise.

La nouvelle forme de rapports collectifs de travail se reflète dans l'établissement de nouveaux contrats sociaux comme celui envisagé chez Alcan, où la partie patronale promet des investissements de plusieurs milliards de dollars pour rénover ses installations en échange de la renonciation au droit de grève des employés pour une période de 15 ans. On observe d'ailleurs, depuis l'abolition en 1994 de la disposition fixant à trois ans la durée maximale d'une convention collective (article 65 du Code du travail), que de plus en plus de conventions collectives sont conclues pour des durées variant de 37 à 72 mois (49,6 % d'ententes signées entre le 11 mai 1994 et le 10 mai 1995; 55,4 % signées entre le 11 mai 1995 et le 10 mai 1996) (Anonyme, 1996). Les innovations patronales-syndicales sont aussi de plus en plus nombreuses. Aux Boulangeries Weston, par exemple, un climat de coopération s'est installé entre les cadres et les salariés, qui sont maintenant considérés comme de « véritables partenaires de

ENCADRÉ 3.1
LA MISSION DU FONDS DE SOLIDARITÉ DES TRAVAILLEURS DU QUÉBEC

Le Fonds de solidarité est une institution financière vouée à la création d'emplois. Alimenté par des contributions volontaires des travailleurs et travailleuses et des citoyens et citoyennes du Québec, le Fonds voit à faire fructifier ces épargnes en les investissant dans des entreprises québécoises en vue de favoriser le développement économique du Québec dans la perspective d'une politique de plein emploi. Sous le contrôle de la FTQ, le Fonds vise à augmenter l'influence des travailleurs et travailleuses dans l'économie.

Au cours de ses interventions, le Fonds favorise la formation économique des travailleurs et travailleuses afin d'augmenter leur influence dans les entreprises. Le Fonds, par son engagement, défend les intérêts économiques des travailleurs et travailleuses du Québec. Il cherche à associer à la réalisation de ses objectifs généraux les institutions économiques québécoises avec lesquelles il œuvre.

FIGURE 3.4 Le nombre de jours-personnes perdus pour cause de conflits de travail (1971-1995)

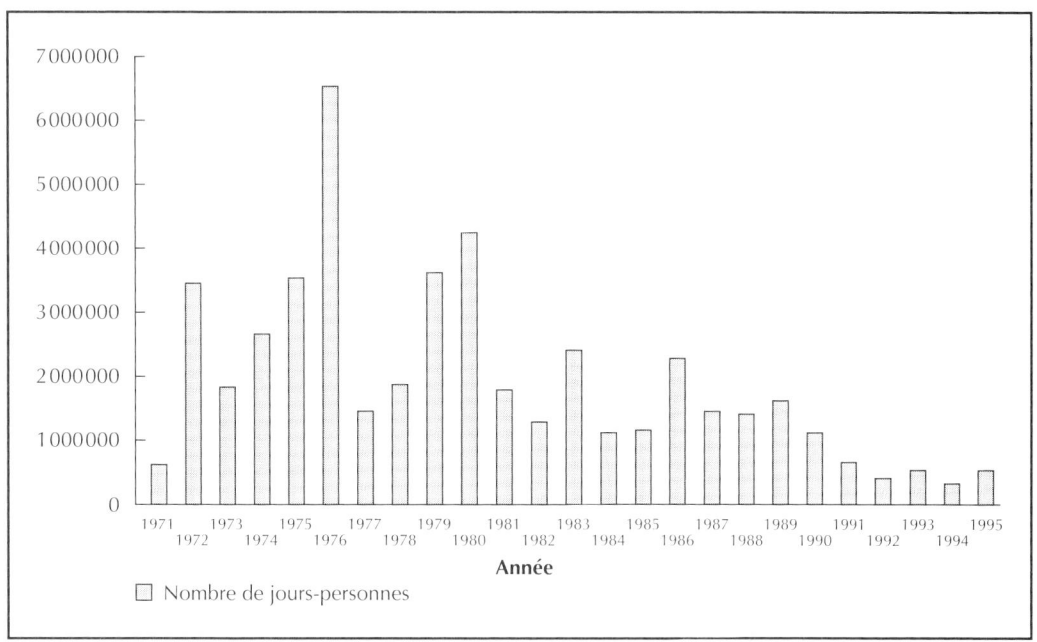

Source: Compilation basée sur les données (plusieurs années) de la revue *Le marché du travail*.

l'entreprise et au bout du compte, partenaires dans l'élimination des coûts inutiles» (Développement des ressources humaines Canada, 1994, p. 31). La création du Fonds de solidarité des travailleurs du Québec représente un autre exemple de la volonté de travailler ensemble au développement économique et à la création d'emplois (encadré 3.1).

En observant l'évolution de la perte en jours de travail pour cause de conflits de travail au Québec, nous disposons d'un autre signe de l'avènement d'un climat de relations du travail plus paisible (figure 3.4).

De toute évidence, les conflits et les arrêts de travail font perdre de moins en moins de jours de travail.

3.3.3 L'état de santé du syndicalisme

Les taux de syndicalisation sont un indicateur important de la vigueur ou de l'état de santé du syndicalisme. Pour nous permettre de nous situer à l'échelle internationale, la figure 3.5 indique les taux de syndicalisation dans les pays membres de l'Organisation de coopération et de développement économiques (OCDE).

FIGURE 3.5 Les taux de syndicalisation dans les pays membres de l'OCDE en 1988

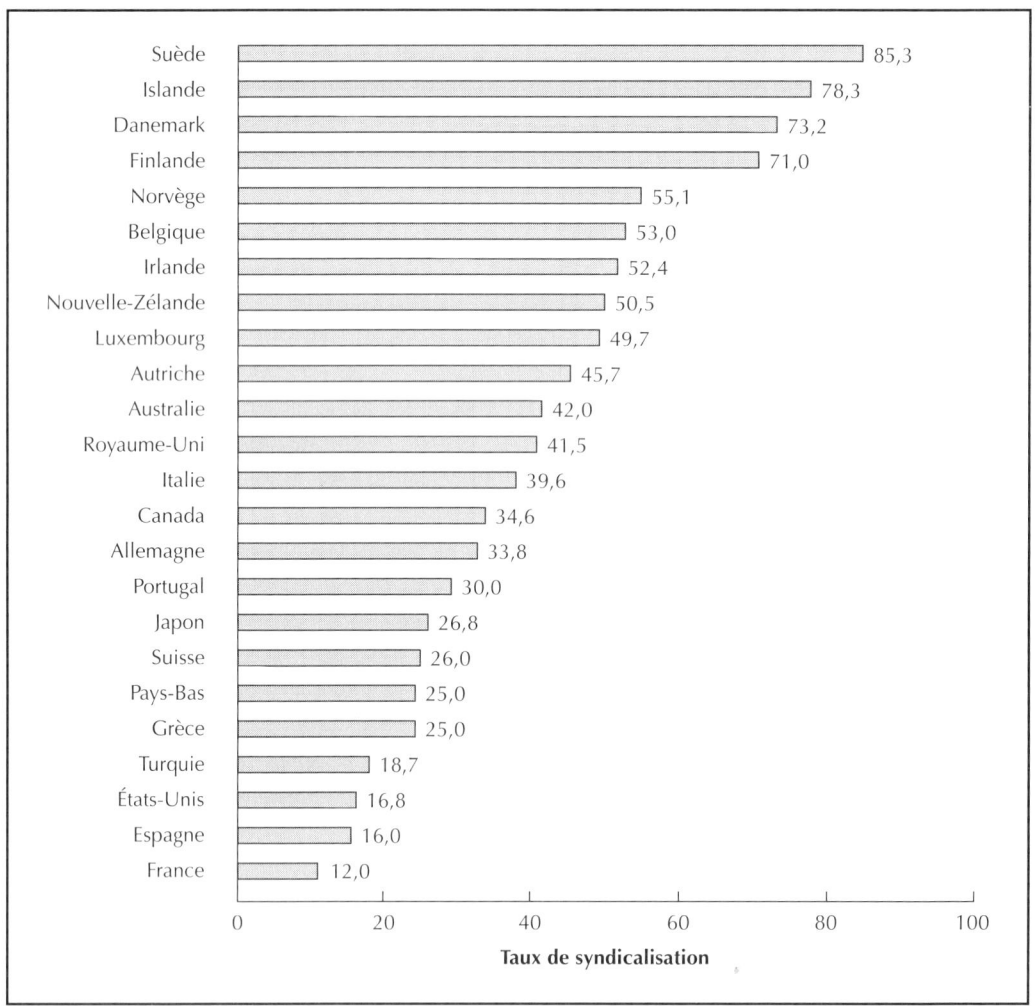

Source : BIT, *Le travail dans le monde*, Genève, Bureau international du travail, 1992, p. 60.

La première remarque que nous pouvons faire à l'examen de ce tableau est que le syndicalisme n'a pas le même poids dans tous les pays. D'une façon générale, la présence syndicale est plus importante en Europe (exception faite de l'Espagne et de la France) qu'aux États-Unis; de même, elle est plus importante dans les petits pays que dans les grands. Le Canada, pour sa part, se situe un peu en deçà du point milieu.

En ce qui concerne l'évolution du syndicalisme, le Bureau international du travail observe que, dans la plupart des pays, la tendance des dernières décennies a été la baisse de la présence syndicale (BIT, 1992). Les États-Unis ont connu une baisse très forte, voyant leur taux de syndicalisation passer de 23% en 1980 à 10,2% en 1996. Le Canada, cependant, se trouve dans une situation de stabilité relative avec une légère tendance à la baisse, tandis que le taux de syndicalisation était de 37,1% en 1978, de 37,2% en 1984 et finalement de 33,9% en 1996 (Développement des ressources humaines Canada, 1996). On constate alors que «le syndicalisme au Canada jouit d'une situation assez avantageuse par rapport à celle de la plupart des pays industrialisés» (Dion et Hébert, 1989, p. 10). Ajoutons toutefois que c'est en raison du nombre important de syndiqués dans le secteur public que le mouvement syndical au Canada se maintient en bonne santé. L'expansion de l'emploi dans le secteur public et la syndicalisation des employés du secteur public qui voulaient bénéficier des mêmes droits que les employés du secteur privé ont contribué à contrecarrer le déclin de l'emploi (et donc des effectifs syndicaux) dans l'industrie manufacturière fortement syndiquée.

Si le taux de syndicalisation est en baisse dans plusieurs pays, cela serait attribuable «au fait que les syndicats sont moins bien adaptés aux caractéristiques des entreprises qui connaissent le plus de croissance d'emploi, c'est-à-dire des entreprises de petite taille regroupant une main-d'œuvre peu homogène formée en plus grande partie de femmes et ayant par conséquent des formes d'emploi souvent atypiques» (Galarneau, 1996, p. 50). On pourrait aussi affirmer que les syndicats sont victimes de leurs succès. Ils ont réalisé les objectifs qu'ils poursuivaient. Sans doute faut-il toujours protéger et défendre les droits des membres et les bonnes conditions de travail; mais l'essentiel est acquis et depuis un bon moment (Dion et Hébert, 1989).

Le taux de syndicalisation au Québec en 1995 se situait à 41,9%, ce qui représentait 1 131 456 salariés assujettis à des conventions collectives conclues en vertu des lois provinciales et fédérales du travail ou encore régis par le régime québécois de la construction (Anonyme, 1996). Cependant, la répartition des effectifs syndicaux variait beaucoup selon les secteurs d'activité économique. À titre d'illustration, dans le secteur de la première transformation des métaux, le taux de syndicalisation s'élevait à 78,1%, alors que dans le secteur du commerce de gros, il se situait à 9,0% seulement. Notons également que la présence syndicale était plus forte dans le secteur public que dans le secteur privé.

Au cours des dernières années, les centrales syndicales se sont montrées plus énergiques au cours de leurs campagnes de recrutement. Afin de solliciter l'adhésion de nouveaux membres, la centrale syndicale américaine AFL-CIO a fait passer son budget de recrutement de 2,5 millions de dollars en 1995 à 30 millions de dollars en 1997 (Worsham, 1997). Au Canada, les centrales syndicales ont eu du succès là où les centrales américaines n'ont jamais réussi. Par exemple, à Windsor en Ontario, on assistait récemment à la première accréditation syndicale d'un magasin Wal-Mart. Notons également les percées syndicales récentes au sein des restaurants McDonald's de la région de Montréal, et ce, malgré une forte opposition à la syndicalisation manifestée par la direction de cette chaîne d'environ 700 restaurants au Canada.

Les syndicats au Québec revendiquent actuellement l'élargissement de l'accès à la syndicalisation par la négociation sectorielle ou multipatronale. De même, ils font preuve d'une plus grande cohésion en évitant le maraudage comme stratégie de recrutement de nouveaux membres. En réaction aux politiques néolibérales et à la croissance des inégalités économiques entre les couches sociales, serons-nous bientôt témoins du retour du militantisme syndical d'autrefois?

3.3.4 L'adhésion à la représentation syndicale

La syndicalisation poursuit des objectifs sociaux, économiques et politiques ainsi que l'objectif fondamental de la négociation de conditions de travail. Pour les cadres et les autres intervenants dans le milieu de travail, il importe de comprendre les raisons qui incitent les travailleurs à se regrouper pour faire valoir leurs intérêts communs auprès d'un employeur.

Le salarié qui fait face à une situation de travail insatisfaisante peut choisir de quitter son milieu de travail et se dénicher un emploi ailleurs ou demeurer au sein de l'organisation et provoquer un changement avec la force collective que procure la représentation syndicale. Il en résulte que lorsque le contexte économique est difficile et que les probabilités de se trouver un emploi dans une autre entreprise sont faibles, la perspective de la revendication apparaît souvent comme la plus intéressante. Nous examinerons quelques situations spécifiques qui incitent les employés à donner leur appui à la syndicalisation.

Une situation souvent évoquée pour expliquer l'adhésion syndicale est l'insatisfaction vécue dans le milieu de travail par les employés envers ce qu'ils considèrent comme injuste ou inéquitable sur le plan des conditions de travail ou sur celui des pratiques de gestion. La recherche indique à cet effet que moins les employés sont satisfaits de leurs conditions de travail, plus grande est leur propension à favoriser la syndicalisation (Premack et Hunter, 1988). Diverses frustrations amèneraient alors les salariés à se regrouper au sein d'un syndicat pour se faire entendre auprès de la direction de l'entreprise. Ainsi, le syndicalisme se développe comme un

FIGURE 3.6 L'évolution de l'écart salarial entre travailleurs syndiqués et travailleurs non syndiqués au Canada

Source : S. Renaud, « Unions and wages in Canada : A review of the litterature », dans *La représentation des salariés dans le contexte du libre échange et de la déréglementation*, sélection de textes du XXXIIIe congrès de l'Association canadienne des relations industrielles, sous la direction de R. Chaykowski, P.-A. Lapointe, G. Vallée et A. Verma, 1997, p. 219.

moyen de limiter l'arbitraire des décisions patronales et d'améliorer la qualité de la vie au travail des salariés. Les travailleurs peuvent aussi favoriser la syndicalisation pour améliorer leur salaire. Il faut alors que les employés perçoivent les coûts de la syndicalisation (l'importance de la cotisation à payer ainsi que les pertes de salaires lors de grèves ou de lock-out) comme inférieurs aux avantages qu'ils en attendent (de meilleurs salaires). On remarque, à cet égard, que les salaires des travailleurs syndiqués sont nettement supérieurs à ceux des travailleurs non syndiqués avec un écart estimé à 29,5% pour tous les secteurs d'activité au Canada en 1990 (Nadeau, 1993). Toutefois, comme l'illustre la figure 3.6, la tendance depuis le début des années 80 est à la réduction de l'écart salarial entre les travailleurs syndiqués et les travailleurs non syndiqués.

La représentation syndicale procure aussi des bénéfices en dehors du travail, qui peuvent inciter les travailleurs à donner leur appui à la syndicalisation. Certains syndicats offrent à leurs membres l'assurance-maladie complémentaire, l'assurance sur la vie, des régimes de retraite, des cartes de crédit qui comportent certains avantages, des services financiers et même une assistance juridique à moindres coûts. Finalement, une partie de la main-d'œuvre adhère au mouvement syndical en raison de ses convictions politiques et idéologiques (valeurs sociales). On remarque, sur ce point, que dans plusieurs pays les syndicats établissent des liens avec des partis politiques surtout d'orientation socialiste. Par ailleurs, les travailleurs qui prônent l'action collective plutôt que l'individualisme et l'indépendance auraient tendance à favoriser l'action syndicale.

3.4 LES INSTITUTIONS SYNDICALES MODERNES

Comme nous l'avons déjà mentionné, le mouvement syndical est issu de l'industrialisation de l'économie survenue au début du XIXe siècle. En 1886 naissaient l'American Federation of Labor, aux États-Unis, et sa contrepartie canadienne, le Congrès des métiers et du travail du Canada. Avec la croissance du nombre des adhésions au mouvement syndical, les institutions syndicales se sont développées à l'échelle locale, nationale et internationale. Dans cette section, nous présenterons de façon détaillée les structures syndicales québécoises ainsi qu'un survol de la situation du syndicalisme ailleurs dans le monde.

3.4.1 LES INSTITUTIONS SYNDICALES AU QUÉBEC

Afin de décrire les composantes structurelles du syndicalisme au Québec, nous utiliserons les statuts et les règlements de même que d'autres documents syndicaux récents de quatre centrales syndicales, à savoir la Fédération des travailleurs et travailleuses du Québec (FTQ), la Confédération des syndicats nationaux (CSN), la Centrale de l'enseignement du Québec (CEQ) et la Centrale des syndicats démocratiques (CSD). Les données sur la répartition des salariés selon l'affiliation syndicale sont celles qui étaient accessibles au mois de septembre 1996. Elles excluent le secteur fédéral et les salariés assujettis au Décret de la construction (Anonyme, 1997).

Avant de présenter chaque centrale, il importe de mentionner que l'action syndicale se situe généralement à deux niveaux, ce qui se traduit dans les structures des organisations syndicales. Au niveau inférieur, on trouve les syndicats locaux, qui sont les cellules de base des organisations syndicales. Là-dessus, on distingue parfois les syndicats de métiers, qui regroupent les travailleurs exerçant le même métier, des syndicats industriels, qui sont composés de travailleurs d'un même établissement sans égard à leur occupation respective. Parmi les organisations de travailleurs du Canada coexistent ainsi des syndicats de métiers, comme l'Association canadienne des métiers de la truelle, et des syndicats industriels, comme le Syndicat national des employés de l'aluminium d'Alma.

Le syndicat local, l'unité de base de l'organisation syndicale, est formé dans un lieu de travail et dans une agglomération. Les membres versent des cotisations et participent directement aux activités de leur syndicat local. Son rôle consiste à promouvoir les intérêts économiques et professionnels de ses membres, surtout par la voie de la négociation et par l'application de la convention collective. C'est à la table de négociations que le syndicat fait entendre ses revendications souvent «économiques» auprès de la direction de l'entreprise. Le syndicat local d'un établissement peut agir de façon indépendante ou représenter une section locale d'un syndicat international, national ou régional. Il peut également détenir une charte directe accordée par une centrale syndicale.

Au niveau supérieur des organisations syndicales interviennent les syndicats nationaux, qui accordent des chartes à des sections locales au Canada, ainsi que les syndicats internationaux, qui accordent des chartes à des sections locales aux États-Unis et au Canada seulement. On y trouve également les centrales syndicales, qui regroupent divers syndicats, des fédérations de syndicats, des sections locales à charte directe ou non fédérées, des fédérations syndicales provinciales et des conseils locaux. À ce niveau, l'action syndicale porte sur les revendications d'ordre politique ou social, bref sur des préoccupations plus larges. Par exemple, les centrales syndicales peuvent revendiquer auprès du gouvernement une réduction du temps de travail ou le maintien de l'assurance sociale. C'est donc à ce niveau que se tient généralement le discours sur la réforme de programmes et sur la transformation de la société pour qu'elle devienne «plus juste». Nous examinerons maintenant comment diverses structures de centrales syndicales encadrent l'action syndicale sur les plans économique et social.

LA FÉDÉRATION DES TRAVAILLEURS ET TRAVAILLEUSES DU QUÉBEC (FTQ)

La FTQ représentait en 1996, au Québec, le plus grand nombre de salariés régis par une convention collective, soit 354 423 salariés ou 37,4% de l'ensemble des salariés assujettis à un syndicat; 29% de ses membres appartenaient au secteur public et 33% étaient des femmes. Les catégories socio-professionnelles de cette centrale étaient principalement les ouvriers, le personnel de bureau, les employés du secteur des services, les techniciens, les semi-professionnels et les professionnels. Cette centrale était celle qui comptait le plus grand nombre de membres de toutes origines ethniques.

C'est à Québec, le 16 février 1957, que les délégués de la Fédération du travail du Québec (FTQ) et de la Fédération des unions industrielles du Québec (FUIQ) fondaient la FTQ d'aujourd'hui. Cette centrale définit son orientation comme étant loin des dogmes politiques, confessionnels ou nationalistes. Cependant, en tant que porte-parole de plusieurs milliers de syndicats locaux regroupés dans une quarantaine de grands syndicats québécois, canadiens et nord-américains, elle se préoccupe de questions sociales telles que le maintien et la création d'emplois ainsi que la démocratisation des entreprises.

La structure actuelle de la FTQ demeure décentralisée. Certains affiliés de la FTQ appartiennent à des syndicats d'envergure nord-américaine et d'autres, à des syndicats à l'échelle canadienne ou québécoise. Les syndicats affiliés sont autonomes et adhèrent à la centrale de façon libre et volontaire.

L'autorité suprême au sein de la FTQ est le congrès (figure 3.7). Il se réunit tous les trois ans et adopte les grandes orientations et les priorités d'action de la centrale. Chaque syndicat local affilié a droit à une délégation au prorata de ses membres. Les regroupements régionaux de la FTQ, les conseils du travail, ont aussi droit à une délégation. Le congrès élit un bureau de direction composé de 18 personnes, dont 2 sont élues à plein temps à la présidence et au secrétariat général. Des 16 postes de vice-présidents, 3 sont réservés à des femmes et 1 aux conseils du travail.

Entre les congrès, l'autorité suprême est le conseil général, qui est composé de délégués des syndicats et des conseils du travail, au prorata de leurs membres. Le conseil général, qui se réunit à intervalles réguliers au moins trois fois par année, a la responsabilité de donner suite aux orientations prises au congrès. Le bureau expédie les affaires courantes entre les séances du conseil général, duquel il relève. Les conseils du travail regroupent les syndicats de la FTQ dans leur région. Une de leurs priorités est le développement socioéconomique régional.

À strictement parler, la FTQ est une fédération provinciale du Congrès du travail du Canada (CTC), la principale centrale canadienne, qui regroupait 2 547 839 membres en 1996 (Développement des ressources humaines Canada, 1996). Le CTC reconnaît cependant le caractère particulier de la FTQ. En 1974, le congrès du CTC votait à l'unanimité une résolution accordant à la FTQ la compétence sur la formation syndicale et sur les conseils du travail, avec les ressources afférentes. Plus récemment, en 1993, la FTQ se voyait reconnaître le droit d'exercer, conjointement avec le CTC, une présence et une activité internationales. D'autre part,

FIGURE 3.7 Les principales instances de la FTQ

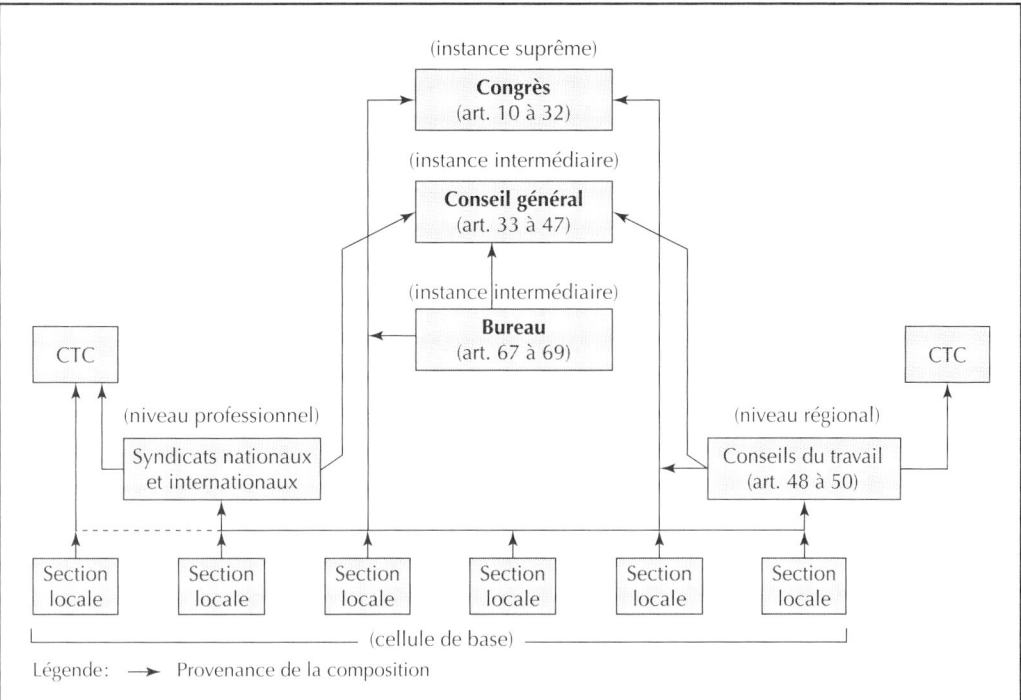

Source : Anonyme, « Structures syndicales québécoises : étude descriptive des instances décisionnelles dans les principales centrales syndicales », *Le marché du travail*, vol. 11, n° 8, 1990, p. 9.

une entente était conclue selon laquelle les ressources financières du Québec dirigées vers le CTC seraient retournées à la FTQ. Celle-ci représente donc aujourd'hui la « centrale des affiliés québécois ».

La Confédération des syndicats nationaux (CSN)

La deuxième centrale la plus importante du point de vue numérique est la CSN ; en 1996, elle regroupait 230 938 salariés régis par une convention collective, dont 65 % du secteur public et 40 % de femmes. Avec sa présence dans le réseau de la santé et des services sociaux, dans le réseau de l'éducation et dans les organismes gouvernementaux, c'est la centrale la plus représentative dans le secteur public québécois. Les catégories socioprofessionnelles de cette centrale sont les mêmes que celles de la FTQ, mais avec un groupe plus important d'employés professionnels (environ 25 %).

Par rapport aux autres centrales syndicales, la CSN se dit plus combative: «Là où les autres jettent la serviette, la CSN, tel un coureur de fond, rattrape son souffle, le deuxième. Cette minute de plus rapporte, à celles et ceux qu'elle représente, des gains incontestables dont les autres bénéficient par la suite» (CSN, 1997, p. 5). Son action est par ailleurs étroitement liée aux importantes transformations sociales, politiques et économiques. Elle prône une meilleure répartition de la richesse collective et cherche notamment à bâtir une société plus humaine. En matière d'organisation du travail, la CSN favorise la maîtrise de leur travail par les travailleurs.

Pour mener son action syndicale sur les plans économique et social, la CSN s'est dotée d'une structure qui lui est propre (figure 3.8).

FIGURE 3.8 La structure de décision à la CSN

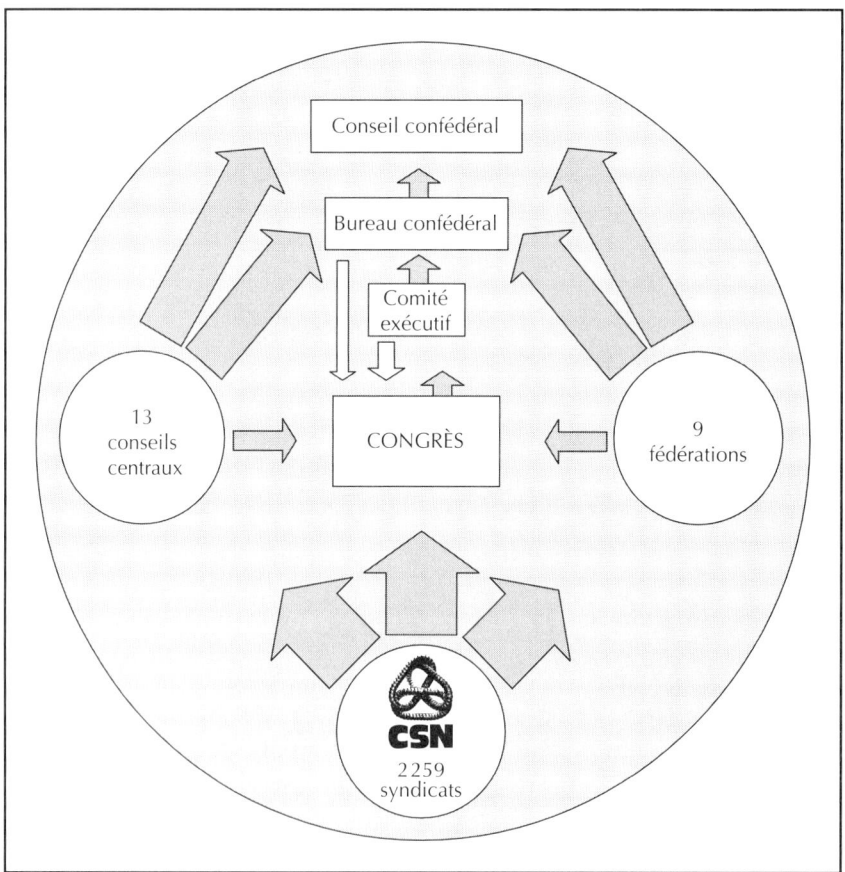

Source: CSN, *La CSN, mouvement et organisation*, Montréal, Confédération des syndicats nationaux, 1993.

Le conseil confédéral, qui se réunit tous les trois ans, a la pleine autorité sur les orientations politiques et syndicales de la CSN, sur l'application des plans d'action, sur les modifications de structures, sur le personnel, sur les dirigeants de même que sur les directives administratives touchant la bonne marche de la centrale. Cette instance, qui constitue le cœur de la structure décisionnelle de la CSN, est composée des délégués de ses 2259 syndicats ainsi que de représentants de ses fédérations et des conseils centraux. Entre les congrès, le comité exécutif, composé de six membres élus directement par le conseil, assume la direction quotidienne de la centrale. Le bureau confédéral, composé de 50 personnes, prend les décisions entourant le fonctionnement général de la centrale. Le bureau confédéral est l'autorité suprême entre les congrès. C'est là que se prennent toutes les décisions d'orientation soumises par le comité exécutif. Le rôle des conseils centraux est de promouvoir la solidarité de tous les syndiqués affiliés à la CSN dans la limite de leur territoire, indépendamment du secteur d'activité économique dans lequel ils travaillent. Finalement, les fédérations regroupent les syndicats œuvrant dans des secteurs d'activité semblables ou connexes. Elles offrent à leurs syndicats des services à caractère professionnel en matière de négociation et d'application de conventions collectives de même que d'éducation syndicale. Un syndicat affilié à la CSN bénéficie des services d'appui de la centrale, notamment en ce qui concerne la santé et la sécurité du travail, la recherche, les questions juridiques et la condition féminine.

LA CENTRALE DE L'ENSEIGNEMENT DU QUÉBEC (CEQ)

La troisième centrale la plus grosse, la CEQ, regroupe 89415 salariés régis par une convention collective, qui sont principalement des femmes (66%) du secteur public (97%). Comme son nom l'indique, ce sont surtout des enseignants qui font partie de cette centrale.

Au Québec, le début du syndicalisme enseignant remonte à 1937 avec la création de la Fédération des institutrices rurales. En 1946, trois fédérations forment la Corporation générale des instituteurs et institutrices catholiques de la province de Québec. En 1974, la CEQ se transforme en centrale syndicale; elle vise à englober l'ensemble des travailleuses et des travailleurs de l'enseignement public, de la santé et des services sociaux, des institutions privées et du loisir. Elle regroupe aujourd'hui environ 240 syndicats locaux.

Le congrès est l'autorité suprême de la centrale. Il détermine les politiques générales, les objectifs majeurs, les grandes lignes d'action et les grandes priorités (figure 3.9). Le conseil général, responsable devant le

FIGURE 3.9 La structure de décision à la CEQ

Source: CEQ, *Profil de la CEQ*, Montréal, Centrale de l'enseignement du Québec, p. 15.

congrès, précise les orientations de la centrale et prend toutes les mesures nécessaires à la réalisation des décisions du congrès. Il se réunit 4 ou 5 fois par année et environ 300 délégués y participent. Le conseil exécutif est composé de 5 personnes qui s'occupent des affaires courantes ainsi que de l'organisation et du fonctionnement des services. Le conseil intersectoriel est l'instance de coordination et de décision composée d'une vingtaine de personnes. La négociation dans les secteurs public et parapublic est coordonnée par deux instances: le conseil intersectoriel des négociations et le conseil général des négociations. La centrale assure des services aux syndicats portant sur les relations du travail, les services juridiques, l'organisation syndicale, la sécurité sociale, la négociation, l'éducation syndicale et l'animation, la lutte des femmes, l'action sociopolitique, la vie professionnelle et la recherche, les communications, les services administratifs et les représentations politiques.

La Centrale des syndicats démocratiques (CSD)

En 1996, la CSD regroupait seulement 34 565 salariés régis par une convention collective, qui œuvraient surtout au sein du secteur privé (84 % des membres). Cette centrale, qui est composée des mêmes catégories socioprofessionnelles que celles de la FTQ et de la CSN, compte peu de femmes (20 %) dans ses rangs.

La CSD a été fondée à la suite d'une scission au sein de la CSN en 1972. C'est devant leur incapacité de bloquer le virement idéologique gauchiste et politique de la CSN que certains dirigeants et membres ont décidé de quitter la CSN et de former leur propre centrale. Depuis sa naissance, la CSD a favorisé la coopération patronale-syndicale et la participation des travailleurs à la prise de décisions dans l'entreprise. Cependant, la CSD ne participe que de façon sporadique à des actions communes (avec les autres centrales) à l'échelle nationale.

Sur la base d'un principe de liberté, la CSD considère les syndicats affiliés comme propriétaires de la centrale et elle ne peut les représenter sans leur consentement. La structure décisionnelle de la CSD, telle que présentée à la figure 3.10, est semblable à celle qu'a adoptée la CSN.

Le congrès regroupe environ 800 délégués, qui décident des politiques et des orientations de la centrale, et procèdent à l'élection des membres du comité exécutif. L'assemblée plénière se réunit trois fois entre les congrès pour veiller à l'application des orientations décidées par le congrès. Le conseil de direction est un organisme d'administration et de coordination qui relève de l'autorité du comité exécutif. Il administre le fonds de grève de la centrale. Quant au comité exécutif, il est formé de quatre membres élus pendant le congrès. Son rôle consiste à expédier les affaires courantes de la centrale et à assumer la responsabilité du personnel de la centrale. Les regroupements régionaux offrent des services de soutien à la vie syndicale, de formation syndicale (centres de formation ouvrière régionale) ainsi que la représentation et le développement socioéconomique suivant un mandat de l'exécutif. Les regroupements professionnels assurent aux syndicats le regroupement des services professionnels en matière de négociation collective.

La place des syndicats indépendants

Un syndiqué sur quatre est membre d'un syndicat non affilié à une centrale. Pour l'année 1996, 226 248 salariés régis par une convention collective au Québec étaient sous ce mode de représentation syndicale. Cela représente une forte proportion d'employés syndiqués qui ne font pas

FIGURE 3.10 La structure de décision à la CSD

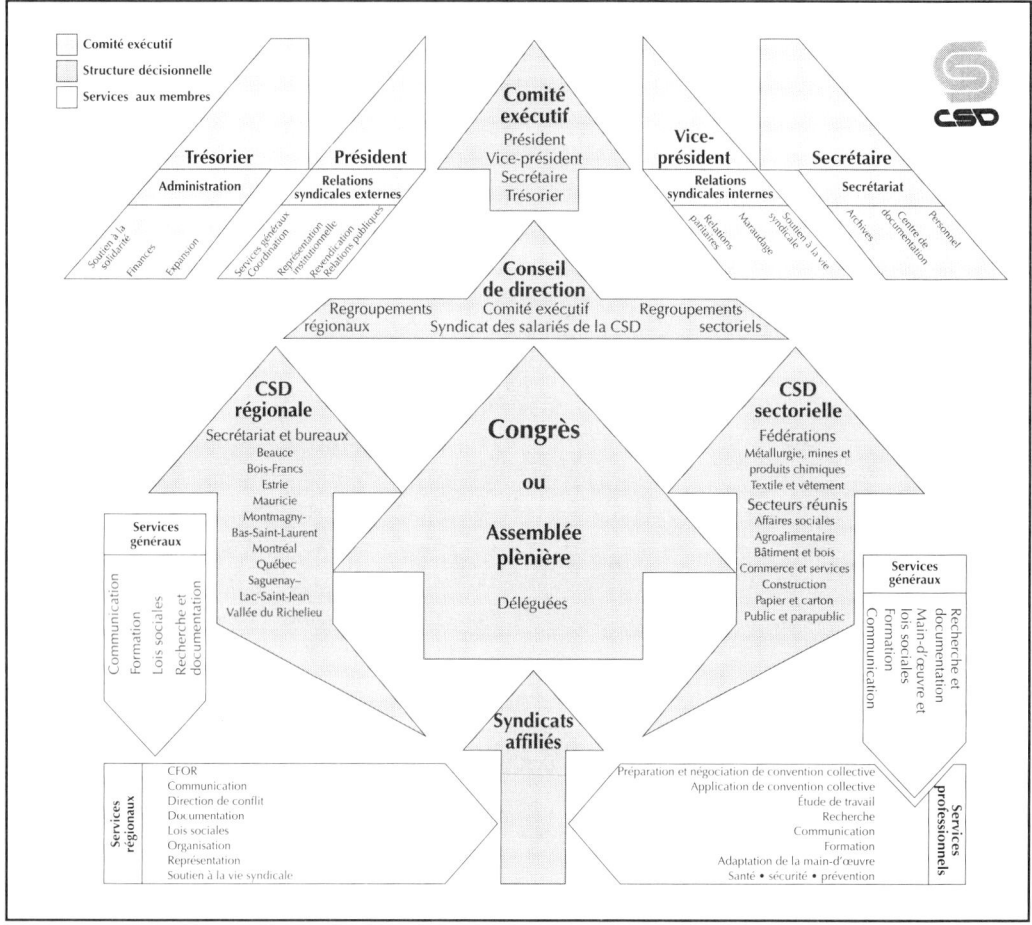

Source : Dépliant préparé par la Centrale des syndicats démocratiques. Actuellement en révision, une nouvelle version est prévue pour l'automne 1998.

appel aux services d'appui des fédérations et des centrales syndicales. C'est le cas du Syndicat national des employés de l'aluminium d'Alma et du Syndicat des employés Aérospatiale Hochelaga.

3.4.2 Le syndicalisme ailleurs dans le monde

Les systèmes de relations du travail diffèrent considérablement d'un pays à l'autre, même si leur économie est parfois assez similaire (BIT, 1992). Selon les pays, l'action syndicale s'exerce à différents niveaux. Par exemple, en Finlande, les employeurs, les travailleurs et le gouvernement concluent des accords nationaux sur les politiques macroéconomiques et sur les politiques salariales. Au Portugal, un accord pour l'ensemble du pays a été conclu sur de nombreuses questions, allant des salaires à la formation professionnelle. En Allemagne, on trouve plus fréquemment des ententes sectorielles, pour un secteur d'activité. La négociation au niveau de l'entreprise existe aux États-Unis, au Japon, au Royaume-Uni et au Canada. On observe, par ailleurs, que même si la négociation sectorielle conserve une place importante en Europe, la tendance est à la décentralisation de la négociation au niveau de l'entreprise.

Au sein des pays industrialisés ayant une économie de marché, il faut reconnaître que l'influence des syndicats s'étend bien au-delà de leurs adhérents, car les conventions qu'ils concluent sont souvent élargies de façon à englober l'ensemble des travailleurs intéressés, syndiqués ou non. Ainsi, en France, seulement 12% des travailleurs sont syndiqués, mais 80% bénéficient des conventions collectives. En Australie, 53% des travailleurs sont affiliés à des syndicats, mais près de 80% profitent des sentences arbitrales ou des conventions collectives nationales.

En Europe orientale et dans l'ex-URSS, de nouveaux syndicats sont apparus en 1989-1990, à la fois pour représenter les travailleurs et pour exercer des pressions sur le plan politique. Dans l'ancien système, tous les citoyens étaient censés travailler ensemble à la construction du socialisme. Pour que le syndicalisme indépendant puisse se développer, il fallait admettre l'existence de conflits entre les travailleurs, les employeurs et l'État.

En Afrique, les travailleurs organisés forment une faible proportion de la population active. Sur ce continent, le contrôle étatique est strict et les gouvernements n'hésitent pas à dissoudre les syndicats et à emprisonner leurs dirigeants lorsque ces derniers se montrent trop critiques face au parti au pouvoir. Malgré ces obstacles à l'exercice de leurs activités, les syndicats ont continué à se développer en Afrique au même rythme que le mouvement de démocratisation qui a gagné ce continent.

En Asie, la nature des relations du travail dépend du niveau de développement de chaque pays. Pour la Chine, le Laos et le Viêt-nam, actuellement engagés dans la voie du « renouveau » économique, le système de relations du travail est en transition. Dans les pays plus développés comme Singapour, bien que le taux de syndicalisation soit élevé, les syndicats perdent de l'influence. Dans cette partie du monde, on observe aussi la fragmentation du mouvement syndical, en particulier à Hong-Kong, au Népal et en Inde.

En Amérique latine, où les gouvernements de nombreux pays avaient l'habitude de régler les conflits de travail par la manière forte, le mouvement de démocratisation a contribué à améliorer les relations du travail ces dernières années. Dans de nombreux pays (à l'exception principalement de l'Argentine, du Brésil et de l'Uruguay), la législation oblige les syndicats à s'organiser au niveau de l'entreprise, et parfois même au niveau des différents services de l'entreprise. Il arrive aussi que des dirigeants syndicaux jouent un rôle politique important sur le plan national. En Colombie, au Mexique et au Venezuela, par exemple, certains responsables syndicaux siègent au Parlement.

3.5 Les stratégies patronales relatives aux relations du travail

Face à la menace de la syndicalisation ou à la syndicalisation même, les cadres d'une entreprise peuvent adopter des stratégies bien différentes les unes des autres. Dans cette section, nous décrirons brièvement les stratégies d'opposition, d'acceptation et de coopération.

3.5.1 La stratégie d'opposition

L'employeur qui perçoit la syndicalisation comme une contrainte et comme une entrave au bon fonctionnement de l'organisation risque d'adopter une conduite antisyndicale. L'opposition patronale à la reconnaissance syndicale consiste à intervenir dans les campagnes de reconnaissance syndicale pour dénigrer la syndicalisation et pour faire valoir que ses coûts sont plus élevés que ses bénéfices possibles. À la suite de l'accréditation syndicale, l'employeur peut continuer à s'opposer au syndicat et demander des concessions salariales, ne pas négocier de bonne foi, exclure le syndicat des processus consultatifs ou même réduire les investissements de capitaux dans les usines syndiquées au profit des usines non syndiquées. La stratégie d'opposition se manifeste également par l'utilisation accrue de la sous-traitance, et ce même si l'article 45 du Code du travail pose des restrictions importantes à cet égard. Les banques ont réussi, semble-t-il, à obtenir la révocation d'accréditations syndicales dans leurs succursales en utilisant une stratégie d'opposition syndicale (Brody, Seaver et Tremblay, 1993).

L'employeur peut implanter plus en douceur une stratégie d'opposition en offrant aux employés des conditions de travail semblables à celles dont jouissent les employés d'entreprises syndiquées. Il peut aussi tenter de renforcer le sentiment d'appartenance et l'engagement des employés envers l'entreprise. Il s'agit alors d'augmenter leur volonté manifeste de demeurer au sein de l'organisation et de faire des efforts considérables pour l'organisation; il s'agit aussi d'augmenter leur reconnaissance et leur acceptation des valeurs et des objectifs qu'elle véhicule. L'employeur qui adopte cette stratégie met l'accent sur l'aspect individuel des relations du travail plutôt que sur leur aspect collectif. Il peut finalement privilégier des mécanismes de résolution de conflits autres que la procédure de règlement de griefs et faire participer les employés à la prise de décisions.

3.5.2 La stratégie d'acceptation

En utilisant la stratégie d'acceptation, l'employeur tente d'obtenir le meilleur arrangement possible avec le syndicat. Les relations se déroulent donc dans un climat harmonieux où l'employeur et le syndicat travaillent ensemble à la recherche de solutions à divers problèmes. L'attitude de l'employeur est alors conciliante, et chaque partie utilise les outils et les méthodes des relations collectives du travail pour arriver à s'entendre.

Ainsi, la préparation aux négociations collectives, les négociations collectives, l'administration de la convention collective et la participation à des comités conjoints sont des pratiques utilisées dans cette stratégie, et ce dans un climat de collaboration. Avec la stratégie d'acceptation, les relations patronales-syndicales représentent un moyen acceptable de réaliser les objectifs économiques et sociaux communs aux deux parties. L'employeur négocie de bonne foi et maintient son droit de gérance.

3.5.3 La stratégie de coopération patronale-syndicale

La coopération patronale-syndicale encourage les négociations collectives ou les discussions entre l'employeur et le syndicat, dont l'objectif est d'améliorer le bien-être de chaque partie. Comme l'observe John T. Dunlop (1988), ces initiatives de coopération ont tendance à s'implanter surtout lorsque apparaît une menace économique qui remet en question l'organisation ainsi que plusieurs emplois au sein de celle-ci. Dans ces circonstances, l'employeur peut considérer le syndicat comme un outil indispensable à la gestion de l'entreprise et appliquer une stratégie de coopération patronale-syndicale.

Cette stratégie mise surtout sur les négociations collectives centrées sur la résolution conjointe des problèmes. Elle peut également s'appuyer sur plusieurs autres initiatives. Les cercles de qualité, qui constituent une initiative de coopération patronale-syndicale, sont des groupes composés de gestionnaires et d'employés qui s'efforcent de préciser et de résoudre des problèmes de toutes sortes. Les régimes de participation aux bénéfices, les programmes d'amélioration de la qualité de la vie au travail ainsi que les comités de dialogue patronal-syndical représentent d'autres initiatives de coopération.

On s'entend généralement pour dire que la coopération patronale-syndicale contribue à améliorer la communication et les relations du travail. Elle favorise aussi des relations mieux équilibrées de même qu'un climat de respect mutuel entre les cadres et les employés. Cette stratégie s'avère très appropriée pour traiter des questions de santé et de sécurité du travail ainsi que de formation de la main-d'œuvre.

Conclusion

La complexité de la gestion des ressources humaines découle, entre autres choses, des exigences du respect des droits des employés et de l'établissement de relations du travail harmonieuses. Au Canada, les employeurs doivent composer avec une multiplicité de lois qui procurent des droits aux personnes dans le milieu de travail. Par ailleurs, avec les taux de syndicalisation relativement élevés, bon nombre d'employeurs doivent accorder une importance particulière aux relations collectives en milieu de travail.

L'intervenant en GRH doit saisir la nature et la portée des diverses lois du travail. Le fait de contrevenir aux dispositions légales en place peut occasionner des recours longs et coûteux. Ne pas prêter attention aux normes du travail, à la discrimination, au harcèlement ou à la santé et à la sécurité du travail peut conduire une entreprise à sa perte. Il serait aussi néfaste pour l'employeur d'intervenir au cours d'une campagne d'accréditation syndicale ou encore de négociations collectives sans avoir une idée juste des limites qui lui sont imposées par le cadre juridique des relations du travail.

Même en présence d'une ou plusieurs accréditations syndicales, les cadres doivent adopter de saines pratiques de GRH et assurer le rendement du personnel. La présence syndicale ne justifie pas une gestion confuse et irresponsable par l'équipe de direction. Elle suppose la prise en considération d'une nouvelle dynamique collective et le respect des nouvelles règles qui émergent dans les rapports entre la direction et les ressources humaines de l'entreprise. Les cadres doivent composer avec la structure syndicale et avec un exécutif syndical qui a comme mission de protéger et de promouvoir les intérêts de ses membres. Plusieurs entreprises embauchent d'ailleurs des spécialistes en relations du travail qui sont responsables des négociations collectives et de la gestion de la convention collective. Par ailleurs, de nombreuses entreprises exigent de leurs cadres qu'ils aient une expérience de travail dans un milieu syndiqué pour qu'ils soient en mesure d'évoluer avec les impératifs des relations collectives du travail.

QUESTIONS DE RÉVISION

1. Nommez les trois sources importantes des droits des employés ainsi qu'une condition essentielle à l'existence de ces droits.

2. À votre avis, la mondialisation de l'économie représente-t-elle une menace au maintien de notre système de protection des droits et des libertés des travailleurs?

3. Pourquoi faut-il aborder les dispositions du Code civil du Québec à l'intérieur d'un cours de GRH?

4. Pourquoi est-il utile, lorsqu'on analyse un système de relations du travail, de considérer les interventions des acteurs à trois niveaux de la prise de décisions?

5. Pourquoi l'encadrement juridique des rapports collectifs de travail n'est-il pas identique dans un magasin à rayons et dans une station de radiodiffusion?

6. Un employeur peut-il exiger qu'un travailleur effectue un nombre d'heures supérieur à une semaine normale de travail?

7. Quelles sont les principales responsabilités de l'employeur en matière de santé et de sécurité du travail?

8. Un employeur peut-il refuser l'embauche d'une personne handicapée pour effectuer le travail d'un monteur de lignes?

9. À votre avis, les syndicats ont-ils encore leur raison d'être? Expliquez votre réponse.

RÉFÉRENCES

Anonyme (1990). «Structures syndicales québécoises: étude descriptive des instances décisionnelles dans les principales centrales syndicales», *Le marché du travail*, vol. 11, n° 8, p. 6-10 et 71-84.

Anonyme (1996). «La durée des conventions collectives», *Le marché du travail*, juillet-août, p. 10, 86-89.

Anonyme (1997). «La présence syndicale au Québec en 1996», *Le marché du travail*, janvier-février, p. 6-8, 97-99.

Bernier, L., L. Granosik et J.-F. Pedneault (1997). *Les droits de la personne et les relations du travail*, Cowansville, Éditions Yvon Blais.

BIT (1992). *Le travail dans le monde*, Genève, Bureau international du travail.

Boisvert, C.Z. (1992). *Gestion de la santé et de la sécurité au travail*, Boucherville, Gaëtan Morin Éditeur.

Brody, B., K. Seaver et T. Tremblay (1993). *Unions Among Canadian Bank Workers: Growth and Analysis of the Decline*, document de recherche 93-02, Montréal, École de relations industrielles, Université de Montréal.

CEQ (1997). *Profil de la CEQ*, Montréal, Centrale de l'enseignement du Québec.

Commission des droits de la personne et des droits de la jeunesse (1997). « Discrimination en milieu de travail: les plaintes déposées à la commission en 1996 », *Bulletin d'information de la Direction des programmes d'accès à l'égalité*, vol. 8, n° 3, p. 3.

CSN (1993). *La CSN, mouvement et organisation*, Montréal, Confédération des syndicats nationaux.

CSN (1995). *Travail en équipe et démocratisation au travail*, Montréal, Confédération des syndicats nationaux.

CSN (1997). *La CSN: toujours un plus*, Montréal, Confédération des syndicats nationaux.

Delisle, N. (1997). « Victoire des femmes de la fonction publique dans une cause de discrimination », *La Presse*, 28 juin, p. A17.

Développement des ressources humaines Canada (1994). *Innovations patronales-syndicales au Canada*, Ottawa, ministre du Travail, Gouvernement du Canada.

Développement des ressources humaines Canada (1996). *Répertoire des organisations de travailleurs et travailleuses au Canada*, Ottawa, ministre du Travail, Gouvernement du Canada.

Dion, G. et G. Hébert (1989). « L'avenir du syndicalisme au Canada », *Relations industrielles*, vol. 44, n° 1, p. 5-24.

Dunlop, J.T. (1958). *Industrial Relations Systems*, New York, Henry Holt.

Dunlop, J.T. (1988). *Industrial Relations – Old and New*, Kingston, Ont., Queen's University.

Foulkes, F.K. (1981). « How top nonunion companies manage employees », *Harvard Business Review*, vol. 59, septembre-octobre, p. 90-96.

FTQ (1997). *Démocratiser nos milieux de travail: pistes de réflexion et d'action*, Montréal, Fédération des travailleurs et travailleuses du Québec.

Gagnon, R.P. (1996). *Le droit du travail du Québec*, 3e éd., Cowansville, Éditions Yvon Blais.

Galarneau, D. (1996). « Le point sur l'adhésion syndicale », *Perspective*, printemps, Ottawa, Statistique Canada, catalogue 75-001-XPF, p. 48-58.

Hébert, G. et G. Trudeau (1987). *Les normes minimales du travail*, Cowansville, Éditions Yvon Blais.

Johnson, H. (1994). « Le harcèlement sexuel et le travail », *Perspective*, hiver, Ottawa, Statistique Canada, catalogue 75-001F, p. 11-15.

Kochan, T.A., H.C. Katz et R.B. McKersie (1986). *The Transformation of American Industrial Relations*, New York, Basic Books.

Lapointe, J. (1993). « Gérald Larose veut garder le cap sur le social », *Le Devoir*, samedi 1er mai, p. E9.

Murray, G., M.-L. Morin et I. Da Costa (1996). *L'état des relations professionnelles: traditions et perspectives de recherche*, Québec, Les Presses de l'Université Laval.

Nadeau, M. (1993). « L'évolution salariale des syndiqués — une note », *Perspective*, automne, Ottawa, Statistique Canada, catalogue 75-001F, p. 41-46.

Premack, S.L. et J.E. Hunter (1988). « Individual unionization decisions », *Journal of Applied Psychology*, vol. 17, n° 3, p. 223-234.

Renaud, S. (1997). « Unions and wages in Canada: A review of the literature », dans *La représentation des salariés dans le contexte du libre échange et de la déréglementation*, sélection de textes du XXXIIIe congrès de l'Association canadienne des relations industrielles, sous la direction de R. Chaykowski, P.-A. Lapointe, G. Vallée et A. Verma, p. 211-225.

Salvet, J.-M. (1993). « Marcel Pépin presse les syndicats de reconquérir le pouvoir perdu », *Le Devoir*, 1er mai, p. E8.

Wils, T., C. Labelle, G. Guérin et J.-Y. Le Louarn (1989). « La gestion stratégique des ressources humaines: un reniement du rôle social de l'entreprise? », *Relations industrielles*, vol. 44, n° 2, p. 354-375.

Worsham, J. (1997). « Labor's new assault », *Nation's Business*, juin, p. 16-23.

Lectures suggérées

Bernier, L., L. Granosik et J.-F. Pedneault (1997). *Les droits de la personne et les relations du travail*, Cowansville, Éditions Yvon Blais.

Développement des ressources humaines Canada (1994). *Innovations patronales-syndicales au Canada*, Ottawa, ministre du Travail, Gouvernement du Canada.

Gagnon, R.P. (1996). *Le droit du travail du Québec*, 3e éd., Cowansville, Éditions Yvon Blais.

Murray, G., M.-L. Morin et I. Da Costa (1996). *L'état des relations professionnelles: traditions et perspectives de recherche*, Québec, Les Presses de l'Université Laval.

CAS
Le client d'abord?

Denise Lacroix est directrice du service des ressources humaines des Industries Titan, une entreprise de taille moyenne œuvrant dans l'industrie de l'électronique. Elle a appris récemment qu'une employée affectée au service à la clientèle avait quitté l'entreprise à cause de gestes répréhensibles d'un client à son égard. En interrogeant l'ex-employée qui travaille maintenant dans une entreprise voisine mais qui compte une autre clientèle, Mme Lacroix a réussi à obtenir des renseignements additionnels.

Il semble que le client adoptait ce comportement depuis plusieurs mois. Au début, il formulait des commentaires flatteurs sur l'habillement de l'employée. À plusieurs reprises, il l'a invitée à souper dans un cadre intime. Devant ses refus, le client a menacé de faire des affaires avec une entreprise concurrente. À ce moment, l'employée a informé le directeur des ventes de cette situation qui l'importunait. Face à l'éventualité de perdre un client important, il a répondu qu'elle devait faire preuve de tact et de diplomatie dans ses relations avec ce client. C'est alors qu'elle a accepté l'offre d'emploi d'une autre entreprise.

Sachant que des situations similaires s'étaient produites dans le passé et ne voulant pas voir partir d'autres ressources humaines compétentes, Mme Lacroix se rend compte qu'elle doit prendre des mesures pour éviter qu'une telle situation ne se reproduise.

Questions

1. Quels moyens sont à la disposition de Denise Lacroix pour éviter qu'une telle situation ne se reproduise?

2. De quelle façon la direction d'une entreprise peut-elle influencer les comportements de ses clients en ce qui concerne le respect des droits et des libertés de ses propres employés?

PARTIE II

LES DÉFIS DU RENOUVELLEMENT

CHAPITRE 4

S'adapter aux changements

OBJECTIFS D'APPRENTISSAGE

Après l'étude de ce chapitre, le lecteur devrait être plus apte à:

- Prendre conscience de l'influence des forces de l'environnement externe sur le renouvellement de l'organisation et plus spécifiquement de la gestion des ressources humaines.
- Connaître les tendances dans les grandes dimensions de l'environnement, soit la nouvelle économie, la révolution technologique, les changements sociodémographiques et les changements politico-juridiques.
- Déterminer et comprendre les grands défis de la GRH face à l'évolution de l'environnement.
- Comprendre les effets systémiques (indirects) des défis de la GRH et de l'adaptation des organisations à l'environnement.

MISE EN SITUATION

Bell Canada se réorganise pour un recentrage sur la clientèle : la concurrence gagne des parts de marché plus rapidement que prévu[1]

Il y a trois mois, lors de la dernière assemblée annuelle de Bell Canada au Palais des congrès de Montréal, le ton était à l'optimisme dans la plus grande compagnie de téléphone au pays.

« C'est fini le temps des rationalisations. Nous investissons pour grandir », avait dit John McLennan, le président et chef de la direction de Bell Canada, l'un des plus gros employeurs du Québec.

Depuis, c'est tout comme si le ciel était tombé sur la tête du pdg. Il a dû mettre un projet cher sur la glace, a perdu deux gros comptes au Québec, a dû faire volte-face et congédier des employés et, finalement, s'est fait réprimander pour ses derniers résultats trimestriels.

Désarçonné par la vigueur de la concurrence dans le marché de la téléphonie interurbaine, John McLennan a donc réorganisé la division québécoise de Bell Canada, la semaine dernière, dans le but de recentrer l'entreprise sur sa clientèle.

La réorganisation

« Le modèle d'organisation que nous avions nous a distancés de nos clients », a admis le pdg de Bell au cours d'une entrevue aux Affaires.

En vertu de la nouvelle structure, Louis Tanguay redeviendra le président de la région de Québec, mais demeurera le vice-président exécutif de la société.

André Aubin, premier vice-président des ventes, reprend la responsabilité de tous les services à la clientèle au Québec.

Sylvie Lalande, autrefois du consortium UBI, devient la vice-présidente des communications et des affaires publiques.

« Ce que nous créons au Québec, c'est une organisation qui aura une responsabilité directe aux clients, indique Louis Tanguay. Nous commençons par le Québec, mais nous y songeons aussi pour l'Ontario. »

Les spécialistes accueillent la nouvelle avec soulagement.

« La compagnie nous dit qu'elle ne sera plus gentille à l'avenir et qu'elle sera plus dynamique », indique John Drolet, analyste de la maison de courtage Yorkton Securities.

Un marché en chute libre

La direction de Bell avoue qu'elle n'a pas « livré la marchandise » jusqu'à présent.

À la fin de juin, l'entreprise détenait 66 % du marché de l'interurbain en Ontario et au Québec contre 71 % à la même période l'année dernière.

En dépit du battage publicitaire qu'elle fait pour annoncer le retour au bercail de 5 000 anciens abonnés, Bell perd entre deux et six clients pour chaque nouvel abonné qu'elle recrute, révélait récemment le quotidien Ottawa Citizen.

« Il n'y a pas de doute que nous avons perdu des parts de marché plus rapidement que ce que nous attendions. On s'attendait à avoir perdu environ 30 % à ce moment-ci », admet Louis Tanguay.

Succession de ratés

En fait, Bell connaît sa part de difficultés depuis quelques mois. D'abord, le patron de Bell a dû reporter l'inauguration de Bell Emergis, son futur centre de R&D qui devait ouvrir cet été.

---

1. A. Duhamel et D. Turgeon, Les Affaires, 9 août 1997, p. 3.

« Il sera le deuxième centre privé en importance au Canada après celui de Bell Northern dans la région d'Ottawa », avait déclaré John McLennan, lors d'une allocution, au printemps, à l'Empire Club of Canada à Toronto.

Ensuite, Bell a perdu, au début de l'été, deux gros clients au Québec. Les caisses populaires Desjardins ont d'abord confié à AT&T Canada leurs appels interurbains sans frais (1-800 et 888).

Le gouvernement du Québec a conclu aussi une entente de même nature avec Fonorola, de Montréal.

Puis, John McLennan, qui avait déclaré que le temps des mises à pied était terminé, a dû rebrousser chemin et annoncer la mise à pied de 2 200 employés, dont 400 au Québec.

Résultats insatisfaisants

Enfin, Bell Canada a divulgué récemment des résultats trimestriels « insatisfaisants » selon un communiqué de la direction de BCE, le holding qui contrôle la société de téléphone.

L'entreprise a réalisé un rendement sur l'avoir de 10,2 % au deuxième trimestre, une hausse de 1 % par rapport à la même période l'année précédente, mais inférieure aux 11 % que permettent les règles du Conseil de la radiodiffusion et des télécommunications canadiennes (CRTC).

BCE prévoit même que l'entreprise n'atteindra pas ses objectifs financiers cette année.

Rappel des syndicats

Cette obsession du rendement irrite les syndicats de Bell qui rappellent que la société a déjà servi de vache à lait à tout le groupe de BCE, y compris Nortel.

« Il faudrait que BCE comprenne que Bell passe par une période où on ne peut lui demander des gros rendements », estime René Roy, vice-président du Syndicat canadien des communications, de l'énergie et du papier (SCEP), qui représente les techniciens et téléphonistes de Bell.

« BCE devrait se satisfaire d'un peu moins de profits et conserver ses ressources pour traverser la période de concurrence intense », ajoute-t-il.

L'employeur emprunte un schéma de développement désormais bien connu du syndicat.

En effet, outre la création de Bell Sygma, Bell Canada a instauré des filiales et des services satellites comme Progistix (350 préposés au matériel), Expertech (1 300 monteurs de lignes et épisseurs), Nexacor (environ 150 salariés dans la gestion des immeubles) et le dernier-né, Gateways, un service entièrement dédié aux installations, qui pourrait devenir éventuellement une compagnie autonome.

Le syndicat lui-même est à l'origine de la création d'Entourage solutions technologiques, société d'installation de services téléphoniques et de câblage qui emploie aujourd'hui environ 1 300 personnes au Québec et en Ontario.

Questions

1. Quelles dimensions de l'environnement sont plus présentes dans le contexte actuel chez Bell?

2. Quelles répercussions les changements dans l'environnement et les décisions de Bell auront-elles sur la GRH?

> *Quand la vitesse des changements externes dépasse celle des changements internes, l'organisation est en péril.*
>
> Jack Welch, président
> General Electric

Introduction

L'organisation et les personnes qui la composent constituent un système complexe et ouvert. En effet, l'organisation se nourrit de son environnement et elle influence en retour cet environnement. Ainsi, les gestionnaires et les professionnels en ressources humaines prennent des décisions en matière de planification, de dotation, de formation, de rémunération, de relations du travail, de santé et de sécurité, etc., afin de s'adapter à un marché du travail en pleine mutation et de faire face à un monde qui change profondément et à un rythme impressionnant. En contrepartie, le marché du travail est influencé par l'ensemble des décisions des nombreuses organisations qui composent un secteur, une région ou une économie.

La prise en considération de l'environnement dans l'étude de la GRH est d'autant plus importante aujourd'hui que le contexte dans lequel évolue l'organisation est plus dynamique, plus instable, plus incertain et par le fait même moins prévisible. Ainsi, la planification stratégique traditionnelle qui était pratiquée et qui est encore pratiquée dans de nombreuses entreprises s'avère de moins en moins pertinente, car les données changent en cours de route, ce qui rend caducs les cibles stratégiques, les objectifs recherchés et les plans. Les acteurs de l'organisation sont donc appelés à renouveler la gestion stratégique classique et à trouver de nouvelles façons de faire des stratégies, puisque ces dernières, on le sait maintenant, influencent fortement les décisions en matière de GRH.

L'objectif de ce chapitre est double. Dans un premier temps, il s'agit de décrire l'évolution et les grandes tendances de l'environnement externe, et, dans un deuxième temps, de souligner un certain nombre de répercussions de celles-ci sur la GRH.

4.1 Pourquoi faut-il s'adapter aux changements?

Mais pourquoi cette course folle pour s'adapter à l'environnement et à la nouvelle économie? Plus que jamais les travailleurs doivent trouver une réponse à cette question, car elle représente le sens à donner à la transformation actuelle de la société, des organisations et du marché du travail. Parmi les arguments souvent cités à l'appui de l'adaptation aux changements, il y a les suivants:

- Pour survivre.
- Pour rendre les organisations plus rentables et plus performantes dans un contexte de mondialisation et de compétitivité.
- Pour bâtir la pérennité de l'organisation.
- Pour créer et maintenir des emplois de qualité et durables.
- Pour évoluer en même temps que l'environnement, au lieu de subir ce dernier.
- Pour composer avec le progrès.

Bref, qu'importe les raisons invoquées, l'adaptation à un environnement en évolution, voire en mutation, est un passage obligé pour toutes les organisations contemporaines, car les coûts de la non-adaptation sont souvent catastrophiques. Des entreprises comme Canadien (transport aérien), Canadien National (transport ferroviaire) et Bell Canada (télécommunications) font la démonstration de l'énormité des coûts et des sacrifices assumés parce que les décisions prises, ou l'absence de décisions, les ont rendues vulnérables. Par contre, le changement pour le changement ne vaut guère mieux. En effet, certains auteurs (Pauchant, 1996) font appel à l'éthique des dirigeants et à leur sens civique afin de résister à la tentation de tout chambarder sans préalablement se préoccuper de l'ampleur des transformations. Cet appel à des stratégies visant à ralentir le rythme des changements illustre un certain malaise entourant la recherche du sens des transformations organisationnelles et de leurs conséquences pour le marché du travail et la qualité de la vie en général.

4.2 L'ADAPTATION À L'ENVIRONNEMENT : UN CADRE DE RÉFÉRENCE

De nombreuses typologies des dimensions de l'environnement sont exposées dans les écrits portant sur la gestion des organisations (Audet et Bélanger, 1989; Bergeron, 1995; Gagné et Lefebvre, 1995; Guérin et Wils, 1992). Pour les fins de cet ouvrage, nous présenterons les changements de l'environnement selon quatre dimensions, à savoir la nouvelle économie, les changements technologiques, les changements sociodémographiques et les changements politico-juridiques. Par la suite, nous expliquerons pourquoi chaque organisation répond différemment aux changements. Enfin, nous dresserons un portrait à la fois des répercussions des changements de

FIGURE 4.1   L'environnement et les répercussions sur les ressources humaines

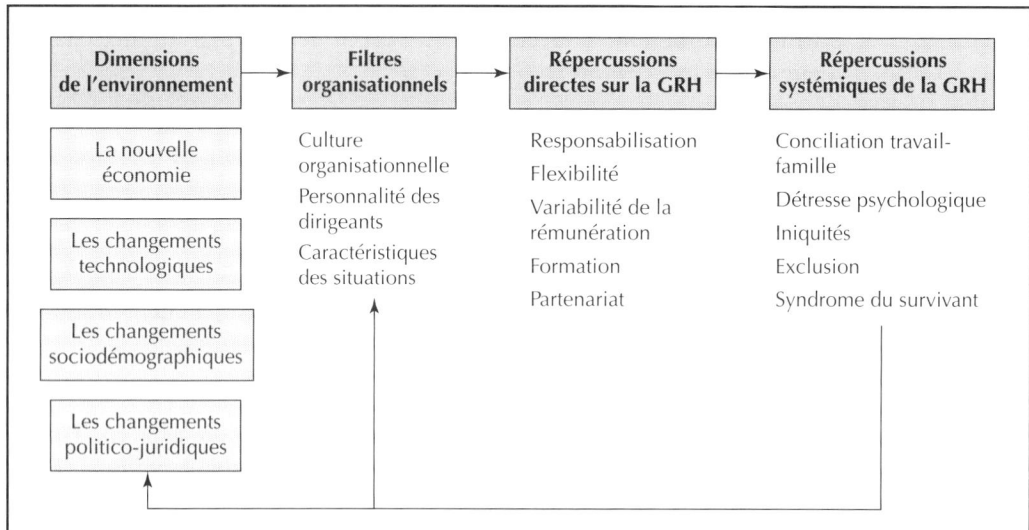

l'environnement sur la GRH et des répercussions de la GRH sur la société dans son ensemble. Comme le démontre la figure 4.1, la relation GRH-environnement est bidirectionnelle, et même multidirectionnelle, en ce sens que les filtres organisationnels rendent spécifiques et uniques les décisions en matière de GRH par rapport aux enjeux reliés aux répercussions directes et systémiques. Ces décisions, en retour, influenceront l'environnement, la culture de l'organisation ainsi que la personnalité des dirigeants.

4.3   La transformation de l'environnement

4.3.1   La nouvelle économie

Paul Hawken (1985) parle du développement d'une nouvelle économie en démontrant la rupture de l'équilibre entre le travail, le capital et les ressources. Ce « spasme économique » donne lieu au chômage, à la décroissance de l'activité industrielle, à l'utilisation massive des nouvelles technologies de l'information et des communications, à l'inflation des coûts de production et à une reprise économique à deux vitesses, celle de la croissance économique et celle de la diminution de l'emploi. Nous explorerons ce que l'on pourrait appeler les dimensions de la nouvelle économie.

La tertiarisation

Peter Drucker (cité dans Gagné et Lefebvre, 1995) évoque le développement d'une nouvelle économie en insistant sur l'importance du secteur des services comme levier de prospérité et de progrès des sociétés modernes. Il affirme que l'économie tertiaire constituera de 70% à 80% du revenu national brut des pays les plus industrialisés. Toujours selon Drucker, en 1990, les travailleurs manuels ne représentaient plus que le cinquième de la population active. En 2010, ils ne seront plus que le dixième.

Ainsi, tout comme l'avance l'auteur et futurologue américain Alvin Toffler (1991), la création de la richesse et la prospérité d'une nation ne passeront plus par l'augmentation de la productivité des travailleurs manuels et du secteur manufacturier. Elles seront obtenues plutôt par le rendement des travailleurs qui, tous les jours, recueillent, saisissent, traitent, analysent, échangent et diffusent des informations de toutes sortes à l'aide de technologies de plus en plus sophistiquées et envahissantes. Bref, la nouvelle économie repose désormais sur l'information et la gestion du savoir, et ce à l'heure du cyberespace. Nous traiterons plus en détail de ce point ultérieurement.

La restructuration sur tous les fronts

La nouvelle économie est également caractérisée par la restructuration massive de la majorité des secteurs d'activité. Que ce soit le commerce de détail (l'arrivée des grandes surfaces comme Wal-Mart ou Réno-dépôt), le commerce de gros (la sous-traitance de la gestion des stocks et de l'entreposage), l'industrie des services financiers (les nombreuses expériences de réingénierie suscitées par le décloisonnement de l'industrie), l'industrie des pâtes et papiers (l'apparition de la technologie et de nouvelles politiques environnementales), l'industrie de l'aluminium (un surplus de l'offre causé par l'arrivée des pays de l'ancien bloc de l'Est) ou encore l'industrie du transport (terrestre, aérien, maritime), on observe que le tissu industriel et commercial des pays occidentaux s'est transformé. Cela a obligé les décideurs et les acteurs sociaux à s'adapter à ces mutations en déployant l'arsenal stratégique de la restructuration, de la réingénierie et de la réarchitecture, pour reprendre les termes utilisés par Hamel et Prahalad (1995).

La crise des finances publiques

L'endettement cumulatif des divers paliers de gouvernement a mis en péril la santé financière des nations modernes, et par le fait même l'ensemble des services publics que nous nous sommes donnés au cours des 30 dernières années. La lutte sans merci contre les déficits et le redressement budgétaire des secteurs public et parapublic sont un autre facteur de cette nouvelle économie qui exerce des pressions à la fois sur la consommation (des employés de l'État moins riches, en chômage ou en retraite forcée) et sur la réarchitecture en profondeur des services aux citoyens (le réseau de la santé, par exemple). Étant donné que la masse salariale des employés de l'État constitue une très large part du budget global de la fonction publique, on comprendra que la stratégie de redressement de l'État touche particulièrement les travailleurs de ce secteur.

Le sur mesure de masse

Le « sur mesure de masse » (*mass customization*) est la résultante de l'évolution de la consommation, de la réduction du cycle de vie des produits ainsi que de la transformation de la gestion et des nouvelles technologies de gestion des opérations manufacturières. Alors que le taylorisme avait entraîné la mise au rancart de la production artisanale (sur mesure) et fait de la production de masse le paramètre-clé de l'économie traditionnelle du XXe siècle, l'apparition des technologies plus performantes et plus flexibles associée à de nouvelles « psychographies » de consommation et à la remise en question de la rigidité de la dynamique organisationnelle ont donné naissance à ce que les Américains ont appelé le sur mesure de masse. Cette idée réunit les avantages de la production non standard par unité ou petits lots et les possibilités de la technologie alliant rapidité, quantité, qualité et économie (Piore et Sabel, 1984). Mais comme on peut s'en douter, ce changement équivaut à un changement de paradigme (ou conception du fonctionnement) dans toutes les fonctions de l'organisation, que ce soit les finances, le marketing, les opérations ou la production, les ressources humaines ou la recherche et le développement.

Les cycles et la conjoncture

L'économie en général, tout comme un secteur d'activité spécifique ou encore une organisation, est caractérisée par des mouvements de croissance et de décroissance, ou d'expansion et de déclin. Ainsi, les entreprises qui œuvrent dans un secteur en déclin (comme la construction navale) font face à une décroissance et, par le fait même, à un surplus de main-d'œuvre, ce qui les oblige à adopter des actions souvent draconiennes concernant la mobilité, les licenciements et les départs forcés. Par contre, les secteurs en expansion créent la richesse et l'emploi ; certains segments des entreprises de haute technologie ou encore l'avionique en sont de bons exemples. Ces entreprises se trouvent souvent placées devant des choix difficiles lorsqu'il s'agit de combler les pénuries de main-d'œuvre, comme former leur propre personnel (marché interne) ou offrir une rémunération élevée pour attirer l'expertise du marché externe.

La mondialisation et la compétitivité

L'explosion du phénomène de la consommation, la fluidité, voire la virtualité, des capitaux et la déstructuration des différentes phases de production d'un bien et d'un service font de la planète un immense marché caractérisé par une régulation minimale sur le plan économique. Dans un tel contexte, la compétitivité d'une nation et de ses entreprises devient un facteur-clé pour garantir la prospérité des citoyens ainsi que leur qualité de vie. Récemment, la question de la compétitivité a été considérée comme cruciale au Canada et au Québec. En effet, dans de nombreuses études (Crane, 1992; Martel et Oral, 1995; Porter, 1991; *World Competitiveness Report*, 1996), on a tenté d'établir le rang du pays et de la province en ce qui a trait à la capacité concurrentielle. La conclusion qu'on en tire est d'ailleurs très bien résumée dans un ouvrage collectif portant sur la compétitivité du Canada et du Québec:

> *Tout indique que dans son état actuel, notre système économique échouera à maintenir la qualité de vie dont jouissent les Québécois et les Canadiens depuis plusieurs décennies. Partout des efforts sont faits pour relancer l'économie et donner au pays les moyens de faire face à une concurrence décuplée par la mondialisation des marchés, seule solution qui permettra à sa population de préserver ses acquis économiques et sociaux. Pour ce faire, les Québécois et les Canadiens doivent rattraper sans délai le retard qu'ils ont pris, en modifiant leurs structures politique, économique, sociale et éducationnelle afin de tout miser sur l'innovation et l'intelligence créatrice. Il semble toutefois qu'au Québec, les mentalités changent un peu plus rapidement* (Martel et Oral, 1995, p. 54-55).

La crise de l'emploi

En dépit des actions visant à investir dans les technologies, à dégager des gains de productivité et à restructurer des organisations et des secteurs de l'économie, on observe que l'emploi n'est pas nécessairement la résultante de l'ensemble de ces efforts. Il semble que l'expansion de la production, que mesure le PIB réel, reste la clé de la création d'emplois. Au cours de la période 1980-1995, le taux de croissance annuel moyen du PIB réel s'est élevé à 2,5% et celui de l'emploi, à 1,4%. Ce sont les gains de productivité qui représentent l'écart de 1,1%; autrement dit, la technologie, un effort soutenu des travailleurs ou une meilleure gestion, par exemple, font en sorte que l'augmentation des emplois n'est pas proportionnelle à l'augmentation des richesses réelles d'une nation, sans compter que les richesses ne se distribuent pas toujours de façon équitable entre les groupes d'intérêts. Pour ce qui est de la variation de l'emploi au Canada et au Québec, on remarque que le Québec fait moins bonne figure que l'ensemble du pays, les provinces de l'Ouest étant dans le peloton de tête à cet égard. En dépit des emplois créés au Québec et en Ontario au cours des dernières années, ces deux provinces ont à peine récupéré le terrain perdu depuis la récession de 1990-1991, ce qui donne l'impression que l'emploi n'a pas progressé et que l'on fait du surplace. Bref, la croissance de l'économie et la reprise ou la conjoncture favorable ne s'accompagnent pas d'un progrès significatif de l'emploi, d'où ce qu'il est maintenant convenu d'appeler la crise de l'emploi.

Cette crise de l'emploi, dont les déterminants principaux sont la nouvelle économie et la révolution technologique (substitution de la personne par la machine), semble en voie de s'accentuer d'ici le tournant du siècle. En effet, selon Wood Gundy (Lawton, 1997), malgré une reprise relativement timide enregistrée au cours de l'année 1997, il est très peu probable que le taux de chômage passe sous les 9%, car le retour graduel des 700000 décrocheurs (les personnes ayant renoncé à se chercher du travail) du marché du travail exercera une pression à la hausse sur le taux de chômage. Dans son plaidoyer sur la fin du travail, Jeremy Rifkin souligne à cet effet:

> *Après des années de prévisions aveuglément optimistes et de faux départs, les nouvelles technologies de l'informatique et de la communication sont finalement en train de peser véritablement sur le lieu de travail et l'économie, jetant le monde entier dans la mêlée d'une troisième grande révolution industrielle. Des millions de travailleurs sont définitivement éliminés du processus économique, des catégories entières d'emploi ont fondu, ont été restructurées ou ont disparu* (1996, p. 13).

À l'opposé de cette thèse de Rifkin, plutôt pessimiste au sujet de l'emploi, on trouve des spécialistes, comme Olivier Blanchard, économiste et professeur au Massachusetts Institute of Technology (MIT), qui constatent que la révolution technologique crée des centaines de milliers d'emplois. Loin d'être de petits boulots, ils sont hautement qualifiés, considérés et bien payés. Selon lui, les emplois qualifiés représentent actuellement 40% de l'emploi total aux États-Unis, mais ils constituent 70% des emplois créés depuis quatre ans (Rouge, 1997).

Des emplois différents

Non seulement l'emploi est en crise sur le plan quantitatif, mais il subit aussi des transformations majeures sur le plan de sa redistribution entre les secteurs de l'économie et sur le plan de la nature du travail accompli.

On peut également mentionner le fait que la majorité des emplois sont créés dans des entreprises de petite taille, caractérisées par des personnes animées de l'esprit d'entreprise. En effet, l'évolution des dernières années démontre que la PME a créé plus d'emplois que la grande entreprise. Bref, nous assistons actuellement à un déplacement important de l'emploi vers les PME de services. Par contre, il ne faut pas tomber dans le piège du *small is beautiful*, car les grands projets et les grandes entreprises (Hydro-Québec, Bombardier, Stone-Abitibi, etc.) jouent encore le rôle de moteur économique et de donneur d'ouvrage pour la majorité des PME. De plus, il faut garder en mémoire que c'est dans les PME que les pertes d'emplois sont également les plus importantes.

En outre, il faut souligner que la nature même des emplois a changé. Les emplois «autonomisés», c'est-à-dire les emplois occupés par les diverses catégories de travailleurs autonomes, ont augmenté au détriment des emplois permanents et durables. On observe en effet une «autonomisation» du travail et, dans plusieurs cas, une précarisation du travail dans un contexte où l'on requiert de plus en plus une force de travail juste-à-temps, soit au moment où l'on en a besoin et pour le temps où l'on en a besoin. Au Québec, les travailleurs autonomes représenteraient 13% de la main-d'œuvre (500000 personnes), et ce taux risque d'augmenter de façon importante au cours des prochaines années (Sauvé, 1996a). De plus, bien que le travail autonome soit associé aux différentes vertus de l'entrepreneurship et de la création d'emplois, il n'en demeure pas moins que la majorité de ces travailleurs gagnent un faible revenu[2] et vivent dans un contexte de précarité et d'insécurité. Cette main-d'œuvre est beaucoup plus difficile à fidéliser et à mobiliser, ce qui réduit d'autant la loyauté des employés à leur organisation et à leur employeur.

4.3.2 Les changements technologiques

La révolution numérique

Au même titre que l'écriture et l'imprimerie ont constitué une révolution dans l'histoire des sociétés anciennes et modernes, l'avènement massif des

---

2. Selon une étude réalisée à l'Université de Montréal, 55,5% des travailleurs autonomes gagneraient moins de 20000$ par année. À peine 15,8% disposeraient d'un revenu annuel supérieur à 40000$. À cette situation s'ajoute le fait que ces personnes, qui ne sont pas des «salariés» selon les nombreuses lois du travail, ne peuvent donc pas bénéficier de mesures dites de protection sociale, comme l'assurance-chômage et la santé et la sécurité du travail (Sauvé, 1996a).

technologies de l'information et des communications de même que la création de ce qu'on nomme désormais le cyberespace sont en train d'atteindre toutes les couches de la société et tous les secteurs de l'économie (Groupe Innovation, 1996). La micro-informatique a réalisé une percée dans le traitement de l'information. Non seulement l'information peut être traitée en plus grande quantité, plus rapidement et de façon plus fine ou détaillée, mais surtout elle est aujourd'hui accessible en temps réel et décentralisée, en plus de pouvoir circuler dans le format des «réseaux» et dans le monde de la virtualité. Autre phénomène troublant, le potentiel de la technologie double tous les 15 ans (Gagné et Lefebvre, 1995).

L'AMPLEUR DU PHÉNOMÈNE

Tous les secteurs de l'économie, de l'extraction des ressources au commerce de détail, de la transformation des matières aux arts, sont bouleversés par la révolution technologique. Il en va de même dans la vie quotidienne de tous les citoyens. Les organisations et les systèmes humains au travail ne sont pas épargnés. En effet, une enquête longitudinale, menée au Canada par un groupe de chercheurs associés à la Queen's University, démontre que la proportion des employés travaillant directement avec les technologies informatisées est passée de 15,3% en 1985 à 37% en 1991. Au cours de cette période, les technologies sont devenues plus complexes et les répercussions sur l'organisation sont maintenant beaucoup plus profondes. Une enquête menée par le Centre francophone de recherche en informatisation des organisations (CEFRIO, 1997b), au Québec, conclut à un taux global d'informatisation des entreprises de l'ordre de 88,1%. De plus, il ressort de cette enquête que près de 84% des établissements ayant réalisé un projet informatique au cours des trois dernières années jugent que le projet a eu un effet positif ou très positif sur le rendement de leur établissement.

L'inforoute est sans doute l'exemple le plus spectaculaire de l'ampleur et de la pénétration de la révolution technologique[3]. On estime que le nombre d'internautes augmentera de façon significative et exponentielle au cours des 10 prochaines années. Les technologies associées au réseau Internet ou au réseau intranet (réseau informatique propre à une

---

3. Une enquête du CEFRIO et du Bureau de la statistique du Québec (CEFRIO, 1997a) a démontré que 24% des ménages québécois disposent d'un micro-ordinateur à la maison. De ce nombre, le quart est branché sur l'autoroute de l'information, soit 6% du total des ménages québécois. Quand on considère que 65% des ménages qui se sont branchés sur Internet l'ont fait au cours de la dernière année, on peut facilement en déduire que la vague de l'inforoute est en train de déferler sur le Québec.

organisation ou à un nombre limité d'organisations) élimineront des emplois; toutefois, elles en créeront d'autres, qui comporteront une qualification nouvelle, des niveaux de complexité sans doute supérieurs et surtout des possibilités d'actualisation plus grandes. L'enjeu majeur devient alors la gestion de la transition et le déploiement d'une main-d'œuvre plus instruite et mieux formée ayant accès à un marché du travail qui garantira des possibilités d'emplois.

La course au flux tendu et au temps réel

L'ingénierie simultanée, la réingénierie, le *kaizen*, la démarche axée sur la qualité et le juste-à-temps sont autant de pratiques de gestion qui ont bénéficié de l'utilisation des technologies. Ce qui est commun à ces modes de gestion, c'est sans doute la chasse aux temps improductifs et la course aux secondes et aux nanosecondes dans les procédés ou processus de conception et de fabrication des produits et de prestation des services. Les actions reliées à l'amélioration poursuivent bien sûr des objectifs nobles de qualité et de contrôle des coûts, mais aussi de fluidité des interventions humaines visant l'élimination des goulots d'étranglement. Même le cycle de vie des produits a été divisé par un facteur de 3 à 4 au cours des 50 dernières années.

> *Par exemple, au début des années 50, les produits cosmétiques pouvaient espérer vivre 11 ans et les jeux et jouets, 14 ans. Ils ne tiennent guère le coup plus de 3 ans aujourd'hui... Même des champions de la longévité, tels les produits pharmaceutiques (24 ans) et les produits alimentaires (20 ans) s'éteignent après 8 et 5 ans respectivement. Les outils qui duraient 16 ans en moyenne sont maintenant remplacés après 4 ans* (Belletête, 1997, p. 40).

On devine que la guerre qui a été déclarée aux temps non productifs met énormément de pression sur les systèmes humains et repose sur la fragilité d'une longue chaîne d'intervenants en mode réseau. La mauvaise qualité d'un produit ou d'une information, le mauvais fonctionnement d'un appareil, un conflit de travail et l'absentéisme sont autant de problèmes qui paralysent complètement le fonctionnement d'organisations et qui mettent en péril une multitude d'emplois. Travailler dans de telles conditions, on le comprendra, requiert une responsabilisation et une force de caractère à toute épreuve chez le personnel.

Que l'on soit partisan ou non de la révolution technologique, il reste qu'elle se fera et que le marché du travail sera l'objet de transformations majeures. L'organisation du travail, la dotation, la formation, la rémunération et le contrôle de la gestion sont quelques-unes des pratiques qui seront appelées à prendre de nouvelles formes.

TABLEAU 4.1   Les hypothèses du Groupe de Lisbonne relativement à la révolution technologique

---

Science et technologie

Le développement mondial de la science et de la technologie sera directement lié aux intérêts des pays les plus avancés. Les secteurs prioritaires seront définis en fonction de leur apport à la compétitivité des entreprises nationales. Les stratégies de R&D demeureront un élément essentiel des politiques industrielles, lesquelles continueront d'être axées sur la privatisation, la déréglementation et la libéralisation des marchés.

Production manufacturière

L'ensemble du secteur manufacturier sera chambardé par les diverses théories de la production à valeur ajoutée et la réingénierie des processus. La « production au plus juste » et la « spécialisation flexible » continueront, pendant les 10 à 15 prochaines années, d'être les modèles privilégiés dans les pays à haut niveau technologique. La production en série de type fordiste ne disparaîtra pas, mais elle sera remodelée par l'ingénierie simultanée et des systèmes anthropocentriques.

Secteurs de croissance

L'automatisation et les technologies de l'information et des communications demeureront les principaux moteurs du changement et de l'augmentation de la productivité. L'efficacité accrue dans les secteurs de l'énergie et des matériaux aura des effets dynamisants sur l'ensemble de l'économie. Les innovations biotechnologiques donneront naissance à de nombreux produits et services au cours des 10 prochaines années. Tout cela aura des répercussions globalement négatives sur les pays moins développés, même si elles peuvent s'avérer fort positives à long terme.

Source : Adapté du Groupe de Lisbonne, *Les limites de la compétitivité : vers un nouveau contrat mondial*, Montréal, Boréal, 1995, p. 141-144.

Le tableau 4.1 présente un certain nombre d'hypothèses sur les enjeux de la révolution technologique. Ces hypothèses sont le résultat d'une réflexion percutante menée par le Groupe de Lisbonne[4].

4.3.3 Les changements sociodémographiques

Le vieillissement

Il est superflu de faire la preuve du vieillissement dans les pays développés et en Amérique du Nord. Les démographes s'entendent tous pour dire que, d'ici l'an 2000, le Québec continuera inexorablement de vieillir, ce qui posera de nombreux défis d'ordre économique, social, éthique et politique. Un tel phénomène démographique est d'ailleurs un facteur explicatif puissant de la dynamique et de l'évolution de la société moderne (Foot, 1996).

---

[4]. Le Groupe de Lisbonne a publié en 1995 un livre intitulé *Les limites de la compétitivité : vers un nouveau contrat mondial* afin de faire contrepoids aux traités sur les vertus et le déterminisme de la mondialisation. Ce groupe est composé d'intellectuels et de penseurs provenant des quatre coins du monde, et sa mission consiste à jeter un regard critique sur les politiques néolibérales et sur le capitalisme extrémiste de certains pays industrialisés.

Les spécialistes estiment que la proportion des personnes de 45 à 64 ans va augmenter de plus de 50% entre 1991 et 2011, pour représenter, à cette date, près de la moitié de la population canadienne (Légaré, Marcil-Gratton et Carrière, 1991). Ce renversement de la pyramide des âges touchera les organisations en ce sens que la main-d'œuvre aura plus d'expérience ainsi que des attentes par rapport au marché du travail centrées davantage sur la fin de la trajectoire professionnelle. Les employés vieillissants seront une catégorie d'employés différente à superviser et les organisations devront sans doute revoir leurs pratiques de mobilisation de même que leurs pratiques d'appropriation du projet organisationnel. De plus, on imagine que cette évolution démographique entraînera un blocage de la filière des promotions et une certaine sclérose de la mobilité pour un ensemble de jeunes travailleurs.

La féminisation du marché du travail

La proportion des femmes dans la population active est passée de 23,2% en 1951 à 43,7% en 1990. On estime qu'en l'an 2000, au Canada, une personne sur deux sur le marché du travail sera une femme (McNeil, 1992). Bien que les femmes aient une rémunération inférieure à celle des hommes, qu'elles soient souvent exclues des postes aux échelons supérieurs et que la précarité les guette davantage, il reste que leur présence entraîne des changements importants dans la dynamique des rapports humains au travail. Il est reconnu que les femmes gestionnaires ont des qualités que les hommes n'ont pas; en outre, elles approchent souvent les problématiques de gestion sous des angles différents si on les compare à leurs collègues masculins. Par ailleurs, comme nous le verrons plus loin, de nombreuses femmes sur le marché du travail ont des responsabilités parentales, ce qui amène le défi de la conciliation ou de l'équilibre travail-famille. De plus, la présence accrue des femmes dans l'ensemble du marché du travail soulève des problématiques complexes reliées par exemple au harcèlement sexuel, à la discrimination et à la maternité.

La diversité ethnique

Le portrait de famille de la société québécoise est en train de changer radicalement en cette fin de siècle. En 1986, à titre d'exemple, environ 10% de la population active était née à l'extérieur du Canada. L'analyse récente de l'évolution de l'immigration indique que le Canada est un des pays industrialisés ayant le taux d'immigration net le plus élevé (Dumas et Bélanger, 1994).

Cette proportion de plus en plus importante d'immigrants ou de descendants d'immigrants pose le défi de la gestion de la diversité ethnique dans la société, bien sûr, mais également dans les organisations. Des différences culturelles souvent fondamentales ont tendance à marginaliser cette nouvelle main-d'œuvre, soit en la cantonnant dans des catégories d'emplois de seconde zone ou encore en l'isolant au sein même des organisations. Le marché du travail devra alors s'efforcer de lui faire une place équitable et représentative, et de favoriser la synergie entre les différents groupes d'une même organisation.

L'ÉDUCATION (L'APPRENTISSAGE)

Comme nous l'avons démontré précédemment, la mutation du contenu des emplois de même que les nouveaux emplois, vu leur complexité et leur nature, exigent de plus en plus de compétences. Cela signifie que les travailleurs doivent avoir des connaissances de base importantes en ce qui concerne la communication (lecture, écriture), le raisonnement mathématique, l'utilisation de la micro-informatique, etc. Bien que les programmes de formation offerts par les maisons d'enseignement ne correspondent pas toujours aux besoins du marché du travail, il reste que le Canada et le Québec investissent énormément dans le système d'éducation, et les résultats obtenus sont intéressants. En effet, la proportion de la population qui a moins de 9 années de scolarité est de 40,7 % chez les 45-64 ans, de 9,6 % chez les 25-44 ans et de 4,6 % chez les 20-24 ans. Les Canadiens se situent au deuxième rang mondial en ce qui a trait au niveau d'instruction, soit, en moyenne, plus de 12 années de scolarité (Grisé et Audet, 1995). Le Québec est également en tête de liste des pays industrialisés en ce qui concerne la fréquentation scolaire. Le taux de fréquentation pour ce qui est des études collégiales est passé de 39 % en 1970 à 60 % en 1990, tandis que 35 % de la population a accès à l'université, comparativement à 7 % il y a 25 ans.

Un autre paramètre important à considérer en ce qui a trait à la formation et à l'éducation est la formation socioéconomique en général, ce qui permet de comprendre les enjeux reliés au développement et, dans certains cas, à la survie de l'organisation. Un des exemples les plus percutants à cet effet est sans aucun doute la formation que le Fonds de solidarité de la FTQ offre à tous les membres d'une organisation à la suite d'un investissement dans l'entreprise.

> *Le Fonds a donné depuis ses débuts une moyenne annuelle de 4500 heures-personnes de formation économique aux travailleurs. Cette formation et l'approche du Fonds auprès des dirigeants ont contribué à améliorer le climat de travail et à réduire le nombre d'heures perdues à cause des grèves*

et des lock-out. « Au début quand je parlais de changements technologiques, les employés craignaient de perdre leur emploi. Aujourd'hui c'est lorsqu'une entreprise n'investit plus dans les changements technologiques que les employés craignent de perdre leur emploi, puisqu'ils sentent un laisser-aller », a dit M. Blanchet (Vailles, 1997, p. 5).

De toutes ces considérations, une tendance lourde se dégage, à savoir qu'un niveau d'instruction et d'éducation de plus en plus élevé concourt à développer le sens critique des travailleurs. Les nouvelles technologies de l'information et des communications rendent l'information plus accessible, les médias démocratisent l'information, et la formation donne les clés pour comprendre, analyser et agir. L'organisation n'a qu'à bien se tenir, car ses membres seront de plus en plus exigeants par rapport à toutes les dimensions de sa vie collective. Mentionnons également que l'organisation est au premier plan dans cette révolution du savoir et dans l'implantation d'une culture de formation continue. En effet, celle-ci se voit octroyer (par la loi du 1 %, entre autres) une responsabilité accrue dans le développement de sa propre main-d'œuvre et de celle du secteur et de la région auxquels elle appartient.

La redéfinition de la famille

Autrefois inébranlable, le lien qui unissait parents et enfants est aujourd'hui beaucoup plus fragile. Cette évolution est tellement importante qu'à peine 24 % des familles canadiennes adhèrent au modèle familial traditionnel où le père travaille et la mère reste à la maison (Boyd, 1988). « La famille, aujourd'hui, c'est un adulte seul avec des enfants, un couple avec ou sans enfants, avec des enfants d'un ou de plusieurs lits ; ce sont parfois deux ou trois générations qui vivent ensemble » (BIT, 1994).

Le nombre de familles monoparentales augmente constamment[5], et les chefs de ces familles sont le plus souvent des femmes (82 % des cas). Cette situation rend difficile l'entrée des femmes sur le marché du travail, ces dernières devant se préoccuper davantage de la dynamique familiale. De plus, le nombre de familles où l'homme et la femme travaillent augmente aussi constamment, ce qui complique l'harmonisation entre les horaires de travail et les impératifs familiaux. Bref, en moins de 30 ans, la famille québécoise a complètement changé de forme, ce qui n'est pas sans ajouter de la complexité à un environnement sociodémographique déjà fortement en mutation.

---

5. Les familles monoparentales représentaient 9 % de l'ensemble des familles canadiennes en 1971 et 13 % en 1991.

Les valeurs associées au travail

Bien que plusieurs d'entre nous rêvent à la société des loisirs, il n'en demeure pas moins que le travail est au centre de la vie d'une personne et que c'est encore par le travail que la majorité des citoyens se valorisent et comblent leurs besoins de réalisation et d'accomplissement. Au travail, les valeurs ont évolué de façon importante récemment. Parmi celles-ci, l'autonomie constitue l'assise du renouvellement de la gestion moderne. Ce mouvement, que Faith Popcorn (1994) a qualifié d'«égonomie» ou de retour du moi, repose sur le fait que la personne et son pouvoir sont au centre de la configuration des lieux de travail. Cette conception de la personne au travail est en opposition avec l'autorité traditionnelle et, par le fait même, elle remet en question les modèles de gestion qui la supportent. Le mouvement vers la responsabilisation (*empowerment*) et l'autorégulation des groupes et des personnes est la preuve tangible que la valeur que constitue l'autonomie alimente maintenant les pratiques de gestion des organisations contemporaines. Le télétravail et l'horaire flexible correspondent également à une nouvelle conception du travail qui s'appuie sur la responsabilisation.

D'autres valeurs émergentes influencent les rapports entre les actionnaires, les dirigeants et les employés. De ce nombre on observe l'engouement pour le rendement, la qualité, la satisfaction du client ou de l'utilisateur, le goût du risque ou du changement. De même, on remarque des valeurs plus humaines associées, entre autres, à l'épanouissement personnel, à la force de l'équipe (identité collective) et à l'équilibre emploi-famille. Comme on peut le constater, les nouvelles valeurs associées au travail ne forment pas un tout homogène à partir duquel on peut bâtir des stratégies de gestion. Elles créent plutôt des paradoxes qui rendent nécessaires la négociation, l'arbitrage, les choix stratégiques et même les choix situationnels ou contingents. Une chose est sûre, c'est que les pratiques de gestion doivent se fonder préférablement sur ce que Collins et Porras (1996) appellent une idéologie (*core ideology*) qui respecte le tissu organisationnel, celle-ci devant composer un équilibre avec ces nouvelles valeurs privilégiées au travail.

4.3.4 Les changements politico-juridiques

Vers une nouvelle façon de gouverner

Le néolibéralisme et le jeu du marché ont dominé et dominent toujours les grandes décisions que les gouvernements prennent, que ce soit sur le plan de la législation ou sur celui de l'intervention au moyen de politiques sociales, économiques ou de main-d'œuvre. Les forces occultes de l'offre et de la demande dans un contexte de mondialisation de l'économie entraînent des problèmes de restructuration des secteurs de l'économie, de distribution des richesses et d'ajustement conjoncturel. Quand de tels phénomènes se produisent simultanément, on parle alors de crise. Dans les pays industrialisés, lorsque ces périodes de crise surviennent, les gouvernements instaurent de nouvelles politiques afin de limiter le rôle de l'entreprise privée, comme la liberté décisionnelle du patronat en matière de mobilité ou de formation du personnel. Mais au cours des dernières années, les bouleversements que nous avons décrits précédemment font en sorte que les rôles traditionnels de l'État et les stratégies nationales par rapport au marché du travail, à la GRH et aux relations du travail ne sont plus adéquats. Kochan (1996) avance même que la philosophie «de l'autorité et du contrôle» de la législation traditionnelle du travail, que ce soit en Amérique du Nord, en Europe ou au Japon, a laissé en héritage des modèles qui ne peuvent promouvoir efficacement la démocratie et le développement économique auprès des pays en voie d'industrialisation. La Banque mondiale a récemment établi des balises visant à provoquer une réflexion sur le rôle de l'État. Ces balises sont présentées dans le tableau 4.2.

Comme l'affirment Gagné et Lefebvre (1995), l'émergence d'un nouvel ordre mondial entraîne des répercussions majeures non seulement sur les structures économiques et sociales, mais également sur les gouvernements et les organisations. La prise de conscience des défis à relever à l'échelle mondiale requiert des réponses sur le plan mondial quant à des problèmes liés à l'environnement, à l'explosion démographique, au chômage généralisé, au déplacement des populations, au crime organisé, à la pauvreté croissante, aux conflits ethniques et religieux, aux nouvelles épidémies, etc.

TABLEAU 4.2   Les principes de la définition du rôle de l'État selon la Banque mondiale et Kochan

1. Établir et appuyer les normes minimales du travail (quant à la discrimination, au travail dangereux, aux conditions d'exécution, etc.) en assurant une application cohérente de celles-ci.

2. Reconnaître et appuyer la présence de syndicats démocratiques et libres qui constituent une véritable voie pour les travailleurs, et combattre les syndicats qui deviennent des élites représentant une petite partie de la population active.

3. Encourager le développement des institutions sur les lieux de travail qui permettent aux employés et à leurs représentants ainsi qu'aux dirigeants de mettre en œuvre des règles respectant leurs besoins, leurs ressources et leur développement.

4. Encourager l'investissement en éducation et en formation qui stimulera et soutiendra la transition entre des modèles de travail et de gestion ayant un faible rendement et des modèles de travail et de gestion ayant un rendement élevé.

5. Appuyer l'ouverture des marchés, la libéralisation des échanges et la mobilité du capital et des ressources humaines.

Le Groupe de Lisbonne, à l'instar de la société civile mondiale, souligne aussi que l'absence de réponses sur le plan mondial nuit aux États nationaux en ce qui concerne la mise sur pied de politiques visant à concilier les intérêts économiques des entreprises et les exigences sociales des pays. La planète a donc besoin d'États différents, certes, mais également d'une coordination mondiale.

La crise du politique et de la démocratie

Les politiciens, c'est-à-dire les élus qui orientent les sociétés et qui décident de l'ensemble des services publics offerts aux contribuables, et le système politique, qui permet les débats et la communication avec les citoyens, font l'objet d'attaques provenant de toutes parts (Pratte, 1997). Cette réputation peu enviable que le politique s'est bâtie au cours des années est renforcée par les nombreuses réformes qu'il a faites concernant les régimes de relations du travail et de GRH. Dans son allocution au dernier congrès de l'Association internationale des relations professionnelles (AIRP), Tom Kochan, du MIT, portait un jugement sévère sur les retombées des travaux récents de la commission Dunlop aux États-Unis. Cette commission avait pour mandat de formuler des recommandations visant à réformer et à moderniser la législation du travail afin d'appuyer la participation des employés, de réduire les conflits reliés à la liberté d'association et d'accréditation syndicale, et, enfin, d'encourager le règlement des différends sur les lieux de travail. Les intérêts politiques en jeu et le laisser-faire des politiciens ont paralysé l'implantation de ces réformes.

Le Canada et le Québec ne laissent pas leur place relativement à la mise sur pied de nombreux groupes ou organismes permanents ou temporaires, nommés par les politiciens, dont les recommandations auraient pour but d'améliorer les relations du travail et la GRH. La commission Beaudry (Code du travail du Québec) et, plus récemment, la commission Sims (Code canadien du travail) et le Groupe de travail sur la réforme des milieux de travail au Canada sont des exemples d'exercices politiques, dont les retombées ne répondent pas toujours aux attentes que les groupes d'intérêts avaient à leur égard. Quoi qu'il en soit, ces initiatives politiques ont donné naissance à des réformes dans le champ complexe de la législation du travail, cette dernière étant un des déterminants majeurs des stratégies de GRH dans les organisations.

L'intervention législative par rapport au travail

Guérin et Wils (1992) affirment que les gouvernements constituent un des principaux agents de changement en ce qui a trait aux pratiques des

TABLEAU 4.3   **Les principales lois en matière de travail et d'emploi pour les entreprises sous l'autorité provinciale**

- Code civil du Québec (L.Q. 1991, C-64)
- Loi sur les normes du travail (L.R.Q., c. N-1.1)
- Loi sur la santé et la sécurité du travail (L.R.Q., c. S-2.1)
- Loi sur les accidents du travail et les maladies professionnelles (L.R.Q., c. A-3.001)
- Code du travail (L.R.Q., c. C-27)
- Loi favorisant le développement de la main-d'œuvre (L.R.Q., c. D-7.1)
- Charte des droits et libertés de la personne (L.R.Q., c. C-12)
- Loi sur l'équité salariale (L.Q. 1996, C-43)
- Code des professions (L.R.Q., c. C-26)
- Loi sur les heures et les jours d'admission dans les établissements commerciaux (L.R.Q., c. H-2.1)
- Loi sur la formation et la qualification professionnelles de la main-d'œuvre (L.R.Q., c. F-5)
- Loi sur les décrets de convention collective (L.R.Q., c. D-2)
- Loi sur les relations du travail, la formation professionnelle et la gestion de la main-d'œuvre dans l'industrie de la construction (L.R.Q., c. R-20)
- Loi sur la Société québécoise de développement de la main-d'œuvre (L.R.Q., c. S-22.001)
- Loi sur le Conseil consultatif du travail et de la main-d'œuvre (L.R.Q., c. C-55)
- Loi sur la fête nationale (L.R.Q., c. F-1.1)
- Loi sur les syndicats professionnels (L.R.Q., c. S-40)

organisations. Vu son rôle d'employeur majeur qui influence la supervision de centaines de milliers de travailleurs, et surtout vu son rôle de législateur, l'État peut aussi bien stimuler le changement dans les milieux de travail que le freiner. Les principales lois qui encadrent la GRH et les relations individuelles et collectives du travail sont présentées dans le tableau 4.3. Certaines de ces lois sont traitées de façon plus précise dans des chapitres de ce livre.

Comme on peut le constater, les contraintes et les obligations imposées par les lois du travail ajoutent énormément de complexité et de bureaucratie à la gestion stratégique et opérationnelle des ressources humaines. Cet ensemble de lois qui touchent directement (le Code du travail) ou indirectement (les heures d'ouverture) les relations du travail et d'emploi reflète une conciliation qui doit se faire dans les sociétés modernes entre les droits individuels et la régulation collective. De plus, mentionnons que cette situation a sans doute été pour beaucoup dans l'implantation des services des ressources humaines au cours des 20 dernières années.

La concertation des groupes d'intérêts

Une dernière dimension du contexte politico-juridique fait référence à la structuration des divers groupes d'intérêts ayant pour but de promouvoir la démocratie dans chacune des organisations ainsi que dans les grandes institutions nationales. Il n'y a pas si longtemps, les intérêts des groupes étaient défendus au niveau du milieu de travail par le syndicat local, et au niveau de la société par les structures traditionnelles associées au syndicalisme et au patronat (les centrales syndicales, le Conseil du patronat, les chambres de commerce, etc.). Depuis une dizaine d'années, le Québec a été innovateur en créant de nombreux lieux où les groupes d'intérêts peuvent établir des structures de concertation. Au niveau national, on observe plusieurs mécanismes de partenariat visant à élaborer des politiques mieux adaptées aux besoins des groupes d'intérêts. Le Conseil consultatif du travail et de la main-d'œuvre, la Commission de la santé et de la sécurité du travail, la Commission des partenaires et les Sommets socioéconomiques sont des exemples du fait que la concertation nationale se porte relativement bien au Québec.

Au niveau sectoriel, les nombreuses expériences de structuration à la fois patronale, syndicale et mixte démontrent que la concertation se développe à ce niveau intermédiaire, lequel est le lieu privilégié pour analyser et modifier des dimensions comme la santé et la sécurité, la formation professionnelle, la compétitivité ou les alliances stratégiques. Les expériences associées aux grappes industrielles (réseaux ou filières), les comités d'adaptation de main-d'œuvre (comme ceux de l'aéronautique ou du meuble), les comités sectoriels de formation, les tables de concertation (industries ferroviaire et maritime) et d'autres mécanismes de concertation sont d'autres exemples du fait que les groupes d'intérêts créent des lieux où ils essaient de trouver des solutions à des problématiques cruciales qui les concernent tous.

Il va sans dire que la structuration exclusive et mixte des divers groupes d'intérêts d'un secteur d'activité et d'une organisation pose une fois de plus le problème de la complexité et de la répartition du pouvoir. En effet, il n'est plus vrai qu'une organisation exerce ses activités en vase clos, sans se soucier des pressions externes plus ou moins bien structurées. Les dirigeants des organisations modernes doivent maintenant se préoccuper des mécanismes de représentation des groupes d'intérêts. Cela peut augmenter, d'une part, le temps requis pour régler des problèmes et donc la frustration, et, d'autre part, la pertinence des actions ou des solutions et donc la satisfaction des gens qui vivent les problèmes.

4.4 Les défis de la GRH dans un environnement en mutation

Bien que certains volets de l'analyse qui précède puissent être remis en question, il n'en demeure pas moins que nous avons maintenant un bon aperçu des grandes tendances de l'évolution de la société qui influencent les organisations, les décideurs et le marché du travail.

4.4.1 Les filtres organisationnels

Comment se fait-il que, malgré que les connaissances soient accessibles à tout le monde, certaines organisations réagissent différemment ou encore ne réagissent pas du tout face à un même environnement? Comment se fait-il que des gestionnaires volontaires influencent le cours des choses et tirent leur épingle du jeu, tandis que d'autres entraînent leur entreprise tout droit vers la catastrophe, parce qu'elle est mal adaptée à son environnement? Il est difficile de répondre à cette question. Toutefois, un élément de réponse réside dans la théorie de la contingence, selon laquelle chaque milieu de travail a des caractéristiques propres qui commandent par le fait même des décisions, des actions et des pratiques paticulières. De plus, tous ces signaux de l'environnement sont captés, décodés et analysés par des dirigeants et des employés qui ont des personnalités différentes, des grilles de lecture différentes et qui font face à des enjeux différents. Pour cette raison, chaque personne n'a pas la même perception des menaces qui guettent une organisation et des occasions qui sont à sa portée, et chaque organisation, par sa culture propre, agit différemment de ses concurrents.

Cette démonstration de la théorie de la contingence et de la spécificité des personnalités qui composent les milieux de travail plaide en faveur du caractère névralgique des choix stratégiques, liés bien entendu au processus de gestion stratégique et aux qualités de stratège des dirigeants d'entreprise. Comment se fait-il qu'un manufacturier de jeans de la Beauce continue de prospérer dans un secteur d'activité où les concurrents exploitent leur entreprise dans des pays où les coûts de la main-d'œuvre sont faibles? Comment se fait-il que le Cirque du Soleil ait réussi à réinventer l'art et l'industrie du cirque? Comment se fait-il qu'une entreprise de haute technologie, dans un marché en pleine croissance, soit obligée de déclarer faillite? Les signaux de l'environnement ne sont-ils pas les mêmes pour tout le monde? Voilà un certain nombre de questions qui concernent la place de la gestion comme telle, les facteurs humains ainsi que la capacité limitée de l'être humain de saisir les occasions. Malgré le fait que l'environnement soit propre à chaque organisation et que des facteurs structurels restreignent nettement la marge de manœuvre des acteurs et des groupes d'intérêts, la très grande majorité des experts avancent que, face à un environnement en mutation, les leaders qui auront acquis une compétence stratégique dans la lecture de l'environnement et une compétence de stratège s'en tireront le mieux.

Bien que la GRH soit stratégique et contingente, certaines grandes tendances se dégagent relativement à l'évolution de ce champ d'étude et de pratique professionnelle. Elles gravitent autour des effets de l'évolution de l'environnement et de la gestion des organisations en général.

4.4.2 Les effets directs de l'évolution de l'environnement sur la GRH

Il serait quelque peu réducteur de tenter de dégager des effets propres à chacune des tendances que nous venons de décrire. Les organisations font plutôt face à l'interaction et au croisement de ces diverses tendances, ce qui rend complexes le monde à l'intérieur duquel les gestionnaires et les employés évoluent et les choix stratégiques qui se dessinent. La mutation des paramètres de l'environnement remet en question un ensemble de croyances et de comportements dans les rapports du travail étant donné que l'entreprise n'est plus la même (l'apparition de l'entreprise-réseau) et que la nature même du travail change fondamentalement (le télétravail, par exemple). Aux fins de ce chapitre, nous mettons l'accent sur un certain nombre d'effets que nous croyons significatifs quant à la GRH.

La responsabilisation des personnes

Une des tendances lourdes que l'on a observées au cours de la dernière décennie est la transformation de l'organisation du travail, qui fait une place prépondérante à l'autonomie et à la responsabilisation des personnes et des collectifs de travail. Après la période des années 80 marquée par l'implantation des démarches de gestion de la qualité totale, qui ont engendré les groupes d'amélioration continue (les cercles de qualité, les groupes de progrès, etc.), on a été témoin, ces dernières années, du retour en force des groupes semi-autonomes, également appelés «équipes de travail autogérées» (ETAGS). Ces collectifs de travail, dont chacun des membres est plus responsable, a plus de pouvoir et est mieux formé et informé, disposent d'une marge de manœuvre importante afin d'atteindre des objectifs préétablis. Cette responsabilisation accrue des membres de l'organisation fait en sorte que l'on a besoin de moins de gestionnaires, ces derniers jouant un rôle très différent, s'apparentant souvent au travail d'un *coach* ou d'un animateur, par opposition à celui d'un chef traditionnel.

Contrairement aux années 70 où la responsabilisation, qui prenait la forme de la gestion participative, de l'enrichissement des tâches et de la qualité de la vie au travail, était fréquemment associée à des expériences plus sociales, la réorganisation du travail, dans les années 90, est marquée par le déterminisme économique; autrement dit, c'est par obligation plutôt que par choix que les décideurs réexaminent leur pouvoir et l'accès à l'information dans l'organisation. La nouvelle économie, l'évolution des valeurs et les changements technologiques non seulement rendent possible la responsabilisation, mais contraignent également les organisations à la favoriser.

La flexibilité

Un environnement plus ouvert, plus instable et plus imprévisible fait en sorte que les organisations ont besoin de s'adapter, de réagir et d'agir avec plus de rapidité et d'efficacité. La mondialisation, le sur mesure de masse, la réduction du cycle de vie des produits et des technologies, la mise à jour des savoirs ainsi que le respect de la diversité ne sont que quelques paramètres de l'environnement des organisations qui les obligent à réagir promptement et de façon spécifique. Les modèles de gestion mis au point au cours des dernières décennies ayant davantage favorisé la rigidité et la bureaucratie, nous devons aujourd'hui relever le défi de la transformation des organisations par la transformation de la GRH afin de rendre les lieux de travail plus flexibles.

Comme le souligne Jean-Yves LeLouarn (1990), la flexibilité peut être numérique ou fonctionnelle. La flexibilité numérique repose sur la variabilité du temps de travail des employés en place ou sur le recours à une force de travail d'appoint qui varie en fonction des besoins de main-d'œuvre. La gestion des heures supplémentaires, le partage du temps de travail de même que le recours aux mises à pied, au rappel, aux contrats à durée déterminée et aux employés occasionnels sont des exemples de flexibilité numérique. Quant à la flexibilité fonctionnelle, elle s'appuie sur la mobilité et la polyvalence des employés de l'organisation afin de faciliter le déploiement des ressources au lieu et au moment où l'organisation en a besoin. Cette stratégie de flexibilité exige une transformation majeure de l'organisation du travail et, par le fait même, la mise en place de pratiques innovatrices sur les plans de la formation continue, de la mobilité (affectation), de la classification, de la rémunération et des communications. La flexibilité fonctionnelle peut également consister à déléguer le travail ou à confier une partie de celui-ci à des personnes à l'extérieur de l'entreprise ou à d'autres entreprises. Il s'agit ici de la sous-traitance ou, dans le cas du secteur public, de la privatisation. Le travail à forfait, le travail indépendant ou autonome à domicile, l'impartition, l'essaimage (*intrapreneurship*) et même l'entreprise-réseau (maillage) à certains égards constituent des exemples de flexibilité fonctionnelle externe. Bref, la combinaison de ces formes de flexibilité est souvent différente d'une organisation à l'autre.

La gestion de la rémunération

Un autre effet direct relié à la flexibilité consiste dans la gestion de la rémunération dans un contexte de variabilité. En effet, le rythme accéléré d'implantation des formes non traditionnelles de rémunération est un indice du fait que les organisations, pour affronter un nouvel environnement, ont de plus en plus recours à des formes flexibles de rémunération, comme la participation aux bénéfices, les primes, l'accès à la propriété de l'entreprise ou la rémunération des équipes ou des groupes de travail. Une recherche effectuée récemment au Canada (Betcherman et autres, 1994) indique d'ailleurs que la gestion stratégique de la rémunération peut être au centre d'une stratégie de GRH à haut rendement; cela dépend du contexte dans lequel elle est implantée et des conditions qui l'appuient.

La formation qualifiante et continue

Dans le contexte d'évolution constante que nous venons de décrire, la formation et le développement des compétences s'avéreront sans aucun doute un levier fondamental, pour ne pas dire une arme stratégique de premier ordre, pour affronter la nouvelle économie. L'organisation de même que l'ensemble des organisations d'un secteur ou d'une région sont appelés à jouer un rôle plus actif dans la mise sur pied d'activités de développement des ressources humaines. L'employé aussi aura de plus en plus la responsabilité d'assurer sans cesse la qualité de son expertise et de son «métier». Cette tendance est directement reliée à l'explication que nous venons de donner au sujet de la responsabilisation. Le développement de l'employabilité et l'autoformation signifient que le développement est d'abord et avant tout l'affaire de l'employé et que le marché du travail qui se profile à l'horizon, et qui est influencé par la nouvelle économie de l'information, sera caractérisé par une culture de formation et d'apprentissage. Cette culture de formation qualifiante repose sur l'action d'«apprendre à apprendre», c'est-à-dire sur des processus d'apprentissage consistant dans l'habileté à se servir de boucles de rétroaction continues pour se développer et non uniquement dans la diffusion unilatérale de connaissances. Des politiques de l'État exigeant un investissement de 1% de la masse salariale par entreprise de même que la popularité de l'approche par compétences sont des signaux que l'environnement des organisations exerce une pression très forte sur le développement d'une culture de formation dans la société et les organisations. Les organisations qui en font leur credo se vantent même d'être des organisations «apprenantes».

Le partenariat

Faire ensemble au lieu de faire en opposition constitue le nouveau mot d'ordre dans une multitude d'entreprises québécoises. Le partenariat, surtout entre employeurs et employés, est devenu une façon de concevoir la gestion d'une organisation comme résultant de la conjonction des paramètres d'un nouvel environnement. Plus souvent par obligation que par choix, les parties ont appris à s'apprivoiser mutuellement et à porter un regard différent sur les traditionnelles revendications, bien au-delà de la conception légale des rapports de travail. Le modèle renouvelé des relations du travail et le partenariat poursuivent un objectif de justice où tout le monde sort gagnant de la situation. L'approche de la négociation passe de l'affrontement et du rapport de force traditionnel au diagnostic et à la solution raisonnés des problèmes de fond, tout en reconnaissant la légitimité des intérêts de l'autre.

4.4.3 Les effets systémiques de la GRH

Le nouvel environnement des organisations et la dynamique de l'organisation qui résulte des effets directs de cet environnement sur la GRH provoquent un autre débat, celui de la perspective large dans laquelle s'inscrit la GRH et, par le fait même, des effets pervers entraînés par les pratiques de GRH prises organisation par organisation. On pourrait qualifier ce phénomène d'effets systémiques de la GRH ou encore de perspective sociétale de la GRH.

Ainsi, la pression sur le rendement des organisations et des personnes qui y travaillent (à savoir une GRH efficace) et les décisions reliées à la responsabilisation, à la flexibilité, à la gestion de la rémunération, à la formation qualifiante et continue ou au partenariat soulèvent certaines questions concernant la qualité de la vie en général. En effet, la problématique de l'équilibre travail-famille (St-Onge et autres, 1994) a suscité l'intérêt de nombreux chercheurs et praticiens au cours des années 90, car les caractéristiques des emplois de la nouvelle économie ne sont pas nécessairement compatibles avec les nouvelles considérations familiales (couples à deux carrières, familles reconstituées, familles monoparentales, rapports parents-enfants, etc.). La nouvelle économie exerce également une pression importante sur la santé mentale des travailleurs. Depuis quelques années, les recherches indiquent que la cause première des absences pour invalidité à moyen et à long terme est la détresse psychologique au travail. Épuisement professionnel, état dépressif et dysfonctionnement sont des pathologies du travail moderne qui affectent de plus en plus de personnes devenues incapables d'affronter le stress occasionné par la surcharge de travail, la surresponsabilisation et la pression pour performer.

Un autre effet pervers de la GRH est l'accroissement des inégalités entre les groupes de travailleurs. Malgré certains amendements apportés récemment aux règles de l'assurance-emploi, on observe que les travailleurs autonomes gagnent difficilement leur vie sans pour autant pouvoir se procurer des régimes de protection traditionnellement offerts à plusieurs catégories d'employés. Les régimes de retraite privés, les assurances collectives, l'assurance-emploi, les congés de maternité et l'assurance-salaire ne sont que quelques exemples illustrant l'écart grandissant relativement à la protection de l'emploi entre les travailleurs autonomes et les employés salariés.

Une dernière illustration des effets systémiques négatifs de la GRH est la décision que de nombreuses organisations des secteurs privé et public ont prise d'accélérer les départs volontaires ou forcés afin de réduire la main-d'œuvre requise. Certaines institutions financières, d'anciens monopoles des télécommunications, le secteur de la santé et la fonction publique sont autant de secteurs où d'importantes cohortes de travailleurs de plus de 50 ans ont déserté les rangs de l'organisation, privant celle-ci instantanément d'une expertise acquise au fil des années et d'une loyauté à l'organisation. Les nouveaux emplois créés, s'il en est, sont dans bien des cas des emplois précaires ou atypiques, ce qui ne permet pas de reproduire le même tissu social ou la même identité, éléments souvent cités comme un déterminant du rendement de l'organisation. Et cela sans compter tous ces gens qui restent et qui, insécures et moroses, sont soumis à des vagues successives de transformations dont le sens se perd dans la mécanique des politiques adoptées ou l'incohérence des actions effectuées. D'ailleurs, ce syndrome des survivants explique souvent pourquoi les actions de dégraissage et de restructuration se soldent par des bilans négatifs et engendrent des coûts imprévus.

Conclusion

L'environnement des organisations, qui est en pleine mutation, exerce des pressions de toutes sortes sur l'établissement de la mission de l'entreprise, de ses stratégies, de sa structure et des pratiques de GRH. Le marché du travail et la notion même d'entreprise ont évolué à un point tel que l'on assiste actuellement à une profonde remise en question de l'ensemble de la gestion des fonctions de l'organisation et du rôle des gestionnaires. Face aux changements économiques, technologiques, sociodémographiques et politico-juridiques, les acteurs de l'organisation doivent élaborer de nouvelles façons de faire et de penser afin d'adapter les paramètres de l'organisation à ce nouvel environnement. Ils se doivent également d'agir sur cet environnement.

Bien que les organisations soient soumises à un même environnement, on observe des comportements et des réactions qui divergent totalement sur les plans stratégique et opérationnel. Cela s'explique par un certain nombre de filtres, c'est-à-dire de variables comme la culture d'entreprise ou la personnalité des dirigeants, qui rendent les choix stratégiques uniques.

On constate un certain nombre d'effets directs de l'évolution de l'environnement sur la GRH, à savoir la responsabilisation des employés, la flexibilité, la gestion de la rémunération, la formation qualifiante et continue ainsi que le partenariat. Ces effets représentent des défis réels pour la GRH, car ils donnent le signal du renouvellement de ce champ d'étude.

Finalement, ces effets de même que les réponses des organisations aux pressions de l'environnement ont des effets systémiques pas toujours désirés sur l'ensemble d'un secteur d'activité, d'une région ou de la société en général. Les problèmes d'équilibre travail-famille, la détresse psychologique au travail, la segmentation des catégories d'employés et le départ massif d'employés à la suite des réorganisations n'en sont que quelques exemples.

QUESTIONS DE RÉVISION

1. Pourquoi les organisations doivent-elles s'adapter à un environnement en mutation?

2. La GRH peut-elle influencer l'environnement? Si oui, de quelle façon?

3. Pour quelle raison des organisations relativement semblables quant aux produits, au marché et à la technologie ont-elles des réponses différentes face au même environnement?

4. Quelles sont les caractéristiques de la nouvelle économie et quels sont ses effets sur la GRH?

5. En quoi la révolution que constituent les nouvelles technologies de l'information et des communications influence-t-elle la GRH?

6. Nommez les principales caractéristiques de l'environnement sociodémographique et dites comment celles-ci exercent une pression sur la GRH pour qu'elle se renouvelle.

7. Expliquez quel type d'influence l'environnement politico-juridique a sur la GRH.

8. Quels grands défis la GRH doit-elle relever en ce qui concerne l'adaptation à l'environnement?

9. Expliquez les effets systémiques (effets indirects) des réponses des organisations aux pressions de l'environnement.

Références

Audet, M. et L. Bélanger (1989). « Nouveaux modes de gestion et relations industrielles au Canada », *Relations industrielles*, vol. 44, n° 1, p. 62-93.

Belletête, G. (1997). « La méthode Einstein », *Futur présent*, n° 3, janvier, p. 40.

Bergeron, P.-G. (1995). *La gestion moderne : théories et cas*, Boucherville, Gaëtan Morin Éditeur.

Betcherman, G., K. McMullen, N. Leckie et C. Caron (1994). *The Canadian Workplace in Transition*, Kingston, Ont., IRC Press.

BIT (1994). *Le travail dans le monde*, Genève, Organisation internationale du travail, Bureau international du travail.

Blouin, R., G. Ferland, A. Larocque, C. Rondeau et L. Poulin Simon (sous la dir. de) (1991). *Vieillir en emploi*, actes du 46ᵉ congrès des Relations industrielles, Québec, Les Presses de l'Université Laval.

Boyd, M. (1988). « Changing Canadian family forms : Issues for women », dans *Reconstructing the Canadian Family*, sous la direction de N. Mandell et A. Duffy, Toronto, Butterworths.

Business Week (1994). « 21st century capitalism, how nations and industries will compete in the emerging global economy », 18 novembre.

CEFRIO (1997a). *Informatisation des ménages québécois et accès à l'autoroute de l'information*, CEFRIO, Québec.

CEFRIO (1997b). « Les projets informatiques ont un impact positif sur la performance des entreprises au Québec », *INFO-CEFRIO*, vol. 9, n° 1, mars, p. 1-2.

Collins, J.C. et J.I. Porras (1996). « Building a company vision », *Harvard Business Review*, septembre-octobre, p. 65-77.

Crane, D. (1992). *The Next Canadian Century : Building a Competitive Economy*, Toronto, Stoddart Publishing.

Duhamel, A. et D. Turgeon (1997). « Bell Canada se réorganise pour un recentrage sur la clientèle : la concurrence gagne des parts de marché plus rapidement que prévu », *Les Affaires*, 9 août, p. 3.

Dumas, J. et A. Bélanger (1994). *Rapport sur l'état de la population du Canada 1994 : la conjoncture démographique*, Ottawa, ministère de l'Industrie, des Sciences et de la Technologie, Statistique Canada.

Foot, D. (1996). *Entre le boom et l'écho*, Montréal, Boréal.

Gagné, P. et M. Lefebvre (1995). *Le futur présent*, Montréal, Publi-Relais.

Grisé, J. et M. Audet (1995). « La priorité à l'éducation et à la formation », dans *Les défis de la compétitivité : bilan et solutions*, sous la direction d'A. Martel et M. Oral, Montréal, Publi-Relais, p. 73-108.

Groupe de Lisbonne (1995). *Les limites de la compétitivité : vers un nouveau contrat mondial*, Montréal, Boréal.

Groupe Innovation (1996). *L'organisation de demain : gérer la révolution du savoir*, congrès international du Groupe Innovation, Montréal, 16-18 avril.

Guérin, G. et M. Hébert (1989). *Les obstacles rencontrés par les personnes de 45 à 64 ans à la recherche d'un emploi*, document de recherche n° 89-07, Montréal, École de relations industrielles, Université de Montréal.

Guérin, G. et T. Wils (1992). *La gestion des ressources humaines : du modèle traditionnel au modèle renouvelé*, Montréal, Les Presses de l'Université de Montréal.

Hamel, G. et C.K. Prahalad (1995). *La conquête du futur : stratégies audacieuses pour prendre en main le devenir de votre secteur et créer les marchés de demain*, Saint-Laurent, Éditions du Renouveau pédagogique.

Hawken, P. (1985). *L'économie, demain*, Paris, Londreys.

Kochan, T. (1996). « Presidential address : Launching a renaissance in international industrial relations research », *Relations industrielles/Industrial Relations*, vol. 51, n° 2, p. 247-263.

Lawton, F. (1997). « Le taux de chômage restera élevé selon une étude de Wood Gundy », *Le Soleil*, 6 mars, p. B3.

Légaré, J., N. Marcil-Gratton et Y. Carrière (1991). « Vieillir en emploi : un choix inscrit dans l'avenir démographique du Québec », dans *Vieillir en emploi*, actes du 46ᵉ congrès des Relations industrielles, sous la direction de R. Blouin et autres, Québec, Les Presses de l'Université Laval, p. 11-29.

Le Louarn, J.-Y. (1990). « Les emplois atypiques et l'efficacité de la gestion des ressources humaines », dans *Le défi de la gestion des emplois*, actes du 45ᵉ congrès des Relations industrielles, sous la direction de J. Boivin et autres, Québec, Les Presses de l'Université Laval, p. 93-103.

Marchon, M. (1996). « Un marché du travail en convalescence », *Commerce*, vol. 98, n° 2, p. 66-68.

Martel, A. et M. Oral (1995). *Les défis de la compétitivité : bilan et solutions*, Montréal, Publi-Relais.

McNeil, J. (1992). « La diversification des ressources humaines québécoises », *Gestion*, vol. 17, n° 2, p. 38-48.

Pauchant, T. (1996). *La quête du sens*, Montréal, Éditions Québec/Amérique et Les Presses des HEC.

Piore, M. et C.F. Sabel (1984). *The Second Industrial Divide: Possibilities for Prosperity*, New York, Basic Books.

Popcorn, F. (1994). *Le rapport Popcorn: comment vivrons-nous en l'an 2000?*, Montréal, Les Éditions de l'Homme.

Porter, M.E. (1991). *Canada at the Crossroads: The Reality of a New Competitive Environment*, Ottawa, Business Council on National Issues and Minister of Supply and Services.

Pratte, A. (1997). *Le syndrome de Pinocchio*, Montréal, Boréal.

Rifkin, J. (1996). *La fin du travail*, Montréal, Boréal.

Rouge, J.-F. (1997). « Le progrès détruit-il les emplois? », *Affaires plus*, janvier, p. 42-43.

Sauvé, M.R. (1996a). « Grandeurs et misères des travailleurs autonomes », *Les Diplômés*, automne, p. 16-19.

Sauvé, M.R. (1996b). « Le Québec vieillissant », *Les Diplômés*, automne, p. 8-11.

St-Onge, S., G. Guérin, R. Trottier, V. Haines et M. Simard (1994). « L'équilibre travail-famille: un nouveau défi pour les organisations », *Gestion*, mai, p. 64-73.

Toffler, A. (1991). *Les nouveaux pouvoirs*, Paris, Fayard.

Vailles, F. (1997). « La formation des travailleurs a révolutionné les relations patronales-syndicales », *Les Affaires*, 15 mars, p. 5.

World Competitiveness Report 1996 (1996). 16ᵉ éd., Forum économique mondial, IMD International.

Lectures suggérées

Gagné, P. et M. Lefebvre (1995). *Le futur présent*, Montréal, Publi-Relais.

Groupe de Lisbonne (1995). *Les limites de la compétitivité: vers un nouveau contrat mondial*, Montréal, Boréal.

Rifkin, J. (1996). *La fin du travail*, Montréal, Boréal.

CAS
La Banque québécoise

La Banque québécoise est présente sur tout le territoire québécois grâce à un réseau de 200 succursales et points de service. La moitié du personnel travaille à Montréal, où se trouve le siège social de la banque. Les caissiers et les caissières représentent la plus forte proportion d'employés de la banque. Depuis quelque temps, on observe une stagnation des affaires, comparativement aux concurrents, qui, eux, récoltent des profits. Il y a de nombreuses plaintes relativement au service à la clientèle, les coûts d'exploitation par service offert sont très élevés, le climat de travail est malsain. Conséquemment, de nombreuses succursales se sont syndiquées (les syndicats font tout pour obtenir une part des profits et décrient la situation des banques), le taux de roulement du personnel augmente de sorte que les gestionnaires sont devant un dilemme: le non-renouvellement des postes ou le recrutement périodique, et par le fait même la formation et l'intégration des nouveaux employés. Afin de trouver les causes du problème de productivité et de l'insatisfaction des ressources humaines, un comité de gestionnaires a documenté un peu plus le contexte dans lequel l'organisation évolue.

Voici la synthèse de ses travaux:

– Face à une vague de déréglementation du secteur de l'assurance et des services financiers, la banque devra se transformer en un centre intégré de services financiers. Ainsi, un client pourra trouver au même comptoir des services de transactions régulières, des services de prêts et d'hypothèques, des services de placement, de planification fiscale et successorale, d'assurances, etc.

– L'arrivée massive des guichets automatiques a déplacé la quantité de transactions sous toutes ses formes à l'extérieur des succursales.

– L'arrivée de clientèles plus jeunes à la banque entraîne des conflits sur les types de produits financiers à proposer et sur le fait que les jeunes sont les plus grands utilisateurs de cartes à puces (porte-monnaie électronique).

– À la Banque québécoise, 70% du personnel est composé de femmes et 95% des cadres supérieurs sont des hommes. Un certain nombre de plaintes ont été déposées récemment à la Commission des droits de la personne pour discrimination axée sur le sexe relativement à la mobilité et aux promotions.

– Dans la région de Montréal, les succursales situées dans des quartiers où différents groupes ethniques sont nombreux (Italiens, Chinois, Haïtiens, Nord-Africains, etc.) perdent de nombreux clients car les employés d'origine canadienne-française ne peuvent communiquer adéquatement avec eux sur les plans de la langue et de la culture.

– De nombreux employés ont des diplômes collégiaux et universitaires et se disent sous-utilisés par rapport à leur potentiel. Ils se sentent brimés et réclament plus de liberté dans leur travail.

– Les clients sont insatisfaits du fait que les frais de services sont perçus directement dans leur compte. Ils trouvent les montants trop élevés, d'autant plus que les concurrents prélèvent deux fois moins de frais de transactions que la Banque québécoise, et ils s'en vantent dans leur publicité. Face aux questions qu'on leur pose, les employés sont de plus en plus irrités; ils répondent continuellement que ce n'est pas leur faute, mais plutôt celle de la politique de la banque.

– La banque a un projet concernant l'inforoute, qui permettrait aux clients de faire leurs transactions et de gérer leurs affaires à

partir du réseau Internet à la maison. Elle devra recruter plusieurs employés si elle veut rendre ce service opérationnel au cours des prochains mois.
- Les employés s'absentent de plus en plus souvent. Des entrevues ciblées ont permis de constater que ceux qui s'absentent régulièrement occupent des postes qui ne comportent plus aucun défi, où il y a une surcharge de travail ou dont les horaires nuisent à la vie familiale (problèmes de garde d'enfants, de vie de couple, etc.). Récemment, la compagnie d'assurances qui couvre les absences prolongées des employés a fait comprendre à la banque que la situation est sérieuse et que la raison première de ces absences est la détresse psychologique.
- Il est devenu pratiquement impossible d'amener les employés à se spécialiser en fonction des services offerts, car les clients désirent aller à un seul point de service. Actuellement, on les fait passer d'un comptoir à l'autre pour répondre à leurs différents besoins. Les employés n'en peuvent plus, les clients non plus.
- Devant les problèmes de surplus de personnel, des décisions devront être prises relativement au redéploiement des employés et à la réduction de la force de travail. Une chose est certaine, le personnel d'encadrement sera réduit de près de 40%. La structure, l'organisation du travail et le rôle des cadres devront donc être revus en profondeur.

Questions

1. Quel bilan faites-vous de la présence de facteurs de l'environnement qui remettent en question le mode de fonctionnement de la Banque québécoise dans sa forme actuelle?

2. Quels défis la banque doit-elle relever sur le plan de la GRH?

3. Démontrez en quoi certaines pratiques de GRH peuvent aider l'organisation à mieux s'adapter à son environnement.

CHAPITRE 5

Donner une orientation et de la cohérence à la GRH

OBJECTIFS D'APPRENTISSAGE

Après l'étude de ce chapitre, le lecteur devrait être plus apte à:

- Préciser en quoi la planification des ressources humaines contribue à l'adaptation des entreprises à l'évolution des tendances.
- Expliquer l'importance de la fonction «ressources humaines» aux étapes de la formulation et de l'implantation d'une stratégie d'affaires.
- Établir les liens existant entre les stratégies d'affaires et les systèmes de GRH.
- Analyser la situation d'une entreprise à l'aide des modèles de planification stratégique et opérationnelle des ressources humaines.

MISE EN SITUATION 5.1

LES COURTIERS EMBAUCHENT POUR GÉRER L'AFFLUX DE CAPITAUX DES BABY-BOOMERS[1]

Marché boursier effervescent, afflux des capitaux des baby-boomers (figure 5.1): les firmes de courtage embauchent des conseillers en placement par dizaines ces temps-ci pour suffire à la demande des investisseurs.

FIGURE 5.1   Les services financiers

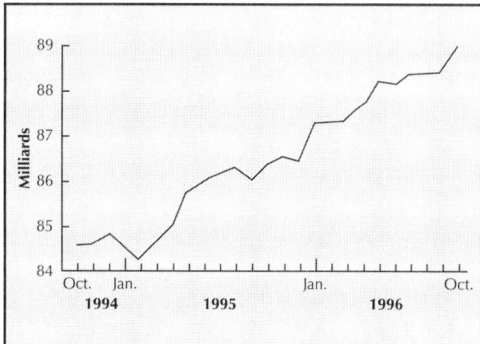

Source: Rapport annuel de la Commission des valeurs mobilières du Québec.

« Tout le monde est en recrutement agressif dans l'industrie », *confirme Michèle Perryman, vice-présidente aux ressources humaines chez Lévesque Beaubien Geoffrion (LBG), une filiale de la Banque Nationale.*

« Nous embauchons aussi dans une perspective à long terme, au-delà des humeurs du marché boursier. L'industrie du placement doit préparer sa relève alors que les gens d'expérience qui avaient traversé le krach de 1987 commencent à se faire plus âgés. »

Le nombre des représentants en valeurs mobilières accrédités auprès de la Commission des valeurs mobilières du Québec approche d'ailleurs le niveau des 15 000, presque deux fois plus qu'au début de la décennie.

À elle seule, la firme LBG a embauché une centaine de conseillers en placement cette année, dont la moitié à Montréal seulement.

Elle prévoit en faire autant en 1997, indique Mme Perryman. LBG regroupe maintenant 1 750 personnes dans ses bureaux à la grandeur du Canada.

Les firmes concurrentes embauchent aussi. Chez Nesbitt Burns, par exemple, 39 conseillers en placement ont été embauchés et formés au cours des derniers mois, au Québec seulement. Son vice-président à l'administration, Gérard Taillon, prévoit en ajouter au moins autant en 1997.

« Nous continuerons d'être très agressifs dans l'embauche de professionnels du placement. La concurrence est plus forte dans notre industrie mais aussi sur le marché du travail en général, après la vague des rationalisations dans les services administratifs des entreprises », *commente M. Taillon.*

Les plus récentes statistiques annuelles de la CVMQ montrent une hausse constante du nombre de représentants accrédités avec des permis d'exercice complet ou partiel.

Ils étaient 14 400 au 31 mars 1996, par rapport à 13 761 un an plus tôt. Il y a cinq ans, la CVMQ en recensait 8 060 (figure 5.2).

Cependant, le nombre des représentants accrédités de plein exercice était en baisse de 170 membres — de 4 590 à 4 420 — au début de 1996, note Jacques Breton, chef de service à la CVMQ.

La hausse du nombre total de représentants accrédités en valeurs mobilières s'est donc concentrée

---

1. Martin Vallières, *La Presse*, 27 décembre 1996, p. C1.

FIGURE 5.2 La hausse du nombre de représentants en valeurs mobilières

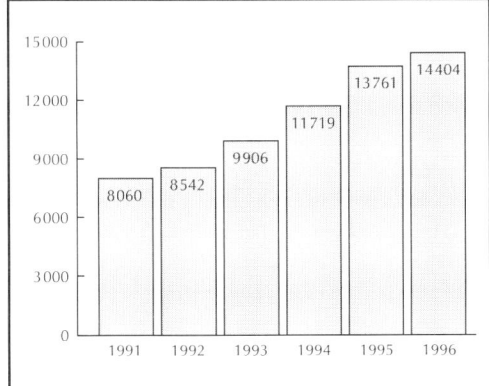

Source: Rapport annuel de la Commission des valeurs mobilières du Québec.

surtout dans le secteur des permis d'exercice partiel, particulièrement pour la vente des produits d'épargne collective.

La popularité des fonds d'investissement est un moteur puissant de croissance pour l'industrie des services financiers aux particuliers.

En novembre seulement, il s'est vendu au Canada pour 10 milliards de dollars en parts, selon les plus récentes données de l'Institut des fonds d'investissement.

Le nombre de comptes d'actionnaires de ces fonds a bondi de 43% depuis un an, à 21,6 millions. L'actif des fonds d'investissement totalise maintenant 208 milliards de dollars à la valeur au marché, presque le quart du PIB annuel du Canada.

Selon Gérard Taillon, de Nesbitt Burns, «ce n'est pas seulement la hausse du marché boursier qui justifie nos embauches, mais aussi la démographie.

«Les baby-boomers ont passé leur période de consommation. Ils sont passés à celle de l'épargne et de l'investissement. Il y aura aussi un important transfert de richesse entre eux et leurs parents au cours des 20 prochaines années.»

Michèle Perryman, de Lévesque Beaubien Geoffrion, souligne aussi les exigences de «cette génération d'investisseurs plus éduqués et plus avertis» que les précédentes.

Par conséquent, les candidats idéaux aux nombreux postes de conseillers en placement sont surtout des gestionnaires financiers d'entreprises à la recherche d'une seconde carrière, explique-t-elle.

«Nous recherchons surtout des gens qui sont dans la trentaine, qui ont une formation financière du genre comptable et qui ont aussi une expérience sur le marché du travail.»

Vraisemblablement, les jeunes diplômés en finance et administration devront patienter encore un peu avant d'avoir une chance de gérer l'épargne de leurs aînés.

Questions

1. Expliquez pourquoi les entreprises de courtage embauchent des conseillers en placement.

2. Dans le marché du travail actuel, quelle stratégie de GRH semble la meilleure pour assurer la croissance des entreprises de courtage?

MISE EN SITUATION 5.2

Régime minceur à Hydro-Québec[2]

L'onde de choc qui a frappé les cadres supérieurs d'Hydro-Québec au cours des dernières semaines devrait percuter, aujourd'hui, les 222 chefs de service, dont le nombre pourrait être réduit à près de 110, a-t-on appris d'une source digne de foi. L'exercice se poursuivra au cours des prochains mois pour toucher les chefs de division, les chefs d'équipe et les contremaîtres. Au total, des 2 000 cadres présentement à l'emploi de la société d'État, il ne devrait plus en rester que la moitié au terme du régime minceur en cours.

Il n'avait pas été possible de recueillir les commentaires de porte-parole d'Hydro au moment de mettre sous presse.

Déjà, depuis l'arrivée du nouveau P.D.G. André Caillé, le 1er octobre dernier, tout se bouscule à la vitesse grand V au sein de l'équipe des cadres d'Hydro. La société d'État a déjà réduit de 33 à 8 ses vice-présidences, et de 107 à 56 ses postes de directeurs. Le rouleau compresseur atteindrait le prochain échelon, soit celui des chefs de service. Les nouvelles structures seront annoncées aujourd'hui aux divers départements. Il devrait en ressortir l'élimination d'environ la moitié des 222 postes.

Les noms des personnes appelées à combler les postes restants de chefs de service ne seront pas connus avant la mi-janvier. Ce n'est qu'ensuite que l'exercice de réduction du taux d'encadrement, tel que souhaité par le ministre des Ressources naturelles Guy Chevrette, s'étendra aux chefs de division — un échelon appelé à disparaître, a-t-on appris de même source —, aux chefs d'équipe et aux contremaîtres. Tout devrait se faire rapidement. Au total, il devrait émerger une équipe de cadres diminuée de moitié, de 2 000 à environ 1 000.

Cette taille réduite de la direction à la société d'État est l'une des conséquences de cet environnement déréglementé dans lequel Hydro doit désormais évoluer à l'échelle nord-américaine. Son objectif : être aussi concurrentielle qu'une entreprise privée comparable. Cet exercice minceur connaîtra donc des débordements au sein des effectifs d'Hydro au cours des deux à trois prochaines années. À cet effet, et tel que l'a déjà souligné Le Devoir, il ressort des plans d'Hydro que sa taille maximale d'efficacité tournerait autour de 18 000 employés, soit 5 000 de moins que présentement.

---

2. Gérard Bérubé, *Le Devoir*, 20 décembre 1996, p. A6.

Questions

1. Expliquez pourquoi Hydro-Québec vise à réduire le nombre de cadres à son service.

2. Quels sont les avantages et les risques de la stratégie de réduction des effectifs à laquelle adhère Hydro-Québec?

Introduction

Les deux mises en situation qui précèdent illustrent de quelle façon les organisations s'adaptent à un environnement en perpétuelle évolution. La mise en situation 5.1 indique comment l'évolution démographique de la société, notamment le vieillissement de la population, et la popularité des fonds d'investissement engendrent une augmentation du volume d'activités au sein des entreprises de courtage. On y décrit aussi les conséquences de cette augmentation du volume d'activités face aux besoins en représentants en valeurs mobilières, qui ont presque doublé depuis le début des années 90. Cela exige évidemment des entreprises de courtage qu'elles consacrent plus d'énergie au recrutement et à l'embauche d'une relève compétente.

Quant à la mise en situation 5.2, qui porte sur Hydro-Québec, elle illustre comment, au sein d'un environnement déréglementé, s'exercent les pressions sur la réduction des coûts, et notamment des coûts de main-d'œuvre. Les pressions de la concurrence incitent cette organisation à fonctionner avec une équipe de cadres réduite de moitié et avec une taille maximale réduite de 5000 employés. Ainsi, Hydro-Québec devra probablement prévoir un programme de retraites anticipées, des licenciements et des réaffectations.

Dans sa forme la plus simple, la planification des ressources humaines représente un processus d'adaptation de l'entreprise à son environnement. Comme le montre le tableau 5.1, les nouvelles conditions de l'environnement font naître des défis reliés aux ressources humaines — autant d'appels à l'action — auxquels les dirigeants apportent des réponses.

TABLEAU 5.1 Une illustration de la dynamique de la planification des ressources humaines

	Entreprises de courtage	Hydro-Québec
Changements	• Vieillissement de la population • Popularité des fonds d'investissement	• Déréglementation • Pressions de la concurrence
Défis reliés aux ressources humaines	• Se doter de représentants en valeurs mobilières compétents et motivés	• Réduire les coûts de main-d'œuvre
Réponses aux défis	• Recrutement, sélection et intégration de représentants en valeurs mobilières	• Retraites anticipées • Licenciements • Réaffectations

Selon les milieux et selon l'intérêt de la direction pour les ressources humaines, la GRH peut suivre une démarche plus ou moins prévisionnelle. À un extrême, elle peut intervenir à la dernière minute (et parfois trop tard!) en réaction à un changement dans l'environnement. À l'autre extrême, elle peut apprécier l'évolution des tendances passées et actuelles, prévoir leurs conséquences futures et prendre les mesures qui s'imposent pour éviter certains dangers pour la navigation. Dans ce chapitre, nous verrons comment la direction des ressources humaines peut adhérer à une perspective prévisionnelle qui donne une orientation et de la cohérence à ses actions. Il sera question du «pourquoi» de la planification des ressources humaines, puis du «comment» de la planification stratégique des ressources humaines et de la planification opérationnelle des ressources humaines. Mais d'abord nous définirons les expressions les plus utilisées dans ce chapitre.

5.1 Les termes-clés

La **planification** consiste à établir un plan comportant les objectifs à atteindre et les moyens à mettre en œuvre pour y parvenir. La **planification des ressources humaines** porte sur les conséquences futures des tendances avec comme finalité un plan comprenant les objectifs à atteindre et les moyens reliés aux ressources humaines qui permettront de les atteindre. Comme nous le verrons plus loin, la **planification stratégique des ressources humaines** consiste en une intégration de la planification des ressources humaines à la planification stratégique de l'entreprise. La **planification opérationnelle des ressources humaines** s'insère à l'intérieur d'une dynamique de la formulation et de l'implantation de la stratégie. D'une part, les renseignements sur les besoins en ressources humaines obtenus dans la planification opérationnelle des ressources humaines peuvent influencer la stratégie. D'autre part, la stratégie s'avère une force de changement à considérer à l'occasion de la prévision de la demande et de l'offre de travail. Comme nous l'expliquerons dans ce chapitre, l'objet de la planification opérationnelle des ressources humaines est l'harmonisation de la demande et de l'offre de travail.

5.2 L'importance de la planification des ressources humaines

La planification des ressources humaines en vue d'implanter des mesures pour éviter, entre autres, des situations de surplus ou de pénurie de main-d'œuvre représente une exigence fondamentale de la GRH. L'objectif de la planification des ressources humaines est de s'assurer qu'on dispose d'un nombre suffisant de personnes qualifiées et motivées au bon endroit et au bon moment. Ayant comme point de départ l'analyse des changements (voir le chapitre 4), la planification des ressources humaines s'appuie sur des techniques prévisionnelles pour estimer l'ampleur des déséquilibres en matière d'effectifs et de compétences, et finalement pour prendre les mesures qui s'imposent. Mais pourquoi faut-il planifier les ressources humaines?

5.2.1 Planifier les ressources humaines pour s'adapter

Dans un contexte économique volatil, les entreprises qui tireront le mieux leur épingle du jeu seront celles qui ont la conviction que les entreprises qui survivent lisent les tendances plus vite et mieux que les autres et s'adaptent à l'évolution des tendances. Pour nous aider à saisir comment les ressources humaines doivent répondre aux besoins de changement de l'organisation, l'encadré 5.1 présente le cas de la Société des alcools du Québec (SAQ).

ENCADRÉ 5.1
L'effort de commercialisation à la Société des alcools du Québec et les ressources humaines

La Société des alcools du Québec (SAQ) a l'intention d'investir 18 millions de dollars d'ici avril 1998 afin d'impressionner sa clientèle avec un nouveau concept de succursales répondant à des besoins variés (Anonyme, 1996c). Quelles sont les conséquences pour les ressources humaines de cet effort de commercialisation? D'abord, les succursales mal situées ont été ou seront fermées, ce qui réduit les besoins en ressources humaines. Ensuite, la SAQ ouvrira d'autres succursales dont la localisation aura été choisie en fonction de nouveaux critères, ce qui augmente les besoins en ressources humaines.

Parmi les nouvelles succursales, les SAQ Express resteront ouvertes tous les soirs et le dimanche. Cette dernière composante de l'effort de commercialisation de la Société des alcools est cependant plus problématique sur le plan de la GRH, car les employés réguliers qui acceptent de travailler le dimanche sont payés au tarif majoré de 100% et, lorsqu'ils refusent de le faire, la SAQ se tourne vers les employés à temps partiel payés au tarif régulier. Pour cette raison, la direction de la SAQ tente de conclure une entente avec le Syndicat des employés de magasin et de bureau afin de réduire le nombre d'employés qu'elle paie au tarif majoré de 100% dans ses magasins ouverts le dimanche (Vailles, 1996). Enfin, l'augmentation des ventes que connaît la Société des alcools a des répercussions sur la charge de travail des employés affectés à la distribution et à l'embouteillage, avec comme résultat des heures de travail supplémentaires et une hausse des accidents du travail (Roy, 1996).

La situation vécue à la SAQ illustre le fait qu'une stratégie de commercialisation de même que des conditions externes favorables à la croissance peuvent engendrer des variations dans les prévisions concernant les ressources humaines. Comment alors planifier les ressources humaines dans un environnement qui exige une adaptation rapide à des situations de crise? Et comment doit-on réaliser des analyses prévisionnelles alors que, comme nous l'avons vu dans le chapitre 4, le passé est de moins en moins garant de l'avenir?

Pour s'adapter à un changement qui se déroule rapidement, l'entreprise doit modifier le processus même de la planification des ressources humaines: celui-ci devient plus simple, plus pratique et plus centré sur l'action (Ulrich, 1986). Par ailleurs, au cours de ce processus, on privilégie un horizon de planification de moins en moins lointain (d'un an à deux ans) de même qu'une approche plus pragmatique et informelle encourageant la participation accrue des cadres hiérarchiques (Walker, 1990). Ainsi, dans la planification des ressources humaines, on délaisse les techniques prévisionnelles complexes et on se concentre davantage sur les problèmes à résoudre pour améliorer la position concurrentielle de l'organisation. La priorité consiste de plus en plus à mobiliser les ressources humaines autour d'un nombre restreint de questions prioritaires pour l'organisation.

5.2.2 Planifier les ressources humaines pour assurer un développement harmonieux

Imaginons le cas d'une entreprise qui offre des solutions informatiques dans un secteur de pointe. Son succès repose en grande partie sur la qualité de son équipe de direction ainsi que sur l'adéquation entre les compétences de ses programmeurs et les besoins de ses clients. En suivant l'évolution des besoins de ses clients, la direction de cette entreprise peut s'assurer qu'elle possède les compétences requises pour y répondre adéquatement et rapidement. Si elle constate un écart entre les compétences actuelles de ses programmeurs et l'évolution des besoins de ses clients, elle peut mettre en œuvre des initiatives ayant trait à la formation ou au recrutement qui lui garantiront les compétences nécessaires à la réalisation de sa mission. La planification des ressources humaines améliore ainsi la correspondance entre l'entreprise, ses ressources humaines et les besoins de ses clients.

5.2.3 Planifier les ressources humaines pour effectuer les bons choix

Le processus de planification des ressources humaines débouche souvent sur des mesures telles que des mises à pied, l'embauche d'employés, la révision des structures salariales, des programmes de formation, des programmes d'équité dans l'emploi et même l'instauration de services de garde d'enfants dans le milieu de travail. Ces mesures administratives transforment le milieu de travail. Pensons à l'émergence de la gestion participative, de l'organisation flexible et apprenante ainsi qu'aux nouvelles formes d'aménagement du temps de travail comme l'horaire flexible, le travail à temps partiel, le travail partagé et la réduction de la semaine de travail. On observe également depuis quelques années l'augmentation d'une main-d'œuvre « périphérique » et précaire, qui ne bénéficie pas des mêmes avantages sociaux ou de la même sécurité d'emploi que les employés réguliers de l'organisation. Mentionnons aussi les programmes de retraite anticipée qui incitent les personnes ayant une vaste expérience professionnelle à quitter l'organisation, ce qui contribue à modifier le milieu de travail. Dans ces conditions, le choix d'une intervention ne doit pas être le fruit du hasard ou d'une mode, mais bien le résultat d'une réflexion sérieuse sur l'avenir de l'entreprise et de ses ressources humaines.

5.2.4 Planifier les ressources humaines pour éviter les écueils

La planification des ressources humaines permet d'éviter les situations de surplus ou de pénurie de main-d'œuvre, deux situations qui comportent des conséquences financières pour l'organisation. Dans le domaine de l'informatique, des retards s'accumulent dans plusieurs projets de développement, surtout à cause d'une pénurie de spécialistes. Au cours des années 70, l'entreprise General Electric s'est retrouvée avec un surplus d'ingénieurs en électromécanique combiné avec une pénurie d'ingénieurs électriques, ce qui a occasionné de graves problèmes (Mills, 1985). Prenons le cas classique d'une multinationale qui construit une usine dans un milieu où les compétences requises pour faire fonctionner les équipements ne sont pas en quantité suffisante ou encore le cas d'une entreprise dans laquelle les équipements sont utilisés en deçà de leur pleine capacité parce que les employés n'ont pas reçu une formation appropriée. Pour éviter de tels résultats, les organisations ont intérêt à adopter une démarche de planification stratégique et opérationnelle des ressources humaines.

5.2.5 Planifier les ressources humaines pour déterminer les priorités concernant les effectifs

À plusieurs égards, la planification des ressources humaines représente le point de départ des autres activités de GRH. Le processus de planification des ressources humaines permet d'établir la nécessité de recruter dans l'entreprise ou à l'extérieur de celle-ci des personnes ayant tel ou tel profil de compétences. Cette planification permet également d'ajuster les mouvements internes de main-d'œuvre de façon à assurer une plus grande correspondance entre, d'un côté, les besoins de l'entreprise et, de l'autre, les compétences et les aspirations de ses ressources humaines. Comme nous le verrons dans le chapitre 7 portant sur la formation, le plan de GRH peut créer de nouveaux besoins en formation. Ensuite, le spectre d'une pénurie de main-d'œuvre peut inciter la direction d'une entreprise à revoir à la hausse ses échelles salariales pour attirer et conserver les ressources humaines requises au sein des catégories d'emplois plus difficiles à combler. Le processus de planification des ressources humaines permet également de prévoir des situations de surplus de main-d'œuvre nécessitant des mesures de réduction des effectifs (retraites anticipées, mises à pied, licenciements, etc.).

Pour alimenter le processus de planification des ressources humaines, mentionnons l'importance d'une bonne compréhension du contenu de divers emplois afin de cerner les exigences des emplois actuels et futurs. Par ailleurs, les résultats des évaluations du rendement permettent de prévoir les compétences et les effectifs requis pour atteindre certains objectifs.

5.3 La planification stratégique des ressources humaines

En comparant la situation qui prévalait en 1990 à celle existant en 1981-1982 (dans l'enquête de Guérin, 1984), l'Office des ressources humaines du Québec conclut que la formulation des plans stratégiques des ressources humaines est de plus en plus répandue dans les organisations. Selon une étude de Mills (1985), la planification stratégique des ressources humaines s'implante au sein des entreprises, qui tiennent compte de l'importance du facteur humain dans leur planification générale. C'est alors que les considérations humaines pénètrent les processus de décision de l'entreprise.

Dans un ouvrage portant sur la stratégie des organisations, Hafsi et Toulouse (1996) présentent le concept de « stratégie » à trois niveaux :
- À un premier niveau, la **stratégie directrice**, qui élabore le portefeuille d'activités, informe sur les intentions de la direction de l'entreprise à poursuivre une stratégie de croissance, une stratégie de maintien ou une stratégie de retrait, ou à poursuivre simultanément ces stratégies.
- À un deuxième niveau, la **stratégie d'affaires** définit la manière dont l'entreprise affrontera la concurrence. Dans sa stratégie d'affaires,

FIGURE 5.3 Un modèle de planification stratégique des ressources humaines

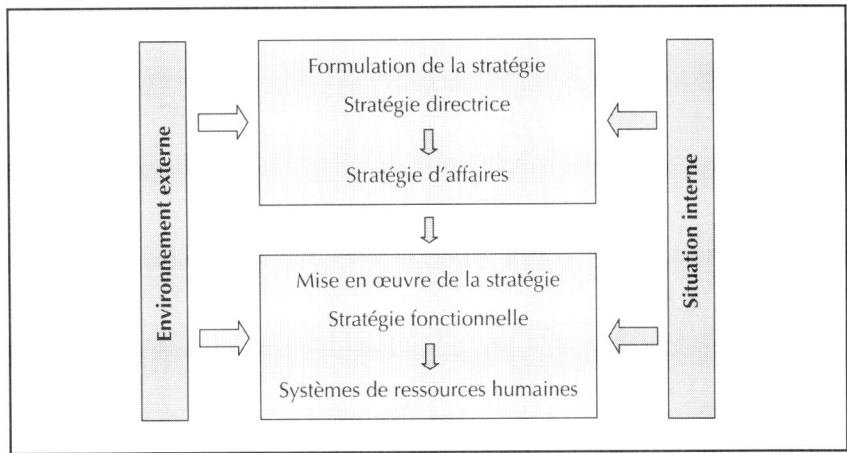

l'entreprise peut miser sur le leadership en matière de coûts, sur la différenciation ou sur la concentration.

- À un troisième niveau, la **stratégie fonctionnelle** est présentée comme un moyen de mettre en œuvre la stratégie directrice et la stratégie d'affaires.

La démarche stratégique suit deux étapes, soit la formulation de la stratégie et sa mise en œuvre. La planification stratégique des ressources humaines — qui est une composante de la planification stratégique de l'organisation — intègre les considérations humaines à l'étape de la formulation de la stratégie. Elle met ensuite à contribution les systèmes de ressources humaines à l'étape de la mise en œuvre de la stratégie. La figure 5.3 présente un modèle de planification stratégique des ressources humaines qui comprend les trois niveaux de la stratégie ainsi que les deux étapes de la planification stratégique.

La démarche stratégique représentée par ce schéma prévoit aussi l'analyse et l'évaluation de l'environnement externe ainsi que l'analyse des forces et des faiblesses de l'organisation. Nous verrons plus en détail la planification stratégique des ressources humaines à l'étape de la formulation de la stratégie, puis à l'étape de la mise en œuvre de la stratégie.

5.3.1 La formulation de la stratégie

La formulation de la stratégie consiste essentiellement à élaborer les objectifs de l'organisation et à préciser les mesures qui permettront d'atteindre ceux-ci. Il s'agit d'un processus non linéaire qui détermine l'affectation des ressources de l'organisation. Ce processus encourage la direction à définir l'essence même de ses activités et à concentrer ses efforts sur des cibles clairement établies. Au moment de la formulation de la stratégie, la direction se pose des questions telles que celle-ci: faudrait-il mettre l'accent sur les coûts et les économies d'échelle ou plutôt sur la qualité ou l'innovation? Les analyses stratégiques portent ainsi sur des aspects très importants de la mission de l'organisation.

Une nuance s'impose cependant entre la stratégie souhaitable et la stratégie réalisable (Allaire et Firsirotu, 1984). La stratégie souhaitable (ou délibérée) découle de l'évaluation des facteurs contextuels, des facteurs structurels ainsi que des facteurs internes de l'entreprise. Cette stratégie est toutefois soumise à une réalité humaine, technique et financière qui explique parfois certains décalages entre les résultats atteints et les objectifs visés. La stratégie réalisable (ou actualisée) est le produit des mesures prises et des résultats obtenus plutôt que des mesures à prendre et des objectifs visés.

Cette conception de la stratégie ouvre la voie à une réflexion sur les raisons des décalages entre les mesures prises et les mesures envisagées et entre les résultats obtenus et les intentions contenues dans la stratégie. Une explication plausible consiste à affirmer que les dirigeants d'entreprise ne s'intéressent pas assez, au cours de la formulation de la stratégie, aux facteurs internes, notamment aux ressources humaines. Il faut reconnaître que si la dimension humaine est exclue de la formulation de la stratégie, il sera difficile pour l'organisation de bâtir son avenir sur les compétences qui peuvent la démarquer de la concurrence. Par conséquent, afin d'élaborer une stratégie réalisable, les dirigeants ont intérêt à renforcer les liens entre la planification des ressources humaines et la planification stratégique.

La participation à la formulation de la stratégie

L'intégration de la dimension humaine au processus décisionnel de la formulation de la stratégie se réalise à trois niveaux d'engagement. À un faible niveau d'engagement, l'**alignement a posteriori** sert à renforcer la cohérence des systèmes de GRH en fonction de la stratégie d'affaires. Les professionnels en ressources humaines agissent alors selon un mode réactif, c'est-à-dire qu'ils sont à la remorque des décisions prises par les dirigeants. Comme l'indiquent Guérin, Le Louarn et Wils, une telle démarche «place en situation de dépendance les décisions de gestion des ressources humaines par rapport aux autres décisions managériales» (1988, p. 24).

À un niveau intermédiaire d'engagement, l'**évaluation simultanée** consiste en une validation fonctionnelle de la stratégie selon diverses considérations reliées aux ressources humaines. Les professionnels en ressources humaines s'engagent ainsi à analyser la faisabilité et la désirabilité de divers scénarios pendant qu'il est encore possible de modifier la stratégie. Selon ce mode d'intégration, la direction des ressources humaines vérifie si la stratégie est élaborée en fonction des compétences distinctives des ressources humaines de l'organisation. Dans un milieu syndiqué, il s'agit parfois de s'assurer que la convention collective peut s'harmoniser avec la stratégie proposée. Sous un mode d'évaluation simultanée, l'expertise en GRH est aussi requise si l'on veut prévoir les conséquences indésirables de la stratégie.

À un niveau avancé d'engagement, l'**influence a priori** désigne une intégration complète des considérations humaines au processus décisionnel de la formulation de la stratégie. Les professionnels en ressources humaines sont alors dans une situation avantageuse pour orienter la prise de décisions et proposer de nouvelles voies d'action. Ils participent pleinement au positionnement de l'organisation face à son environnement concurrentiel ainsi qu'à la détermination et à l'évaluation des lignes d'action. Sous un mode d'influence a priori, les professionnels en ressources humaines informent l'équipe de direction sur les forces à exploiter et sur certaines faiblesses qui peuvent nuire à la réalisation de la stratégie.

Les professionnels en ressources humaines jouent alors un rôle de **partenaire stratégique** dans le développement et la revitalisation de l'organisation. Ce rôle exige, entre autres, un engagement plus poussé aux étapes de l'analyse et de l'évaluation de l'environnement externe (menaces et occasions), de l'analyse de la situation interne (forces et faiblesses), de la détermination des problèmes à résoudre et de la formulation de plans d'action (objectifs et moyens). La réussite dans ce rôle de partenaire stratégique repose notamment sur une bonne compréhension des rouages de l'organisation ainsi que sur la capacité d'exercer une influence dans un processus « politique » de prise de décisions.

Si l'intégration des ressources humaines à l'étape de la formulation de la stratégie améliore la démarche stratégique, elle facilite aussi sa mise en œuvre. Nous avons la conviction qu'il est plus difficile d'adapter les ressources humaines à la stratégie que d'adapter la stratégie aux ressources humaines. Les expériences des organisations en matière de gestion du changement témoignent de la difficulté à adapter après coup les ressources humaines à la stratégie. Nous examinerons dans la prochaine section de quelle manière la fonction « ressources humaines » peut contribuer à appuyer les exigences des décisions stratégiques majeures de l'organisation.

5.3.2 La mise en œuvre de la stratégie

La mise en œuvre de la stratégie représente une étape où plusieurs organisations éprouvent des difficultés importantes (Amboise, 1995). Comme l'indique Rock: «Les bonnes idées et les bons produits courent les rues. Mais une bonne exécution et une bonne gestion, en un mot des hommes compétents, voilà qui est plus rare» (1988, p. 30). Les «blocages» que connaissent les organisations à l'étape de la mise en œuvre de la stratégie sont parfois le produit d'une formulation réalisée sans la consultation des personnes qui auront la responsabilité d'implanter la stratégie. Toutefois, même une stratégie bien adaptée à la réalité humaine de l'organisation peut échouer à l'étape de la mise en œuvre si les systèmes de GRH ne favorisent pas l'adoption de comportements correspondant aux orientations de l'organisation. À cet égard, comme le prévoit Gosselin, «les entreprises qui vont survivre et gagner dans le nouveau contexte économique sont celles qui sauront optimiser la réalisation de leur stratégie d'affaires, et le facteur humain y jouera un rôle prépondérant» (1996, p. 295).

La stratégie fonctionnelle de GRH

Si le facteur humain est important à l'étape de la mise en œuvre de la stratégie, quelle peut être la contribution de la fonction «ressources humaines»? Au même titre que les autres unités administratives (le service du marketing, le service des finances, etc.), elle peut élaborer une stratégie fonctionnelle adaptée à la stratégie de l'organisation. Cette stratégie fonctionnelle de GRH soutient la mise en œuvre de la stratégie d'affaires. On procède à la formulation de cette stratégie en considérant la stratégie d'affaires ainsi que l'environnement externe et l'état des ressources de l'organisation. Une fois que cette stratégie a été déterminée selon des objectifs et des moyens, elle représente le point d'ancrage des diverses activités de GRH.

Selon Dyer et Holder (1988), la stratégie fonctionnelle de GRH peut miser sur la stimulation, l'investissement ou l'engagement. À la **stratégie de stimulation** correspond une structure organisationnelle centralisée ainsi que des systèmes de GRH qui encouragent très peu la créativité, l'initiative ou la participation des employés à la prise de décisions. Cette stratégie axée sur la réduction des coûts se trouve surtout dans un environnement de concurrence intense sur les prix ou sur la qualité. Dans la stratégie de stimulation, l'activité de formation est limitée à l'essentiel, il y a peu de communication avec les employés et la rémunération à la pièce représente le principal mécanisme pour assurer l'engagement des employés.

La **stratégie d'investissement** convient mieux à la stratégie de différenciation qui mise sur la qualité ou l'innovation pour affronter la concurrence. Cette stratégie encourage l'initiative, la créativité et le développement des ressources humaines. Pour obtenir l'engagement des employés, on prévoit dans la stratégie d'investissement une rémunération au mérite ainsi que des avantages sociaux comparables à ceux qu'on trouve dans le même secteur.

La troisième stratégie fonctionnelle des ressources humaines, la **stratégie d'engagement**, convient bien aux organisations qui recherchent la flexibilité et l'innovation comme moyens de se développer. La stratégie d'engagement favorise l'autonomie ainsi que la participation à la prise de décisions à tous les niveaux de la hiérarchie. Les entreprises qui adoptent cette stratégie offrent normalement à leurs ressources humaines une participation aux bénéfices, une rémunération basée sur les compétences, des avantages sociaux flexibles, une formation continue ainsi qu'un enrichissement des tâches.

C'est à l'aide de la stratégie fonctionnelle de GRH que s'établit une synergie entre la stratégie d'affaires et les systèmes de GRH.

L'ALIGNEMENT DES SYSTÈMES DE GRH SUR LA STRATÉGIE

Les professionnels en ressources humaines peuvent aussi contribuer à la mise en œuvre de la stratégie en harmonisant les systèmes de GRH avec la stratégie. La démarche consiste à modeler les systèmes d'organisation du travail, d'acquisition, de formation, de rémunération, etc., sur la stratégie d'affaires. Il existe même, aujourd'hui, des modèles d'alignement qui décrivent quels systèmes de GRH sont compatibles avec tel ou tel contexte stratégique. Ces modèles d'alignement illustrent comment peut s'établir une synergie entre la stratégie et les systèmes de GRH ou comment la stratégie, qui a une portée générale, se traduit dans des mesures sur les ressources humaines ayant une portée plus restreinte.

Pour mieux comprendre cette dynamique, nous examinerons l'alignement des systèmes de GRH sur trois orientations stratégiques, soit la stratégie du prospecteur, la stratégie du défenseur et la stratégie de l'analyseur (Miles et Snow, 1984).

La **stratégie du prospecteur** consiste à développer de nouveaux marchés tout en misant sur l'innovation. Cette stratégie favorise l'implantation d'une vision d'entrepreneuriat au sein de l'entreprise et comprend des systèmes de GRH axés sur les mouvements rapides des ressources humaines dans divers projets. La stratégie du prospecteur se base également sur le recrutement externe, sur le développement rapide des talents qu'on trouve dans l'organisation et sur une rémunération variable.

La **stratégie du défenseur** consiste, pour l'organisation, à maintenir sa part de marché tout en favorisant une croissance stable et modérée à l'intérieur de marchés familiers. La GRH qui correspond le mieux à la stratégie du défenseur met l'accent sur le développement des compétences qui se trouvent déjà dans l'organisation, sur une sélection minutieuse et sur la stabilité dans l'emploi. Le système de rémunération du défenseur se fonde davantage sur l'équité interne que sur l'équité externe ou le rendement.

La **stratégie de l'analyseur** consiste à combiner les initiatives pour développer de nouveaux marchés avec les initiatives requises pour maintenir la stabilité au sein des marchés existants. Les systèmes des ressources humaines qui correspondent aux projets de l'analyseur sont de deux ordres. Premièrement, pour ce qui est des produits et des procédés matures, la GRH mise sur l'évaluation du rendement, la formation et la dotation interne. Deuxièmement, en ce qui concerne les initiatives de développement de nouveaux marchés, la GRH repose sur la conception d'équipes de travail performantes et flexibles. Le système de rémunération de l'analyseur s'appuie sur l'équité interne et externe, et accorde une importance modérée aux incitations monétaires.

Poursuivant le même objectif de l'harmonisation des systèmes des ressources humaines avec la stratégie d'affaires, Schuler, Galante et Jackson (1987) indiquent que les systèmes des ressources humaines divergent selon que l'organisation choisit une stratégie de domination par les coûts, une stratégie de différenciation ou une stratégie de concentration. Cette idée d'aligner les systèmes de GRH sur la stratégie d'affaires est aussi décrite par Guérin et Wils (1990). Le tableau 5.2 présente le positionnement des systèmes des ressources humaines selon que l'organisation adopte une stratégie de domination par les coûts, par la qualité ou encore par l'innovation.

La stratégie de domination par les coûts, qui exige une certaine standardisation des comportements, fait appel à une progression selon l'ancienneté, à des normes formelles et explicites d'évaluation du rendement et à une communication limitée. Pour sa part, la stratégie de domination par la qualité mise beaucoup sur l'amélioration des compétences et sur la diffusion d'une culture favorable à l'amélioration de la qualité. La stratégie de domination par l'innovation, qui cherche à susciter l'esprit créatif et innovateur des employés, recourt à la gestion participative, à la flexibilité dans les affectations, au développement de la polyvalence ainsi qu'à une approche égalitaire dans les relations qu'entretient l'entreprise avec ses employés.

TABLEAU 5.2 L'alignement des systèmes des ressources humaines selon trois stratégies de l'entreprise

Stratégie de développement	Modèle 1 Stratégie de domination par les coûts	Modèle 2 Stratégie de domination par la qualité	Modèle 3 Stratégie de domination par l'innovation
Organisation du travail	Centralisation/spécialisation Standardisation des emplois	Décentralisation/spécialisation et enrichissement	Décentralisation/enrichissement/souplesse/groupes semi-autonomes/approches multidisciplinaires/participation
Dotation	Recrutement au niveau des exigences de l'emploi/progression à l'ancienneté/mobilité verticale	Recrutement de potentiels/promotion interne/plans de carrière spécialisés/mobilité verticale	Recrutement de potentiels variés/incubateurs/flexibilité dans les affectations/progression au mérite/mobilité verticale et horizontale
Développement	Limité/actions de rattrapage et de mise à jour/au niveau des qualifications/accessible à tous/technique	Général et étendu à tous les aspects/formation hors emploi/technique et comportemental/accessible à tous	Formation dans l'emploi/développement de la polyvalence/employés-clés surtout/contact du client
Rémunération	Basée sur le rendement/équité interne/extrinsèque/s'appuie sur l'ancienneté	Basée sur les qualifications/nombreux avantages/salaire au-dessus du marché	Basée sur les comportements/nombreux avantages/plans cafétéria/structure égalitaire/partage des gains/encourage le risque
Évaluation du personnel	Évaluation des qualifications par rapport aux exigences/normes formelles et explicites/importance des résultats	Évaluation des qualifications/normes de qualité/évaluation du potentiel	Évaluation des comportements tournée vers le développement du potentiel/long terme
Encadrement	Limité et directif	Important et rôle de mise en valeur	Important et rôle d'encouragement
Relations avec les employés	Communication et aide limitées	Nombreux processus d'aide et de communication	Approche égalitaire/climat « ouvert »/communications latérales
Relations du travail	Traditionnelles/syndicats forts et combatifs/conflits possibles	Lutte contre la syndicalisation	Coopératives si existence de syndicats

(Pratiques de gestion des ressources humaines)

Source : G. Guérin et T. Wils, « L'harmonisation des pratiques de gestion des ressources humaines au contexte stratégique : une synthèse », dans *Vingt-cinq ans de pratique en relations industrielles au Québec*, sous la direction de R. Blouin, Cowansville, Éditions Yvon Blais, 1990, p. 669-715.

Ainsi, les systèmes de GRH sont très différents selon le contexte stratégique de l'entreprise. Il importe alors non pas d'implanter les pratiques de GRH les plus avant-gardistes, mais plutôt celles qui sont compatibles avec la stratégie poursuivie. Une étude a montré, à cet égard, que le succès des équipes de basket-ball repose en partie sur le degré de cohérence entre la stratégie de l'équipe, la stratégie de l'entraîneur et les aptitudes des joueurs (Wright, Smart et McMahan, 1995). Cela signifie que l'alignement des compétences des ressources humaines sur la stratégie d'affaires représente un avantage considérable. Mais il y a plus encore!

L'ALIGNEMENT DES SYSTÈMES DE GRH SUR L'ENVIRONNEMENT

Les modèles d'alignement partent tous du postulat selon lequel une grande cohérence entre les systèmes de GRH et la stratégie d'affaires représente une source d'avantage concurrentiel pour l'organisation. Cependant, les modèles d'alignement qui reflètent l'intégration du facteur humain à l'étape de la mise en œuvre de la stratégie demeurent insuffisants. Le succès de la démarche de la planification stratégique des ressources humaines repose également sur la prise en considération de l'environnement de l'entreprise et des motifs sociaux (Wils et autres, 1989). Dans le modèle de planification stratégique des ressources humaines, l'analyse de l'environnement externe et de la situation interne est nécessaire à l'étape de la formulation de la stratégie ainsi qu'à l'étape de la mise en œuvre de la stratégie. Les systèmes de GRH doivent non seulement soutenir la stratégie, mais aussi s'harmoniser avec l'environnement.

Même si la stratégie représente le point d'ancrage des systèmes de GRH, ceux-ci peuvent aussi s'élaborer sous la pression de l'environnement externe et de la situation interne de l'organisation. Les professionnels en ressources humaines doivent donc s'efforcer de reconnaître, d'interpréter et de prévoir les conséquences de l'évolution du marché du travail, des lois du travail, de l'emploi, du revenu national, des relations du travail et des systèmes de GRH chez les concurrents. Ils doivent également s'intéresser aux compétences, aux valeurs sociales, au rendement et aux aspirations de la «collectivité d'hommes et de femmes qui travaillent à la réalisation d'objectifs communs» (Wils et autres, 1989, p. 360).

En somme, la détermination des lignes d'action en matière de GRH se base sur un ensemble de facteurs dont certains tiennent à l'entreprise et lui sont propres (la stratégie, la structure et les compétences) et d'autres qui lui sont extrinsèques (la concurrence, la législation et la technologie).

5.4 La planification opérationnelle des ressources humaines

La planification opérationnelle des ressources humaines assure une continuité dans les mesures adoptées à court terme. Comme mécanisme servant à préparer l'avenir, elle s'inscrit dans une démarche prévisionnelle structurée que nous explorerons dans cette section.

Un sondage sur l'importance de la planification des ressources humaines mené par l'Office des ressources humaines du Québec (1991) dresse un constat de la situation. Les opinions des participants sur divers aspects de la planification des ressources humaines nous renseignent sur les avantages de celle-ci et sur les problèmes éprouvés. Les participants au sondage ont relevé les avantages suivants de la planification des ressources humaines:

1) une vision à long terme ou une gestion proactive;
2) une meilleure gestion des ressources humaines;
3) une productivité améliorée;
4) un recrutement plus adéquat;
5) une meilleure intégration des programmes pour les ressources humaines aux orientations stratégiques.

Les problèmes éprouvés lors de la mise en œuvre d'un processus de planification des ressources humaines sont les suivants:

1) l'intérêt insuffisant de l'organisation;
2) une gestion à court terme plutôt qu'une gestion prévisionnelle;
3) des lacunes sur le plan des données et des systèmes d'information;
4) la prise en considération de la planification des carrières dans l'établissement de besoins futurs;
5) les contraintes environnementales.

En somme, même si la planification des ressources humaines procure certains bénéfices, les gestionnaires en cause devront surmonter certains obstacles pour faire fonctionner leur système de planification des ressources humaines.

5.4.1 Le processus de planification opérationnelle des ressources humaines

Le processus de planification opérationnelle des ressources humaines est présenté à la figure 5.4.

FIGURE 5.4 Le processus de planification opérationnelle des ressources humaines

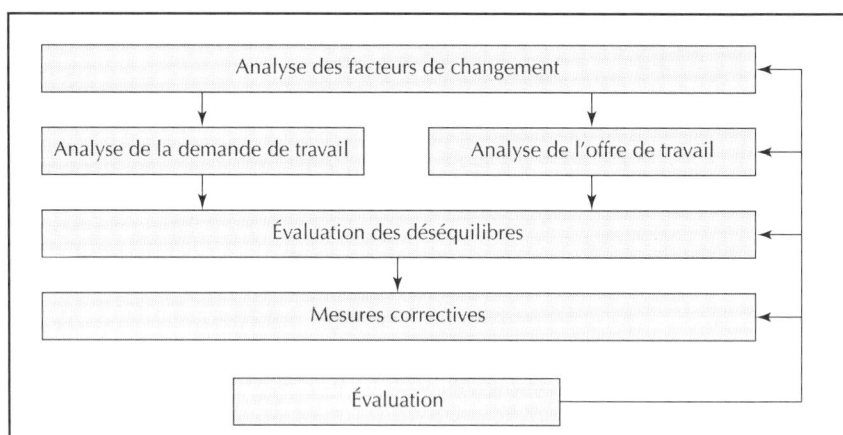

Intégré dans une vision prévisionnelle, le processus de planification opérationnelle des ressources humaines débute avec l'appréciation des facteurs de changement internes et externes. Cette étape analytique sert principalement à déterminer les grandes questions ou problématiques que la direction des ressources humaines doit considérer. Le processus de planification opérationnelle des ressources humaines porte ensuite sur l'appréciation des défis relatifs aux ressources humaines selon leur portée, leurs conséquences et les mesures qu'ils nécessitent.

Cette analyse initiale ainsi que l'utilisation de techniques spécifiques contribuent à déterminer la demande et l'offre futures de travail. Puis vient l'étape de l'évaluation des déséquilibres entre la demande et l'offre de travail. Si une situation de déséquilibre pointe à l'horizon, la direction peut concevoir et implanter des mesures correctives visant à fournir les ressources humaines nécessaires au développement de l'organisation. Finalement, l'évaluation en fonction du degré de réalisation des objectifs visés permet d'apporter les corrections requises.

L'ANALYSE DES FACTEURS DE CHANGEMENT

Plusieurs facteurs de changement peuvent modifier les prévisions de la demande et de l'offre de travail. La stratégie représente un facteur de changement interne qui fait appel à l'harmonisation des activités de GRH. À titre d'exemple, une stratégie de croissance par diversification peut exiger des compétences humaines différentes (effet sur la demande). Si on réalise cette stratégie en acquérant des entreprises, cela peut éventuellement modifier la quantité de ressources humaines dont l'organisation dispose.

La composition de la main-d'œuvre au sein de l'entreprise représente un autre facteur de changement significatif. À cet égard, la culture, la courbe d'âge, le profil des compétences, l'expérience et le potentiel humain sont quelques caractéristiques à considérer lorsqu'on fait des prévisions au sujet de l'offre de travail.

Dans l'environnement externe, les facteurs économiques, démographiques, politiques et technologiques peuvent aussi influencer l'évolution des besoins en ressources humaines. Le taux d'activité des femmes en hausse, le taux d'activité des hommes en baisse, la montée du taux de scolarisation, l'amélioration de l'espérance de vie, l'urbanisation, la baisse du taux de mortalité infantile, le taux de chômage élevé, l'indice de fécondité en baisse et le taux de divorce en hausse sont quelques-unes des tendances qui peuvent avoir des répercussions sur l'entreprise et ses ressources humaines. L'avancement des techniques chirurgicales, par exemple, permet aux établissements de santé de réduire la durée de l'hospitalisation. Avec le retour plus rapide des patients à la maison, les besoins en personnel infirmier sont réduits dans les hôpitaux alors que les services de soins de santé communautaires connaissent un essor.

La prochaine étape du processus de planification des ressources humaines consiste à évaluer les conséquences des facteurs de changement sur la demande et l'offre de travail.

La nature de la demande et de l'offre de travail

Pour bien saisir les notions de demande et d'offre de travail, il faut faire la distinction entre, d'un côté, le marché des biens et des services et, de l'autre, le marché du travail. Comme le montre la figure 5.5, les expressions « demande » et « offre » n'ont pas la même signification selon les cas.

Sur le marché des biens et des services, la demande indique la quantité demandée de biens et de services, tandis que l'offre indique la quantité de biens et de services offerte par l'entreprise. Sur le marché du travail, par contre, « l'analyse de la demande de travail s'adresse essentiellement aux employeurs qui demandent les services des travailleurs » (Cousineau, 1981, p. 7). La demande de travail représente ainsi les besoins en ressources humaines de l'entreprise, tandis que l'offre de travail correspond aux ressources humaines disponibles.

Il existe des relations entre le marché des biens et des services et le marché du travail. Si la demande de biens et de services de l'entreprise

FIGURE 5.5 L'offre et la demande sur le marché des biens et des services et sur le marché du travail

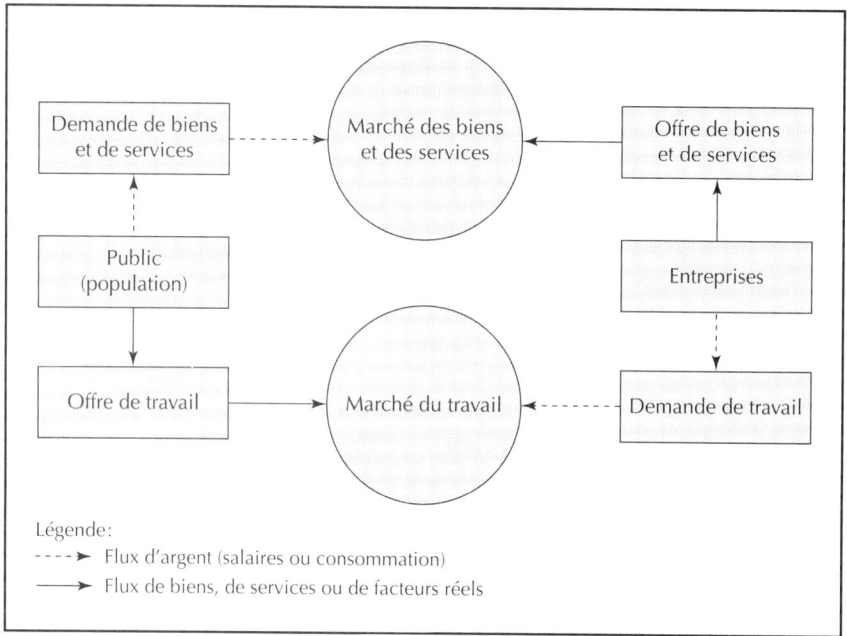

augmente, l'offre de ces biens et services pourrait augmenter pour répondre à la demande, ce qui aurait comme conséquence d'augmenter le volume de production et éventuellement la demande de travail. À titre d'illustration, si la demande d'automobiles s'accroît, les usines de fabrication de pièces d'automobiles augmenteront leur volume de production et pourront avoir besoin d'un plus grand nombre d'employés de production.

À l'intérieur de cette dynamique, les entreprises interviennent sur le marché des biens et des services pour y écouler leur production et y offrir des services. Sur le marché du travail, les entreprises peuvent créer une demande de travail et offrir des salaires et des avantages sociaux. En contrepartie, le public achète des biens et des services sur le marché des biens et des services, et constitue la force de travail sur le marché du travail.

L'ANALYSE DE LA DEMANDE DE TRAVAIL

L'analyse de la demande de travail consiste à prévoir les besoins en ressources humaines au cours d'une période déterminée. Elle porte sur le nombre de postes ainsi que sur le contenu et les exigences de chacun des postes nécessaires pour combler les prévisions relatives à l'effort global de production. De multiples facteurs peuvent déterminer le volume de production et la demande de travail au sein d'une entreprise. On peut prendre l'exemple du hockey professionnel en Amérique du Nord. Depuis quelques années, on constate la mainmise des Américains sur le sport national du Canada et l'arrivée de nouveaux réseaux de télédiffusion (ESPN et Fox). Les nouvelles règles de télédiffusion font en sorte que les pauses publicitaires sont plus fréquentes pendant la partie de hockey. Les joueurs jouissent donc de périodes de repos plus fréquentes, ce qui leur permet de récupérer avant leur prochaine présence au jeu. Chaque équipe de hockey peut alors jouer une partie complète avec moins de joueurs (un trio de moins), ce qui pourrait inciter la direction des équipes à réduire leurs effectifs. On observe donc qu'un changement dans l'environnement influence les besoins en ressources humaines.

Il importe de considérer les facteurs qui vont marquer l'avenir ainsi que leurs répercussions sur la prévision des activités. L'arrivée d'un concurrent peut réduire la part de marché de l'entreprise de même que ses besoins en ressources humaines. Par ailleurs, les besoins en ressources humaines suivent normalement les cycles économiques, c'est-à-dire qu'ils enregistrent une hausse en période de croissance et une diminution en période de ralentissement. Puis, il faudra tenir compte des facteurs qui influenceront la productivité, de manière à pouvoir estimer la demande de travail. À cet égard, avec l'introduction de nouvelles technologies, certaines entreprises peuvent produire la même quantité de biens qu'il y a 10 ans avec un effectif réduit de moitié. Ainsi, l'automatisation de certains procédés dans une brasserie pourrait faire passer la productivité de 6 à 10 hectolitres par personne par heure, ce qui réduirait les besoins en ressources humaines pour le même volume de production.

Les méthodes subjectives de prévision de la demande de travail

Il existe une grande variété de méthodes permettant de prévoir la demande de travail d'une organisation. Dans la catégorie des méthodes subjectives de prévision de la demande de travail, on trouve une méthode basée sur le jugement des gestionnaires. Cette méthode populaire, qui se distingue par sa simplicité, consiste à demander aux gestionnaires responsables d'unités de travail de prévoir leurs besoins en ressources humaines en fonction de l'environnement et de ses changements, et de leur incidence sur le volume de travail. Une institution financière, par exemple, demande aux cadres de déterminer les besoins futurs de chaque succursale quant à sa main-d'œuvre sur un horizon de deux ou trois ans. Les estimations de chaque succursale sont ensuite transmises à la direction de la dotation et de la planification des ressources humaines, qui se situe au siège social. Selon une approche ascendante, les prévisions des gestionnaires cheminent de la base au sommet de la hiérarchie de l'organisation, où elles seront approuvées ou corrigées. Selon une approche descendante, cependant, la direction formule les prévisions de la demande et fait cheminer ses estimations vers la base de la hiérarchie.

La méthode de prévision de la demande basée sur le jugement des gestionnaires, qui met à profit l'expérience et l'intuition des responsables, s'avère une bonne méthode de prévision de la demande de travail sur un horizon à court terme. Par contre, il faut reconnaître que les gestionnaires exagèrent parfois leurs besoins en ressources humaines en prévision d'un ajustement à la baisse de leur estimation initiale. Pour réduire ce risque d'inflation, les dirigeants peuvent comparer les prévisions des différentes unités administratives pour en vérifier le réalisme et demander des justifications.

La méthode Delphi présente une forme particulièrement efficace de prévision de la demande de travail. Elle convient bien à des situations complexes et incertaines ou lorsque la planification des ressources humaines s'établit sur un horizon plus lointain. Cette méthode pourrait être utilisée, par exemple, pour prévoir les besoins en personnel infirmier à la suite de la restructuration des services du réseau de la santé dans une région quelconque. Elle pourrait également représenter une bonne méthode pour analyser les aspects qualitatifs de la demande de travail, comme les compétences qui seront requises aux postes-clés d'une entreprise s'apprêtant à entrer sur le marché international.

La méthode Delphi est caractérisée par une interaction indirecte des participants et de l'intervention d'un «intermédiaire» qui résume l'information et coordonne les activités du groupe. La première étape de la méthode consiste à diviser le problème en plusieurs questions. Ensuite, l'intermédiaire fait parvenir les questions à un groupe de travail composé d'experts. Il reçoit par la suite les réponses des experts, analyse le degré de convergence des réponses et résume l'information. Puis, il renseigne le groupe et reprend la séquence jusqu'à l'obtention d'un consensus. Basée sur la formulation de prévisions individuelles concernant l'avenir, la méthode Delphi permet aux personnes interrogées de réviser leur jugement initial avant qu'une décision finale soit prise. Par ailleurs, s'il est vrai que plusieurs têtes valent mieux qu'une, cette méthode favorise une meilleure qualité des décisions prises tout en minimisant, par l'interaction indirecte des participants, l'influence des personnalités sur les estimations. Elle combine ainsi les avantages du processus de prise de décisions individuelle avec les avantages du processus de prise de décisions de groupe. La méthode Delphi requiert cependant plus de temps que d'autres méthodes et, avec elle, il est difficile de concilier les opinions des experts.

Les méthodes objectives de prévision de la demande de travail

Les méthodes objectives de prévision de la demande de travail font intervenir la mesure d'un taux de changement afin d'estimer la demande future de ressources humaines. Ces méthodes se fondent donc sur l'utilisation des données du passé pour prévoir les besoins futurs de l'entreprise. Par ailleurs, les méthodes objectives peuvent faire usage de statistiques pour établir la force de la relation entre une ou plusieurs variables et l'évolution de la demande de travail.

L'extrapolation représente une méthode objective qui consiste à appliquer à l'avenir un taux de changement observé dans le passé. Par exemple, une usine d'assemblage qui aurait embauché en moyenne 10 manutentionnaires par mois au cours des 2 années antérieures pourra prévoir une demande de travail qui s'établira à 120 manutentionnaires pour les 12 prochains mois. L'extrapolation peut aussi présenter les variations de la demande de travail en pourcentage avec une pondération qui accorde plus de poids aux données plus récentes. Enfin, cette méthode fait parfois appel à l'analyse de séries chronologiques où l'on utilise les niveaux antérieurs de main-d'œuvre en vue de dégager les variations cycliques et les tendances à long terme. Avec l'extrapolation, on postule que l'entreprise revivra des situations assez semblables, ce qui demeure un acte de foi pour plusieurs organisations.

La projection des tendances par indexation exige qu'on établisse une relation statistique entre une ou plusieurs variables et le nombre d'emplois. Ainsi, s'il existe une corrélation entre le volume des ventes et la demande de travail, les prévisions des besoins en ressources humaines pourraient se fonder sur l'évolution projetée du volume des ventes. À titre d'exemple, une chaîne de boutiques de vêtements prévoit l'ouverture de 10 nouvelles boutiques au cours de la prochaine année, ce qui nécessitera l'embauche d'un directeur et de 5 vendeurs par boutique. Une autre entreprise estime l'évolution future des ventes de motoneiges afin de prévoir ses besoins en ressources humaines.

La projection des tendances, qui fait appel à des données objectives pour prévoir la demande de travail, comprend certaines limites. D'une part, vu son incapacité de prévoir le renversement des tendances (par exemple, l'arrivée d'un nouveau concurrent), elle demeure peu utile dans des contextes instables. D'autre part, l'indexation ne considère pas toujours l'effet modérateur de l'amélioration de la productivité sur les besoins en ressources humaines. Ainsi, le lien entre le volume des ventes et les besoins en ressources humaines peut être atténué par un phénomène d'apprentissage en vertu duquel les ressources humaines découvrent progressivement des procédés de travail plus efficaces à mesure que le volume des ventes s'accroît.

L'ANALYSE DE L'OFFRE DE TRAVAIL

L'analyse de l'offre de travail consiste, pour l'organisation, à prévoir la main-d'œuvre requise à partir de sources internes et externes. L'analyse de l'offre interne de travail considère les futures ressources humaines au sein même de l'organisation en termes quantitatifs (leur nombre) ou en termes qualitatifs (leurs aspirations, leurs compétences, leur rendement et leur potentiel). L'analyse de l'offre externe de travail s'intéresse aux futures ressources humaines compétentes, soit à l'échelle locale, nationale ou internationale, ainsi qu'à la capacité de l'organisation d'attirer ces ressources humaines.

Le principal défi de l'analyse de l'offre de travail se trouve dans la difficulté de prévoir l'état des ressources humaines dans une organisation et une société qui ne cessent de se transformer. Dans l'organisation, le taux de roulement, l'évolution du profil sociodémographique de la main-d'œuvre de même que l'activité de formation peuvent influencer l'offre de travail. À l'extérieur de l'organisation, l'évolution du système d'éducation, le taux de chômage, le taux de natalité et l'immigration constituent des forces de changement également susceptibles de modifier la quantité de ressources humaines.

Les méthodes de prévision de l'offre interne de travail

L'analyse de l'offre de travail débute normalement par un regard que l'on porte sur les personnes actuellement au service de l'organisation. Une méthode d'analyse de l'offre interne consiste à faire un bilan de la situation actuelle des effectifs au sein de l'entreprise. Le fait de procéder à l'inventaire des ressources humaines dont dispose l'entreprise constitue une approche descriptive permettant de repérer des incohérences entre la situation présente et les besoins futurs selon les projets de développement de l'entreprise. L'inventaire des ressources humaines peut, par exemple, mettre en évidence certaines catégories d'emplois dont les femmes sont exclues ou désigner des unités administratives où la relève paraît insuffisante. Il vise soit une description quantitative de la situation (le nombre d'employés par catégorie, par année d'ancienneté, par âge et parfois par classe salariale) ou une description qualitative (la scolarité, les expériences de travail, les compétences, le potentiel et les aspirations professionnelles). Le Louarn (1985) fait cependant une mise en garde selon laquelle le processus choisi et l'information collectée doivent s'appuyer sur les besoins propres de l'entreprise.

Le tableau de remplacement, qu'on utilise pour prévoir l'offre interne de travail, s'inscrit dans une démarche de planification du remplacement à des postes-clés dans la structure de l'emploi de l'entreprise. Cette méthode, par laquelle on examine le niveau de rendement actuel ainsi que le potentiel de chaque remplaçant, permet de visualiser les postes pour lesquels l'entreprise a une relève suffisante et ceux pour lesquels la relève semble insuffisante ou inexistante. Les tableaux de remplacement, qui ressemblent à des organigrammes (figure 5.6), répondent clairement à la question suivante: qui peut remplacer qui au sein de la structure de l'emploi?

FIGURE 5.6   Un tableau de remplacement partiel d'une administration municipale

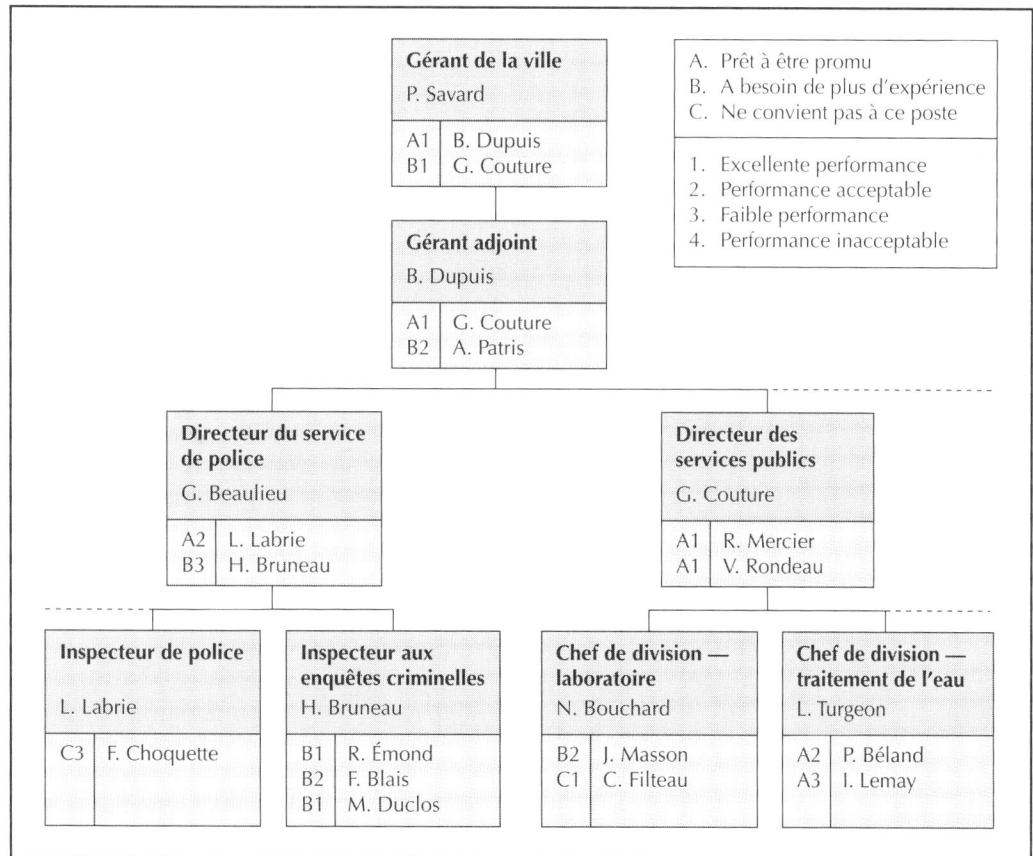

Source: W.B. Werther, Jr., K. Davis et H. Lee-Gosselin, *La gestion des ressources humaines: les défis à relever*, 2ᵉ éd., Montréal, McGraw-Hill, Éditeurs, ©1990, p. 185. Reproduit avec la permission de Chenelière/McGraw-Hill.

La planification de la relève vise un horizon temporel plus lointain que la planification du remplacement. Comme méthode de prévision de l'offre interne de travail, la planification de la relève consiste à préparer une succession ordonnée de personnes susceptibles d'occuper les postes-clés au sein d'une organisation. L'objectif de la planification de la relève est d'assurer une continuité dans l'entreprise. Elle nécessite avant tout un bon système d'évaluation du potentiel, mais aussi l'analyse des postes, l'analyse de la filière professionnelle ainsi qu'une réflexion sur les systèmes de formation et de rémunération existants dans l'entreprise (Tremblay et Roger, 1992).

Une autre méthode de prévision de l'offre interne de travail consiste à réaliser des projections basées sur les mouvements des ressources humaines. Ainsi, l'analyse du roulement permet de prévoir les effectifs selon le pourcentage d'employés qui quittent l'entreprise. À cause d'un écart entre les attentes professionnelles des candidats et la réalité du travail, les départs surviennent en plus grand nombre au cours des premiers mois après l'embauche et diminuent de façon constante au fil des années. Cette compréhension du phénomène permet d'estimer les taux de roulement selon les années de service. Si, par exemple, le taux de roulement des nouvelles recrues se situe à 15% sur une base annuelle, l'entreprise qui embauche 100 nouvelles recrues peut s'attendre à en avoir 85 à son service à la fin de l'année.

Mentionnons finalement l'analyse des mouvements internes comme moyen de prévoir l'offre interne de travail. Cette méthode consiste à analyser les flux de personnel à l'intérieur de l'organisation, c'est-à-dire les mouvements de promotion à un poste supérieur, de mutation à un poste de même niveau hiérarchique et de rétrogradation à un niveau inférieur. La situation projetée est donc fonction de la situation initiale et des mouvements internes au cours d'une période de référence. La technique des chaînes de Markov permet d'effectuer les calculs systématiquement de manière à estimer les effectifs pour le nombre de périodes souhaitées dans l'avenir.

La méthode de prévision de l'offre externe de travail

Si l'organisation ne dispose pas de ressources humaines en qualité ou en nombre suffisant, elle devra se tourner vers l'extérieur. Le responsable de la planification des ressources humaines vérifie alors s'il existe à l'extérieur de l'entreprise une main-d'œuvre abondante, instruite ou maîtrisant plusieurs langues. La méthode proposée pour prévoir l'offre externe de travail consiste à sonder l'environnement externe afin de découvrir sur le marché du travail les personnes susceptibles de bien s'intégrer dans l'entreprise. Le chapitre 2 contient d'ailleurs une analyse détaillée de l'environnement, qui pourrait servir de source de renseignements à l'entreprise désireuse de prévoir les effectifs futurs.

La collecte de l'information se réalise à l'échelle locale, nationale ou internationale, selon l'envergure de l'organisation et ses besoins en ressources humaines. À l'heure actuelle, il importe de considérer deux facteurs à l'occasion de l'analyse de l'offre externe de travail. Premièrement, sur le plan qualitatif, notre système d'éducation préuniversitaire comprend de graves lacunes en ce qui a trait à l'enseignement de la langue et des mathématiques. Par conséquent, même si de nombreuses personnes sont actuellement à la recherche d'un emploi, plusieurs entreprises n'arrivent pas à trouver les personnes susceptibles de répondre à leurs besoins. Deuxièmement, sur le plan quantitatif, avec la baisse du taux de natalité, plusieurs entreprises redoutent une pénurie de main-d'œuvre d'ici l'an 2000 et au-delà.

L'ÉVALUATION DES DÉSÉQUILIBRES ENTRE LA DEMANDE ET L'OFFRE DE TRAVAIL

Les réflexions portant sur le devenir de l'organisation ainsi que les analyses de la demande et de l'offre de travail débouchent normalement sur des mesures qui visent à corriger les déséquilibres entre l'offre et la demande de travail avant qu'ils deviennent difficiles à maîtriser et plus coûteux. Toutefois, pour soumettre des mesures efficaces, il importe de prendre en considération la nature du déséquilibre à corriger. Nous survolerons d'abord les diverses situations de déséquilibre dans lesquelles une organisation peut un jour ou l'autre se trouver. Nous examinerons ensuite les mesures les plus appropriées pour remédier à ces diverses situations.

Premièrement, les professionnels de la planification peuvent prévoir une situation de pénurie de ressources humaines, ce déséquilibre étant caractérisé par une demande de travail supérieure à l'offre. Une situation de pénurie quantitative survient lorsque l'entreprise prévoit qu'elle disposera d'un nombre insuffisant de ressources humaines pour répondre à ses besoins futurs. Cette situation se produit plus fréquemment lorsque l'entreprise se situe dans une phase de croissance ou lorsque le taux de roulement des ressources humaines est très élevé. Une pénurie qualitative de ressources humaines apparaît lorsque les analyses laissent entrevoir une insuffisance des compétences en relation avec les nouveaux besoins de l'entreprise. Cette situation survient souvent à la suite de l'implantation d'une nouvelle technologie ou lorsque l'entreprise souhaite adopter une nouvelle approche de supervision qui fait appel à des compétences relationnelles différentes.

Deuxièmement, l'organisation peut prévoir une situation de surplus de ressources humaines lorsque les prévisions indiquent que l'offre de travail excédera la demande. Un surplus quantitatif survient le plus souvent au sein des entreprises traversant une phase de décroissance où la main-d'œuvre est trop abondante pour le volume de travail requis. Un surplus qualitatif se manifeste lorsque les compétences particulières des employés sont trop élevées par rapport aux exigences des emplois. À moyen terme, si les possibilités d'avancement sont limitées, un état de surqualification peut se traduire par une insatisfaction au travail.

Les mesures correctives

Selon la situation de déséquilibre envisagée, l'entreprise dispose d'une grande diversité de moyens pour intervenir de façon efficace. Le tableau 5.3 présente une synthèse des mesures appropriées selon diverses situations de déséquilibre.

Dans cette section, nous pourrons constater à quel point la planification des ressources humaines représente le point d'ancrage d'une multitude de pratiques et d'interventions qui concernent les ressources humaines de l'entreprise.

TABLEAU 5.3   La correction des déséquilibres

Nature du déséquilibre	Mesures appropriées
Pénurie quantitative	• Utilisation plus efficace des effectifs • Acquisition de ressources humaines • Réduction des besoins en ressources humaines
Pénurie qualitative	• Investissement dans la formation et le développement • Recrutement externe
Surplus quantitatif	• Réduction permanente de la force de travail • Réduction du temps de travail • Réduction de la masse salariale
Surplus qualitatif	• Enrichissement des tâches • Gestion des carrières

Les mesures appropriées dans une situation de pénurie quantitative

Les mesures appropriées dans une situation de pénurie quantitative de ressources humaines concernent soit l'utilisation plus efficace des effectifs présents, soit l'acquisition de ressources humaines ou les initiatives visant à réduire les besoins en ressources humaines (Stone et Meltz, 1993).

Selon la première option, l'affectation des ressources humaines peut être améliorée par la mutation ou la promotion des employés dans des emplois qui connaissent une pénurie de main-d'œuvre. Cette mesure qui mise sur les mouvements internes permet surtout de combler des pénuries de faible envergure. Une autre façon d'assurer une utilisation plus efficace des effectifs consiste à faire faire des heures supplémentaires aux employés. Ce recours convient à des situations de pénurie de courte durée, car à long terme les heures supplémentaires peuvent mener à l'épuisement professionnel de même qu'à l'augmentation des taux d'accidents du travail. La mise en place de nouvelles technologies ainsi que la réorganisation du travail représentent d'autres moyens d'améliorer la productivité au travail et conséquemment d'assurer une utilisation plus efficace des effectifs.

La deuxième option permettant de combler une pénurie quantitative consiste à se doter de nouvelles ressources humaines à l'aide de l'embauche d'employés à temps partiel ou d'employés à temps plein sur une base temporaire ou permanente. Par exemple, une municipalité qui était à la recherche de ressources humaines pour son nouveau système téléphonique d'urgence a mis en place un programme de dotation suivant lequel on recrutait les téléphonistes d'une entreprise avoisinante qui se trouvait dans une phase de décroissance. Notons à cet égard que les entreprises ont de plus en plus tendance à faire appel à des employés à temps partiel embauchés sur une base temporaire, c'est-à-dire pour une durée déterminée. Ainsi, pour répondre à la plus forte demande durant le temps des fêtes, plusieurs détaillants ont recours à une main-d'œuvre temporaire. D'autres entreprises engagent une main-d'œuvre temporaire pour améliorer leur marge de manœuvre dans le cas où se produirait une réduction du volume de travail. Par ailleurs, certaines entreprises comme IBM offrent à leurs employés la possibilité de travailler selon un horaire à temps partiel sur une base volontaire.

Enfin, lorsqu'elle est placée dans une situation de pénurie quantitative de ressources humaines, l'organisation peut réduire ses besoins en ressources humaines par la sous-traitance de certaines activités. Une organisation qui confie ainsi l'exécution de certains travaux à un entrepreneur réduit ses propres besoins en ressources humaines. Une autre possibilité consiste à renoncer pendant une période donnée à certains projets de développement. L'entreprise maintient ainsi sa production à un niveau stable et restreint ses besoins en ressources humaines. Finalement, l'automatisation de certains procédés peut entraîner une réduction des besoins en ressources humaines et permettre à l'entreprise de maintenir un équilibre entre la demande et l'offre de travail.

Les mesures appropriées dans une situation de pénurie qualitative

De toute évidence, pour combler un écart entre les compétences exigées et les compétences actuelles, l'entreprise doit investir dans la formation et le développement des ressources humaines. L'entreprise qui investit dans des programmes de formation et de développement de ses ressources humaines corrige une situation de pénurie qualitative et accroît en même temps sa capacité d'adaptation à plus long terme. En outre, la formation des ressources humaines procure une plus grande flexibilité à la gestion des affectations et des mouvements internes. Par exemple, si la relève à la direction de l'entreprise paraît insuffisante, la formation représente un moyen de développement des habiletés de direction chez les personnes qui prendront demain la relève.

Une seconde option pertinente dans une situation de pénurie qualitative consiste à recruter à l'extérieur les personnes ayant les compétences qui correspondent au plan de développement de l'entreprise. Cette option est intéressante surtout lorsque le développement des compétences requises s'avère long et coûteux. Toutefois, le recours au recrutement externe démobilise parfois les employés actuels qui souhaitaient accéder un jour aux postes en question. Pour remédier à une situation de pénurie qualitative, un choix s'impose donc entre le développement interne et l'acquisition externe des compétences.

Les mesures appropriées dans une situation de surplus quantitatif

Les mesures appropriées dans une situation de surplus quantitatif de ressources humaines portent soit sur la réduction permanente de la force de travail, soit sur la réduction du temps de travail ou sur la réduction de la masse salariale.

Au cours des dernières années, la réduction permanente de la force de travail a été en vogue en Amérique du Nord ainsi qu'en Europe. Les cas de fermetures d'usines, de licenciements collectifs, de programmes de retraite anticipée et de gel de l'embauche ont été et demeurent nombreux. C'est au moyen de réductions successives de leur force de travail qu'IBM est passée de 406 000 employés en 1987 à 202 000 employés en 1995 et que General Motors est passée de 800 000 employés en 1979 à 450 000 employés au début des années 80 (Anonyme, 1996b). Plus nombreuses en période de récession économique, les fermetures d'usines sont une réponse typique à une baisse importante de la demande de biens ou de services de l'entreprise. Comme mesure de réduction de l'offre de travail, cette approche peut cependant entraîner des conséquences désastreuses pour les individus et les communautés touchés par cette « exclusion » permanente de la force de travail.

Les licenciements, par lesquels l'employeur met fin de façon permanente au contrat individuel de travail d'un employé ou d'un groupe d'employés, constituent une autre mesure de réduction permanente de la force de travail. Les entreprises qui procèdent à des licenciements offrent parfois un service de réaffectation pour aider les employés licenciés à se trouver un nouvel emploi. Par exemple, Natrel a offert à ses anciens employés une formation comportant des stratégies de recherche d'emploi pour les aider à affronter le marché du travail (Anonyme, 1996a). Les programmes de retraite anticipée concernent les travailleurs qui approchent de l'âge où ils bénéficieraient de la totalité des prestations prévues par leur régime de retraite. Comme moyen de réduire la force de travail, la retraite anticipée est coûteuse à court terme, à cause des compensations financières qui s'y rattachent, mais peut représenter, à moyen terme, des économies importantes, car les travailleurs plus âgés se situent normalement dans la partie supérieure de l'échelle salariale.

Une autre mesure administrative visant une réduction permanente de la force de travail consiste dans le gel de l'embauche, qui règle le problème à plus longue échéance. Ainsi, par un phénomène d'attrition, le nombre d'employés décroît graduellement d'une manière naturelle, soit par départ volontaire, soit par mise à la retraite ou par décès. Une entreprise qui cherche à réduire de façon permanente sa force de travail peut ainsi procéder à un gel de l'embauche, pour ensuite laisser le phénomène de l'attrition poursuivre son œuvre.

Les mesures de réduction du temps de travail ont aussi gagné en popularité au cours des dernières années. La semaine de travail réduite, en particulier, reçoit actuellement l'appui des centrales syndicales, qui voient en elle une alternative intéressante à la réduction permanente des effectifs. La semaine de travail réduite consiste en une semaine de travail dont la durée est inférieure à la semaine normale de travail. L'entreprise qui connaît un surplus quantitatif de main-d'œuvre peut ainsi, en instaurant la semaine réduite de travail assortie à une réduction de salaire équivalente, comprimer sa masse salariale tout en évitant les licenciements collectifs. L'expérience européenne de la compagnie Volkswagen est remarquable à cet égard : « En concluant avec la partie syndicale un accord ramenant la semaine de travail de 36 à 28,8 heures réparties sur quatre jours, en décembre 1993, Volkswagen traçait de façon éclatante une voie permettant d'empêcher une hécatombe de 20000 emplois» (Pichette, 1996, p. B1).

Une autre façon de réduire le temps de travail consiste à favoriser le travail à temps partiel ou le partage du travail. Le travail à temps partiel représente un travail effectué pendant une période inférieure à la période normale (ordinairement en deçà de 30 heures par semaine). Cette mesure de réduction des heures de travail peut faire l'objet d'une adhésion volontaire ou non de la part des employés. Le partage du travail permet à deux ou plusieurs employés de partager un poste à temps plein habituellement comblé par un seul titulaire. Notons que ces trois mesures de réduction du temps de travail peuvent servir la cause de l'employeur qui cherche à réduire ses coûts, tout comme elles peuvent servir la cause des employés qui veulent avoir plus de temps pour leurs loisirs, pour leur famille ou pour prendre un certain recul en relation avec leur vie professionnelle.

La réduction de la masse salariale comprend une autre série de mesures à la disposition des entreprises qui prévoient une situation de surplus quantitatif de ressources humaines. La fermeture temporaire de l'usine, les mises à pied temporaires de même que le gel des salaires donnent à l'entreprise la possibilité de poursuivre ses activités sans avoir à assumer les coûts d'un surplus d'effectifs. Certaines usines ferment ainsi leurs portes pendant la saison estivale alors que le volume de travail a diminué. Au Québec, en raison du climat, les entreprises du secteur de la construction procèdent normalement à des mises à pied pour la durée de la saison hivernale. Le gel des salaires (ou même parfois la réduction des salaires) représente une mesure qui s'attaque directement aux coûts de la main-d'œuvre dans un contexte de surplus quantitatif de ressources humaines. Dans cet ensemble de mesures qui visent à réduire la masse salariale, on peut aussi inclure les congés sabbatiques ainsi que les congés sans solde offerts aux employés.

Les mesures appropriées dans une situation de surplus qualitatif

Une situation où les compétences ne sont pas pleinement mises à contribution exige des ajustements en ce qui a trait au contenu des postes ou au cheminement professionnel des membres du personnel. Le fait d'agir sur le contenu des postes pour ajouter des tâches d'une complexité supérieure représente un moyen efficace d'ajuster le travail aux compétences et aux aspirations des ressources humaines. Pour combler cet écart, les entreprises peuvent également accorder plus d'importance à la gestion des carrières, qui s'intéresse à «la délicate question de la réconciliation des besoins organisationnels et individuels » (Bernard et autres, 1992, p. 91). L'absence d'interventions adéquates dans une situation de surplus qualitatif pourrait conduire à la désaffection des employés à l'égard de leur milieu professionnel et, bien entendu, à un gaspillage du potentiel humain.

Conclusion

Dans ce chapitre, il a été question de la planification des ressources humaines tant sur le plan stratégique que sur le plan opérationnel. La planification stratégique des ressources humaines a comme principal objet l'intégration des considérations reliées aux ressources humaines aux étapes de la formulation et de la mise en œuvre de la stratégie. Quant à la planification opérationnelle, elle vise à s'assurer que l'entreprise possédera les ressources humaines que requiert sa stratégie. Cette démarche consiste à prévoir la demande de travail (les besoins de l'entreprise en ressources humaines) et l'offre de travail (les ressources humaines dont elle dispose) afin de prendre les mesures qui s'imposent pour éviter les pénuries et les surplus de main-d'œuvre.

La réussite de la planification des ressources humaines repose sur deux conditions au moins. Premièrement, la direction du service des ressources humaines doit obtenir l'appui des cadres hiérarchiques, car ce sont eux les premiers responsables de la mise en œuvre des plans relatifs aux ressources humaines dans leur milieu de travail. Deuxièmement, elle doit avoir accès à un système d'information qui facilite la collecte, le traitement et la transmission de données sur les emplois et les employés. Lorsque le professionnel en ressources humaines dispose de renseignements fiables, il peut contribuer réellement à améliorer la prise de décisions à l'étape de la formulation de la stratégie. Il s'agit donc de mettre la technologie au service de la planification des ressources humaines.

QUESTIONS DE RÉVISION

1. À l'aide du cas réel d'une entreprise, illustrez la dynamique « changements-défis-réponses » qui sous-tend la planification des ressources humaines.

2. En vous reportant au modèle de la planification stratégique des ressources humaines, expliquez quels sont les principaux déterminants des systèmes (ou pratiques) de GRH.

3. Expliquez comment les professionnels en ressources humaines peuvent jouer un rôle important à l'occasion de la formulation de la stratégie d'affaires.

4. Précisez la stratégie fonctionnelle de GRH qui conviendrait le mieux à chacune des trois entreprises suivantes: IBM Canada, les restaurants McDonald's et Bell Canada. Justifiez votre réponse.

5. Expliquez quelles sont les pratiques de GRH les plus appropriées pour appuyer une stratégie de domination par la qualité.

6. Quels sont les principaux obstacles à la mise en œuvre d'un processus de planification des ressources humaines?

7. Une très grande entreprise du secteur de la métallurgie cherche à prévoir les conséquences de l'évolution du marché et des nouvelles technologies de production quant à ses besoins en ressources humaines. Quelle méthode de prévision de la demande de travail convient le mieux à cette situation? Expliquez votre réponse.

8. Décrivez les circonstances qui justifient les mesures suivantes: la semaine de travail réduite, les licenciements, la formation et les heures supplémentaires.

Références

Allaire, Y. et M. Firsirotu (1984). « La stratégie en deux temps trois mouvements », *Gestion*, vol. 9, n° 2, p. 13-20.

Amboise, G. d' (1995). « La mise en œuvre des plans et des stratégies: partie I », *Revue Organisation*, été, p. 71-81.

Anonyme (1996a). « Des travailleurs chez Natrel aux bancs d'école », *La Tribune*, 27 février, p. B14.

Anonyme (1996b). « Making companies efficient: The year downsizing grew up », *The Economist*, 21 décembre.

Anonyme (1996c). « La SAQ veut impressionner sa clientèle », *Le Soleil*, 11 avril, p. B3.

Bernard, R., T. Wils, G. Guérin et C. Labelle (1992). « La gestion des carrières dans les entreprises québécoises », *Gestion*, septembre, p. 91-99.

Bérubé, G. (1996). « Régime minceur à Hydro-Québec », *Le Devoir*, 20 décembre, p. A6.

Burack, E.H. et N.J. Mathys (1987). *Human Resource Planning: A Pragmatic Approach to Manpower Staffing and Development*, Lake Forest, Illinois, Brace-Park Press.

Cousineau, J.-M. (1981). *Économie du travail*, Boucherville, Gaëtan Morin Éditeur.

Dyer, L. et G.W. Holder (1988). « A strategic perspective of human resource management », dans *Human Resource Management: Evolving Roles and Responsibilities*, sous la direction de L. Dyer, Washington, Bureau of National Affairs, p. 1-46.

Gosselin, A. (1996). « Réaliser la stratégie: avant tout une question de ressources humaines », dans *La stratégie des organisations: une synthèse*, sous la direction de T. Hafsi et J.-M. Toulouse, Montréal, Éditions Transcontinental.

Guérin, G. (1984). « Organisation des activités de planification des ressources humaines dans les grandes entreprises québécoises », *Gestion*, février, p. 28-36.

Guérin, G., J.-Y. Le Louarn et T. Wils (1988). « L'intégration des ressources humaines à la planification d'entreprise: une justification et un cadre conceptuel », *Gestion*, vol. 13, n° 4, p. 23-33.

Guérin, G. et T. Wils (1990). « L'harmonisation des pratiques de gestion des ressources humaines au contexte stratégique: une synthèse », dans *Vingt-cinq ans de pratique en relations industrielles au Québec*, sous la direction de R. Blouin, Cowansville, Éditions Yvon Blais, p. 669-715.

Hafsi, T. et J.-M. Toulouse (1996). *La stratégie des organisations: une synthèse*, Montréal, Éditions Transcontinental.

Le Louarn, J.-Y. (1985). « L'analyse des disponibilités en ressources humaines comme outil de planification », *Gestion*, février, p. 47-51.

Miles, R.E. et C.C. Snow (1984). « Designing strategic human resources systems », *Organizational Dynamics*, été, p. 36-52.

Mills, D.Q. (1985). « Planning with people in mind », *Harvard Business Review*, juillet-août, p. 97-105.

Office des ressources humaines du Québec (1991). *Importance de la planification des ressources humaines dans les organisations*, étude réalisée en 1990 par l'Office des ressources humaines, vice-présidence à la recherche et au développement, Québec.

Pichette, J. (1996). «L'emploi du temps», *Le Devoir*, 18 septembre, p. B1-B2.

Rock, A. (1988). «La stratégie est plus facile que la tactique!», *Harvard-L'Expansion*, été, p. 30-35.

Roy, P. (1996). «Menace de grève à la SAQ», *La Presse*, 13 décembre, p. A12.

Schuler, R.S., S.P. Galante et S.E. Jackson (1987). «Matching effective HR practices with competitive strategy», *Personnel*, septembre, p. 18-27.

Stone, T.H. et N.M. Meltz (1993). *Human Resource Management in Canada*, 3e éd., Toronto, Dryden.

Tremblay, M. et A. Roger (1992). «La préparation de la relève dans les entreprises», *Gestion*, septembre, p. 64-72.

Ulrich, D. (1986). «Human resource planning as a competitive edge», *Human Resource Planning*, vol. 9, n° 2, p. 41-50.

Vailles, F. (1996). «La SAQ veut réduire le nombre d'employés payés à double tarif», *Les Affaires*, 7 septembre, p. 23.

Vallières, M. (1996). «Les courtiers embauchent pour gérer l'afflux de capitaux des baby-boomers», *La Presse*, 27 décembre, p. C1.

Walker, J.W. (1990). «Human resource planning, 1990s style», *Human Resource Planning*, vol. 13, n° 4, p. 229-240.

Werther, W.B., Jr., K. Davis et H. Lee-Gosselin (1990). *La gestion des ressources humaines: les défis à relever*, 2e éd., Montréal, McGraw-Hill, Éditeurs.

Wils, T., C. Labelle, G. Guérin et J.-Y. Le Louarn (1989). «La gestion stratégique des ressources humaines: un reniement du rôle social de l'entreprise?», *Relations industrielles*, vol. 44, n° 2, p. 354-375.

Wright, P.M., D.L. Smart et G.C. McMahan (1995). «Matches between human resources and strategy among NCAA basketball teams», *Academy of Management Journal*, vol. 38, n° 4, p. 1052-1074.

Lectures suggérées

Burack, E.H. et N.J. Mathys (1987). *Human Resource Planning: A Pragmatic Approach to Manpower Staffing and Development*, Lake Forest, Illinois, Brace-Park Press.

Collection «Racines du savoir» (1992). *La stratégie d'entreprise*, sous la direction de F. Séguin, Montréal, *Gestion, Revue internationale de gestion*.

Hafsi, T. et J.-M. Toulouse (1996). *La stratégie des organisations: une synthèse*, Montréal, Éditions Transcontinental.

McBeath, G. (1992). *The Handbook of Human Resource Planning: Practical Manpower Analysis Techniques for HR Professionals*, Oxford, Blackwell.

Office des ressources humaines du Québec (1991). *Importance de la planification des ressources humaines dans les organisations*, étude réalisée en 1990 par l'Office des ressources humaines, vice-présidence à la recherche et au développement, Québec.

Wils, T., J.-Y. Le Louarn et G. Guérin (1991). *Planification stratégique des ressources humaines*, Montréal, Les Presses de l'Université de Montréal.

CAS
La Banque Nordica

Alors que de plus en plus de Canadiens souscrivent à des fonds mutuels de placement et empruntent afin d'acheter une maison et une voiture, la Banque Nordica, qui est au troisième rang parmi les six grandes banques canadiennes, enregistre de nouveau des résultats sans précédent. Avec un revenu net annuel de 1,3 milliard de dollars contre 1,1 milliard l'année précédente, elle connaît la croissance la plus rapide parmi les grandes banques. Notons que la valeur de ses actions ordinaires en circulation a grimpé de 38 % au cours de la dernière année.

Cette institution financière offre des services bancaires diversifiés, dont le courtage réduit, des services fiduciaires complets, le financement des petites entreprises ainsi que 17 fonds communs de placement. La direction de la Banque Nordica se réjouit de l'état de l'économie nord-américaine, qui est assez vigoureuse, de la force du marché des capitaux et de l'utilisation accrue des produits et des services bancaires offerts aux consommateurs. Elle s'inquiète toutefois de l'incertitude susceptible de s'installer, laquelle risquerait de provoquer de nombreuses turbulences sur les marchés financiers. Elle se demande également si elle sera en mesure de maintenir sa croissance et de consolider sa position parmi les grandes banques canadiennes. Elle constate que les autres institutions financières d'importance prennent des mesures en vue d'améliorer le service à la clientèle et les relations de vente. La direction de la banque considère aussi comme menaçante la proximité de très grandes banques américaines.

Quoique sa croissance ait surtout été soutenue par une mise sur le marché dynamique de ses nouveaux produits et services financiers, la Banque Nordica connaît un certain retard sur le plan de l'innovation technologique. Même si, à l'heure actuelle, les Canadiens sont peu nombreux à choisir le téléphone ou l'ordinateur (Internet) pour leurs transactions bancaires, on prévoit une croissance de ces transactions à distance pour lesquelles la Banque Nordica est mal préparée. Bien que 36 % de ses clients utilisent actuellement le guichet automatique bancaire, elle devra également investir davantage dans les guichets à l'extérieur des succursales bancaires. Par ailleurs, ses systèmes informatiques doivent être vérifiés pour le passage à l'an 2000 et elle devra s'assurer de la fiabilité de ses applications informatiques.

En cette ère des transactions informatisées, le contact direct au comptoir aura toujours sa place, mais avec seulement 23 % de la totalité des transactions bancaires effectuées dans les succursales, le rôle des représentants du service à la clientèle se transforme. Ils sont appelés à discuter de prêts, d'investissements, d'assurances et d'autres services désormais offerts par la banque.

Pour atteindre ses objectifs de croissance, la direction de la Banque Nordica veut offrir de nouveaux services financiers et accroître sa présence aux États-Unis. Une autre de ses priorités consiste à assurer au client la confidentialité sur sa situation financière et le meilleur service possible.

Questions

1. Quels sont les principaux défis relatifs aux ressources humaines que la direction de la Banque Nordica devra relever ?

2. Considérant la situation actuelle de cette institution financière et son évolution future, quelles interventions en matière de ressources humaines devra-t-elle faire pour éviter certains écueils ?

PARTIE III

LES DÉFIS
DE LA COMPÉTENCE

CHAPITRE 6

Se doter d'employés compétents et motivés

OBJECTIFS D'APPRENTISSAGE

Après l'étude de ce chapitre, le lecteur devrait être plus apte à:

- Comprendre les conditions de réussite d'un processus de dotation.
- Établir des pratiques de dotation qui ne prêtent pas le flanc à des recours devant les tribunaux.
- Décrire les diverses méthodes de recrutement interne et de recrutement externe.
- Proposer d'autres méthodes que l'intuition (ou la boule de cristal) pour prévoir la réussite professionnelle.
- Nommer les composantes importantes d'un programme d'intégration des nouveaux employés.

MISE EN SITUATION

Reprise de l'embauche de cadres supérieurs : les valeurs personnelles sont à l'honneur[1]

Cet été, les chasseurs de têtes n'ont pas passé beaucoup de temps sur les terrains de golf.

Depuis quatre mois, les spécialistes du recrutement ont vu les mandats s'accumuler sur leur bureau, alors que leurs clients se sont remis à embaucher des cadres supérieurs à un rythme accéléré. « La reprise économique se manifeste dans notre secteur d'activité. À la fin de juillet, nos revenus étaient en hausse de 80 % par rapport à la même période l'an dernier », a déclaré François Durand, président de Bourbonnais Groupe Conseil, de Montréal.

Pourquoi ce retour à l'embauche ? D'abord, la santé financière des entreprises s'est améliorée. Leurs profits, pour la plupart, sont en forte hausse. Certaines entreprises sont déficitaires, mais, de façon régulière, leur situation s'améliore.

Autre facteur important, plusieurs organisations sont à bout de souffle. Elles réalisent que certains postes abolis au cours de la récession étaient essentiels à leur fonctionnement : elles les recréent donc.

Des intrapreneurs

La mondialisation des marchés est un autre facteur qui alimente la demande pour les cadres supérieurs. « Ce n'est pas seulement une expression à la mode : c'est une réalité. »

« Les barrières commerciales sont tombées et les entreprises se battent pour conserver leur marché ici et se tailler une place ailleurs », a affirmé Bernard Labrecque, associé de la firme Laurendeau, Labrecque, Paul Ray, Berndtsno.

« Elles cherchent des personnes qui ont un savoir-faire spécifique pour les faire passer à un autre niveau de développement. Par exemple, un client du secteur pharmaceutique cherche un cadre qui œuvre en Scandinavie (Norvège, Suède, Danemark) pour transférer un savoir-faire acquis là-bas dans le marché nord-américain. »

Selon Pierre Payette, de la firme Egon Zehnder International, « le coup de barre a été donné au chapitre de la rationalisation des entreprises. Le temps des spécialistes du redressement rapide est révolu. »

« On cherche maintenant des candidats capables de donner une poussée stratégique au niveau du marketing, par exemple, des gens qui ont déjà vendu aux États-Unis, en Europe et en Asie, qui disposent de solides réseaux de contacts et qui sont capables de développer rapidement les affaires de l'employeur. »

Culture et démarrage

Quatre secteurs sont particulièrement actifs dans la recherche de dirigeants : les télécommunications, la haute technologie, les produits pharmaceutiques et les pâtes et papiers.

« Dans le cas de l'industrie des pâtes et papiers, c'est intimement lié à un changement dans la culture de ces entreprises », a souligné René Forget, président de René Forget et associés, qui a annulé ses vacances estivales quand il s'est vu confier quatre mandats le jour précédant son départ.

« La plupart cherchent des cadres capables de changer rapidement leur culture traditionnelle, car ils sont aux prises avec une forte concurrence internationale dans leurs marchés. Ils veulent des gens responsables qui feront les choses autrement. »

Les investisseurs institutionnels frappent aussi à la porte des recruteurs, mais Claude Vézina a noté que leurs besoins sont différents. « Ils cherchent d'abord des cadres pour appuyer des entreprises en démarrage. »

« Les investisseurs en capital de risque ne font pas que prendre une participation dans un projet. Ils

---

1. Gilles Des Roberts, Les Affaires, 1er octobre 1994, p. 29.

recrutent maintenant des responsables pour appuyer et encadrer l'entrepreneur», a dit le président de Claude Vézina, conseil en recherche de cadres.

Personnalité et langues

Un changement bouleverse aussi le marché du recrutement. Pour plusieurs clients, les qualités personnelles priment maintenant sur le bagage académique et l'expérience de travail.

François Lebrun, associé chez Spencer Stuart, a avoué que cette situation est parfois déroutante. «Au lieu de dresser le profil de savoir-faire et de carrière qu'ils recherchent, ils nous énumèrent une série de qualités personnelles.»

«Par exemple, un client demande de lui trouver une personne dynamique, flexible, qui excelle dans la communication orale et écrite. Elle doit aussi être autonome, car l'organisation est aplatie et n'a pas de ressources pour la supporter. Quand on demande de préciser la formation exigée, on nous répond que c'est une question marginale.»

Guy Djandji, associé chez Belle Isle, Djandji, a ajouté que «comme les niveaux hiérarchiques se sont estompés, les entreprises demandent des gens qui réalisent des choses et dont la personnalité dégage l'enthousiasme et la confiance chez leurs collaborateurs. On ne veut pas de colonels qui trônent dans leur bureau et animent des réunions.»

Autre exigence de la plupart des entreprises qui embauchent: la maîtrise d'une troisième langue.

«Cela fait toute la différence. Cela démontre un intérêt concret pour les affaires internationales», a expliqué M. Djandji.

Selon Bernard Labrecque, les entreprises doivent toutefois composer avec l'hésitation des candidats.

«C'est un phénomène nouveau. Les gens sont plus circonspects avant de changer de camp. Ils craignent que leur nouvel employeur soit acheté ou fusionné avec une autre entreprise.»

Claude Vézina: «La très forte demande pour des cadres supérieurs s'explique par des changements dans la culture des organisations et le besoin impérieux de pénétrer de nouveaux marchés.»

Questions

1. Dans le contexte actuel, comment les entreprises devraient-elles s'y prendre pour identifier et attirer les dirigeants qui sauront satisfaire à leurs nombreuses exigences?

2. Connaissez-vous d'autres catégories d'emplois qui connaissent actuellement une forte demande?

3. Quelle est la problématique de l'acquisition des ressources humaines au sein de différents secteurs d'activité économique?

Introduction

La mise en situation qui précède illustre à quel point les activités de dotation sont influencées par les cycles économiques et d'autres facteurs comme la mondialisation des marchés, la rationalisation des entreprises et les restructurations. Il y est également question de l'évolution du profil de la qualification des cadres supérieurs, qui doivent posséder un savoir-faire spécifique, une orientation vers le marketing, la capacité d'évoluer sur la scène internationale, un solide réseau de relations ainsi que des qualités professionnelles telles que le dynamisme, la flexibilité et l'enthousiasme... Ouf!

L'acquisition d'une main-d'œuvre compétente et motivée représente une condition essentielle au succès social et économique des organisations, mais aussi des équipes de travail, du personnel d'encadrement et du service des ressources humaines. Une organisation qui réussit à attirer une main-d'œuvre qualifiée et à prendre de bonnes décisions en matière de sélection améliore ses chances de réussir ses projets sur un marché hautement compétitif. Une équipe de travail qui s'adjoint des personnes en mesure de travailler en étroite collaboration les unes avec les autres bénéficie d'un net avantage. Le fait, pour un gestionnaire, de s'entourer de collaborateurs efficaces constitue certainement un gage de réussite ainsi qu'une condition d'avancement. Finalement, le service des ressources humaines sera jugé en grande partie sur sa capacité de planifier et de mettre en place des processus efficaces d'acquisition des ressources humaines.

6.1 LA DOTATION ET SES CONDITIONS DE RÉUSSITE

6.1.1 LES TERMES-CLÉS

L'acquisition des ressources humaines est une activité stratégique qui comprend plusieurs composantes qu'il vaut la peine de définir. La **dotation** est un processus qui regroupe l'analyse des postes, le recrutement, la sélection, la décision d'embauche et l'intégration dans le milieu de travail. Elle vise essentiellement à combler des postes vacants avec des personnes de l'entreprise ou de l'extérieur de l'entreprise qui satisfont aux exigences des postes ou qui dépassent celles-ci.

Il ne faut pas confondre la dotation avec les actions administratives spécifiques comprises dans le recrutement, la sélection ou la promotion. Le **recrutement** comprend l'ensemble des activités d'information concernant les postes vacants au sein de l'entreprise. Son objectif est d'inciter les personnes ayant les compétences recherchées à se proposer comme candidats à un poste.

La **sélection** consiste à choisir parmi un bassin de candidats la personne qui correspond aux exigences du poste à combler. Le succès de la sélection repose en grande partie sur une saine utilisation des instruments pour apprécier chaque candidat à sa juste valeur et pour prévoir sa contribution future.

Si l'organisation dispose d'une main-d'œuvre en qualité et en quantité suffisantes, elle peut combler divers postes par des promotions et des mutations. La **promotion** désigne l'attribution d'un poste comportant plus de responsabilités et accompagné généralement d'une rémunération plus élevée; ce poste se trouve donc à un palier supérieur de la hiérarchie.

La **mutation** signifie une affectation permanente ou temporaire à un poste d'un niveau de complexité similaire. Il s'agit d'un déplacement horizontal d'un poste à un autre qui comporte des droits et des obligations semblables.

Plusieurs acteurs jouent un rôle dans le processus de dotation. La direction de l'entreprise communique de façon explicite ou implicite le profil type de l'employé, qui traduit sa vision stratégique. La direction des ressources humaines tient souvent le rôle principal dans le processus de dotation, car elle formule la politique de dotation de l'entreprise et prête son expertise à chaque étape du processus. Quant aux cadres hiérarchiques, ils comblent les postes au sein de leur unité administrative avec les personnes ayant la qualification requise; la décision finale d'embauche leur appartient. Les employés peuvent participer à l'analyse des postes, au recrutement et à l'appréciation des candidats pour assurer une meilleure décision d'embauche en fonction des exigences réelles du milieu de travail. Enfin, les candidats (que nous sommes tous un jour ou l'autre) doivent chercher et choisir un emploi qui correspond à leurs compétences et à leurs aspirations professionnelles.

6.1.2 Le succès de la dotation

Le succès de la dotation se mesure principalement par les compétences des employés et par leur motivation à faire des efforts et à demeurer au sein de leur nouveau milieu de travail. La satisfaction des «clients», la réduction des erreurs de sélection, le respect du cadre légal ainsi que la cohérence entre la dotation et les autres facettes de la gestion des ressources humaines représentent des indications supplémentaires du succès de la dotation.

La satisfaction des «clients» des activités de dotation

Selon une étude récente (Heneman et autres, 1995), les cadres font généralement appel à cinq critères pour exprimer leur degré de satisfaction à l'égard des activités de dotation dans leur organisation, à savoir la communication, la rapidité, la qualité des candidats embauchés, la qualité des instruments de sélection et la qualité du service offert. Il va sans dire que pour améliorer la satisfaction de ces «clients» des services de dotation, les intervenants en cause ont intérêt à bien les informer du processus de dotation, à intervenir rapidement dans les dossiers de dotation, à s'assurer de la qualité de l'embauche sur les plans des connaissances, des habiletés et des aptitudes, à s'interroger sur la qualité des instruments de sélection utilisés et finalement à écouter, à être accessibles et à faire en sorte qu'ils expriment bien leurs besoins.

La réduction des erreurs de sélection

Une autre façon d'apprécier le succès de la dotation consiste à comparer la proportion des bonnes décisions en matière de sélection à la proportion des erreurs de sélection. Les décisions finales en matière de sélection peuvent être classées en quatre catégories (tableau 6.1):

1. Un candidat est choisi et s'avère être un bon employé. C'est la situation idéale pour améliorer la productivité, la qualité du travail et le service à la clientèle, ainsi que pour réduire la période d'apprentissage des nouveaux employés et pour bâtir une équipe gagnante.
2. Un candidat est rejeté et, s'il avait été retenu, il n'aurait pas répondu aux exigences du poste. Il s'agit d'une bonne décision pour l'organisation, de même que pour le candidat, qui aurait eu de la difficulté à satisfaire aux exigences du poste et qui risquait de perdre confiance en ses moyens.
3. Un candidat est choisi, mais il fournit un rendement insatisfaisant. Cette décision entraîne souvent des débours supplémentaires en ce qui concerne une surveillance spéciale, la formation, le manque de qualité, les absences, etc., et même parfois des mesures disciplinaires ou administratives coûteuses. On estime que, pour un poste dont le salaire annuel s'établit à 30 000 $, le processus de dotation coûte environ 12 000 $. S'il faut reprendre le processus à maintes reprises, on peut imaginer l'escalade des coûts!
4. Un candidat est rejeté alors que, s'il avait été retenu, il aurait été un bon employé. L'entreprise ne bénéficie pas alors de son talent. Les coûts de cette erreur sont moins «visibles», mais voilà autant de gagné pour la concurrence!

TABLEAU 6.1   Les quatre types de décisions en matière de sélection

Rendement au travail quelque temps après la décision d'embauche		Échec prévu	Succès prévu
	Élevé	4. Décision négative erronée (erreur de rejet)	1. Décision positive correcte (bonne décision)
	Faible	2. Décision négative correcte (bonne décision)	3. Décision positive erronée (erreur d'acceptation)
		Au moment de la décision d'embauche	

Les décisions des catégories 1 et 2 correspondent à de bonnes décisions alors que celles des catégories 3 et 4 correspondent à des erreurs. Le succès de la dotation repose donc sur l'utilisation de moyens visant à réduire le plus possible les erreurs d'acceptation et les erreurs de rejet.

LE RESPECT DU CADRE LÉGAL

Le succès de la dotation ne s'appuie pas uniquement sur l'élaboration de méthodes et de techniques éprouvées, mais également sur le respect d'un cadre légal dont la principale composante est la Charte des droits et libertés de la personne. En vertu des articles 10 et 16 de la charte, le processus de dotation est soumis à l'interdiction de toute discrimination fondée sur la race, la couleur, le sexe, la grossesse, l'orientation sexuelle, l'état civil, l'âge, sauf dans la mesure prévue par la loi, la religion, les convictions politiques, la langue, l'origine ethnique ou nationale, la condition sociale, le handicap ou l'utilisation d'un moyen de pallier ce handicap. Il faut comprendre que la charte vise à éliminer la discrimination directe et indirecte (ou systémique) envers ces groupes désignés.

Les personnes responsables de l'embauche se réservent toujours le droit de choisir le candidat qui répond le mieux aux **exigences professionnelles normales du poste**. Par exemple, un employeur peut refuser d'embaucher une personne handicapée qui ne possède pas les aptitudes ou les qualités requises pour l'emploi. Lorsque l'employeur invoque ainsi une exigence professionnelle, il doit toutefois la justifier.

La Charte des droits et libertés de la personne interdit d'exercer une distinction, une exclusion ou une préférence fondée sur les motifs qu'elle énonce explicitement. Par conséquent, il serait imprudent de demander à un candidat d'indiquer son âge sur un formulaire d'embauche ou d'y joindre une photographie. Par ailleurs, des questions comme «Combien d'enfants avez-vous à votre charge?» ou «Êtes-vous prêt à travailler pendant les fêtes religieuses suivantes …?» sont à proscrire dans une entrevue de sélection. L'entreprise qui pose de telles questions s'expose à des poursuites judiciaires en raison d'une discrimination directe.

Toujours selon les principes de la charte, la direction de l'entreprise doit s'assurer que les moyens utilisés pour prendre une décision d'embauche n'ont pas un **effet discriminatoire**. Une norme d'embauche selon laquelle il faut mesurer 1 mètre 75 pour obtenir un poste de pilote d'avion a un effet discriminatoire car elle restreint l'embauche de femmes. La politique d'une entreprise visant à n'engager qu'un personnel sans barbe, aux cheveux courts et devant porter un képi peut avoir comme effet d'exclure les candidats dont le port du turban et de la barbe est exigé par leur religion. Un test de sélection auquel les membres de certains groupes ethniques ont moins de succès pourrait être jugé discriminatoire. Il s'agirait, dans ces circonstances, d'une discrimination indirecte ou systémique qui n'est pas forcément empreinte de mauvaises intentions, mais qui produit des conséquences négatives pour un groupe cible.

La révision des normes et des politiques de dotation est nécessaire afin d'éliminer les conditions restrictives qui ne se justifient aucunement par une exigence professionnelle réelle et établie de bonne foi. Les entreprises qui veulent renforcer l'égalité des chances d'emploi peuvent aussi mettre sur pied un **programme d'accès à l'égalité** afin de remédier à une discrimination passée par des mesures de redressement destinées à augmenter la représentation de personnes faisant partie des groupes victimes de discrimination dans l'emploi. Les étapes d'un programme d'accès à l'égalité sont présentées au tableau 6.2.

Un tel programme est réputé non discriminatoire s'il est établi conformément à la Charte des droits et libertés de la personne. Comme en témoigne d'ailleurs l'encadré 6.1, le Conference Board du Canada honore les entreprises qui innovent avec de tels programmes visant l'équité en matière d'emploi.

TABLEAU 6.2 Le déroulement d'un programme d'accès à l'égalité

---

1. Le diagnostic
C'est l'étape de l'évaluation de la situation actuelle, qui consiste à déterminer si les membres des groupes visés par le programme sont sous-utilisés par rapport à la disponibilité sur le marché de l'emploi. Il faut également examiner le système d'emploi afin de découvrir et d'éliminer les règles ou les pratiques qui ont pu avoir un effet d'exclusion sur les membres des groupes cibles.

2. L'élaboration
Si le diagnostic démontre la présence d'une sous-utilisation ou de failles dans le système d'emploi, il y a lieu d'élaborer un programme d'accès à l'égalité pour corriger cette situation. La planification d'un plan d'action comprend les objectifs à atteindre, les mesures pour les atteindre, l'échéancier et les mécanismes de contrôle et d'évaluation.

3. L'implantation
Il s'agit d'appliquer les mesures de redressement, les mesures d'égalité des chances et, s'il y a lieu, les mesures de soutien en vue d'atteindre les objectifs quantitatifs et qualitatifs fixés.

4. Le contrôle, l'évaluation et la révision
Le succès du programme repose en grande partie sur le contrôle régulier de son application et sur l'évaluation périodique de ses résultats. Le programme prend fin lorsque les objectifs visés en matière de représentation des groupes cibles sont atteints.

Source: Adapté de la Commission des droits de la personne du Québec, *L'accès à l'égalité dans l'emploi: guide d'élaboration d'un programme volontaire*, Québec, 1988, p. 13-17.

ENCADRÉ 6.1
La reconnaissance des entreprises qui investissent dans l'équité en matière d'emploi

Le Conference Board du Canada vient de reconnaître la contribution de trois entreprises à l'équité en matière d'emploi.

L'organisme de recherche a d'abord souligné un programme d'emploi développé par Les Laboratoires Connaught, de North York, et le local 1701 du Syndicat canadien des communications, de l'énergie et du papier.

Ces deux partenaires ont conçu conjointement une politique d'équité d'emploi qui remet entre les mains des employés et gestionnaires la responsabilité d'atteindre les objectifs en matière d'équité d'emploi.

Petro-Canada, de Calgary, est aussi au tableau d'honneur du Conference Board pour son programme d'emploi visant à embaucher des employés issus des groupes désignés (femmes, autochtones, personnes ayant une incapacité et membres des minorités visibles).

Pour atteindre son but, Petro-Canada a mis sur pied un réseau de garderies, un programme d'emplois d'été réservés aux candidats des groupes désignés et une politique de congés payés pour venir en aide aux employés qui doivent concilier travail et famille.

La société informatique Amdahl, de Toronto, reçoit aussi l'accolade du Conference Board pour avoir fondé son programme d'équité d'emploi sur un partenariat avec des groupes et associations qui participent au processus d'embauche des groupes désignés.

Deux organisations québécoises, le Centre de recherche industrielle du Québec (CRIQ), de Montréal, et Pratt & Whitney, de Longueuil, ont aussi remporté une mention d'honneur pour avoir instauré des activités spéciales afin d'obtenir une main-d'œuvre représentative.

Source: Anonyme, « Équité en emploi: le Conference Board honore trois entreprises », *Les Affaires*, 6 novembre 1993, p. 32.

La réussite de la dotation repose également sur le respect des autres éléments de notre régime juridique:

- La Charte de la langue française prévoit spécifiquement qu'il est interdit à un employeur d'exiger, pour l'obtention d'un emploi ou d'un poste, la connaissance d'une langue autre que la langue officielle, à moins que l'accomplissement de la tâche ne nécessite la connaissance de cette autre langue.
- La Loi sur l'exercice des droits des personnes handicapées, qui vise l'intégration sociale, scolaire et professionnelle des personnes handicapées, stipule qu'une entreprise peut soumettre un plan d'embauche des personnes handicapées, sans toutefois préciser de quotas (à l'heure actuelle, on fonctionne encore selon une approche d'incitation).
- La Loi sur la protection des renseignements personnels dans le secteur privé accorde à tout individu la protection des renseignements personnels que l'entreprise recueille, détient, utilise ou communique à son

sujet. Nous examinerons plus loin les effets de cette loi sur l'utilisation de références d'employeurs précédents.
- Dans un milieu syndiqué, les conventions collectives peuvent contenir des exigences et des restrictions que le système de dotation doit considérer.

La cohérence entre la dotation et les autres facettes de la GRH

Le succès de la GRH dépend en partie de l'intégration cohérente de ses diverses facettes. Les actions administratives de la dotation doivent donc s'harmoniser aux autres pratiques de GRH.

Premièrement, en ce qui concerne la formation, les entreprises peuvent soit investir dans le développement des compétences des ressources humaines qu'elles possèdent déjà ou alors acquérir à l'extérieur une main-d'œuvre qualifiée. Par ailleurs, si la dotation est moins bien réussie, les coûts de formation des nouveaux employés seront normalement plus élevés. La nature, le contenu et la durée de la formation seront alors déterminés en partie par le système de dotation.

L'évaluation du rendement permet de vérifier la réussite ou non des activités de la dotation. Dans la mesure où les personnes nouvellement embauchées manifestent des comportements valorisés par l'entreprise et brillent par leurs réalisations professionnelles (et reçoivent des évaluations positives de leur rendement), le système de dotation sera perçu d'un bon œil.

La rémunération (salaire, primes, participation aux bénéfices, octroi d'options, etc.) et les avantages sociaux influencent la capacité de l'entreprise d'attirer une main-d'œuvre qualifiée, et donc les probabilités de succès de la dotation. L'équipe de hockey qui offre les meilleurs salaires a plus de chances d'attirer et de conserver les meilleurs joueurs et éventuellement de gagner la coupe Stanley. En ce qui a trait aux avantages sociaux, de plus en plus d'entreprises implantent des pratiques d'aide à l'équilibre emploi-famille (garderie dans le milieu de travail, horaire flexible, congés parentaux, etc.) pour attirer une main-d'œuvre compétente ayant toutefois à composer avec des responsabilités parentales.

Les clauses d'une convention collective peuvent à l'occasion restreindre l'accès à certains postes à des membres du syndicat. Par ailleurs, le processus de dotation peut être en partie déterminé par les dispositions de la convention collective. À titre d'exemple, une convention collective exige que la promotion à l'intérieur de l'unité d'accréditation se fasse par affichage aux endroits habituels durant une période d'au moins 15 jours et que l'employeur transmette une copie de l'affichage au syndicat.

Il peut aussi y avoir des relations étroites entre la stratégie d'affaires, la stratégie fonctionnelle de ressources humaines et le système de dotation (Olian et Rynes, 1984). Par exemple, selon la typologie établie par Miles et Snow (1978), l'organisation du type «défenseur», qui œuvre à l'intérieur d'un marché de produits ou de services précisément défini et stable, devrait, en principe, miser sur une expérience professionnelle en finances ou en production et sur l'expertise. Par contre, l'organisation du type «prospecteur», qui valorise l'innovation et le développement de marchés nouveaux, devrait accorder la priorité à l'expérience acquise en recherche et développement ou en marketing de même qu'à une expertise à la fine pointe, à une tolérance face à l'ambiguïté et à la volonté de prendre des risques. Selon la situation de l'entreprise, la direction peut également favoriser l'embauche d'«artistes» qui exercent un leadership visionnaire, ou de «technocrates» qui font prévaloir l'approche technique d'un problème au détriment des conséquences sociales et humaines (Pitcher, 1994).

6.1.3 LES ÉTAPES D'UN PROCESSUS DE DOTATION

Les principales étapes d'un processus normal de dotation sont présentées sommairement au tableau 6.3.

L'importance accordée à chacune des étapes du processus peut varier selon les postes à combler et selon le contexte particulier de l'entreprise. L'embauche d'un infirmier, d'un chercheur, d'un informaticien ou d'un manœuvre dans l'industrie de la construction s'effectue dans chaque cas en fonction de règles et de traditions différentes. Au sein de la petite et moyenne entreprise, le recrutement est peu formel et peu planifié, tandis qu'on réalise souvent la sélection sans avoir déterminé clairement le profil des compétences. À l'autre extrême, dans la très grande entreprise, comme chez Toyota, le processus de dotation peut durer plusieurs mois; il comprend de nombreuses «épreuves» (des simulations, des tests papier-crayon, des entrevues, un examen médical) permettant de vérifier les compétences techniques et interpersonnelles de chaque candidat.

TABLEAU 6.3 Les étapes d'un processus de dotation

- Connaître les postes et le milieu de travail
- Établir le profil des compétences
- Générer des candidatures par le recrutement
- Procéder à une sélection efficace
- Prendre une décision d'embauche et favoriser l'intégration des nouveaux employés

La compréhension du processus de dotation peut notamment représenter un atout pour le candidat à un poste. En fin connaisseur, le candidat peut mieux se préparer et améliorer ses chances d'être embauché s'il applique les étapes de ce processus. Il devra s'assurer qu'il connaît bien le poste qui l'intéresse, comprendre les exigences du poste, déterminer les prédicteurs et prévoir de quelle manière le comité de sélection s'y prendra pour vérifier ces prédicteurs.

6.2 Connaître les postes et le milieu de travail

L'analyse des postes est le mécanisme privilégié pour mieux connaître les postes et le milieu de travail. Elle est une composante essentielle d'un processus rigoureux de dotation qui permet de renforcer la correspondance entre la qualification des candidats et les besoins de l'organisation. Comme le présente la figure 6.1, l'analyse des postes et du milieu de travail représente le point de départ de l'élaboration du profil des compétences et des étapes subséquentes.

La mise au point du profil des compétences exige qu'on infère des renseignements obtenus dans l'analyse des postes et du milieu de travail une description des compétences requises pour occuper un poste. Une fois établi, le profil des compétences permet de procéder au recrutement des ressources humaines ayant la qualification minimale requise pour un poste à combler. On fait également usage du profil des compétences au cours de l'élaboration ou du choix des instruments de sélection appropriés.

FIGURE 6.1 Le rôle de l'analyse des postes et du milieu de travail dans le processus de dotation

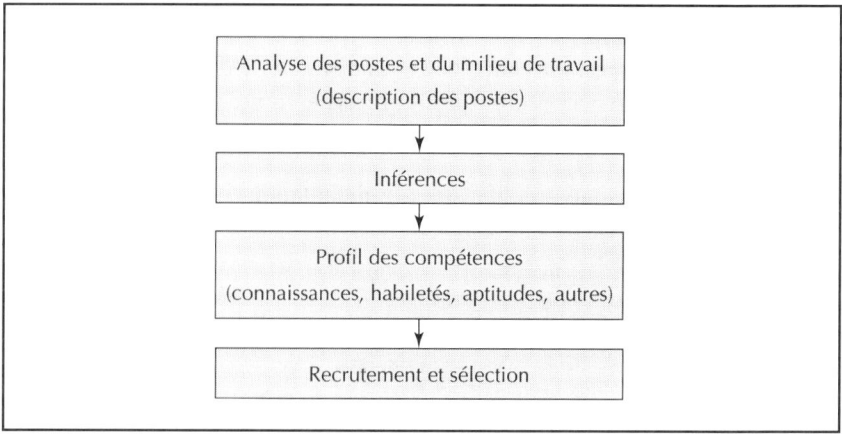

6.2.1 L'analyse des postes et du milieu de travail

Comme nous le verrons au chapitre 14, l'analyse des postes permet de déterminer par écrit les activités, les tâches, les devoirs et les responsabilités propres à l'emploi, la nature et la portée des décisions, la procédure, les équipements utilisés, le traitement de l'information et les conditions de travail existantes, etc. Faisant appel à diverses techniques (observation, questionnaires, entrevues, notes prises par les titulaires des postes, etc.), l'analyse des postes consiste en un processus de collecte d'informations qui concernent des comportements observables (Harvey, 1991).

L'analyse du milieu de travail porte sur les conditions matérielles entourant l'exécution du travail, sur la culture d'entreprise, sur le système de rémunération, sur l'horaire de travail et sur le lieu de travail. L'appréciation du milieu de travail représente une démarche nécessaire pour déterminer le degré de compatibilité des intérêts et des préférences des candidats avec les conditions ambiantes des postes. L'exposition à des températures extrêmes, à des vibrations, à des matières chimiques toxiques est une caractéristique de certains milieux de travail dont il faut tenir compte dans la dotation. Le profil du supérieur immédiat et les valeurs de l'équipe de direction sont d'autres composantes importantes du milieu de travail.

6.2.2 La description des postes

La description des postes s'avère en quelque sorte la formulation résultant de l'analyse des postes. On trouve habituellement dans ce document le titre du poste, le sommaire des principales fonctions ainsi que la description des responsabilités et des devoirs reliés au poste. Cette description permet d'exprimer clairement ce que fait le titulaire du poste, comment il le fait et pourquoi il le fait. La figure 6.2 présente la description d'un poste qui comprend ces renseignements ainsi que les composantes du profil des compétences.

La description des postes nécessite une rédaction soignée dont les énoncés respectent les paramètres d'objectivité, de clarté et de concision. Dans la section touchant la description des tâches, il est préférable d'utiliser des verbes d'action pour décrire les tâches qu'accomplit le titulaire du poste. Ces verbes doivent préciser la nature de l'activité. Par exemple, au lieu d'un verbe tout usage comme «mettre», il conviendrait de recourir à des verbes comme «verser», «revêtir», «ajuster» ou «déposer», qui sont susceptibles de décrire l'acte de façon plus rigoureuse. Il importe également de décrire la finalité de l'activité, les résultats attendus de l'action ainsi que les matériaux, les équipements et la procédure qui sont employés.

FIGURE 6.2   Un exemple de description d'un poste

Gouvernement du Québec

DESCRIPTION D'EMPLOI

Espace réservé à l'usage de la direction du personnel

Codification	Date d'évaluation	Date de mise à jour
200-10	95-05-22	97-06-03

1- IDENTIFICATION DE L'EMPLOI

Ministère ou organisme *Production industrielle*	Titre de l'emploi *Analyste biochimique des produits*
Direction générale *Produits chimiques*	Niveau de l'emploi du supérieur immédiat *Administrateur III*
Direction *Produits durables*	Titre de l'emploi du supérieur immédiat *Directeur du service de l'élaboration des normes*
Service *Élaboration des normes*	Numéro(s) de poste(s) et lieu de travail (Ville)
Division	*6119 – Québec*
Section	*7812 – Montréal*

2- RAISON D'ÊTRE DE L'EMPLOI

Sous l'autorité du directeur du service de la formation et de l'information, informer les compagnies de produits chimiques sur l'application des normes du ministère, afin que les ingénieurs chimistes conçoivent des produits inoffensifs pour la santé des consommateurs.

3- DESCRIPTION DES TÂCHES

Nº	Tâches	Pourcentage
1	Examiner les informations inscrites au formulaire rempli afin de déterminer s'il est nécessaire d'obtenir des informations supplémentaires, en : – précisant le type de demande de subsides ; – choisissant la grille de réponses appropriée ; – vérifiant la concordance des informations données avec cette grille.	45 %
2	Communiquer au besoin avec les requérants, soit par téléphone ou par écrit, afin d'obtenir les informations ou les documents manquants.	20 %
3	Intégrer aux dossiers les informations obtenues des requérants en les inscrivant manuellement ou en insérant les informations reçues afin que les analystes des demandes de subsides disposent des informations nécessaires pour leurs études.	15 %
4	Codifier les dossiers des demandes de subsides au moyen d'une machine à clavier alphanumérique en donnant un numéro de dossier et en indiquant le numéro de code régional.	10 %
5	Expédier les dossiers aux analystes de la section de l'analyse des subsides.	5 %
6	Effectuer toute autre tâche connexe que peut lui confier son supérieur.	5 %

FIGURE 6.2   Un exemple de description d'un poste (suite)

4- SPÉCIFICATIONS PARTICULIÈRES

a) Contacts humains (fonction de la personne jointe, motifs et fréquence)

Avec les directeurs généraux et leurs subalternes pour obtenir des informations relatives aux dossiers en cours ou pour les convoquer à une réunion (7 ou 8 fois par jour).

b) Responsabilités administratives

– *Matérielles*

Équipement informatique (ordinateur, imprimante, disquettes, etc.)

Équipement de bureau (machine à écrire, dictaphone, classeur, bureaux, etc.)

– *Financières*

1 900 000 $ fonctionnement
25 100 $ capital

– *Humaines en tant que*   ☐ chef d'équipe ou   ☒ supérieur immédiat

SUPERVISION DIRECTE nombre – niveau – statut (rég., occ., etc.)	SUPERVISION INDIRECTE nombre – niveau – statut (rég., occ., etc.)
1 p/a Secrétaire — régulier	10 p/a Professionnels — réguliers
2 p/a Adjoints aux cadres supérieurs — réguliers	4 p/a Techniciens en arts appliqués et graphiques — réguliers
	10 p/a Agents de bureau — réguliers
	1 p/a Agents de bureau — occasionnels
	2 p/a Secrétaires — réguliers
	3 p/a Dactylos — occasionnels

c) Équipement utilisé (type d'équipement et fréquence d'utilisation)

Console à écran cathodique — 4 heures/jour

Photocopieur — 30 minutes/jour

d) Conditions physiques particulières (nature et temps d'exposition)

Le travail nécessite une attention visuelle continue sur deux périodes de 2 h/jour.

L'imprimante expose le travailleur à un bruit persistant pendant une période de 2 h 30 min/jour.

5- EXIGENCES

a) Connaissances requises (nature et motifs)

Connaissance de base des principes de gestion des opérations pour établir l'échéancier de production, coordonner les opérations et effectuer les corrections appropriées.

b) Formation (contenu, durée et motifs)

Une semaine pour connaître les différents rapports informatiques à distribuer et les codes d'identification qui s'y rattachent afin d'assurer leur diffusion et de contrôler leur circulation.

c) Habiletés professionnelles (nature et motifs)

Expression orale pour diriger les réunions d'une équipe de travail multidisciplinaire.

Facilité d'adaptation pour être en mesure d'œuvrer dans un milieu de travail qui est modifié fréquemment.

FIGURE 6.2 Un exemple de description d'un poste (suite)

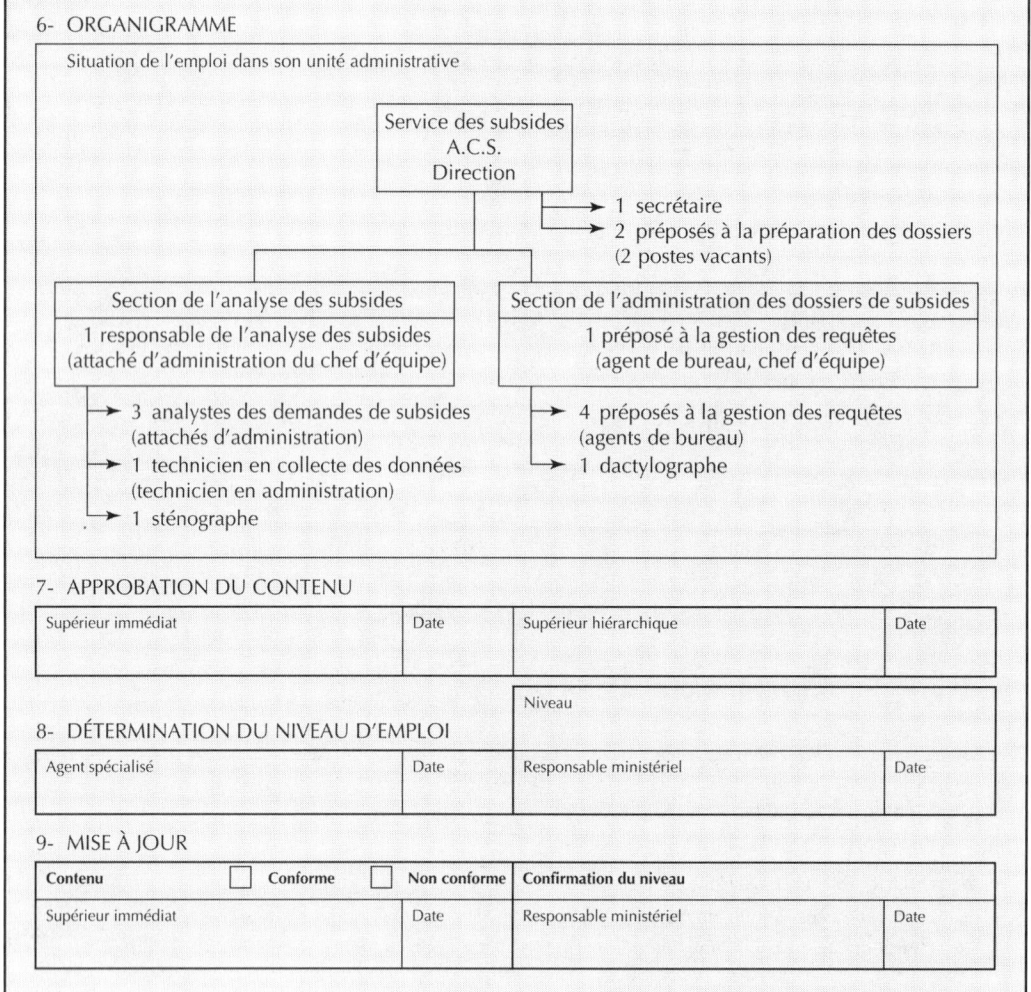

Source: Gouvernement du Québec.

Pour être utile à la dotation, la description des postes devrait aussi contenir des spécifications sur le milieu de travail dans lequel se réalisent les activités professionnelles du titulaire du poste.

6.3 Établir le profil des compétences

Dans cette section, nous répondrons sommairement aux deux questions suivantes: quel doit être le contenu du profil des compétences et comment peut-on procéder pour convertir les informations issues de l'analyse des postes en un profil des compétences?

6.3.1 LE CONTENU DU PROFIL DES COMPÉTENCES

Souvent intégré dans la description des postes, le profil des compétences spécifie les connaissances, les habiletés, les aptitudes et les autres caractéristiques que devrait posséder le titulaire du poste pour bien exécuter son travail. Il convient donc de décrire adéquatement les quatre composantes du profil des compétences.

Les **connaissances** sont les renseignements portant sur des concepts, des faits ou une procédure et qui facilitent la réalisation d'une activité. Par exemple, pour un poste d'ingénieur en construction, une bonne connaissance des principes du chauffage, de la climatisation, de l'éclairage et de l'acoustique pourrait s'avérer nécessaire. Dans la mesure où les connaissances acquises ont de fortes chances d'être appliquées dans le milieu professionnel, elles sont d'un grand intérêt pour la dotation.

Pour ce qui est des **habiletés**, il s'agit des capacités d'exécuter des opérations avec adresse et précision. Une personne habile sait faire une tâche comme dactylographier 40 mots à la minute ou trouver les lunettes ou les lentilles cornéennes qui corrigeront la vue des clients. Les habiletés de gestion comprennent généralement des aspects comme la capacité d'établir des objectifs, de déléguer la responsabilité des tâches au niveau souhaitable et d'organiser et de présenter des idées d'une manière convaincante.

Les **aptitudes** font référence à une disposition naturelle à quelque chose. Les aptitudes cognitives, psychomotrices, physiques et sensorielles de même que perceptuelles sont les principales catégories d'aptitudes. La vérification des aptitudes cognitives porte généralement sur les capacités verbales, mathématiques, de raisonnement ainsi que sur la mémoire de la personne.

Enfin, les **autres caractéristiques** comprennent des exigences particulières concernant un trait physique, la détention d'un titre professionnel, l'intérêt professionnel, le profil de personnalité requis par le poste ou d'autres caractéristiques pertinentes. Par exemple, pour un poste de contrôleur de la circulation aérienne, un service de navigation aérienne civile au Canada avait déterminé les exigences suivantes dans son annonce de recrutement: être prêt à s'installer n'importe où au Canada, avoir au moins 18 ans, être citoyen canadien ou immigrant reçu et posséder une excellente vision et une bonne perception des couleurs. La détention d'un titre professionnel ou d'un permis de conduire ainsi que l'intérêt pour le travail dans un contexte particulier sont des éléments que l'on trouve souvent dans les autres caractéristiques.

6.3.2 La démarche d'élaboration du profil des compétences

L'élaboration du profil des compétences pour un poste à combler se réalise par inférence sur la base du jugement ou de diverses techniques plus ou moins complexes. La démarche la plus simple consiste à déterminer, sur la base de son jugement et de ses expériences en matière de dotation, l'ensemble des caractéristiques qui semblent associées à la réussite dans un poste particulier. Cette appréciation intuitive permet de reconnaître, pour chaque élément de contenu du poste, les connaissances, les habiletés, les aptitudes et les autres caractéristiques requises. Les techniques plus sophistiquées de détermination du profil des compétences font appel à l'opinion d'experts et même parfois à des questionnaires structurés (pour un examen plus complet de ces techniques, voir Gatewood et Field, 1994).

Un profil des compétences bien conçu facilite la communication à l'occasion du recrutement. En effet, le profil des compétences renseigne les personnes à la recherche d'un emploi sur les exigences clairement précisées du poste vacant. Les éléments de ce profil permettent aussi d'établir ou de choisir des mécanismes de sélection qui ont un rapport avec les exigences réelles du poste.

6.4 Générer des candidatures par le recrutement

Le recrutement englobe toutes les activités par lesquelles les employeurs indiquent qu'un poste est vacant dans l'organisation et incitent les personnes susceptibles de posséder la qualification requise à présenter leur candidature. Le principal objectif du recrutement est de générer les candidatures les plus qualifiées pour un poste donné, c'est-à-dire de trouver la main-d'œuvre dont l'organisation a besoin. Le recrutement vise aussi à réduire les risques de départ hâtif des candidats à la suite de leur embauche. Il peut également représenter un levier pour aider l'organisation à se conformer à ses obligations sociales et légales quant à la composition de sa main-d'œuvre dans le contexte d'un programme d'équité dans l'emploi.

6.4.1 Les pénuries de main-d'œuvre qualifiée

Avec les baby-boomers qui se préparent à la retraite, l'avancement de la technologie, la crise que traverse le domaine de l'éducation, l'exode des cerveaux et la dénatalité, des pénuries de main-d'œuvre dans certains secteurs et pour divers types d'emplois commencent à poindre à l'horizon. À l'heure actuelle, on constate déjà des pénuries de spécialistes en informatique, de machinistes, d'opérateurs à commandes numériques, de techniciens en multimédia, de chimistes en cosmétologie et d'ingénieurs en automatismes. Dans l'Ouest canadien, l'industrie pétrolière a de la difficulté, en ce moment, à recruter des ingénieurs du pétrole ainsi que des géophysiciens.

Il ressort d'une vaste enquête menée au cours de l'été 1996 que «près des trois quarts des employeurs québécois qui ont des postes à pourvoir ont de la difficulté à trouver le personnel dont ils ont besoin» (Lortie, 1996, p. A1). La situation est difficile aussi dans les petites et moyennes entreprises, qui n'arrivent pas toujours à combler leurs besoins en main-d'œuvre. Un journaliste témoigne du fait que «certaines entreprises de haute technologie se préparent à déplacer hors du Québec leur centre de recherche et de développement, parce qu'elles ne trouvent pas ici en assez grand nombre les ressources dont elles ont besoin» (Barcelo, 1997, p. T1).

L'encadré 6.2 contient des extraits d'un article qui décrit le défi du recrutement dans certains secteurs où il semble déjà y avoir des pénuries de main-d'œuvre hautement qualifiée.

Heureusement que le recrutement de ressources humaines déjà au service de l'entreprise ou qui se trouvent sur un marché plus vaste accorde une grande place à la créativité et à une action hardie et originale pour constituer un réservoir de main-d'œuvre qualifiée.

ENCADRÉ 6.2
UNE SITUATION DE PÉNURIE DE MAIN-D'ŒUVRE DE HAUT NIVEAU

«On voit poindre à l'horizon une pénurie de programmeurs très qualifiés — évoluant sous Windows ou Unix, par exemple — pouvant travailler dans des domaines très pointus», affirme la p.-d.-g. du Centre de promotion du logiciel québécois (CPLQ), Michèle Guay. Cela risque évidemment de causer problème au Québec quand on sait que la province produit essentiellement des logiciels spécialisés, plutôt que grand public.

Afin de combler l'insuffisance latente de main-d'œuvre spécialisée au Québec, les entreprises commencent à se tourner davantage vers l'étranger. «15% de nos effectifs proviennent du Japon, des États-Unis et de l'Europe», affirme Pierre Nélis de Softimage.

Source : M. Aubert et S. Sommelet, «La bombe à retardement de la spécialisation», *Info-tech magazine*, février 1995, p. 18-19.

6.4.2 La décision de faire du recrutement interne ou du recrutement externe

La décision de générer des candidatures à l'intérieur ou à l'extérieur de l'entreprise repose sur des considérations d'ordre stratégique et opérationnel. L'entreprise qui adhère à une stratégie de domination par l'innovation (voir le chapitre 5) et dont la direction cherche à transformer la culture actuelle aurait intérêt à favoriser le recrutement externe. À l'opposé, l'entreprise qui élabore une stratégie de domination par les coûts et qui désire renforcer la culture existante devrait normalement favoriser le recrutement interne.

Dans le cas du recrutement interne, il faut tenir compte de nombreuses considérations pratiques. Ainsi, il importe de s'assurer qu'on peut trouver dans l'entreprise les compétences requises par les postes. Le système d'information en ressources humaines représente l'outil privilégié d'analyse des compétences internes. En interrogeant la base de données du système, le responsable de la dotation devrait pouvoir repérer rapidement, par exemple, les ingénieurs spécialisés en génie mécanique qui sont en mesure de converser en espagnol.

Si le candidat idéal ne se trouve pas parmi les employés actuels, le recours au recrutement externe s'avère souvent la seule option réaliste. Les politiques de l'entreprise peuvent spécifier que le recrutement interne sera privilégié tandis que le recrutement externe sera utilisé seulement pour combler les postes qui sont au bas de la hiérarchie. Dans un milieu syndiqué, les dispositions d'une convention collective peuvent contraindre l'employeur à avoir recours à la promotion interne lorsqu'un poste se libère.

Au moment du choix d'une source de recrutement, il importe également de s'adapter aux priorités de l'organisation. Lorsque la priorité consiste à éviter des erreurs de sélection, le recrutement interne semble plus approprié que le recrutement externe. En effet, les cadres connaissent déjà les habitudes de travail des employés en place en ce qui concerne la quantité de travail qu'ils font et la qualité de ce travail. Par contre, un rendement élevé dans un poste n'assure pas un rendement supérieur dans un autre poste comportant des responsabilités différentes. Par exemple, une infirmière performante ne deviendra pas nécessairement une bonne infirmière en chef. Il importe alors d'apprécier le potentiel de rendement de la personne dans un poste de nature différente comprenant de nouvelles exigences.

Par ailleurs, si la direction cherche à accroître la motivation de ses employés et à améliorer le climat de travail, elle aurait avantage à accorder aux employés actuels la préséance dans l'attribution des emplois. Cela a généralement pour effet d'augmenter l'engagement des ressources humaines dans les projets de développement de l'entreprise.

Si l'entreprise souhaite compter sur des personnes-ressources qui ont une connaissance approfondie des rouages de la gestion, du fonctionnement de l'entreprise, de ses activités, de son personnel et de ses clients, etc., le recrutement interne s'avérera plus approprié que le recrutement externe.

Le recrutement interne représente une composante essentielle d'un système de gestion des carrières (voir le chapitre 8). Par conséquent, l'entreprise qui accorde beaucoup d'importance à la planification des carrières devrait miser davantage sur la promotion des employés en place.

En outre, pour changer la culture d'entreprise, le recrutement externe est susceptible de donner de meilleurs résultats que le recrutement interne. L'acquisition à l'extérieur de l'entreprise de certains profils de gestionnaires transmet un message clair aux employés en place concernant le virage qu'amorce l'entreprise. Par exemple, l'embauche de superviseurs qui adhèrent à une philosophie de gestion participative et mobilisante constitue une indication de l'importance accordée à cette vision de la relation d'emploi.

Le recrutement externe est également considéré comme la meilleure approche pour générer de nouvelles idées au sein de l'entreprise. Les recrues inexpérimentées ou dont l'expérience professionnelle se démarque de celle du personnel en place apportent souvent avec eux une autre vision et des solutions différentes. Cela représente un atout pour l'organisation, surtout en période de transition.

Finalement, l'organisation qui entreprend un programme d'expansion de ses installations aura souvent besoin de sang neuf qui sera en mesure de développer de nouveaux marchés.

6.4.3 Les méthodes de recrutement interne

Un recrutement interne efficace requiert une bonne compréhension du fonctionnement de l'organisation, de son système de gestion des carrières, de sa préparation de la relève, de sa filière d'emplois et de ses diverses règles et méthodes. L'entreprise favorise-t-elle la «carrière impersonnelle», qui mise sur la mobilité du personnel, la «carrière organisationnelle», qui englobe des pratiques destinées aux cadres et des services de renseignement et d'information, ou encore la «carrière individuelle», qui est orientée sur l'aide aux employés (Bernard et autres, 1992)? Le recrutement interne commande aussi une appréciation du processus de préparation de la relève qui vise à préparer des personnes susceptibles d'occuper les postes-clés au sein de l'organisation (Tremblay et Roger, 1992). Par ailleurs, dans un milieu syndiqué, on trouve fréquemment des indications concernant le respect de l'ancienneté dans les pratiques de dotation interne. Par exemple, la convention collective de la Fédération des infirmières et infirmiers du Québec précise que « le poste devra être accordé et sera comblé par la salariée qui a le plus d'ancienneté parmi celles qui ont posé leur candidature, à la condition qu'elle puisse satisfaire aux exigences normales de la tâche ».

L'affichage des postes

L'affichage des postes consiste à renseigner tous les employés sur les possibilités que leur offre l'entreprise en matière de postes à combler. Selon une estimation, cette méthode peu coûteuse, mais de plus longue durée, serait adoptée par environ 92,5 % des entreprises québécoises (Bernard et autres, 1992). L'affichage des postes pendant une période déterminée permet à chaque employé de s'informer des possibilités d'avancement selon les exigences des postes et de poser officiellement sa candidature. La figure 6.3 donne un exemple d'affichage des postes utilisé pour s'assurer que les personnes qui œuvrent dans la fonction publique canadienne peuvent prendre connaissance des postes à combler.

L'affichage des postes peut se faire sur des tableaux d'affichage prévus à cette fin, dans une annonce qui paraît dans le journal de l'entreprise, dans une note de service ou à l'occasion d'une réunion d'équipe. Un inconvénient de cette méthode est qu'elle peut engendrer le mécontentement chez les employés dont la candidature n'a pas été retenue.

L'inventaire des ressources humaines

Le recrutement interne peut également se réaliser à l'aide d'un inventaire des ressources humaines qui résume l'expérience, la scolarité, les connaissances, les habiletés, les aptitudes et les autres caractéristiques de chaque personne au service de l'entreprise. En précisant quelques paramètres de recherche, le responsable du recrutement peut utiliser l'inventaire des ressources humaines pour localiser l'employé possédant la qualification requise pour combler le poste vacant. Cette méthode d'appariement entre l'individu et l'emploi, qui requiert une information valide sur les compétences des ressources humaines, est surtout exigeante sur le plan de la collecte et de la mise à jour des données de la base de données du système d'information sur les ressources humaines.

FIGURE 6.3 Un exemple d'affichage d'un poste dans la fonction publique canadienne

> **Concours**
>
> **Classification :** AS-03
> **Traitement :** 38 079 $ – 42 486 $
> **N° de la méthode de sélection :** 96-DND-NBAY-CCID-29001
>
> **Date limite :** Le 25 octobre 1996
>
> **Ministère de la Défense nationale**
> Agence de logement des forces canadiennes
> Base des Forces canadiennes North Bay
>
> Gestionnaire du logement de la base
> Bilingue impératif — BBC/BBC
>
> **Admissibilité :** Les personnes employées dans la fonction publique, nommées en vertu de la Loi sur l'emploi dans la Fonction publique qui occupent un poste en Ontario, y compris la région de la capitale nationale.
>
> **Fonctions :** Se rapporte au Gestionnaire des Opérations de l'Agence de logement des Forces canadiennes ; gère le portefeuille du logement y compris l'allocation/habitation des unités familiales ; s'acquitte de la gestion financière du portefeuille de logement ; gère l'entretien et l'amélioration des programmes ; gère quatre membres du personnel de l'agence et est responsable de l'efficacité globale et de la qualité des services et produits livrés selon le portefeuille du logement de l'Escadre.
>
> **Critères de présélection :** Posséder un diplôme universitaire ou collégial en administration des affaires ou un agencement acceptable de formation, d'études ou d'expérience en gestion des installations. Avoir de l'expérience dans la gestion des installations ; dans la préparation et l'administration des contrats ; dans la gestion des programmes, et dans la surveillance du personnel.
>
> **Vérification de la fiabilité approfondie**
> Les candidats et les candidates doivent démontrer clairement dans leur demande (PSC 3181) qu'ils satisfont aux exigences ci-dessus. Un énoncé de qualités vous sera envoyé dès réception de votre demande d'emploi.
>
> Une liste d'admissibilité pourrait être utilisée pour combler des postes similaires possédant des profils linguistiques variés dans la zone de concours.
>
> **Contact :** Gisèle Éthier
> **Téléphone :** (705) 494-2094, poste 2094
> **N° d'autorisation :** 406-242-011
>
> **Faites parvenir votre demande à :**
> Bureau du personnel civil
> 22ᵉ Escadre
> Hornell Heights, ON P0H 1P0

Source : Gouvernement du Canada.

Les tableaux de remplacement

Les tableaux de remplacement procurent à la direction une représentation visuelle des candidats susceptibles de combler les postes importants qui se libéreront éventuellement aux échelons supérieurs de l'organisation. On peut utiliser les tableaux de remplacement pour le recrutement interne en considérant simultanément le rendement actuel des prétendants à un emploi et leur potentiel.

Les nominations

Le recrutement interne peut être réalisé sur une base plutôt informelle par la nomination d'un employé à un poste par un supérieur. Cette méthode comporte cependant certains inconvénients, car le choix des candidats est parfois fondé sur des critères subjectifs et discriminatoires. Par ailleurs, les personnes qui convoitaient le poste et qui n'ont pas été conviées par la direction risquent d'être frustrées de n'avoir pu faire valoir leurs mérites à l'occasion d'un concours dans le contexte du recrutement interne.

6.4.4 Les méthodes de recrutement externe

Lorsque le marché de l'emploi est caractérisé par une abondance de personnes qualifiées à la recherche d'un emploi, le recrutement externe s'avérera plus facile et probablement moins coûteux. Par opposition, lorsque le marché de l'emploi est resserré, les efforts de recrutement seront plus grands et la recherche de candidats qualifiés pourra porter sur une zone plus étendue (nationale ou internationale). Le système d'éducation, la mobilité de la main-d'œuvre, les valeurs liées au travail ainsi que la disponibilité d'une main-d'œuvre temporaire ou saisonnière sont d'autres éléments auxquels il faut accorder une attention particulière avant d'entreprendre une démarche de recrutement externe. Le temps dont on dispose et le nombre de postes à combler exercent aussi une influence importante sur la détermination de la démarche de recrutement. Par exemple, pressée par le temps, une entreprise de recrutement d'employés temporaires a procédé au recrutement à l'intérieur de centres commerciaux afin de combler rapidement les postes créés par l'ouverture d'un nouveau centre de rénovation.

Les annonces dans divers médias

De toutes les méthodes de recrutement externe, les annonces dans les journaux et les revues constituent certainement la méthode la plus visible (voir l'exemple à la figure 6.4). Même si elle peut s'avérer coûteuse (il en coûte près de 1 000 $ pour faire paraître une annonce dans l'édition du samedi du journal *La Presse*), cette méthode permet de rejoindre rapidement un vaste bassin de candidats.

FIGURE 6.4   Un exemple d'annonce dans un journal

> Médical inc. est une société pharmaceutique à l'avant-garde, axée sur la recherche, qui offre des produits supérieurs permettant de mieux soigner la population mondiale. Vous pourriez avoir votre mot à dire dans les succès soutenus de notre entreprise à titre de
>
> **Représentant pharmaceutique**
>
> Votre but premier consistera à atteindre les objectifs de vente afin d'augmenter le chiffre d'affaires de l'entreprise. Vous y parviendrez en dressant le profil de médecins susceptibles de contribuer à nos objectifs commerciaux et en les persuadant, après les avoir choisis, d'utiliser nos gammes de produits afin d'offrir une meilleure qualité de vie à leurs patients, ainsi qu'en gérant votre territoire d'une façon rentable. Votre territoire comprendra Montréal, la Rive-Sud et ses environs.
>
> Vous combinez un baccalauréat ès sciences ou une formation scientifique connexe avec des aptitudes exceptionnelles pour la communication et deux ou trois années d'expérience de vente auprès des hôpitaux. À votre capacité de mener de nombreux projets de front s'ajoutent une réussite dans la vente de produits en vente libre dans les pharmacies ainsi que des talents en planification et négociations. Idéalement, vous avez déjà traité avec des spécialistes des troubles respiratoires, des oncologues, des hématologues, des gérontologues, des omnipraticiens et des spécialistes de la médecine interne.
>
> Nous vous offrirons une voiture de fonction, un compte de frais et un programme d'avantages sociaux des plus complets. Si vous désirez poser votre candidature à ce poste, veuillez faire parvenir votre curriculum vitæ au plus tard le **30 mai 1997** à l'adresse suivante :
>
> **Daniel Durivage**
> **C.P. 242**
> **Montréal (Québec) H2J 4K9**
> **Nous assurons l'égalité des chances en emploi.**

Il faut prêter attention au contenu de l'annonce, car le fait de publier celle-ci dans un journal important représente aussi un exercice de relations publiques. La section « Carrières et professions » serait la section la plus lue du journal *La Presse*. Une présentation soignée est donc nécessaire pour faire bien paraître l'entreprise. Sur le plan du contenu, il faut surtout s'assurer que la partie concernant les exigences du poste est complète et qu'il y a une cohérence entre elle et le profil des compétences du poste. L'annonce doit également inclure une brève description de l'organisation, une énumération des principales fonctions, les conditions de travail, les renseignements et les documents désirés ainsi que la démarche à suivre pour poser sa candidature.

Le succès d'une initiative de recrutement externe repose aussi sur le choix du journal approprié. Certains journaux ciblent un public composé surtout de professionnels ou d'intellectuels, tandis que d'autres visent plutôt les classes populaires. Par ailleurs, certains journaux ont une portée nationale, alors que d'autres ont une distribution à l'échelle régionale ou locale. Notons également que de plus en plus de journaux d'envergure affichent gratuitement ces annonces sur leur site Internet, ce qui donne à ces dernières une portée internationale (allez visiter la section «Emploi» du journal *Le Monde* à l'adresse suivante: http://www.lemonde.fr/emploi/index.html).

L'annonce d'un poste vacant peut également paraître dans des revues spécialisées ou des publications professionnelles. À titre d'exemple, la revue *Plan* de l'Ordre des ingénieurs du Québec comprend une section «Emploi» qui contient les annonces de postes vacants selon diverses spécialités. L'annonce peut aussi être diffusée à la radio ou à la télévision. À l'heure actuelle, des annonces publicitaires diffusées sur les chaînes de télévision américaines proclament l'importance de l'éducation et encouragent les jeunes à choisir une carrière dans l'enseignement. Par ailleurs, les entreprises peuvent annoncer des postes en apposant des affiches dans des lieux publics.

Les événements spéciaux

Les opérations portes ouvertes, les rencontres d'information, les foires de l'emploi sont autant de méthodes de recrutement qui misent sur la transmission de renseignements sur l'organisation de même que sur les possibilités d'emploi au sein de celle-ci. Une opération portes ouvertes permet au public de visiter l'entreprise, d'échanger avec le personnel et parfois de voir un film sur l'entreprise afin d'en apprendre davantage sur sa mission, ses produits et ses conditions de travail. Les rencontres d'information réunissent à un moment précis les personnes intéressées par un type de travail ou par une organisation donnée. Par exemple, en utilisant l'affichage dans un lieu public, l'entreprise de peintres étudiants Collège Pro encourageait les personnes désireuses de «saisir tous les avantages reliés à la gestion de sa propre entreprise» à se présenter à une rencontre d'information (figure 6.5).

Les rencontres d'information de ce type sont des occasions pour les responsables du recrutement de vérifier l'intérêt des candidats à l'égard des produits et des services de l'organisation. Chez Microsoft, par exemple, les agents de recrutement présentent aux visiteurs les nouveaux produits informatiques en développement et observent les réactions des candidats afin d'apprécier l'intensité de leur émerveillement. Les foires de l'emploi réunissent les employeurs d'entreprises différentes à un même endroit et souvent pendant la tenue d'un congrès d'une association professionnelle. Au cours de ces événements, les employeurs peuvent rencontrer plusieurs candidats en peu de temps tout en réduisant les frais de déplacement des candidats.

FIGURE 6.5 Une invitation à une rencontre d'information

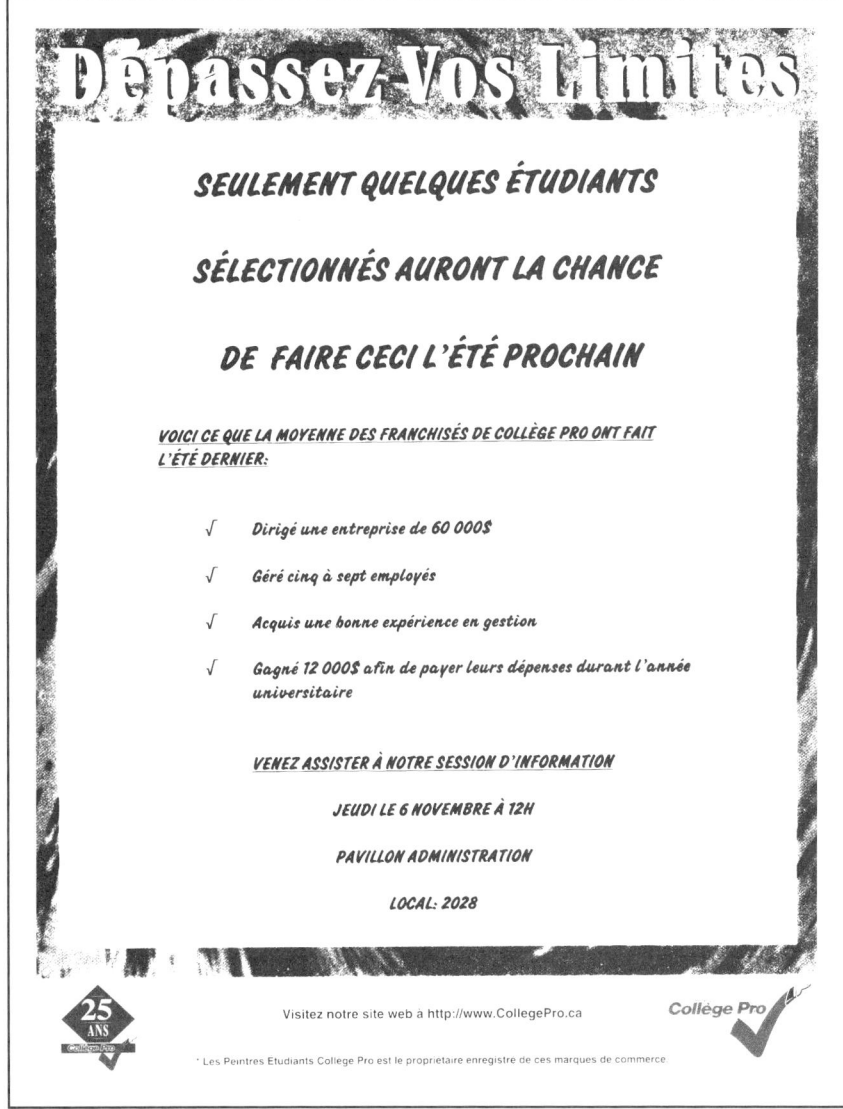

Source : Collège Pro.

Les établissements d'enseignement et de formation

Le recrutement de personnes qui ont généralement peu d'expérience professionnelle pour combler des postes d'entrée (ou de premier niveau) dans l'organisation s'effectue fréquemment auprès des universités, des collèges, des écoles professionnelles et des écoles secondaires. Les entreprises peuvent afficher des postes dans ces établissements ou même organiser des rencontres avec les étudiants par l'entremise du service de placement de l'établissement d'enseignement ou de formation. Les entreprises ayant une plus longue expérience dans ce genre de recrutement offrent habituellement une brochure de recrutement qui contient un court texte destiné à expliquer aux futurs diplômés le fonctionnement de l'entreprise (et à faire la promotion de celle-ci) et les emplois qu'elle offre.

Le recrutement auprès des établissements d'enseignement et de formation requiert une bonne compréhension des spécialisations et des programmes offerts. On ne fait pas du recrutement nécessairement dans les mêmes établissements pour combler des postes professionnels et des postes techniques. Par ailleurs, certains établissements adoptent une orientation davantage théorique que pratique, tandis que d'autres se spécialisent dans des domaines scientifiques d'avant-garde. Certains établissements d'enseignement et de formation offrent à leurs étudiants la possibilité de réaliser des stages dans un milieu de travail selon une formule d'enseignement coopératif. Cela permet aux stagiaires de développer un sentiment d'attachement envers l'entreprise et leur fournit une évaluation de leur rendement avant même la fin de leurs études.

Il faut comprendre que les recruteurs se font concurrence lorsqu'il s'agit d'attirer les meilleures personnes des établissements d'enseignement et de formation. L'encadré 6.3 explique de quelle façon Matrox a fait preuve d'ingéniosité pour inciter ses nouvelles recrues à joindre les rangs de l'entreprise à la fin de l'année scolaire.

ENCADRÉ 6.3
LE RECRUTEMENT CHEZ MATROX

Chez Matrox, chaque année, vers la fin mars, c'est la fête. Pour l'entreprise qui reçoit à la bière et à la pizza les nouvelles recrues qu'elle a sélectionnées sur les bancs d'école, il s'agit d'un moment de vérité qu'elle anticipe avec fébrilité.

C'est que les cégépiens et les universitaires qui ont été invités au cours des derniers mois à joindre les rangs de l'entreprise d'avant-garde ne pourront intégrer leur poste qu'à la fin des classes, *en mai. Or, Matrox a de très bonnes raisons de craindre comme la peste ces quelques mois de flottement. Elle sait trop bien que laissés à eux-mêmes durant toutes ces semaines, ses nouveaux protégés seront assidûment courtisés par la concurrence. Cette fête du mois de mars vise justement à s'assurer que la relève ne changera pas d'idée d'ici la fin mai.*

Source : P. Lacerte, « Les nouveaux maîtres du monde », *Affaire PLUS*, mai 1997, p. 30.

TABLEAU 6.4 Quelques sites de recrutement sur le réseau Internet

http://www.viasite.com/ Le plus gros site de recherche d'emploi au Québec.	http://www.careermosaic.com/ Site de recrutement général.
http://ele.ingenia.com/ Service de placement électronique de Développement des ressources humaines Canada.	http://www.hitechcareer.com Site de recrutement des entreprises de haute technologie du Canada et des États-Unis.
http://www.lemonde.fr/ Site du journal *Le Monde* (France) avec services d'emploi (comprend même des trucs pour améliorer son CV).	http://idclic.collegebdeb.qc.ca/ Site consacré à l'information sur les carrières, à l'exploration des secteurs d'emploi et de formation offerts au Québec, de même qu'à l'organisation de la vie étudiante.
http://www.jobweb.org/ Site de recrutement de l'Association nationale des collèges et employeurs (États-Unis).	http://careermag.com/ Journal « virtuel » portant sur la gestion des carrières et la recherche d'un emploi.
http://www.espan.com Site de recrutement important avec approximativement 10 000 emplois affichés.	http://www.cisco.com/ Site de la compagnie Cisco Solutions inc., qui contient une section sur les possibilités d'emploi.
http://www.monster.com/home.html Site de recrutement général.	

Le réseau Internet

Le recrutement sur le réseau Internet est une méthode de recrutement externe qui connaît un essor formidable. Cette méthode permet à la fois d'afficher des postes vacants et d'explorer des bases de données de candidats potentiels. Surtout utilisé initialement en relation avec les professions de l'informatique, le recrutement sur Internet s'est étendu à d'autres catégories professionnelles. En affichant les possibilités d'emploi sur son site Internet, la firme Cisco Solutions inc. a réussi en 1996 à combler les deux tiers de ses postes vacants. Le tableau 6.4 présente quelques sites de recrutement à explorer sur l'autoroute de l'information.

Les candidatures spontanées

Les candidatures spontanées, ou non sollicitées, sont une source de recrutement fréquemment utilisée, peu coûteuse et appropriée pour ce qui est des postes d'entrée au sein de l'entreprise. Cette méthode consiste généralement à faire remplir un formulaire de demande d'emploi par les personnes qui se présentent chez l'employeur, ordinairement au service des ressources humaines, pour offrir leurs services. Cette méthode de recrutement directe et informelle se distingue des autres par la place importante qu'elle accorde à l'initiative du chercheur d'emploi. Notons que l'entreprise peut également recevoir par voie postale les curriculum vitæ non sollicités de personnes à la recherche d'un emploi.

LES AGENCES DE PLACEMENT

Les agences d'emploi publiques et privées ont pour mission d'optimiser l'appariement entre l'individu (l'offre de travail) et l'emploi (la demande de travail). L'employeur ayant un poste à combler fait appel à une agence de placement en précisant les exigences du poste et les conditions de travail. L'agence de placement a ensuite comme mandat de trouver des candidats ayant le profil des compétences demandé, d'effectuer la présélection et parfois la sélection finale.

Développement des ressources humaines Canada maintient un guichet d'emplois qui contient une liste d'offres d'emplois soumises par des employeurs. Les personnes à la recherche d'un emploi peuvent consulter les emplois disponibles aux centres des ressources humaines ou utiliser leur service de placement électronique sur le site Internet suivant: http://jb-ge.hrdc-drhc.gc.ca/jobank/form-f.html. Les employeurs peuvent recourir aux services gratuits des centres des ressources humaines pour faire du recrutement dans plusieurs catégories d'emplois. Toutefois, contrairement aux agences de placement privées, les centres des ressources humaines n'effectuent pas la présélection des candidats.

Les agences de placement privées sont spécialisées dans le recrutement de candidats pour les entreprises. Par exemple, Adecco Personnel, une agence de placement privée établie dans 17 pays, a connu un développement rapide. Chaque jour, elle envoie au-delà de 50 000 personnes chez ses clients dans tous les secteurs d'activité. Pour répondre à la demande, les agences de placement utilisent les annonces publiées dans les journaux et se constituent des banques de données de personnes disposées à travailler. Elles utilisent divers outils de sélection (entrevues, tests, mises en situation, etc.) pour s'assurer d'une meilleure correspondance entre les exigences des postes et les compétences des candidats. Les entreprises s'adressent généralement aux agences de placement pour combler des postes temporaires de bureau ou de manutention. Les agences de placement privées exigent normalement une rétribution de l'ordre de 10 % à 15 % du salaire qu'obtiendra le salarié.

Les conseillers en recrutement de cadres s'intéressent à une autre clientèle. On les appelle « chasseurs de têtes » puisque leur recherche sur le terrain s'étend parfois aux cadres supérieurs et intermédiaires ou aux professionnels de haut niveau déjà à l'œuvre au sein d'entreprises concurrentes. Certaines entreprises font appel aux conseillers en recrutement de cadres surtout pour leur capacité de trouver la « perle rare », et ce à l'aide d'un bon réseau de relations. D'autres entreprises passent par ces spécialistes du recrutement dans des circonstances d'urgence ou à cause du caractère confidentiel du processus entourant le remplacement d'un de leurs cadres. D'autres encore retiennent leurs services parce qu'elles n'ont ni le temps ni les ressources pour faire ce recrutement. Selon une enquête menée par la revue *Commerce*, « près des trois quarts du chiffre d'affaires des recruteurs sont réalisés auprès des mêmes clients » (Tomesco, 1990, p. 74). Cela indique à quel point les entreprises favorisent le maintien d'une relation continue avec les conseillers en recrutement de cadres.

Les autres méthodes de recrutement externe

Il existe d'autres méthodes de recrutement externe. Par exemple, une municipalité a eu l'idée d'inviter les téléphonistes d'une entreprise voisine en instance de fermeture à postuler un emploi similaire dans son nouveau service téléphonique d'urgence. Dans une agence de mannequins, la personne responsable du recrutement fait régulièrement des promenades en ville afin de solliciter des personnes ayant une belle apparence. On trouve également des traditions propres à certains secteurs d'activité. Ainsi, l'Union des producteurs agricoles coordonne chaque été l'embauche de quelque 4 200 travailleurs agricoles, saisonniers ou journaliers. Par ailleurs, le recrutement dans l'industrie de la construction et celui du personnel militaire reposent sur des approches particulières. Notons également que les employés d'une entreprise peuvent recommander aux agents de recrutement une personne de leur connaissance ayant les compétences requises par le poste à combler. C'est ainsi que CAE offre une récompense de 1 000 $ à chaque employé qui a recommandé un candidat qualifié qui est embauché.

6.4.5 La sélection des méthodes de recrutement

Sachant la diversité des méthodes de recrutement, comment savoir laquelle choisir ? Malheureusement, les recherches empiriques portant sur l'efficacité relative des différentes méthodes de recrutement n'indiquent pas clairement celles qui offrent les meilleurs résultats (Rynes, 1991). Il faut donc s'en remettre pour les deux tiers à la raison et pour l'autre tiers au hasard.

Il importe néanmoins de choisir la méthode qui convient le mieux au type de poste à combler (personnel d'encadrement, de bureau, technique, etc.), à la politique de recrutement de l'entreprise (interne ou externe), aux conditions du marché de l'emploi ainsi qu'aux contraintes de temps et d'argent (les frais de déplacement et de séjour, le salaire du responsable du recrutement, etc.). Les résultats des activités de recrutement antérieures déterminent aussi le choix d'une méthode de recrutement plutôt que d'une autre. On apprécie normalement les efforts de recrutement grâce au suivi des variations dans le roulement, du rendement au travail, de l'absentéisme et des attitudes des employés nouvellement embauchés. Le taux d'embauche selon chaque méthode de recrutement représente un autre indicateur utilisé fréquemment. On peut également évaluer l'efficacité du recrutement en observant le nombre de candidats recrutés ainsi que la proportion de candidats qualifiés parmi les personnes recrutées selon diverses méthodes.

6.4.6 Une approche basée sur une description réaliste des postes

Peu importe la méthode de recrutement utilisée, une approche basée sur une description réaliste des postes à combler devrait contribuer à améliorer les taux de succès du recrutement. L'objectif de la description réaliste n'est pas d'attirer un réservoir de main-d'œuvre, mais plutôt de conserver davantage de personnes qui acceptent une offre d'emploi au sein de l'entreprise. Cette approche peu coûteuse et efficace surtout pour les postes complexes consiste à décrire le travail et les responsabilités de façon réaliste, c'est-à-dire conforme à la réalité. Par exemple, pour un poste d'agent de bord dans une compagnie aérienne, une description réaliste renseigne sur les aspects négatifs de l'emploi, comme composer avec les clients difficiles, faire le même trajet à maintes reprises, ne jamais pouvoir défaire sa valise et travailler selon un horaire irrégulier.

L'approche basée sur une description réaliste des postes doit ses bons résultats à différents phénomènes (Rynes, 1991).

- Elle incite les personnes dont les goûts et les aptitudes sont moins adaptés à la réalité du poste à retirer leur candidature.
- Elle réduit l'écart entre les attentes initiales des candidats et la nature du travail à accomplir.

- Elle permet aux candidats de se doter par anticipation des mécanismes d'adaptation qui les aideront à composer adéquatement avec les contraintes du poste.
- Elle augmente l'intensité de l'engagement des candidats envers l'organisation qui a l'honnêteté de leur présenter les inconvénients des postes à combler.

En somme, l'utilisation adéquate des méthodes de recrutement permettant de constituer une réserve de candidats qualifiés et la description réaliste des postes sont les deux conditions d'une sélection efficace.

6.5 Procéder à une sélection efficace

De toute évidence, la proportion des lecteurs de ce livre qui ont déjà eu au moins une expérience (ou une épreuve!) de sélection est très élevée. La préparation d'un curriculum vitæ, la réponse à des questions (parfois bizarres) dans une entrevue de sélection et la passation d'un examen de compréhension constituent sûrement des activités qui vous sont familières. Cependant, pour bien comprendre la sélection des ressources humaines, il importe d'adopter la perspective du directeur d'un service qui veut prendre la meilleure décision possible sur la base de renseignements fragmentaires.

6.5.1 Les activités préliminaires d'un processus de sélection

La sélection consiste à recueillir de l'information sur les personnes ayant posé leur candidature à un poste dans le but de les évaluer et de prendre une décision d'embauche (ou de rejet). Pour les candidats à un poste, la sélection est assimilable à une course dans laquelle il faut franchir divers obstacles avec l'espoir d'atteindre la ligne d'arrivée en première position. Pour l'employeur, la gestion des activités de sélection consiste surtout à mettre en place des mécanismes qui l'aideront à prédire le succès au travail avec le plus de précision possible.

L'analyse des critères de réussite professionnelle

Afin de prédire le succès dans l'emploi, il faut définir adéquatement pour chaque poste à combler les critères de réussite professionnelle (ou standards d'excellence) qui distinguent le bon rendement du moins bon rendement au travail. Dans les organisations, les critères de réussite professionnelle portent habituellement sur les résultats obtenus dans le cadre du travail (la quantité de travail, la qualité du travail, les coûts, le service et la rapidité), sur le contenu du dossier de l'employé (la stabilité dans l'emploi, l'absentéisme, les accidents, les promotions, les distinctions, etc.) ou sur des comportements. Pour établir ces critères, il faut prêter attention au contenu de l'analyse des postes et considérer les valeurs et les priorités de l'organisation.

Les critères de réussite professionnelle doivent inclure toutes les facettes importantes du poste de façon à éviter un problème de déficience ou d'insuffisance du critère. Par exemple, pour un poste de professeur d'université, il ne faudrait pas omettre la production scientifique comme critère majeur de réussite professionnelle. Pour un poste de direction, les facettes importantes consistent généralement dans la planification, l'organisation, la direction et le contrôle. On doit également s'assurer que les critères ne portent pas sur des facteurs qui ne sont pas reliés à l'emploi. La conduite appropriée d'un véhicule lourd n'aurait certainement aucun rapport direct avec la réussite dans un poste de commis de bureau. Les critères doivent finalement permettre de reconnaître des différences individuelles de manière à distinguer le bon rendement du moins bon rendement; il s'agit du caractère discriminant du critère.

La détermination des prédicteurs du succès

Dans la sélection, la suite logique de l'analyse des critères de réussite professionnelle est la détermination d'un ou de plusieurs prédicteurs permettant de prévoir la capacité d'une personne d'évoluer avec succès dans un poste donné. Les prédicteurs sont l'ensemble des caractéristiques associées à la réussite professionnelle et à l'adaptation au travail. Ce sont en quelque sorte les clés de la réussite professionnelle.

Certains prédicteurs correspondent simplement au profil des compétences du poste, tandis que d'autres apparaissent au cours de l'analyse des critères de réussite professionnelle. Les prédicteurs que l'on trouve le plus fréquemment dans un processus typique de sélection sont les connaissances acquises, les habiletés particulières ou générales, les aptitudes, les intérêts et d'autres caractéristiques personnelles. Ces éléments sont tous d'une grande importance pour prédire le comportement futur d'un candidat ainsi que les chances pour qu'il atteigne des objectifs élevés.

L'exercice de la sélection ne consiste pas seulement à déterminer quels candidats possèdent la qualification minimale exigée par le poste, mais également à identifier ceux qui sont les plus susceptibles d'obtenir des résultats hors pair. Par conséquent, au-delà des aptitudes techniques, les prédicteurs peuvent porter sur des éléments comme la tolérance face au stress, l'adaptabilité au changement, le sens des responsabilités, le style de leadership, le niveau d'enthousiasme, la capacité de travailler en équipe, la capacité de prendre des décisions justes et éclairées, le désir d'atteindre les résultats recherchés, voire le quotient émotionnel.

LE CHOIX DES INSTRUMENTS DE SÉLECTION

Une fois qu'on a déterminé les prédicteurs qui aideront à prévoir adéquatement le taux de réussite dans un poste donné, il faut choisir les instruments de sélection qui permettront de procéder à la collecte de l'information portant sur ces prédicteurs. Le tableau 6.5 illustre comment, à partir des critères de réussite professionnelle, puis des prédicteurs, on arrive à choisir des instruments de sélection appropriés.

TABLEAU 6.5 Les relations possibles entre les critères de réussite professionnelle, les prédicteurs du succès et les instruments de sélection

Critères de réussite professionnelle	Prédicteurs du succès	Instruments de sélection
Absences peu fréquentes	Bonnes habitudes de travail dans les fonctions précédentes	Vérification des références
Bon travail sous pression	Seuil élevé de tolérance face au stress	Simulation d'une situation d'urgence
Exécution rapide	Capacité de dactylographier 40 mots à la minute	Test de transcription de textes à la machine à écrire
Qualité des décisions	Esprit d'analyse et de synthèse et jugement bien développés	Étude de cas
Volume des ventes	Forte motivation à vendre	Test de motivation à vendre
Qualité des rapports sociaux au sein d'une équipe multidisciplinaire	Habileté démontrée au maintien de bonnes relations interpersonnelles	Exercice de résolution de problèmes en équipe
Respect de l'asepsie au cours du changement d'un pansement	Très bonne compréhension des principes d'asepsie	Examen de la demande d'emploi au sujet d'un diplôme en soins infirmiers
Respect des budgets	Aptitudes à la planification et au contrôle budgétaires	Examen du C.V. au sujet de l'expérience dans un poste de direction
Rendement supérieur au cours de l'affectation à de nouvelles tâches	Capacité d'apprentissage rapide	Rythme d'apprentissage en période d'essai
Courtoisie et professionnalisme dans l'accueil des clients	Aptitudes dans les relations interpersonnelles	Comportement au cours de l'entrevue de sélection

Bien entendu, il existe plus d'une façon d'obtenir de l'information sur un prédicteur. On peut vérifier les aptitudes du candidat dans les relations interpersonnelles au moyen d'un exercice de résolution de problèmes en équipe, de l'analyse des réponses obtenues au cours de l'entrevue de sélection ou encore de la vérification des références.

La vérification de la validité, de la fidélité et de l'utilité des instruments de sélection

Le choix d'un instrument de sélection dépendra des résultats de l'analyse de la validité, de la fidélité et de l'utilité de chaque instrument.

La **validité** d'un instrument de sélection exprime sa capacité de mesurer ce qu'il est censé mesurer, ou, dit autrement, la force de la relation entre le prédicteur mesuré par l'instrument et le critère de réussite professionnelle. La **validité de contenu** porte sur la pertinence ou la représentativité d'un instrument en relation avec la nature du travail à accomplir par le titulaire du poste. Par exemple, un test de raisonnement, qui mesure l'aptitude à traduire en symboles mathématiques de petits problèmes présentés sous forme verbale, serait plus approprié aux métiers de l'informatique qu'à l'embauche d'un représentant médical. Par ailleurs, la **validité concomitante**, qui est vérifiée selon une stratégie de validation empirique, renvoie essentiellement à la relation entre l'instrument de sélection et un critère de réussite professionnelle à l'intérieur d'une même période. On pourrait ainsi examiner la relation statistique entre les résultats obtenus lors d'un test de raisonnement et le rendement actuel des employés qui occupent les postes en informatique au cours du même intervalle.

La **validité prédictive**, qui constitue une autre stratégie de validation empirique, implique l'utilisation d'un instrument à l'étape de la sélection et la vérification ultérieure du critère de réussite professionnelle. Si les candidats ayant obtenu les meilleurs résultats lors d'un test de raisonnement sont, quelques mois après leur embauche, parmi les meilleurs informaticiens, ce serait là une indication de la validité prédictive de l'instrument. Pour sa part, la **validité conceptuelle** constitue une approche de validation plus complexe qui exige la vérification des relations entre l'instrument de mesure d'un concept et d'autres indications de ce concept. La stratégie de validation pourrait consister à examiner la relation entre les résultats obtenus lors d'un test papier-crayon mesurant les aptitudes mécaniques et la rapidité du démontage d'un moteur.

La **fidélité** exprime le degré de constance ou de stabilité des résultats d'une mesure. Au cours d'une démarche de sélection, on ne devrait pas se fier à un instrument qui ne donne pas les mêmes résultats d'une mesure à l'autre dans des conditions similaires. On peut vérifier la fidélité des résultats en faisant passer l'instrument au même groupe de sujets à deux moments différents de manière à pouvoir analyser sa stabilité d'un test à l'autre. Par ailleurs, pour chaque candidat qui se présente à une entrevue de sélection, on peut vérifier le degré de convergence des observations de chaque membre du comité de sélection (principe de l'équivalence selon la méthode de l'accord entre les juges). Le degré d'homogénéité du contenu de l'instrument, souvent exprimé par un coefficient de fidélité, donne une indication de la cohérence interne de l'instrument de sélection. Si les items d'un instrument de sélection mesurent tous le même concept, la cohérence interne sera élevée.

L'**utilité** d'un instrument de sélection repose en grande partie sur sa validité. Plus un instrument est valide, plus l'organisation sera en mesure d'éviter les coûts engendrés par des erreurs de sélection et plus elle sera en mesure de profiter de l'amélioration du rendement au travail qui résulte de bonnes décisions de sélection. L'analyse de l'utilité d'un instrument de sélection a comme principale caractéristique l'attribution d'une valeur monétaire aux variations observées dans les critères de réussite professionnelle retenus. Avec cette approche, une équipe de chercheurs a démontré que l'utilisation d'un instrument de mesure des aptitudes cognitives pouvait améliorer les décisions en matière de sélection et générer des économies de l'ordre de 272 millions de dollars par année au sein de la fonction publique fédérale américaine (Schmidt et autres, 1986).

6.5.2 L'utilisation des instruments de sélection

À la suite de ce survol des activités préliminaires d'un processus de sélection, nous examinerons de plus près les instruments de sélection qui ont comme fonction de fournir des renseignements sur les prédicteurs retenus. Nous décrirons les principaux outils de sélection en insistant sur les pièges à éviter lors de leur utilisation.

Le formulaire de demande d'emploi

Surtout utilisé pour les emplois autres que ceux de cadres (figure 6.6), le formulaire de demande d'emploi (ou l'offre de service) permet d'obtenir des renseignements principalement sur la formation et les expériences de travail de chaque personne qui pose sa candidature. Il peut aussi, par extension, permettre d'obtenir des données sur les caractéristiques et les antécédents des candidats ou sur leurs goûts, leurs habitudes et leurs opinions. Au cours de la Seconde Guerre mondiale, on demandait aux aspirants pilotes de chasse s'ils avaient déjà fabriqué un avion miniature pouvant voler. Cette question, à elle seule, s'est avérée un excellent prédicteur du succès des pilotes.

FIGURE 6.6   Un exemple de formulaire de demande d'emploi

DEMANDE D'EMPLOI

(Écrire lisiblement)

Au candidat: Nous apprécions sincèrement l'intérêt que vous manifestez pour notre entreprise. Nous vous assurons que nous étudierons attentivement votre demande d'emploi.

Date : _____

Renseignements personnels

Nom : _____   N° de téléphone : _____
         Nom   Prénom

Adresse actuelle : _____
                    N°   Rue   Ville   Province   Code postal

Emploi(s) postulé(s) _____ Salaire demandé _____ par semaine

Langues parlées _____ Langues écrites _____

Voulez-vous travailler à temps complet ? _____ à temps partiel ? _____

Temps partiel : indiquer jours et heures _____

Avez-vous déjà été à notre emploi ? _____ Si oui, quand ? _____

Si votre demande est acceptée, quand pourriez-vous commencer à travailler ? _____

Scolarité

Niveau	Institution	Dernière année terminée					Diplôme obtenu ?	Quel diplôme ?
Secondaire		1	2	3	4	5	☐ Oui ☐ Non	
Collégial		1	2	3	4		☐ Oui ☐ Non	
Université		1	2	3	4		☐ Oui ☐ Non	
Autres		1	2	3	4		☐ Oui ☐ Non	

Expérience de travail

Indiquer ici, à compter du plus récent, tous vos emplois actuels et précédents.

Nom et adresse de l'entreprise et secteur d'activité	de mois an	à mois an	Fonctions	Salaire au début	Salaire à la fin	Raison du départ	Superviseur

→

FIGURE 6.6   **Un exemple de formulaire de demande d'emploi (suite)**

Renseignements supplémentaires

Indiquer ici toute autre expérience, aptitude ou connaissance pertinente.

Références personnelles

(autres qu'anciens employeurs ou parents)

Nom et occupation	Adresse	Numéro de téléphone

Consentements

1. J'autorise l'entreprise, dans le cadre de l'examen de ma candidature, à communiquer avec mes anciens employeurs, avec mon employeur actuel (oui _____ non _____) et avec toute personne que j'ai mentionnée à titre de référence, afin d'obtenir les renseignements nécessaires à l'évaluation de ma présente candidature. J'autorise, par le fait même, toutes ces personnes à communiquer les informations nécessaires à l'évaluation de ma candidature.

2. J'accepte, par les présentes, de me soumettre à un examen médical de préembauche par un médecin désigné par l'entreprise, sous réserve que les renseignements médicaux transmis soient en relation avec mon emploi ou avec l'admissibilité à des avantages sociaux. Je consens, aux mêmes conditions, à la transmission de mes dossiers médicaux antérieurs.

3. Les présents consentements ne sont valides que pour la durée nécessaire à mon embauche et pour la durée de mon emploi ; en cas d'arrêt de mon emploi, le consentement ne sera valide que pour la durée de tout éventuel litige qui en découle.

_____   _____
Signature du candidat   Date

Le formulaire de demande d'emploi a l'avantage de présenter les renseignements sous un format standard, ce qui permet d'établir rapidement si la personne remplit les exigences du poste. Pour accélérer l'analyse du contenu des formulaires de demande d'emploi, les responsables de la dotation peuvent utiliser une grille d'évaluation, avec ou sans pondération des réponses[2].

---

2. Pondérer les réponses consiste à accorder davantage de poids à certains renseignements.

Le contenu du formulaire de demande d'emploi doit bien sûr respecter les principes de la Charte des droits et libertés de la personne. Le fait de poser des questions sur le nombre d'enfants à charge du candidat ou de demander sa date de naissance, son état civil ou son numéro d'assurance sociale (une indication de son origine nationale) prête le flanc à des possibilités de discrimination. Ces questions en soi ne sont pas illégales, mais le fait de s'informer sur le sexe du candidat, son âge, ses antécédents judiciaires, etc., sans autre précision peut laisser présumer que l'employeur n'a pas l'intention de respecter la charte, et constituer une présomption de fait en cas de plainte à la Commission des droits de la personne pour refus d'embauche. Les formulaires de demande d'emploi doivent donc ne comporter que des demandes de renseignements personnels reliés directement et obligatoirement à la nature de l'emploi convoité.

Considérant les risques de falsification (le plus souvent une forme d'exagération) qui sont considérablement élevés (environ un tiers des formulaires de demande d'emploi selon certaines estimations), il importe de s'assurer de l'authenticité des renseignements fournis par les candidats en réponse aux questions du formulaire de demande d'emploi. Notons aussi la tendance des gens à témoigner d'une plus grande franchise lorsqu'ils s'attendent à ce que les renseignements fournis soient vérifiés.

Le curriculum vitæ

Utilisé surtout pour l'embauche de professionnels ou de gestionnaires, le curriculum vitæ contient des renseignements sur le parcours du candidat. Le curriculum vitæ sert d'intermédiaire entre la personne qui recherche un emploi et la personne chargée du recrutement au sein de l'entreprise qui pourrait avoir un poste à combler. Pour être utile, il doit renseigner le recruteur sur la formation, les expériences professionnelles, les activités parascolaires, les intérêts, les aspirations et les objectifs du candidat. Pour le candidat, cette « carte de visite », par sa forme et la formulation du contenu, doit donc susciter chez l'employeur une bonne première impression (voir les conseils au tableau 6.6).

Les références

Une vérification minutieuse des références auprès de personnes qui ont eu l'occasion d'observer le candidat au travail (un supérieur, des collègues, des subordonnés, un professionnel en ressources humaines) ou de le côtoyer dans d'autres circonstances (d'anciens professeurs, des amis, des membres de sa famille) aide à déceler les domaines dans lesquels le candidat pourrait

TABLEAU 6.6   **Quelques conseils pour la rédaction d'un curriculum vitæ**

> - Il ne doit y avoir ni coquille ni faute d'orthographe dans votre C.V. ; la rédaction doit être impeccable.
> - Votre curriculum vitæ doit être concis et précis (deux ou trois pages au Canada ou une page aux États-Unis).
> - Utilisez toujours votre nom au complet, jamais un surnom.
> - Nommez l'emploi que vous désirez obtenir ou, du moins, précisez le genre de travail qui vous intéresse.
> - Lorsque vous énumérez les postes que vous avez occupés, commencez par le plus récent et allez à rebours.
> - N'oubliez pas de mentionner vos points forts.
> - Présentez-vous comme une personne d'action ; pour cela, utilisez des verbes d'action tels que « produire », « vendre », « concevoir » ou « intervenir ».
> - Mettez-vous en valeur. Signalez toutes les réalisations que vous avez accomplies au cours d'occupations antérieures, rémunérées ou non.
> - N'oubliez pas de mentionner les emplois à temps partiel, les emplois d'été et le travail bénévole.
> - Faites état des diplômes que vous avez obtenus, de vos aptitudes ou de la formation que vous avez acquise dans un domaine particulier (par exemple un cours de réanimation cardiorespiratoire ou la détention d'un permis de conduire).
> - Demandez à un ami ou à un spécialiste d'un centre des ressources humaines de relire votre C.V. et de vous proposer des améliorations.

réussir ou échouer dans le cadre de ses nouvelles fonctions. La vérification des références en personne, par téléphone ou par la poste donne également l'occasion de s'assurer de l'expertise du candidat, de son expérience et de ses réalisations. Au moyen de ces différentes approches, l'organisation peut solliciter de l'information sur ses emplois antérieurs, son profil de personnalité, ses aspirations de carrière, son rendement au travail, son adaptation au travail et les motifs pour lesquels il a quitté son dernier emploi. On utilise généralement les références (incluant les lettres de recommandation) pour s'assurer de l'exactitude de certains renseignements et pour obtenir des renseignements additionnels permettant de prédire la réussite professionnelle. Bien entendu, on suppose que le comportement des années passées représente un bon facteur de prévision des chances de réussite.

Comme outils de sélection, les références posent certains problèmes pratiques et légaux. Le principal problème pratique concerne le fait que les employeurs antérieurs et les gens appelés à donner des références personnelles transmettent rarement une information négative sur le candidat, ce qui réduit la valeur de l'information obtenue. Pour pallier cette limite, l'analyse des références et des lettres de recommandation doit porter moins sur l'aspect positif ou négatif du message que sur le choix des expressions utilisées pour décrire le candidat.

La Loi sur la protection des renseignements personnels dans le secteur privé impose des limites au regard de ce qu'un employeur peut divulguer sur un ancien employé. Afin de se prémunir contre l'éventualité d'une poursuite judiciaire et de réduire la crainte de l'employeur d'être poursuivi pour calomnie ou diffamation, le responsable de la dotation devrait obtenir le consentement libre et éclairé du candidat avant de s'adresser à une tierce personne. Si le responsable de la sélection procède sans le consentement du candidat, la demande d'information doit porter uniquement sur la confirmation de l'exactitude des renseignements transmis par le candidat, et non sur l'obtention de renseignements supplémentaires. Dans ce dernier cas, il pourrait se voir confirmer le fait que le candidat a occupé certains postes pour la durée indiquée dans son curriculum vitæ.

L'entrevue de sélection

Pendant de nombreuses années, l'entrevue a été considérée par les chercheurs comme un outil de sélection peu fiable et donc peu utile à la sélection des ressources humaines. On s'expliquait mal, alors, pourquoi tant d'employeurs persistaient à utiliser cette méthode dite subjective dans une démarche de sélection autrement sérieuse. Heureusement, des recherches menées récemment ont établi, grâce à des analyses statistiques rigoureuses, que l'entrevue de sélection représente un outil de sélection valide, surtout si l'entrevue se conforme à un certain modèle d'application (McDaniel et autres, 1994; Wiesner et Cronshaw, 1988). Mentionnons seulement une méta-analyse, soit une synthèse d'études antérieures qui permet la généralisation, selon laquelle l'entrevue de sélection dont le format est structuré a un degré de validité comparable à celui des tests d'aptitudes mentales (Huffcutt et Arthur, 1994).

Généralement, au cours d'une entrevue de sélection, un comité pose au candidat des questions factuelles sur sa formation scolaire et postscolaire (la nature des cours, les matières préférées, les réussites et les échecs, etc.) et sur ses antécédents professionnels (la nature des postes occupés, les réalisations, les relations avec les collègues, etc.). Cela permet de compléter et de clarifier les renseignements déjà obtenus par d'autres moyens (une demande d'emploi, des références, etc.). De même, les membres du comité de sélection posent fréquemment au candidat des questions sur ses connaissances spécifiques (« Expliquez en quoi la comptabilité par activités se distingue des approches comptables traditionnelles ») ou faisant appel à l'autoévaluation (« Décrivez vos compétences de formateur. Quelles sont les choses que vous faites bien et les choses que vous faites moins bien dans vos interventions de formation?»).

Afin de tirer profit de l'entrevue de sélection, on suggère d'utiliser surtout des questions comportementales et de mise en situation. Les **questions comportementales** suscitent des réponses sur les comportements passés du candidat; elles permettent ainsi de prédire son comportement futur dans des circonstances similaires. Par exemple, les réponses aux questions suivantes pourraient éclairer le comité de sélection sur le style de supervision du candidat: «Parlez-nous d'une interaction particulièrement difficile que vous avez eue avec un employé sous votre supervision»; puis: «Comment avez-vous réussi à améliorer la situation?»

Les **questions de mise en situation** portent sur des incidents critiques que le titulaire du poste pourrait éventuellement connaître au cours de ses activités professionnelles. Ces questions commencent toujours par la description d'une situation hypothétique qui porte sur un échantillon de travail. Voici un exemple: «Un employé vous présente une suggestion visant à réduire les délais de livraison. Vous trouvez que sa suggestion est intéressante, mais qu'elle s'avère incomplète et irréaliste dans le contexte actuel.» Ensuite, on demande au candidat comment il réagirait dans cette situation. Le comité apprend alors quel cheminement le candidat a suivi dans la résolution d'un problème de la vie réelle, obtenant, par conséquent, une indication de son «intelligence pratique» (Durivage, St-Martin et Barrette, 1995).

Sur la base de nombreuses recherches, le tableau 6.7 présente les principales recommandations visant à améliorer la qualité de l'entrevue de sélection.

TABLEAU 6.7 Les principales recommandations visant à améliorer la qualité de l'entrevue de sélection

- Constituer un comité de sélection, composé de deux à cinq interviewers expérimentés.
- Former les membres du comité de sélection.
- Prendre des notes pendant l'entrevue.
- Structurer l'entrevue au moyen de questions préétablies et d'une grille d'évaluation.
- Poser des questions comportementales.
- Poser des questions de mise en situation.
- Vérifier la pertinence des questions.

Les tests de sélection

Environ un tiers des employeurs canadiens ont recours à des tests de sélection. Comme ces tests sont assez économiques, ne prennent pas beaucoup de temps et permettent de comparer les candidats, on comprend pourquoi leur utilisation s'est répandue dans le monde du travail. La principale difficulté qu'éprouvent les gestionnaires qui n'ont pas l'habitude d'utiliser ces tests est de départager les milliers de tests qu'on trouve actuellement sur le marché. Par ailleurs, la plupart des tests utilisés sont américains; ils ne sont donc pas nécessairement adéquats à toutes les situations. Afin de s'y retrouver plus facilement, nous présenterons les principales caractéristiques de quatre types de tests de sélection, soit les tests d'aptitudes, les tests de personnalité, les tests situationnels et les autres types de tests.

Les tests d'aptitudes

Les tests d'aptitudes sont considérés généralement comme des outils de sélection valides. Les tests mesurant les **aptitudes intellectuelles** portent sur les habiletés cognitives des candidats, c'est-à-dire la compréhension verbale, la fluidité verbale, la mémoire, le raisonnement par induction, l'aisance numérique, la rapidité de perception et la visualisation spatiale. Conçus pour prévoir le succès scolaire, les tests d'aptitudes intellectuelles servent maintenant à prévoir la réussite professionnelle dans de multiples postes.

Les tests d'**aptitudes mécaniques** mesurent les capacités physiques (aptitudes sensorielles ou musculaires) en fonction des dimensions suivantes: la visualisation spatiale, la dextérité, le temps de réaction, l'adresse et la précision. Dans le processus de sélection, on fait surtout appel aux tests d'aptitudes mécaniques pour les postes qui exigent l'utilisation de machines et d'équipements (comme les postes de menuisier, de mécanicien, d'opérateur de machinerie, de soudeur, d'électricien, de couturier ou de dentiste) et pour d'autres postes requérant des habiletés de manipulation. De leur côté, les tests d'**aptitudes cléricales** évaluent surtout la rapidité de perception et la précision dans le traitement de données verbales et numériques. Une dernière catégorie de tests d'aptitudes consiste dans les tests d'**aptitudes physiques**, qui comportent trois dimensions principales, soit la force musculaire, l'endurance cardiovasculaire et la qualité du mouvement statique.

Les tests de personnalité

En ce qui concerne les tests de personnalité, ils abordent des dimensions importantes de la personnalité comme l'extraversion, l'amabilité, la stabilité émotionnelle, la conscience morale et l'ouverture d'esprit. L'inventaire psychologique de la University of California, dont on trouve une version française, mesure certaines tendances comportementales, dont la flexibilité, l'efficacité intellectuelle, la tolérance, le sens du bien-être, la maîtrise de soi, la socialisation, le sens des responsabilités, l'empathie, l'indépendance, l'acceptation de soi, la domination, le rendement en relation avec l'indépendance, le rendement en relation avec le conformisme, le potentiel de réussite et la masculinité-féminité (Institut de recherches psychologiques, 1995).

Ces traits de personnalité sont importants dans le processus de sélection, car ils déterminent la façon dont l'individu interagira avec son environnement. Ils aident à comprendre pourquoi un individu apprécie un travail routinier et structuré sur une chaîne de montage, tandis qu'un autre individu sera malheureux comme les pierres dans un tel travail (mesure du besoin de structure). La personnalité peut également expliquer pourquoi une personne s'engage dans un comité et y verbalise, tandis qu'une autre personne est plus réticente à donner son point de vue (mesure de l'agressivité sociale). Les tests de personnalité sont des instruments de sélection valables surtout pour des emplois qui exigent des interactions avec d'autres personnes, qui se réalisent dans des conditions difficiles ou stressantes ou qui ont fait l'objet d'études sur les traits de personnalité.

Les tests situationnels

Les tests situationnels (ou de performance) placent les candidats dans des situations caractéristiques du travail à accomplir. Ces tests ont l'avantage de permettre une vérification directe de la performance à partir d'un échantillon de travail. Ils sont très utiles lorsqu'il s'agit de mesurer le savoir-faire des candidats, c'est-à-dire leur capacité de faire appel à leurs connaissances. Pour un poste « clérical », les exercices pourraient porter sur la prise de notes, la dactylographie ou la vérification grammaticale. Pour un poste d'ouvrier, on pourrait faire usage de tests situationnels afin de vérifier la dextérité à manipuler certains outils, à réparer un moteur, à lire des plans, à installer des courroies ou à monter un moteur. Pour un poste d'encadrement, la discussion en groupe sans leader désigné permet d'observer comment le candidat travaille avec les autres à la résolution d'un problème. Quant au jeu de rôle, il permet d'évaluer le comportement du candidat dans une dynamique d'interactions humaines.

Ensuite, avec l'exercice du courrier (*in-basket* ou corbeille d'entrée), le candidat traite les cas qui lui sont soumis et prend les meilleures décisions compte tenu des renseignements fournis. Plus précisément, le participant doit régler les affaires courantes (rédiger des notes de service, planifier des réunions, établir des ordres du jour et prendre toutes les mesures qu'il juge appropriées) comme s'il était vraiment titulaire du poste. Utilisée fréquemment comme technique de formation, l'étude de cas consiste à étudier et à analyser des situations problématiques concrètes et réalistes, et à trouver les solutions appropriées. Ces diverses techniques s'insèrent généralement dans un centre d'évaluation du potentiel, qui est une méthode misant sur l'observation des simulations par plusieurs évaluateurs.

Les autres types de tests

Enfin, les autres types de tests comprennent les tests d'honnêteté, l'analyse graphologique, les tests d'intérêts, les examens médicaux avant l'embauche, l'examen génétique, les tests de dépistage de drogues et le test de dépistage du sida. Les **tests d'honnêteté** sont surtout utilisés à cause du problème des vols perpétrés par des employés dans les entreprises. Alors que l'usage du détecteur de mensonge a été remis en cause, surtout sur les plans psychométrique et éthique, les organisations ont de plus en plus recours aux tests d'honnêteté écrits. Ces tests sont pertinents surtout dans le cas des postes de fiduciaires ou lorsque les employés ont accès à des objets de valeur ou à des produits pharmaceutiques.

La graphologie est l'étude du graphisme de l'individu, c'est-à-dire des caractères particuliers de son écriture. Grâce à l'étude de plusieurs aspects de l'écriture (ordonnance, dimension, pression, forme, rapidité, direction, inclinaison, continuité, etc.), l'**analyse graphologique** vise à cerner la personnalité et même les capacités intellectuelles de son auteur. Le tableau 6.8 contient quelques éléments d'une analyse graphologique.

Les **tests d'intérêts** permettent d'établir les aspirations professionnelles afin d'estimer les chances de succès des candidats dans l'exercice de leurs fonctions.

Par ailleurs, l'employeur peut vérifier au moyen d'un **examen médical** avant l'embauche si un candidat est en mesure d'exécuter son travail. Pour un poste de manutentionnaire, par exemple, l'examen médical pourrait viser à déterminer si le candidat est apte à lever des boîtes et d'autres objets lourds. L'examen médical permet aussi de respecter la réglementation en matière de santé, de diminuer les primes d'assurance-vie que paie l'employeur et de prévenir les malaises.

Selon la nature du travail à accomplir, l'employeur peut exiger différents types d'examens médicaux (un test sanguin, un test objectif pour le dos, une radiographie des poumons, un test d'acuité visuelle, un test portant sur l'effort). Le candidat peut subir un examen physique auprès d'un médecin ou remplir un questionnaire sur sa santé en général. L'utilisation

TABLEAU 6.8   Les principes de l'analyse graphologique

> Toute étude graphologique analyse d'abord l'équilibre des trois zones caractéristiques : la hampe, la zone médiane, le jambage.
>
> La hampe, c'est le domaine de la pensée : si elle prédomine, vous aimez réfléchir, le monde des idées vous intéresse. Vous êtes plus sensible au fond des choses qu'à la forme.
>
> La zone médiane, domaine du sentiment : elle dénote votre sensibilité au « feeling ». Le courant passe ou non avec les autres, vos jugements sont plus ou moins soumis à vos impressions et à vos sentiments.
>
> Le jambage, domaine du concret : un développement accentué indique que vous avez « les pieds sur terre ». L'aspect matériel des choses et les réalisations concrètes, c'est pour vous.
>
> Bien entendu, d'autres aspects de l'écriture entrent en ligne de compte. En particulier :
> - l'ordonnance, c'est-à-dire la disposition du texte dans la feuille : marges, interlignes, paragraphes, etc.
> - la dimension des lettres et la direction des lignes de base : horizontale, sinueuse, montante, descendante, etc.
> - la vitesse et la rapidité du graphisme, la forme : anguleuse, arrondie, en guirlande, en arcade, etc.
> - la continuité, ou façon dont les lettres sont reliées entre elles : liée, juxtaposée ou script, groupée, etc.
> - la pression — appui du trait sur le papier — qui ne se détermine que sur l'original du document.

Source : Site Internet. Cabinet Françoise Bourdon. Graphologie : êtes-vous bien sûr de savoir qui vous êtes ? http://perso.club-internet.fr/guibour/

des examens médicaux représente cependant un champ d'activité particulièrement sensible en ce qui concerne le respect des droits de la personne. À cet égard, la Commission des droits de la personne du Québec explique que, d'une manière générale, les examens médicaux peuvent être légitimes lorsqu'ils servent à déterminer si une personne est apte à accomplir les tâches essentielles d'un emploi. Elle indique également que le fait de réaliser l'examen médical seulement à la suite d'une offre d'embauche minimise les risques de discrimination fondée sur le handicap.

On utilise l'**examen génétique** pour identifier les individus plus vulnérables que d'autres à des éléments de l'environnement de travail, par exemple les produits chimiques.

Les tests de **dépistage de drogues** sont utilisés au cours de la sélection en vue d'améliorer la santé et la sécurité du travail, de réduire le roulement et l'absentéisme, ou encore d'éviter des poursuites judiciaires pour négligence. Dans l'industrie du transport routier, par exemple, un règlement oblige l'employeur à faire passer à un candidat un test de dépistage avant l'embauche.

Le recours au **test de dépistage du sida** (syndrome d'immunodéficience acquise) n'est pas une pratique courante au sein des entreprises. L'usage de ce test ne se justifie que lorsque l'employeur a des motifs raisonnables et sérieux de craindre pour la santé des autres employés et de sa clientèle. Or, le virus du sida se transmet uniquement par contacts sexuels, par le sang et par une mère à son enfant au cours de la grossesse, de l'accouchement ou de l'allaitement. Par contre, l'employeur peut refuser d'embaucher une personne porteuse du virus ou atteinte du sida dans les cas où elle n'a plus, à cause de la maladie, les aptitudes ou les qualités requises par l'emploi ou présente une menace directe pour la santé ou la sécurité d'autrui.

6.6 Prendre une décision d'embauche et favoriser l'intégration des nouveaux employés

Il existe différentes méthodes permettant de décider d'engager un candidat plutôt qu'un autre sur la base des renseignements provenant de diverses sources (l'approche compensatoire à seuils multiples, l'approche non compensatoire, le modèle à étapes multiples, etc.). Il faut essentiellement déterminer si un score élevé dans une épreuve peut compenser un faible score dans une autre épreuve. Ensuite, comme l'organisation a investi du temps et de l'argent dans la mise au point et l'implantation d'un processus de dotation efficace, elle a intérêt à assurer l'intégration harmonieuse des nouveaux employés. En arrivant dans son nouveau milieu de travail, la recrue doit apprivoiser les comportements requis pour accomplir de nouvelles tâches et pour assumer de nouveaux rôles. Pendant cette période de transition relativement stressante, il importe de s'occuper de l'accueil et de l'orientation des recrues.

L'accueil vise à faciliter l'adaptation du nouvel employé à l'organisation. Il s'agit, le jour de l'entrée en fonction de l'employé, de lui transmettre de l'information sur les activités, la structure et les réseaux de l'entreprise. De même, il faut présenter la recrue à ses collègues et s'assurer que les attentes de son supérieur immédiat lui sont communiquées bien clairement.

Le processus d'accueil constitue en réalité un apprentissage de base qui permet de réduire l'incertitude et l'anxiété de la recrue, et de maintenir son enthousiasme initial. Bref, un programme d'accueil consiste à fournir un encadrement et des ressources qui aideront le nouvel employé à bien commencer. Puisque les cadres jouent un rôle critique dans l'accueil du nouveau personnel, le service des ressources humaines de l'Université de Montréal a conçu un guide d'accueil à l'usage du gestionnaire. Ce guide comprend les activités à accomplir avant l'arrivée de l'employé (annoncer aux membres de l'unité administrative la date d'entrée en fonction du nouvel employé, etc.), durant la première journée (présenter l'employé à ses collègues, lui faire visiter les lieux, etc.), au cours des premières semaines (lui communiquer les règles relatives à la sécurité, etc.) et pendant la période d'essai (évaluer son rendement, etc.).

La socialisation est le processus par lequel l'individu adhère aux normes et aux valeurs de l'organisation. L'orientation représente un mécanisme important du processus de socialisation. Elle prépare la nouvelle recrue à bien réagir aux événements qui ne manqueront pas de survenir au cours de ses premiers mois de travail. L'orientation contribue à la socialisation en aidant l'individu à accepter la réalité du milieu de travail, à composer avec la résistance au changement, à réaliser son travail dans le contexte et les circonstances entourant son emploi, à traiter avec son supérieur et à développer son identité propre au sein de l'organisation.

Concrètement, les programmes d'orientation comprennent souvent des présentations faites par des professionnels en ressources humaines (avec une période de questions), la distribution de documents ainsi que des visites guidées. À l'intérieur de ces programmes, on aborde généralement les avantages sociaux qu'offre l'entreprise, les services à la disposition des employés, les produits et les services de l'entreprise, les règles et les méthodes à suivre, les programmes de formation et de mobilité et l'historique de l'entreprise. Par exemple, la division Sea-Doo/Ski-Doo de la firme Bombardier remet à ses nouvelles recrues un dossier comprenant des renseignements sur l'historique, la mission et les objectifs de la société, de même que sur la philosophie de gestion, les services aux employés, la santé et la sécurité et, enfin, les conditions de travail.

Au début d'un programme d'orientation, on expose généralement les sujets d'intérêt général propres à faciliter l'intégration de l'employé à son nouvel environnement de travail (une présentation de l'entreprise, son historique, ses produits et ses services, le contenu des programmes d'avantages sociaux, une période de questions). Ensuite, le programme d'orientation porte sur des sujets relatifs au poste de la recrue (les attentes du supérieur, les buts poursuivis par l'unité administrative, les relations avec les autres unités administratives de l'entreprise). Chez Texas Instruments, par exemple, les recrues sont même informées du profil de leur superviseur, c'est-à-dire de ses passe-temps, de ses intérêts et de son style de gestion (Gommershall et Myers, 1966). Finalement, dans le programme d'orientation, on transmet au nouveau personnel d'autres renseignements plus spécifiques concernant les tâches, les responsabilités, l'évaluation du rendement et les modalités de participation à des programmes de formation continue.

Comme condition de l'intégration réussie des nouveaux employés, mentionnons le soutien des supérieurs immédiats. La transmission graduelle de l'information s'avère une autre condition de succès. Comme l'indique Benabou, la recrue «ne doit pas être inondée de renseignements et de consignes peu utilisables à court terme, lesquels seront vite oubliés» (1993, p. 308). Mentionnons, pour terminer, que les nouveaux employés ne jouent pas nécessairement un rôle passif à l'intérieur d'un processus de socialisation. Ces derniers sont plutôt actifs dans la recherche de l'information et ils manifestent des comportements de «gestion de soi» (Saks et Ashforth, 1996).

Conclusion

Dans ce chapitre, nous avons suivi, étape par étape, une démarche rigoureuse d'acquisition des ressources humaines. Les activités préliminaires entourant l'acquisition des ressources humaines visent à susciter une meilleure compréhension des postes et du milieu de travail. Ces activités aident à établir le profil des compétences et à déterminer les critères, les prédicteurs et les outils de sélection. Les autres activités du processus de dotation ont pour objet de générer des candidatures par le recrutement, de procéder à une sélection efficace, de prendre une décision d'embauche et de favoriser l'intégration des nouveaux employés.

Bien que la démarche d'acquisition des ressources humaines présentée dans ce chapitre puisse paraître objective, voire scientifique, il ne faut pas pour autant mettre de côté le jugement et l'intuition du gestionnaire. La contribution de ces dimensions plus subjectives s'avère surtout importante à deux étapes de la démarche. Premièrement, au moment de l'établissement du profil des compétences, le jugement des cadres permet de préciser la qualification requise pour occuper le poste. Deuxièmement, la participation des cadres ayant une bonne compréhension du poste facilite la détermination des critères de réussite professionnelle. En somme, à l'intérieur de cette «science» de la dotation, l'apport de l'expérience, du jugement et de l'intuition du personnel d'encadrement représente une force plutôt qu'une faiblesse.

QUESTIONS DE RÉVISION

1. En matière de sélection, est-il vraiment grave de rejeter un candidat sachant que, s'il avait été retenu, il aurait représenté un excellent employé? Pourquoi?

2. Considérant le contexte juridique de la dotation, les entreprises peuvent-elles encore appliquer une politique qui consiste à accorder la préférence aux enfants des membres du personnel pour combler les emplois d'été pour les étudiants?

3. Quels sont les principaux facteurs propres à l'organisation qui exercent un attrait à l'occasion du recrutement de diplômés de l'université?

4. Que réserve l'avenir au recrutement sur le réseau Internet?

5. Quelle méthode de recrutement proposez-vous pour combler un poste de responsable du service à la clientèle au sein d'une entreprise du secteur agroalimentaire?

6. Une entreprise utilise actuellement un test de raisonnement logique pour l'embauche de ses manutentionnaires. La nouvelle directrice des ressources humaines se questionne cependant sur la validité et l'utilité de cet instrument de sélection. Comment peut-elle procéder pour confirmer ou infirmer son opinion?

7. La personne responsable du recrutement peut-elle demander à l'employeur précédent d'un candidat si ce dernier s'absentait souvent de son travail?

8. Quelle question de mise en situation pourrait être utilisée à l'occasion d'une entrevue de sélection pour un poste de gardien de prison?

9. Quels tests de sélection vous paraissent les plus appropriés en relation avec un poste de directeur des ventes?

10. Expliquez les rôles des professionnels en ressources humaines, des cadres hiérarchiques, de la direction et des employés au moment de l'accueil et de l'orientation de nouveaux employés.

RÉFÉRENCES

Anonyme (1993). «Équité en emploi: le Conference Board honore trois entreprises», *Les Affaires*, 6 novembre, p. 32.

BALICCO, C. (1997). *Les méthodes d'évaluation en ressources humaines: la fin des marchands de certitude*, Paris, Éditions d'Organisation.

BARCELO, Y. (1997). «L'éducation aux prises avec le décrochage technologique», *Les Affaires*, 31 mai, p. T1.

BENABOU, C. (1993). «L'acquisition stratégique des ressources humaines», dans *Gestion stratégique et opérationnelle des ressources humaines*, dans A. Petit et autres, Boucherville, Gaëtan Morin Éditeur, p. 229-313.

BERNARD, R., T. WILS, G. GUÉRIN et C. LABELLE (1992). «La gestion des carrières dans les entreprises québécoises», *Gestion*, septembre, p. 91-99.

COMMISSION DES DROITS DE LA PERSONNE DU QUÉBEC (1988). *L'accès à l'égalité dans l'emploi: guide d'élaboration d'un programme volontaire*, Québec.

CONSEIL DU STATUT DE LA FEMME (1993). *Même poids, même mesure: avis sur l'équité en emploi*.

DES ROBERTS, G. (1994). «Reprise de l'embauche de cadres supérieurs: les valeurs personnelles sont à l'honneur», *Les Affaires*, 1er octobre, p. 29.

DURIVAGE, A., J. ST-MARTIN et J. BARRETTE (1995). «Intelligence pratique ou traditionnelle: que mesure l'entrevue structurée situationnelle?», *Revue européenne de psychologie appliquée*, vol. 45, n° 3, 3ᵉ trimestre, p. 171-178.

GATEWOOD, R.D. et H.S. FIELD (1994). *Human Resource Selection*, 3ᵉ éd., Orlando, Floride, Dryden Press.

GOMMERSHALL, E.R. et M.S. MYERS (1966). «Breakthrough in on-the-job training», *Harvard Business Review*, vol. 44, juillet-août, p. 62-71.

HARVEY, R.J. (1991). «Job Analysis», dans *Handbook of Industrial and Organizational Psychology*, sous la direction de M.S. Dunnette et L.M. Hough, Palo Alto, Californie, Consulting Psychologists Press.

HENEMAN III, H.G., D.L. HUETT, R.J. LAVIGNA et D. OGSTEN (1995). «Assessing manager's satisfaction with staffing services», *Personnel Psychology*, vol. 48, p. 163-172.

HUFFCUTT, A.I. et W. ARTHUR, JR. (1994). «Hunter and Hunter (1984) revisited: Interview validity for entry-level jobs», *Journal of Applied Psychology*, vol. 79, n° 2, p. 184-190.

INSTITUT DE RECHERCHES PSYCHOLOGIQUES (1995). *Tests et matériel de ressource*, Montréal.

LACERTE, P. (1997). «Les nouveaux maîtres du monde», *Affaire PLUS*, mai, p. 30-32.

LE CORRE & ASSOCIÉS (1996). *Embauche et contrats de travail: approches et rédaction – tout ce que l'employeur doit savoir*, Cowansville, Éditions Yvon Blais.

LORTIE, M.-C. (1996). «Les employeurs ont de la difficulté à recruter», *La Presse*, 14 septembre, p. A1.

McDANIEL, M.A., D.L. WHETZEL, F.L. SCHMIDT et S.D. MAURER (1994). «The validity of employment interviews: A comprehensive review and meta-analysis», *Journal of Applied Psychology*, vol. 79, n° 4, p. 599-616.

MILES, R.E. et C.C. SNOW (1978). *Organizational Strategy, Stucture and Process*, New York, McGraw-Hill.

OLIAN, J.D. et S.L. RYNES (1984). «Organizational staffing: Integrating practice with strategy», *Industrial Relations*, vol. 23, n° 2, p. 170-183.

PITCHER, P. (1994). *Artistes, artisans et technocrates dans nos organisations: rêves, réalités et illusions du leadership*, Montréal, Québec/Amérique.

RYNES, S.L. (1991). «Recruitment, job choice, and post-hire consequences: A call for new research directions», dans *Handbook of Industrial and Organizational Psychology*, sous la direction de M.S. Dunnette et L.M. Hough, Palo Alto, Californie, Consulting Psychologists Press, p. 399-444.

SAKS, A.M. et B.E. ASHFORTH (1996). «Proactive socialization and behavioral self-management», *Journal of Vocational Behavior*, vol. 48, p. 301-323.

SCHMIDT, F.L., J.E. HUNTER, A.N. OUTERBRIDGE et M.H. TRATTNER (1986). «The economic impact of job selection methods on size, productivity, and payroll costs of the federal work force: An empirically based demonstration», *Personnel Psychology*, vol. 39, p. 1-29.

TOMESCO, F. (1990). «La saison des chasseurs de têtes», *Commerce*, décembre, p. 71-75.

TREMBLAY, M. et A. ROGER (1992). «La préparation de la relève dans les entreprises», *Gestion*, septembre, p. 64-72.

TZINER, A., C. JEANRIE et S. CUSSON (1993). *La sélection du personnel: concepts et applications*, Laval, Agence d'Arc.

WIESNER, W.H. et S.F. CRONSHAW (1988). «A meta-analytic investigation of the impact of interview format and degree of structure on the validity of the employment interview», *Journal of Occupational Psychology*, vol. 61, p. 275-290.

LECTURES SUGGÉRÉES

BALICCO, C. (1997). *Les méthodes d'évaluation en ressources humaines: la fin des marchands de certitude*, Paris, Éditions d'Organisation.

GATEWOOD, R.D. et H.S. FIELD (1994). *Human Resource Selection*, 3ᵉ éd., Orlando, Floride, Dryden Press.

LE CORRE & ASSOCIÉS (1996). *Embauche et contrats de travail: approches et rédaction – tout ce que l'employeur doit savoir*, Cowansville, Éditions Yvon Blais.

TIFFIN, J. et E.J. McCORMICK (1967). *Psychologie industrielle*, Paris, Presses Universitaires de France.

TZINER, A., C. JEANRIE et S. CUSSON (1993). *La sélection du personnel: concepts et applications*, Laval, Agence d'Arc.

CAS

Commis aux opérations comptables

À la suite de la décision de Jacques Navares de prendre sa retraite après 15 ans de services à la Ville de Grande-Rivière, la directrice des ressources humaines, Édith Rochefort, a reçu du directeur général, Tom Lambert, le mandat de le remplacer dans les plus brefs délais. La Ville de Grande-Rivière compte environ 120 employés et la directrice des ressources humaines, en poste depuis seulement deux ans, a parmi ses responsabilités la gestion des actions administratives de la dotation.

Mme Rochefort a rencontré M. Navares pour en savoir davantage sur les exigences de son poste de commis aux opérations comptables. M. Navares l'a informée qu'il travaillait de façon relativement autonome et qu'il s'occupait des tâches comptables concernant les opérations de trésorerie de la municipalité (encaissement et décaissement). Il veillait ainsi à ce que les paiements de taxes foncières reçus des contribuables soient correctement débités de leur compte et reportés sur les registres comptables de la municipalité. Il lui a expliqué que la personne qui prendrait la relève devait aimer les chiffres et qu'un bon sens de l'organisation était essentiel. Satisfaite des renseignements fournis par M. Navares, Mme Rochefort a fait paraître dans le journal régional une annonce invitant les personnes qualifiées à poser leur candidature.

Après avoir analysé les curriculum vitæ des candidats et procédé aux entrevues de sélection, Mme Rochefort a arrêté son choix sur une jeune diplômée en comptabilité qui avait obtenu d'excellents résultats à l'université. La nouvelle recrue, Martine Gagnon, avait hâte d'utiliser ses compétences en comptabilité de même qu'en informatique pour le bien de la municipalité.

Seulement quelques semaines après son entrée en fonction, Martine Gagnon a commencé à montrer des signes de découragement. Un jour, elle a confié au directeur général de la Ville que sa formation lui permettait de faire plus que d'inscrire les transactions dans le journal des recettes et sur le registre des taxes à percevoir, et de vérifier que la somme soit prélevée sur le compte du client. Elle n'aimait guère remplacer le caissier affecté à la « petite caisse » lors de ses nombreuses absences. Par ailleurs, elle croyait que son poste allait comporter aussi la responsabilité de s'occuper des états financiers et des salaires, ce qui n'était pas le cas. Mme Gagnon a finalement expliqué que sa proposition d'informatiser la comptabilité n'avait pas été bien accueillie par ses collègues au service de la paie.

Pour tenter de corriger la situation, M. Lambert a rencontré le directeur du service de la paie, qui a exprimé à son tour son mécontentement. Il a d'abord expliqué que les tâches sont réparties de façon très stricte et que si Mme Gagnon n'est pas satisfaite du travail qu'elle doit effectuer, elle n'a qu'à partir. Il l'a ensuite informé que la comptabilité « boîte à chaussures » fonctionne bien à la Ville et que l'informatique serait une dépense inutile. Finalement, le chef comptable a exprimé sa frustration devant le fait de n'avoir pas été consulté dans le processus d'embauche de Mme Gagnon.

Quelques mois après son embauche, Martine Gagnon a déposé sa lettre de démission sur le bureau de M. Lambert.

Questions

1. Quelles actions aurait dû faire Mme Rochefort, la directrice des ressources humaines, dans le processus de dotation pour éviter ces problèmes ?

2. Quelles actions aurait dû faire Martine Gagnon, la nouvelle recrue, pour éviter de se retrouver dans cette situation désagréable?

3. Quelles actions aurait dû faire M. Lambert, le directeur général, pour éviter les coûts reliés à ce départ?

CHAPITRE 7

Développer les compétences

OBJECTIFS D'APPRENTISSAGE

Après l'étude de ce chapitre, le lecteur devrait être plus apte à:

- Expliquer pourquoi la formation est une activité importante de la gestion des ressources humaines pour les employeurs, les équipes de travail, les cadres hiérarchiques et les employés.
- Comprendre les exigences de la Loi favorisant le développement de la formation de la main-d'œuvre.
- Situer les rôles de divers acteurs en matière de formation.
- Connaître la principale démarche qu'on utilise pour analyser les besoins en formation.
- Concevoir un plan spécifique de formation.
- Prévoir des interventions susceptibles d'augmenter le transfert des apprentissages.

MISE EN SITUATION

La course au savoir[1]

À la longue, les employés d'un distributeur de Laval ont remarqué quelque chose : il y avait des améliorations à apporter aux piscines qu'ils installaient. « C'est à partir de leur expérience que nous avons décidé de concevoir nos propres produits », admet Clément Hudon, président des Piscines Trévi.

Le distributeur devenu manufacturier international fait aujourd'hui un bond de 79 places dans notre palmarès et figure 216e au classement général des AFFAIRES-500.

Sans l'accumulation de **savoir** dans la tête de ses employés, son entreprise n'aurait probablement jamais connu un tel succès.

Cet exemple démontre que le véritable actif d'une entreprise est non comptabilisé. Il est stocké dans le cerveau des employés.

Imaginez la pertinence de cette constatation au sein des entreprises technologiques, chez les créateurs de logiciels et dans les cabinets de professionnels, eux qui ne vivent que de l'effort intellectuel. Les consultants lancent souvent à la blague que le capital de la compagnie prend l'ascenseur tous les matins et tous les soirs.

Cela n'a rien d'une boutade. C'est une observation fort lucide.

Charles Handy, professeur au London Business School, ancien dirigeant de Shell et auteur-conférencier à succès, prévoit qu'en l'an 2000, 80 % des emplois feront appel à des capacités intellectuelles plutôt qu'à des compétences manuelles.

On peut renchérir, car même les tâches les plus manuelles requièrent maintenant un certain effort intellectuel.

Prenons l'entretien ménager : [...] chaque pays a un ratio de productivité qui s'exprime en pi^2 nettoyés à l'heure. La concurrence est féroce entre les sociétés d'entretien d'édifices et on exige maintenant qu'elles se soumettent aux normes ISO. Leur marché est stagnant et elles ne peuvent assurer leur survie qu'à force d'améliorer la productivité des employés par la formation, le recours à l'imagination et de meilleurs... produits à récurer.

Aucun secteur n'échappe à la course au savoir. Les défis sont toutefois particulièrement cruciaux dans les secteurs en développement tels que les télécommunications, l'électronique ou l'informatique. La petitesse de notre marché et la taille de la plupart de nos entreprises pourraient constituer des limitations majeures. Comment, en effet, retenir nos meilleurs cerveaux et se mesurer aux géants mondiaux disposant d'importants programmes de R&D ? Par une utilisation maximale des connaissances et par la mise en commun du savoir des employés.

Un nouveau marché s'ouvre aux consultants : après la planification stratégique, la qualité totale, puis la réingénierie, voici la **gestion du savoir**. On a consenti, au cours des dernières décennies, énormément d'efforts à faire fonctionner l'équipement et les machines de la manière la plus productive possible. On commence maintenant à faire de même avec la somme des connaissances et de l'expérience des employés et du savoir propre à l'entreprise inscrit dans ses brevets, ses recherches en cours, ses bases de données, ses systèmes d'information, ses méthodes d'exploitation. L'objectif est de permettre que ce savoir soit disponible au bon endroit et au bon moment et qu'il demeure et s'accumule au sein de l'entreprise. On voit déjà apparaître des logiciels spécifiques à cette gestion particulière. Heureusement, il s'agit d'un domaine où les cerveaux locaux sont à l'œuvre. Par exemple, c'est auprès d'une petite société d'informatique montréalaise, Novasys, que la société allemande Siemens vient de trouver le logiciel qui lui convenait pour gérer le savoir au sein de son organisation.

---

1. N. Saint-Hilaire, *Les Affaires*, numéro spécial : *Les Affaires 500*, édition 1997, p. 4.

Questions

1. Quel doit être le rôle de la formation dans les entreprises qui ne vivent que de l'effort intellectuel?

2. Quels liens peuvent être établis entre la gestion du savoir et les activités de planification et d'acquisition des ressources humaines?

Introduction

Le développement du savoir, tout comme le développement de l'actif d'une entreprise, requiert un engagement envers le développement du «capital intellectuel». C'est le message qui nous est livré dans la mise en situation qui précède. Heureusement, pour réagir avec détermination à l'intensification de la concurrence, bon nombre d'entreprises investissent beaucoup dans la formation professionnelle. Malheureusement, d'autres employeurs accordent peu d'importance au développement des compétences de leur main-d'œuvre. Et malheureusement encore, parmi les entreprises qui font de la formation, plusieurs s'y prennent mal. Une analyse des besoins en formation escamotée, une pédagogie inadéquate et le manque d'appui du personnel d'encadrement sont quelques éléments tirés d'une longue liste d'erreurs faisant que la formation n'apporte pas toujours les résultats escomptés. Pour faire mieux, il faut, d'une part, mieux comprendre l'enjeu de la formation et, d'autre part, être en mesure d'effectuer une analyse rigoureuse des besoins en formation et élaborer un plan de formation qui va tenir la route. Voilà donc l'objet du présent chapitre.

7.1 Le domaine du développement des compétences

7.1.1 Les termes-clés

À l'heure actuelle, dans les médias et dans les milieux de travail, on entend beaucoup parler de la compétence, de la gestion des compétences, de la formation, du développement des ressources humaines, du perfectionnement, du recyclage de la main-d'œuvre, du développement organisationnel, de l'organisation apprenante et de régimes d'apprentissage. D'abord, la **compétence** comprend un «ensemble des qualités qui permettent à un travailleur de satisfaire aux exigences d'une fonction donnée» (Dion, 1986,

p. 101). On reconnaît à la personne compétente une certaine expertise, des connaissances, un savoir-faire et des comportements appropriés à une fonction. **Gérer les compétences**, c'est agir sur les connaissances, le savoir-faire et les comportements pour que les ressources humaines soient en mesure d'améliorer leur rendement et de s'adapter à l'évolution du contexte économique, technologique et social de l'entreprise.

La **formation** inclut toutes les activités d'apprentissage ayant pour objet l'amélioration des compétences des employés. Elle répond à des critères précis reliés à l'emploi. Il existe une formation professionnelle structurée ou formelle qui reçoit l'appui logistique et financier de l'entreprise, de même qu'une formation professionnelle non structurée ou informelle qui n'a pas un objectif manifeste ou un contenu précis. La formation est une composante-clé d'un système de gestion des compétences. Le **développement des ressources humaines** comprend les pratiques de formation, d'évaluation du rendement, de gestion des carrières, etc., qui visent à améliorer les compétences des ressources humaines avec un horizon plus lointain que celui de la formation. Le **perfectionnement** vise le développement des compétences, déjà acquises partiellement, qui s'avèrent nécessaires en vue d'une plus grande efficacité dans l'exercice de fonctions futures. Le **recyclage de la main-d'œuvre** porte sur la mise à jour des compétences requises suivant l'évolution du travail à accomplir. Il s'agit d'aider les personnes à s'adapter à la vie au travail à la suite de changements importants ou de l'abolition de postes.

Le **développement organisationnel** est un processus de changement planifié qui a comme finalité l'amélioration de l'efficacité de l'entreprise ainsi que le bien-être de ses employés. La démarche de changement proposée par un projet de développement organisationnel pourrait comprendre l'activité de formation soit comme stimulation, catalyseur ou soutien du changement ou de la transformation de l'organisation. On parle aussi de plus en plus, dans les milieux d'affaires, de l'**organisation apprenante**, qui représente un modèle de survie et de développement. L'organisation apprenante a su développer la capacité de créer, d'acquérir et de transférer des connaissances. Elle encourage la formation continue, l'amélioration continue, l'expérimentation, une gestion mobilisatrice des ressources humaines et l'élaboration d'une vision systémique de l'organisation.

Mentionnons finalement les **régimes d'apprentissage**, qui favorisent l'acquisition de compétences exigées par l'exercice d'un métier. La formule de l'apprentissage consiste à soumettre les apprenants à une formation théorique et technique en classe ainsi qu'à une formation pratique chez un employeur. Dans les secteurs de la construction et de l'automobile, on favorise cette approche qui permet d'apprendre un métier en travaillant.

7.1.2 L'importance du développement des compétences

Les résultats d'un sondage de la firme Ad hoc recherche, réalisé en mai 1997 pour le journal *Les Affaires*, indique que 24,2% des Québécois qui occupaient un emploi ont affirmé avoir suivi des cours de formation ou de perfectionnement pendant l'année précédente (Grammond, 1997). Si l'on tient compte de l'ensemble de la population — les personnes qui occupent un emploi et les autres —, la proportion n'est plus que de 18,4%. D'après l'enquête nationale sur la formation, menée en 1991 par le Centre canadien du marché du travail et de la productivité, 25% des participants du Québec (contre 36% au Canada) avaient bénéficié de cours de formation pendant l'année précédente. Selon un spécialiste, les indications permettent de croire qu'au Québec le taux d'investissement dans la formation est inférieur à 1% de la masse salariale des entreprises, alors qu'il se situe autour de 2% pour les pays de l'OCDE.

Le retard du Canada et surtout du Québec par rapport à d'autres pays industrialisés semble cependant en voie de se résorber assez rapidement. Mentionnons d'abord une enquête récente, commandée par la Banque Royale, selon laquelle, pendant l'année précédente, 44% des employés ont suivi un cours de formation pour améliorer leurs compétences dans leur emploi actuel et 18%, pour obtenir un emploi différent. Il faut noter également que, selon un sondage, la première priorité des professionnels en ressources humaines en 1992 était la formation et le développement de la main-d'œuvre (Saint-Hilaire, 1992). Signalons ensuite le cas d'entreprises qui ne lésinent pas en ce qui concerne la formation de leurs employés (Lévesque, 1994). Ainsi, la société d'électrolyse et de chimie Alcan offre entre 75 et 90 heures de formation par année par employé. La raffinerie Shell de Montréal estime, pour sa part, être en avance sur la formation donnée en France dans le même secteur d'activité. Les travailleurs de GM, à Boisbriand, ont accès à des cours de perfectionnement dans les locaux de la commission scolaire locale, mais sur du matériel fourni par l'employeur. Il semble donc, selon certaines indications, que se développe au Québec une véritable culture de la formation en mesure de soutenir la concurrence internationale.

Pour mieux cerner l'état actuel de la formation, il faut également se demander qui reçoit de la formation et de quel type. Selon le sondage effectué en 1997 par la firme Ad hoc recherche, les employeurs ont tendance à investir dans la formation des employés qui possèdent déjà un certain bagage scolaire. Parmi les participants à l'enquête qui ont suivi un cours de formation pendant l'année précédente, 27,6% avaient une scolarité universitaire, 26,1% avaient atteint le niveau collégial et 9,6% avaient fait des études de niveaux primaire et secondaire. Par conséquent, moins on est instruit, moins on suit une formation. De même, plus le niveau de revenu augmente, plus le pourcentage de personnes qui ont suivi un programme de formation ou de perfectionnement est élevé. Le sondage met aussi en évidence la tendance selon laquelle plus l'employé vieillit, moins l'employeur semble manifester de l'intérêt pour sa formation.

L'administration publique, les secteurs de la finance, des assurances et des affaires immobilières sont plus portés à donner de la formation. Les petites et moyennes entreprises investissent, semble-t-il, moins que les grandes entreprises dans la formation de leurs employés. Par ailleurs, les entreprises qui ont une tradition de promotion interne (recrutement interne plutôt qu'externe) et celles qui ont implanté de nouvelles technologies ont tendance à investir davantage dans la formation. Du point de vue de la main-d'œuvre, il existe donc, de toute évidence, des inégalités quant à l'accès à la formation.

En ce qui a trait à la nature de la formation offerte, le Centre canadien du marché du travail et de la productivité constatait en 1991 qu'environ le quart de toute la formation donnée concernait la santé et la sécurité du travail, alors que l'initiation à l'emploi comptait pour 18% de l'ensemble, la formation en informatique pour 10% et la formation en gestion pour 6%.

7.1.3 Les relations entre la formation et les autres facettes de la GRH

Les autres facettes de la GRH peuvent ou bien appuyer l'activité de formation ou bien lui nuire. C'est pourquoi il importe d'intégrer la formation dans la GRH pour renforcer la synergie entre les sous-systèmes.

D'abord, une analyse du poste bien effectuée aide à déterminer avec précision ce que l'employé doit faire pour être performant dans ses fonctions. L'analyse du poste et une description du poste à jour facilitent l'établissement des besoins en formation en relation avec les exigences réelles du poste. Les renseignements sur les activités, les tâches et les responsabilités que procure l'analyse du poste aident également à élaborer un contenu des apprentissages bien adapté à la réalité du travail à accomplir.

Si la direction a procédé à une planification stratégique des ressources humaines, il sera plus facile d'harmoniser l'activité de formation aux orientations et aux priorités de l'entreprise. La planification opérationnelle permet, par ailleurs, de prévoir une situation de déséquilibre, telle une pénurie qualitative de main-d'œuvre, à laquelle on peut remédier en agissant sur les compétences.

Ensuite, il existe une relation directe entre la qualité des personnes embauchées et les besoins en formation. Plus l'entreprise réussit à attirer, à embaucher et à intégrer des candidats hautement qualifiés, moins les besoins en formation seront importants. En outre, une organisation qui valorise la compétence peut évaluer les candidats en partie selon leurs aptitudes à apprendre. Ainsi, les nouveaux employés seront plus disposés à apprendre des façons de faire différentes.

Les résultats obtenus par les employés aux évaluations du rendement renseignent la direction sur les besoins en développement des ressources humaines. Le supérieur hiérarchique peut proposer à un employé, à l'occasion de l'entretien d'évaluation du rendement, le contenu de la formation susceptible de favoriser son cheminement professionnel. Notons qu'avec l'évaluation à 360° (voir le chapitre 9), l'employé évalué obtient une rétroaction de son supérieur, de ses subordonnés, de ses clients et de ses collègues, qui est de nature à l'aider à mieux cerner ses besoins en formation.

Mentionnons également que de plus en plus d'entreprises adoptent la rémunération des employés selon le nombre, le type ou la profondeur des compétences qu'ils ont développées (Tremblay, 1996). Ainsi, des organisations comme Shell, Hydro-Québec, General Electric, Alcan et Canadair ont mis en place une rémunération basée sur l'acquisition de compétences.

Selon la Loi sur la santé et la sécurité du travail, il revient à l'employeur de prendre les mesures nécessaires pour assurer la sécurité et l'intégrité physique des travailleurs. Il doit notamment former de manière adéquate les travailleurs afin qu'ils aient les habiletés et les connaissances requises pour accomplir leur travail de façon sécuritaire.

7.2 L'IMPORTANCE CONFIRMÉE DU DÉVELOPPEMENT DES COMPÉTENCES

Plusieurs facteurs expliquent pourquoi la société, les entreprises et les syndicats favorisent aujourd'hui, plus que jamais, la formation professionnelle comme principal véhicule d'amélioration de la productivité et de la qualité de la vie des gens. Dans cette section, nous présenterons l'évolution économique, technologique et juridique qui confirme l'importance que l'on doit accorder à la formation professionnelle.

7.2.1 L'ÉVOLUTION DE LA SITUATION ÉCONOMIQUE ET LA FORMATION

La situation économique est caractérisée par l'imprévisibilité et une complexité grandissante. La mondialisation de l'économie, l'intensification de la concurrence et l'incertitude face à l'avenir sont d'autres caractéristiques de la situation économique actuelle qui expliquent l'importance de la formation qualifiante (voir le chapitre 4). À l'intérieur d'un tel environnement économique, on perçoit clairement la nécessité pour l'entreprise de développer une capacité de réaction à l'imprévu ainsi que la flexibilité interne au moyen de la détermination et de la mise en valeur de nouvelles compétences (Jacob, 1992). Autrement dit, les employeurs doivent pouvoir compter sur des employés bien formés pour faire face à la concurrence. Les entreprises soumises à une vive concurrence doivent recourir à la créativité, à l'esprit d'innovation, au savoir, au savoir-faire et au savoir-être de chacun. L'entreprise qui privilégie l'amélioration continue de la qualité doit aller au-delà de la formation par rapport à une tâche spécifique et favoriser une formation qui aide ses employés à concevoir une vue d'ensemble des processus de travail.

7.2.2 L'évolution de la technologie et la formation

Pour développer l'industrie pharmaceutique ainsi que les secteurs de l'aérospatiale, de la biotechnologie et de la haute technologie, il faut pouvoir compter sur une main-d'œuvre compétente. Il va sans dire que l'essor technologique génère des besoins en formation de la main-d'œuvre. Pendant que le marché de l'informatique continue sa croissance vertigineuse, les bits remplacent de plus en plus les atomes dans le monde qui nous entoure. La puissance des ordinateurs augmente sans cesse alors qu'à l'heure actuelle les compagnies Intel et Hewlett-Packard travaillent ensemble à mettre au point un nouveau microprocesseur qui devrait être dix fois plus rapide que le Pentium actuel. La croissance fulgurante du réseau Internet et l'explosion des réseaux intranets sont d'autres composantes de ce monde informatique qui se renouvelle tous les trois mois. Ajoutons à cela certains éléments de l'univers technologique comme les télécommunications, la bureautique, l'automatisation, la robotisation de même que la conception, la fabrication et la gestion assistées par ordinateur, et nous pouvons commencer à nous représenter les multiples exigences que cela entraînera relativement aux compétences des ressources humaines.

Le savoir représente désormais un atout essentiel pour évoluer dans l'ère de l'information. À l'occasion d'une enquête faite par Statistique Canada, 68 % des participants ont indiqué que l'avènement des ordinateurs et des technologies de l'information avait modifié à la hausse les exigences professionnelles liées à leur poste (Lowe, 1997). L'effort mental se substitue ainsi à l'effort physique. En plus des exigences plus grandes, l'accélération du rythme des innovations technologiques impose le renouvellement des compétences à des intervalles plus rapprochés. Comme l'exprime avec éloquence Bouteiller (1997), une partie importante des compétences de l'entreprise sont «biodégradables». Il faut donc les renouveler pour maintenir le capital de compétences de l'entreprise.

Avec les nouvelles technologies, les entreprises ont surtout besoin d'une main-d'œuvre ayant une bonne formation initiale. C'est pourquoi, jugeant la formation initiale de ses employés insuffisante, la compagnie Domtar recrute maintenant des personnes qui ont un diplôme de niveau collégial tout au moins, délaissant les diplômés du niveau secondaire. Une bonne formation initiale en mathématiques et en langues est désormais prescrite du sommet jusqu'à la base de la hiérarchie. Pour combler les lacunes de leur main-d'œuvre à cet égard, certains employeurs investissent maintenant dans la formation initiale de leurs employés. La firme IBM procure ainsi à ses employés une formation de base en algèbre, tandis que d'autres entreprises se lancent dans des programmes d'alphabétisation.

7.2.3 L'encadrement juridique de la formation

L'enjeu de la qualification de la main-d'œuvre est à ce point crucial au Québec que le gouvernement a décidé d'obliger les entreprises qui ne le feraient pas spontanément à se préoccuper de la formation. Cette obligation s'appelle la Loi favorisant le développement de la formation de la main-d'œuvre, qui est entrée en vigueur le 1er janvier 1996. Mieux connue sous le nom de «loi 90», elle vise les trois objectifs suivants:

1) responsabiliser les employeurs quant à la planification et à l'organisation de la formation de leurs ressources humaines;
2) accroître les investissements des employeurs dans la formation et le développement de leur main-d'œuvre;
3) contribuer au maintien, à l'insertion et à la création d'emplois.

Tout employeur au Québec, incluant le gouvernement du Québec, ses ministères et les organismes qui en sont mandataires, dont la masse salariale est de 250000$ ou plus, devient assujetti à cette loi. Celle-ci prévoit que l'employeur est tenu d'investir l'équivalent d'au moins 1% de sa masse salariale dans la formation et d'en faire la déclaration au ministère du Revenu. Dans le cas où l'employeur ne ferait pas cet investissement, le montant total ou le solde serait prélevé par le ministère du Revenu du Québec et versé dans le Fonds national de formation de la main-d'œuvre. Le tableau 7.1 décrit comment les employeurs peuvent s'acquitter de leurs obligations en matière de formation de leurs ressources humaines.

Il est intéressant de noter que si les dépenses de formation admissibles pour une année donnée sont supérieures au montant de la participation

TABLEAU 7.1 Les moyens à la disposition des employeurs pour se conformer à leurs obligations en matière de formation

- En formant le personnel lors d'activités réalisées à l'interne ou à l'externe.
- En prêtant le personnel ou des équipements pour la formation.
- En accordant des congés de formation.
- En accueillant des apprentis dans le cadre du régime d'apprentissage de la Société québécoise de développement de la main-d'œuvre.
- En accueillant des stagiaires ou des enseignants stagiaires dans le cadre du programme de stages en entreprise du ministère de l'Éducation du Québec.
- En confiant à une association sectorielle ou régionale, à un comité paritaire, à un organisme communautaire ou à un autre organisme, reconnus par la Société québécoise de développement de la main-d'œuvre, la mise en œuvre d'un plan de formation.

Source : Société québécoise de développement de la main-d'œuvre, *Guide 1996. Loi favorisant le développement de la formation de la main-d'œuvre*, Publications du Québec, 1996.

minimale exigée par la loi, l'excédent devient comptabilisable pour les années subséquentes.

Une année après sa mise en œuvre, un sondage effectué par la Fédération canadienne de l'entreprise indépendante montrait que la Loi favorisant le développement de la formation de la main-d'œuvre aura pour effet de maintenir ou d'augmenter les dépenses reliées à la formation (De Smet, 1997). Le second objectif visé par cette loi semble donc déjà atteint un an seulement après son entrée en vigueur.

7.2.4 Les défis de la formation

Le fait, pour une entreprise, de s'engager dans «la course au savoir» afin de développer les compétences de ses ressources humaines mieux et plus rapidement que ses concurrents comporte plusieurs avantages, mais aussi plusieurs exigences. Il faut notamment, pour améliorer la formation, relever plusieurs défis, dont certains sont présentés au tableau 7.2.

Pour de nombreuses entreprises au Québec, depuis que la Loi favorisant le développement de la formation de la main-d'œuvre est instaurée, la question n'est plus de déterminer s'il faut faire de la formation, mais plutôt à quel rythme et pour quels employés. Alors que certaines entreprises locales et étrangères investissent jusqu'à 10% de leur masse salariale dans la formation, chaque employeur doit évaluer si le minimum requis de 1% est suffisant pour faire face à la musique. Par ailleurs, il serait malheureux,

TABLEAU 7.2   Les défis de la formation

- Investir suffisamment dans la formation professionnelle.
- S'assurer que les investissements dans la formation donnent des résultats.
- Favoriser une gestion stratégique de la formation.
- Se préoccuper des véritables besoins en formation.
- Utiliser les bonnes méthodes de formation.
- Responsabiliser le travailleur face à son projet de développement professionnel.

du point de vue de l'égalité des chances dans l'emploi, que les initiatives concernant la formation négligent certains groupes d'employés, comme le personnel plus âgé ou les femmes.

Une étude indique que «la recherche d'une plus grande efficience a été et continuera d'être, selon les répondants, une des principales priorités de leur organisation en matière de formation» (Foucher, 1997, p. 46). Dans un contexte exigeant que l'on fasse toujours plus avec les ressources disponibles, il faut prendre les mesures nécessaires pour s'assurer que les dépenses reliées à la formation donnent des résultats. Cela comporte comme condition l'adoption d'interventions avant, pendant et après la formation afin de faciliter le transfert des apprentissages du milieu de formation au milieu de travail. L'évaluation de l'activité de formation et des apprentissages permet, à cet égard, de démontrer dans quelle mesure la formation a permis de combler des besoins en formation et de réduire un écart de rendement.

On ne doit pas réaliser la formation sans tenir compte de la situation et des orientations de l'organisation dans laquelle elle s'insère. À l'occasion d'une recherche faite au moyen d'un questionnaire, les directeurs de la formation ont déterminé comme priorité future de leur organisation l'établissement de liens appropriés entre la stratégie d'affaires et la formation (Foucher, 1997). Les participants à cette étude ont également accordé la priorité à l'élaboration et à l'application d'une stratégie de formation ainsi qu'à l'intégration de l'activité de formation à un plan de développement organisationnel.

Le fait de se préoccuper des véritables besoins en formation exige une analyse complète et approfondie. Une formation fondée sur les véritables besoins assure un meilleur transfert des apprentissages, puisque la formation est conçue pour résoudre un problème spécifique. Plus loin dans ce chapitre, nous présenterons une approche structurée permettant de réaliser l'analyse des besoins en formation des ressources humaines.

Pour répondre à la question de savoir «comment former», il importe d'adapter les méthodes de formation au profil de la clientèle. Par exemple, pour un personnel plus âgé, on recommande une démarche axée sur la «résolution de problèmes», la «possibilité de pratiquer ou d'appliquer les connaissances acquises en cours de formation» ainsi qu'un encadrement personnalisé (Larouche, 1997, p. 28). En matière de méthodes de formation, une recherche révèle la tendance au «rapatriement» de la formation à l'intérieur de l'organisation ainsi que l'utilisation croissante des ressources internes à des fins de formation (contribution accrue des supérieurs hiérarchiques et des collègues à l'activité de formation) (Foucher, 1997).

Finalement, dans le contexte actuel, de plus en plus d'entreprises cherchent à responsabiliser le travailleur face à son projet de développement professionnel. Les programmes d'autoformation incitent les employés à prendre en main leur projet de formation. L'employeur qui adhère à cette vision de la formation offre normalement un soutien logistique cherchant à encourager et à encadrer les employés au cours du développement de leurs propres compétences.

7.3 LES DIFFÉRENTS ACTEURS DE LA FORMATION

Heureusement, de nombreux acteurs sont en mesure d'aider les organisations à relever les nombreux défis relatifs à la formation. L'apprenant, la direction générale, la direction des ressources humaines, les cadres hiérarchiques, les instances gouvernementales, les entreprises, les établissements d'enseignement et les associations professionnelles peuvent contribuer à l'activité de formation.

7.3.1 L'APPRENANT

Loin d'être un acteur neutre ou passif qui «reçoit» une formation, l'apprenant joue un rôle de premier plan dans la formation. De concert avec son supérieur immédiat et la direction des ressources humaines, il participe fréquemment à la détermination de ses besoins en développement professionnel. À l'intérieur de milieux de travail où l'on favorise de plus en plus la responsabilité individuelle du travailleur face à son projet de formation, chacun doit faire preuve d'initiative et recourir aux ressources internes et externes existantes. Un autre rôle de l'apprenant consiste à utiliser l'expertise qu'il a acquise au cours de la formation pour devenir à son tour formateur ou mentor dans le contexte d'une formation structurée ou non structurée.

7.3.2 La direction générale

Le soutien de la direction générale représente une condition essentielle à la réussite d'une activité de formation. Si les membres de la direction assistent à certains cours ou montrent par d'autres gestes qu'ils appuient la formation, les apprenants pourront mieux saisir l'importance de leurs activités et seront d'autant plus motivés à mettre en pratique leurs apprentissages. Par ailleurs, le soutien de la direction générale est important si l'on veut relever le défi consistant à investir suffisamment dans la formation professionnelle. Une étude indique à cet égard que l'accroissement des budgets de formation varie en fonction de l'importance que la haute direction accorde à la formation (Foucher, 1997).

7.3.3 La direction des ressources humaines

Jouant un rôle-clé dans la planification des ressources humaines, dans l'organisation du travail, dans le recrutement et dans la sélection, la direction des ressources humaines s'occupe également de la gestion de la formation. Selon les résultats d'une recherche portant sur l'évolution de la GRH entre 1975 et 1995, la formation est apparue comme une responsabilité de plus en plus présente, se situant en 1995 au deuxième rang parmi 17 activités de GRH (Haines et Arcand, 1997). C'est donc dire que l'expertise des professionnels en ressources humaines en matière de gestion de la formation est presque essentielle à l'accès à un poste au sein d'une direction des ressources humaines.

La direction des ressources humaines travaille conjointement avec la direction générale, le personnel d'encadrement et les employés à l'analyse des besoins en formation. Une autre responsabilité importante qui lui incombe est de concevoir le plan de formation et de gérer le transfert des apprentissages. Les professionnels en ressources humaines doivent informer les employés au sujet des programmes de formation offerts et ils interviennent parfois auprès des apprenants pour animer des séances de formation. Finalement, une responsabilité qui prend de l'ampleur consiste à évaluer l'activité de formation et à prendre les mesures qui s'imposent pour améliorer son efficacité.

7.3.4 Les cadres hiérarchiques

Pour assurer le transfert des apprentissages du milieu de formation au milieu de travail, le personnel d'encadrement doit établir un climat de travail qui facilite le changement de comportement des employés. Le supérieur hiérarchique qui encourage l'expérimentation de nouvelles méthodes et qui tolère les erreurs peut créer un climat favorable à la mise en pratique des acquis de la formation. Notons que le personnel d'encadrement est appelé à participer à l'analyse des besoins en formation ainsi qu'à la préparation et à la mise en œuvre de la formation. Comme nous le verrons plus loin dans ce chapitre, le *coaching* requiert l'engagement des cadres hiérarchiques dans les projets de formation (voir aussi le chapitre 10).

7.3.5 LES INSTANCES GOUVERNEMENTALES

Le gouvernement du Québec a comme mission de promouvoir et de soutenir le développement de la formation de la main-d'œuvre et de favoriser l'équilibre entre l'offre et la demande de main-d'œuvre sur le marché du travail. En particulier, le ministère de l'Emploi et de la Solidarité s'intéresse à la formation continue, à la gestion des ressources humaines et au développement de l'emploi. Les conseillers des services aux entreprises des bureaux régionaux d'Emploi-Québec peuvent répondre aux questions des entreprises et les renseigner au sujet des sessions de formation sur la Loi favorisant le développement de la formation de la main d'œuvre.

7.3.6 LES ENTREPRISES DE FORMATION

Certaines entreprises possèdent une expertise en GRH, et plus particulièrement en formation des ressources humaines. Elles offrent des conférences ou des ateliers sur un thème précis, auxquels peuvent s'inscrire les membres d'organisations qui s'intéressent à ce thème. Par exemple, une entreprise pourrait proposer un atelier d'une journée sur la gestion du temps ou encore sur la gestion et la motivation du personnel. D'autres entreprises comme Plani-Carrière inc. (encadré 7.1) se spécialisent dans la formation sur mesure selon les besoins exprimés par l'entreprise cliente qui fait appel à ses services.

7.3.7 LES ÉTABLISSEMENTS D'ENSEIGNEMENT

Au cours des dernières années, la collaboration entre les établissements d'enseignement et les entreprises en matière de formation s'est améliorée. De plus en plus d'écoles secondaires et de collèges offrent des cours pour aider les employés de diverses entreprises à acquérir les compétences techniques exigées par l'exercice d'un métier. Les universités offrent des cours

ENCADRÉ 7.1
LA MISSION ET LES MANDATS D'UNE ENTREPRISE DE FORMATION PROFESSIONNELLE

PLANI-CARRIÈRE INC.

Cette entreprise de formation, fondée en 1990 et agréée par Emploi-Québec, s'est donné comme mission d'offrir aux entreprises et aux personnes des programmes de formation qui les aident à accroître leur leadership et leurs compétences pour réussir dans la nouvelle économie du savoir. Jacques Besner, le fondateur, s'est entouré d'une équipe de 10 formateurs d'expérience, dont plusieurs ont été vice-présidents ou directeurs des ressources humaines dans de grandes entreprises et sont chargés de cours dans des universités.

Voici des exemples de mandats que Plani-Carrière inc. a exécutés récemment et qui visaient à assister la direction des entreprises clientes:

- la gestion des compétences pour l'ensemble des cadres et des employés de la filiale canadienne d'une société pharmaceutique mondiale;
- le leadership en gestion du personnel pour l'ensemble des directeurs des ventes au Canada d'une multinationale de l'imprimerie;
- les habiletés de coaching pour les directeurs et les directeurs adjoints d'une chaîne québécoise de restaurants;
- la conception d'un programme de gestion du rendement dans une société agroalimentaire et la formation des gestionnaires et des employés;
- la formation de tous les employés d'une institution financière à propos du nouveau service à la clientèle;
- la formation dans les nouvelles compétences associées à la réingénierie des services pour le personnel d'une municipalité;
- la qualification des employés dans le parrainage ISO pour une entreprise de haute technologie.

théoriques et pratiques généraux, voire une formation adaptée aux besoins particuliers des entreprises.

7.3.8 LES ASSOCIATIONS PROFESSIONNELLES

Les associations professionnelles jouent un rôle actif dans la formation. Par exemple, au cours de la dernière année, l'Association professionnelle des informaticiens et informaticiennes du Québec (http://www.crim.ca/APIIQ/index.html) a offert à ses membres une formation portant sur des thèmes aussi variés que la Loi sur la protection des renseignements personnels dans le secteur privé, les technologies de télécommunications et le travail autonome. L'Ordre des comptables agréés du Québec (http://www.ocaq.qc.ca) a établi, pour sa part, un catalogue de cours portant sur les sujets suivants: comptabilité et vérification; comptabilité et taxes; gestion; finances; systèmes d'information et technologie; habiletés et compétences personnelles.

7.4 L'ANALYSE DES BESOINS EN FORMATION

« L'entreprise n'a pas de problèmes de formation. Elle a des problèmes que, peut-être, la formation peut aider à contribuer à résoudre » (Meignant, 1993, p. 17). Dans cette section, nous expliciterons l'énoncé précédent, qui a comme objet l'analyse des besoins en formation.

Selon l'American Society for Training and Development, moins de la moitié des activités de formation sont précédées d'une analyse des besoins. Pourtant, une analyse rigoureuse des besoins permet de déterminer l'existence de besoins en formation et de décider de la nécessité d'élaborer un programme de formation. Le processus de collecte et de compilation de données qui se déroule à l'occasion de l'analyse des besoins permet d'éviter des dépenses inutiles reliées à la formation. Il assure également la cohérence entre la situation de l'organisation et les activités de formation.

Nous ne saurions trop insister sur l'importance de procéder à une analyse rigoureuse des besoins en formation, qui représente les fondations sur lesquelles pourront s'asseoir les activités de formation. Plutôt que d'investir dans la formation parce qu'il s'agit d'un concept à la mode, que cela donne congé aux employés les plus performants ou que cela permet d'atteindre le seuil de 1% de la masse salariale imposé par la loi, il vaut mieux s'attaquer aux besoins réels en développement des compétences. Ainsi, « en milieu industriel, les activités de formation ne constituent pas une fin en soi mais bien un moyen pour atteindre certains objectifs » (Larouche, 1984, p. 125).

7.4.1 L'OBJET DE L'ANALYSE DES BESOINS EN FORMATION

La formation vise à prévenir ou à résoudre les problèmes qui peuvent se présenter dans un milieu de travail. L'analyse des besoins en formation permet de découvrir si les problèmes décelés dans un milieu de travail ont comme origine l'insuffisance des compétences des ressources humaines. Prenons comme exemple les employés d'un service administratif qui éprouvent, depuis l'installation d'un nouveau système informatique, de la difficulté à respecter les délais de livraison. Le rendement inadéquat des employés de ce service pourrait s'expliquer par les limites du nouveau système informatique qui n'est pas encore installé complètement, ou par le manque de connaissances des employés qui les empêche d'en exploiter tout le potentiel. Si le problème de rendement est effectivement relié aux limites du nouveau système informatique, la formation n'aura pas pour effet de réduire les délais de livraison dans ce service. Afin d'éviter le gaspillage de ressources financières et humaines, il importe alors de se demander de façon rigoureuse si l'activité de formation peut contribuer à prévenir ou à résoudre entièrement ou en partie les problèmes qui se présentent dans un milieu de travail.

La formation peut également avoir pour objet d'appuyer le développement humain de l'employé. Se basant sur la logique sociale de la formation, les employeurs peuvent encourager les membres du personnel à suivre des cours sur le développement général de la personne. Cette formation, liée aux objectifs sociaux de l'entreprise, dépasse la formule traditionnelle de l'adaptation à la tâche. Même si elle ne répond pas à une situation spécifique de rendement au travail, elle pourrait avoir des effets bénéfiques pour l'entreprise à plus long terme en améliorant le bien-être des ressources humaines. Toutefois, cette supposition demeure difficile à vérifier dans les faits.

7.4.2 LA NATURE DES BESOINS EN FORMATION

Un écart de rendement représente normalement le déclencheur de l'analyse des besoins en formation. Ensuite, pour déterminer si ces besoins existent réellement, il faut évaluer dans quelle mesure l'écart de rendement est engendré par une lacune relative aux connaissances, au savoir-faire ou aux comportements d'un employé ou d'un groupe d'employés. La cause de cet écart peut aussi se situer dans les attitudes des employés. Cependant, les attitudes des personnes sont assez stables et difficiles à modifier au moyen de la formation. Par conséquent, les besoins en formation devraient plutôt avoir un rapport avec les comportements. Par exemple, il est préférable d'exprimer les besoins en formation en insistant sur «l'utilisation non sécuritaire d'un chariot pour transporter le matériel» plutôt qu'en évoquant les attitudes des manutentionnaires à l'égard de la sécurité du travail.

Un écart de rendement s'établit toujours en fonction d'une norme quelconque. Si une couturière réalise une opération en trois minutes alors que la norme de rendement est de deux minutes, on constate un écart de rendement en relation avec la norme établie. Au cours de l'analyse des besoins en formation, on tente de cerner les écarts de rendement et de déterminer leurs causes. Celles-ci appartiennent généralement à l'une des catégories suivantes:
- le manque de soutien du milieu de travail, qui ne facilite ni ne préconise le respect des normes de rendement;
- le manque de motivation des employés à atteindre les normes de rendement;
- des normes de rendement trop élevées;

- l'insuffisance des compétences des employés, laquelle empêche d'atteindre les normes de rendement;
- un changement qui survient dans l'environnement.

Si le manque de soutien, le manque de motivation ou la présence de normes de rendement irréalistes sont à l'origine de l'écart de rendement, la formation n'arrivera probablement pas à faire évoluer la situation. Les besoins en formation apparaissent principalement lorsque l'écart de rendement est occasionné par l'insuffisance des compétences des ressources humaines, ce qui ne permet pas d'atteindre les niveaux de rendement attendus. Plus précisément, les besoins en formation se font sentir lorsque l'employé révèle des lacunes relatives à ses connaissances, à son savoir-faire ou à ses comportements compte tenu des exigences de l'emploi et du contexte de l'organisation. Dans d'autres cas, il est nécessaire que l'employé modifie ses attitudes afin de pouvoir s'adapter à son milieu de travail.

Les besoins en formation ne découlent pas forcément de problèmes actuels dans le milieu de travail. Dans l'analyse des besoins en formation selon une approche prévisionnelle, on se préoccupe des forces de changement présentes dans l'environnement qui transforment le profil des compétences requis pour demeurer dans la course. La formation peut ainsi accompagner le changement et préparer l'avenir. Avec l'arrivée prochaine d'une nouvelle technologie de production, des besoins en formation pourraient ainsi se manifester de façon préventive. Une stratégie d'affaires peut également susciter des besoins en formation; il faudra alors essayer d'assurer la cohérence entre la stratégie et les comportements des ressources humaines. L'évolution du profil de la main-d'œuvre contribue aussi à faire apparaître de nouveaux besoins en formation. La diversité ethnique de la main-d'œuvre incite de nombreuses entreprises à élaborer des programmes de formation visant à augmenter la «sensibilité interculturelle». Par ailleurs, le vieillissement de l'équipe de direction pourrait l'amener à investir dans la formation pour préparer la relève. Ces situations illustrent le fait que l'analyse des besoins en formation peut s'inscrire dans une vision proactive.

7.4.3 Les trois domaines de l'analyse des besoins en formation

L'approche classique pour effectuer l'analyse des besoins en formation considère la situation de l'organisation, les exigences des tâches et les compétences des individus face à l'accomplissement des tâches (McGehee et Thayer, 1961). La collecte de données dans ces trois domaines permet d'établir l'utilité d'élaborer un programme de formation.

L'ANALYSE DE L'ORGANISATION

Un objectif de l'analyse de l'organisation consiste à localiser les besoins en formation, autrement dit à déterminer les endroits dans l'organisation où la formation est requise. L'analyse de l'organisation vise également à renforcer la pertinence de l'activité de formation eu égard à la situation de l'entreprise. Comme l'indique l'auteur d'un livre sur la gestion de la formation, « il faut une meilleure synchronisation du développement des compétences avec les politiques, les plans d'action et les objectifs de l'entreprise, une meilleure intégration de la formation dans les processus de décision du management » (Meignant, 1993, p. 31).

Les réponses aux questions suivantes devraient contribuer à déterminer les endroits où la formation devrait se faire au sein de l'entreprise, de même que sa pertinence et sa faisabilité:

- Y a-t-il un sentiment d'urgence à l'égard de la formation dans l'entreprise?
- À quels endroits dans l'entreprise (unités administratives, emplois, etc.) se situent le problème ou la nécessité du changement qui révèlent des besoins en formation?
- En considération de la stratégie de l'entreprise, quel type de formation faut-il privilégier?
- En considération des valeurs de l'équipe de direction, quel type de formation faut-il privilégier?
- En considération des forces à l'œuvre dans l'environnement économique, technologique et social de l'entreprise, quel type de formation faut-il privilégier?
- Quels sont les objectifs des unités administratives?
- Comment la formation peut-elle aider les unités administratives à atteindre leurs objectifs?
- En considération des contraintes de temps, de lieu et de tâches, quelles sont les probabilités de succès de la formation?
- Le climat social est-il favorable à l'apprentissage de même qu'au transfert des apprentissages de la formation?

En apportant des réponses à ces questions, on pourra sans doute mieux cibler la formation et mieux l'intégrer dans la situation de l'entreprise. L'analyse de l'organisation pourrait également inciter le concepteur à ne pas élaborer tel ou tel programme de formation car les circonstances actuelles ne seraient pas propices à la mise en œuvre de nouvelles compétences.

L'analyse des tâches

Tandis que l'analyse de l'organisation procure une vision des cibles à atteindre en matière de formation professionnelle, l'analyse des tâches aide à établir les besoins en formation en relation avec la nature des emplois. Pour bien cerner les besoins en formation et mettre au point un contenu de formation qui respecte les conditions de réalisation du travail, la description des tâches représente une activité essentielle. Alors que la formation a normalement comme finalité d'améliorer le rendement au travail, l'analyse des tâches précise les compétences qui sont requises pour toucher ce but. Les questions suivantes permettront d'orienter l'analyse des tâches dans la bonne direction:

- Quelles sont les activités et les tâches effectuées par les membres du personnel?
- Quelle est l'importance relative de chaque tâche? Quelle est la fréquence de réalisation de chaque tâche? Quelles sont les conséquences rattachées au fait d'effectuer ou de ne pas effectuer chaque tâche?
- En considération de l'évolution économique, technologique et sociale de l'entreprise, quelle sera l'évolution probable du contenu des emplois?
- Quelles sont les normes de rendement à respecter?
- Quels sont les connaissances, le savoir-faire et les comportements nécessaires pour exécuter chaque tâche et atteindre ou dépasser les normes de rendement?
- Quelles sont les attitudes susceptibles d'améliorer le rendement au travail?

Les renseignements obtenus à l'occasion de l'analyse des postes (voir le chapitre 13) permettront de répondre à certaines des questions précédentes. Par ailleurs, le formulaire d'évaluation du rendement contient les normes de rendement existantes. Finalement, les entretiens avec les titulaires des postes et leurs supérieurs hiérarchiques informent sur les exigences des emplois et sur les compétences requises pour respecter les normes de rendement.

L'analyse des individus

Tandis que l'analyse des tâches porte sur le contenu et les exigences des emplois, l'analyse des individus situe les membres du personnel par rapport aux emplois. Les réponses aux questions suivantes permettront de déterminer qui a besoin d'une formation et de quel type:

- Le rendement au travail des employés est-il apprécié par les supérieurs hiérarchiques, les collègues, les subordonnés, les clients et les employés eux-mêmes?
- Les comportements au travail des employés sont-ils adéquats?
- Les objectifs de rendement sont-ils atteints généralement?
- Si le rendement des membres du personnel ne répond pas aux attentes, est-ce en raison d'une insuffisance des compétences?
- Quelle activité de formation pourrait contribuer à améliorer les compétences des employés afin de réduire l'écart de rendement?
- Quelle activité de formation permettrait de développer le potentiel et la carrière des employés?
- Les individus en cause possèdent-ils les aptitudes de base ainsi que la motivation requise pour réussir la formation?

À la lecture de ces questions, on constate que l'analyse des individus se déroule en trois étapes. La première étape concerne l'appréciation du rendement au travail des ressources humaines. À la deuxième étape, on se demande si la formation représente une solution intéressante vu la nature des lacunes à combler. C'est l'étape du diagnostic, qui vise à assurer que l'écart de rendement observé n'est pas occasionné par une motivation insuffisante ou par un milieu de travail contraignant (des équipements défectueux, une supervision inadéquate, un système de gestion déficient, etc.), c'est-à-dire par des causes étrangères à la formation, mais bien par une insuffisance des compétences des titulaires des postes. La troisième étape de l'analyse des individus porte un regard critique sur les probabilités de succès de la formation compte tenu des aptitudes et de la motivation à apprendre des individus en cause.

Au risque de s'éloigner des besoins réels du point de vue de l'employeur, on peut demander aux membres du personnel de spécifier eux-mêmes leurs besoins en formation. La figure 7.1 présente un modèle de formulaire d'autoévaluation.

Les lacunes en ce qui concerne les compétences des ressources humaines peuvent également apparaître à l'occasion d'entretiens avec les titulaires des postes, avec leurs supérieurs hiérarchiques ou avec d'autres personnes-ressources, ou à l'occasion de l'observation du travail quotidien de l'employé ou d'un groupe d'employés. Par ailleurs, l'approche dite du «catalogue» consiste à demander aux employés de sélectionner parmi une liste d'activités de formation celles qui conviennent le mieux à leurs besoins. Certaines entreprises préfèrent toutefois faire passer des tests destinés à évaluer les connaissances des employés en relation avec leurs activités professionnelles. C'est le cas de la firme Federal Express, où les

FIGURE 7.1   Un modèle d'autoévaluation des besoins en formation

Un besoin est l'écart entre la situation réelle et la situation désirée. L'évaluation des besoins de formation est le processus qui consiste à déterminer l'écart entre les deux situations afin de mettre en œuvre des activités de formation pour permettre aux individus d'acquérir des connaissances, des habiletés ou des attitudes liées à un contexte de travail donné.

Fonctions Tâches Responsabilités	Éléments de – connaissances – habiletés – attitudes	Quel est votre niveau de maîtrise des connaissances, habiletés ou attitudes		Écart	Éléments à retenir pour la formation
		actuel 1 2 3 4 5	désiré 1 2 3 4 5		

1. Très faible (20 %)   2. Faible (40 %)   3. Plus ou moins élevé (60 %)   4. Élevé (80 %)   5. Très élevé (100 %)

Source : Société québécoise de développement de la main-d'œuvre, *Guide 1996. Loi favorisant le développement de la formation de la main-d'œuvre*, Publications du Québec, 1996, p. 49.

employés ont à répondre tous les six mois à un test de connaissances sur leur travail. Les employés qui ne réussissent pas l'épreuve doivent poursuivre leur formation pour faire mieux la prochaine fois. Signalons en terminant l'existence d'appuis informatiques à l'exercice d'analyse des besoins en formation (Filipczak, 1994).

7.5 LA CONCEPTION DU PLAN SPÉCIFIQUE DE FORMATION

Dans divers milieux de travail, on entend parler de «plans de développement des ressources humaines», de «plans globaux de formation» et de «plans spécifiques de formation». Pour s'y retrouver, il convient de clarifier la signification de ces expressions. Nous expliquerons ensuite, dans cette section, les différentes étapes de la conception d'un plan spécifique de formation.

7.5.1 LE PLAN DE DÉVELOPPEMENT DES RESSOURCES HUMAINES

Le plan de développement des ressources humaines comprend un grand nombre d'activités qui concernent la formation et la mobilisation du personnel. Dans le milieu hospitalier, on définit ce plan comme un ensemble de processus et d'activités qui visent l'adaptation au changement, l'utilisation optimale des compétences et la croissance des individus et de l'organisation. Concrètement, un plan de développement des ressources humaines contient des mesures relatives à l'accueil des employés, à leur motivation, à leur valorisation, au maintien de leurs compétences, à leur évaluation, à leur perfectionnement, à leur mobilité et à l'orientation de leur carrière. Cela signifie en quelque sorte qu'il vise l'amélioration des pratiques de GRH, y compris la formation.

7.5.2 LE PLAN GLOBAL DE FORMATION

Le plan global de formation rassemble les activités qui ont pour objet de consolider ou de développer les compétences des employés par une formation liée aux objectifs stratégiques de l'entreprise. La figure 7.2 comprend un modèle de formulaire visant à élaborer un plan global de formation.

FIGURE 7.2 Le contenu du plan global de formation

Ensemble des activités permettant de produire un document, visant à consolider ou à développer les compétences (connaissances, habiletés et attitudes) des employés par des formations en lien avec les objectifs stratégiques de l'employeur.

Ce plan comprend généralement les éléments suivants :

- Objectifs stratégiques de l'employeur et éléments motivant le plan de formation
- Évaluation des besoins de formation
- Établissement des priorités de formation
- Calendrier de réalisation de la formation

FIGURE 7.2   Le contenu du plan global de formation (suite)

Plans spécifiques de formation	
Suivi de la formation	

Source : Société québécoise de développement de la main-d'œuvre, *Guide 1996. Loi favorisant le développement de la formation de la main-d'œuvre*, Publications du Québec, 1996, p. 50.

Tel qu'il apparaît, le plan global de formation comprend une description des orientations qu'il faut privilégier en matière de formation. Ce plan intègre également le plan spécifique de formation.

7.5.3 Le plan spécifique de formation

Le plan spécifique de formation détermine les activités qui visent à consolider ou à accroître les compétences d'un employé ou d'un groupe d'employés. La figure 7.3 présente le contenu habituel du plan spécifique de formation.

Ce modèle de contenu d'un plan spécifique de formation devrait aider les acteurs en cause à répondre aux questions importantes qui se posent au cours de la planification et de la conception de l'activité de formation. Suivant ce modèle, nous présentons les possibilités à considérer pour mieux cerner la nature de l'activité de formation et élaborer un plan spécifique de formation.

La problématique de la formation

Pour définir la problématique qui justifie la formation, il faut d'abord énoncer l'écart de rendement. Ensuite, compte tenu de la situation de l'organisation, des exigences des emplois ainsi que des compétences des ressources humaines, la définition de la problématique devrait présenter une synthèse de l'analyse des besoins en formation. Cette partie du plan spécifique de formation devrait inclure les grandes lignes du diagnostic qui a permis de dégager les besoins en formation qui sont à l'origine de l'écart de rendement ou de la raison du changement.

FIGURE 7.3   **Le contenu du plan spécifique de formation**

Nom de l'employeur :

Titre de l'activité de formation :

Organisme formateur ou établissement d'enseignement reconnu :

Durée : _____ heures   Date de début : _____
Lieu : _____   Date de fin : _____   Nombre de participants : _____

Indications sur la nature de l'activité de formation

Problématique

Objectifs et contenu

Méthodologie d'enseignement et d'apprentissage retenue

Description des outils pédagogiques et de l'équipement

Mode d'évaluation retenu

N.B. Pour compléter le plan spécifique de formation, il est souhaitable de joindre : la liste des participants (Registre de présences) et la grille du coût total de l'activité.

Entente entre les parties (s'il y a lieu)

En foi de quoi les parties ont signé :

_____   _____
Signature du représentant de l'employeur   Date
et

_____   _____
Signature du représentant du syndicat   Date
ou de l'association ou du comité
ou

_____   _____
Signature du représentant de l'organisme formateur   Date
ou de l'établissement d'enseignement reconnu

Source : Société québécoise de développement de la main-d'œuvre, *Guide 1996. Loi favorisant le développement de la formation de la main-d'œuvre*, Publications du Québec, 1996, p. 51.

Les objectifs et le contenu de la formation

Les objectifs de la formation sont un énoncé qui décrit les cibles à atteindre en relation avec un écart de rendement et un besoin en formation. En outre, les objectifs de la formation orientent les efforts des apprenants et facilitent l'évaluation de cette dernière en fonction de critères donnés. Un objectif précis exprimé en fonction d'un savoir, d'un savoir-faire et d'un savoir-être est essentiel si l'on veut déterminer le contenu de la formation ainsi que les méthodes d'apprentissage pertinentes.

Pour ce qui est de la formulation des objectifs de la formation, il importe d'établir une distinction entre les objectifs organisationnels et les objectifs d'apprentissage (Camp, Blanchard et Huszczo, 1986). Notons au passage que certains objectifs sont « de l'ordre de l'opérationnel immédiat, d'autres de l'ordre de la préparation à l'avenir » (Meignant, 1993).

Les **objectifs organisationnels** désignent les bénéfices souhaités au regard des indicateurs généraux de l'efficacité de l'organisation. Si l'activité de formation vise à réduire un écart de rendement, ses objectifs organisationnels portent précisément sur la réduction de cet écart. Si l'activité de formation vise à répondre à un besoin de changement, ses objectifs organisationnels ont trait à l'adaptation à ce besoin de changement. Prenons comme exemple une situation qui concerne les relations du travail au sein d'une usine de fabrication. L'écart de rendement dans ce cas est le nombre trop élevé de griefs portant sur les horaires de travail et les périodes de repos. En fonction de cet écart de rendement, on a formulé un objectif organisationnel pour l'activité de formation, lequel consiste à réduire de moitié le nombre de griefs touchant les horaires et les périodes de repos.

Les **objectifs d'apprentissage** expriment ce à quoi les apprenants doivent parvenir au terme de l'activité de formation. Ils spécifient les changements souhaités sur les plans des connaissances, du savoir-faire et des comportements. Un objectif d'apprentissage peut porter sur l'approfondissement de la compréhension d'un phénomène, d'un procédé ou d'une nouvelle politique de l'entreprise, c'est-à-dire des connaissances à acquérir. Toutefois, il vaut mieux spécifier la conduite observable, soit le comportement attendu qui résultera de l'amélioration des connaissances.

Si nous reprenons l'exemple de l'usine de fabrication, le besoin en formation qui a été déterminé est en relation avec la compréhension insuffisante de la part des superviseurs des dispositions de la convention collective en ce qui concerne les horaires de travail et les périodes de repos. À partir de ce besoin, l'objectif d'apprentissage indique qu'au terme de l'activité de formation les superviseurs devront être en mesure de se remémorer, à la lumière des dispositions pertinentes de la convention collective, les pratiques acceptables et les pratiques inacceptables en matière de gestion des horaires et des périodes de repos. On exprime ainsi un objectif d'acquisition des connaissances par un comportement précis.

Afin de bien formuler les objectifs d'apprentissage, Mager (1984) propose trois conditions à respecter. Premièrement, l'objectif doit exprimer en fonction d'une **conduite observable** ce que le participant devrait être capable de faire à la fin de l'activité de formation. Les verbes utilisés traduisent des gestes, des actions ou un rendement observables. Il s'agit du comportement attendu. Deuxièmement, l'objectif doit décrire le **contexte particulier** à l'intérieur duquel le rendement sera mesuré. C'est la condition de la réalisation du rendement. Troisièmement, dans la mesure du possible, l'objectif doit préciser le **niveau de rendement** acceptable qui permet d'évaluer l'activité de formation. Cela constitue le critère de rendement.

L'exemple suivant, préparé pour un cours d'opération d'un minichargeur à benne (AGD), démontre comment ces trois conditions peuvent être intégrées dans un objectif d'apprentissage.

À la fin de ce module, le participant sera capable d'identifier les commandes et instruments de contrôle et en décrire la fonction et le fonctionnement (comportement attendu) à l'aide de croquis et de mémoire (condition de réalisation) sans erreur (critère de rendement) (1996, p. 45).

Après la formulation des objectifs, l'étape suivante consiste à déterminer le contenu de l'activité de formation. Le contenu se rapporte généralement à l'apprentissage des tâches établies au moment de l'analyse des besoins en formation. C'est la maîtrise de ces tâches qui permet d'atteindre les objectifs de l'activité de formation.

Prenons l'exemple d'un commis de bureau qui doit dorénavant préparer des présentations à l'aide du logiciel Powerpoint. Le contenu de la formation devrait porter sur les connaissances et les habiletés requises pour la réalisation de cette tâche. Notons que l'activité de formation apparaît fréquemment sous forme de modules qui ont chacun un contenu homogène. Les instructions de ces modules doivent obéir à une logique qui favorise l'apprentissage. Considérons, à cet égard, quelques principes de l'agencement des modules.

1. **Passer du général au particulier.** L'apprenant bénéficie alors d'une vue générale de la situation avant de traiter un élément spécifique de celle-ci. Par exemple, il convient d'expliquer le processus de gestion du rendement avant de décrire comment on mène un entretien d'évaluation du rendement.
2. **Aller du simple au complexe.** Il s'agit de découper une tâche complexe en petits morceaux et de présenter les problèmes simples avant les problèmes complexes. Par exemple, une future couturière apprend

à coudre les pièces d'un vêtement avant d'apprendre à faire des coutures en zigzag pour les poches.
3. **Reproduire les séquences réelles du travail.** Il s'agit de présenter le contenu du module selon l'ordre d'exécution du travail. Par exemple, une esthéticienne prend les rendez-vous, prépare les instruments et les produits nécessaires, accueille le client et commence les traitements; la formation suit alors cette séquence.
4. **Aller des tâches les plus fréquentes aux tâches les moins fréquentes.** Une tâche exécutée fréquemment nécessite plus d'attention qu'une tâche occasionnelle. Notons également que la maîtrise des tâches fréquentes augmente le sentiment de compétence des apprenants.
5. **Suivre l'ordre d'acquisition des apprentissages.** Souvent, l'apprentissage d'un élément de contenu repose sur la maîtrise d'un autre élément de contenu. Ainsi, il faut comprendre certaines notions de comptabilité avant d'apprendre comment utiliser un logiciel de comptabilité.

La méthodologie de l'apprentissage et de l'enseignement

Dans cette partie du plan spécifique de formation, le concepteur présente la méthodologie de l'apprentissage et de l'enseignement qui permettra d'atteindre les objectifs de l'activité de formation.

Comme les résultats des recherches n'ont pas su démontrer la suprématie d'une méthodologie de l'apprentissage et de l'enseignement en particulier, un choix judicieux, à cette étape-ci de la conception du plan spécifique de formation, repose sur l'examen de la situation. Premièrement, il faut choisir une méthodologie en fonction de la nature de l'apprentissage souhaité. Certaines techniques permettent d'améliorer les connaissances (l'exposé, la conférence-discussion, la lecture dirigée), d'autres, de développer le savoir-faire (l'étude de cas, le jeu d'entreprise), et d'autres encore, de modifier les comportements (le jeu de rôle, l'utilisation de comportements modèles). Deuxièmement, il convient de choisir les techniques de formation les mieux adaptées au profil des apprenants, lequel est composé du nombre de participants à la formation, de leur degré d'autonomie, de leur formation antérieure, de leur capacité de lecture, etc. Troisièmement, il faut considérer le formateur, sa personnalité, ses qualités personnelles et son degré d'expertise relativement à diverses techniques de formation. Quatrièmement, il faut choisir une méthodologie en fonction des conditions matérielles dans lesquelles se déroule l'activité de formation. Un choix judicieux repose finalement sur une bonne compréhension des différentes méthodes et techniques de formation. Nous distinguerons, à cet égard, la formation dans le milieu de travail et la formation hors du milieu de travail.

La **formation dans le milieu de travail** s'applique au cours des activités régulières à l'aide de diverses techniques comme la démonstration, la rotation des postes, le *coaching* et le mentorat. On reconnaît à la formation dans le milieu de travail les avantages suivants:
- L'apprenant « apprend en faisant », ce qui correspond bien au savoir-faire.
- Le transfert des apprentissages du milieu de formation au milieu de travail est meilleur, car le milieu de formation se confond avec le milieu de travail.
- La motivation à apprendre est augmentée, car l'activité de formation contribue souvent à améliorer le rendement de l'apprenant de façon immédiate et visible.
- La formation dans le milieu de travail est généralement moins coûteuse parce que la production continue pendant la formation.
- Elle convient aux besoins et aux ressources des petites et moyennes entreprises.

La formation hors du milieu de travail comprend des techniques traditionnelles orientées sur l'acquisition de connaissances, ainsi que des techniques qui favorisent l'expérimentation et le développement d'habiletés de même que la modification de comportements. Avec son Académie, la Banque de Montréal mise beaucoup sur la formation hors du milieu de travail dans ses installations modernes (encadré 7.2).

La **formation hors du milieu de travail** se déroule généralement dans un climat calme, propice à l'apprentissage, à l'écart du dérangement et des pressions du milieu de travail. Par ailleurs, les erreurs faites pendant une formation qui se déroule à l'extérieur du milieu de travail suscitent moins de mécontentement que les erreurs qui surviennent pendant que la production continue. Enfin, loin des pressions régulières du travail et d'une supervision directe, l'apprenant pourrait se sentir plus libre de poser des questions et de faire des erreurs qui suscitent des apprentissages.

Un survol des techniques de formation dans le milieu de travail

La **démonstration** est une activité d'apprentissage planifiée où un spécialiste montre la tâche à accomplir, la fait exécuter par l'employé et lui transmet une rétroaction. La démonstration est accompagnée d'explications et le formateur encourage l'apprenant à poser des questions. Cette technique centrée sur l'apprenant permet à ce dernier d'apprendre en agissant grâce à un enseignement adapté à ses besoins et à son rythme d'apprentissage.

ENCADRÉ 7.2
LA FORMATION HORS DU MILIEU DE TRAVAIL À L'ACADÉMIE DE LA BANQUE DE MONTRÉAL

LE CLUB MED DES BANQUIERS

Les orteils enfoncés dans la pelouse, verres fumés sur le nez, une jeune étudiante asiatique potasse un gros bouquin dont rien ne pourrait la distraire. Pas même la conversation animée du groupe assis à la table d'à côté, sous un parasol. Devant des cafés, ceux-là prolongent une discussion amorcée dans la salle de cours. Le jardin intérieur de l'Académie, avec ses gazebos, ses arbustes, ses balançoires et les trottoirs blancs qui veinent la pelouse, est relaxant et propice à l'étude. En cette matinée de juin, l'air stimulant que l'on respire ici est bien celui d'un campus universitaire. Un campus pas tout à fait comme les autres toutefois: tous les étudiants qui peuplent les salles de cours, qui circulent dans les corridors, qui lisent ou qui discutent dans les aires de repos, sont des employés de la Banque de Montréal. L'Académie a accueilli ses premiers étudiants le 17 janvier 1994. Sa construction, au coût de 50 millions de dollars, traduit l'accent mis sur la formation depuis le début des années 90. L'Académie dispense 28% de toute la formation — le reste est décentralisé. Elle se réserve les cours qui mettent à profit ses installations, soit ceux qui font appel à l'esprit d'équipe et qui s'étendent sur plusieurs jours.

Source: M. Quinty, «Le Club Med des banquiers», *Affaires Plus*, septembre 1997, p. 78-79.

Un programme de **rotation des postes** permet à l'apprenant d'évoluer dans différents postes et dans différentes unités administratives au cours d'une période déterminée. Étant placé devant divers milieux de travail et un large éventail de tâches, le participant acquiert une meilleure compréhension de son entreprise, ce qui lui permettra éventuellement d'accéder à une fonction administrative plus élevée dans la hiérarchie.

Le *coaching*, un moyen de formation qui gagne en popularité (Foucher, 1997), exprime la relation qui s'établit entre l'employé et son supérieur immédiat à l'intérieur d'un cycle de gestion du rendement. Avec la technique du *coaching*, le supérieur hiérarchique (le *coach*) aide l'employé sous sa direction à apprendre de ses propres expériences professionnelles. La communication, la collaboration, le respect mutuel, l'encouragement, le soutien individuel et la rétroaction sont les ingrédients essentiels à la réussite du *coaching* et au développement du savoir-faire de l'apprenant.

Le terme **mentorat** désigne la relation entre un mentor, qui est une personne expérimentée occupant le plus souvent un poste de haut niveau, et un protégé, qui est une personne généralement en début de carrière. Houde (1995) présente 12 fonctions du mentor, dont les 5 suivantes font du mentorat une véritable technique de formation:

1) guider le protégé dans le milieu de travail en lui faisant part des normes, des valeurs et des tabous de la culture d'entreprise;
2) enseigner au protégé;
3) amener le protégé à acquérir des habiletés précises reliées à l'exercice d'un travail;
4) présenter des défis au protégé et lui fournir l'occasion de faire ses preuves;
5) conseiller le protégé sur différentes questions.

Un survol des techniques de formation hors du milieu de travail

L'**exposé** constitue une technique de formation qui mise sur la présentation verbale de renseignements à un groupe par une personne-ressource. Cette technique permet de transmettre rapidement à plusieurs apprenants une information factuelle de façon à développer leur savoir. Par contre, à cause du peu d'échanges qu'occasionne cet acte éducatif et de son manque de personnalisation, l'exposé ne se classe pas parmi les techniques de formation les plus appréciées.

Avec la **conférence-discussion**, les apprenants sont amenés à interagir à propos d'une problématique présentée par un conférencier.

La **lecture dirigée** consiste à faire lire un texte en classe ou à l'extérieur. Le programme de lecture peut inclure des guides, des documents de référence ou des manuels d'instructions à consulter avant, pendant ou après l'activité de formation.

L'**étude de cas** est une technique de formation qui consiste à conduire les apprenants «à analyser, à discuter et à solutionner une situation problématique élaborée à partir d'un fait vécu» (Bédard, Dell'Aniello et Desbiens, 1991). Elle aide à développer le jugement et les habiletés de raisonnement et de communication des participants.

Le **jeu d'entreprise** place les apprenants dans une situation de prise de décisions en fonction de changements qui surviennent dans l'environnement d'une entreprise fictive. Conçu pour développer des habiletés de gestion, le jeu d'entreprise incite les «joueurs» à participer et à travailler en équipe.

Avec la technique du **jeu de rôle**, les participants sont appelés à jouer une courte scène comportant des situations voisines de situations réelles. Par exemple, un participant pourrait jouer le rôle du superviseur qui impose une mesure disciplinaire, et un autre pourrait se mettre dans la peau de l'employé qui conteste cette mesure disciplinaire. On fait appel au jeu de rôle principalement pour modifier les attitudes et développer le savoir-faire des apprenants dans leurs relations interpersonnelles.

Dans un milieu d'apprentissage, l'utilisation de **comportements modèles** consiste à susciter l'apprentissage des comportements appropriés grâce à l'observation de personnes qui maîtrisent déjà un savoir-faire. Après l'observation du « comportement idéal » se déroule une discussion portant sur les éléments à retenir, puis vient une période d'exercice où les participants ont la possibilité d'imiter le modèle afin d'intérioriser ses qualités.

La **formation assistée par ordinateur** consiste à recourir à l'informatique pour favoriser l'apprentissage. Plusieurs personnes se servent déjà de l'informatique pour apprendre à utiliser des logiciels. De même, on emploie beaucoup l'informatique pour apprendre la dactylographie. La formation assistée par ordinateur est interactive et la personne peut progresser à son propre rythme.

La description des outils pédagogiques et de l'équipement

Pour transmettre efficacement un message à l'occasion d'une activité de formation, il existe de multiples supports pédagogiques que l'on nomme parfois « moyens d'enseignement ». Comme l'illustre l'exemple de la formation interactive chez Bombardier (encadré 7.3), une même activité de formation peut être exécutée par le biais de plusieurs moyens d'enseignement. Trop souvent, par contre, les supports pédagogiques et l'équipement utilisés pour la formation professionnelle sont nettement insuffisants compte tenu du fait que nos perceptions s'effectuent par la vue dans 85 % des cas, comparativement à seulement 11 % des cas pour l'ouïe. Afin d'adapter la formation à cette réalité, il faudrait réduire son contenu verbal et recourir davantage à des éléments visuels comme le tableau, les transparents, la vidéo et le diaporama.

La vidéo est très fréquemment utilisée pour la formation professionnelle. En observant l'exécution d'une tâche, l'apprenant peut ensuite tenter de reproduire ce comportement dans son milieu de travail. Le concepteur de l'activité de formation peut préparer une cassette vidéo qui répondra à ses besoins ou en commander une auprès d'un distributeur comme International Télé-film inc.

Certaines expériences menées récemment ont démontré que les odeurs facilitent l'apprentissage de connaissances. La stimulation olfactive pourrait éventuellement prendre de l'ampleur comme outil de formation. Mentionnons également la popularité de la formation « en plein air », où

ENCADRÉ 7.3
Une illustration des moyens d'enseignement

Formation interactive chez Bombardier

Bombardier a décidé de recourir à une approche interactive et unique pour rejoindre ses travailleurs éparpillés sur plusieurs continents et n'utilisant pas la même langue de travail.

Un moniteur télé, un lecteur de vidéodisques, un animateur local, une marionnette, un crayon optique et un jeu d'engrenages sont les éléments-clés qui illustrent la nouvelle méthode de la multinationale québécoise en matière de formation.

Source : R. Prince, « Formation interactive chez Bombardier », *Les Affaires*, 7 janvier 1995, p. B3.

les activités structurées se déroulant à l'extérieur et les expéditions avec couchers et repas représentent des moyens d'enseignement pour le développement des compétences personnelles nécessaires en gestion (Héroux, 1992). Même s'il existe toutes sortes de moyens de stimuler l'apprentissage, les outils pédagogiques employés le plus fréquemment dans le milieu industriel restent la machinerie et le manuel d'instructions.

L'évaluation de la formation

Alors que plusieurs entreprises consacrent au moins 1% de leur masse salariale à la formation de leurs ressources humaines, l'évaluation représente le moment ultime pour déterminer les retombées de cet investissement. Voici certaines indications sur la façon de procéder à l'évaluation de l'activité de formation.

Selon les propositions de Kirkpatrick (1976), encore pertinentes aujourd'hui, l'évaluation de l'activité de formation peut se réaliser sur l'un ou plusieurs des quatre plans suivants :

1. Sur le plan des **réactions**, où l'on se demande si les apprenants ont apprécié l'activité de formation.
2. Sur le plan des **connaissances**, où l'on se demande si les apprenants ont appris quelque chose de l'activité de formation.
3. Sur le plan des **comportements**, où l'on se demande si les apprenants utilisent les acquis de leur formation pour exécuter leur travail. Cet aspect de l'évaluation est important, car le fait qu'une personne apprenne quelque chose à l'occasion d'une activité de formation ne signifie pas pour autant qu'elle utilise ses nouvelles connaissances dans son milieu de travail.

FIGURE 7.4 Un modèle « idéal » d'évaluation de l'activité de formation

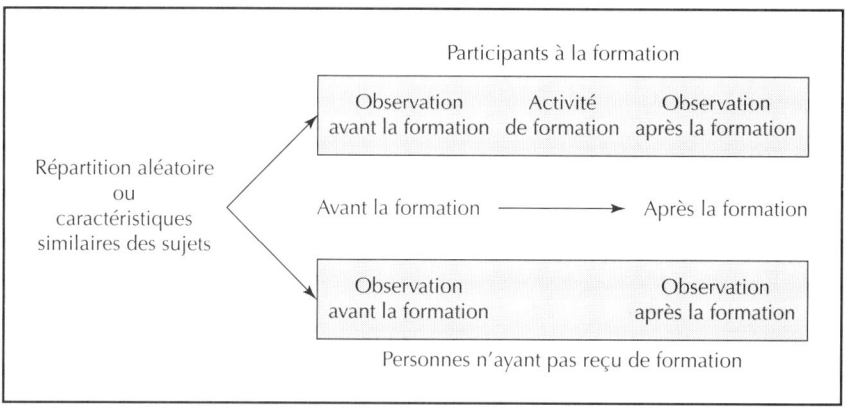

4. Sur le plan des **résultats**, où l'on se demande si l'activité de formation a réellement contribué au succès de l'organisation. Dans ce cas, l'évaluation permet de juger de la réalisation des objectifs organisationnels de l'activité de formation. Pour une formation technique dans l'industrie, on pourrait ainsi s'intéresser aux effets de la formation sur la réduction des coûts de réparation ou sur la réduction du temps d'arrêt des appareils en raison de bris. Il est donc question de la rentabilité de l'apport de la formation en fonction du budget qui y est alloué.

Si chaque aspect de l'évaluation nous informe sur l'objet de la mesure (réactions, connaissances, comportements et résultats), on ne doit pas planifier l'évaluation sans déterminer la manière de la faire. Une démarche fréquemment utilisée consiste à comparer la situation avant et après l'activité de formation. La comparaison peut également se faire entre les personnes qui ont bénéficié d'une formation et d'autres qui n'en ont pas reçu (un groupe témoin). La figure 7.4 présente un modèle « idéal » d'évaluation de l'activité de formation, qui résulte de la combinaison des deux démarches.

Comme l'indiquent certains spécialistes, le recours à ce modèle d'évaluation demeure néanmoins impossible pour la vaste majorité des entreprises (Haccoun, Jeanrie et Saks, 1997). Le modèle « idéal » d'évaluation doit donc s'adapter à la situation de l'entreprise et aux besoins du milieu.

7.6 L'APPRENTISSAGE ET LE TRANSFERT DES APPRENTISSAGES

Le plan spécifique de formation représente une composante importante d'un système de gestion de la formation; il ne constitue toutefois pas la finalité de ce système. Il faut, de plus, que l'activité de formation favorise l'apprentissage et le transfert des apprentissages du milieu de formation au milieu de travail. Sinon, quel gaspillage de temps et d'énergie!

7.6.1 L'optimisation des apprentissages

L'acquisition des compétences n'est pas le fruit du hasard. Plusieurs interventions peuvent favoriser l'acquisition des compétences ou lui nuire. Comme nous l'avons vu précédemment, il est nécessaire de faire une analyse des besoins rigoureuse pour formuler des objectifs adéquats et un contenu de la formation bien adapté aux exigences du travail à effectuer. Par ailleurs, la présentation du contenu de la formation doit suivre une logique qui favorise l'apprentissage. Nous avons insisté également sur l'importance de la méthodologie de l'apprentissage et de l'enseignement et sur celle des outils pédagogiques et de l'équipement. Il existe cependant d'autres moyens, engendrés par certaines théories de l'apprentissage, qui ont comme dénominateur commun la volonté d'optimiser les apprentissages:

- Communiquer clairement des objectifs réalistes d'apprentissage et les objectifs organisationnels de l'activité de formation.
- S'assurer que l'apprenant se trouve au centre de l'activité d'apprentissage.
- Respecter le rythme d'apprentissage de l'apprenant.
- Respecter les lois de l'attention et de la mémorisation.
- Faire appel aux connaissances antérieures de l'apprenant en lui demandant d'expliquer tel concept ou tel phénomène.
- Mettre en évidence les avantages de l'acquisition de nouvelles compétences.
- Présenter des modèles de comportements adéquats.
- Faire participer l'apprenant au processus d'apprentissage.
- Privilégier l'expérimentation et l'exercice immédiats.
- Pendant l'activité de formation, transmettre une rétroaction à l'apprenant sur ses progrès.
- Renforcer le sentiment d'efficacité de l'apprenant en l'aidant à vivre des expériences de réussite pendant l'activité de formation et dans son milieu de travail.

Un instructeur compétent recourra à plusieurs des moyens précédents et à d'autres encore pour faciliter l'apprentissage. Ainsi, le succès de l'activité de formation repose en grande partie sur la qualité pédagogique. Les chances de réussite sont meilleures avec la sélection d'un instructeur qui saura maîtriser l'environnement de la formation et démontrer des habiletés de communication et de questionnement. L'instructeur devra également être en mesure de donner un renforcement positif et d'utiliser les techniques de formation appropriées.

7.6.2 Le transfert des apprentissages

Le rendement des investissements dans la formation s'appuie sur le transfert des apprentissages du milieu de formation au milieu de travail. C'est donc dire que si l'apprenant n'utilise pas les compétences qu'il a acquises durant la formation pour améliorer son rendement au travail, la formation n'aura pas atteint son objectif consistant à combler un besoin en formation en vue de réduire un écart de rendement. Comme l'illustre la figure 7.5, la formation favorise l'apprentissage de nouvelles notions et façons de faire, ce qui augmente le potentiel de rendement. Cependant, sans le transfert des apprentissages, le potentiel de rendement demeure inexploité et ne se traduit donc pas par une amélioration du rendement.

Selon une estimation, seulement 10% des apprentissages acquis durant une formation se concrétisent par de nouveaux comportements au travail (Georgenson, 1982). Les entreprises ont donc intérêt à élaborer une stratégie de transfert, laquelle pourrait comprendre les éléments suivants:

- Accentuer les similitudes entre le milieu de formation et le milieu de travail.
- Expliquer à l'apprenant le lien existant entre le contenu de la formation et ses applications dans le milieu de travail.
- Multiplier les exemples issus du quotidien de l'apprenant.
- Demander à l'apprenant de puiser lui-même des exemples dans son expérience professionnelle.
- Proposer à l'apprenant un plan d'action pour l'utilisation des apprentissages dans le milieu de travail.
- Demander à l'apprenant de préciser les obstacles au transfert ainsi que des moyens de les surmonter.
- S'assurer que l'apprenant se sent capable d'appliquer dans son milieu de travail ce qu'il a appris durant la formation.
- Encourager la participation du supérieur immédiat de l'apprenant avant, pendant et après la formation.

Pour ce qui est de la formation offerte aux gestionnaires, une courte rencontre de suivi quelques mois après l'activité, pour «assurer que chacun des gestionnaires approfondisse et concrétise certains contenus de la formation reçue», peut renforcer le transfert (Archambault, 1997). Par

FIGURE 7.5 La représentation de la dynamique du transfert des apprentissages

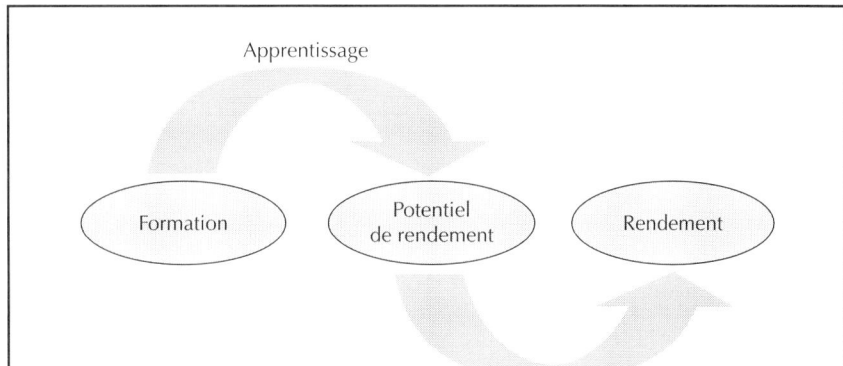

ailleurs, au moment du retour de l'apprenant dans son milieu de travail, il faut bien sûr que son supérieur immédiat encourage l'expérimentation du changement. Le soutien du personnel d'encadrement représente sans doute une condition du succès de l'activité de formation.

Conclusion

Nombreux sont les intervenants qui souhaitent une augmentation des budgets alloués à la formation. Moins nombreux sont ceux qui peuvent gérer l'activité de formation avec soin, assurer le transfert des apprentissages et finalement évaluer l'activité de formation et présenter de façon convaincante les résultats de cette évaluation. Dans ce chapitre, nous avons exposé l'enjeu de la formation ainsi que les considérations-clés entourant une saine gestion de la formation.

Dans «la course au savoir», la formation représente avant tout ce qui peut être gagné par une entreprise. Le développement de compétences distinctives et difficilement imitables qui pousse l'entreprise vers de nouveaux sommets apporte à celle-ci un avantage concurrentiel. À l'opposé, l'entreprise qui ne se préoccupe pas de la formation risque de voir le réservoir de ses compétences s'affaiblir, ce qui restreindra son adaptabilité aux changements.

Considérant que l'enjeu de la formation est trop important pour être laissé à la seule volonté des entreprises, certains gouvernements ont décidé de renforcer l'effort de formation par l'imposition d'un cadre juridique qui pénalise les employeurs qui n'offrent pas une certaine formation. Les entreprises soumises à une telle obligation doivent toutefois éviter de se contenter de «gérer un budget captif», et gérer plutôt la formation de façon à «optimiser son efficience, c'est-à-dire le rapport entre son coût et les avantages qu'elle procure» (Meignant, 1993).

QUESTIONS DE RÉVISION

1. Quels rôles peuvent jouer les différents acteurs de la formation à chaque étape de la conception d'un plan spécifique de formation?

2. Décrivez sommairement les conséquences possibles de l'essor technologique pour le développement des compétences.

3. Expliquez les divers buts que poursuit la formation.

4. Quels pourraient être un objectif organisationnel et un objectif d'apprentissage d'un cours portant sur les communications interpersonnelles destiné à des infirmières en chef d'hôpitaux?

5. Quels liens unissent la notion de transfert des apprentissages à l'activité d'évaluation de la formation?

6. Le mentorat représente-t-il une technique de formation? Justifiez votre réponse.

RÉFÉRENCES

AGD (1996). *Concevoir et rédiger un cours en entreprise: guide pratique*, Boucherville, AGD Formation.

ARCHAMBAULT, G. (1997). «La formation de suivi et le transfert des apprentissages», *Gestion*, vol. 22, n° 3, p. 120-125.

BÉDARD, M.G., P. DELL'ANIELLO et D. DESBIENS (1991). «La méthode des cas: guide d'analyse, d'enseignement et de rédaction», Boucherville, Gaëtan Morin Éditeur.

BOUTEILLER, D. (1997). «Le syndrome du crocodile et le défi de l'apprentissage continu», *Gestion*, vol. 22, n° 3, p. 14-25.

CAMP, R.R., N.P. BLANCHARD et G.E. HUSZCZO (1986). *Toward a more Organizationally Effective Training Strategy*, Englewood Cliffs, N.J., Prentice Hall.

DE SMET, M. (1997). «Loi 90: 16% des entreprises déjà assujetties n'atteindraient pas l'objectif du 1%», *Les Affaires*, 4 janvier, p. 19.

DION, G. (1986). *Dictionnaire canadien des relations du travail*, 2e éd., Québec, Les Presses de l'Université Laval.

FILIPCZAK, B. (1994). «Needs assessment software», *Training*, vol. 31, n° 12, p. 69.

FOUCHER, R. (1997). «Quels changements à la formation en entreprise peuvent répondre aux nouvelles exigences de l'environnement?», *Gestion*, vol. 22, n° 3, p. 43-48.

GEORGENSON, D.L. (1982). «The problem of transfer calls for partnership», *Training and Development Journal*, octobre, p. 75-78.

GRAMMOND, S. (1997). «Les secteurs de pointe: administration publique, finances, transports et communications», *Les Affaires*, 9 août, p. B3.

HACCOUN, R.R., C. JEANRIE et A.M. SAKS (1997). «Concepts et pratiques contemporaines en évaluation de la formation: vers un modèle de diagnostic des impacts», *Gestion*, vol. 22, n° 3, p. 108-113.

HAINES, V. et M. ARCAND (1997). « Évolution de la pratique de la gestion des ressources humaines », *Relations industrielles*, vol. 52, n° 3, p. 583-606.

HÉROUX, A. (1992). « Des séminaires de formation nouveau genre : lorsque la salle de conférence devient la rivière ou la montagne », *Info ressources humaines*, octobre, p. 12-13.

HOUDE, R. (1995). *Des mentors pour la relève*, Montréal, Méridien.

JACOB, R. (1992). *Flexibilité organisationnelle et gestion des ressources humaines*, cahiers de recherche – Le groupe de recherche en économie et gestion des PME, Trois-Rivières, Université du Québec à Trois-Rivières.

KIRKPATRICK, D.L. (1976). « Evaluation of training », dans *Training and Development Handbook*, sous la direction de R.L. Craig, New York, McGraw-Hill, p. 18-1 à 18-27.

LAROUCHE, V. (1984). *Formation et perfectionnement en milieu organisationnel*, Ottawa, Éditions JCL.

LAROUCHE, V. (1997). « Tendances lourdes et nouveaux contenus en formation et développement des ressources humaines », *Gestion*, vol. 22, n° 3, p. 26-33.

LÉVESQUE, H. (1994). « Les travailleurs québécois soutiennent de mieux en mieux la comparaison internationale », *Les Affaires*, 30 avril, p. B7.

LOWE, G.S. (1997). « Travail et informatisation », *Perspective*, été, Ottawa, Statistique Canada, catalogue 75-001-XPF, p. 33-41.

MAGER, R.F. (1984). *Preparing Instructional Objectives*, 2e éd., Belmont, Californie, Pitman Learning.

MCGEHEE, W. et P.W. THAYER (1961). *Training in Business and Industry*, New York, Wiley.

MEIGNANT, A. (1993). *Manager la formation*, 2e éd., Paris, Liaisons.

PRINCE, R. (1995). « Formation interactive chez Bombardier », *Les Affaires*, 7 janvier, p. B3.

QUINTY, M. (1997). « Le Club Med des banquiers », *Affaires Plus*, septembre, p. 78-80.

SAINT-HILAIRE, N. (1992). « Formation et perfectionnement », *Les Affaires*, 8 août, p. B16.

SAINT-HILAIRE, N. (1997). « La course au savoir », *Les Affaires*, numéro spécial : *Les Affaires 500*, édition 1997, p. 4.

SOCIÉTÉ QUÉBÉCOISE DE DÉVELOPPEMENT DE LA MAIN-D'ŒUVRE (1996). *Guide 1996. Loi favorisant le développement de la formation de la main-d'œuvre*, Publications du Québec.

TREMBLAY, M. (1996). « Payer pour les compétences : une nouvelle logique de rémunération et de développement des ressources humaines », *Gestion*, vol. 21, n° 2, p. 32-44.

LECTURES SUGGÉRÉES

CAMP, R.R., N.P. BLANCHARD et G.E. HUSZCZO (1986). *Toward a more Organizationally Effective Training Strategy*, Englewood Cliffs, N.J., Prentice Hall.

LAROUCHE, V. (1984). *Formation et perfectionnement en milieu organisationnel*, Ottawa, Éditions JCL.

MEIGNANT, A. (1993). *Manager la formation*, 2e éd., Paris, Liaisons.

Revue internationale de gestion (1997). Numéro spécial portant sur la formation de la main-d'œuvre, vol. 22, n° 3, automne.

CAS
L'informatique : c'est l'enfer !

Depuis quelques années, la direction d'une entreprise décentralisée qui assure la distribution de pièces d'automobiles en Amérique du Nord caresse le rêve d'avoir accès rapidement à l'ensemble des données administratives dont elle a besoin pour assurer une saine gestion. Elle souhaite aussi améliorer les communications entre les gestionnaires de ses différentes unités administratives et divisions.

Avec la sélection récente d'un système d'information intégré, le rêve se situe maintenant dans le domaine du réalisable. Conscients de l'importance de la formation pour réussir l'implantation d'un tel système, les membres du comité d'informatique de l'entreprise ont prévu une formation d'une demi-journée à l'intention des futurs usagers. Dans la perspective de l'installation imminente du nouveau système d'information intégré, le comité a convoqué les membres du personnel d'encadrement à participer à l'une des 10 séances de formation prévues au cours des 2 dernières semaines du mois. Le comité a mis en place des laboratoires d'informatique et fait appel à un formateur externe ayant l'expertise requise pour expliquer le fonctionnement du système. La formation porte sur des aspects comme la saisie de données, l'ouverture d'un fichier, la production de tableaux et de graphiques et la sauvegarde de données.

La formation s'est bien déroulée, même si plusieurs gestionnaires ne se sont pas prévalus de celle-ci. Les participants ont apprécié le formateur et ses méthodes pédagogiques. Plusieurs ont manifesté leur satisfaction à l'égard de la convivialité du système informatique qu'ils auront bientôt l'occasion d'utiliser sur une base régulière.

Quelques mois après l'installation du système d'information intégré, les membres du comité d'informatique ont fait remplir par les usagers un questionnaire portant sur leur satisfaction à l'égard du système. À l'occasion de cette enquête de suivi, les gestionnaires ont exprimé leur mécontentement devant plusieurs facettes du système, surtout en ce qui concerne la formation reçue. Voulant approfondir la question de la formation, les membres du comité d'informatique ont recueilli auprès de quelques gestionnaires les propos suivants :

– « La formation était trop courte. On n'a pas eu le temps d'explorer l'ensemble des modules du système. »
– « À la suite de la formation, j'ai eu l'impression de posséder les connaissances requises pour utiliser le nouveau système. Mais, plusieurs semaines plus tard, lorsque le système a finalement été installé à mon bureau, j'avais oublié la moitié de ce qui avait été dit. »
– « Je n'ai pas assisté à la formation, car c'est ma secrétaire qui s'occupe de l'informatique. »
– « Je n'étais même pas convaincu de la nécessité du système informatique... alors j'ai quitté la séance de formation après 30 minutes. »
– « Au cours de la séance de formation, tout semblait si facile. Une fois à mon bureau, je n'y arrive plus ! Il me semble que le logiciel utilisé pendant la formation ne fonctionne pas de la même façon que le logiciel que j'utilise actuellement. Est-ce la même version ? »
– « Quelle est l'idée de tenir une formation d'une demi-journée pendant la période la plus occupée de l'année ? Je n'étais pas du tout concentré. »
– « La formation était adéquate, mais la documentation qui accompagne le système est incompréhensible ! »
– « Pendant la séance de formation, j'ai perdu le fil. Tout allait trop vite pour moi qui

n'avais jamais encore utilisé un ordinateur de ma vie!»

– «Je suis un mordu de l'informatique et j'ai appris à utiliser le système par mes propres moyens. Cependant, je dois continuellement répondre aux questions de mes collègues qui ne comprennent pas grand-chose au système. Je manque de temps pour faire mon ouvrage à moi!»

Perplexes, les membres du comité d'informatique ne savent plus où donner de la tête.

QUESTIONS

1. Pouvez-vous expliquer les résultats de cette enquête?

2. En vous appuyant sur votre analyse de la situation, quelles recommandations feriez-vous pour corriger la situation?

CHAPITRE 8

Gérer les carrières

OBJECTIFS D'APPRENTISSAGE

Après l'étude de ce chapitre, le lecteur devrait être plus apte à:
- Définir le concept de gestion des carrières.
- Donner les principales raisons de l'importance de la gestion des carrières pour l'individu et l'organisation.
- Décrire les principaux facteurs qui influencent la carrière et la gestion des carrières.
- Connaître les cycles professionnel, personnel et familial et leurs principales étapes (ou stades d'évolution), et préciser leurs répercussions sur la gestion des carrières.
- Connaître les principales pratiques de gestion des carrières.
- Connaître les stratégies organisationnelles de gestion des carrières.

MISE EN SITUATION

LES EMPLOIS STABLES ET DE LONGUE DURÉE N'ONT PAS DISPARU : LA DURÉE MOYENNE DES EMPLOIS EST RESTÉE INCHANGÉE DE 1981 À 1994[1]

Les emplois de longue durée ne sont pas moins courants de nos jours qu'ils l'étaient au début des années 1980, selon une récente étude de Statistique Canada.

Or, la perception que les emplois stables et de longue durée n'existent plus est largement répandue chez les travailleurs. Elle exerce une forte influence sur le choix de carrière de plusieurs jeunes. « Certains employés pensent, à tort ou à raison, que leur poste pourrait être bientôt aboli, observe Rémi Tremblay, vice-président d'Ecco Personnel, firme de recrutement et de placement de personnel. Alors, ils se cherchent un nouvel employeur. Leur sentiment d'insécurité fait qu'ils sautent du navire avant que celui-ci, croient-ils, ne coule. »

« Des emplois de longue durée, il n'y en a tout simplement plus. On se dirige vers des emplois temporaires et à la pige. » Tel est le sentiment de Louise Bonhomme, ancienne salariée aujourd'hui propriétaire à Chomedey de La Belle Impression (vente d'articles publicitaires).

À son avis, « de nos jours, on peut perdre son emploi n'importe quand, même si cela fait longtemps qu'on est en poste. Aujourd'hui, je ne chercherais même plus à devenir salariée. Les salariés vivent désormais dans la même insécurité que les travailleurs autonomes, sans jouir comme ces derniers d'une grande indépendance au plan professionnel. »

Et pourtant, selon Statistique Canada, la proportion d'emplois de longue durée est demeurée stable au Canada. La part des emplois qui duraient entre cinq et 20 ans s'est maintenue à 14 %, entre 1981 et 1994.

La part des emplois qui duraient plus de 20 ans est également restée inchangée, à 6 %.

Par ailleurs, quand un travailleur canadien détient un poste depuis plus d'un an au sein d'une entreprise, ses chances de le conserver plus de cinq ans sont, en fait, supérieures aujourd'hui (54,2 %) à ce qu'elles étaient au début de la dernière décennie (48,3 %).

De même, si ce travailleur est à l'emploi d'une entreprise depuis plus de cinq ans, la probabilité actuelle qu'il y demeure 20 ans est un peu plus grande que ce qu'elle était il y a une quinzaine d'années. Par contre, le sentiment populaire que les emplois sont plus instables que par le passé n'est pas dénué de tout fondement.

En effet : « Les entreprises ont reconsidéré la permanence dont jouissaient leurs employés, lors de la crise économique qui a commencé en 1982 », explique Jeannine David McNeil, professeur en économie du travail à l'École des Hautes Études Commerciales.

« Leurs activités et leurs revenus avaient alors passablement diminué. Mais les grandes compagnies ne pouvaient se débarrasser principalement que de leur personnel cadre ou professionnel. Elles se retrouvaient avec trop d'employés permanents. Elles se sont rendu compte qu'elles auraient besoin, à l'avenir, de plus de souplesse en matière d'embauche. »

Les statistiques montrent que les emplois de moyenne durée ont nettement fait place aux emplois de courte durée, au Canada. La proportion d'emplois qui duraient entre un et cinq ans a chuté, passant de 21 % à 16 %. Parallèlement, la proportion d'emplois de 12 mois ou moins est passée de 59 % à 64 %.

Un autre facteur explique cette croissance de l'emploi à court terme. Depuis plusieurs années, ce sont surtout les PME qui créent des emplois. Or, « le secteur des PME est plus instable que celui des grosses firmes », note Mme McNeil.

---

1. Éric Dufresne, Les Affaires, 20 septembre 1997, p. 30.

« Il y en a pas mal qui meurent rapidement. Dans ce cas, les emplois sont forcément de courte durée. Par ailleurs, beaucoup de ces PME se trouvent dans le domaine des services, domaine qui a toujours compté dans ses rangs un grand nombre d'emplois à court terme. »

Le marché de l'emploi s'est donc quelque peu fragilisé au cours de la présente décennie. Mais il ne s'est pas effondré comme les gens en ont le sentiment. La durée moyenne des emplois est restée inchangée. Elle s'est maintenue, de 1981 à 1994, aux alentours de 3,8 ans.

En fait, les nouveaux emplois sont devenus davantage polarisés entre les emplois de courte et de longue durée. Les travailleurs qui ont présentement plus d'un an d'ancienneté ont de plus en plus de sécurité, tandis qu'il devient plus difficile pour les autres de joindre leurs rangs.

L'une des raisons de cette polarisation, selon cette étude, est qu'apparemment les entreprises ont de plus en plus recours à un noyau d'employés de longue date. « Compte tenu de leur besoin de souplesse, il est normal qu'il en soit ainsi », note Mme McNeil.

« Mais, depuis 1995, les compagnies semblent avoir recommencé à embaucher un peu plus à long terme. C'est qu'à la longue il devient malsain pour une entreprise de ne fonctionner qu'avec un minimum d'employés permanents sachant vraiment comment fonctionne l'entreprise. »

Pour conclure, il semblerait, à la lumière de l'étude de Statistique Canada, que les salariés surestiment la précarité de leurs emplois, particulièrement les plus scolarisés. Le nombre d'emplois a grimpé de 31% chez les diplômés universitaires, entre 1990 et 1996, rapportait en juin un article de la revue En Perspectives, *du Mouvement Desjardins.*

Or, ce même article indique que la crainte de perdre son emploi touche, depuis quelques années, tous les types de salariés. Cette crainte a eu des conséquences. Elle a modifié profondément les attentes et les revendications des employés en ce qui concerne leurs salaires et leurs conditions de travail.

Questions

1. Comment a évolué l'emploi au cours de la dernière décennie en ce qui a trait à sa stabilité ?

2. À quoi peut-on attribuer les tendances observées dans la stabilité de l'emploi de longue durée et dans l'instabilité de l'emploi de courte durée ?

3. Est-il réaliste de songer à suivre une carrière au tournant de l'an 2000 ?

Introduction

La « fin » du travail, la mise au rancart de la sécurité d'emploi, la précarité du lien d'emploi et l'abandon des rapports de travail fondés sur la loyauté organisationnelle sont les raisons souvent invoquées pour discréditer le principe de la gestion des carrières dans les organisations. On affirme même qu'il est devenu presque impossible de faire carrière (Chanlat, 1992). Par contre, on observe également un intérêt marqué de la part d'organisations, d'universitaires et de consultants pour le phénomène de la gestion des carrières. Un tel intérêt peut sans doute s'expliquer par la mise en place d'une gestion plus stratégique des ressources humaines dans un contexte où de nombreuses organisations dépendent de la pertinence et du développement de certaines compétences-clés caractérisant ce qu'il est convenu d'appeler le métier de l'entreprise.

Cet engouement pour la carrière et les systèmes de gestion des carrières a aussi son origine dans l'école de l'apprentissage organisationnel et de l'organisation qualifiante (Cadin et Amadieu, 1997; Koenig et autres, 1994; Le Boterf, 1997; Parlier, 1996). Cette école postule que le développement de compétences collectives dans l'organisation, élément fondamental pour performer dans la nouvelle économie, repose sur des formes nouvelles de développement personnel associées davantage au cheminement professionnel et à l'organisation du travail qu'à la formation traditionnelle et formelle. L'organisation qualifiante (tableau 8.1) s'appuie donc en grande partie sur la gestion des carrières, ce qui relègue au rang de mythe le discours selon lequel le concept de carrière appartient au passé, car la précarité de l'emploi, la flexibilité du travail et le travail autonome rendent impossible la planification d'une carrière au sein d'une seule et même organisation. Cependant, il est important de souligner que la gestion des carrières, comme on l'a pratiquée au cours des 25 dernières années, est obsolète et que la pratique actuelle dans ce domaine se fonde sur une nouvelle logique (Lawler, 1996), celle de la prise en charge par la personne elle-même du développement de l'employabilité et des nouvelles filières d'emplois et de mobilité.

Dans ce chapitre, nous aborderons le concept de gestion des carrières, les raisons pour lesquelles elle constitue un aspect important de la GRH,

TABLEAU 8.1   Les dimensions de l'organisation qualifiante

1. Une organisation conçue en fonction des compétences présentes des personnes qu'elle emploie ou recrute et de manière à les développer continûment grâce aux situations qu'elle aménage et aux dispositifs d'apprentissage qu'elle comporte.
2. Une organisation qui a un potentiel d'utilisation des compétences (ou transforme en gain de performance l'augmentation de compétences des salariés).
3. Une organisation construite pour évoluer en fonction des compétences et de leur progression.
4. Un système de salaire et de carrières fondé sur les compétences acquises et non sur les postes ou fonctions occupés.
5. Un accord explicite, rendu possible par une distribution des avantages, et auquel les syndicats peuvent souscrire.

Source :   Reproduit de L. Cadin et J.-F. Amadieu, « Les organisations qualifiantes : idéologies managériales et pratiques d'entreprise », *Gestion, Revue internationale de gestion*, vol. 22, n° 3, 1997, p. 38.

les principaux facteurs influençant la carrière et la gestion des carrières, les pratiques de gestion des carrières ainsi que les stratégies organisationnelles de gestion des carrières.

8.1 Qu'est-ce que la gestion des carrières ?

Comme l'expliquent Guérin et Wils (1992), la gestion des carrières peut être définie dans un sens large ou étroit. Pour certains auteurs (London et Stumpf, 1982 ; Walker, 1985), le système de gestion des carrières consiste en un ensemble d'activités visant à planifier, à organiser, à mettre en œuvre et à contrôler les mouvements de main-d'œuvre depuis l'entrée des personnes dans l'organisation jusqu'à leur départ, ce qui inclut la mobilité interne et divers programmes de soutien sous-jacents à celle-ci. Cette approche de la gestion des carrières est globale en ce sens qu'elle comprend l'aide à la planification de la carrière, la planification de la relève, la dotation interne, le recrutement et la gestion des départs. En outre, elle établit des interfaces avec les systèmes de planification des ressources humaines, de formation et d'aide aux employés.

Dans son sens plus étroit, la gestion des carrières peut être considérée comme un ensemble d'activités qui favorisent la conception des plans de carrières et leur mise en œuvre. La gestion des carrières, au même titre que la planification individuelle des carrières, devient une composante d'un système global de développement des carrières (Gutteridge, 1988 ; Hall, 1988) et même de développement des personnes. Cette dernière approche, associée davantage à un microsystème, repose sur le fait que la carrière est un outil de développement et de mobilisation des ressources humaines et que la gestion des carrières est très différente de la gestion des mouvements de main-d'œuvre.

Comme l'illustre la figure 8.1, le système de gestion des carrières est crucial dans le modèle renouvelé de GRH, en ce sens qu'il est au centre des activités de développement des compétences, qu'il est en interface avec les autres systèmes de GRH et qu'il est conditionné par les besoins organisationnels reliés aux plans stratégiques globaux de l'organisation. Ainsi, pour procéder à la planification des carrières, les individus et l'organisation auront recours à l'information générée par la planification des ressources humaines (bilan de l'offre et de la demande de travail et analyse des déséquilibres), l'analyse des postes (exigences et profil) et l'évaluation des employés (rendement et potentiel). La formulation des plans de carrières devrait ensuite favoriser le meilleur appariement possible entre les besoins des individus et les besoins de l'organisation (Beer et Spector, 1985).

FIGURE 8.1 Le système de gestion des carrières

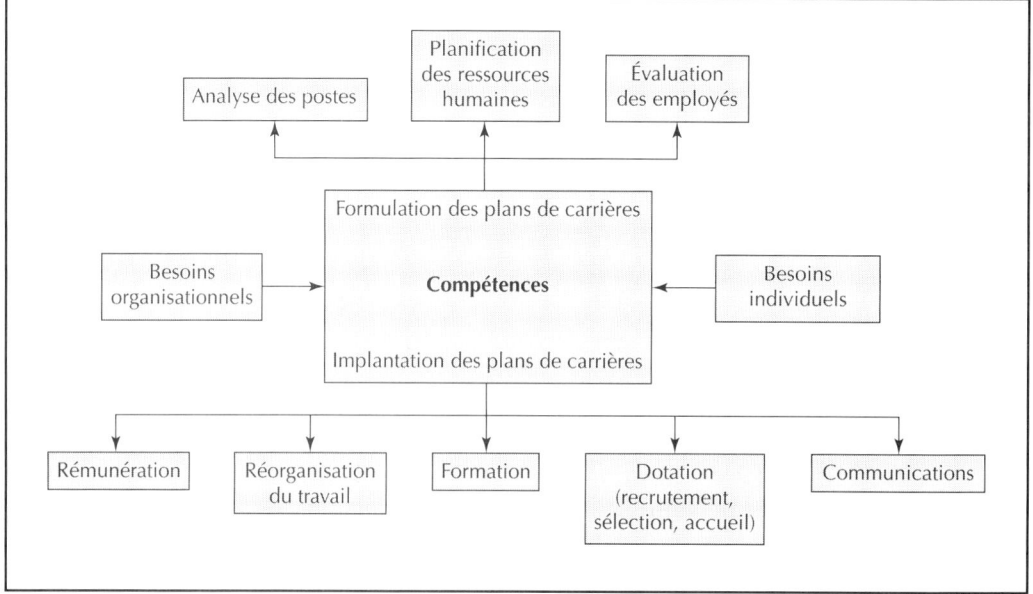

Par la suite, afin d'assurer la mise en œuvre des plans de carrières, des mesures de soutien devront être appliquées, comme des modes d'organisation du travail, de mobilité de la main-d'œuvre, de rémunération et de formation continue qui s'harmonisent avec le développement des compétences.

8.2 Pourquoi la gestion des carrières est-elle cruciale dans le domaine de la GRH?

Malgré la montée du discours sur la précarité de l'emploi qui semble remettre en question l'importance de la gestion des carrières, il reste que la part des emplois de longue durée dans l'ensemble des emplois est relativement stable et que de nombreux employés vivent une dynamique de carrière dans une organisation ou un réseau d'organisations. En effet, comme le démontre la mise en situation du début de ce chapitre, la part des emplois qui duraient plus de cinq ans s'est maintenue entre 1981 et 1994 (environ 20% des emplois). Ainsi, les chances de garder un emploi sur une longue période sont supérieures aujourd'hui à ce qu'elles étaient il y a une quinzaine d'années. Il faut cependant noter que les emplois de moyenne durée (16% des emplois) ont, dans une mesure importante, été remplacés par des emplois de courte durée (64%), donc, par définition, plus précaires. Alors, pourquoi la gestion des carrières est-elle cruciale pour les organisations? Nous tenterons de répondre à cette question.

D'abord, les employés (salariés et gestionnaires) sont de plus en plus scolarisés et conçoivent des attentes relativement à un travail épanouissant et à des possibilités de croissance personnelle. La prise en considération de leur carrière et la planification de celle-ci deviennent donc des sources de motivation importantes pour eux.

Par ailleurs, dans un contexte où les caractéristiques sociodémographiques de la main-d'œuvre se transforment (féminisation et pluralité ethnique), où la reconnaissance des différences de même que le besoin d'équité et de justice excluent toute forme de discrimination dans les décisions de gestion, la gestion des carrières apporte une certaine transparence aux processus décisionnels et permet aux organisations d'assumer leur responsabilité sociale.

Le temps est un ennemi sournois du «capital de compétences» de l'organisation (Bouteiller, 1997). En effet, les compétences ont une durée de vie de plus en plus réduite; il en résulte un actif fragile et friable pour l'organisation. Comme l'illustre la figure 8.2, certaines compétences sont caractérisées par une érosion rapide et d'autres, par une érosion plus lente. La gestion des carrières permet donc d'éviter en partie la désuétude des compétences et de stimuler la quête du renouvellement de ces dernières.

L'équilibre travail-famille ou emploi-famille est un autre argument à l'appui des efforts à faire en relation avec la gestion des carrières. En effet,

FIGURE 8.2   **La durée de vie des compétences**

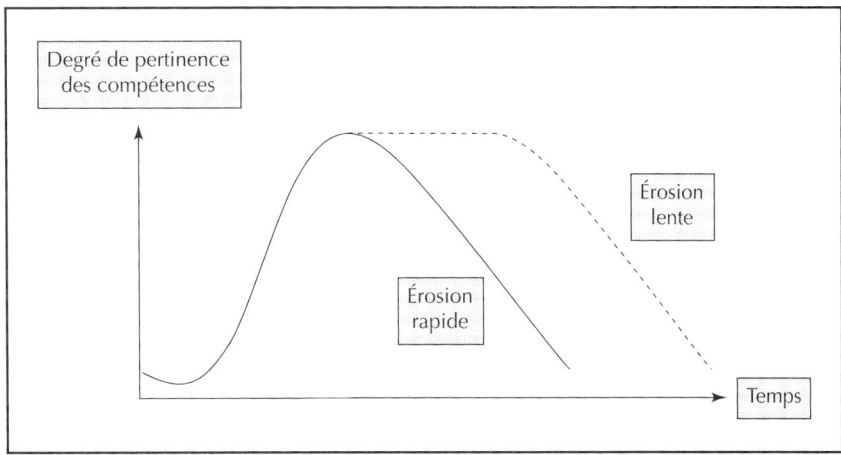

la réalité des couples à deux carrières, le désir de fonder une famille et la recherche de l'équilibre dans la vie sont des facteurs qui favorisent une prise en charge volontaire des aspirations professionnelles et des cheminements de carrières.

Le travail en lui-même est formation et développement. De nombreuses recherches ont prouvé que les affectations comportant des défis, le contact avec des individus marquants (comme des mentors) et les difficultés éprouvées au travail (épreuves personnelles) constituent des activités de développement nettement plus significatives que les cours de formation et la formation traditionnelle (Davies et Easterby-Smith, 1984; Gosselin, 1992; Lindsey, Homes et McCall, 1987). Comme le souligne McCall (1988) à propos du peu d'activités de développement formel suivies par les décideurs des organisations, la qualité de l'expérience dans l'emploi et l'apprentissage qu'on en retire deviennent le principal aspect du développement, aspect représenté par la gestion de la carrière. Ainsi, la répartition du travail, les affectations permanentes ou temporaires, le jumelage avec des personnes compétentes et expertes de même que les communications internes de toutes sortes (rencontres de témoignages, consolidation d'équipes, etc.) sont des activités-clés davantage associées à la gestion des carrières. Il est clair que la gestion des carrières constitue une activité-clé moins coûteuse que d'autres, qui permet de développer le potentiel ou l'actif humain d'une organisation.

Le développement des personnes en grande partie responsables du succès d'une organisation (gestionnaires, professionnels, titulaires de postes-clés) devient un enjeu stratégique et sert de locomotive aux activités de planification stratégique (comme l'approche des compétences stratégiques[2]). La gestion des carrières constitue alors l'assise du développement des compétences stratégiques reliées au facteur humain; par le fait même, elle permet aux organisations d'atteindre leurs objectifs d'innovation, de qualité, de rendement et de rentabilité (Mann et Standemmier, 1991).

Finalement, dans un contexte de mondialisation, de plus en plus de carrières se déroulent et s'épanouissent sur la scène internationale. Ces trajectoires professionnelles comportent de nouvelles exigences pour les organisations, comme le choix minutieux des personnes en fonction de la compatibilité culturelle, la préparation de ces personnes, leur mobilité et la gestion du retour.

---

2. Allaire et Firsirotu (1993) reconnaissent deux écoles de planification stratégique dans les organisations, soit l'école d'analyse des industries et de la concurrence et l'école des ressources et compétences stratégiques. Cette dernière école repose sur le principe selon lequel le bassin de ressources et de compétences de l'entreprise conditionne les choix stratégiques de toute organisation.

8.3 Les caractéristiques influençant la carrière et la gestion des carrières

Afin de mieux comprendre la dynamique de la gestion des carrières, nous exposerons les principales caractéristiques qui expliquent les cheminements de carrières et la prise de décisions individuelles ou organisationnelles à cet égard. Les travaux menés sur cette pratique organisationnelle permettent de regrouper ces caractéristiques selon trois catégories (figure 8.3), à savoir les caractéristiques individuelles, les caractéristiques de l'organisation et les caractéristiques de l'environnement (Driver, 1985 ; Foucher et Hogue, 1992; Gosselin, 1992; Luthans, Hodgetts et Rosenkrantz, 1988; Wils, Laberge et Labelle, 1997).

FIGURE 8.3 Les caractéristiques influençant la carrière et la gestion des carrières

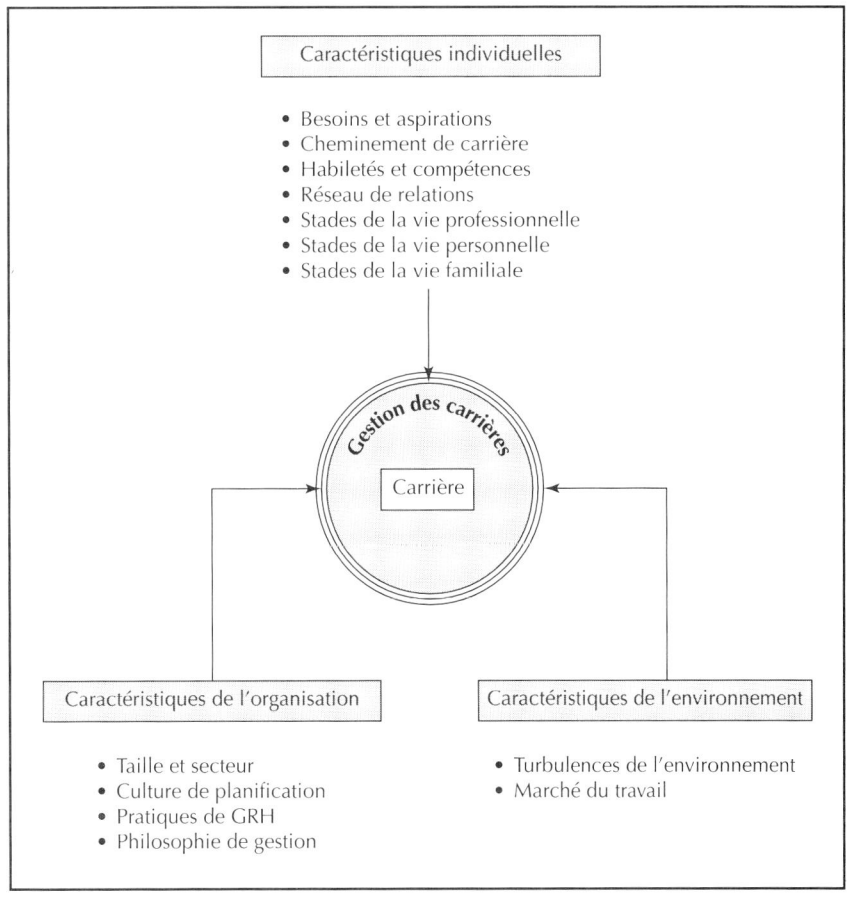

8.3.1 Les caractéristiques individuelles

La carrière est d'abord et avant tout influencée par un certain nombre de variables d'ordre personnel. Le passé d'un individu, ses aspirations et ses qualités personnelles de même que les relations qu'il entretient exercent une influence significative sur le cheminement de sa carrière et sur les décisions qu'il prend à cet effet. Les éléments suivants explorent l'aspect individuel des déterminants de la carrière.

Les besoins et les aspirations

Il a été démontré que chaque personne est poussée par des motivations ou des forces motrices qui lui sont propres et qui constituent ce que Schein (1978) appelle des ancres de carrière.

> *Une ancre de carrière est un choix qui influence de façon décisive nos décisions relatives aux types d'emplois choisis ou au poids à donner au travail et à la vie personnelle. Ces ancres sont déterminées en partie par la perception que nous avons de nos talents et de nos habiletés, de nos motivations et de nos besoins ainsi que de nos attitudes et de nos valeurs* (Durivage et Barette, 1992, p. 12).

De toute évidence, l'être humain recherche un environnement compatible avec ses talents, ses besoins et ses valeurs. Ainsi, un opérateur de machine ou un artisan qui s'identifie entièrement à son métier désirera évoluer dans un environnement de travail et un cheminement professionnel qui lui permettront de se réaliser et évitera des responsabilités de gestion, par exemple.

Les ancres de carrière peuvent également changer avec le temps. Cependant, la rupture avec une ancre de carrière et le glissement vers une autre, qui sont peu fréquents, demandent beaucoup d'efforts personnels ainsi qu'une remise en question. Dans une typologie popularisée dans les années 80, Schein (1978) a précisé cinq ancres de carrière (tableau 8.2).

Une autre classification des types de personnes au travail a fait l'objet de nombreuses recherches et sert de cadre de référence à de nombreux outils d'orientation et de choix de carrière, soit la typologie de Holland (1985). Celle-ci établit six types, à savoir le réaliste, l'investigateur, l'artiste, le sociable, l'entreprenant et le conventionnel. Selon Holland, le choix d'une profession, d'un métier ou d'un travail reflète la personnalité d'un individu et a donc un rapport avec cette typologie.

TABLEAU 8.2   Les ancres de carrière

Ancre technique-fonctionnelle

Cette ancre repose sur l'amour du travail, du métier ou de la profession et s'éloigne des promotions verticales, de la gestion et des jeux politiques. C'est l'excellence dans le travail et l'amour du travail bien fait qui conditionnent l'image que les personnes ont d'elles-mêmes.

Ancre managériale

À l'opposé de l'ancre précédente, celle-ci est caractérisée par l'analyse et la résolution de problèmes, les processus décisionnels dans des environnements turbulents et sous des contraintes de temps et de ressources, l'exercice du pouvoir et du leadership, la mobilisation des personnes autour d'un projet organisationnel rassembleur.

Ancre de sécurité

Cette ancre représente la stabilité reliée à un emploi à long terme dans la même entreprise. Conformité, loyauté organisationnelle, adhésion aux valeurs et aux normes de l'organisation caractérisent les personnes qui éprouvent cette ancre.

Ancre d'autonomie-indépendance

Contrairement à l'ancre précédente, celle-ci privilégie la liberté de pensée et d'action de même que le fait de travailler à son propre rythme et en fonction de ses propres critères. Les gens qui adhèrent à cette motivation professionnelle considèrent le travail dans les grandes entreprises comme trop contraignant et restrictif.

Ancre de créativité-entrepreneuriat

Les entrepreneurs sont ce type de personnes qui se réalisent en bâtissant un projet et en avançant des idées de projets et d'entreprises. Les gens qui correspondent à cette ancre sont des individus créatifs et innovateurs ; ils aspirent souvent à travailler pour leur propre compte, dans des petites entreprises ou à plusieurs projets successivement.

Source : Inspiré d'E. Schein, *Career Dynamics : Matching Individual and Organizational Needs*, Don Mills, Addison Wesley, 1978.

Le cheminement de carrière

Les réalisations majeures dans la vie d'une personne conditionnent l'évolution de sa carrière. Ainsi, le cheminement antérieur de carrière et le type de cheminement vécu en tant que schéma peuvent expliquer la trajectoire professionnelle. Driver (1980) a précisé quatre types de cheminements de carrières, soit les cheminements linéaire, homéostatique, transitoire et spiralé (tableau 8.3).

Bien qu'un peu simpliste, cette façon de voir les trajectoires professionnelles nous renseigne sur le fait que les gens s'inscrivent dans des profils de cheminement de carrière et que, par le fait même, leur carrière répond souvent à une logique prévisible.

TABLEAU 8.3   Les cheminements de carrières

> **Le cheminement linéaire**
> Influencé fortement par l'ancre managériale, ce cheminement renvoie surtout au modèle traditionnel, en ce sens qu'il est caractérisé par un ensemble de mouvements verticaux dans un même champ ou une même entreprise. La progression hiérarchique est valorisée par ces personnes du type gestionnaire de carrière.
>
> **Le cheminement homéostatique**
> Influencée par l'ancre technique-fonctionnelle et l'ancre de sécurité, cette trajectoire est celle d'une personne engagée dans un même champ et dans une même organisation pour la vie, avec comme source de motivation le développement professionnel. Sécurité d'emploi, prudence, perfectionnement de l'expertise et refus des changements majeurs caractérisent ce cheminement.
>
> **Le cheminement transitoire**
> Infuencé par l'ancre autonomie-indépendance, ce cheminement est caractérisé par l'instabilité, les changements fréquents et souvent importants ainsi que des mouvements latéraux à l'intérieur ou à l'extérieur d'une organisation. Le besoin de changement et la tendance à être le centre d'attraction sont des forces motrices pour les personnes adoptant ce cheminement.
>
> **Le cheminement spiralé**
> Influencé par l'ancre de carrière autonomie-indépendance, par l'ancre créativité-entrepreneuriat et même par l'ancre technique-professionnelle, ce type de carrière est un long processus cyclique caractérisé par des changements et des réorientations majeurs tous les 7 à 10 ans. Après s'être établies solidement dans un champ d'activité, les personnes suivant ce cheminement se mettent à éprouver de l'ennui, ce qui les stimule à explorer d'autres avenues et à entreprendre un nouveau cycle pour une période relativement longue.

Source : Inspiré de M. Driver, « Career concepts and organizational change », dans *Work, Family, and the Career : New Frontiers in Theory and Research*, sous la direction de C.B. Derr, New York, Praeger, 1980.

LES HABILETÉS ET LES COMPÉTENCES

Ce qu'on appelle communément le talent d'une personne, c'est-à-dire ses compétences et ses habiletés innées ou acquises par une formation de pointe, est sans aucun doute une caractéristique d'ordre personnel qui influe grandement sur la carrière. Nous avons déjà démontré que la personnalité (ancres) avait une influence marquée sur ce point, mais les réels leviers de rendement reposant sur les habiletés et les compétences sont également de première importance quand vient le temps de prendre des décisions au sujet de la gestion des carrières. Ainsi, une personne qui possède des compétences à érosion lente valorisées par les marchés interne et externe du travail a plus de chances de se voir aspirer vers le haut (sur le plan professionnel et managérial) en ce qui a trait à sa trajectoire de carrière. Par opposition, un individu qui possède des compétences à érosion rapide et qui ne bénéficie pas de moyens de développement risque de voir stagner son cheminement de carrière.

LE RÉSEAU DE RELATIONS

L'appartenance à un réseau de relations «politiques» dans l'organisation s'avère un déterminant-clé dans la gestion des carrières (Luthans, Hodgetts et Rosenkrantz, 1988). En effet, les alliances personnelles ou collectives et la connaissance de joueurs-clés permettent à des individus d'évoluer dans le système nerveux de l'entreprise. Cette affirmation semble également se vérifier dans le cas des télétravailleurs. Ces derniers, qui évoluent à partir de centres satellites ou de leur résidence, se trouvent à l'écart des réseaux informels à l'intérieur desquels se tissent des communications qui s'avèrent cruciales dans la gestion des carrières (Audet et autres, 1996).

LES STADES DE LA VIE PROFESSIONNELLE, DE LA VIE PERSONNELLE ET DE LA VIE FAMILIALE

Plusieurs auteurs, dont Sekaran, affirment ce qui suit:

> Les organisations sont en position d'élaborer leurs structures de façon à ce que les individus soient motivés à donner le meilleur d'eux-mêmes à mesure qu'ils traversent les différents stades de la carrière, de la vie familiale et de l'épanouissement personnel, avec pour résultat l'obtention de niveaux élevés de performance individuelle et de productivité organisationnelle. Cela demande toutefois une bonne compréhension des liens existant entre les besoins professionnels, familiaux et personnels des employés tout au long de leur vie (1992, p. 28).

Ces propos témoignent du fait que l'organisation moderne qui veut se développer dans un monde en pleine effervescence doit tenir compte de la complexité des caractéristiques psychologiques, sociologiques et démographiques de sa main-d'œuvre, et élaborer des systèmes de gestion des carrières pouvant cadrer avec les stades de la vie professionnelle, de la vie personnelle (biologiques et psychologiques) et de la vie familiale.

Les stades de la vie professionnelle

Chaque individu progresse sur le plan professionnel en passant par un certain nombre de stades (Hall, 1976; Schein, 1978). On peut définir quatre stades, à savoir l'exploration, l'établissement, la mi-carrière et le déclin (figure 8.4).

Le stade de l'exploration constitue la transition entre l'école et le marché du travail; c'est à ce moment qu'une personne fait l'expérience de

FIGURE 8.4   Les quatre stades de la vie professionnelle

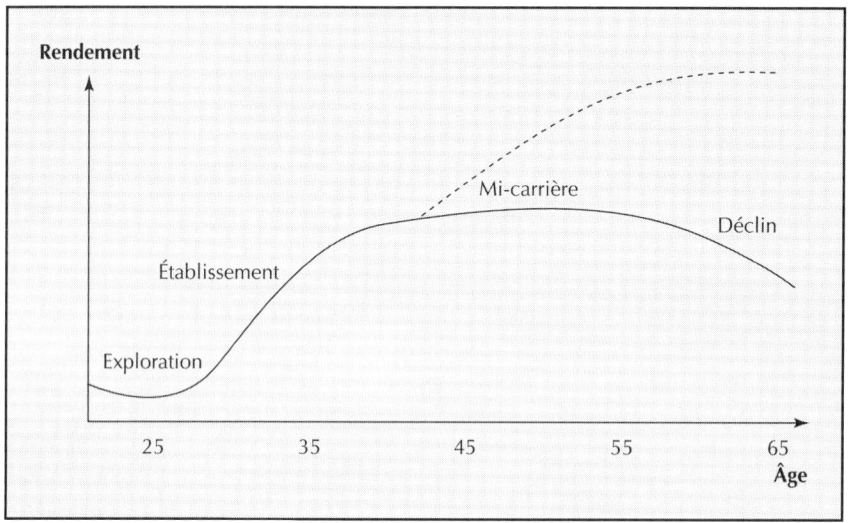

différents choix professionnels et de différents types d'organisations. Le stade de l'établissement est caractérisé par l'appropriation d'un poste de travail et par le désir de gravir les échelons dans la hiérarchie organisationnelle ou professionnelle. Par la suite, le stade de la mi-carrière s'accompagne d'un certain nombre d'options, soit l'option de monter davantage dans la hiérarchie et de relancer sa carrière, soit l'option de maintenir sa situation et de continuer à se développer professionnellement, ou encore l'option de stagner, cette situation étant le fait d'organisations qui ne sont plus en croissance et d'individus qui ont atteint le maximum de leur potentiel. Ce stade de la vie professionnelle soulève la question du plafonnement de la carrière, qui a beaucoup été documentée récemment (Tremblay, 1992). Le plafonnement de la carrière pourrait se définir comme étant l'absence de mobilité, tant verticale qu'horizontale (Veiga, 1981). Qu'il soit objectif ou subjectif, le plafonnement de la carrière entraîne des conséquences importantes pour l'organisation, comme la désaffection envers l'organisation, le départ ou encore la diminution du rendement (Lemire et Saba, 1997). Finalement, au stade du déclin, la personne en cause n'investit plus dans son recyclage ni dans son développement professionnel; cela constitue le retrait psychologique de la sphère professionnelle.

Les stades de la vie personnelle

L'adulte passe par un certain nombre de stades de développement personnel (Levinson, 1986).

Au début de sa vie adulte, une personne cherche à établir son identité et à bâtir sa confiance en elle-même. Après cette période d'incertitude, elle essaie de s'épanouir sur le plan personnel et de jouir de la vie, du moins un certain temps. Commence alors une autre période d'incertitude où les couples ont à choisir entre une plus grande réalisation dans la carrière et la fondation d'une famille, et ce alors que l'horloge biologique marque le temps de façon importante. Quelle que soit la voie privilégiée, un jour ou l'autre l'épuisement mental guette, et une remise en question s'impose. Les gens qui avaient choisi la famille dirigent leurs énergies vers le marché du travail et les gens qui avaient choisi la carrière centrent leur vie sur la sphère non professionnelle. Enfin, lorsqu'ils approchent de la retraite, les gens ont tendance à s'adonner à des loisirs ou à des causes qui leur permettront de s'épanouir le moment venu.

« Le pattern cyclique où l'individu tend vers un but, se range pendant une courte période, pour ensuite rediriger son énergie vers un nouvel objectif, semble être un modèle d'épanouissement personnel s'appliquant à la plupart des individus, sans distinction de sexe » (Sekaran, 1992, p. 30).

Cependant, certains chercheurs ont souligné le fait que les stades de l'épanouissement personnel de la femme et de l'homme diffèrent grandement. Cela s'explique en partie par les prédispositions relationnelles de la femme et par les penchants égocentriques de l'homme (Bardwick, 1986; Gilligan, 1980). Cela peut également s'expliquer par le fait que les responsabilités familiales pèsent plus lourd sur les épaules des femmes.

Les stades de la vie familiale

Sekaran (1992) a précisé cinq stades de la vie des couples à deux carrières: le début du mode de vie à deux carrières, le jeune couple marié sans enfant, les jeunes parents, les parents mûrs et le nid vide. Comme on peut le deviner en constatant cette évolution, les stades de la vie familiale conditionneront les besoins familiaux et auront par le fait même un effet direct sur les objectifs professionnels. Une organisation peut obtenir des gains importants en ajustant ses pratiques et ses structures en fonction de ces stades, par exemple en instaurant des services de garde ou des horaires flexibles.

La superposition des types de stades

Comme on peut s'en douter, ces trois types de stades ne sont pas mutuellement exclusifs et ne se déroulent pas séparément. Ils se superposent plutôt et, ce faisant, créent à certains moments une tension plus forte qui entraîne une remise en question des choix antérieurs, des changements importants dans la carrière et même une détresse psychologique pouvant laisser des marques indélébiles. La crise du milieu de la vie ainsi que le syndrome du succès professionnel et de l'échec personnel (Korman, 1992) ne sont que quelques exemples de syndromes reliés à des crises majeures de la trajectoire professionnelle et personnelle. Les organisations qui élaborent des stratégies visant à tenir compte de ces types de stades et de leurs interactions ont plus de chances d'obtenir le rendement maximal des employés aux diverses phases de leur vie tout en respectant leur équilibre personnel.

8.3.2 Les caractéristiques de l'organisation

La taille et le secteur

Les grandes entreprises ont des marchés internes beaucoup plus complexes et développés que les petites et moyennes entreprises. Il va sans dire que la gestion des carrières est plus présente et surtout plus systématique dans les entreprises dont la taille est importante. Il découle de ce fait que la gestion des carrières est plus développée dans le secteur public que dans le secteur privé. La gestion des affaires de l'État reposant davantage sur la bureaucratie, il y a plus de possibilités de trouver dans ce secteur des systèmes de gestion des carrières plus formels. Cependant, on observe (Wils, Laberge et Labelle, 1997) que le secteur public est caractérisé par des modes bureaucratiques et mécaniques de gestion des carrières, comparativement au secteur privé qui a mis au point des modes plus sophistiqués et plus organiques eu égard à la recherche d'un avantage concurrentiel au moyen de compétences stratégiques.

La culture de planification

Une entreprise qui a développé systématiquement la logique et la culture de planification (stratégique et opérationnelle) a beaucoup plus de chances de développer également une culture de gestion des carrières. Les pratiques de planification de la relève, de planification des effectifs, de planification du développement et de gestion des carrières risquent d'être beaucoup plus présentes dans ce type d'organisation. Par contre, comme le remarquent Betcherman et autres (1994), la majorité des organisations de grande taille sont encore loin de systématiser la planification et d'intégrer les plans sur les ressources humaines dans les plans de l'entreprise.

Les pratiques de GRH

Certaines pratiques, comme celles qui sont reliées à l'organisation du travail, à la dotation, au développement, à la rémunération et à l'évaluation, conditionnent les décisions concernant la gestion des carrières. Une organisation qualifiante, la présence de mentors, des activités de formation continue, la rigueur et la périodicité de l'évaluation de même que l'instauration de pratiques de rémunération basée sur les compétences sont quelques exemples démontrant que la GRH est structurante par rapport à la gestion des carrières et, conséquemment, par rapport à la carrière de chaque employé. Ainsi, non seulement les pratiques de GRH soutiennent les objectifs reliés à la gestion des carrières, mais en plus elles influencent directement ces objectifs, et donc les résultats.

La philosophie de gestion

Il ne fait aucun doute que la philosophie de gestion prônée (et surtout pratiquée) par les dirigeants aura une incidence majeure sur la façon de gérer les cheminements de carrières dans une organisation. Des dirigeants paternalistes (chez qui priment l'identification et la loyauté à l'organisation) et d'autres plus sensibles à l'importance et au respect des personnes exercent un leadership significatif dans la mise en place de processus de planification des carrières.

8.3.3 Les caractéristiques de l'environnement

Les turbulences de l'environnement

Dans un contexte d'incertitude, d'instabilité et de turbulences, la gestion des carrières, contrairement à ce que l'on pourrait penser, devient une activité de GRH cruciale (Wils, Laberge et Labelle, 1997). Les compétences-clés qui permettent de piloter dans la tempête sont des atouts pour l'organisation, et la façon de gérer les carrières peut devenir un enjeu de premier plan. Ainsi, les grandes entreprises qui exercent leurs activités dans un contexte de turbulences ou dans un environnement hostile semblent accorder plus d'importance à la gestion des carrières, du moins pour des groupes d'employés-clés.

Le marché du travail

Selon que les compétences recherchées par les organisations sont rares ou abondantes sur le marché du travail en général, l'offre de main-d'œuvre subira un certain ajustement. Actuellement, il peut être intéressant de faire carrière au Québec dans l'avionique ou encore dans l'informatique, plus particulièrement dans la conception de logiciels compatibles avec le développement du réseau Internet. Il en est de même pour les régions de l'ouest des États-Unis (Silicon Valley). Dans un contexte de pénurie d'employés compétents, les entreprises n'ont d'autre choix que d'investir dans leurs ressources humaines et, par le fait même, dans la conception de plans de carrières qui permettront aux personnes de combler leurs besoins de développement professionnel.

Comme le soulignent Cadin, Guérin et Pigeyre (1997), l'économie du travail, au moyen de la théorie des marchés internes, nous éclaire sur la place de la carrière dans les systèmes de GRH. Doeringer et Piore (1971), les instigateurs de cette théorie, définissent le marché interne comme une unité administrative à l'intérieur de laquelle l'organisation du travail, les affectations et la rémunération sont déterminées par un ensemble de mécanismes de régulation (règles et procédures). L'émergence de tels marchés s'explique principalement par l'existence de compétences propres à l'entreprise, l'apprentissage sur le tas et les rapports sociaux de collectifs de travail. Ainsi, le lien spécifique entre la technologie et l'organisation du travail dans une entreprise produit des compétences requises qu'on ne peut pas toujours trouver sur le marché externe du travail. L'entreprise se voit souvent contrainte de développer ces compétences par l'apprentissage sur le tas qui entraîne la transmission des savoirs et des compétences parmi les membres d'un collectif de travail. Afin de se prémunir contre le marché externe (dans le but de rentabiliser ses investissements en matière de formation), l'entreprise élabore un ensemble de règles visant à fidéliser ses employés (loyauté) en leur offrant des salaires avantageux, des possibilités de mobilité interne, des plans de développement, etc. Cette stabilité (loyauté) des personnes au sein du collectif de travail favorise de nombreux rapports sociaux qui à leur tour engendrent des règles, souvent informelles, qui viennent encadrer la GRH dans un milieu. Ce marché interne peut également être double, en ce sens qu'il y en aura un pour le noyau dur des salariés constituant les compétences collectives-clés de l'organisation et un autre pour des groupes plus «satellisés», pour reprendre le terme de Cadin, Guérin et Pigeyre (1997), ces groupes étant utilisés selon les besoins ponctuels de l'employeur.

Bref, la dynamique même des marchés du travail qui gravitent à l'intérieur et à l'extérieur de l'organisation conditionne la gestion des carrières.

8.4 Les pratiques de gestion des carrières

Pour faire face à ce défi consistant à gérer les carrières, les organisations disposent d'une panoplie d'outils qui se combinent pour former des stratégies de gestion des carrières. Certaines de ces pratiques sont particulières au système de gestion des carrières tandis que d'autres peuvent avoir diverses fins, comme en témoigne la figure 8.1.

8.4.1 Les types de pratiques de gestion des carrières

Guérin et Wils (1992) ont mis au point une typologie de manière à catégoriser l'ensemble des pratiques de gestion des carrières. Ce système repose sur deux variables, soit, premièrement, les diverses phases du processus de gestion, à savoir la planification, la mise en œuvre et le contrôle, et, deuxièmement, la responsabilité des acteurs-clés, à savoir l'individu et l'organisation. L'individu est l'artisan de la gestion de sa propre carrière tandis que l'organisation gère l'ensemble des carrières individuelles dans une optique de cohésion et en fonction de la poursuite de ses objectifs. Selon Guérin et Wils, « il est normal que l'organisation prenne ses décisions quant au système de gestion des carrières mais également qu'elle aide et influence l'individu dans la prise des décisions personnelles favorables aux objectifs organisationnels » (1992, p. 51).

Il n'y a là aucune « manipulation machiavélique », pour reprendre les paroles de ces auteurs, mais un processus itératif d'ajustement qui permet, dans une certaine mesure, d'optimiser les besoins individuels et les besoins organisationnels. Le tableau 8.4 donne un aperçu de ces deux classes, ce qui crée du même coup six types de pratiques de gestion des carrières.

L'AIDE À LA PLANIFICATION INDIVIDUELLE DE CARRIÈRE

Le processus de planification individuelle de carrière est connu et bien documenté à la fois dans les milieux universitaires et dans les milieux organisationnels (Feldman, 1988; Guérin et Charrette, 1983). Ce processus est composé de trois étapes. La première étape, l'autoévaluation, permet à chaque individu de mieux connaître ses forces, ses faiblesses, ses intérêts professionnels, ses ancres de carrière et son type de cheminement de carrière antérieur. La deuxième étape, l'établissement des possibilités, permet de passer en revue les différentes possibilités qui s'offrent à l'individu, tant à l'intérieur qu'à l'extérieur de l'organisation. Finalement, la troisième étape, le projet individuel, permet d'élaborer un plan de carrière propre à chaque personne sans que celle-ci soit attachée à la même organisation. Pour réaliser ces étapes, l'organisation peut mettre sur pied des ateliers de carrière (sessions interactives de formation), un centre de documentation (contenant des brochures, des guides, des cahiers d'exercices, des outils d'autodiagnostic, des vidéos, des fiches, des logiciels, des livres, des dictionnaires de professions et métiers) et un *counselling* de carrière (conseils, interprétation, soutien individuel, rétroaction).

Mentionnons que le *counselling* de carrière peut être sous la responsabilité du supérieur hiérarchique, du conseiller professionnel de carrière

TABLEAU 8.4 La typologie des pratiques de gestion des carrières

	Planification des carrières	Mise en œuvre des carrières	Évaluation des carrières
Aide aux processus individuels	*Aide à la planification individuelle de carrière* • Ateliers de carrière • Centre de documentation • *Counselling* de carrière	*Aide à la résolution des problèmes individuels de carrière* • Programmes d'intégration et de socialisation • Aide aux employés mutés ou promus • Aide à la gestion du stress professionnel • *Counselling* de carrière spécialisé • Parrainage (*mentoring*) • Congés sabbatiques • Développement professionnel • Atelier de prévention de crise de mi-carrière • Gestion du personnel vieillissant • Gestion individualisée de fin de carrière • Préparation à la retraite	*Redéfinition du succès individuel de carrière* • Groupes de réflexion • Diffusion de documents de réflexion
Gestion des processus organisationnels	*Plans de développement de carrière* • Entretien de carrière • Parrainage • Clarification des rôles dans le parrainage • Formation des supérieurs à jouer leur rôle de mentor • Planification de la relève	*Développement de carrière* • Réorganisation du travail • Formation continue • *Monitoring* du supérieur immédiat (entretien de carrière) • Filière d'emplois • Filière professionnelle • Mouvements internes (promotions, rotation, affectations, etc.) • Système d'appariement individu-emploi • Accès à la formation	*Contrôle des carrières* • Suivi de carrière • Contrôle de la progression individuelle • Évaluation de l'efficacité du système

Source: Inspiré de G. Guérin et T. Wils, «La gestion des carrières: une typologie des pratiques», *Gestion, Revue internationale de gestion*, vol. 17, n° 3, 1992.

(interne ou externe) ou du mentor, ou encore des trois. Le mentor est un intervenant qui occupe une place cruciale en matière de gestion des carrières et de développement des personnes. Il est souvent situé à un niveau plus élevé que celui du supérieur immédiat de l'employé en question et il joue un rôle privilégié d'accompagnement, de soutien et de conseil face au développement professionnel. On parle également de la relation mentor-protégé pour définir la dynamique de l'encadrement du mentor.

L'AIDE À LA RÉSOLUTION DES PROBLÈMES INDIVIDUELS DE CARRIÈRE

Au fur et à mesure qu'une personne s'investit dans la réalisation de son plan de carrière, des états de frustration, de découragement, d'isolement, d'impuissance ou de stress apparaissent, prenant des formes différentes selon les stades de la carrière représentés à la figure 8.4.

Au début de la carrière de l'employé, afin d'éviter chez lui un choc brutal relativement à l'écart entre la réalité de l'organisation et l'idéal professionnel, l'entreprise peut mettre sur pied des programmes d'intégration et de socialisation. Un peu plus tard, au moment où l'employé redéfinit ses objectifs de carrière et découvre son ancre, elle peut établir des pratiques d'aide aux employés mutés ou promus (visite de familiarisation, assistance financière, recherche d'un emploi pour le conjoint, intégration communautaire, etc.), des activités d'aide à la gestion du stress ou du *counselling* de carrière spécialisé afin de prévenir les problèmes d'épuisement professionnel ou les syndromes du superman ou de la superwoman. Au moment de la mi-carrière, lorsque l'employé redéfinit son plan de carrière à cause de changements qui sont survenus dans sa vie personnelle, du rétrécissement des possibilités et du plafonnement, l'organisation gagnera à se doter de pratiques de parrainage (*mentoring*), de congés sabbatiques (affectations spéciales, projets personnels, études), de développement professionnel continu (pour éviter la perception du plafonnement), de *counselling* de carrière spécialisé et d'ateliers de prévention ou de gestion de crise de mi-carrière. Dans la dernière phase de sa carrière, au moment où l'individu est sensible aux conséquences du vieillissement (état de santé, stress, diminution des capacités, obsolescence, etc.), l'entreprise peut mettre sur pied des pratiques de gestion du personnel âgé (contribution différente à l'organisation), de gestion individualisée de fin de carrière (rythme et intensité différents en fonction des personnes) ou des activités de préparation à la retraite.

LA REDÉFINITION DU SUCCÈS INDIVIDUEL DE CARRIÈRE

Consciemment ou non, une personne évalue périodiquement sa trajectoire professionnelle et porte un jugement sur sa progression et sur le respect d'un plan de carrière plus ou moins bien défini. Comme l'indiquent Guérin et Wils, « l'organisation doit encourager l'individu à mettre à jour sa notion de succès de carrière afin que ses attentes soient harmonisées aux possibilités actuelles et que sa carrière — qui doit être une source de motivation — ne devienne pas source de frustration» (1992, p. 57).

Ces auteurs avancent également que les organisations auraient intérêt à changer la culture de carrière traditionnelle, centrée sur la progression hiérarchique ou salariale, en la transformant en une culture de succès psychologique correspondant davantage à la recherche d'un travail le plus gratifiant possible et le mieux adapté aux aspirations et aux possibilités de la personne.

Cette redéfinition du concept de succès dans la carrière doit être stimulée par le dialogue et des groupes de réflexion, de même que par la diffusion de documents de réflexion, qui se trouvent dans les centres de documentation.

LES PLANS DE DÉVELOPPEMENT DE CARRIÈRE

De nombreuses organisations planifient leurs besoins en effectifs et le développement de leurs ressources humaines; par conséquent, elles se préoccupent de l'harmonisation des carrières individuelles avec leurs besoins à court et à long terme. Ces organisations tentent d'établir une convergence optimale de la dynamique individuelle et de la dynamique organisationnelle par une pluralité de plans individualisés de carrière qui précisent le développement attendu des employés visés par ces plans. Ce plan agrégé de développement des carrières peut se faire selon deux approches.

L'approche participative repose sur un rôle actif de l'employé tandis que l'approche directive est davantage déterminée par les besoins de l'organisation. L'entretien de carrière, le parrainage (par un mentor), la clarification des rôles dans le parrainage et la formation des supérieurs quant au rôle de mentor qu'ils doivent assumer sont des exemples de pratiques qui appuient la première approche. La planification de la relève est une pratique qui appuie l'approche directive des plans de développement de carrière. On peut la définir comme étant un processus systématique qui, sur la base de diverses sources d'information, vise à préparer une succession ordonnée des personnes susceptibles d'occuper les postes-clés au sein d'une organisation (Tremblay et Roger, 1992). Ce processus, qui s'inspire fortement du processus de planification des ressources humaines décrit au chapitre 5, comprend sommairement quatre étapes:

- la détermination des postes-clés (la demande);
- l'identification des titulaires potentiels (l'offre);
- l'examen des candidats et l'élaboration des plans de relève;
- l'élaboration des plans de développement individuels.

Le développement de carrière

Les plans de carrières individuels et agrégés visent à développer de nouvelles compétences et permettent de relever de nouveaux défis. Les plans élaborés doivent servir de cibles et de guides, mais ils ne doivent pas contraindre les personnes et l'organisation au point d'ignorer les possibilités qui se présentent, lesquelles peuvent amener un réalignement des plans et du développement de la personne dans un contexte de flexibilité. La gestion des carrières doit être l'affaire à la fois des individus qui ont des habiletés de planificateurs et de ceux qui ont des habiletés de stratèges (Mintzberg, 1994). Ainsi, il est primordial que l'emploi actuel permette à son titulaire de combler une partie de ses aspirations de carrière. Pour ce faire, l'organisation doit faire preuve de flexibilité et apporter des transformations continues afin que l'employé puisse utiliser de manière optimale son potentiel, développer de façon continue de nouvelles compétences et raviver sa mobilisation.

Des pratiques de révision périodique de l'organisation du travail et de formation continue, de même que le *monitoring* du supérieur immédiat par des entretiens de carrière, peuvent répondre à ce besoin de flexibilité et d'ajustement des contenus de l'emploi. Les pratiques de filière d'emplois et de filière professionnelle permettent également de mettre en œuvre les plans de développement de carrières. La filière d'emplois consiste à revoir le contenu d'un emploi afin de l'insérer dans une séquence d'emplois permettant un cheminement qui respecte la logique des niveaux de complexité et les types de compétences à développer. Pour ce qui est de la filière professionnelle, elle facilite la progression de la carrière sans pour autant provoquer des changements d'emplois. En effet, une filière professionnelle, au même titre qu'une filière hiérarchique verticale, est caractérisée par une suite de promotions accordées en fonction de l'acquisition de compétences supérieures. Contrairement à la filière hiérarchique, un professionnel peut faire carrière dans une telle filière sans jamais occuper de postes comportant des responsabilités managériales. On trouve ce type de filière dans l'industrie des services informatiques, dans l'industrie des produits pharmaceutiques, dans les milieux universitaires, bref pour des postes associés principalement à la recherche et au développement (ingénieurs, analystes-programmeurs, chercheurs, professeurs d'université), lesquels reposent sur la mise à jour perpétuelle et la domination par les compétences.

Outre les diverses pratiques flexibles centrées sur l'organisation du travail et le contenu des emplois, l'organisation peut privilégier les mouvements de carrières afin de mettre en œuvre les plans de carrières. Les pratiques de promotion interne, la rotation du personnel, les affectations temporaires et le design de réseaux de filières d'emplois permettent de multiplier les mouvements sur le marché interne. Les systèmes d'appariement individu-emploi, de plus en plus informatisés et animés par les directions des ressources humaines, sont un autre exemple de pratiques qui visent à harmoniser les plans de carrières.

Enfin, des pratiques d'accès à la formation s'avèrent essentielles lorsque l'organisation veut concrétiser les plans de carrières. Le remboursement des frais de scolarité, les congés d'études et le développement de programmes institutionnels, du genre école ou université d'entreprise (comme on en trouve dans les entreprises DMR, GE, Banque Royale et Mouvement Desjardins), sont des exemples, à la fois simples et plus compliqués, de pratiques permettant l'accès à la formation.

Le contrôle des carrières

Non seulement l'organisation doit planifier le développement des carrières et orchestrer la mise en œuvre de ces plans, mais elle doit en faire le bilan, élaborer des mécanismes de suivi et appliquer des mesures d'ajustement pour revoir continuellement ses objectifs et les moyens dont elle dispose. Les activités de contrôle de la cohérence des plans à l'intérieur de paramètres touchant l'efficacité, l'efficience, l'équité et les délais sont toutefois à l'état embryonnaire dans les organisations.

Le suivi de carrière, mené par le supérieur immédiat ou le conseiller interne, cherche à repérer rapidement les écarts entre les plans (les attentes) et les faits (le cheminement réalisé), à mesurer l'ampleur et les conséquences des écarts, et à instaurer des mesures de correction afin de limiter les effets de la frustration et de la démobilisation qui peuvent se manifester de part et d'autre. Il est beaucoup plus rentable pour l'organisation de mettre en place cette activité préventive que de subir toutes les conséquences négatives susceptibles de découler d'une absence de gestion des plans de carrières (les départs, la désaffection, la réduction du rendement, les répercussions sur les autres, etc.).

L'évaluation des résultats obtenus et la vérification de leur adéquation avec les besoins de l'organisation constituent une pratique située sur le plan de l'ensemble de l'organisation qui vise à mesurer l'efficacité, l'efficience et la légitimité du système de gestion des carrières.

8.4.2 Un constat sur les pratiques de gestion des carrières

En résumé, on peut constater qu'il existe une panoplie d'activités et de pratiques, bref de moyens associés de près ou de loin à l'activation d'un système de gestion des carrières dans l'organisation. Une recherche menée auprès de 254 entreprises québécoises établit que l'entreprise québécoise « s'avère impliquée dans la gestion des carrières, ayant adopté en moyenne 4,5 pratiques (sur une possibilité de 14). Les pratiques de carrière les plus courantes sont l'affichage des postes vacants, la promotion interne et la mobilité latérale » (Bernard et autres, 1992, p. 92). Comme l'illustre le tableau 8.5, des pratiques plus innovatrices qui instaurent une nouvelle dynamique de gestion des carrières (information sur les postes futurs, responsabilisation des gestionnaires, gestion des individus ayant un potentiel élevé, *mentoring*, système d'appariement) sont plus embryonnaires.

On observe également qu'un certain nombre de ces pratiques sont propres au système de carrière tandis que d'autres sont associées à des systèmes comme l'évaluation du rendement, la dotation, la formation ou la rémunération. Certaines de ces pratiques sont plus efficaces que d'autres, tout dépendant des moments, des situations et des personnes. C'est la combinaison de ces pratiques, formant une configuration particulière en fonction de certains facteurs (l'environnement externe, l'environnement interne, le profil des ressources humaines internes), qui constitue le système de gestion des carrières d'une entreprise. Il est alors intéressant de se

TABLEAU 8.5 La fréquence des pratiques de carrière par ordre décroissant (*n* = 254)

Nature de la pratique de carrière	Fréquence	%
Affichage des postes vacants	235	92,5
Pratique de promotion interne	221	87,0
Pratique de mobilité latérale	155	61,0
Filières d'emplois	79	31,1
Plans de relève	70	27,6
Collecte d'informations auprès des employés	66	26,0
Gestion des individus à haut potentiel	62	24,4
Collecte d'informations sur les postes futurs	56	22,0
Services d'un conseiller en carrière	52	20,5
Formation des gestionnaires en matière de carrière	43	16,9
Pratique de *mentoring*	33	13,0
Système d'appariement individus-emplois	33	13,0
Communication d'informations sur les carrières	18	7,1
Ateliers sur les carrières	13	5,1

Source : Reproduit de R. Bernard, T. Wils, G. Guérin et C. Labelle, « La gestion des carrières dans les entreprises québécoises », *Gestion, Revue internationale de gestion*, vol. 17, n° 3, 1992, p. 92.

demander s'il existe des types organisationnels ou des configurations stratégiques de gestion des carrières.

8.5 Les stratégies organisationnelles de gestion des carrières

Il existe plusieurs typologies et taxonomies des profils organisationnels ou systèmes de gestion des carrières (Bernard et autres, 1992; Sonnenfeld et Peiperl, 1988; Wils, Laberge et Labelle, 1997). Bien que simpliste, la typologie de Sonnenfeld et Peiperl (1988) permet de comprendre ce qu'on entend par profil organisationnel de gestion des carrières. Ces derniers ont déterminé deux dimensions-clés de la GRH, soit le flot de main-d'œuvre (les modes d'entrée et de départ au sein des organisations) de même que les critères de mouvement interne reliés à la mobilité verticale et horizontale (le rendement individuel ou de groupe). Le croisement de ces deux dimensions permet de dégager quatre profils, soit l'académie, l'équipe de baseball, le club et la forteresse (tableau 8.6).

L'académie représente les entreprises dominantes dans leur secteur respectif. Conditionné par le recrutement interne et le rendement individuel, ce profil favorise la croissance personnelle. Il est caractérisé par un système de carrière sophistiqué permettant de développer et de retenir les employés de talent.

En ce qui concerne l'équipe de baseball, ce type valorise la créativité, mais souvent au détriment de la sécurité d'emploi. Caractérisée par le recrutement externe et le rendement individuel, cette stratégie favorise le roulement (l'engagement est plutôt faible) afin de permettre à l'entreprise

TABLEAU 8.6   La typologie des systèmes de gestion des carrières

		Flot de main-d'œuvre	
		Interne	Externe
Critère de mouvement interne	Individuel	Académie	Équipe de baseball
	Collectif	Club	Forteresse

Source : Inspiré de J. Sonnenfeld et M.A. Peiperl, « Staffing policy as a strategic response : A typology of career systems », *Academy of Management Review*, vol. 13, n° 4, 1988.

de recruter des professionnels et des gestionnaires à l'extérieur. Dans ce type d'organisation, l'esprit d'équipe est important, mais tout le monde a la chance de devenir une étoile.

Le club est un profil organisationnel centré sur le rendement collectif et le recrutement interne. Ce type, qui se distingue par l'engagement envers l'organisation et la sécurité d'emploi, est présent dans des entreprises qui valorisent la stabilité, la hiérarchie et des missions qui transcendent les problèmes de marché. Ce profil correspond très bien aux gens qui ont un cheminement linéaire, pour reprendre le terme de Driver (1980).

La forteresse est caractérisée par le rendement collectif et le recrutement externe. Ce type, qui œuvre dans un environnement instable, fait régulièrement face à des crises nécessitant des mouvements de main-d'œuvre importants (décroissance, réaffectations, redéploiement, etc.). Dominé par le facteur structurant de la compétitivité, ce profil offre une certaine stabilité entre les crises, ce qui permet à ses membres de développer le marché interne.

Il n'existe pas de bons ou de mauvais types de systèmes de gestion des carrières. Il y a plutôt des types qui conviennent mieux à des moments, des lieux, des secteurs et des personnes spécifiques. Par exemple, l'équipe de baseball se retrouve davantage dans les entreprises de télécommunications, d'informatique et de consultation. L'académie est plus compatible avec les secteurs de l'automobile et des produits pharmaceutiques. Le club est plus répandu dans le secteur public, les banques, les compagnies aériennes ainsi que les secteurs militaire et paramilitaire. Finalement, les domaines du commerce de détail, du textile et des ressources naturelles ont tendance à adopter le profil de la forteresse.

CONCLUSION

La gestion des carrières est une pratique-clé d'une GRH renouvelée. L'accent que les organisations d'avant-garde mettent sur les compétences individuelles et collectives les oblige à innover dans la gestion des trajectoires professionnelles de groupes d'employés-clés, car les compétences motrices d'une organisation se transmettent et se développent davantage dans un contexte d'apprentissage relié à l'organisation du travail et aux communications organisationnelles que dans un contexte de formation traditionnelle. Ainsi, les expériences de travail deviennent significatives et nécessitent une prise en charge à la fois par les individus et les organisations en vue de la planification, de la mise en œuvre et du contrôle des cheminements de carrières. Nous avons présenté dans ce chapitre les caractéristiques qui motivent l'importance de la carrière et de la gestion des carrières, de même que les pratiques et les stratégies organisationnelles de gestion des carrières.

QUESTIONS DE RÉVISION

1. Qu'est-ce que la gestion des carrières?
2. Quelles relations établissez-vous entre la gestion des carrières et l'organisation qualifiante?
3. Expliquez les principales raisons qui plaident en faveur de la gestion des carrières dans les organisations.
4. Quelles sont les principales caractéristiques individuelles qui influencent la carrière et la gestion des carrières?
5. Démontrez en quoi la superposition des types de stades de la vie professionnelle, personnelle et familiale a une incidence majeure sur la carrière et la gestion des carrières.
6. Quelles sont les ancres de carrière selon la théorie de Schein et quelle est votre ancre personnelle? Motivez votre position.
7. En quoi une bonne connaissance des théories économiques du marché du travail contribue-t-elle à une meilleure compréhension du phénomène de la gestion des carrières?
8. De quelle façon la taille d'une organisation et le secteur d'activité auquel elle appartient expliquent-ils certaines tendances en matière de gestion des carrières?
9. Comment pouvez-vous classifier les pratiques de gestion des carrières?
10. Quelles sont les principales configurations de pratiques ou de stratégies de gestion des carrières? Donnez quelques exemples d'entreprises québécoises que vous connaissez et qui adoptent des stratégies précises.

RÉFÉRENCES

ALLAIRE, Y. et M. FIRSIROTU (1993). *L'entreprise stratégique: penser la stratégie*, Boucherville, Gaëtan Morin Éditeur.

AUDET, M., R. JACOB, N. LAUZON et A. RONDEAU (1996). *Renouvellement des services publics et autoroute de l'information: vers un modèle stratégique de formation et d'aide à la décision*, rapport de recherche présenté au Centre francophone de recherche en informatisation des organisations (CEFRIO), septembre, 352 p.

BARDWICK, J. (1986). *The Plateauing Trap: How to Avoid it in your Career and your Life*, New York, AMACOM.

BEER, M. et B. SPECTOR (1985). «Corporate-wide transformations in human resource management», dans *Human Resource Management Trends and Challenges*, sous la direction de B. Walter et P. Laurence, Boston, Harvard Business School Press.

BERNARD, R., T. WILS, G. GUÉRIN et C. LABELLE (1992). «La gestion des carrières dans les entreprises québécoises», *Gestion*, vol. 17, n° 3, p. 91-99.

BETCHERMAN, G., K. MCMULLEN, N. LECKIE et C. CARON (1994). *The Canadian Workplace in Transition*, Kingston, Ont., IRC Press.

BOUTEILLER, D. (1997). « Le syndrome du crocodile et le défi de l'apprentissage continu », *Gestion*, vol. 22, n° 3, p. 14-25.

BURACK, E. et N.J. MATHYS (1980). *Career Management in Organization*, Lake Forest, Illinois, Brace-Park Press.

CADIN, L. et J.-F. AMADIEU (1997). « Les organisations qualifiantes : idéologies managériales et pratiques d'entreprise », *Gestion*, vol. 22, n° 3, p. 34-42.

CADIN, L., F. GUÉRIN et F. PIGEYRE (1997). *Gestion des ressources humaines : pratiques et éléments de théorie*, Paris, Dunod.

CAUDRON, S. (1994). « HR revamps career itineraries », *Personnel Journal*, avril, p. 64B-64N.

CHANLAT, J.-F. (1992). « Peut-on encore "faire carrière" ? », *Gestion*, vol. 17, n° 3, p. 100-111.

DAVIES, J. et M. EASTERBY-SMITH (1984). « Learning and developing from managerial work experience », *Journal of Management Studies*, vol. 21, n° 2, p. 169-183.

DOERINGER, P.B. et M.J. PIORE (1971). *Internal Labor Markets and Manpower Analysis*, Lexington, Massachusetts, Heath.

DRIVER, M. (1980). « Career concepts and organizational change », dans *Work, Family, and the Career : New Frontiers in Theory and Research*, sous la direction de C.B. Derr, New York, Praeger.

DRIVER, M. (1985). « Demographic and societal factors affecting the linear career crisis », *Revue canadienne des sciences de l'administration*, décembre, p. 245-263.

DUFRESNE, É. (1997). « Les emplois stables et de longue durée n'ont pas disparu : la durée moyenne des emplois est restée inchangée de 1981 à 1994 », *Les Affaires*, 20 septembre, p. 30.

DURIVAGE, A. et J. BARETTE (1992). « Savoir choisir son cheminement de carrière », *Gestion*, vol. 17, n° 3, p. 11-17.

FELDMAN, D. (1988). *Managing Career in Organizations*, Glenview, Illinois, Scott, Foresman and Co.

FOUCHER, R. et A. HOGUE (1992). « La planification de carrière lors d'une réaffectation », *Gestion*, vol. 17, n° 3, p. 18-27.

GILLIGAN, C. (1980). « Restoring the missing text of women's development to life cycle theories », dans *Women's Lives : New Theory, Research and Policy*, sous la direction de D.G. McGuigan, Ann Arbor, University of Michigan, Center for Continuing Education for Women, p. 17-23.

GOSSELIN, A. (1992). « Bâtir sa carrière sur son expérience », *Gestion*, vol. 17, n° 3, p. 43-47.

GUÉRIN, G. et A. CHARRETTE (1983). « La planification des carrières : un modèle organisationnel », dans *Psychologie organisationnelle au Québec*, sous la direction de G. Tarrab, Montréal, Les Presses de l'Université de Montréal.

GUÉRIN, G. et T. WILS (1992). « La gestion des carrières : une typologie des pratiques », *Gestion*, vol. 17, n° 3, p. 48-63.

GUTTERIDGE, T. (1988). « Organizational career development systems : The state of the practice », dans *Career Development in Organizations*, sous la direction de D. Hall, San Francisco, Jossey-Bass.

HALL, D. (1976). *Careers in Organizations*, Santa Monica, Good Year.

HALL, D. (1988). « An overview of current career development : Theory, research and practice », dans *Career Development in Organizations*, sous la direction de D. Hall, San Francisco, Jossey-Bass.

HOLLAND, J. (1985). *Making Vocational Choices*, 2ᵉ éd., Englewood Cliffs, N.J., Prentice Hall.

KOENIG, G. et autres (1994). « Dossier : L'apprentissage organisationnel : pratiques et théories », *Revue française de gestion*, n° 97, janvier-février, p. 75-121.

KORMAN, A.K. (1992). « Succès professionnel et échec personnel », *Gestion*, vol. 17, n° 3, p. 36-42.

LAWLER, E.E. (1996). *From the Ground Up : Six Principles for Building the New Logic Corporation*, San Francisco, Jossey-Bass.

LE BOTERF, G. (1997). « Construire la compétence collective de l'entreprise », *Gestion*, vol. 22, n° 3, p. 82-85.

LEMIRE, L. et T. SABA (1997). « Plafonnement de carrière subjectif : impacts organisationnels dans le secteur public québécois », *GRH face à la crise : GRH en crise*, actes du VIIIᵉ Congrès de l'AGRH, sous la direction de M. Tremblay, Montréal, Les Presses des HEC et AGRH, p. 371-382.

LEVINSON, D.J. (1986). « A conception of adult development », *American Psychologist*, vol. 41, n° 1, p. 3-13.

LINDSEY, E.H., V. HOMES et M.W. MCCALL, JR. (1987). *Key Events in Executive's Lives*, Technical Report no. 32, Greensboro, Center for Creative Leadership, octobre.

LONDON, M. et S. STUMPF (1982). « Individual and organizational career development in changing times », dans *Career Development in Organization*, sous la direction de D. Hall, San Francisco, Jossey-Bass.

LUTHANS, F., R.M. HODGETTS et S. ROSENKRANTZ (1988). *Real Managers*, Cambridge, Ballinger.

MANN, R.W. et J.M. STANDEMMIER (1991). « Strategic shifts in executive development », *Training and Development Journal*, juillet, p. 37-40.

McCall, M.W., Jr. (1988). *Developing Executives Through Work Experience, Technical Report no. 33*, Greensboro, Center for Creative Leadership, mai.

Mintzberg, H. (1994). *The Rise and Fall of Strategic Planning*, New York, The Free Press.

Parlier, M. (1996). «De l'entreprise qui forme à l'entreprise qui apprend», *Actualité de la formation permanente*, n° 143.

Schein, E. (1978). *Career Dynamics: Matching Individual and Organizational Needs*, Don Mills, Addison Wesley.

Sekaran, U. (1992). «Relation travail-famille, dynamique de couple et design organisationnel», *Gestion*, vol. 17, n° 3, p. 27-35.

Sonnenfeld, J. et M.A. Peiperl (1988). «Staffing policy as a strategic response: A typology of career systems», *Academy of Management Review*, vol. 13, n° 4, p. 588-600.

Tremblay, M. (1992). «Comment gérer le blocage des carrières», *Gestion*, vol. 17, n° 3, p. 73-82.

Tremblay, M. et A. Roger (1992). «La préparation de la relève dans les entreprises», *Gestion*, vol. 17, n° 3, p. 64-72.

Veiga, J. (1981). «Plateaued vs non-plateaued managers: Career patterns, attitudes and path potential», *Academy of Management Journal*, vol. 26, n° 1, p. 566-578.

Walker, J. (1985). «Managing careers: Policies and systems», dans *Readings in Human Resource Management*, sous la direction de M. Beer et B. Spector, New York, The Free Press.

Wils, T., R. Bernard et G. Guérin (1992). «Taxonomie des pratiques organisationnelles de carrière au Québec», *Relations industrielles*, vol. 47, n° 3, p. 489-506.

Wils, T., M. Laberge et C. Labelle (1997). «Les systèmes de développement de carrière: une étude empirique», *GRH face à la crise: GRH en crise*, actes du VIIIe Congrès de l'AGRH, sous la direction de M. Tremblay, Montréal, Les Presses des HEC et AGRH, p. 586-594.

Lectures suggérées

Gestion (1992). «Planifier sa carrière et celle des autres», numéro spécial, vol. 17, n° 3, septembre.

Hall, D. (sous la dir. de) (1988). *Career Development in Organizations*, San Francisco, Jossey-Bass.

Lawler, E.E. (1996). *From the Ground Up: Six Principles for Building the New Logic Corporation*, San Francisco, Jossey-Bass.

Schein, E. (1978). *Career Dynamics: Matching Individual and Organizational Needs*, Don Mills, Addison Wesley.

CAS

Le centre hospitalier de l'Espoir

La région du centre du Québec, à l'instar de toutes les autres régions, est actuellement au cœur d'une restructuration majeure du réseau d'établissements sociosanitaires dans le contexte d'une stratégie de transformation de la politique nationale de la santé. Au cours de la dernière année, l'organisme de planification et de contrôle régional a décidé de fusionner de nombreux établissements. Ainsi, cinq établissements de soins de longue durée sont appelés à en devenir un seul très bientôt, c'est-à-dire le centre hospitalier de l'Espoir. Le nombre d'employés de ces établissements varie de 220, dans le cas du plus petit, à 910, dans le cas du plus gros. Au total, le nouvel établissement, avec ses 5 pavillons, comprendra 2 300 employés, incluant les médecins omnipraticiens et spécialistes. Plusieurs centaines de postes de tous les niveaux et fonctions seront donc abolis. De plus, deux CLSC régionaux sont appelés à travailler en réseau avec ces cinq établissements, par exemple en intensifiant les programmes de maintien à domicile et de gériatrie. Pour ce faire, les effectifs de ces deux CLSC augmenteront d'au moins 30 %. De plus, l'organisme régional verra ses effectifs augmenter, car de nouveaux services de soutien sur les plans clinique et administratif devront être mis sur pied et offerts aux établissements qui fusionneront.

Par rapport aux filières d'emplois et au contexte actuel, on observe ce qui suit :

- Il règne en ce moment un climat de morosité, de démobilisation, d'insécurité et d'incertitude dans l'ensemble des établissements du réseau. Ce climat est causé par une réforme qui tarde à prendre forme et par de nombreux gestes qui relèvent plus de l'improvisation que de la gestion stratégique.
- Les préposés aux bénéficiaires verront leur nombre se stabiliser à peu près au niveau actuel.
- Les infirmières auxiliaires (détenant un diplôme d'études secondaires) sont une catégorie professionnelle en perte de vitesse. L'intégration de nouveaux programmes de santé publique, l'élaboration de nouveaux plans de soins plus complexes et l'aggravation des cas d'hospitalisation sont autant de facteurs qui penchent en faveur du mouvement de décroissance de ce genre d'emplois dans le réseau.
- Les infirmières diplômées (détenant un diplôme d'études collégiales) sont de plus en plus frustrées, car elles doivent absorber le surplus de travail occasionné entre autres par le retrait graduel des infirmières auxiliaires ; en outre, elles ont de moins en moins de possibilités d'obtenir des promotions verticales. En effet, étant prétendument incompétentes en matière de gestion des soins et de gestion des personnes, ces dernières ont très peu accès aux carrières de gestion, ces postes étant occupés principalement par des infirmières bachelières ou des infirmières qui détiennent une maîtrise en soins infirmiers.
- Les gestionnaires administratifs ne savent plus à quoi s'attendre, car pour un poste de gestionnaire disponible, il y a cinq ou six postulants sérieux, c'est-à-dire qui occupaient auparavant un poste similaire.
- Le gouvernement a lancé un programme de départs assistés afin de permettre aux employés de profiter des avantages d'une retraite anticipée ou d'un départ largement subventionné. À peine 5 % des employés se sont prévalus de ce programme, ce qui est un résultat décevant. On suppose que les employés du réseau ont un attachement au service public et à la relation d'aide qui transcende les problèmes qu'ils éprouvent en ce moment dans le réseau de la santé. Ils sont résolus à se battre et à soutenir une

population vieillissante en cette période difficile de transition.
- Les employés ne voient pas le jour où l'on procédera à une révision de leur salaire et de leurs conditions de travail, parallèlement à la transformation du réseau.

Questions

1. Pourquoi la gestion des carrières pourrait-elle s'avérer importante dans cette institution?

2. Quelles recommandations feriez-vous en vue de l'instauration d'un système de gestion des carrières dans cette institution? Quels genres de pratiques seraient pertinents dans le cas présent?

3. Quelles autres pratiques de GRH devrait-on instaurer afin de consolider un système de gestion des carrières dans cette institution?

PARTIE IV

LES DÉFIS
DU RENDEMENT

CHAPITRE 9

Gérer le rendement au travail

OBJECTIFS D'APPRENTISSAGE

Après l'étude de ce chapitre, le lecteur devrait être plus apte à:

- Saisir l'utilité de la gestion du rendement des employés tant du point de vue des organisations que de celui des cadres hiérarchiques ou de celui des employés.

- Comprendre le processus de gestion du rendement des employés, c'est-à-dire la planification, le suivi, l'évaluation et la reconnaissance de leur rendement.

- Décrire les avantages et les inconvénients des principaux critères de rendement au travail.

- Expliquer les multiples facteurs (environnementaux, organisationnels, individuels, etc.) influençant le rendement des employés ainsi que sa gestion.

- Décrire les principales conditions de succès tant sur le plan du processus de gestion du rendement que sur celui de la conduite de l'entrevue d'évaluation du rendement.

MISE EN SITUATION

Qui a peur de l'évaluation ?[1]

Le seul fait d'en parler provoque anxiété et inconfort. Lorsque la date fatidique approche, le malaise s'accentue. «Comme tout le monde, je me fais de la bile», avoue Yvon Chouinard, vice-président exécutif de Diffusion Power, filiale de Power Corporation. La rencontre d'évaluation annuelle — puisque c'est de cela qu'il s'agit — provoque le stress. Rien de plus normal : n'est-ce pas un moment-clé dans une année de travail ?

Selon Sylvie St-Onge, professeure en gestion des ressources humaines à l'École des Hautes Études Commerciales, l'évaluation suscite actuellement une insatisfaction généralisée. Tant chez les évalués que chez les évaluateurs. «L'écart entre ce qui devrait se faire et ce qui se fait est énorme. L'exercice est rarement perçu comme équitable. Pour la majorité des gens, c'est un mal nécessaire... Comme le rapport d'impôt!» Mieux vaut dès lors savoir pourquoi, comment, par qui et sur quoi vous serez évalué.

Ne demandez pas la lune. «Que ce soit officiel ou non, évaluation et rémunération vont de pair», affirme Robert Murphy, consultant en ressources humaines de la firme Innova. Évitez de faire des demandes irréalistes. Elles nuisent aux relations futures, tout comme le chantage. Il est inconvenant de brandir une offre, réelle ou présumée, d'un autre employeur pour faire monter les enchères. «Seuls les superperformants reçoivent aujourd'hui le maximum d'augmentation», prévient Jean-Paul Gagnon, directeur des ressources humaines chez Hewlett-Packard.

Afin de ne pas faire de faux pas, Robert Murphy recommande de s'informer sur les augmentations qui ont cours et les échelles en vigueur dans les firmes comparables. Il est aussi important de se renseigner sur la structure salariale, les politiques et les critères de son employeur. Tâchez de savoir quelle est la hausse moyenne accordée, la part des bonis dans la rémunération et les règles qui dictent leur attribution. Les services de ressources humaines sont là pour cela.

Ayez vos preuves à l'appui. Une entrevue d'évaluation bien préparée et bien menée aura des effets durables. «Quand les gens sont bien informés, les peurs diminuent», estime Sylvie St-Onge. Sachez d'abord qui est votre évaluateur. La plupart du temps, le rôle revient au supérieur immédiat. Sachez qu'il a lui aussi ses priorités et qu'il est de bonne guerre de demander à les connaître. Pour Michel Damphousse, vice-président adjoint, planification et développement, au Canadien National, l'exercice vise à «s'assurer que les bonnes responsabilités vont aux bonnes personnes et que chacun de nos cadres donne son plein potentiel». Les choses sont plus obscures dans votre firme ? N'hésitez pas à poser des questions. Il en va de la progression de votre carrière et de votre salaire.

Il y a de bonnes chances pour que vous soyez évalué à l'aune de la DPO, la direction par objectifs, très répandue ici. Qu'importe la méthode, «tout doit être explicite et expliqué : les buts visés, les étapes, les intervenants, les règles, les attentes et les critères», dit Robert Murphy.

L'évaluation comprend généralement les étapes suivantes : l'autoévaluation à l'aide d'un questionnaire standard; la rencontre formelle avec le supérieur immédiat; la définition d'objectifs et l'élaboration d'un plan d'action; un suivi régulier. Avant de remplir le questionnaire, relisez votre dernière évaluation. L'absence d'un tel formulaire ne doit pas vous empêcher de faire votre propre analyse avant de rencontrer votre patron. Avez-vous atteint vos objectifs individuels ? Quelle a été votre contribution aux résultats du groupe ? «Un bilan qui repose sur des faits concrets est beaucoup plus convaincant»,

---

1. J. Morazain, Commerce, n° 5, mai 1995, p. 75, 77-79.

souligne Robert Murphy. «Je dis toujours à mes gens de tenir un agenda intelligent, qui parle par ses notes», indique Yvon Chouinard.

Démontrez de l'initiative. Pour exorciser ses craintes et tirer avantage de l'évaluation, la meilleure attitude consiste à «y participer et non à la subir», affirme Robert Murphy. Inutile d'ignorer vos échecs ou de dissimuler vos faiblesses. Si vous ne les voyez pas, votre patron les verra! Prenez plutôt les devants, suggérez des moyens de corriger les lacunes par une formation, une expérience additionnelle ou un soutien particulier. «Curieusement, constate Robert Murphy, les gens sont rarement démoralisés au terme de cette réflexion. D'une part, parce qu'ils prennent conscience de leurs forces et du travail qu'ils ont fait en un an; d'autre part, parce qu'ils se sentent prêts à engager la discussion avec leur patron. S'il les critique, ils auront des arguments. Si, au contraire, il se montre ouvert, ils auront fait preuve d'intérêt et d'initiative, ce qui sera apprécié.»

Votre charge de travail est trop lourde? Vous avez plus de chances d'obtenir un allégement si vous faites des suggestions concrètes quant à l'organisation du travail. Cette réorganisation servira aux deux parties. Votre initiative sera alors bien vue. En toute équité, votre employeur doit vous donner les moyens d'atteindre les objectifs qu'il vous fixe et éliminer les obstacles — équipement inadéquat, mauvaise organisation, etc. — qui nuisent à vos efforts.

Évitez la confrontation. Durant l'entrevue, l'attitude de chacun sera déterminante. Vous devez vous y présenter avec l'idée de construire. Rangez donc la litanie des plaintes et des justifications. Appuyez vos dires sur des faits et non sur des perceptions. Demandez à votre patron de faire de même. La confrontation est rarement justifiée et donne peu de résultats. «Dans le face-à-face, dit Robert Murphy, le système disparaît. Il ne reste plus que la qualité de la relation.» Avant toute chose, il faut voir dans le processus d'évaluation une occasion de discuter avec votre patron de vos attentes réciproques, et de déterminer jusqu'à quel point celles-ci sont satisfaites.

Exprimez vos ambitions. N'hésitez pas. Vous obtiendrez des indications précieuses pour gérer votre carrière dans l'entreprise... ou ailleurs. «Mon patron sait parfaitement que j'aspire à prendre sa place à brève échéance, blague Jean-Paul Gagnon. Il est tout à fait approprié d'exprimer ses aspirations et de demander à son patron de nous indiquer le meilleur chemin pour les satisfaire.» N'attendez pas que ce soit lui qui vous mette sur la piste; prenez l'initiative.

Le bilan que vous venez de dresser avec votre patron servira de canevas à l'élaboration d'un plan d'action pour la prochaine année. Mieux vaut s'en tenir à deux ou trois objectifs bien précis, qui évitent de faire référence à des traits de personnalité et se traduisent de façon très concrète dans la tâche.

Assurez un suivi. Après l'entrevue, insistez pour lire — certains employeurs font signer — ce qui sera consigné dans votre dossier. Demandez, s'il y a lieu, à modifier ou compléter le questionnaire à la lumière des résultats de l'entrevue. Dans les semaines qui suivent, il arrive qu'on s'aperçoive que les objectifs retenus sont irréalistes. Cela se produit, entre autres, dans le secteur des ventes. Demandez aussitôt une révision à votre patron. Si vous n'obtenez pas satisfaction, conseille Jean-Paul Gagnon, allez plus haut. «Les gens doivent savoir qu'ils ont la possibilité de se faire entendre.» Un bon système d'évaluation ne se limite pas à l'entrevue annuelle: c'est un processus dynamique et continu. Chaque jour, par une bonne communication et un bon feedback, chacun prépare la prochaine évaluation annuelle.

DU CÔTÉ DES PATRONS

Les cadres n'aiment pas plus évaluer leurs subordonnés que ceux-ci n'aiment l'être. «C'est un exercice difficile. Il n'est pas rare qu'il fasse ressortir les difficultés de communication du patron», estime Sylvie St-Onge, professeure aux HEC. Une formation spécifique assure une plus grande efficacité du processus. «Il faut avoir l'humilité de vérifier sa compréhension et sa maîtrise de la méthode à suivre et des instruments de mesure à utiliser», dit Robert Murphy, associé chez Innova. Il faut aussi faire ses devoirs avant de rencontrer chaque employé.

«Réservez un moment et un lieu où il sera possible de ne pas être dérangé», suggère Yvon Chouinard. «Privilégiez l'écoute, insiste Sylvie St-Onge. Axez la discussion sur l'avenir et non sur le passé.» Pour faire un bon bilan du travail de son subordonné, «il faut éviter les approximations, recommande-t-elle, prendre conscience de ses préjugés et des biais qui peuvent amener à sous-estimer ou à surestimer certains éléments». Selon Yvon Chouinard, «l'autoévaluation de l'employé permet de voir comment il conçoit son travail et sa place dans l'unité. Le patron doit lire entre les lignes.»

Durant l'entrevue, mettez l'accent sur la progression et les besoins de l'employé, plutôt que sur ses seules erreurs ou lacunes; compte tenu des défis et des besoins de votre unité, il faut vous assurer que ses intérêts et ceux de l'entreprise convergent. L'évaluation de la performance est devenue un outil de gestion stratégique de plus en plus essentiel pour les entreprises. «On devrait évaluer les cadres sur leur capacité à bien évaluer», conclut Sylvie St-Onge.

De ce point de vue, une firme comme Hewlett-Packard fait figure de modèle à suivre. «Durant la formation intensive que suivent les nouveaux cadres, dit Jean-Paul Gagnon, directeur des ressources humaines, nous consacrons une journée et demie au processus d'évaluation, au système de classement, à la façon de définir et de communiquer des objectifs et au développement des carrières.»

L'évaluation débouche sur le classement des employés, qui détermine à son tour les augmentations de salaire. «Il est normal que ceux qui contribuent davantage à la progression de la compagnie soient mieux payés», indique Jean-Paul Gagnon.

«L'évaluation permet de prendre du recul par rapport à soi et à l'organisation, poursuit-il. C'est l'occasion d'éliminer des irritants, de voir si ce que l'on fait est toujours valable pour l'entreprise... et d'obtenir des indices précieux quant à l'avenir. Tout devient plus clair. Après, on se sent bien.»

Diffusion Power, pour sa part, a pris 18 mois pour effectuer un sondage et «régler certains problèmes qui nuisaient à la performance des employés», explique Yvon Chouinard, vice-président. Il met l'accent sur «les liens entre les objectifs individuels et ceux de l'entreprise. La valeur ajoutée d'un employé réside dans ce qu'il peut faire pour satisfaire les besoins de son employeur.»

«On ne peut ignorer les perceptions, estime, quant à elle, Sylvie St-Onge, des HEC. Quand bien même un système serait objectivement valable, si les gens le perçoivent mal, il ne sera pas efficace. Pourtant, la contribution des employés à la mise en œuvre de la stratégie d'affaires s'impose de plus en plus comme un atout concurrentiel primordial. Or, elle est aussi l'un des plus mal gérés.»

Questions

1. Quels conseils donne-t-on aux employés évalués pour optimiser l'efficacité des entrevues d'évaluation du rendement qu'ils ont avec leur supérieur hiérarchique?

2. Quels conseils donne-t-on aux supérieurs hiérarchiques pour optimiser l'efficacité des entrevues d'évaluation du rendement qu'ils font passer à leurs subordonnés?

> « Lorsque les employés d'une entreprise font **bien** les **mauvaises** choses, font **mal** les **bonnes** choses ou encore font **mal** les **mauvaises** choses, il est difficile de leur en faire le reproche : ils font ce que leur entourage valorise, évalue et récompense. Le défi consiste à amener leurs supérieurs à revoir leurs pratiques de manière qu'elles incitent les employés à **bien** faire les **bonnes** choses. »

Introduction

La gestion du rendement implique toutes les activités liées à la planification, au suivi, à l'évaluation, à la reconnaissance et au développement du rendement des employés. L'évaluation du rendement, qui consiste à porter un jugement sur la contribution d'un employé au cours d'une période donnée, n'est donc qu'une composante du processus de gestion du rendement.

Dans ce chapitre, nous privilégierons le terme « rendement » au terme « performance » afin de respecter l'usage de la langue française qui réserve ce dernier terme aux exploits de nature sportive. Toutefois, il faut garder à l'esprit qu'en pratique l'expression « gestion de la performance » est très fréquemment utilisée et que les principes que nous verrons dans ce chapitre sont aussi pertinents, quelle que soit l'expression retenue.

Le rendement des employés est toujours géré. Ce qui varie, c'est la mesure dans laquelle le processus de gestion est officiel ou formel. Ainsi, dans plusieurs petites et moyennes entreprises, la gestion du rendement est officieuse (certains disent « informelle »). Le rendement est alors géré au jour le jour par le propriétaire de l'entreprise ou par un groupe restreint de ses collaborateurs, sans qu'il y ait une politique, un formulaire ou des critères connus et communs aux cadres pour évaluer le rendement des employés.

Toutefois, dans la mesure où le nombre de cadres augmente, l'absence de formalisation peut engendrer des iniquités, puisque chaque cadre évalue ses subalternes comme il le veut, quand il le veut, à partir de ses propres critères, qu'il change souvent au gré des subordonnés. Il devient alors important de compter sur un processus officiel — c'est-à-dire qui s'appuie sur des politiques et une procédure écrites — d'évaluation du rendement. En effet, lorsque l'évaluation du rendement est officielle, les critères sont standardisés et communiqués aux employés au moyen d'un formulaire d'évaluation du rendement qui doit généralement être rempli une fois par année à un moment préétabli.

Une enquête réalisée par la Société Conseil Mercer (1996) auprès de 471 entreprises canadiennes (dont 54%, 37% et 9% embauchent respectivement plus de 500 employés, entre 100 et 500 employés et moins de 100 employés) montre que 77% d'entre elles ont un système officiel de gestion du rendement qui s'applique à l'ensemble des employés. Par ailleurs, plus de 90% d'entre elles disent avoir un système officiel qui s'applique soit à leurs dirigeants, à leur personnel d'encadrement et de supervision ou à leur personnel technique et professionnel. La gestion officielle du rendement est donc assez généralisée.

Ce chapitre permet d'abord de saisir l'importance de la gestion du rendement des employés comme outil de gestion stratégique pour les dirigeants d'entreprise, comme outil de supervision pour les cadres et comme mécanisme de rétroaction pour les employés. Ensuite, nous présenterons un ensemble de principes à respecter pour que le processus de gestion du rendement des employés soit le plus efficace possible.

9.1 La gestion du rendement : un enjeu stratégique

La gestion du rendement est en voie de représenter l'un des enjeux les plus stratégiques pour les entreprises si l'on s'en tient aux deux constats suivants (Gosselin et St-Onge, 1998) : le nouveau contexte économique ébranle les assises traditionnelles du rendement et la contribution des employés à la mise en œuvre de la stratégie d'affaires devient un atout concurrentiel.

9.1.1 Premier constat : le nouveau contexte économique ébranle les assises traditionnelles du rendement

Le nouveau contexte économique exige de la part des organisations des changements radicaux et rend cruciale l'élimination des nombreuses causes de non-compétitivité que sont les structures très hiérarchisées, l'excédent de personnel, le manque de compétences, les résistances aux changements, l'organisation rigide du travail, l'absence d'innovation, le peu de souci pour la qualité et pour la satisfaction des nouveaux besoins des clients, etc. Afin de rester concurrentielles, les entreprises doivent revoir les facteurs ou les conditions de succès qui les ont souvent bien servies dans le passé, mais qui leur nuisent aujourd'hui; elles doivent réviser leurs normes traditionnelles de rendement aux différents niveaux que sont l'organisation, les unités d'affaires, les groupes et les individus.

Une enquête du Conference Board of Canada (1996) faite auprès de 365 organisations révèle que la gestion du rendement s'avère la priorité de l'année pour les professionnels en ressources humaines. Ce résultat correspond à celui du sondage de la Société Conseil Mercer (1996) réalisé auprès de 471 organisations canadiennes, qui révèle que 76% d'entre elles «ont apporté au cours des deux dernières années» ou «songent à apporter dans l'année à venir» des changements à leur système de gestion du rendement. Les principaux changements apportés sont les suivants: l'amélioration de la formation des gestionnaires et des employés en matière d'évaluation du rendement, des critères de rendement additionnels ou nouveaux, un alignement plus étroit du système de gestion du rendement sur les objectifs de l'entreprise, de l'équipe et de l'unité de travail.

9.1.2 Deuxième constat: la contribution des employés à la mise en œuvre de la stratégie d'affaires devient un atout concurrentiel

Pour faire face à la concurrence, les entreprises adoptent plusieurs approches de gestion comme la réduction des effectifs, la qualité totale, la restructuration et le virage technologique. Toutefois, de telles méthodes peuvent difficilement procurer un avantage concurrentiel à long terme, puisque leur implantation est répandue. La réussite à long terme tient davantage au fait de réaliser une stratégie (semblable à celle des autres entreprises ou qui sera vite copiée par ces dernières) de manière plus rapide et plus efficiente que les autres. Un tel préalable repose d'abord et avant tout sur les compétences et le rendement du personnel. Il nécessite aussi d'amener les employés à modifier leurs comportements de façon que ces derniers s'harmonisent avec la stratégie d'affaires et les facteurs de succès de l'entreprise. Par ailleurs, dans la mesure où les entreprises de services et de haute technologie occupent une place de plus en plus grande dans l'économie, la réussite des entreprises se fonde de plus en plus sur le rendement du personnel.

Sur le plan stratégique, un processus de gestion du rendement du personnel aide la direction à faire en sorte que les ressources humaines soient et restent un des atouts concurrentiels de l'entreprise. Ainsi, 52% des 471 entreprises canadiennes ayant participé à l'enquête de la Société Conseil Mercer (1996) estiment que leur système actuel de gestion du rendement procure une excellente valeur à l'entreprise. Une autre enquête, réalisée par la société Hewitt & Associés (voir également l'encadré 9.1)

ENCADRÉ 9.1
Une étude confirme l'importance des programmes de gestion de la performance

Selon un sondage de Hewitt & Associés mené auprès de 437 sociétés américaines cotées en bourse, les programmes de gestion de la performance ont un effet positif sur les entreprises.

L'étude visait à comparer les compagnies qui ont implanté de tels programmes à celles qui n'en ont pas. Les résultats sont impressionnants.

Les entreprises qui ont des programmes de gestion de la performance ont des bénéfices plus élevés, de meilleures marges brutes d'autofinancement, de meilleurs rendements sur le marché boursier, des améliorations considérables en matière de rendement financier et de productivité et des ventes par employé plus élevées.

Par contre, selon une autre étude effectuée au Canada, les entreprises n'utilisent pas beaucoup les résultats obtenus lors de l'évaluation des programmes pour déterminer les augmentations de salaire.

En fait, seulement 25% des sociétés sondées utilisent les résultats d'évaluation, tandis que pour 15% d'entre elles, les résultats d'évaluation constituent la seule base de décision pour accorder ou non une augmentation salariale.

Autre donnée intéressante de l'étude canadienne: près de 40% des sociétés utilisent un programme de gestion de la performance pour évaluer leurs cadres supérieurs.

Par ailleurs, l'étude confirme la popularité croissante des programmes. En effet, la moitié des entreprises ont instauré leur programme de gestion au cours des cinq dernières années. Cette étude indique aussi que les programmes sont plus efficaces lorsque les dirigeants participent à leur conception et lorsque les employés participent à l'évaluation des programmes.

Source: *Les Affaires*, 26 août 1995, p. 18.

auprès de 205 sociétés canadiennes et de 437 sociétés américaines, indique les faits suivants:

- [...] Les sociétés qui ont des programmes de gestion du rendement font état de bénéfices plus élevés, de meilleures marges brutes d'autofinancement, d'un rendement supérieur dans le marché boursier et de titres de plus grande valeur que les sociétés qui n'ont pas de tels programmes.

- La productivité chez les sociétés sans programme de gestion de la performance est de beaucoup inférieure à la moyenne de leur secteur industriel alors que chez les sociétés qui ont de tels programmes, la productivité se situe dans la moyenne de leur secteur industriel.

- Les sociétés américaines ayant des programmes de gestion de la performance ont amélioré de manière significative leur rendement financier par rapport à la moyenne de leur secteur industriel après la mise en place de leur programme.

– Les sociétés américaines ayant de tels programmes ont connu une amélioration considérable de leur productivité par rapport à la moyenne de leur secteur industriel une fois leur programme mis en place (Hewitt & Associés, 1995, p. 2).

Sur le plan administratif, un processus officiel de gestion du rendement procure aux professionnels en ressources humaines et aux dirigeants de l'entreprise une information permettant de mieux réaliser d'autres activités de GRH. Par exemple, des données sur le nombre moyen d'appels auxquels répondent des réceptionnistes permettent de planifier les besoins en personnel pour des événements particuliers. Par ailleurs, le profil du rendement des employés peut permettre de préciser des besoins de formation, ou encore d'évaluer l'efficacité d'un plan de formation, d'un processus de sélection ou de promotion. Une véritable gestion du rendement des employés à l'échelle de l'entreprise permet d'appliquer plus rapidement et plus équitablement une politique de gradation des mesures disciplinaires lorsque cela est requis. Finalement, si les dirigeants prônent une culture axée sur le rendement et sur la reconnaissance de celui-ci, et veulent implanter un régime de rémunération basée sur le rendement, ils doivent les appuyer sur un processus officiel de gestion du rendement. L'enquête de la Société Conseil Mercer (1996) indique que les entreprises canadiennes sondées utilisent les résultats de l'évaluation du rendement principalement aux deux fins suivantes: pour les décisions relatives à l'augmentation au mérite (79 %) et pour le développement des individus (70 %).

9.2 L'UTILITÉ DE LA GESTION DU RENDEMENT POUR LES CADRES ET LES EMPLOYÉS

Le fait d'accorder du temps et de l'argent à la gestion du rendement du personnel peut également s'avérer important pour les cadres et pour leurs subalternes.

9.2.1 L'UTILITÉ DE LA GESTION DU RENDEMENT POUR LES CADRES

Une des premières responsabilités d'un cadre consiste à gérer le rendement de ses subordonnés afin d'être en mesure de mieux assumer son rôle de superviseur. En effet, la gestion du rendement permet aux cadres d'accomplir les fonctions suivantes:
– Connaître et distinguer le rendement de chacun de leurs subordonnés. Le superviseur est en mesure de savoir ce que chacun fait et réalise.

Combien de cadres ne peuvent que réciter des généralités sur les réalisations de la plupart de leurs subordonnés?
- Justifier les décisions et les gestes comme les augmentations de salaire, les primes, les compliments, les avertissements, les réprimandes et les suspensions.
- Mieux conseiller leurs subordonnés (par exemple leur proposer une formation supplémentaire, un changement d'approche) afin qu'ils améliorent leur rendement.
- Connaître les réactions ou la version des subordonnés. Échanger avec les employés sur leur rendement au travail peut amener les cadres à constater que les causes d'un problème de rendement sont différentes de celles qu'ils soupçonnaient au départ (par exemple des équipements inadéquats, une mauvaise compréhension du rôle des subordonnés, une mauvaise communication avec le personnel d'autres services) et donc à accroître l'efficacité de leurs interventions à cet égard.
- Mobiliser leur équipe en fonction des objectifs à atteindre.

9.2.2 L'utilité de la gestion du rendement pour les employés

En gérant véritablement le rendement de leurs subordonnés, les superviseurs permettent aux employés d'acquérir quatre préalables légitimes et essentiels de l'optimisation de leur rendement. En effet, la gestion du rendement permet aux employés d'apprendre les faits suivants:
- Ce qu'on attend d'eux et ce sur quoi ils seront évalués quant aux objectifs à atteindre, aux responsabilités à assumer, aux résultats à obtenir, aux comportements à adopter, etc. Pour fournir un bon rendement, l'employé doit savoir ce qu'il a à faire, ce qu'on attend de lui et ce sur quoi il sera évalué. Le superviseur a la responsabilité de lui communiquer clairement ses attentes et ses directives. L'employé n'a pas à devoir deviner ce qu'il a à faire. Il ne devrait pas non plus être surpris d'être évalué selon un critère donné. Dans la mesure où il sait sur quoi il sera évalué, l'employé sera plus susceptible d'y accorder de l'importance.
- Ce qu'on pense de leur rendement. Qu'elle soit positive ou négative, la rétroaction sur le rendement représente en soi une marque de respect à l'égard des subordonnés.
- Ce qu'il faut améliorer et comment le faire. Un rôle important du superviseur consiste à transmettre aux employés des conseils qui leur permettront de s'améliorer. La rétroaction est nécessaire pour motiver

les employés à maintenir leurs efforts et pour leur indiquer ce qu'ils doivent améliorer.

9.3 Qu'est-ce que la gestion du rendement?

Comme nous l'avons indiqué précédemment, la gestion du rendement porte sur toutes les activités liées à la planification, au suivi, à l'évaluation, à la reconnaissance et au développement du rendement des employés.

Les employés réalisent toujours des choses dans leur travail. Cependant, il arrive souvent qu'ils ne sachent pas quelles choses ils devraient accomplir pour augmenter la valeur de leur contribution. Un autre problème tient au fait qu'on évalue leur rendement à partir de critères inappropriés ou désuets, ou encore qu'on récompense les employés pour avoir bien fait les mauvaises choses. Ainsi que l'expriment St-Onge et Magnan, on observe fréquemment des contextes improductifs semblables au suivant dans les organisations:

> Pour augmenter sa part de marché, la division des centres de services à l'automobiliste de Sears (États-Unis) avait établi un système de primes basées sur le montant des services facturés. Cela a motivé les employés à un point tel que la firme a été reconnue coupable d'avoir facturé ses clients pour des réparations et des pièces fictives totalisant plusieurs centaines de millions de dollars (1998).

Ce cas d'une entreprise fait ressortir un principe de base: **nous obtenons ce que nous mesurons.** Les mesures du rendement influencent les comportements et les attitudes des employés, et ce encore plus lorsqu'ils sont reliés à des récompenses. Si votre professeur vous avait dit que la matière de ce chapitre ne ferait pas l'objet de l'examen, combien d'entre vous auraient entrepris de le lire? Combien le liraient attentivement? Ayant tous des contraintes de temps, nous choisissons souvent de faire les choses qui comptent, celles sur lesquelles nous serons évalués et pour lesquelles nous serons récompensés. Il nous reste alors à souhaiter que les personnes qui ont le pouvoir de faire les évaluations et de donner les récompenses s'intéressent à ce qui devrait compter, ce qui n'est malheureusement pas toujours le cas!

En somme, pour que les employés accomplissent des choses qui ajoutent vraiment de la valeur à l'organisation, le superviseur doit respecter les quatre étapes du processus de gestion du rendement, à savoir:

1) valoriser et planifier les bonnes choses;
2) exercer auprès des employés un suivi au sujet de ce qui est valorisé (ce qui compte);

3) évaluer leur rendement sur les bonnes choses;
4) les récompenser lorsqu'ils ont bien fait les bonnes choses.

On peut alors parler d'un véritable processus de gestion du rendement comme celui qui est présenté à la figure 9.1; ce processus va bien au-delà de l'évaluation du rendement, qui constitue une des étapes de la gestion du rendement.

Le principal objectif du processus de gestion du rendement devrait être d'améliorer le rendement des employés. En effet, il faudrait mettre en place un tel système à l'intention de la grande majorité de la main-d'œuvre des organisations — soit 90 % de leur personnel — dont le rendement typique, quoiqu'il soit acceptable ou correct, peut être amélioré. C'est auprès de cette portion très importante de la main-d'œuvre que le gain de rendement aura un effet significatif sur la valeur de l'entreprise. Cette portion de la main-d'œuvre dite typique ne regroupe pas la minorité des employés des organisations — environ 10 % — dont le rendement peut être qualifié de problématique (5 %) ou d'excellent (5 %). Pour ceux-ci, des politiques particulières s'avèrent souvent plus appropriées; il est question de gestion de la relève pour les employés ayant un rendement très élevé, ou de mesures disciplinaires et d'assistance sociopsychologique (*counselling*) pour les employés difficiles.

Dans les sections qui suivent, nous présenterons, pour chacune des étapes du processus de gestion du rendement, les principes de base que la direction de l'organisation de même que les cadres doivent respecter. Le contenu de ces principes permettra aux employés de porter un jugement sur la gestion du rendement et les rendra davantage capables de suggérer des améliorations sur ce plan. La lecture de ces sections pourra également être utile aux cadres qui désirent élaborer un formulaire d'évaluation du rendement ou encore participer à la révision du processus de gestion du rendement existant.

FIGURE 9.1   **Le processus de gestion du rendement des employés**

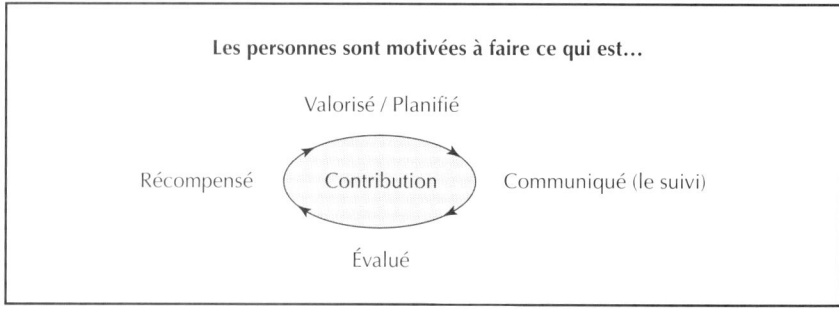

9.4 Valoriser et planifier le rendement

Un processus de gestion du rendement efficace devrait orienter les efforts des employés vers «ce qui compte vraiment» pour l'entreprise en établissant un lien entre les critères de rendement individuel et les objectifs d'affaires.

9.4.1 Quel rendement faut-il valoriser?

> **Premier principe**
> **Valoriser, évaluer et récompenser les bonnes choses**

Comme l'illustre la figure 9.2, un processus efficace de gestion du rendement nécessite de valoriser, d'évaluer et de récompenser les bonnes choses. Pour cela, il faut s'appuyer sur des indicateurs ou des critères qui mesurent bien (la validité) les bonnes choses (la pertinence).

FIGURE 9.2 **Les préalables d'une gestion efficace du rendement**

Un préalable de la conception d'un tel processus consiste à comprendre l'importance des relations existant entre la vision des dirigeants d'entreprise, la mesure du rendement organisationnel et la mesure du rendement individuel (tableau 9.1). Les dirigeants d'entreprise ont donc un rôle de premier plan à jouer en ce qui concerne la réussite du processus de gestion du rendement.

TABLEAU 9.1 Valoriser les bonnes choses

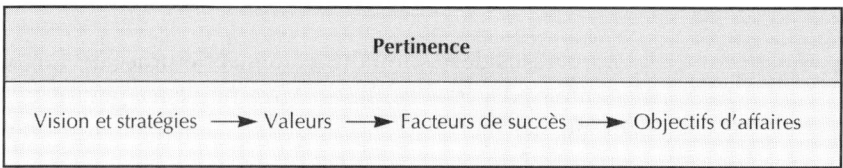

Un système de mesure du rendement efficace repose sur une définition claire de la vision et des stratégies d'affaires de l'organisation et sur la communication de celles-ci à l'ensemble des employés. Ce point de départ est fondamental car il permet d'articuler une mesure du rendement organisationnel qui amènera les employés et les cadres à adopter des attitudes et des comportements qui viseront la réalisation des résultats visés. Pour établir leur vision, les dirigeants d'entreprise doivent se demander où ils veulent être dans trois ans ou cinq ans. Quant à la stratégie d'affaires, elle correspond aux moyens que l'entreprise compte prendre pour survivre et rester concurrentielle. Pour déterminer les valeurs de l'entreprise, la direction doit se demander ce qui la distingue des autres entreprises en ce qui a trait à la manière de faire, aux croyances, etc. Comme ils l'indiquent dans leur rapport annuel, les dirigeants de la SITQ Immobilier ont déterminé, en 1996, sept valeurs de leur entreprise:

- la qualité du service, sur laquelle se fonde la fidélité des clients;
- l'innovation, qui permet de relever les défis de la croissance;
- les ressources humaines, qui constituent un gage de succès;
- le travail d'équipe, qui favorise la réalisation des objectifs;
- l'intégrité, qui consiste en des communications et des mesures transparentes et équitables;
- l'efficacité, qui caractérise une organisation souple et proactive;
- l'engagement social, qui correspond à la participation à la vie de la communauté.

Pour établir les facteurs de succès, il faut répondre à des questions comme celles-ci: que faut-il faire pour réussir? Qu'est-ce qui différencie les bonnes organisations des moins bonnes? Que désirent les investisseurs et les consommateurs? Lorsqu'on parle d'investisseurs, il est question de résultats financiers comme les bénéfices, le rendement de l'actif, le rendement des investissements, la valeur économique ajoutée, la valeur de l'action ou le montant des dividendes. Lorsqu'on parle de consommateurs, il est plutôt question de processus ou de moyens pour atteindre les résultats, comme les bas prix, la qualité des produits et des services, des produits à la fine pointe du développement technologique, un créneau sur le marché, un personnel compétent et motivé ou de courts délais de livraison.

> **Deuxième principe**
> **Se préoccuper de satisfaire les attentes des investisseurs et des clients**

En vue d'améliorer leur rentabilité, les dirigeants de la Banque Régionale décident d'évaluer la performance de leurs succursales et de leurs employés en fonction du nombre moyen de dossiers de prêt traités. Le nombre de dossiers de prêt traités par succursale et par employé a effectivement augmenté. Toutefois, la rentabilité de la Banque reste problématique puisque cela s'est fait au détriment de la qualité du suivi, entraînant d'autres frais (p. ex., pertes sur prêts) (St-Onge et Magnan, 1998).

Il est important de tenter d'équilibrer le recours à des mesures de rendement en vue de satisfaire les investisseurs et les clients même si cela peut s'avérer souvent conflictuel. On peut penser, par exemple, aux dépenses en recherche et développement qu'exigent des produits à la fine pointe du développement technologique (pour satisfaire les clients) et à leur effet négatif sur les bénéfices à court terme de l'entreprise (qui préoccupe les investisseurs). En somme, le maintien d'un équilibre entre les indicateurs qui préoccupent les investisseurs et ceux qui préoccupent les clients est nécessaire (figure 9.3). L'expérience montre que les entreprises qui ont privilégié durant une longue période les mesures financières centrées sur les résultats ou les mesures opérationnelles centrées sur les moyens ont dû faire face à des problèmes de survie.

FIGURE 9.3 La recherche de l'équilibre entre la satisfaction des attentes des investisseurs et la satisfaction des attentes des clients

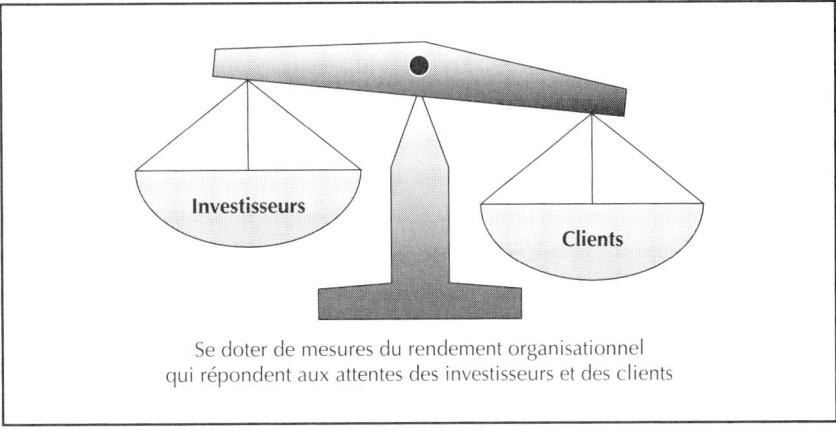

En somme, il ne suffit pas de dire que l'on veut maximiser les bénéfices ou satisfaire les besoins des clients. Il faut définir les diverses facettes de la gestion ou facteurs de succès qui influencent les bénéfices, la valeur boursière ou la satisfaction des clients. Dès lors, des objectifs d'affaires peuvent être fixés à l'égard des différents facteurs de succès. On exprimera en des termes précis des objectifs ayant trait à l'augmentation des bénéfices, à l'accroissement de la productivité, à l'amélioration des compétences des employés, à l'amélioration de la qualité des produits, à l'augmentation de la satisfaction des clients, etc.

Le choix des mesures du rendement organisationnel visant à évaluer la réalisation des objectifs d'affaires est important. En effet, les mesures du rendement organisationnel doivent influencer la nature des critères du rendement individuel retenus en vue d'évaluer, voire de rémunérer, les employés. Ces mesures, qui sont liées à la réalisation d'objectifs, doivent, pour être efficaces, se traduire pour les employés en des termes opérationnels. En effet, il est préférable de transformer cette finalité en des opérations sur lesquelles ces derniers ont une certaine maîtrise telles que l'élimination des erreurs, la réduction des accidents du travail ou la réduction de l'absentéisme.

Par conséquent, le choix des mesures du rendement organisationnel peut amener les employés à bien faire les mauvaises choses comme les bonnes choses. En effet, si ces mesures ne se rapportent pas aux bonnes choses, c'est-à-dire si elles ne sont pas pertinentes, les mesures du rendement individuel qui en découlent risquent d'inciter les employés à adopter des comportements qui ne favoriseront pas la réalisation des objectifs de l'entreprise, et même qui lui nuiront. D'ailleurs, les mesures du rendement organisationnel mal ciblées seront d'autant plus néfastes que leur appariement avec les mesures du rendement individuel sera précis, car les employés mettront tous leurs efforts à se conformer à des critères de rendement inadéquats.

En bref, la dynamique de l'intégration de la vision, des stratégies, des facteurs de succès, des objectifs d'affaires et des mesures du rendement organisationnel et individuel peut être illustrée sous forme d'un tableau de bord (figure 9.4), lequel fournit au « pilote » de l'information en vue de l'aider à prendre des décisions et à évaluer le succès de ses décisions antérieures.

9.4.2 Comment peut-on planifier le rendement?

Tout d'abord, il faut que le cadre et le subordonné ou les membres de son équipe s'entendent sur les responsabilités ou les activités importantes du

FIGURE 9.4   Le tableau de bord de la performance organisationnelle

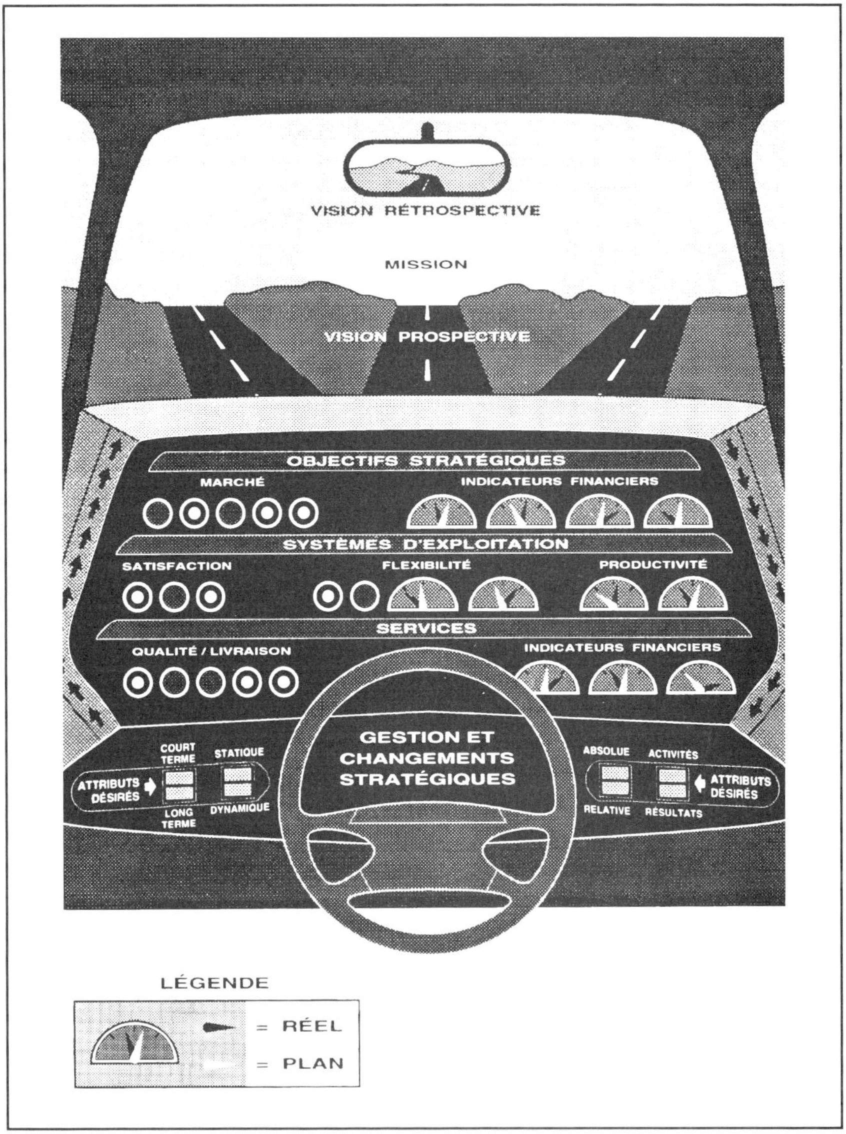

Source : Reproduit de « La performance au travail », *Gestion, Revue internationale de gestion*, coll. « Racines du savoir », Montréal, École des Hautes Études Commerciales, 1998, p. 50.

poste ou de l'équipe. Par exemple, les responsabilités d'un représentant commercial peuvent toucher les ventes, le développement de la clientèle, la gestion et les relations avec d'autres acteurs dans l'entreprise. En ce qui concerne les cadres, on peut cerner, par exemple, trois grandes responsabilités, la première à l'égard de la gestion des subordonnés, la deuxième à l'égard de l'administration des ressources matérielles et financières de l'unité et la dernière à l'égard de la qualité des produits et des services offerts aux clients tant à l'intérieur qu'à l'extérieur de l'entreprise.

Par la suite, le cadre doit déterminer avec le subordonné ou avec les membres de son équipe des critères de rendement formulés selon des objectifs de travail, des normes à respecter ou des comportements à adopter pour une période préétablie. Toujours dans le cas d'un représentant commercial, l'objectif à l'égard des ventes peut être d'augmenter le montant des ventes de 5% au cours de la prochaine année, alors qu'à l'égard du développement de la clientèle, cela peut être d'augmenter le nombre de clients de 3% pendant la même période. En ce qui a trait aux comportements, on peut considérer la qualité du suivi qu'un représentant exerce auprès de ses clients après avoir réalisé des ventes.

Une fois que les objectifs et les comportements désirés ont été déterminés, la discussion devrait porter sur le plan d'action, c'est-à-dire sur les moyens qu'on prendra pour atteindre les objectifs ou pour améliorer les comportements. En d'autres termes, comment le représentant devrait-il s'y prendre pour augmenter ses ventes, pour accroître le nombre de ses clients ou pour améliorer la qualité de son suivi auprès des clients?

Le contenu de cette discussion sur les responsabilités, les objectifs, les comportements attendus et le plan d'action devrait faire l'objet de notes. Dans la mesure où le superviseur se donne la peine de prendre des notes sur le sujet discuté, ses subordonnés seront plus enclins à consacrer leurs énergies afin de réaliser ce qui est attendu d'eux. En effet, lorsqu'on prend des notes, il y a moins de risques que les paroles soient oubliées ou qu'elles soient interprétées différemment au fil des semaines et des humeurs.

9.5 Exercer un suivi sur le rendement

> **Troisième principe**
> Donner régulièrement aux employés une rétroaction sur leur rendement

Les cadres ont la responsabilité non seulement de fixer leurs attentes en matière de rendement, de les communiquer aux subordonnés et de clarifier celles-ci, mais aussi, et surtout, d'exercer un suivi sur le déroulement du travail. Cela signifie qu'ils doivent rencontrer périodiquement leurs employés — individuellement et collectivement — pour discuter de l'avancement des activités prévues. Cette rencontre est importante car elle donne au superviseur l'occasion d'encourager l'employé à maintenir ses efforts, de l'aider à mieux diriger ces efforts, de l'amener à modifier certains objectifs en raison de changements qui sont survenus dans l'environnement, et ainsi de suite. Nombre de problèmes de rendement des employés sont dus en grande partie à un manque de suivi de la part de leur superviseur. Encore ici, il est important que le superviseur prenne des notes au cours des rencontres de suivi avec ses employés. Il doit aussi préparer des exemples de bons et de moins bons comportements ou de résultats de l'employé tout au long de l'année. À cet égard, le fait de prendre des notes sur les facettes positives du rendement de l'employé s'avère efficace. Rappelons-nous que la grande majorité des employés ont un rendement acceptable. Pour les motiver, il faut d'abord insister sur leurs atouts, puis relever un ou deux points qu'ils pourraient améliorer.

> **QUATRIÈME PRINCIPE**
> **Se comporter comme un *coach* avec les membres de son équipe**

On oppose souvent le *coaching* au mode traditionnel de supervision autoritaire, où le cadre agissait comme un contrôleur qui, d'une part, avait la responsabilité de prendre seul les décisions et de donner des directives et, d'autre part, s'attendait à ce que ses subordonnés les appliquent, à défaut de quoi il devait sévir. Aujourd'hui, pour de multiples raisons, notamment la scolarité accrue des employés et une organisation du travail requérant plus de flexibilité et d'autonomie, l'approche du *coaching* auprès des employés est prônée. Celle-ci implique un partenariat où le superviseur agit comme un entraîneur chargé de mobiliser les membres de son équipe en les faisant participer à la prise de décisions, en leur accordant des responsabilités et de l'autonomie, et en les conseillant dans l'exécution de leur travail.

Une étude d'Éthier (1996) menée auprès de 342 personnes recense 20 responsabilités du *coach* envers son personnel. Ce sont, par ordre d'importance, les suivantes:

1. Créer un esprit d'équipe;
2. Favoriser l'autonomie;
3. Savoir écouter et comprendre;
4. Faire participer son personnel;

5. Soutenir son personnel lors de difficultés;
6. Responsabiliser chacun vis-à-vis d'un mandat;
7. Maintenir à jour les compétences;
8. Considérer les membres du personnel comme des partenaires;
9. Valoriser la contribution de chacun;
10. Faciliter le développement;
11. Faciliter le rendement;
12. Reconnaître de façon tangible le rendement;
13. Agir comme modèle;
14. Définir un mandat précis pour chacun;
15. Affronter les employés difficiles;
16. Établir une communication bilatérale;
17. Donner une rétroaction négative aux employés sans les brimer;
18. Préciser les attributs des mandats confiés;
19. Faire participer le personnel à l'entretien d'évaluation du rendement;
20. Effectuer un suivi régulier du rendement.

Quoique la documentation préconise depuis belle lurette l'adoption de ces responsabilités ou de ces comportements de supervision, force est d'admettre leur absence de nombreux lieux de travail. En effet, il existe un écart entre les dires des cadres et leurs actes quotidiens. Il y a aussi une différence entre assister à un cours ou lire sur le *coaching* et modifier des comportements de supervision. Les obstacles à l'exercice du *coaching* sont multiples. Le tableau 9.2 les regroupe en trois catégories: les caractéristiques de l'organisation, celles des cadres et celles des subordonnés.

9.6 Évaluer le rendement

Un processus de gestion du rendement implique à un moment ou l'autre une évaluation. Généralement, cette évaluation se tient annuellement au même moment pour tous les membres d'une catégorie de personnel. L'évaluation est faite à partir de critères de rendement déterminés lors de la planification du rendement en début de période; cependant, le cadre exerce un suivi sur le rendement tout au long de la période. Ces critères sont souvent recensés dans un formulaire d'évaluation du rendement, qui constitue un outil aidant le cadre à porter un jugement sur la contribution de ses subordonnés. L'évaluation comme telle consiste à porter un jugement sur le rendement d'un employé et à en discuter avec celui-ci au cours d'un entretien.

TABLEAU 9.2 Les principales caractéristiques influençant la présence du *coaching* comme mode de supervision dans les organisations

---

Caractéristiques de l'organisation
- Climat et valeurs de l'organisation
- Organisation du travail
- Modèle de comportements privilégié par les dirigeants
- Imputabilité aux cadres du rendement de leur équipe
- Reconnaissance des cadres qui privilégient un rôle de *coach*
- Reconnaissance des employés qui s'engagent dans le travail
- Formation des cadres

Caractéristiques des cadres
- Confiance en eux-mêmes
- Confiance en leur personnel
- Expériences antérieures
- Besoin de contrôle et de pouvoir
- Besoin d'affiliation
- Sentiment d'être responsables du rendement de leur équipe

Caractéristiques des subordonnés
- Confiance dans la direction
- Confiance dans leur superviseur
- Expériences antérieures
- Besoin d'accomplissement, de réalisation et d'engagement dans le travail

---

9.6.1 Les critères de rendement

Dans la mesure où une entreprise utilise un formulaire d'évaluation du rendement, l'exercice de l'évaluation du rendement des employés consiste alors pour les cadres à remplir ce formulaire pour chacun de leurs subordonnés. Toutefois, on trouve plus souvent qu'on ne le croirait des formulaires inadéquats, qui nuisent aux cadres plus qu'ils ne les aident à bien évaluer le rendement de leurs subordonnés. On peut penser aux formulaires qui proposent aux cadres d'évaluer la personnalité de leurs subalternes, aux formulaires qui sont très longs à remplir et à ceux qu'il est quasiment impossible de comprendre.

Au cours d'un exercice de détermination des critères de rendement, il est presque assuré que des personnes diront que leur rendement est particulièrement difficile à évaluer et qu'aucun ensemble de critères ne peut réussir à le mesurer. Toutefois, il faut se rappeler qu'on porte toujours des jugements sur le rendement des employés même s'il n'existe aucun formulaire à cet effet. Aussi, il est préférable de pouvoir compter sur un formulaire afin d'indiquer aux cadres les critères de rendement et garantir une certaine équité et une certaine transparence.

Pour être adéquats, les critères de rendement doivent posséder certaines qualités. Il sera de nouveau question de la pertinence des critères: jusqu'à quel point les critères sont-ils reliés aux bonnes choses, celles qui ont vraiment une valeur ajoutée? Il s'agira alors d'analyser le lien entre, d'une part, les valeurs et les facteurs de succès d'une organisation et, d'autre part, les critères de rendement du personnel. Il sera également question de la validité de la mesure: jusqu'à quel point les choses sont-elles évaluées adéquatement? Il s'agira cette fois de chercher à bien définir les critères et à réduire la subjectivité des énoncés.

> **Cinquième principe**
> **Évaluer le rendement, et non le potentiel**

Comme l'illustre le tableau 9.3, l'évaluation du rendement d'un employé consiste à porter un jugement sur son travail pendant une période passée, se situant généralement au cours de l'année précédente. L'accent mis sur le passé est important; c'est ce qui distingue l'évaluation du potentiel d'un employé de l'évaluation de son rendement. Ainsi, l'évaluation du potentiel consiste à porter un jugement sur la capacité d'un employé d'assumer des responsabilités différentes de celles qu'il a assumées à ce jour ou supérieures à celles-ci. L'accent est mis ici sur le rendement futur dans un poste

TABLEAU 9.3 La distinction entre le potentiel et le rendement des employés

	Potentiel	Rendement
Jugement sur…	… la capacité d'assumer des responsabilités différentes ou supérieures	… le travail effectué pendant une période donnée
Accent	Avenir	Passé

donné. En fait, l'évaluation du potentiel est inhérente à toute décision de sélection: dans ce dernier cas, on tente d'évaluer la capacité d'un candidat de réussir dans un poste donné alors qu'il n'a généralement pas encore travaillé pour l'entreprise.

Quoique cela soit une pratique courante, il faut s'interroger sur l'insertion dans un formulaire d'évaluation du rendement d'une section visant à évaluer le potentiel. Il importe d'établir une distinction claire entre ces deux types d'évaluation afin d'empêcher toute confusion tant chez les superviseurs que chez les subalternes. On peut exiger de toute personne qu'elle atteigne et maintienne un rendement satisfaisant dans son poste. Toutefois, on ne peut exiger d'elle qu'elle ait du potentiel. Aussi, il n'est pas vraiment nécessaire ni même souhaitable de demander aux cadres et à leurs subalternes de discuter de potentiel. Pourquoi parler de potentiel alors que les augmentations de salaire doivent ne tenir compte que du rendement? Pourquoi parler de potentiel alors qu'il n'y a en vue aucune possibilité de mutation ou de promotion? Pourquoi parler de potentiel avec une personne qui se dit désireuse de conserver ses responsabilités actuelles? Etc. En tentant de cerner en même temps deux objets très différents — le potentiel et le rendement —, les formulaires d'évaluation du rendement sèment le doute et l'imprécision sur les aspects qui comptent réellement. Dans certaines entreprises, le formulaire dit d'évaluation du rendement est tellement orienté sur le potentiel que les employés font plus d'efforts pour démontrer leur potentiel que pour atteindre des résultats et adopter les comportements recherchés.

SIXIÈME PRINCIPE
Ne pas évaluer la personnalité

Idéalement, un formulaire d'évaluation du rendement ne devrait contenir aucun trait de personnalité tel que l'enthousiasme, la sociabilité, le dynamisme, l'intelligence ou le leadership. Quoique ce conseil soit donné depuis longtemps, la plupart des formulaires d'évaluation se réfèrent encore aujourd'hui aux traits de personnalité. Pourquoi? Principalement parce qu'il est simple d'agir ainsi — tout le monde est capable de lister rapidement un ensemble de traits de personnalité socialement désirables — et que cela permet de préparer un seul formulaire pour l'évaluation de tous les employés, des employés de bureau aux cadres et aux professionnels en passant par les employés de production! Pour certaines entreprises, cette façon de faire est avantageuse puisqu'à court terme elle permet de réduire les coûts (de développement, de formation et de gestion) et qu'elle peut sembler plus équitable, tous étant évalués avec le même formulaire.

Toutefois, en matière d'évaluation du rendement, simplicité ne signifie pas pertinence, validité et utilité. Paradoxalement, plus un formulaire contient de traits de personnalité, moins les superviseurs sont tentés de l'utiliser pour évaluer le rendement de leurs subordonnés. Et ils ont parfaitement raison! Un formulaire faisant appel à de nombreux traits de personnalité n'est pas utile; il est plutôt nuisible. En effet, les caractéristiques personnelles sont difficiles à définir, à évaluer et à communiquer; elles ne peuvent donc pas entraîner l'amélioration du rendement. Par ailleurs, les traits de personnalité n'ont souvent rien à voir avec les comportements et les résultats au travail, ce qui doit pourtant faire l'objet de la gestion du rendement. Reprenons ces limites (résumées au tableau 9.4) pour les expliquer davantage.

Qu'est-ce qu'une personne sociable? Si on interrogeait 10 personnes sur ce point, chacune aurait une réponse différente. Il est alors utopique de penser qu'on peut être en mesure de donner une rétroaction efficace en recourant à des critères que les subordonnés définiront tous différemment. Dans une telle situation, l'entrevue d'évaluation du rendement risquerait de n'être qu'un exercice où chacun tenterait d'amener l'autre à comprendre et à adopter sa propre définition de l'intelligence, du dynamisme, etc.

Par ailleurs, les cadres ne sont pas des psychologues; ils ne sont pas qualifiés pour porter un jugement sur la personnalité des employés. Ceux qui s'aventurent par plaisir à traiter de personnalité abusent tout simplement de leur autorité (il y aura toujours des «supercadres» qui voudront gérer la personnalité des autres!). D'ailleurs, même les psychologues respectent cette règle de conduite en matière de relation d'aide: centrer la communication sur les comportements du client, ne pas faire appel aux traits de personnalité. Pourquoi? La mesure des traits de personnalité attaque inutilement l'estime de soi des personnes et elle n'indique pas ce que celles-ci peuvent faire pour s'améliorer. Le fait de s'entendre dire que

TABLEAU 9.4 Les principales raisons de se méfier des traits de personnalité pour l'évaluation du rendement

- Il est difficile de les définir et de les mesurer.
- Il n'existe pas de liens entre la personnalité et le rendement.
- Ils ont un effet négatif sur l'estime de soi.
- Ils ne permettent pas d'améliorer le rendement.
- Ils posent un problème de subjectivité et de partialité.
- Même les psychologues évitent d'y recourir.

l'on est « moyennement sociable » (une cote de 3 sur une échelle de 7) a plutôt l'effet d'un verdict irréversible. Les gens peuvent changer leurs comportements mais pas leur personnalité, à moins d'être prêts à y mettre des années… et encore.

De plus, la présence (ou l'absence) d'un trait ne signifie pas nécessairement l'adoption de comportements productifs ou l'obtention de bons résultats. Les pires criminels peuvent être très brillants. Les comportements et les résultats d'une personne sont influencés par bien d'autres facteurs que les traits individuels.

En fait, les traits de personnalité sont plutôt au cœur de l'évaluation du potentiel d'une personne. Comme cette dernière n'a pas encore assumé les responsabilités qu'on a l'intention de lui accorder, on doit regarder ses expériences antérieures et sa personnalité pour estimer son potentiel de réussite dans un poste donné. Aussi, si l'on veut tenir compte des caractéristiques personnelles, il faut le faire au moment des décisions de sélection et de promotion. Au moment de la gestion du rendement, il est souvent trop tard pour se préoccuper de la sociabilité, de l'intelligence et du dynamisme d'un subalterne. On ne peut d'ailleurs pas compter sur l'évaluation du rendement pour changer la personnalité des employés.

Septième principe
Évaluer les comportements et les résultats

Lorsqu'il est question d'évaluer le rendement d'une personne, celle-ci a occupé son poste pendant un certain temps, et elle a donc adopté des comportements et atteint certains résultats ; voilà ce qui devrait orienter toute discussion entre un employé et son supérieur. Le superviseur doit veiller à ce qu'un employé se comporte adéquatement, qu'il ne nuise pas au rendement de l'équipe et qu'il réalise ses objectifs. Dans la mesure où le superviseur s'en tient aux résultats et aux comportements, l'employé se sent moins menacé (son estime de soi est mieux protégée), il sait plus précisément ce qu'il doit changer et il a plus de chances d'améliorer son rendement. C'est l'unique chose qui doit être jugée importante par les superviseurs.

Aussi, plutôt que de reprocher à un employé de posséder ou de ne pas posséder un trait de personnalité, le superviseur devrait déterminer les comportements que l'employé doit changer et s'exprimer en fonction de ce but. Encore ici, c'est ce que l'on conseille de faire aux psychologues qui veulent aider leurs clients à modifier certains comportements, certes plus problématiques. Par exemple, au lieu de parler de sociabilité à un vendeur dans un magasin de détail, il est préférable d'énumérer les comportements recherchés: accueille les clients avec le sourire, partage les tâches d'entretien avec les autres vendeurs, exerce un suivi auprès des clients, etc.

9.6.2 Les méthodes d'évaluation du rendement

Essentiellement, les organisations adoptent deux méthodes d'évaluation du rendement, soit les échelles de notation, lesquelles sont associées à des traits ou à des comportements, et les résultats ou les objectifs à atteindre, exprimés sous forme de normes et d'objectifs. Petit et Haines (1998) font une bonne synthèse sur ce sujet.

Les échelles de notation

L'échelle de notation (ou l'échelle graphique) consiste à présenter une liste d'énoncés sur lesquels l'évaluateur doit porter un jugement sur une échelle allant, par exemple, de 1, «insatisfaisant», à 5, «exceptionnel» (figure 9.5). D'une part, il est important de ne pas proposer plus de sept niveaux de rendement, sinon l'employé et son superviseur auront de la difficulté à bien les différencier les uns des autres. D'autre part, il est important de proposer au moins trois niveaux de rendement de manière à pouvoir faire certaines nuances. Une enquête menée auprès d'organisations canadiennes montre que 305 des 365 organisations participantes utilisent une échelle à cinq degrés (Conference Board of Canada, 1996).

On trouve l'échelle de notation dans plusieurs formulaires d'évaluation parce qu'elle est facile à comprendre et à remplir par les cadres et les employés évalués. En général, les gens sont habitués à remplir des formulaires, des questionnaires ou des examens qui se présentent sous ce format. Par ailleurs, les critères (les énoncés) étant standardisés, c'est-à-dire que ce sont les mêmes pour tous les employés, les évaluations des employés peuvent être comparées.

Toutefois, la qualité des échelles de notation est fonction de la nature des énoncés qu'elles contiennent. Autant que possible et pour les raisons que nous avons invoquées précédemment, il faut éviter l'utilisation d'échelles de notation rattachées à des traits de personnalité. Nous suggérons plutôt d'exprimer les traits de personnalité (ce que la personne est) selon des comportements (ce que la personne fait). Les critères comportementaux ont l'avantage d'attirer l'attention sur les moyens que les employés doivent prendre pour atteindre des résultats. Comparés aux

FIGURE 9.5 Quelques exemples d'énoncés de comportements permettant d'évaluer la qualité de la supervision des cadres

Voici certains énoncés concernant les responsabilités des cadres en matière de supervision. Pour chacun des énoncés, encerclez le chiffre qui reflète le mieux votre opinion selon l'échelle suivante :

1. Assume cette responsabilité de façon nettement insatisfaisante
2. Assume cette responsabilité de façon insatisfaisante
3. Assume cette responsabilité de façon satisfaisante
4. Assume cette responsabilité de façon supérieure
5. Assume cette responsabilité de façon exceptionnelle

S/O Ne s'applique pas ; n'est pas pertinent ; en période d'essai ; nouveau dans son poste

1. Transmet régulièrement de l'information sur le fonctionnement de l'organisation, de la division ou du service afin d'aider son personnel à exécuter efficacement son travail   1 2 3 4 5 S/O

2. Répartit efficacement et équitablement le travail parmi les membres de son équipe   1 2 3 4 5 S/O

3. Propose des mesures qui visent à améliorer la productivité de son service ou de sa division   1 2 3 4 5 S/O

4. Veille à ce que les compétences et l'expertise de son personnel soient maintenues à jour   1 2 3 4 5 S/O

5. Gère le rendement de son personnel en respectant le processus de gestion du rendement prôné   1 2 3 4 5 S/O

6. Fixe des objectifs de rendement adéquats (précis, mesurables, réalistes) pour son personnel   1 2 3 4 5 S/O

7. Donne régulièrement à son personnel une rétroaction sur son rendement   1 2 3 4 5 S/O

8. Découvre les problèmes de rendement de son personnel et propose des solutions   1 2 3 4 5 S/O

9. Exerce un suivi sur le rendement au travail de son personnel   1 2 3 4 5 S/O

10. Maintient des relations efficaces avec ses pairs et ses supérieurs   1 2 3 4 5 S/O

11. Fait régner un climat de collaboration et un esprit d'équipe   1 2 3 4 5 S/O

12. Délègue des responsabilités de manière à favoriser l'esprit d'initiative parmi les membres de son équipe   1 2 3 4 5 S/O

traits de personnalité, les critères comportementaux réduisent l'ambiguïté ainsi que les problèmes d'interprétation, de partialité et de généralisation abusive au cours de l'évaluation du rendement. Ils permettent une rétroaction claire et spécifique sur le rendement, et leur usage est d'ailleurs prôné par les tribunaux. Ils exigent toutefois du superviseur qu'il soit en mesure d'observer l'employé au travail afin de pouvoir accorder une cote.

Ainsi, pour rédiger les énoncés de comportements, il faut se demander quels comportements une personne doit adopter, puis exprimer cela sous forme d'énoncés commençant par un verbe actif. Par exemple, au lieu d'évaluer le sens de l'initiative d'un employé, il faut déterminer les comportements reliés à ce trait, comme « propose des idées constructives », « offre promptement son aide lorsque cela s'avère nécessaire » et « assume des responsabilités sans qu'on le lui demande ». Au lieu d'évaluer le leadership d'un gestionnaire, il faut déterminer les comportements visés, comme « établit des priorités » et « obtient rapidement la collaboration des autres ».

Pour déterminer des comportements, on peut préciser les responsabilités-clés (généralement entre trois et cinq) des titulaires liées aux dimensions importantes de leur travail. Par exemple, pour des cadres, on peut penser à trois responsabilités-clés: une responsabilité en matière de supervision du personnel, une deuxième dans le domaine de la gestion des ressources financières et matérielles, et une dernière dans le domaine de la gestion de la qualité des produits et des services. Pour évaluer dans quelle mesure une personne assume chacune de ses responsabilités-clés, il peut être intéressant de procéder par ce qu'on appelle communément des incidents critiques. Les incidents critiques correspondent à des comportements ou à des faits qui distinguent un très bon employé d'un très mauvais employé quant au rendement au travail. Sur le plan légal, on demande aux cadres qui ont à monter un dossier disciplinaire de dresser une liste d'incidents critiques: des retards au travail, des absences, des délais dans le respect des échéances, des fautes dans la rédaction de dossiers, des gestes ou des paroles d'insubordination, etc. Mais au-delà de son utilité sur le plan légal, le recours aux incidents critiques peut aider à déterminer les énoncés de comportements visant à évaluer jusqu'à quel point une responsabilité-clé est assumée. Par exemple, l'échelle de notation de la figure 9.5 liste des comportements qui peuvent différencier des cadres qui gèrent bien leurs subordonnés de cadres qui les gèrent mal; on peut alors parler d'incidents critiques liés à la responsabilité de la supervision.

Pour être adéquats, les énoncés comportementaux visant à évaluer chacune des responsabilités-clés doivent satisfaire à certaines exigences. Leur nombre doit être suffisant pour qu'on puisse évaluer les multiples éléments de la responsabilité, mais ils ne doivent pas être trop nombreux car il faut éviter les énoncés redondants. Autant que possible, à chaque échelle doit correspondre un seul comportement. Les énoncés doivent être propres à chaque organisation, traduire les valeurs de celle-ci et cerner les dimensions importantes ou les attentes face aux titulaires.

Les résultats ou les objectifs à atteindre

On peut évaluer le rendement des employés en portant un jugement sur les résultats de l'employé, telle la réalisation de certaines normes — comme un taux d'unités produites à l'heure ou un coût par unité fabriquée — ou de certains objectifs de rendement fixés préalablement. Les critères reliés aux résultats ont l'avantage de diriger l'attention vers les buts que doit poursuivre l'employé. Une enquête de la Société Conseil Mercer (1996) menée auprès de 471 entreprises canadiennes montre que les «buts-objectifs-résultats» constituent les critères de rendement les plus répandus; au total, 91% des entreprises les utilisent.

Les **normes** (ou **standards**) de rendement — par exemple, «21 rapports remplis par jour», «un taux de rejet de 2% des unités de production» — sont souvent établies à partir d'analyses de temps et mouvements et de données historiques de production. Ces normes doivent bien entendu être revues lorsque d'importants changements se produisent dans le travail (sur le plan technologique, sur le plan de la répartition des tâches, etc.). Elles servent souvent à évaluer le rendement des employés de production et de bureau.

La **direction par objectifs (DPO)** est davantage un processus qu'une méthode de gestion du rendement, puisqu'elle repose sur la nécessité d'établir d'abord des objectifs d'affaires, ensuite des objectifs par unité d'exploitation (service, usine, etc.) et enfin des objectifs pour chaque employé. En pratique, la DPO prend une variété de formes selon son caractère plus ou moins officiel, le taux de participation des subordonnés à la détermination des objectifs, la qualité du suivi, etc. Au-delà de ces différences, la DPO comprend essentiellement trois étapes:

1. En début de période, le supérieur et son subordonné déterminent conjointement des objectifs de rendement (par exemple sur la quantité et la qualité des produits et des services, sur les coûts, sur le revenu ou pour une durée) et discutent des moyens à prendre pour les atteindre.
2. Ils se rencontrent régulièrement pour discuter de la réalisation des objectifs et pour décider ensemble d'éventuelles mesures correctives.
3. En fin de période, ils se rencontrent pour évaluer l'écart entre les résultats préétablis (les objectifs) et les résultats atteints.

La DPO permet d'individualiser les critères de rendement étant donné que chaque subalterne a ses propres objectifs. Par ailleurs, le principe de base de la DPO, selon lequel les objectifs individuels découlent des objectifs de l'unité et ces derniers découlent des objectifs de l'organisation, permet de maximiser la pertinence des critères (le fait d'évaluer les bonnes choses). Finalement, si on la compare à l'évaluation fondée sur les traits de personnalité, l'évaluation fondée sur la réalisation d'objectifs préétablis de façon conjointe entre le superviseur et l'employé est moins subjective.

La DPO comporte toutefois certaines limites. D'abord, les objectifs fixés se bornent trop souvent à des éléments facilement mesurables et réalisables à court terme, notamment les ventes et le nombre d'unités produites. Ils négligent des facettes du rendement qui sont plus difficiles à mesurer ou dont la réalisation requiert plus d'une année, comme les démarches en vue de fidéliser les clients ou de développer le marché. Ensuite, cette approche peut être une source de frustration pour les employés évalués puisque la réalisation des objectifs de rendement est partiellement déterminée par des facteurs qui peuvent échapper à leur maîtrise. Ainsi, le contexte économique des années 90 (un taux d'inflation peu élevé, l'incertitude de l'emploi) a eu une incidence certaine sur le nombre et la valeur des transactions des agents d'immeubles. C'est pourquoi il faut que les superviseurs qui recourent à cette méthode soient conscients de cet inconvénient et ajustent leurs attentes — c'est-à-dire leurs objectifs — et leur évaluation en conséquence.

Dans les faits, la DPO amène parfois les subordonnés à tenter de négocier des objectifs facilement réalisables ou à adopter des comportements inadéquats afin d'atteindre leurs objectifs. Finalement, le fait de savoir que tel objectif a été plus ou moins réalisé n'est pas formateur en soi. Il importe plutôt de déterminer ce qui n'a pas été fait ou ce qui devrait être fait autrement si l'on veut être mieux en mesure d'atteindre les résultats dans l'avenir. En théorie, la DPO prescrit que les supérieurs hiérarchiques doivent exercer un suivi régulier au cours de la période faisant l'objet de l'évaluation ou guider l'employé dans la réalisation de ses objectifs. En pratique, toutefois, trop peu de superviseurs assument adéquatement cette responsabilité.

Pour maximiser les chances de succès de la DPO, il faut centrer au moins un des objectifs sur des activités qui sont réalisables à long terme. Par ailleurs, les objectifs doivent être formulés de manière à respecter certaines exigences. Ainsi, ils doivent avoir les caractéristiques suivantes:

– être précis et clairs;
– être mesurables de façon que des indicateurs servent à juger de leur réalisation;

- être décidés en collaboration avec l'employé;
- être réalistes tout en comportant un défi;
- être pondérés selon leur importance relative;
- être accompagnés d'un échéancier.

À ce jour, la DPO a surtout été utilisée comme méthode de gestion du rendement des cadres, la notion d'objectifs de travail ayant été davantage associée à la réalisation de projets particuliers. Toutefois, il est possible d'étendre l'admissibilité à cette méthode au personnel de production et de bureau dans la mesure où l'on fixe aussi des objectifs dits d'amélioration, par exemple celui consistant à adopter plus de comportements favorisant la coopération entre les membres de l'équipe. Finalement, notons que la quasi-totalité des études (plus précisément 68 études sur 70) portant sur la DPO indiquent qu'elle entraîne un gain de productivité (Rodgers et Hunter, 1991).

Par ailleurs, l'expérience nous enseigne qu'il est souvent préférable de recourir à la fois aux résultats et aux comportements pour évaluer le rendement. Comme l'illustre la figure 9.6, ces deux facettes du rendement se distinguent et se complètent. Aussi, dans la mesure où l'on met l'accent sur l'un de ces deux types de critères durant une longue période, des problèmes surviennent.

FIGURE 9.6   **Le recours aux résultats et aux comportements dans l'évaluation du rendement**

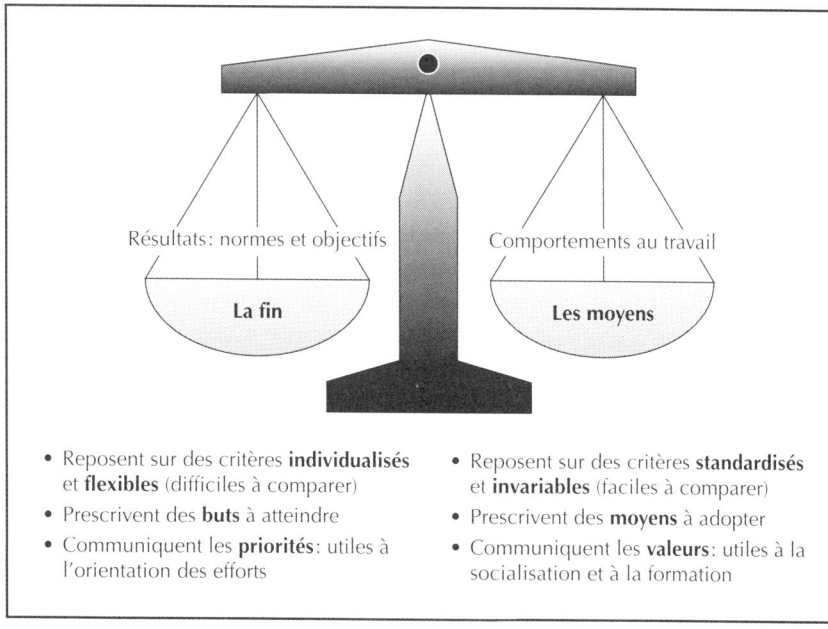

Lorsque seuls les résultats comptent, les employés prendront n'importe quels moyens pour les obtenir. C'est le cas des représentants commerciaux qui exercent une forte pression sur les clients pour conclure leurs ventes, ou des employés qui négligent la qualité afin de se conformer aux normes de production.

Lorsque seuls les comportements comptent, les employés adopteront les comportements valorisés sans se préoccuper d'atteindre leurs résultats. C'est le cas d'un professeur d'université qui se fait un devoir d'être présent à son bureau et d'assister à des réunions et qui ne se soucie pas de renouveler son matériel d'enseignement ou d'écrire dans le domaine de ses compétences.

Aussi, les formulaires d'évaluation du rendement présenteront souvent deux sections: une première section, simple à remplir, portant sur les responsabilités-clés (comportements ou moyens) et une seconde portant sur les objectifs de rendement (résultats ou buts). Dans le calcul de la cote globale de rendement, le poids relatif de chacune des deux sections peut varier en fonction de la catégorie de personnel. Par exemple, pour le personnel de bureau et de production, un plus grand poids peut être accordé à l'évaluation des comportements qu'à la réalisation d'objectifs, alors que pour les cadres et les professionnels ce pourrait être l'inverse. De même, remarquons que le poids des divers énoncés de comportements peut également varier en fonction de leur importance relative. Toutefois, il faut se demander si cela en vaut vraiment le coût: si l'on détermine un poids pour les divers énoncés, le formulaire sera plus long à remplir et l'on risquera d'oublier l'objectif d'un tel exercice chiffré qui reste subjectif. Il vaut mieux avoir des formulaires moins précis et moins compliqués mais remplis qu'avoir des formulaires longs et précis que les cadres répugnent à remplir faute de temps!

Certes, il peut s'avérer difficile de prescrire à certains employés des résultats ou des comportements. Pensons, par exemple, aux travailleurs sociaux, aux psychologues ou aux psychiatres. Il est hasardeux d'évaluer leur rendement sur la base du nombre de clients rencontrés dans une semaine, du nombre de dossiers menés à terme durant l'année, et ainsi de suite. Il est aussi douteux d'évaluer le rendement de chercheurs sur la base du nombre de découvertes durant l'année, de leur ponctualité ou de leur assiduité aux réunions. Aussi, il peut arriver dans certains cas particuliers que l'on retienne des traits de personnalité. Mais encore là, il conviendrait de vérifier si la consultation d'une autre source d'évaluation ne serait pas l'approche la plus appropriée. Par exemple, il peut s'avérer intéressant d'évaluer le rendement de certains employés (comme des chercheurs ou des psychologues) en consultant d'autres sources d'évaluation que leur superviseur, telles que les clients, les fournisseurs, les collègues de travail ou les subordonnés.

> **Huitième principe**
> **Élaborer un formulaire d'évaluation du rendement que les cadres et les employés s'approprieront**

Lorsqu'elle a un caractère officiel, l'évaluation du rendement s'appuie sur un formulaire comportant les critères de rendement qui ont été retenus. Certaines qualités doivent être prises en considération quand on juge de la qualité d'un tel outil. Il s'agit non seulement de se préoccuper de la pertinence (évaluer la bonne chose) et de la validité (bien évaluer la chose) des critères de rendement, mais aussi d'examiner d'autres caractéristiques comme la facilité d'emploi, le temps pour remplir le formulaire et son acceptation ou son appropriation par les cadres utilisateurs et les personnes évaluées. Ainsi que le présente le tableau 9.5, le succès d'un système de gestion du rendement n'est pas uniquement fonction de la qualité du formulaire; il est surtout déterminé par la culture de gestion et les utilisateurs du formulaire.

Un formulaire d'évaluation du rendement doit être perçu comme adéquat par les dirigeants d'entreprise. Pour maximiser les chances que les dirigeants apportent un appui ferme au processus de gestion du rendement, il faut qu'ils estiment que le formulaire d'évaluation véhicule

TABLEAU 9.5 **L'efficacité du système de gestion du rendement**

Techniques	Évaluateurs	Contexte
• Méthodes, critères et normes	• Formation	• Appui de la direction
• Formulaire	• Motivation	• Contraintes reliées au rendement
• Fonction de la catégorie de personnel	• Biais et erreurs	• Efficacité des autres systèmes de gestion
	• Types	• Lien avec la stratégie
	• Habileté de *coaching*	• Aide des professionnels en ressources humaines

clairement les facteurs de succès, les objectifs d'affaires et les valeurs de l'entreprise. Le formulaire doit aussi être perçu comme adéquat par les cadres, qui devront l'utiliser pour évaluer le rendement de leurs subordonnés, et par les employés, qui seront évalués à partir des critères qu'on y trouve. Par ailleurs, il doit être acceptable sur le plan légal. Pour cela, l'évaluation du rendement ne doit pas se fonder sur des critères considérés comme illégaux tels que l'origine ethnique, les convictions politiques, le sexe, l'âge ou le rang social de la personne.

Certains formulaires d'évaluation du rendement sont si compliqués et requièrent tant de temps qu'on comprend pourquoi les cadres les remplissent avec le même empressement que celui qu'ils manifestent pour remplir leur déclaration d'impôts annuelle. Plus un formulaire est court et facile à remplir, plus il a de chances d'être rempli soigneusement par les cadres. Aussi, les professionnels en ressources humaines devront faire des compromis entre, d'une part, la qualité et la quantité de l'information concernant le rendement et, d'autre part, les perceptions des intervenants — comme les dirigeants, les cadres et les employés évalués — à l'égard d'autres caractéristiques qu'ils recherchent dans un tel formulaire.

Par ailleurs, si l'on veut que le formulaire soit simple et facile à remplir, il est important de constituer un comité de discussion composé de représentants des catégories de personnel visées pour procéder à l'élaboration ou à la révision formulaire tant sur le plan du contenu que sur celui de la forme, par exemple au cours du choix des responsabilités-clés, de la sélection des énoncés de comportements ayant pour but d'évaluer chaque responsabilité-clé, de la détermination du poids relatif des objectifs et des responsabilités dans l'évaluation globale du rendement.

En conclusion, pour maximiser le succès d'un système de gestion du rendement, il faut bien sûr se préoccuper d'avoir un bon formulaire, mais il faut surtout consacrer des efforts (et donc de l'argent et du temps) en vue de le promouvoir et de l'expliquer aux employés évalués et à leurs supérieurs au moyen d'activités de formation et de communication régulières. Quand bien même vous donneriez à quelqu'un un superbe banc de menuisier, s'il ne comprend rien à la menuiserie, il ne fera rien de bon avec! Le même raisonnement s'applique aux formulaires d'évaluation du rendement: ces outils ne peuvent pallier les défaillances des évaluateurs.

Quoique aucun système de gestion du rendement ne soit parfait, un sondage de la Société Conseil Mercer (1996) indique que là où il est jugé efficace, les entreprises accordent une plus grande formation aux cadres et aux employés à son sujet et les rendent plus imputables de son application. De la même manière, l'enquête de Hewitt & Associés (1995) montre que là où les systèmes de gestion du rendement s'avèrent efficaces, les dirigeants participent activement à leur conception et à leur mise en place, et les employés participent activement au processus de gestion du rendement.

> **Neuvième principe**
> **Procéder à une analyse systémique du rendement des employés**

La figure 9.7 illustre le fait que le rendement — c'est-à-dire les résultats et les comportements au travail — des employés est influencé par diverses caractéristiques individuelles (comme les traits et la motivation au travail), organisationnelles (comme les ressources, le groupe de travail et l'organisation du travail), environnementales (comme l'économie, l'industrie et la région) et de supervision. Ainsi, l'évaluateur devrait analyser l'ensemble d'une situation de travail afin d'éviter d'attribuer certains problèmes de rendement à un subordonné lorsque les causes échappent en partie à sa maîtrise. Comme l'indiquent Petit et Haines (1998), cette démarche de recherche des causes du rendement qui échappent à la maîtrise de l'employé change la dynamique de l'évaluation du rendement. Au lieu de considérer les objectifs et les normes de rendement préétablis comme

FIGURE 9.7 Quelques déterminants du rendement individuel

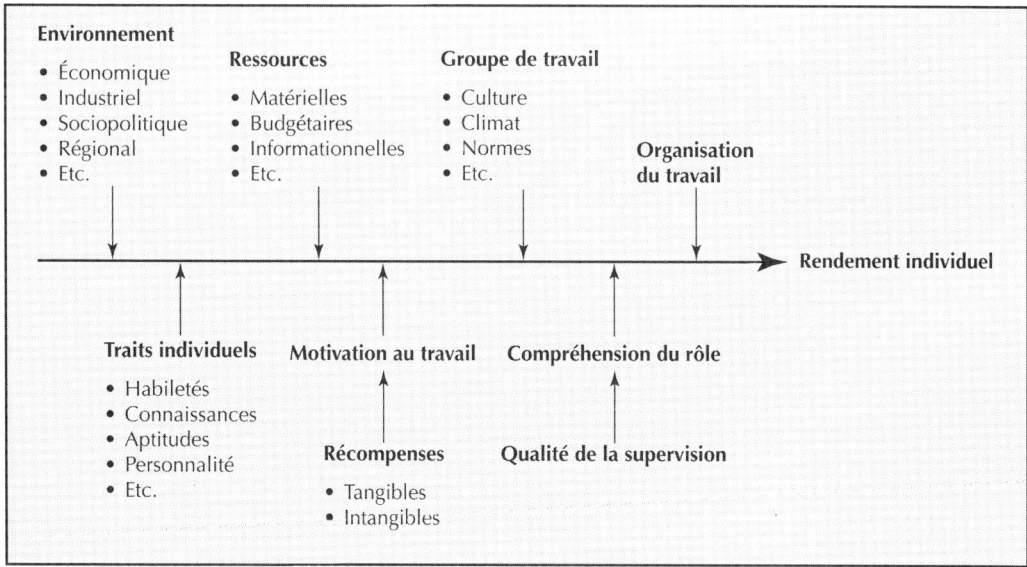

immuables, on convient d'ajuster périodiquement le plan d'action aux divers changements qui touchent l'organisation, comme les innovations technologiques, les restructurations, les crises économiques ou les modifications apportées aux produits.

Au cours de l'entrevue d'évaluation, on parlera tout autant de changements que l'employé doit mettre en œuvre que de changements à apporter aux systèmes et à la procédure (par exemple l'organisation du travail, les outils et les équipements) pour améliorer le rendement. Cela est d'autant plus important que, dans bien des cas, on peut être tenté d'attribuer les problèmes de rendement individuel à des caractéristiques de l'environnement (comme l'arrivée d'un nouveau concurrent ou un déclin économique), de l'organisation (des équipements désuets, des produits non concurrentiels), de l'équipe (une organisation du travail déficiente), et aux compétences et aux efforts des employés. Dans ce contexte, il est important d'intégrer une approche **systémique** de la gestion du rendement, qui se préoccupe du développement et de l'amélioration continue de la performance du groupe, des systèmes, des structures ou des processus. L'approche traditionnelle strictement individualisée de la gestion du rendement, qui s'intéresse à l'évaluation des différences dans le rendement des employés, peut nuire à l'esprit d'équipe et de collaboration, et risque de ne pas mettre le doigt sur les véritables sources d'improductivité, qui ne sont pas toujours du ressort des personnes. Dans un article intitulé «La gestion de la performance et la qualité totale», Waldman (1998) traite de ce nouveau courant dans le domaine de la gestion du rendement.

Pour améliorer la productivité, il faut s'interroger sur le travail à faire et éliminer les tâches superflues. Cela est particulièrement important dans le secteur des services où l'on demande de plus en plus aux employés de faire des choses qui n'ont rien à voir avec leur qualification. Prenons le cas des infirmières et des puéricultrices auxquelles on demande de remplir de plus en plus de documents, alors qu'elles sont formées et embauchées pour asurer des soins et l'éducation. Ou encore prenons le cas des professeurs d'université auxquels on demande de passer de plus en plus de temps à siéger à des comités plutôt que d'enseigner, de conseiller les étudiants, de faire de la recherche et de rédiger des textes dans leur domaine de spécialité. Au-delà d'un certain seuil, un tel élargissement des tâches n'est pas enrichissant: il diminue la motivation au travail des employés car on leur demande de faire des choses qui ne sont pas importantes pour leurs clients (dans nos exemples, les patients et les étudiants). Lorsque la procédure d'évaluation nuit à la qualité des services et des produits ou exige qu'on la contourne pour réussir à satisfaire les clients, il faut s'interroger sur sa pertinence et non sur son respect par les employés.

Finalement, l'adoption d'une perspective systémique de la gestion du rendement peut aussi signifier que le rendement des subalternes en tant qu'équipe sera évalué par les superviseurs et que le résultat de l'évaluation leur sera communiqué. L'adoption croissante de modes d'organisation du travail centrés sur les équipes autonomes incite plusieurs entreprises à se préoccuper davantage de la gestion du rendement de groupe afin de favoriser l'esprit de collaboration. Il sera alors question de normes ou d'objectifs pour l'unité d'exploitation et de rencontres de groupe où l'on discutera de l'avancement des projets et de l'établissement d'objectifs collectifs. Pour rendre plus efficace la rétroaction donnée aux équipes, de nombreuses entreprises utilisent des moyens visuels qui illustrent l'évolution des résultats (comme des graphiques, un thermomètre où les progrès sont indiqués, des affiches qui montrent la production de la journée). Toutefois, même lorsqu'ils travaillent selon un mode d'organisation en équipe, les employés veulent recevoir une rétroaction sur leur rendement individuel. La rétroaction sur le rendement de l'équipe n'entraîne donc pas la disparition de la rétroaction sur le rendement individuel.

9.6.3 L'ENTREVUE D'ÉVALUATION DU RENDEMENT

Comme nous l'avons mentionné précédemment, une rétroaction sur le rendement devrait être donnée régulièrement aux employés. Toutefois, il arrive souvent qu'on demande aux cadres de faire un constat global et sommaire en fin de période sur le rendement de l'employé et de le communiquer au cours d'une entrevue. Quelles que soient la précision et la pertinence d'une évaluation du rendement, elle aura peu d'effets sur le rendement d'un employé si on ne la lui communique pas. Plusieurs cadres éprouvent un malaise face à l'entrevue, car ils ne savent trop comment la mener. À cet égard, le tableau 9.6 liste les principales caractéristiques d'une bonne entrevue d'évaluation du rendement. La mise en situation du début de ce chapitre présente des moyens que les employés et les cadres peuvent respectivement utiliser pour réduire leur anxiété face à l'entrevue et pour en optimiser les bénéfices.

9.6.4 LA MULTIPLICITÉ DES SOURCES D'ÉVALUATION DU RENDEMENT

Au cours des années 90, le principal changement qu'on a observé en matière de gestion du rendement a trait à la nature des personnes auprès desquelles on collecte de l'information sur le rendement des employés. L'expression « rétroaction à 360° » qualifie le processus par lequel on

TABLEAU 9.6   Les conditions de succès de l'entrevue d'évaluation du rendement

Le supérieur hiérarchique doit...	
... faire les choses suivantes :	... éviter de faire les choses suivantes :
• donner le temps au subordonné de s'auto-évaluer, de se préparer ; • choisir un environnement tranquille et propice à la discussion ; • bien préparer l'entrevue (par exemple en établissant un plan de la rencontre) ; • poser des questions et encourager le subordonné à participer et à exprimer ses idées et ses émotions ; • écouter, écouter et écouter ; • se préparer à entendre des commentaires négatifs, confus, ainsi que des critiques ; • contenir ses émotions ; • se comporter comme un *coach*, un facilitateur, un guide ; • être précis autant à propos des succès de l'employé qu'à propos de ses échecs ; • chercher à comprendre ; • répéter ce que le subordonné a exprimé ; • centrer la discussion sur la résolution des problèmes dans l'avenir ; • appuyer ses propos sur des faits, c'est-à-dire des résultats et des comportements ; • établir conjointement avec l'employé les objectifs, le plan d'action et les moyens de s'améliorer, de partager ses idées.	• informer le subordonné à la dernière minute de l'entrevue ; • se laisser déranger par le téléphone, des visites, etc. ; • ne pas se préparer ; • interrompre le subordonné et ne pas lui permettre de s'exprimer ni de participer à la discussion ; • parler constamment ; • être continuellement en désaccord avec le subordonné ou nier tout ce qu'il dit ; • exprimer ses émotions ; • jouer au détective ou au juge ; • insister seulement sur les erreurs et les problèmes ; • adresser des blâmes ou des reproches ; • chercher à imposer ses opinions ; • centrer la discussion sur la description des problèmes passés et de leurs causes ; • qualifier la personnalité du subordonné ; • imposer son jugement, ses objectifs et son plan d'action.

collecte de l'information sur le rendement des employés en consultant toutes les personnes qui sont en mesure de porter un jugement à ce sujet, soit le supérieur immédiat, les pairs, les subordonnés de l'employé évalué, l'employé évalué lui-même (on parle alors d'autoévaluation), les clients internes ou externes, etc. (Edwards et Even, 1996).

Au moins deux raisons expliquent cet intérêt soudain pour la multiplicité des sources d'évaluation du rendement. Premièrement, les nouvelles approches de gestion axées sur la qualité totale, l'amélioration continue, les équipes de travail et la participation des employés font en sorte qu'il devient plus important de consulter l'employé lui-même, ses collègues, les clients et les subordonnés pour juger des diverses facettes du rendement des personnes. Deuxièmement, la crédibilité d'une rétroaction se trouve améliorée dans la mesure où elle est exprimée par plusieurs sources d'évaluation.

Cela ne signifie pas qu'il faille rejeter les évaluations faites par les supérieurs immédiats. En effet, une recherche menée auprès d'un échantillon diversifié d'employés du Québec montre que le supérieur immédiat constitue la source d'évaluation dans laquelle ils ont le plus confiance (Gosselin, Werner et Hallé, 1997).

Une enquête de la *Société Conseil Mercer* (1996) réalisée auprès de 471 entreprises canadiennes indique qu'une proportion aussi élevée que 47 % d'entre elles utilise des sources autres que le supérieur hiérarchique pour obtenir de l'information sur le rendement d'un employé, c'est-à-dire les subalternes, les autres membres de l'équipe et les clients. Respectivement 31 % et 21 % des organisations ont introduit l'évaluation du rendement par les pairs et l'évaluation du rendement du superviseur par les subalternes au cours des deux années précédentes ou songent à les introduire dans l'année suivante.

Finalement, l'enquête de Hewitt et Associés (1995) indique que, dans près de 62 % des 642 entreprises canadiennes et américaines participantes, les employés procèdent à une autoévaluation de leur rendement.

9.7 Récompenser la contribution des employés

> **Dixième principe**
> Évaluer la contribution, donner une rétroaction et surtout la récompenser

La dernière étape du processus de gestion du rendement — récompenser le rendement — s'avère très importante. En effet, les employés cherchent à accomplir les éléments qui seront évalués et surtout récompensés.

> *Un service de la production, par exemple, a commencé à afficher les résultats du rendement de l'unité sur de larges panneaux que les employés pouvaient regarder à l'entrée de l'usine. Au début, les graphiques ont suscité de l'intérêt et des discussions parmi les employés. Toutefois, l'intérêt de ces derniers s'est vite résorbé. Lorsqu'on leur a demandé la raison de ce fait, ils ont répondu qu'ils avaient d'abord cru que quelque chose résulterait de*

l'amélioration des résultats (comme un prix, une prime, une célébration ou même le remerciement sincère d'un dirigeant). Comme rien de cela ne s'est produit, ils ont aussitôt perdu leur intérêt pour cette pratique et sont retournés à leurs activités normales. Ici, une rétroaction a été donnée, mais elle n'était pas reliée à des récompenses (Hillgren et Cheatham, 1996, p. 18).

Qui doit reconnaître le rendement? D'abord et avant tout les dirigeants d'entreprise. Étant donné que les cadres suivent leur exemple, ils doivent se comporter comme des modèles et privilégier la récompense plutôt que le contrôle. Les cadres doivent également reconnaître le rendement de leurs subordonnés, car ce sont eux qui ont l'influence directe la plus forte sur leur motivation. Sur ce point, il est important que la direction récompense ses cadres qui savent reconnaître leurs subordonnés dont les comportements et les paroles sont méritants: les cadres aussi ont besoin d'être récompensés. Le tableau 9.7 présente un ensemble de questions qu'il faut se poser si l'on veut améliorer la motivation des cadres à évaluer avec soin le rendement de leurs subordonnés.

TABLEAU 9.7 Quelques questions permettant de déterminer à quel point le contexte incite les cadres à gérer avec soin le rendement de leurs subordonnés

Les cadres...
- se pensent-ils capables d'évaluer et de gérer correctement leurs subordonnés?
- ont-ils les compétences pour évaluer et gérer le rendement?
- croient-ils que leurs évaluations sont utiles, c'est-à-dire qu'elles sont considérées lorsque des décisions sont prises relativement au personnel?
- ont-ils les ressources adéquates (temps, formulaires, etc.) pour évaluer et gérer le rendement de leurs subordonnés?
- sont-ils évalués sur le soin qu'ils portent à la gestion du rendement de leur personnel?
- ont-ils participé à l'élaboration des formulaires d'évaluation du rendement? au développement du processus de gestion du rendement?

Les dirigeants de l'organisation...
- appuient-ils le processus de gestion du rendement?
- agissent-ils comme des modèles: les personnes occupant des postes aux niveaux hiérarchiques supérieurs voient-elles leur rendement évalué?
- prônent-ils un processus continu de gestion du rendement des employés?
- prônent-ils une culture d'excellence axée sur la réalisation d'une stratégie ou d'objectifs d'affaires largement et constamment diffusés parmi les employés?
- évitent-ils d'affronter les problèmes de fond qui échappent à la maîtrise des employés (par exemple des produits désuets ou des équipements inadéquats) ou qui légitiment le fait que leur contribution ne soit pas optimale (par exemple des salaires insuffisants, l'absence de possibilités de carrière ou la sélection inadéquate du personnel)?

Finalement, le rendement des employés peut être reconnu par les pairs. Autant les normes de groupe peuvent être contraignantes et nuire au rendement — et là, les exemples seraient nombreux —, autant elles peuvent le promouvoir et le stimuler. Les dirigeants doivent créer un climat où les gens qui produisent «de la qualité en bonne quantité» sont respectés, où chacun se sent responsable de son propre rendement et de la productivité de l'entreprise. Étant donné l'importance de la reconnaissance du rendement, le prochain chapitre sera consacré à ce défi de la GRH.

La reconnaissance et la récompense de la contribution (comportements ou résultats) peuvent se faire sous une multitude de formes tant pécuniaires que non pécuniaires, que nous présenterons au chapitre 10. Notons pour l'instant que l'efficacité d'une récompense n'est pas proportionnelle à son coût. À elles seules, la plupart des formes de renforcement, telles que les prix, les trophées, les chandails et l'argent, n'ont pas une grande efficacité. Pour devenir efficaces, elles doivent être couplées à des formes personnalisées de reconnaissance provenant du supérieur immédiat, comme les remerciements, les encouragements, les félicitations ou l'écoute. Ces dernières formes ont l'avantage d'être peu coûteuses et de ne pas nécessiter un chambardement des politiques de l'organisation. Le choix des formes de reconnaissance est alors plus une question d'imagination que de moyens.

En plus de représenter pour le gestionnaire un moment privilégié pour exprimer sa reconnaissance à l'employé, l'évaluation annuelle lui permet de discuter avec celui-ci du développement ou de l'amélioration de son travail. Il est alors recommandé d'orienter la discussion sur un nombre très restreint de points à améliorer (d'un point à trois points). En fait, il faut éviter de décourager l'employé. Il n'y a rien de plus néfaste que de dresser une longue liste de choses à changer; cela ne peut que démotiver l'employé.

Conclusion

La gestion du rendement du personnel est au cœur des responsabilités des cadres en matière de supervision. C'est d'abord sur eux que repose la qualité de cette activité. Pour aider les cadres à relever ce défi, il n'existe malheureusement aucun système de gestion du rendement qui soit parfait ou qui fasse l'unanimité parmi le personnel. Toutefois, le tableau 9.8 reprend les 10 principes qu'il faut considérer lorsqu'on aspire à instaurer un véritable processus de gestion du rendement dont les bénéfices excèdent les coûts.

TABLEAU 9.8 — Un résumé des principes de gestion du rendement au travail

Premier principe :	Valoriser, évaluer et récompenser les bonnes choses.
Deuxième principe :	Se préoccuper de satisfaire les attentes des investisseurs et des clients.
Troisième principe :	Donner régulièrement aux employés une rétroaction sur leur rendement.
Quatrième principe :	Se comporter comme un *coach* avec les membres de son équipe.
Cinquième principe :	Évaluer le rendement, et non le potentiel.
Sixième principe :	Ne pas évaluer la personnalité.
Septième principe :	Évaluer les comportements et les résultats.
Huitième principe :	Élaborer un formulaire d'évaluation du rendement que les cadres et les employés s'approprieront.
Neuvième principe :	Procéder à une analyse systémique du rendement des employés.
Dixième principe :	Évaluer la contribution, donner une rétroaction à son sujet et surtout la récompenser.

QUESTIONS DE RÉVISION

1. Pourquoi la gestion du rendement du personnel est-elle utile aux organisations, aux cadres et à leurs subalternes ?

2. Qu'est-ce qui distingue l'évaluation de la gestion du rendement ?

3. Comment peut-on déterminer les éléments du rendement qui devraient être valorisés dans une organisation ?

4. Quels sont les principaux principes à respecter en matière de gestion du rendement ?

5. Qu'est-ce qui distingue l'évaluation du rendement de l'évaluation du potentiel ? Quelles sont les principales répercussions de cette différence sur le processus de gestion du rendement ?

6. Pourquoi est-il si important pour un cadre de donner à ses subordonnés une rétroaction sur leur rendement tout au long de l'année ?

7. Pourquoi faut-il éviter de recourir aux traits de personnalité pour évaluer le rendement des employés ?

8. Quels critères et méthodes d'évaluation du rendement les organisations utilisent-elles le plus souvent pour gérer le rendement de leurs employés ? Décrivez ces critères et ces méthodes et précisez en quoi ils se distinguent et se complètent.

9. D'abord, déterminez certaines responsabilités-clés de représentants commerciaux sur la route qui doivent vendre aux détaillants des produits d'éclairage que leur organisation fabrique ou importe d'autres pays. Ensuite, rédigez cinq énoncés de comportements visant à évaluer chacune de ces responsabilités-clés. Finalement, rédigez trois objectifs qui peuvent permettre d'évaluer le rendement de ces représentants.

10. À quelles conditions faut-il satisfaire pour s'assurer qu'un formulaire d'évaluation du rendement sera jugé adéquat et rempli convenablement par les cadres et les employés ?

11. Qu'entend-on par l'expression « rétroaction à 360° » ?

12. Quels sont les principaux comportements qu'un cadre doit adopter pour maximiser le succès des entrevues d'évaluation du rendement avec ses subordonnés ?

13. Pourquoi l'octroi de récompenses en fonction du rendement est-il important ?

Références

Conference Board of Canada (1996). *Compensation Planning Outlook 1996*, Ottawa, Conference Board of Canada.

Edwards, M.R. et A.J. Even (1996). *360° Feedback: The Powerful New Model for Employee Assessment and Performance Improvement*, New York, AMACOM.

Éthier, É. (1996). *Les superviseurs québécois en tant que coach : une enquête auprès de leurs employés*, mémoire de maîtrise, Montréal, École des Hautes Études Commerciales, 143 p.

Gosselin, A., J.-M. Werner et N. Hallé (1997). « Ratee preferences concerning performance management and appraisal », *Human Resource Development Quarterly*, vol. 8, n° 4, hiver, p. 315-333.

Gosselin, A. et S. St-Onge (1998). « La gestion de la performance au travail », *Gestion*, coll. « Racines du savoir ».

Hewitt & Associés (1995). *Gestion de la performance : pratiques et caractéristiques des programmes*, résultats de l'enquête, Scottsdale, Arizona.

Hillgren, J.S. et D.W. Cheatham (1996). *Understanding Performance Measures*, American Compensation Association, Building Blocks in Total Compensation, Scottsdale, Arizona.

Morazain, J. (1995). « Qui a peur de l'évaluation ? », *Commerce*, n° 5, mai, p. 75, 77-79.

Petit, A. et V. Haines (1998). « Trois instruments d'évaluation du rendement », *Gestion*, coll. « Racines du savoir ».

Rodgers, R. et J.E. Hunter (1991). « Impact of management by objectives on organizational productivity », *Journal of Applied Psychology*, vol. 76, n° 2, p. 322-336.

Société Conseil Mercer (1996). *Systèmes de gestion du rendement et des compétences*, résultats de l'enquête sur les pratiques en usage dans les entreprises canadiennes, été, 11 p.

St-Onge, S. et M. Magnan (1998). « La mesure de la performance organisationnelle : un outil de gestion et de changements stratégiques », *Gestion*, coll. « Racines du savoir », p. 46-63.

Waldman, D.A. (1998). « La gestion de la performance et la qualité totale », *Gestion*, coll. « Racines du savoir », p. 64-81.

Werner, J.M. (1998). « Que sait-on de la rétroaction à 360 degrés ? », *Gestion*, coll. « Racines du savoir », p. 157-174.

Lectures suggérées

Gosselin, A. et S. St-Onge (1998). « La gestion de la performance au travail », *Gestion*, coll. « Racines du savoir ».

Holloway, J., J. Lewis et G. Mallory (1995). *Performance Measurement and Evaluation*, Californie, Sage Publications.

Latham, G., P. Wexley et N. Kenneth (1994). *Increasing Productivity Through Performance Appraisal*, 2ᵉ éd., États-Unis, Addison Wesley HRM Series.

Murphy, K., R. Cleveland et N. Jeanette (1995). *Understanding Performance Appraisal*, Californie, Sage Publications.

CAS 9.1

UN ENTRETIEN SOUS LE SIGNE DE L'INCOMPRÉHENSION[2]

Comme chaque année à cette période-ci, le rituel des évaluations du rendement est en marche chez Conseil-Plus, une firme de consultants en informatique de Montréal. François Bitte, conseiller en développement de logiciels, se dirige vers le bureau de son patron, M. Lasouris, pour son entrevue d'évaluation. La secrétaire l'informe que M. Lasouris est actuellement en conversation électronique et lui demande de patienter quelques instants. Après quelques minutes, la porte du bureau s'ouvre :

M. Lasouris: Salut, François. Excuse le retard.

François: Ce n'est pas grave, j'ai prévu suffisamment de temps. Vous savez, avec l'expérience, on apprend certaines choses...

M. Lasouris: À propos de temps, je n'en ai pas beaucoup. Ma sœur arrive de Paris et je viens de recevoir par courrier électronique la confirmation de son arrivée à Mirabel dans une heure. De toute façon, j'ai regardé ton autoévaluation et je suis d'accord avec toi sur tout ce que tu as écrit. Mais il y a des choses qui manquent.

François: Lesquelles?

M. Lasouris: Même si l'on est dans le domaine de l'informatique, on n'est pas en Californie. Ton apparence et ta tenue vestimentaire nuisent à l'image de l'entreprise. Tu ne travailles pas en laboratoire mais avec les clients. Au tarif que l'on demande, ils ne doivent pas avoir l'impression de faire affaire avec une firme de *beach bums*.

François: On m'a engagé pour mes compétences, pas pour mon apparence. Les clients sont satisfaits. Mes projets sont toujours à temps ou ne dépassent en moyenne que 5% du temps prévu.

M. Lasouris: Écoute, peut-être que ceux qui travaillent avec toi dans le système client sont satisfaits. Mais leurs patrons ne pensent pas la même chose. J'ai reçu quelques plaintes à ce sujet et ce sont eux qui nous donnent les mandats.

François: De qui?

M. Lasouris: Tu vas comprendre qu'il m'est impossible de donner des noms. De toute façon, cette conversation est inutile. Voici la copie modifiée de ton évaluation; j'ai ajouté les remarques que je viens de te faire dans un style un peu plus nuancé. J'ai aussi ramené ton évaluation globale de A– à B+. Peux-tu la signer aujourd'hui et la remettre à Patricia? Je m'excuse mais je dois partir pour l'aéroport. Pour ce qui est de ton programme de perfectionnement, on en reparlera plus tard. Mais je crois que tu en demandes un peu trop. Je n'ai ni le temps de répondre à tes attentes, ni l'argent pour le faire. Salut!

François quitte le bureau en se demandant sérieusement s'il va signer le formulaire.

QUESTIONS

1. Quelles sont les principales conditions de succès à respecter pour réaliser une entrevue d'évaluation du rendement efficace?

2. Quelles conditions de succès n'ont pas été respectées par M. Lasouris? Justifiez votre réponse.

---

[2]. Cas rédigé par Mario Giroux sous la direction de Sylvie St-Onge. Reproduit avec permission de l'École des Hautes Études Commerciales.

CAS 9.2
Deux poids, deux mesures ?[3]

Mme Larue, chef du service de recherche en marketing des Aliments Santé, est très anxieuse. Elle doit évaluer le rendement de deux nouvelles recrues universitaires, Sophie Ladouce et Louise Bontant, engagées il y a six mois pour combler deux postes de professionnel similaires. Cette évaluation vise principalement à transmettre aux nouveaux employés des informations qui les aideront à obtenir une cote de rendement satisfaisant à la fin de leur année de probation.

Les commentaires que Mme Larue adresse à Sophie sont dans l'ensemble fort élogieux. Elle a atteint les objectifs fixés. À ses yeux, Sophie est créatrice, dynamique et fait preuve d'un professionnalisme exemplaire. Sa tenue vestimentaire est soignée ; elle porte souvent un tailleur agencé avec d'élégants accessoires. En fait, Mme Larue croit qu'elle est destinée à un brillant avenir chez Aliments Santé.

Son évaluation de Louise est différente. Louise a atteint les objectifs de rendement établis, mais son attitude l'agace, bien qu'elle ne puisse rien lui reprocher en particulier. Louise ne se gêne pas pour dire ce qu'elle pense. Son imagination et sa grande force créatrice la conduisent souvent à remettre en question les pratiques établies. Louise a très rarement l'occasion de rencontrer des clients ou d'autres intervenants externes. Elle aime s'habiller confortablement ; son vêtement préféré est le jeans. Pour Mme Larue, cette apparence décontractée cadre difficilement avec la culture prônée par les dirigeants de l'entreprise.

Mme Larue sait que Louise et Sophie sont plus que deux collègues de travail. Elles viennent de la même région, elles ont obtenu leur B.A.A. à la même université et elles ont aménagé ensemble, à Montréal, après avoir été engagées chez Aliments Santé. Elle se demande d'ailleurs comment deux filles si différentes peuvent être de si bonnes amies.

Questions

1. Les critères qu'utilise Mme Larue pour évaluer le rendement de Sophie et Louise sont-ils appropriés ? Expliquez votre réponse.

2. Mme Larue devrait-elle discuter avec Louise des traits de sa personnalité qui l'irritent ? Justifiez votre réponse.

3. Que peut faire une entreprise pour aider des gestionnaires comme Mme Larue à évaluer le rendement de leurs subordonnés ?

---

[3]. Cas rédigé par Mario Giroux sous la direction de Sylvie St-Onge. Reproduit avec permission de l'École des Hautes Études Commerciales de Montréal.

CAS 9.3

L'ÉVALUATION DU RENDEMENT DES STAGIAIRES EN COMPTABILITÉ CHEZ BROWN MORRISON-CÔTÉ TREMBLAY[4]

Brown Morrison-Côté Tremblay (BMCT) est un important cabinet d'experts-comptables canadien. Bien implanté au Québec et dans l'ensemble du Canada, BMCT est présent dans plus de 60 pays. Au Canada, ses revenus s'élèvent à près de 200 millions de dollars. Le cabinet offre des services spécialisés en matière de vérification, de fiscalité, de comptabilité et de gestion financière.

BMCT œuvre dans un environnement hautement compétitif. Le marché des services financiers connaît une expansion limitée en raison de la stabilité du bassin d'entreprises, de l'augmentation de la concurrence et du plafonnement des honoraires. Dans ce contexte, plusieurs grands cabinets d'experts-comptables ont décidé de diversifier leurs services et de fusionner avec d'anciens compétiteurs. La diversification et la fusion permettent aux cabinets d'offrir des services professionnels de très grande qualité à une clientèle de plus en plus exigeante et ouverte aux marchés internationaux.

BMCT est le fruit d'une fusion de deux cabinets d'experts-comptables. Au moment de la fusion, Brown Morrison est un cabinet d'envergure internationale spécialisé en vérification comptable. Il possède des bureaux dans la plupart des grandes villes canadiennes de même qu'à l'étranger. Sa clientèle est en majeure partie constituée de très grandes entreprises ayant besoin de services professionnels spécialisés. Côté Tremblay, quant à lui, est un petit cabinet employant 150 personnes et dont les 12 bureaux locaux sont concentrés dans les régions de Montréal, de Québec, de l'Outaouais et du Saguenay–Lac-Saint-Jean. Le siège social du cabinet, situé à Montréal, compte à lui seul cinq associés ainsi qu'une quarantaine d'employés assurant le travail technique et administratif. Les experts-comptables du cabinet conseillent les propriétaires de petites et moyennes entreprises (PME) sur des questions variées allant de la participation aux bénéfices au financement, de la planification successorale aux acquisitions, de la vérification comptable à l'implantation de systèmes informatiques.

Brown Morrison et Côté Tremblay ont fusionné il y a trois ans, mettant ainsi un terme aux négociations amorcées 14 mois auparavant. Plusieurs doutent alors de la réussite d'une telle fusion compte tenu des cultures différentes des cabinets. Mais les avantages financiers et concurrentiels que laisse entrevoir la fusion l'emportent finalement. La fusion permet à Côté Tremblay d'avoir accès à un réseau international. Le cabinet peut ainsi appuyer les clients désirant s'installer à l'étranger et offrir une gamme de services plus étendue. Quant à Brown Morrison, cette union lui permet de diversifier sa clientèle et d'acquérir une expertise reconnue auprès des PME québécoises en matière de services-conseils en informatique de même qu'en planification successorale et fiscale des sociétés fermées.

Chez Brown Morrison, l'organisation du travail est le fruit d'une longue tradition de gestion. Chacun des associés est responsable d'un certain nombre de « missions ». Chacune de ces missions est confiée à un chef de groupe chargé d'organiser le travail de façon que le budget et les délais accordés à la mission soient respectés. Le chef de groupe traite directement avec le client et distribue le travail aux stagiaires en vérification. Un chef d'équipe est

---

[4]. Cas rédigé par Line Courtemanche sous la direction de Sylvie St-Onge et mis à jour aux fins de ce livre. Reproduit avec permission de l'École des Hautes Études Commerciales.

chargé d'encadrer les membres de l'équipe, de superviser leur travail et de leur apporter l'aide nécessaire. L'encadrement des stagiaires y est très élevé étant donné que ces bureaux comptables font office d'école de formation.

Chez Côté Tremblay, l'organisation du travail est faite de façon à permettre aux associés de consacrer une partie importante de leur temps à la recherche de nouveaux clients. Aussi les chefs d'équipe (le cabinet ne compte pas de poste de chef de groupe) assument-ils de très grandes responsabilités. Ils sont généralement chargés de plus d'une mission (une mission principale et de plus petits dossiers). Le cabinet souhaite ainsi développer l'autonomie, le leadership et les habiletés techniques des chefs d'équipe. Les chefs d'équipe doivent choisir un superviseur et un certain nombre de stagiaires au début de chaque mission. Ils doivent présenter la mission et organiser le travail de manière à respecter le budget et les échéances fixés. Le superviseur d'une mission est chargé d'encadrer les membres de son équipe (stagiaires) et de répondre à leurs questions. Le cabinet cherche à offrir aux stagiaires l'occasion de travailler avec différentes personnes et à des dossiers variés. Contrairement aux autres bureaux, l'encadrement des stagiaires est réduit au strict minimum et ils disposent d'une très grande autonomie dans leur travail.

Lors de la fusion, les deux cabinets concluent une entente importante : la direction nationale de BMCT fixe les normes en matière de services professionnels, établit les lignes directrices en ce qui a trait à la gestion du cabinet, mais concède aux bureaux locaux une très grande autonomie quant à leur fonctionnement dans la mesure où ils se conforment aux normes établies. Les politiques de GRH sont élaborées par la direction nationale de BMCT et tous les bureaux du cabinet doivent s'assurer de leur compatibilité avec leurs propres pratiques de GRH. Cette entente permet à chacun des deux cabinets de profiter pleinement des avantages de la fusion tout en conservant leur culture et leur mode de fonctionnement respectifs.

En juin de l'année dernière, la direction de BMCT révise certaines politiques de GRH. M. Bouchard, associé principal du bureau de Montréal de Côté Tremblay, se rend alors compte qu'il doit revoir la politique de rémunération de son cabinet. Les augmentations salariales doivent dorénavant être accordées en fonction du rendement individuel des employés de façon à favoriser la motivation et la productivité des employés. M. Bouchard sait qu'un tel programme de rémunération doit s'appuyer sur un système adéquat d'évaluation du rendement. Or, le cabinet Côté Tremblay ne s'est jamais doté d'un système formel (c'est-à-dire écrit) d'évaluation du rendement ; les associés responsables d'une mission évaluent les membres de leur équipe selon les critères qu'ils jugent appropriés et au moment où ils le jugent opportun. Cette manière de procéder convient très bien à la majorité des associés, fort pris par leurs activités professionnelles et ayant donc peu de temps à perdre en paperasserie.

Comme les augmentations de salaire des employés sont accordées en novembre, le temps presse pour concevoir et implanter un système formel d'évaluation du rendement. M. Bouchard consulte à ce sujet Mme Samson, associée responsable de la GRH du bureau national de BMCT. Celle-ci lui parle du système d'évaluation du rendement utilisé par Brown Morrison depuis trois ans. Ce système très détaillé est très apprécié par les cadres.

Après avoir pris rapidement connaissance du système en question, M. Bouchard est convaincu de la nécessité d'élaborer un système particulier d'évaluation du rendement. Il est d'avis que le système utilisé par Brown Morrison ne convient pas aux besoins de son cabinet, l'organisation du travail différant trop d'un bureau à l'autre.

Bousculé par ses nombreuses responsabilités, M. Bouchard peut difficilement consacrer son énergie à la mise sur pied d'un système d'évaluation du rendement. Il demande donc à ses associés de lui donner un coup de main en lui faisant parvenir une liste d'indicateurs décrivant « l'employé idéal » pour leur cabinet. Les listes qu'on lui fournit lui permettent d'élaborer un formulaire d'évaluation du rendement pour la fin du mois de juillet. M. Bouchard veut tenir compte des recommandations de ses associés: le système d'évaluation du rendement doit être simple, utile et exiger des évaluateurs un minimum de temps et de paperasse à remplir. Il décide donc d'adopter un formulaire unique qui permet d'évaluer annuellement le rendement des chefs d'équipe, des superviseurs et des stagiaires. Le formulaire d'évaluation du rendement est censé fournir au cabinet l'information nécessaire à la gestion des promotions, à la formation et à la rémunération de ses employés par exemple; le montant des augmentations de salaire des employés devient fonction de leur cote globale de rendement.

Dans un premier temps, M. Bouchard décide de mettre le formulaire d'évaluation du rendement à l'essai auprès des stagiaires en comptabilité du bureau de Montréal. Il distribue le formulaire d'évaluation du rendement (figure 9.8) par courrier interne à chacun des chefs d'équipe. Dorénavant, ce seront eux et non plus les associés qui seront chargés d'évaluer le rendement de tous les membres de leur équipe. Le formulaire est accompagné d'une note de service (figure 9.9).

Deux semaines après le délai accordé à l'évaluation, M. Bouchard est surpris de constater que la plupart des formulaires qui ont été retournés sont incomplets. De plus, trois des chefs d'équipe n'ont pas encore retourné leurs formulaires d'évaluation. Il décide alors de réunir tous les chefs d'équipe.

Plusieurs commentaires exprimés au cours de la réunion indiquent que le formulaire d'évaluation du rendement présente de nombreuses lacunes. La plupart des chefs d'équipe jugent la tâche d'évaluer le rendement pénible et peu utile. Certains apprécient la latitude que leur offre le formulaire d'évaluation proposé alors que d'autres déplorent le peu de directives fournies pour les aider à mener à bien cette tâche. Pendant la réunion, les chefs d'équipe exposent les commentaires que leur ont fait de nombreux stagiaires. Il semble que ces derniers ne soient pas du tout satisfaits des résultats de leur évaluation. Beaucoup avouent n'avoir encore aucune idée de ce que le cabinet attend d'eux. Plusieurs jugent injuste d'avoir été évalués au début d'une mission par un chef d'équipe qu'ils ne connaissent pas ou encore avec qui ils ont peu travaillé. Enfin, plusieurs déplorent le fait qu'ils ne connaissent pas les critères sur lesquels ils sont évalués et que personne ne se soucie de leurs opinions à ce sujet.

M. Bouchard est surpris et inquiet des commentaires émis par les stagiaires. BMCT recrute les meilleurs étudiants des universités du Québec. Généralement, les stagiaires quittent le cabinet après la durée de leur stage pour travailler au sein d'entreprises privées (près de 90% d'entre eux). Ils sont les premiers à reconnaître l'excellence de la formation reçue chez BMCT. La qualité de ces stages permet d'ailleurs à BMCT de conserver les meilleurs candidats au sein du cabinet. Or, M. Bouchard craint que le mécontentement provoqué par le système d'évaluation du rendement ne fasse fuir ses meilleurs stagiaires.

À la lumière des résultats obtenus lors de la mise à l'essai du système d'évaluation du rendement, M. Bouchard décide de le réviser avant de l'utiliser auprès des superviseurs et des chefs d'équipe de son bureau. Dans ce but, il demande à quelques-uns de ses meilleurs stagiaires de bien vouloir l'aider en lui indiquant ce qui peut expliquer l'échec de son initiative.

Vous êtes l'un de ces heureux élus. Fort des connaissances que vous avez acquises dans votre cours de GRH, vous présentez un rapport qui relève les erreurs commises lors de la conception et de l'implantation du système d'évaluation du rendement. Votre rapport fait aussi état des lacunes du formulaire d'évaluation du rendement tout en suggérant les améliorations à y apporter.

QUESTIONS

1. Quelles erreurs ont été commises lors de la conception et de l'implantation du système d'évaluation du rendement des stagiaires? Justifiez votre réponse.

2. Quelles sont les lacunes du formulaire d'évaluation du rendement des stagiaires tant sur le plan de la forme que sur celui du contenu (critères, méthode, etc.)? Justifiez votre réponse.

FIGURE 9.8   **Formulaire d'évaluation du rendement**

Nom de l'employé :
Poste occupé :
Date de l'évaluation :

Directives :
L'évaluateur doit attribuer une cote (de 1 à 7) à l'évalué sur chacun des critères suivants. L'évaluateur doit tenir compte du poste occupé par l'employé, les attentes n'étant pas les mêmes pour un stagiaire, un superviseur ou un chef de groupe. S'il le juge nécessaire, l'évaluateur peut rencontrer l'employé afin de discuter de son rendement avant ou après l'évaluation.

Critères :   **Cote***

1. Respecte les politiques et les marches à suivre du cabinet   1 2 3 4 5 6 7
2. Manifeste un intérêt marqué pour son travail   1 2 3 4 5 6 7
3. Démontre de grandes habiletés techniques   1 2 3 4 5 6 7
4. Cherche constamment à améliorer la qualité de son travail   1 2 3 4 5 6 7
5. Fait preuve de jugement, de créativité et d'initiative   1 2 3 4 5 6 7
6. Respecte les délais fixés   1 2 3 4 5 6 7
7. Organise le travail de façon à respecter le budget accordé à la mission   1 2 3 4 5 6 7
8. Entretient d'excellentes relations avec les clients   1 2 3 4 5 6 7
9. A de la facilité à communiquer oralement et par écrit   1 2 3 4 5 6 7
10. Démontre de grandes habiletés interpersonnelles   1 2 3 4 5 6 7
11. Fait preuve de ponctualité et d'assiduité   1 2 3 4 5 6 7
12. Possède un grand sens des responsabilités   1 2 3 4 5 6 7
13. Démontre du leadership   1 2 3 4 5 6 7
14. S'engage activement au sein de la communauté   1 2 3 4 5 6 7

*   1. Pas du tout   2. Rarement   3. Parfois   4. Moyennement   5. Assez souvent
     6. Généralement   7. Beaucoup.

FIGURE 9.9   **Note de service**

Destinataire :   Tous les chefs d'équipe

Expéditeur :   Georges Bouchard, associé responsable du personnel

Date :   27 juillet

Objet :   Évaluation du rendement des stagiaires en vérification

Vous trouverez ci-joint le formulaire d'évaluation du rendement qui sera dorénavant utilisé par le cabinet. Ce formulaire servira à évaluer annuellement le rendement des stagiaires, des superviseurs et des chefs d'équipe.

    Dans un premier temps, le cabinet fera l'essai du formulaire dans l'évaluation des stagiaires du bureau de Montréal. Par conséquent, le cabinet demande à chacun des chefs d'équipe, responsable d'une mission, d'évaluer tous les stagiaires de son équipe.

    Vous êtes priés de remplir le formulaire ci-joint et de me le faire parvenir avant le 20 août.

    Je vous remercie de votre collaboration.

p.j.   formulaire d'évaluation du rendement des employés

CHAPITRE 10

Reconnaître le rendement au travail

OBJECTIFS D'APPRENTISSAGE

Après l'étude de ce chapitre, le lecteur devrait être plus apte à:

- Comprendre l'importance de la reconnaissance du rendement au travail.
- Comprendre les avantages, les limites et les similarités de l'approche axée sur la récompense et de l'approche axée sur le contrôle.
- Constater la multiplicité des formes de reconnaissance qu'on peut utiliser pour récompenser les réalisations au travail.
- Connaître les divers régimes de rémunération variable.
- Décrire les principales conditions de succès des programmes de récompenses non monétaires et des régimes de rémunération variable.

MISE EN SITUATION

Le programme de récompenses de Technologies industrielles SNC inc.[1]

En 1986, le Groupe SNC-Lavalin inc., la plus grande firme d'ingénierie au Canada, acquiert Les Arsenaux Canadiens, une société d'État. Cette filiale — dont le nom est changé pour Les Technologies industrielles SNC inc. — conçoit et fabrique des produits de défense surtout pour les marchés militaire, paramilitaire et industriel du Canada, des États-Unis et de l'Europe. Son principal client est le ministère de la Défense nationale du Canada dont elle est d'ailleurs le fournisseur privilégié jusqu'en 2006. L'entreprise compte deux usines au Québec, l'une située à Le Gardeur et l'autre à Saint-Augustin. Elle compte environ 650 employés, la plupart syndiqués. Puisque l'acquisition de l'entreprise par le Groupe SNC-Lavalin n'entraîne pas de changement immédiat dans l'équipe de direction, le style de gestion reste d'abord plutôt bureaucratique et autocratique. En 1989, l'arrivée de nouveaux dirigeants remet toutefois en question ce statu quo. Dès 1990, ces derniers effectuent une véritable volte-face stratégique.

Afin que tous les employés orientent davantage leurs efforts vers un idéal commun, la nouvelle équipe de direction clarifie la mission de Technologies industrielles SNC comme suit: demeurer un chef de file dans la conception et la fabrication de munitions classiques et d'entraînement, et dans la prestation de services connexes. Les nouveaux dirigeants définissent aussi les cinq valeurs qu'ils prôneront dorénavant, soit le respect, la qualité, le travail en équipe, l'innovation et l'efficacité. Enfin, ils adoptent une politique de la qualité pour faire valoir aux employés l'importance de la recherche de l'excellence dans la réalisation des activités. En fait, ces dernières mesures forment la pierre angulaire d'une nouvelle philosophie de gestion orientée vers la mobilisation des employés. L'énoncé de mission de l'entreprise, ses valeurs et sa politique de la qualité sont affichés bien en vue à l'entrée des bureaux administratifs de chaque usine (annexe).

La gestion des ressources humaines

Dès 1990, la nouvelle équipe de direction procède à un remaniement de ses politiques et de ses activités en matière de GRH. La réforme s'appuie sur une décentralisation des activités et une responsabilisation accrue des cadres hiérarchiques. Conséquence de cette réorientation, le personnel du service des ressources humaines de l'usine de Le Gardeur est ramené au début de la décennie de 10 à 3 employés, soit un directeur, un conseiller et un agent de bureau. Le service des ressources humaines se voit confier trois grandes responsabilités: faire en sorte que ses clients soient «enchantés», c'est-à-dire que les services dépassent tellement leurs attentes qu'ils les recommandent à leur entourage; déceler les situations où il doit intervenir plutôt qu'attendre que les employés lui signalent les problèmes; promouvoir des activités de gestion compatibles avec les cinq valeurs de l'entreprise.

En somme, le service des ressources humaines doit dorénavant exercer un rôle stratégique qui consiste à prévoir les changements, faire la planification en vue de relever les défis qui en découlent et concevoir les activités de GRH de manière qu'elles aident l'entreprise à atteindre ses objectifs. Dans cette perspective, plusieurs changements ont été apportés à diverses activités de gestion du personnel, dont les suivants.

Un groupe de travail est mis sur pied par le service des ressources humaines en 1990 afin d'élaborer

---

1. Mise en situation rédigée en collaboration avec Patrice Bourgeois. Nous remercions M. Claude Daigneault, vice-président, ventes nationales et administration, de sa précieuse aide dans la rédaction de ce texte. Reproduit avec permission de l'École des Hautes Études Commerciales de Montréal.

un programme d'**accueil**. Ce programme doit faire en sorte que les nouveaux employés se sentent rapidement membres à part entière de l'entreprise, un objectif qui favorise l'esprit d'équipe. Ce groupe de travail — composé de sept employés qui se réunissent toutes les deux semaines pendant quelques mois — propose un programme d'accueil s'étendant sur une période d'une semaine. Selon le programme, tout nouvel employé, quel que soit son niveau hiérarchique, doit rencontrer le président et chacun des vice-présidents de l'entreprise. À chacune de ces rencontres, le cadre supérieur doit faire connaître ses objectifs et expliquer ses propres responsabilités au nouvel employé. Le nouvel employé doit aussi être présenté aux membres de son service et des services avoisinants. En outre, le directeur de son service doit lui transmettre une foule de renseignements préétablis et d'ordre général sur l'entreprise. Une courte vidéo traitant de l'historique, de la mission et des valeurs de l'entreprise lui est aussi présentée. Enfin, une photographie du nouvel employé, précisant son nom et le titre de son poste, est affichée à l'entrée de l'entreprise pendant quelque temps.

Le processus de **sélection** des employés est aussi révisé. Souvent, les candidats passent six ou sept entrevues avec des cadres de différents niveaux hiérarchiques. Un candidat n'est pas retenu si un seul d'entre eux exprime des doutes sérieux sur ses compétences ou s'il estime qu'il n'a pas les attributs personnels nécessaires pour s'intégrer dans l'organisation. Ce processus de sélection s'accorde avec la politique de l'entreprise axée notamment sur la recherche de l'excellence et sur l'esprit d'équipe.

Depuis 1990, les employés reçoivent, en moyenne, quatre jours de **formation** par année alors que la moyenne nationale est d'une journée. Cette politique de la formation continue fait ressortir l'importance de l'engagement individuel dans le travail et incite à l'excellence en favorisant la qualité, l'innovation et l'efficacité.

LA RECONNAISSANCE DES EMPLOYÉS

L'entreprise instaure en 1992 un programme officiel de récompenses, consigné par écrit, qui vise à reconnaître les efforts et les réalisations des employés tant sur le plan individuel que sur le plan collectif. Dès sa mise en place, ce programme comporte sept formes de récompenses: la reconnaissance personnelle, le dîner en tête-à-tête, la contribution spéciale, le prix d'excellence du président, le dîner des méritants, la reconnaissance de groupe et la récompense de groupe.

La **Reconnaissance personnelle** est un prix accordé à l'employé:
a) qui a contribué de façon particulière au respect d'une date limite importante en faisant preuve d'une initiative peu commune;
b) ou qui a réalisé d'une façon exceptionnelle un projet particulier dans le cadre de ses fonctions;
c) ou qui a contribué à améliorer l'esprit d'équipe ou le climat de travail au sein de l'entreprise.

Ce prix prend la forme d'une lettre de remerciement que le supérieur immédiat écrit et remet à l'employé de façon confidentielle. Une copie de la lettre est acheminée au service des ressources humaines pour qu'on la verse au dossier de l'employé. La récompense est accordée par un gestionnaire, suivant un pouvoir discrétionnaire, mais doit être autorisée par le Comité d'approbation du programme de récompenses (CAPR). Le CAPR est composé de quatre directeurs: le directeur des ressources humaines de chaque usine, un directeur représentant le secteur de la production et un autre représentant le secteur des bureaux. Chaque année, environ 15% des employés de l'entreprise devraient recevoir cette forme de récompense.

Le **Dîner en tête-à-tête** est un prix accordé à un employé:
a) qui a dû être très disponible au travail pour respecter des contraintes de temps (par exemple en faisant beaucoup d'heures supplémentaires, en reportant des vacances, en travaillant durant les jours fériés) et que cela a eu des répercussions sur sa famille ou sa vie personnelle;
b) ou qui s'est distingué par l'exécution d'un projet qui dépasse le cadre de ses attributions;
c) ou qui s'est démarqué dans l'exercice de ses fonctions;
d) ou qui a pris une initiative qui s'est révélée des plus profitables;
e) ou qui a maintenu dans son travail un haut niveau de qualité et fourni un rendement soutenu pendant une période prolongée.

Ce prix revêt la forme d'une lettre de remerciement que le supérieur immédiat écrit et remet à l'employé en mains propres accompagnée d'un bon d'une valeur de 150$ dans un restaurant donné. Une copie de cette lettre est acheminée au service des ressources humaines pour qu'on la verse au dossier de l'employé. Cette récompense est accordée par un gestionnaire, mais doit être approuvée par son directeur et autorisée par le CAPR. Environ 10% des employés de l'entreprise devraient recevoir ce prix chaque année.

La **Contribution spéciale** est un prix accordé à un employé:

a) qui s'est distingué dans une tâche qui n'est pas liée à son travail habituel;

b) ou qui s'est acquitté avec une grande compétence d'un mandat dont il avait la responsabilité et qui avait une importance particulière pour l'entreprise;

c) ou qui a pris une initiative ou proposé une idée qui a amené une réduction importante du temps de travail ou des coûts ou encore une nette amélioration dans le milieu de travail.

En somme, ce prix vise à récompenser de façon tangible les employés qui ont réalisé un projet exceptionnel ou apporté une contribution de premier plan à un événement important. Il est généralement accordé à un employé qui présente un rendement supérieur dans ses responsabilités de base. Ce prix ne doit pas être vu comme un substitut des promotions, des augmentations de salaire ou d'autres récompenses que l'employé n'a pas reçues. Il prend la forme d'une lettre de remerciement explicative que le supérieur immédiat remet à l'employé en mains propres avec un montant forfaitaire et un cadeau qui varient selon le nombre de fois qu'il a reçu le prix jusqu'à ce jour: la première fois, il s'agit d'un montant de 300$ (imposable) et d'un certificat de reconnaissance; la deuxième fois, on lui remet un montant de 400$ (imposable), un stylo et un certificat de reconnaissance; la troisième fois et les fois suivantes, un montant de 500$ (imposable), une épinglette d'excellence en or et un certificat de reconnaissance. De plus, les lauréats de ce prix sont invités au dîner annuel du Programme de récompenses offert par l'entreprise. Une copie de la lettre de remerciement est acheminée au service des ressources humaines pour qu'on la verse au dossier de l'employé. Cette récompense est accordée par un gestionnaire, mais doit être approuvée par son directeur et autorisée par le CAPR. Environ 5% des employés de l'entreprise devraient recevoir cette forme de récompense chaque année.

Le **Prix d'excellence du président** vise à souligner la contribution individuelle ou collective des employés:

a) qui ont offert sur une longue période des services d'une qualité supérieure ayant mené à une efficacité accrue;

b) qui ont permis un rendement soutenu qui dépasse considérablement les exigences de leur emploi;

c) ou qui ont fourni un rendement ayant eu des répercussions importantes pour l'entreprise.

En somme, ce prix vise à récompenser les employés dont le rendement est supérieur et constant ou dont la contribution exceptionnelle mérite une marque tangible de reconnaissance. Les lauréats ne doivent pas recevoir un tel prix pour des réalisations simples ou habituelles. Encore ici, ce prix ne doit pas être géré comme un substitut des promotions, des augmentations de salaire ou d'autres récompenses que n'a pas reçues l'employé. Cette récompense est remise aux employés par le président ou un vice-président de l'entreprise au cours d'une réunion du comité de gestion. On motive alors le choix des lauréats et on remet à ces derniers, en plus d'une lettre de remerciement et d'un certificat de reconnaissance, un prix qui est fonction du nombre de fois que ce prix leur a été attribué: la première fois, il donne droit à un montant de 1500$ (imposable) et un stylo gravé; la deuxième fois, à un montant de 3000$ (imposable); la troisième fois et les fois suivantes, à un montant de 5000$ (imposable) et une épinglette d'excellence en or. Si une équipe de trois employés, par exemple, reçoit ce prix pour la première fois, ils se le partagent également, ce qui leur donne 500$ à chacun. Environ 1% des employés admissibles devraient recevoir cette récompense chaque année. Les lauréats de ce prix sont aussi invités au dîner annuel du Programme de récompenses de l'entreprise. Une copie de la lettre de remerciement est acheminée au service des ressources humaines pour qu'on la verse au dossier de l'employé. Cette récompense est accordée par un gestionnaire, mais doit être approuvée par son directeur, autorisée par le CAPR et approuvée par le comité de la haute direction.

Le **Dîner des méritants** accueille les lauréats du prix pour une contribution spéciale et du prix d'excellence du président. À cette soirée annuelle, un invité de marque (Sylvie Bernier, par exemple) fait un exposé sur les moyens qu'il a pris pour devenir un « champion » ou pour atteindre l'excellence dans son travail.

La **Reconnaissance de groupe** est un prix qui vise à récompenser un groupe d'employés qui a fourni un rendement exceptionnel ou qui a largement contribué à une réussite. En plus de recevoir chacun une lettre de remerciement qui sera versée à leur dossier, les membres du groupe sont conviés à un dîner en compagnie de leur directeur de service et d'un représentant de la direction. Une photographie du groupe y est prise ; elle sera laminée et remise à chacun des membres. Tout groupe lauréat doit être approuvé par le CAPR.

La **Récompense de groupe** est un prix qui vise à récompenser le rendement supérieur ou exceptionnel d'un groupe dont les efforts se sont traduits par une forte hausse de la productivité (par exemple une réduction du temps de travail et des coûts). En plus de recevoir une lettre de remerciement qui sera annexée à leur dossier, les membres sont conviés à un dîner — où leur directeur de service et un représentant de la direction seront présents — pendant lequel un montant représentant environ 10 % des gains réalisés sera partagé également entre les membres, jusqu'à concurrence de 500 $. Une photographie du groupe y est prise ; elle sera laminée et remise à chacun des membres. Encore ici, tout groupe lauréat doit être approuvé par le CAPR.

Il est important de noter que toutes les récompenses doivent être proposées par le directeur immédiat de l'employé, soit de sa propre initiative ou à la suite d'une recommandation reçue d'un autre employé de l'entreprise.

Outre ces multiples formes de récompenses officielles, les dirigeants encouragent leur personnel d'encadrement à témoigner leur reconnaissance de manière officieuse (informelle). Les directeurs de service sont incités, par exemple, à remettre le relevé salarial de leurs subordonnés en mains propres et à profiter de l'occasion pour les remercier et leur manifester de l'intérêt. Par ailleurs, mentionnons que la direction souligne également l'ancienneté des employés au sein de l'entreprise. Après 5 et 10 ans de services, les employés reçoivent une épinglette ; après 15 ans, une journée de congé ; après 20 ans, un cadeau et après 25 ans, une montre-bracelet.

LES CHANGEMENTS APPORTÉS EN 1996

Bien que le programme de récompenses soit apprécié par les employés, un groupe de travail a été constitué en 1996 pour faire le suivi de certaines plaintes et optimiser l'efficacité du programme. La direction estime d'ailleurs qu'il est essentiel de revoir tous les deux ou trois ans le programme de récompenses. À l'automne 1996, trois changements importants ont été apportés.

Le prix Reconnaissance personnelle ne se limite plus à une lettre de remerciement ; il est accompagné d'un bon-cadeau de 75 $ imposable.

Le prix Dîner en tête-à-tête donne maintenant droit, en plus de la lettre de remerciement du supérieur immédiat, à un montant forfaitaire de 200 $ imposable au lieu d'un bon de restaurant de 150 $. En outre, on ne retient plus que le critère a du programme original.

Le prix Reconnaissance de groupe a été remplacé par le **Programme de partage des gains**. Ce régime collectif de rémunération variable accorde des primes annuelles dont le montant est fonction de deux indices collectifs annuels, l'un mesurant l'augmentation de la productivité dans la fabrication, l'autre l'assiduité individuelle au travail. Le Programme de partage des gains vise essentiellement quatre objectifs : reconnaître et récompenser les efforts, valoriser le travail des employés, mettre l'accent sur deux indicateurs de rendement, soit l'efficacité et l'assiduité, et favoriser une situation qui profite tant à la direction qu'aux employés.

Le Programme de partage des gains s'adresse aux employés des deux usines (Le Gardeur et Saint-Augustin), notamment aux employés syndiqués, aux employés non syndiqués admissibles aux heures supplémentaires et aux employés temporaires comptant au moins trois mois de travail au cours de l'année de référence (la prime est alors calculée au prorata des mois). La direction tient à ce que ce régime respecte trois grands principes: il doit être simple à comprendre et à gérer, il doit s'appuyer sur des indicateurs mesurables et il doit rapporter (ou payer) sans égard aux bénéfices d'exploitation lorsque les objectifs annuels ont été atteints. Ainsi, pour la première année du programme, les économies réalisées grâce à l'amélioration de la productivité sont partagées entre les employés admissibles, soit 100 000 $ pour chaque 1 % de gain de productivité. La prime de chaque employé admissible est aussi fonction de l'amélioration d'un indice d'absentéisme moyen, soit 60 000 $ pour chaque jour moyen d'absence réduit. L'absentéisme est défini comme toute absence du travail pendant plus de six mois pour cause de maladie, d'accident ou de retard. Ainsi, l'employé reçoit une prime proportionnelle à son absentéisme: celui dont le nombre d'absences dans l'année est inférieur à la moyenne de l'industrie reçoit une prime plus élevée que celui dont le nombre d'absences y est égal ou supérieur. Chaque année, l'équipe de génie industriel doit réviser les normes de productivité, le service de la planification et de la gestion du matériel doit calculer les résultats sur la productivité et le service des ressources humaines doit compiler les statistiques pour définir un indice d'assiduité au travail. À la fin de chaque année, le secteur des finances, secondé par le service des ressources humaines, doit procéder aux calculs des primes des employés. Les primes doivent être déposées dans le compte bancaire des employés au début du mois de février de chaque année.

Selon les dirigeants, le programme de partage des gains fait ressortir l'une des valeurs qu'ils préconisent, soit l'efficacité, parce qu'il fixe l'attention collective sur la productivité et fait porter les efforts individuels sur l'absentéisme, un indicateur où il y a matière à amélioration et sur lequel chaque employé exerce un contrôle. Si, au cours des années à venir, on vise des améliorations de nature différente, la prime pourrait alors être fonction d'autres facteurs de succès.

LE SONDAGE ANNUEL SUR LA SATISFACTION DES EMPLOYÉS

Chaque année depuis 1992, les employés sont invités à participer, de façon confidentielle et anonyme, à un sondage sur la satisfaction au travail. Ce sondage annuel représente un précieux instrument de communication. En effet, chaque directeur de service doit communiquer les résultats de l'enquête à ses employés, leur demander des suggestions et leur présenter un plan d'action qui porte sur les facteurs causant de l'insatisfaction. Cette enquête annuelle s'avère aussi un bon outil d'amélioration continue. Ainsi, chaque directeur de service doit rencontrer le président et le vice-président responsable de la GRH pour leur donner des précisions sur les résultats obtenus et leur proposer un plan d'action, qu'ils doivent dès lors mettre en œuvre et mener à terme.

Depuis 1992, les sondages annuels indiquent que la satisfaction des employés s'est accrue. Selon la direction de Technologies industrielles SNC, il est essentiel que la contribution des employés au succès de l'entreprise soit reconnue de façon officielle et officieuse pour maintenir un bon taux de satisfaction. Les dirigeants sont d'avis que cette dimension de la GRH est probablement celle qui contribue le plus à la satisfaction et à la motivation de leurs employés.

QUESTIONS

1. Pourquoi le programme de récompenses de Technologies industrielles SNC est-il un succès si l'on se fie aux résultats des sondages sur la satisfaction des employés? Justifiez votre réponse en traitant des principaux éléments de ce programme de récompenses et de son intégration à l'approche globale de GRH de cette entreprise.

2. D'après vous, quelles raisons pourraient expliquer les modifications apportées en 1996 au programme de récompenses?

ANNEXE
Les Technologies industrielles SNC inc.

Notre mission	Nos valeurs	Politique de la qualité
Les Technologies industrielles SNC inc. s'engagent à contribuer au succès de leurs clients, en demeurant un chef de file dans la conception et la fabrication de munitions classiques et d'entraînement, et dans la prestation de services connexes. L'entreprise s'engage aussi à exploiter au maximum ses compétences dans les domaines reliés à son savoir-faire et aux technologies qu'elle maîtrise. Les Technologies industrielles SNC inc. s'engagent à maintenir et à accroître leur rôle de partenaire pour satisfaire les besoins du ministère de la Défense nationale et à accroître leurs revenus sur des marchés cibles internationaux. Nous réaliserons notre mission en répondant aux exigences de nos clients, en présentant un rendement financier supérieur à nos actionnaires et en prenant en considération les besoins de nos employés et leur contribution.	*Respect* de nos clients, de nos employés et de l'environnement *Qualité :* excellence dans tout ce que nous entreprenons *Travail en équipe :* ensemble et soucieux de l'incidence de nos décisions sur les autres membres *Innovation* pour distancer la concurrence *Efficacité* par l'amélioration continue	Assurer la **satisfaction** de nos clients externes et internes par la **prévention**, ainsi que par la **maîtrise** et l'**amélioration continue** de toutes nos activités

Introduction

Une préoccupation majeure des dirigeants d'entreprise consiste à améliorer la productivité. Pour atteindre ce but, un important levier de mobilisation des employés, la récompense, est ou trop peu utilisé ou mal utilisé. Ce chapitre vise à rendre conscients les dirigeants et les cadres (présents et futurs) qu'il est important de bien relever cet autre défi de la GRH qui est de reconnaître ou de récompenser le rendement des employés. Aux fins de ce chapitre, les termes « reconnaissance » et « récompense » seront employés comme synonymes. Toutefois, il convient d'observer que plusieurs entreprises entendent par « reconnaissance » les modes de récompense autres que ceux liés à la rémunération (les concours, les mentions honorifiques, les remerciements, etc.).

Dans ce chapitre, nous expliquerons comment l'approche axée sur la récompense peut agir comme catalyseur du rendement. Nous présenterons l'ensemble des formes de reconnaissance que les dirigeants d'entreprise et les gestionnaires peuvent accorder à leurs employés. Puis, nous décrirons les divers régimes de rémunération variable qu'on peut implanter pour récompenser le rendement individuel, de groupe ou collectif. Finalement, nous insisterons sur certaines conditions de succès qui doivent être prises en considération dans la gestion de systèmes de récompenses.

10.1 L'importance de la reconnaissance du rendement

Selon la théorie des attentes (Vroom, 1964) et la théorie des objectifs (Locke et autres, 1981), les employés ne sont pas foncièrement paresseux ni foncièrement zélés au travail. Ce sont des preneurs de décisions souvent plus rationnels qu'on ne serait porté à le croire. La figure 10.1 illustre un processus décisionnel susceptible d'influencer la motivation des employés à améliorer leur rendement.

Selon la **théorie des attentes**, les employés sont motivés à améliorer leur rendement dans la mesure où ils ont l'impression que leurs efforts ont un effet sur leur rendement, qu'il existe un lien entre leur rendement et les récompenses (ou encore entre le non-rendement et les punitions), et que les récompenses (ou les punitions) qu'ils obtiennent sont significatives à leurs yeux.

Selon la **théorie des objectifs** (ou **des buts**), les employés sont motivés à améliorer leur rendement dans la mesure où ils ont des objectifs de rendement adéquats (clairs, réalistes, mesurables) et où l'on associe la réalisation

FIGURE 10.1 Les conditions nécessaires pour qu'un programme de récompenses motive les employés à améliorer leur rendement

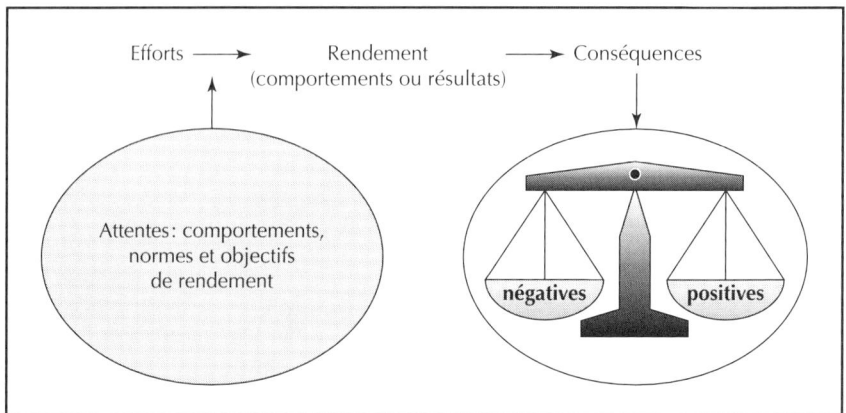

de ceux-ci à des récompenses. En ce sens, les systèmes de récompenses peuvent inciter les employés à orienter leurs efforts vers la réalisation d'objectifs de rendement tant individuels qu'organisationnels.

Les attitudes et les comportements au travail des employés résulteraient donc en partie d'analyses coûts-bénéfices plus ou moins conscientes. Ainsi, un taux d'absentéisme élevé peut indiquer que les employés voient (à tort ou à raison) plus d'avantages dans le fait de s'absenter de leur travail que dans le fait d'y être assidus. Rattacher plus d'avantages (ou de récompenses) au fait de se présenter au travail ou plus d'inconvénients (ou de punitions) à celui de s'absenter du travail, ou les deux à la fois, peut contribuer à réduire le problème de l'absentéisme.

10.1.1 Préférer la récompense à la punition

La plupart des cadres disent privilégier la voie de la récompense dans la gestion quotidienne de leurs subordonnés. Toutefois, lorsqu'on regarde de plus près leurs gestes, on constate qu'ils utilisent souvent la punition. La figure 10.2 illustre l'incidence de la culture d'entreprise axée, d'une part, sur la punition et, d'autre part, sur la récompense.

FIGURE 10.2 Les effets sur la motivation et la contribution au travail des approches axées sur la punition et sur la récompense: une représentation schématique

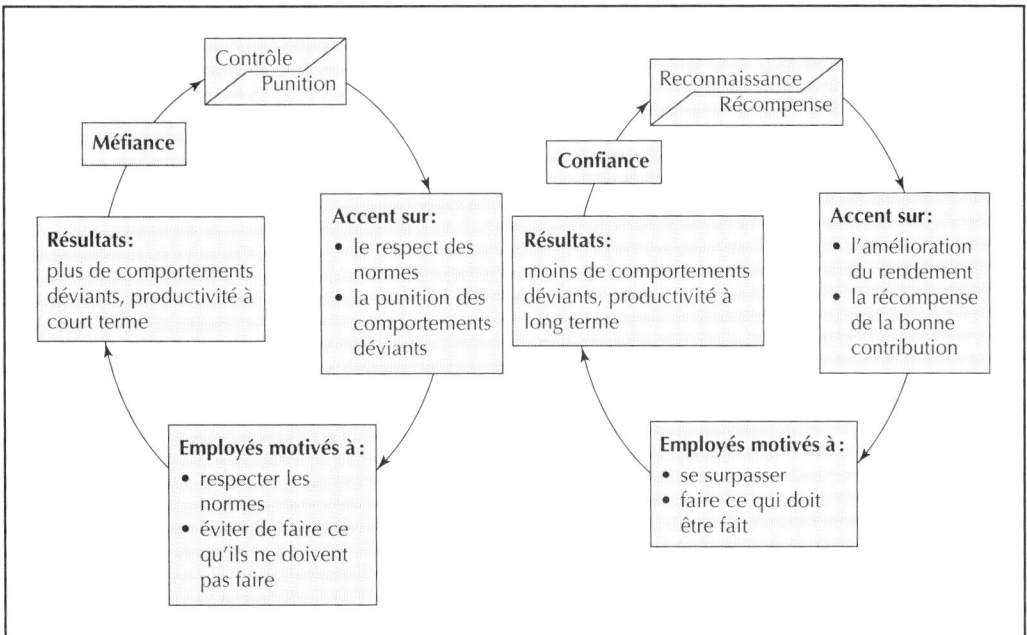

L'approche axée sur la punition est préférée par les cadres parce qu'elle leur donne l'illusion de maîtriser davantage une situation, qu'elle correspond à l'image traditionnelle du patron et qu'elle s'avère souvent efficace à court terme. Toutefois, à long terme, l'approche punitive entretient un climat de méfiance où les superviseurs et les dirigeants perçoivent les employés comme étant irresponsables et paresseux, et où les employés se sentent exploités par leur superviseur et les dirigeants d'entreprise. Par ailleurs, en mettant l'accent sur les normes minimales à respecter et sur ce qui ne doit pas être fait, les punitions risquent de motiver les employés à faire le minimum ou à éviter d'avoir un mauvais rendement!

L'approche axée sur la récompense est utilisée moins fréquemment parce qu'elle exige, contrairement à ce qu'on pourrait être porté à croire, de bien meilleurs cadres que l'approche axée sur la punition. En effet, les punitions sont associées à des normes minimales généralement bien définies et appuyées par la hiérarchie, alors que les récompenses sont associées à la réalisation d'objectifs que les cadres doivent définir et justifier, et ce d'autant plus que celles-ci sont convoitées et donc susceptibles de faire des envieux parmi les employés. Il faut que les cadres traitent de façon différenciée leurs subordonnés, qu'ils justifient l'octroi de récompenses et qu'ils fassent face aux subordonnés mécontents de leurs décisions. En effet, lorsque des personnes ne reçoivent pas la récompense qu'elles s'attendaient à obtenir pour une raison quelconque, elles tendent à percevoir cela comme une punition. Il revient alors au superviseur de remettre les choses en perspective.

Les dirigeants d'entreprise et les cadres sont également moins portés à recourir à l'approche axée sur la récompense parce qu'ils sont peu sensibilisés à ses effets positifs. Comme cette approche indique aux employés ce qu'ils doivent viser, elle les motive à se dépasser ou, encore, à faire ce qui devrait être fait. Il faut se rappeler que nous améliorons nos chances d'obtenir ce que nous désirons si nous y rattachons certaines récompenses. Par exemple, les employés sont plus susceptibles d'être créatifs, engagés, flexibles ou coopérants lorsque le mode de gestion de leur entreprise reconnaît la créativité, l'engagement, la flexibilité et l'esprit d'équipe. En somme, l'approche axée sur la récompense favorise un climat de confiance où les superviseurs et les dirigeants perçoivent les employés comme étant responsables et désireux de faire des efforts, et où les employés ont une impression favorable de leur superviseur et de la direction.

10.1.2 N'abuser ni des récompenses ni des punitions

La dichotomie punitions-récompenses peut certes sembler simpliste (et elle l'est sûrement!) lorsqu'il s'agit de comprendre une attitude complexe comme la motivation au travail. L'objectif de ce chapitre est plutôt d'amener les cadres et les dirigeants à recourir davantage aux récompenses qu'aux punitions dans la supervision quotidienne des employés. La prémisse est la suivante: moins le rendement (les compétences, la loyauté, l'assiduité, la qualité, etc.) est reconnu et récompensé, moins les employés sont motivés à se dépasser[2]. Toutefois, il est important de se rappeler que les punitions s'avèrent dans certains cas nécessaires pour guider l'action des employés et intervenir auprès des employés difficiles.

Par ailleurs, tant l'abus des punitions que celui des récompenses sont nuisibles parce qu'ils correspondent à une forme de manipulation et de contrôle des employés. D'une part, le recours excessif aux punitions motive les employés à faire juste ce qu'il faut pour éviter celles-ci et à attribuer la cause de toutes leurs actions à leur peur d'être punis. Par ailleurs, l'accent mis sur les punitions amène les employés à adopter divers comportements qui, bien qu'efficaces à court terme, s'avèrent souvent improductifs à long terme. À titre d'exemple, pensons aux employés qui, pour respecter les normes, manipulent les données de production, privilégient la quantité au détriment de la qualité ou adoptent des méthodes de travail plus rapides mais plus risquées. L'approche punitive suscite également un climat de méfiance entre les dirigeants et les employés, lequel favorise justement ce que le contrôle vise à prévenir: la négligence dans le travail. En somme, plus on insiste sur les punitions, plus les employés réduisent leur engagement en cherchant à contourner le système, et plus on doit multiplier les modes de contrôle pour s'assurer que leurs comportements et leurs résultats resteront à peine satisfaisants. C'est le cercle vicieux des punitions.

D'autre part, le recours excessif aux récompenses incite les employés à faire juste ce qu'il faut pour recevoir les récompenses et à attribuer la cause de toutes leurs actions aux récompenses. Le recours abusif aux récompenses peut aussi amener les employés à adopter divers comportements qui, bien qu'ils permettent d'obtenir une récompense, peuvent s'avérer improductifs à long terme. Comme dans le cas du recours excessif aux punitions, les employés, pour obtenir une prime, peuvent être tentés de manipuler les données de production, de faire passer la quantité avant la qualité ou d'adopter des méthodes de travail plus rapides mais plus risquées. En somme, si l'on insiste trop sur les récompenses tangibles (argent, primes, etc.), les employés risquent de s'engager seulement dans ce qui leur rapportera un bénéfice et de négliger les composantes de leur travail qui ne sont ni mesurées ni récompensées (comme la créativité ou la disponibilité).

---

2. Cette prémisse est à la base du récent livre de Jerry L. McAdams (1996) intitulé *The Reward Plan Advantage*.

Aussi, un accent excessif mis sur la rémunération peut réduire la motivation intrinsèque des personnes, c'est-à-dire l'incitation à faire des choses pour la satisfaction qu'elles procurent en soi (Deci et Ryan, 1985). On doit alors faire appel à d'autres récompenses pour amener les personnes à faire d'autres choses. C'est le cercle vicieux des récompenses[3].

En résumé, il apparaît comme important que les dirigeants et les cadres adoptent davantage l'approche axée sur la récompense que l'approche axée sur la punition. L'approche axée sur la récompense n'est toutefois pas une panacée; elle peut même engendrer des problèmes sérieux si elle est mal gérée, les récompenses tangibles pouvant être bénéfiques ou nuisibles selon la manière dont elles sont gérées.

Pour être bénéfiques, les récompenses doivent être considérées comme des outils d'information (communication des normes à atteindre) et de rétroaction (sur le rendement passé) qui contribuent à augmenter l'impression de contrôle et de compétence des employés, un préalable de leur motivation au travail à long terme.

La conclusion de Gomez-Mejia et Balkin (1992), selon laquelle les conséquences perverses associées à la présence de récompenses sont probablement moins importantes que celles qu'entraîne leur absence (comme ils le disent, « elles sont un moindre mal »), nous paraît la plus adéquate. Ne pas accorder de récompenses ou encore les accorder en fonction d'autres critères que le rendement — comme l'ancienneté et les résultats à des tests de connaissances — est symptomatique: cela crée une culture peu orientée vers le rendement qui attire et retient non pas les employés les plus performants, mais ceux qui ont le plus d'expérience et de connaissances.

10.2 Les formes de reconnaissance

S'ils veulent créer un climat favorable ou tout au moins non préjudiciable au rendement, les dirigeants et les cadres doivent le célébrer, le reconnaître ou cesser de le considérer comme un dû. Le tableau 10.1 illustre sept formes de récompenses, soit la communication, les comportements, les symboles honorifiques, la visibilité, les biens et les services, les conditions de travail et la rémunération. Dans cette section, nous décrirons les six premières formes de récompenses, alors que dans la prochaine section nous examinerons la septième forme de récompense, soit la rémunération variable. Avant de présenter ces différentes formes de reconnaissance non

---

3. Kohn (1993) traite de ce risque dans son livre intitulé *Punished by Rewards*.

pécuniaire, il est important de noter qu'elles sont souvent utilisées et gérées simultanément. L'utilisation de plusieurs de ces formes de récompenses sur une base continue et simultanée est d'ailleurs recommandée.

TABLEAU 10.1 Les diverses formes de récompenses

---

1. **Communication**
   Communiquer notre reconnaissance
   - Oralement (par exemple, téléphone, face à face)
   - Par écrit (par exemple, lettre, note, carte de souhaits)
   - Par des gestes (par exemple, poignée de main, tape dans le dos)

2. **Comportements**
   Montrer notre reconnaissance
   - Aider
   - Approuver
   - Appuyer
   - Défendre
   - Consulter
   - Inviter
   - Écouter
   - Respecter
   - Sourire
   - Donner une rétroaction *(coaching)*
   - Faire du parrainage *(mentoring)*
   - Etc.

3. **Symboles honorifiques**
   Symboliser notre reconnaissance
   - Trophées
   - Certificats
   - Activités sociales
   - Ameublement et aménagement des bureaux
   - Cérémonie ou gala d'excellence
   - Etc.

4. **Visibilité**
   Rendre visible le rendement
   - Féliciter l'employé devant ses pairs
   - Souligner la contribution lors des réunions
   - Mettre la contribution à l'ordre du jour d'une réunion
   - Joindre une lettre de reconnaissance au dossier
   - Communiquer le rendement dans le journal d'entreprise
   - Afficher le rendement sur des tableaux
   - Etc.

5. **Biens et services**
   Rattacher des récompenses matérielles au rendement
   - Voyages
   - Cadeaux (par exemple, montres, chandails, bijoux)
   - Billets et abonnements (par exemple, clubs sportifs, théâtre)
   - Bons de repas dans des restaurants
   - Accumulation de points permettant de se procurer des biens
   - Etc.

TABLEAU 10.1 Les diverses formes de récompenses (suite)

6. **Conditions de travail**

   Changer les conditions de travail
   - Journées de congé supplémentaires
   - Avantages sociaux (par exemple, congés, assurances)
   - Pratiques d'équilibre travail-famille
   - Choix de l'aménagement du temps de travail (par exemple, horaire flexible, temps partiel, horaire comprimé, travail partagé)
   - Choix du quart de travail
   - Caractéristiques des emplois (par exemple, variété, autonomie)
   - Promotions
   - Caractéristiques de la gestion (par exemple, participation, partage de l'information)
   - Organisation du travail (cercles de qualité, groupes de travail autonomes, rotation des emplois, enrichissement des tâches, etc.)
   - Programme de suggestions
   - Prêts à des taux préférentiels
   - Automobile de l'entreprise
   - Etc.

7. **Rémunération**

   Rémunérer le rendement
   - Détermination et gestion des salaires en fonction des responsabilités, des compétences ou du rendement
   - Rémunération à la commission
   - Rémunération à la pièce
   - Primes de rendement individuel
   - Primes de rendement de groupe
   - Primes de suggestions
   - Primes de reconnaissance immédiate (*spot bonus*)
   - Participation aux bénéfices
   - Partage des gains de productivité
   - Participation réelle à la propriété (par exemple, octroi d'actions, option d'achat d'actions, achat d'actions)
   - Participation fictive à la propriété (par exemple, actions simulées, unités de rendement, plus-value des actions, primes de rendement à long terme)
   - Régimes mixtes
   - Etc.

Source : S. St-Onge, « Reconnaître les performances », *Gestion*, collection « Racines du savoir », janvier 1998, p. 94.

10.2.1 La communication

Le gestionnaire peut communiquer directement sa reconnaissance et ses félicitations aux employés méritants en leur téléphonant, en leur envoyant une note, en allant les remercier à leur bureau, et ainsi de suite. Il s'agit de gestes simples mais qui sont faits peu souvent, l'attitude adoptée couramment étant plutôt de ce genre-ci : «Si nous ne disons rien, c'est que nous sommes contents», «Nous n'avons pas de temps à accorder à ces bagatelles», «Nous communiquons notre appréciation au cours de l'entrevue annuelle d'évaluation du rendement», etc. La simple rétroaction continue sur le rendement est l'une des formes de reconnaissance les plus importantes. Comme le remarque Jean-Marc Chaput (1994, p. 6) : «Il y a pire que la punition : l'absence de feed-back».

Comme le suggère John Plunkett, directeur de la dotation et de la formation chez Cobb Electric Membership Corporation en Géorgie, aux États-Unis : «Lorsque vous voyez que des gens font quelque chose de bien, vous devez écrire immédiatement sur une de vos cartes professionnelles "merci", "bon travail", "continuez", et ce qu'ils ont fait en deux ou trois mots. Indiquez le nom de la personne sur la carte et signez-la» (Nelson, 1994, p. 5).

10.2.2 Les comportements

On peut également exprimer sa reconnaissance par des comportements : une tape dans le dos, une poignée de main, etc. De même, on peut témoigner son appréciation en se montrant prêt à aider des personnes et à les appuyer lorsqu'elles en ont besoin, en leur communiquant une information privilégiée, en leur demandant leur avis avant de prendre une décision, en leur déléguant la présentation d'un dossier à l'occasion d'une réunion, etc. Par exemple, Jean-Marie Toulouse, directeur de l'École des Hautes Études Commerciales de Montréal, invite chaque année à déjeuner les employés de l'établissement, par groupes d'environ 25 personnes occupant différents postes. Ces déjeuners-rencontres ont pour but de discuter avec les employés des projets de l'École, de répondre à leurs préoccupations et de recueillir leurs suggestions en période de restrictions budgétaires.

10.2.3 Les symboles honorifiques

L'excellence peut aussi être reconnue au moyen de symboles comme des trophées, des prix, des titres et des diplômes honorifiques, des plaques murales, etc. Par exemple, Northern Telecom, au Texas, a déjà commandité en nombre limité une série de sculptures de la Kirk Stieff Company pour reconnaître les réalisations exceptionnelles des gagnants de son Cercle des honneurs. Des stylos, des diplômes honorifiques et des voyages ont également été accordés aux employés méritants. Une vidéo, une brochure, des affiches et des envois promotionnels ont servi à promouvoir le programme. Avec ce programme, près de 534 employés sur 12000 (soit 34 % de plus que ce qui avait été prévu) ont atteint leurs objectifs de ventes. Dès la première année, l'entreprise a amélioré ses ventes de 13 % et sa part de marché de 3 % (Nelson, 1994).

10.2.4 La visibilité

Il est également possible de recourir à la reconnaissance sociale pour récompenser les employés dont le rendement s'est avéré exceptionnel. La règle selon laquelle on doit récompenser en public et critiquer en privé est généralement appropriée. Il s'agit alors pour le superviseur de féliciter un employé devant ses pairs, de mentionner les réalisations particulières d'un employé ou d'un groupe d'employés au cours d'une réunion avec d'autres cadres, de joindre au dossier des employés une lettre reconnaissant leurs réalisations, de communiquer celles-ci dans le journal et sur les tableaux d'affichage de l'entreprise, de demander aux meilleurs employés de faire un exposé sur les trucs du métier à l'intention de leurs collègues, et ainsi de suite.

La Fédération des caisses populaires Desjardins de Montréal et de l'Ouest-du-Québec a lancé en 1982 le concours Les Abeilles d'or (Gagnon et St-Onge, 1995). Ce concours reconnaît les caisses qui enregistrent le meilleur rendement dans un des quatre secteurs suivants: les finances, le marketing, la gestion des ressources humaines et l'engagement communautaire. Au fil des années, deux autres prix se sont ajoutés: l'Abeille d'or sectorielle et l'Abeille d'or présidentielle. L'Abeille d'or, emblème du Mouvement Desjardins, symbolise un ensemble de valeurs que l'on veut prôner à l'intérieur du réseau: labeur, efficacité, persévérance et action commune. Les décisions du jury sont dévoilées à l'occasion d'un gala qui suit l'assemblée générale annuelle de la Fédération. On y annonce les noms des 12 caisses populaires finalistes et des 6 lauréates. Une caisse populaire qui gagne une Abeille d'or acquiert de la visibilité et de la notoriété à l'intérieur et à l'extérieur du Mouvement Desjardins. Une telle caisse est autorisée, pendant l'année qui suit la réception de son prix, à rendre public « à l'extérieur de ses murs » (par exemple dans les journaux locaux, à la télévision communautaire) le fait qu'elle a été lauréate du concours Les Abeilles d'or. Une caisse lauréate est aussi autorisée à utiliser le logo de l'Abeille d'or dans les communiqués effectués dans sa municipalité et ses environs. Les caisses finalistes qui n'ont pas gagné l'Abeille d'or reçoivent une plaque honorifique.

10.2.5 Les biens et les services

On peut également reconnaître le rendement en accordant des objets, des services ou des montants forfaitaires. Ces récompenses peuvent prendre la forme de cadeaux (chandails, montres, bijoux, etc.), de prise en charge de frais (repas, voyages, sorties, etc.), de billets pour des événements culturels ou sportifs, d'abonnements à des clubs de conditionnement physique, de prix en argent, etc. On peut aussi offrir une place de stationnement ou encore permettre l'accès à un matériel de bureau privilégié.

Chez New York Life Insurance Company, les employés qui se sont présentés au travail tous les jours durant les quatre derniers mois participent à une loterie (Nelson, 1994). Les 10 premiers employés dont le nom est pigé gagnent un bon d'achat de 200$, les 20 suivants, un bon d'achat de 100$ et les 70 suivants, une journée de congé. Les employés dont l'assiduité au travail a été parfaite au cours de l'année participent à un concours où 2 bons d'achat de 1000$ et 10 jours de congé sont accordés. Selon la direction, l'année suivant l'adoption de ces initiatives, l'absentéisme a diminué de 21%.

10.2.6 Les conditions de travail

Par ailleurs, on peut témoigner la reconnaissance à l'égard des employés en modifiant ses conditions de travail. Ainsi, une responsabilité spéciale ou supplémentaire peut être octroyée aux employés méritants. Par exemple, les cadres dont les subordonnés sont les plus assidus peuvent être nommés à un comité chargé de se pencher sur le problème de l'absentéisme dans l'entreprise. On peut également offrir des conditions de travail privilégiées aux meilleurs employés: un horaire flexible, le choix du quart de travail, l'accès à un cours de formation, le droit à une journée de congé supplémentaire, etc. Toutes les approches relatives à la réorganisation du travail — l'enrichissement des tâches, la rotation de postes, les groupes autonomes, les cercles de qualité, etc. — peuvent aussi être considérées.

Selon Lawler (1988), les employés éprouvent davantage de motivation et de satisfaction au travail lorsqu'ils sentent que leur travail a un sens, qu'ils sont responsables de ce travail et qu'ils obtiennent une rétroaction sur leur rendement. Aux dires de l'auteur, ces préalables sont influencés par cinq caractéristiques du travail:

1. L'autonomie: l'employé a la liberté de faire son travail de la façon qu'il juge la meilleure.
2. La rétroaction: l'employé sait jusqu'à quel point il fait bien son travail.
3. La variété: le travail de l'employé nécessite plusieurs habiletés.

4. La personnalisation: l'employé a la possibilité d'accomplir une tâche du début à la fin.
5. La signification: aux yeux de l'employé, son travail a un sens.

10.2.7 Les atouts des récompenses non pécuniaires

Comme nous venons de le voir, il est possible de reconnaître le rendement des employés même si les ressources financières et la marge de manœuvre des dirigeants et des cadres sont limitées. D'ailleurs, les facteurs jugés les plus motivants par les employés sont des éléments comme «obtenir la reconnaissance pour un travail bien fait», «avoir un travail qui comporte des défis», «savoir que son opinion compte»; «l'argent» vient plus loin dans la liste (American Productivity and Quality Center, 1988).

Comparées aux régimes de rémunération variable, les formes de reconnaissance non pécuniaire possèdent les atouts suivants:
- Elles entraînent moins de coûts.
- Elles sont plus flexibles, c'est-à-dire plus faciles à implanter, à modifier et à abandonner.
- Elles peuvent être plus personnalisées.
- Elles sont octroyées plus rapidement après la réalisation.
- Elles risquent moins d'être perçues comme des droits acquis.
- Elles peuvent mieux symboliser les valeurs des dirigeants.

Toutefois, les modes de reconnaissance non pécuniaire doivent être gérés adéquatement pour s'avérer efficaces, sinon ils risquent d'être inutiles, voire nuisibles. Un des principaux problèmes que comporte la reconnaissance non pécuniaire est qu'on ne croit pas toujours qu'elle ait de l'importance aux yeux des employés ou que leur gestion doive être rigoureuse et formelle. Au contraire, dans le cas des programmes de reconnaissance non pécuniaire, il faut faire en sorte que le choix et l'attribution des récompenses ne soient pas arbitraires ou perçus comme tels. Par conséquent, il est nécessaire de respecter les différentes conditions (que nous examinerons plus loin dans ce chapitre) de ces programmes afin d'optimiser leur efficacité.

10.3 La rémunération variable

Le rendement au travail des employés peut également être reconnu de façon pécuniaire. Les divers modes de rémunération dite variable ou basée sur le rendement peuvent être classifiés selon le niveau de rendement ciblé, soit le rendement individuel, d'équipe ou collectif (tableau 10.2).

ENCADRÉ 10.1
LES ENTREPRISES DE PLUS EN PLUS NOMBREUSES À GRATIFIER LEURS EMPLOYÉS

Selon une étude publiée hier, les entreprises sont de plus en plus nombreuses à donner une gratification à leurs employés — pas seulement pour les inciter à travailler plus fort, mais pour favoriser l'implication de leur personnel au sein de l'entreprise.

L'enquête, menée par la firme torontoise N. Winter Consulting, indique que les raisons pour lesquelles les entreprises adoptent des plans de mesures incitatives ont changé depuis l'envoi du dernier questionnaire sur ce sujet, deux ans plus tôt.

À l'époque, les compagnies voulaient faire miroiter l'espoir d'une gratification aux employés pour les inciter à travailler plus fort alors que leur rémunération de base était maintenue à un niveau minimal, a déclaré Mme Nadine Winter, qui a dirigé l'enquête.

Maintenant que la récession est terminée, les entreprises désirent que leurs employés s'impliquent davantage au niveau de la performance de la compagnie, se sentent davantage responsables et travaillent en équipe, a dit Mme Winter.

«Les compagnies s'efforcent de devenir plus compétitives et partagent avec leurs employés la richesse que ces employés contribuent à créer», a-t-elle soutenu au cours d'une conférence.

L'enquête menée à la fin de l'année dernière a porté sur les mesures incitatives de 84 sociétés canadiennes. En 1992, 53 compagnies avaient participé à l'enquête.

Parmi les entreprises interrogées dans la dernière enquête figurent la CIBC, IBM, Bell Canada et Eaton's.

Autre changement noté, les compagnies semblent avoir délaissé les plans conçus exclusivement à l'intention des cadres supérieurs des entreprises, pour offrir des gratifications au pesonnel de tous les échelons de l'entreprise, du directeur général jusqu'au commis au classement.

L'enquête a permis de constater qu'en 1992 environ 64% des compagnies qui avaient répondu à l'enquête incluaient les cadres moyens dans leurs plans de gratifications. En 1994, cette proportion a grimpé à près de 90%.

On a aussi observé qu'au lieu d'accorder aux employés une augmentation de salaire, au mérite, en l'incluant dans la paye régulière, on opte plus fréquemment pour le versement d'une gratification unique, qui n'est pas acquise et doit être «gagnée» à chaque année.

Certaines mesures sont efficaces, d'autres non. Les plans qui fixent aux employés des objectifs trop — ou pas assez — exigeants, ou encore ceux où les employés ne peuvent pas voir quel est l'impact de leur travail sur le résultat final, ne fonctionnent tout simplement pas, de dire Mme Winter.

Enfin, les firmes qui ont participé à l'étude disent, comme Mme Winter, que les plans de gratifications ne plaisent pas toujours à tout le monde, et doivent constamment être revus et retravaillés.

Source : La Presse canadienne, *La Presse*, 3 février 1995.

Dans cette section, nous décrirons les principaux modes de rémunération variable, une forme de reconnaissance qui préoccupe actuellement beaucoup les dirigeants d'entreprise. En effet, selon une enquête de la firme torontoise N. Winter Consulting, les organisations canadiennes ont,

TABLEAU 10.2 Les différents régimes de rémunération variable

Régimes basés sur le rendement individuel	Régimes basés sur le rendement collectif à court terme
• Salaire au mérite • Primes • Commissions • Rémunération à la pièce	• Participation aux bénéfices • Partage des gains de productivité • Partage du succès
Régimes basés sur le rendement de l'équipe	**Régimes basés sur le rendement collectif à long terme**
• Primes	• Octroi ou achat d'actions • Option d'achat d'actions

depuis une dizaine d'années, implanté plus de régimes de rémunération variable et étendu leur admissibilité aux cadres intermédiaires, aux superviseurs et aux employés (encadré 10.1).

10.3.1 LA RÉMUNÉRATION DU RENDEMENT INDIVIDUEL

Les formules de rémunération variable reconnaissant le rendement individuel sont les formules les plus fréquemment implantées (Milkovich et Newman, 1996). Nous faisons ici référence à la rémunération dite au mérite, aux primes, aux commissions et à la rémunération à la pièce. De tels régimes ont plus de chances d'être efficaces lorsque la contribution des employés est mesurable, lorsque ces derniers jouissent d'une autonomie dans leur travail et lorsque la coopération entre employés n'est pas essentielle ou désirée. Certains auteurs (comme Deming, 1986) s'opposent à l'évaluation et à la rémunération du rendement individuel des employés parce que ce rendement est souvent influencé par celui des autres employés dans le groupe ou par des facteurs qui relèvent moins de la maîtrise des employés que de celle des cadres.

LE SALAIRE AU MÉRITE

Au Canada, le salaire au mérite représente le régime de rémunération des cadres qui, depuis longtemps, s'avère le plus populaire (Booth, 1987). Cette forme de rémunération consiste à tenir compte du rendement individuel des employés dans la détermination de leur augmentation (généralement annuelle) de salaire.

Quoique le salaire au mérite soit très répandu, les résultats des recherches effectuées sur leur efficacité sont peu encourageants (Heneman, 1992; St-Onge, 1992, 1993). Un des problèmes qu'entraîne la rémunération au mérite vient du fait qu'elle reconnaît le rendement annuel des employés au moyen d'une augmentation de salaire, c'est-à-dire d'une récompense à vie (une annuité). Aux fins du contrôle des coûts, la reconnaissance du rendement au moyen d'augmentations de salaire n'est pas avantageuse parce que cela augmente la masse salariale à long terme et, conséquemment, les coûts des avantages sociaux.

Par ailleurs, des grilles d'augmentations de salaire, comme celle présentée au tableau 10.3, sont souvent conçues par les professionnels en ressources humaines. Ces grilles ou matrices indiquent aux cadres quelles augmentations de salaire ils doivent accorder selon la cote de rendement du subordonné et son salaire actuel. L'objectif d'une telle matrice est de contrôler les coûts des salaires des employés.

Selon ces grilles salariales, les augmentations de salaire tiennent compte non seulement du rendement des employés, mais aussi de leur position sur leur échelle salariale. Ainsi, à l'intérieur d'une même échelle salariale et pour une même cote de rendement, plus le salaire actuel d'un employé est élevé, moins son augmentation de salaire sera grande. Cette prise en considération de la position sur l'échelle salariale réduit le lien entre le rendement et l'augmentation de salaire, ce qui atténue le caractère motivant de cette dernière.

De plus, l'aspect permanent et cumulatif des augmentations salariales empêche d'établir un lien rendement-récompense étroit, et ce surtout en ce qui a trait aux employés ayant un très bon rendement, c'est-à-dire ceux que, justement, on voudrait récompenser! En pratique, l'écart est souvent

TABLEAU 10.3 Un exemple de matrice de salaire au mérite prescrivant l'augmentation de salaire en fonction du rendement et de la position sur l'échelle salariale

Cote de rendement	Ratio comparatif*				
	80-90	90-95	95-105	105-110	110-120
Exceptionnel	6%-7%	6%-7%	5%-6%	4%-5%	3%-4%
Supérieur	6%-7%	5%-6%	4%-5%	3%-4%	1%-2%
Satisfaisant	5%-6%	4%-5%	3%-4%	1%-2%	0%-1%
Acceptable	4%-5%	3%-4%	1%-2%	0%-1%	0
Insatisfaisant	0	0	0	0	0

* Ration comparatif = (Le salaire de l'employé divisé par le salaire correspondant au point milieu de son échelle) × 100.

faible (environ 2%) entre les augmentations de salaire accordées aux plus méritants et celles versées aux moins méritants. En effet, les superviseurs hésitent à accorder des augmentations de salaire importantes aux employés exceptionnels parce qu'elles amènent trop vite ces derniers au sommet de leur échelle salariale, ce qui ne laisse plus de marge de manœuvre pour les motiver dans l'avenir. En outre, les superviseurs se sentent souvent obligés d'accorder des hausses de salaire équivalentes à celle du coût de la vie à tous les employés dont le rendement est satisfaisant; il reste alors peu de fonds pour récompenser les employés exceptionnels. Conséquemment, l'augmentation de salaire devient vite un droit acquis aux yeux des employés.

Par ailleurs, la marge discrétionnaire trop mince dont disposent les cadres pour différencier les augmentations de salaire ne les incite pas à accorder beaucoup d'attention au suivi du rendement des employés, car la différence de rendement revêt alors un caractère plus symbolique que réel; en outre, cet écart ne motive pas les employés à accroître leur rendement, car le jeu n'en vaut pas la chandelle. Une différence d'augmentation de salaire de 1,5% sur un salaire imposé à 50% permet seulement de se payer un café de plus par jour dans le distributeur...

Finalement, la rémunération au mérite repose souvent sur une évaluation du rendement faite par les cadres à partir de critères inadéquats (non pertinents, subjectifs, inconnus, etc.) ou par des évaluateurs incompétents (méconnaissance du travail, absence de suivi, etc.). En principe, tout le monde est d'accord avec l'idée que les augmentations de salaire doivent être fonction du rendement individuel. En pratique, cependant, tout le monde estime que son rendement est mal évalué.

Les primes

La formule des primes reconnaît le rendement des employés au moyen de montants forfaitaires versés en sus du salaire. En raison des limites que comporte la formule du salaire au mérite, plusieurs entreprises recourent aux primes pour récompenser le rendement individuel. Par exemple, une enquête de la firme-conseil Hewitt & Associés (1996) indique que 15% des 132 entreprises canadiennes participantes ont établi un tel régime pour au moins une catégorie de personnel.

En effet, les superviseurs ont une plus grande marge de manœuvre pour accorder aux employés exceptionnels des primes d'une valeur significative puisqu'elles ne s'intègrent pas dans leur salaire. La formule des primes permet aussi d'établir un lien rendement-récompense plus étroit sachant que leur montant n'est, du moins officiellement, fonction que du rendement des employés: on ne tient pas compte de leur position sur l'échelle salariale comme c'est le cas de la formule du salaire au mérite. Si on les compare aux augmentations de salaire, les primes peuvent aussi permettre de contrôler davantage les coûts de main-d'œuvre: comme elles sont versées en sus des salaires, elles n'augmentent pas les coûts des avantages sociaux.

Enfin, étant donné que les montants des primes accordées aux subordonnés peuvent être plus élevés et plus différenciés, les superviseurs subiront une plus forte pression pour mieux gérer et mieux évaluer le rendement de leurs subordonnés. En effet, dans la mesure où un cadre accorde à un subordonné une prime de 5000$ et à un autre une prime de 2000$, il doit être en mesure d'expliquer cette différence.

Toutefois, quoique la reconnaissance du rendement individuel au moyen d'augmentations de salaire soit critiquée depuis longtemps, son usage reste très répandu, et peu d'entreprises optent pour le recours aux primes, dont l'efficacité potentielle est pourtant jugée plus élevée. Il faut croire que derrière ce changement de forme de récompense se cache un changement important de valeurs. Théoriser sur d'éventuels changements en matière de rémunération est beaucoup plus facile que les implanter. La manière dont une organisation a traditionnellement géré son système de rémunération constitue une contrainte, puisqu'elle explique en partie les valeurs actuelles des employés. Ainsi, même s'il peut s'avérer préférable pour la direction d'une organisation de reconnaître le rendement individuel à l'aide de primes plutôt qu'à l'aide d'augmentations de salaire, cela peut se révéler irréaliste ou inacceptable pour les subordonnés et même pour les supérieurs hiérarchiques. La plupart des supérieurs hiérarchiques choisissent la formule des augmentations de salaire parce qu'elle leur permet de dire qu'ils respectent le principe de reconnaissance du rendement sans faire trop de vagues, ou si l'on aime mieux, sans faire de différences significatives entre les diverses récompenses! Du point de vue des subordonnés, la formule des primes est plus risquée, et il n'est pas certain qu'ils désirent qu'on récompense le rendement en différenciant davantage les montants accordés aux uns et aux autres.

En pratique, plusieurs organisations optent pour une approche mixte ou hybride. Par exemple, le rendement des employés est reconnu par une augmentation de salaire tant qu'ils n'ont pas atteint le sommet de leur échelle salariale; après qu'ils ont atteint ce sommet, leur rendement est reconnu par une prime.

Les commissions

Les commissions constituent la principale forme de rémunération variable pour le personnel des ventes. Elles correspondent à un pourcentage des ventes (en dollars ou en unités) qui peut être constant, croissant ou décroissant selon le montant des ventes obtenu. Certains représentants commerciaux sont exclusivement payés à commission alors que d'autres sont en partie payés à commission. En général, on suggère de réduire la portion variable (les commissions) de la rémunération du personnel des ventes dans les cas suivants:

- Lorsque les ventes sont plutôt faciles à réaliser; cela ressemble alors à une prise de commandes étant donné que la clientèle est stable et fidèle.
- Lorsque les comportements des vendeurs doivent respecter certaines normes; le montant des ventes est important, mais ce n'est pas le seul critère recherché.
- Lorsque les ventes sont souvent réalisées en équipe; elles résultent alors d'un effort collectif qu'il est difficile de départager entre plusieurs personnes.

LA RÉMUNÉRATION À LA PIÈCE

Cette forme de rémunération incitative regroupe tout régime de rémunération qui paye les employés en fonction du nombre d'unités produites. Ce mode de rémunération, probablement le plus ancien et le plus radical, présente le lien le plus étroit entre le rendement et la récompense. Aujourd'hui, ce type de régime est peu fréquent puisqu'il exige que les employés aient une maîtrise élevée de la rapidité et de la qualité du travail, ce qui est de plus en plus rare. Il convenait davantage à l'industrie manufacturière traditionnelle qu'au secteur des services contemporain, lequel est marqué par des changements technologiques fréquents, par une priorité accordée à la satisfaction des clients et à la qualité, et par l'interdépendance des tâches des employés. Finalement, les syndicats s'opposent à ce mode de rémunération en raison de la difficulté d'établir et de maintenir le standard de production équitable, soit la rémunération par pièce produite. Ils ont souvent peur que les employeurs n'utilisent ce mode de rémunération dans le seul but d'exploiter les employés. Ils craignent aussi que la rénumération à la pièce nuise à la santé et à la sécurité du travail et que les employés perdent leur emploi si la productivité augmente.

10.3.2 La rémunération du rendement de l'équipe

Pour accroître la flexibilité de leur main-d'œuvre, de plus en plus d'entreprises nord-américaines adoptent un mode d'organisation du travail basé sur des équipes ou des groupes de travail (Lawler, Mohrman et Ledford, 1992). Ce courant appuie l'implantation de régimes de rémunération qui favorisent la coopération et la collaboration, et l'abandon de régimes reconnaissant le rendement individuel qui entraînent la compétition et découragent la coopération entre les employés.

Dans la plupart des cas, l'argent est réparti également parmi les membres de l'équipe, en fonction de la réalisation de résultats. Une telle récompense peut être octroyée sous une forme pécuniaire (une prime) ou sous une forme non pécuniaire (par exemple des objets ou des journées de congé). Les régimes de rémunération de groupe ont plus de chances d'être efficaces lorsqu'on veut favoriser la cohésion entre les membres et lorsque le rendement au travail est surtout une question d'effort collectif, où l'apport respectif de chaque personne est difficile à mesurer et à déterminer.

En pratique, toutefois, diverses enquêtes indiquent que la majorité des entreprises continuent de rémunérer les membres de leurs équipes de travail en fonction de leur rendement individuel seulement. Cela tient peut-être à la prudence: on conserve un régime de rémunération au mérite tant que les employés n'ont pas suffisamment expérimenté le mode de fonctionnement par équipe et acquis des attitudes qui les amèneront à considérer d'autres modes de rémunération non traditionnels comme plus équitables. Force est de constater qu'il n'est pas du tout évident, contrairement à ce que certains auteurs laissent entendre, que l'implantation de groupes autonomes conduit vite à l'abandon des régimes de rémunération reconnaissant le rendement individuel, celui-ci étant traditionnellement valorisé en Amérique du Nord. Aussi ne faut-il pas se surprendre des résultats d'enquêtes indiquant que 94% des organisations qui possèdent des équipes de travail recourent à des récompenses non monétaires (Lawler, Ledford et Chang, 1993).

Par ailleurs, il faut reconnaître que de tels régimes de groupe ont parfois si bien réussi à accroître la cohésion à l'intérieur du groupe qu'on a dû les abandonner parce que cela se faisait au détriment de la cohésion entre les groupes, un autre préalable du succès global de l'entreprise. On peut songer à la compétition entre les employés qui travaillent à différents quarts de travail, ou à la non-collaboration entre les vendeurs de différentes succursales d'un commerce de détail lorsque la prime dépend du chiffre d'affaires du commerce où ils travaillent. Finalement, si la pression des collègues peut inciter les employés difficiles ou ceux qui ont un faible rendement à s'améliorer, elle peut également inciter les meilleurs employés à réduire leurs efforts et leur cadence. L'efficacité des régimes de rémunération du rendement de l'équipe est fonction de plusieurs facteurs.

10.3.3 La rémunération du rendement collectif

La pression économique et concurrentielle qui s'est exercée sur les entreprises ces dernières années a amené les dirigeants à implanter divers régimes collectifs de rémunération incitative non seulement pour augmenter la motivation au travail des employés, mais aussi pour accroître leur engagement et leur loyauté envers l'entreprise. Les régimes collectifs rémunèrent tous les employés ou une catégorie de ceux-ci en fonction du rendement de l'entreprise ou d'une unité administrative.

Les auteurs qui ont réalisé une revue de la documentation sur les différents régimes collectifs de rémunération variable s'accordent sur un point : pour que ces régimes s'avèrent efficaces, ils doivent être appuyés par une culture organisationnelle de partenariat où la communication avec les employés est prioritaire (Conte et Svejnar, 1990 ; Gowen, 1990 ; Pierce, Rubenfeld et Morgan, 1991 ; Poole et Jenkins, 1991 ; St-Onge, 1994 ; Weitzman et Kruze, 1990). En effet, de tels régimes requièrent des dirigeants d'entreprise un engagement financier, certes, mais aussi un changement d'attitude à l'égard de la relation cadres-employés, caractérisée par l'échange de renseignements et l'engagement des employés. Leur efficacité repose donc sur l'octroi de récompenses non pécuniaires et intangibles, comme la participation à la prise de décisions et l'autonomie. À eux seuls, ils ne peuvent changer la culture organisationnelle et risquent d'être inutilement coûteux, voire de nuire à l'organisation, si les valeurs réelles des cadres et des dirigeants ne vont pas dans le même sens que le régime. Les employés ne sont pas dupes, du moins ils ne le sont pas longtemps !

Comparativement aux régimes de rémunération du rendement individuel et de l'équipe, les régimes de rémunération du rendement collectif ont l'inconvénient de réduire le lien entre l'effort individuel et la réalisation du rendement attendu (quant aux profits, aux gains de productivité, à la valeur des actions, etc.), qui constitue un préalable de la motivation à vouloir améliorer son rendement. On constate également le problème des employés paresseux ou parasites (*free riders*), ou qui réduisent leurs efforts personnels au travail tout en profitant de ceux de leurs collègues. Enfin, la plupart des régimes collectifs se fondent sur une formule de partage qui doit évoluer mais qu'il est fastidieux de modifier parce que les employés se montrent sceptiques à l'égard de ces changements. L'idée que la rémunération variable permet de faire fluctuer la rémunération des employés en fonction des succès des entreprises appartient plus à la théorie qu'à la pratique.

Comme l'indique le tableau 10.2, on peut séparer en deux groupes les régimes de rémunération basés sur le rendement collectif : les régimes à court terme et ceux à long terme.

Les régimes collectifs à court terme prennent en considération le rendement annuel de l'organisation alors que les régimes collectifs à long terme tiennent compte des indicateurs de rendement à long terme de l'organisation. Les principaux régimes collectifs de rémunération variable à court terme consistent dans les régimes de participation aux bénéfices, les régimes de partage des gains de productivité et les régimes de partage du succès.

Pour leur part, les régimes collectifs à long terme tiennent compte du rendement organisationnel sur une période de plus d'une année. Ces régimes sont le plus souvent implantés pour les cadres supérieurs. Toutefois, une minorité croissante d'organisations étend la participation à ces régimes à l'ensemble des employés. Il peut s'agir de régimes basés sur le rendement boursier (comme l'octroi ou l'achat d'actions et l'option d'achat d'actions) ou de régimes basés sur le rendement comptable (comme les droits à la plus-value des actions, les actions simulées et les unités de rendement). Ces régimes visent à inciter les détenteurs d'actions à se préoccuper davantage du rendement à long terme de l'organisation, ou à adopter davantage le point de vue des actionnaires. On souhaite ainsi que les détenteurs d'actions soient moins tentés de prendre des décisions d'affaires qui améliorent le rendement à court terme au détriment de celui à long terme, comme une diminution des efforts de recherche et développement, une baisse de la qualité des produits, une réduction des investissements dans les équipements ou la manipulation des résultats comptables (St-Onge et autres, 1996).

Nous traiterons maintenant de ces cinq formes principales de régimes de rémunération variable basés sur le rendement collectif à court terme et à long terme.

LA PARTICIPATION AUX BÉNÉFICES

Le régime de participation aux bénéfices consiste dans le partage d'une portion des bénéfices de l'organisation ou d'une unité de l'organisation avec l'ensemble des employés ou une catégorie de ceux-ci sous la forme d'un montant forfaitaire (et parfois d'actions) immédiatement ou à terme (St-Onge, 1994). Ce type de régime collectif, qui est le plus ancien, reste encore aujourd'hui celui que les entreprises adoptent le plus fréquemment. Sa popularité repose surtout sur le fait que le bénéfice correspond à un indicateur de rendement organisationnel important, facile à communiquer aux employés et mesurable tant dans l'organisation entière que dans ses divisions. La principale faiblesse de ce régime tient au fait qu'il est difficile pour les employés de voir un lien entre leurs efforts (ou leur rendement) et les profits de l'entreprise, puisque de nombreux autres facteurs qu'ils maîtrisent très peu influencent les bénéfices[4].

LE PARTAGE DES GAINS DE PRODUCTIVITÉ

En vertu du régime de partage des gains de productivité, on distribue une portion des gains de productivité de l'organisation ou d'une unité de l'organisation parmi les employés (souvent les employés de production) sous la forme d'un montant forfaitaire une ou plusieurs fois pendant l'année. Ce type de régime collectif est apparu dans les années 30. Par ailleurs, il doit être implanté dans un milieu où l'on a compilé des données sur la productivité durant une période d'environ cinq ans afin de pouvoir établir un standard de productivité qui permettra de calculer le gain réalisé. On trouve ce type de régime surtout dans les entreprises manufacturières; certaines expériences sont aussi réalisées dans le secteur public.

Comparativement au régime de participation aux bénéfices, le régime de partage des gains de productivité permet aux employés qui en profitent de percevoir un lien plus étroit entre leurs efforts et le rendement attendu, puisqu'il concerne les employés d'une unité d'affaires seulement et cible leurs efforts sur une mesure du rendement — la productivité — qu'ils contrôlent davantage que les bénéfices. Quelle que soit la formule de partage des gains de productivité retenue (par exemple Scanlon, Rucker, Improshare ou un plan maison; voir Thériault et St-Onge (à paraître) pour une comparaison de ces trois formules), les gains de productivité sont généralement fonction des coûts de main-d'œuvre.

Ce type de régime exige des dirigeants d'entreprise qu'ils acceptent de verser des primes lorsqu'il y a gain de productivité, peu importe l'ampleur des bénéfices (inexistants, faibles ou négatifs). Selon la formule de gain retenue, ils peuvent être amenés à verser des primes lorsque l'amélioration de la productivité provient d'une amélioration des équipements et non d'une amélioration de la contribution des employés. Par ailleurs, les recommandations des employés admissibles à ce régime ont souvent trait à des modifications en ce qui touche l'organisation du travail. Aussi, il faut que la direction soit prête à faire face à la pression en cette matière. En outre, au fil des années, les employés peuvent se montrer plus sceptiques

---

4. Les lecteurs désireux d'en connaître plus sur l'élaboration et l'implantation d'un régime efficace de participation aux bénéfices peuvent consulter le livre *Profit Sharing in Canada* de Tyson (1996).

envers le régime s'il devient de plus en plus difficile d'améliorer la productivité. D'autre part, lorsqu'une entreprise comporte plusieurs unités d'affaires et qu'elle dispose d'un régime distinct par unité, il peut être frustrant pour les employés de constater que les primes des employés sont plus élevées au sein des unités dont la productivité est la plus faible et où les possibilités de l'améliorer sont plus grandes.

LE PARTAGE DU SUCCÈS

Le régime de partage du succès ou de la réalisation des objectifs d'affaires (*goal or success sharing plan*) permet de partager une portion du gain de rendement de l'organisation ou d'une unité, mesuré selon la réalisation d'objectifs d'affaires, avec l'ensemble du personnel ou une catégorie de celui-ci en versant en sus du salaire un montant forfaitaire. Les objectifs d'affaires sont fixés selon les points de vue financier, opérationnel et comportemental. On parle, par exemple, de réduction des coûts, des accidents ou de l'absentéisme, ou encore de l'amélioration de la qualité, du service ou de la satisfaction des clients.

En somme, le régime de partage du succès est une combinaison du régime de partage des gains de productivité et du régime de participation aux bénéfices. Par exemple, depuis 1991, la division de Bombardier à Valcourt gère un programme Succès-partage pour ses employés, qui vise à atteindre divers indicateurs de succès liés à la rentabilité, à la qualité et à la sécurité. Chaque année, la direction fait des prévisions et assigne un pourcentage de primes selon la réalisation de l'indicateur; on peut octroyer jusqu'à 10 % du salaire des employés admissibles dans la mesure où les résultats maximaux sont atteints.

De plus en plus d'organisations adoptent un régime de partage du succès parce qu'il comble les limites des régimes de participation aux bénéfices et de partage des gains de productivité. En effet, il tient compte d'autres facteurs que les bénéfices ou les gains de productivité, comme la qualité, les accidents du travail ou la satisfaction des clients, facteurs que les employés contrôlent davantage et qui ne comportent pas nécessairement des « gains » à court terme. Pour être efficace, le régime de partage du succès nécessite un processus de communication des objectifs d'affaires et des résultats tout au long de l'année. Il faut aussi que les objectifs fixés soient jugés réalistes par les employés. Ce régime est souvent adopté par les entreprises qui veulent se doter d'un régime incitatif appuyant une culture d'amélioration continue: au fil des années, la nature et la difficulté des indicateurs de rendement évoluent selon les résultats de l'organisation et la pression de la concurrence. Dans ce contexte, la rémunération incitative devient un levier stratégique.

L'octroi ou l'achat d'actions

Dans un régime d'octroi d'actions, on donne des actions ou on les octroie à un prix inférieur à leur valeur sur le marché boursier. Dans la plupart des cas, les personnes ne peuvent vendre pendant une période donnée (habituellement quatre ou cinq ans) les actions octroyées, mais elles peuvent recevoir des dividendes et exercer leur droit de vote à partir du moment de l'octroi des actions. Par ailleurs, un régime d'achat d'actions permet d'acheter des actions d'une entreprise au cours d'une courte période (de un à deux mois) à un certain prix (fixe ou variable) ou, encore, selon un mode de paiement particulier (fixe ou variable). Par exemple, Québec-Téléphone offre à l'ensemble de ses employés la possibilité d'acheter un certain nombre d'actions ordinaires de l'entreprise à des conditions avantageuses.

> *En se prévalant de ce programme, les employés deviennent ainsi des « employés-actionnaires » de Québec-Téléphone. Ils deviennent, en quelque sorte, « copropriétaires » de l'entreprise. Il ne s'agit toutefois pas d'un programme récent, puisqu'il existe depuis plus de vingt ans. Il a connu certaines modifications au cours des ans, mais fondamentalement le programme est resté le même. [...] Sommairement, on peut dire que chaque programme d'achat d'actions de Québec-Téléphone a une durée de deux ans qui se décompose en quatre périodes d'achat distinctes. Chaque période d'achat permet à l'employé de devenir propriétaire d'une partie (un quart) des actions auxquelles il a souscrit* (Laprise, 1993, p. 1-2).

L'option d'achat d'actions

Un régime d'option d'achat d'actions accorde le droit (l'option) d'acheter des actions d'une entreprise, à un prix fixé d'avance (prix de levée) durant une période donnée (généralement de 5 à 10 ans). La récompense potentielle des détenteurs d'une option correspond alors à la différence entre la valeur des actions sur le marché boursier au moment où ils décident de lever leur option et le prix de levée de leur option. Au moment de la levée de l'option, les actions acquises peuvent être conservées ou revendues immédiatement. Au Canada, plus de 50% des entreprises inscrites à la bourse et plus de 65% des grandes entreprises ont un régime d'option d'achat d'actions (Beauregard, 1993).

Pour les cadres supérieurs, le régime d'option d'achat d'actions représente l'incitation à long terme la plus utilisée en Amérique du Nord, mais aussi la plus contestée (St-Onge et autres, 1996). Selon les défenseurs de ce mode d'incitation, les options auraient quatre avantages: elles améliorent le rendement à long terme des entreprises, elles aident à recruter et à retenir des personnes, elles ne réduisent pas directement le bénéfice des entreprises et elles minimisent les pertes et maximisent le potentiel de gain des détenteurs d'une option. Les détracteurs de ce mode de rémunération variable estiment que les options n'améliorent pas le rendement à long terme des entreprises, qu'elles s'appuient sur une mesure inadéquate du rendement, qu'elles diluent les avoirs des actionnaires et qu'elles augmentent la rémunération globale des détenteurs d'une option et rendent celle-ci difficile à évaluer (St-Onge et autres, 1996).

Plusieurs petites entreprises dans le secteur de la haute technologie (notamment celles qui sont localisées dans Silicon Valley aux États-Unis) offrent des options à l'ensemble de leur personnel parce qu'elles ne sont pas en mesure de leur verser une rémunération concurrentielle. La perspective de faire de l'argent avec ces options, si les actions de l'entreprise commencent à se négocier sur le marché boursier ou si elles prennent beaucoup de valeur, retient les employés dans l'entreprise. Au Canada, quelques entreprises, comme Softimage dans l'industrie de l'informatique et Bristol-Myers Squibb dans l'industrie pharmaceutique, offrent des options d'achat d'actions à tous leurs employés.

LES RÉGIMES COLLECTIFS DE RÉMUNÉRATION ET LES INDICATEURS DE RENDEMENT

Compte tenu de la multiplicité des régimes collectifs de rémunération, il est dorénavant plus pertinent de les classer en fonction de la nature des indicateurs de rendement dont ils rendent compte: les indicateurs financiers, opérationnels, comportementaux, etc. En effet, pour de moins en moins d'entreprises l'octroi d'une récompense est fonction d'un seul indicateur, tel le bénéfice ou la productivité. La tendance est plutôt de relier la récompense à quatre ou cinq critères de rendement jugés critiques et complémentaires. Ainsi, un régime de partage du succès récompensera la réalisation d'objectifs rattachés à divers indicateurs de rendement.

Le tableau 10.4 présente une liste des indicateurs de rendement les plus fréquemment considérés dans les régimes collectifs de rémunération. Afin d'appuyer les stratégies d'affaires de la qualité totale et de proposer des indicateurs sur lesquels les employés ont un plus grand contrôle, on tient de plus en plus compte, au cours de l'élaboration des régimes de rémunération variable, de mesures du rendement liées à la qualité des produits et des services (le taux de rejets, les délais de livraison, etc.), à la satisfaction des clients (le retour des produits, les plaintes, etc.) et aux comportements des employés (l'absentéisme, la sécurité du travail, etc.).

TABLEAU 10.4 Divers indicateurs de rendement pouvant être considérés par un régime collectif de rémunération variable

Rendement comptable
- Bénéfices
- Croissance des bénéfices
- Marge bénéficiaire brute
- Flux de trésorerie
- Chiffre d'affaires
- Croissance du chiffre d'affaires
- Rendement des capitaux propres

Rendement boursier
- Bénéfices par action
- Rendement boursier

Productivité
- Nombre d'unités produites
- Nombre d'appels
- Taux de production
- Réduction des coûts

Qualité
- Taux de rejets ou d'erreurs
- Satisfaction des clients

Temps
- Délais de livraison
- Respect des échéances

Comportements au travail
- Accidents du travail
- Assiduité au travail

10.4 La gestion des récompenses

La reconnaissance du rendement, par quelque forme de récompense que ce soit, doit respecter plusieurs conditions pour s'avérer efficace (tableau 10.5). Aux fins de ce chapitre, nous insisterons sur six de ces conditions de succès : il faut récompenser les bonnes choses, bien évaluer la bonne mesure du rendement, relier les récompenses au rendement, former les cadres et les inciter à reconnaître le rendement, bâtir un système de récompenses intégré et cohérent, et revoir continuellement l'efficacité du système de récompenses.

10.4.1 Récompenser les bonnes choses

Voici un cas qui illustre bien les dangers que peuvent comporter les récompenses :

> Dans le but d'augmenter sa part de marché, la division des centres de service à l'automobiliste de Sears (États-Unis) avait établi un système de rémunération incitative basée sur le montant de la facturation de chaque unité d'exploitation. Dans un contexte où la majorité des clients sont peu en mesure d'estimer la pertinence des réparations effectuées, l'existence de cette récompense a tellement motivé les employés à maximiser le montant

TABLEAU 10.5   Les principales conditions de succès des programmes de récompenses

> **Les récompenses devraient répondre aux critères suivants :**
> - être appréciées par les employés et répondre à leurs besoins
> - être accordées rapidement et fréquemment
> - être d'une valeur proportionnelle aux réalisations
> - être variées : prix, repas, diplômes honorifiques, primes, etc.
> - être octroyées de manière équitable, avec parcimonie, sincérité et respect
> - être accordées pour des réalisations, c'est-à-dire des résultats ou des comportements
> - être utilisées pour reconnaître divers types de rendement : le rendement individuel, de l'équipe et collectif
>
> **La gestion d'un programme de récompenses comporte les exigences suivantes :**
> - Il faut communiquer les objectifs, les avantages et les critères du programme.
> - Il faut récompenser les bonnes choses.
> - Il faut bien évaluer la bonne mesure du rendement.
> - Il faut faire participer les cadres et les employés à l'implantation du programme.
> - Il faut relier les récompenses au rendement.
> - Il faut qu'il réponde aux besoins particuliers de l'entreprise.
> - Il faut pouvoir compter sur l'appui de la direction : aide administrative, programme officiel, récompenses accordées par des dirigeants.
> - Il faut former les cadres et les inciter à reconnaître le rendement.
> - Il faut donner de l'information aux employés.
> - Il faut créer un climat de confiance entre les dirigeants, les cadres et les employés.
> - Il faut bâtir un système de récompenses intégré et cohérent.
> - Il faut revoir continuellement l'efficacité du système de récompenses.

de leurs services que la firme a été reconnue coupable d'avoir facturé ses clients pour des réparations et des pièces fictives totalisant plusieurs millions de dollars (St-Onge et Magnan, 1998).

Comme on le voit, les récompenses fonctionnent parfois trop bien ! Celles-ci motivent les personnes à faire ce qu'il faut pour les obtenir. Aussi, dans la mesure où les critères d'octroi des récompenses sont inadéquats ou désuets, les employés seront dans certaines occasions motivés à faire des choses qui vont à l'encontre de la prospérité de l'entreprise. Avec l'approche axée sur la reconnaissance, il y a toujours un risque de récompenser des résultats non appropriés. Un programme de récompenses n'est réellement efficace que lorsqu'il influence les comportements des employés d'une manière positive.

Comme l'illustre la figure 10.3, pour établir un bon programme de récompenses, il faut définir adéquatement les facteurs et les comportements du personnel sur lesquels le succès de l'entreprise repose (comme les

FIGURE 10.3 La détermination des indicateurs de rendement à récompenser

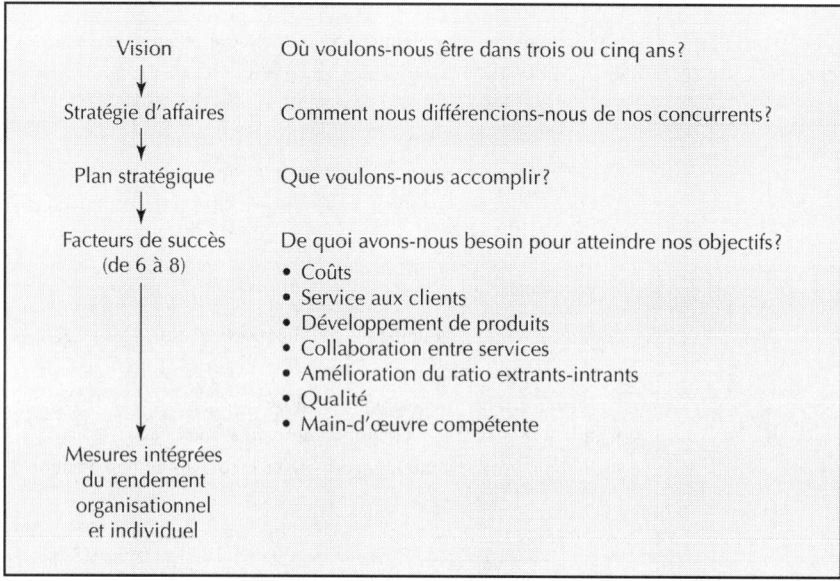

coûts, les services et la qualité), choisir des indicateurs capables de mesurer leur réalisation et y rattacher diverses formes de récompenses tangibles et intangibles. C'est ainsi que le fait de changer les éléments sur lesquels les employés sont évalués ainsi que la façon dont ils sont récompensés peut s'avérer un important outil de communication de valeurs ou de priorités pour réaliser la stratégie d'affaires de l'entreprise.

Par ailleurs, il faut s'assurer que les récompenses sont accordées pour une contribution « réelle », autrement dit que l'employé a bien fait la bonne chose. Pour cela, il faut s'interroger sur le travail à faire et éliminer ce qui n'a pas besoin d'être fait ou ce qui n'est pas pertinent. Si cet exercice de réflexion n'est pas fait, on risque de récompenser les employés qui ont bien fait les mauvaises choses.

10.4.2 Bien évaluer la bonne mesure du rendement

L'efficacité d'un programme de récompenses repose également sur la qualité — réelle et, surtout, perçue — de la mesure ou de l'évaluation du rendement. Les employés perçoivent-ils le système d'évaluation du rendement comme étant équitable? Pensent-ils que les personnes qui évaluent leur rendement ont les compétences pour le faire et le font bien?

Les cadres et les dirigeants d'entreprise ont tendance à privilégier les mesures quantitatives et facilement accessibles du rendement parce qu'elles sont soi-disant plus objectives à leurs yeux et moins susceptibles d'être sondées par les employés. Toutefois, on risque alors de retenir n'importe quel critère quantitatif ou seulement des critères quantitatifs. Par exemple, l'étude de Gomez-Mejia et Balkin (1992) montre que la plupart des chefs de service et des doyens d'université s'appuient exclusivement sur les évaluations des étudiants pour évaluer l'enseignement des professeurs. Pourtant, les trois quarts des professeurs interrogés s'accordent pour dire que cette mesure reflète plus la popularité des professeurs que les connaissances acquises, le rendement des étudiants ou la rigueur des cours.

Finalement, les récompenses doivent souligner une contribution passée, et donc vérifiable. On s'emploie à déprécier un programme de récompenses quand on tient compte d'autres facteurs, aussi légitimes soient-ils, comme les efforts, le potentiel, les projets, la situation personnelle ou le besoin d'argent. Ainsi, un prix d'excellence ou de relève d'excellence dans un domaine donné (la recherche, l'enseignement, les affaires, les arts, les sports, etc.) doit être accordé en fonction de la qualité et de la quantité des réalisations antérieures du candidat. Lorsqu'on tient compte d'autres facteurs comme la qualité d'un projet, il est plus question d'une subvention ou du prix du meilleur projet. De la même manière, un prix de pédagogie doit tenir compte strictement des réalisations passées en enseignement, une médaille d'or olympique de la performance lors de l'épreuve sportive, un prix d'architecture de la qualité et du nombre de projets architecturaux précédents, un prix de relève d'excellence en affaires des réalisations du jeune homme ou de la jeune femme en matière de gestion, etc. La règle est très simple: un prix ne se justifie que par les réalisations antérieures. Malheureusement, cette règle est rarement respectée. Cela explique d'ailleurs pourquoi certains titres honorifiques perdent de leur crédibilité aux yeux des employés.

10.4.3 Relier les récompenses au rendement

Il faut oublier le mythe selon lequel les salaires élevés, les bons avantages sociaux et la sécurité d'emploi quasi absolue motivent les employés à accroître leur rendement. Cela ne signifie pas que les employés ne soient pas satisfaits de ces éléments. En fait, une généreuse récompense qu'on accorde également à tous les employés d'une entreprise les motive plus à demeurer au service de l'entreprise (les plus motivés à rester n'étant pas nécessairement les plus performants) qu'à se surpasser (l'accès à la récompense n'étant relié ici qu'au fait de rester dans l'entreprise ou de quitter celle-ci). Les récompenses peuvent motiver les employés à se surpasser dans la mesure où elles sont rattachées à leur rendement. Motiver ne veut donc pas dire contenter tout le monde, par exemple en nommant employé du mois les employés à tour de rôle, mais s'assurer que les récompenses sont fonction du rendement et surtout que cela est perçu comme tel par les employés. En effet, les perceptions des gens sont cruciales; ils agissent d'ailleurs sur la base de leurs perceptions de la réalité. Il arrive souvent que le lien entre le rendement et la récompense soit réel mais qu'un manque de communication ou un climat de méfiance fasse en sorte qu'il ne soit pas perçu; en conséquence, la récompense aura peu d'effet sur la motivation au travail.

10.4.4 Former les cadres et les inciter à reconnaître le rendement

Dans le quotidien, l'approche axée sur la reconnaissance repose sur les épaules de tous les cadres, quel que soit leur niveau hiérarchique. Cette approche exige beaucoup d'eux. Si les cadres n'agissent pas de manière à appuyer les programmes de rémunération et de gestion du rendement, ces derniers ne seront pas efficaces. Dans bien des cas, il faut sensibiliser les cadres aux avantages des formes de reconnaissance non financière, comme la communication directe et les comportements, face auxquelles ils ont une plus grande marge de manœuvre. Par ailleurs, les superviseurs voient souvent plus d'inconvénients (le temps et l'énergie requis, le risque d'envenimer le climat dans l'équipe, etc.) que d'avantages à évaluer et à récompenser le rendement de leurs subordonnés. S'ils pensent ne pas être suffisamment formés pour reconnaître adéquatement le rendement de leurs employés, ne soyons pas surpris qu'ils recourent peu fréquemment aux programmes de récompenses et se limitent à appliquer l'approche axée sur le contrôle pour laquelle ils obtiennent d'ailleurs souvent plus de reconnaissance.

En fait, les cadres hiérarchiques sont les premiers responsables de l'efficacité des programmes de récompenses. Si les professionnels en ressources humaines sont chargés d'élaborer, d'implanter et de contrôler ces programmes, les cadres hiérarchiques sont responsables de leur efficacité, de leur intégrité et de leur crédibilité. En conséquence, ils doivent participer à la conception, à l'implantation et à la gestion des programmes de récompenses et être tenus pour responsables de leur succès. À l'égard d'un prix d'excellence, que ce soit dans les domaines de la recherche, de l'enseignement, des affaires, de l'architecture, etc., cela signifie que les cadres supérieurs peuvent aussi proposer des candidats. Si l'on se limite à demander aux candidats et à leurs collègues de soumettre des candidatures, cela ne garantira nullement que les meilleurs seront de la partie. Les lauréats, soit ceux qui agiront comme modèles, risqueront de ne pas être les meilleurs. Pour la crédibilité même du régime, il faut s'assurer que les personnes qui ont accompli les meilleures réalisations seront parmi les candidats au concours.

10.4.5 Bâtir un système de récompenses intégré et cohérent

Les dirigeants d'entreprise doivent considérer dans leur ensemble les diverses formes de récompenses présentes dans leur entreprise et les gérer de façon intégrée et cohérente. Il est d'ailleurs préférable dans bien des cas d'implanter un ensemble de programmes de récompenses de manière à contrebalancer les limites de chacun des programmes. Les récompenses sont des outils de communication qui doivent véhiculer les messages désirés, c'est-à-dire ceux qui aident l'entreprise à atteindre ses objectifs. Il ne s'agit pas d'imiter les autres organisations, mais de se demander: «Que voulons-nous reconnaître? La créativité? l'esprit d'équipe? la compétitivité? la croissance continue? la productivité à court terme?» Cette réflexion, qui s'avère essentielle, permet de déterminer les formes de reconnaissance les plus efficaces et de diminuer le risque de récompenser des comportements négatifs et indésirables plutôt que des comportements que l'on souhaite encourager.

Par ailleurs, la récompense, quelle que soit sa forme, n'est pas suffisante à elle seule pour changer la culture d'entreprise et résoudre un grave problème de productivité. C'est un ensemble intégré de modes de reconnaissance (soit des promotions, des primes, une formation, une plus grande autonomie, la participation, etc.) qui pousse les employés à s'engager dans leur travail, à se surpasser et à s'intéresser à leur entreprise. L'entreprise doit également faire une analyse de sa propre situation afin d'établir les formes de reconnaissance prioritaires. À voir la rapidité avec laquelle certaines organisations sont prêtes à revoir leur système de rémunération et leur peu d'empressement à réviser simultanément leurs autres modes de reconnaissance (comme les conditions de travail et la visibilité), force est de constater que pour plusieurs dirigeants et cadres, le plus pénible n'est pas de verser de l'argent mais de devoir abandonner des privilèges, d'en partager d'autres ou encore d'en accorder de nouveaux.

Remarquons aussi que l'efficacité des récompenses tangibles (comme les prix, les primes, les augmentations de salaire ou les abonnements) n'est pas proportionnelle à leur coût et qu'elle est supérieure à celui-ci lorsque ces récompenses sont couplées à des formes de reconnaissance intangibles et moins dispendieuses, qui ne nécessitent aucun chambardement des politiques de l'organisation.

Finalement, pour que les récompenses soient efficaces, il faut que les employés aient une certaine sécurité d'emploi et un salaire décent. À long terme, nous ne pouvons nous attendre à ce que les employés se surpassent s'ils sont sous-payés ou s'ils vivent avec la peur constante de perdre leur emploi.

10.4.6 Revoir continuellement l'efficacité du système de récompenses

La concurrence accrue et les progrès technologiques rapides forcent les dirigeants d'entreprise à opérer de multiples changements: la satisfaction des clients et la productivité deviennent des facteurs de réussite, le nombre d'employés et de niveaux hiérarchiques est réduit, des modes de gestion plus flexibles et plus participatifs sont choisis, et ainsi de suite. Ce nouveau contexte organisationnel exige souvent que l'on revoie les modes traditionnels de gestion de la rémunération parce qu'ils incitent les employés à adopter des attitudes et des comportements qui, s'ils ont bien servi l'entreprise par le passé, nuisent dorénavant à son succès.

Wilson (1995) rapporte les résultats d'une étude longitudinale faite auprès de 16 entreprises américaines ayant gagné la mention de qualité la plus distinctive, le Malcolm Baldridge National Quality Award, notamment AT&T Consumer Communications, IBM Rochester, GTE Directories Corp. et Eastman Chemical Co. Ces résultats confirment plusieurs préalables du succès. Les dirigeants de ces entreprises font tous beaucoup d'efforts pour établir un lien étroit entre les objectifs d'affaires et leur système de rémunération. Tous ont mis au point leurs propres façons de récompenser leurs employés afin de s'assurer qu'elles appuient leur culture, leurs valeurs et leurs objectifs d'affaires. Tous ont implanté des moyens variés de célébrer les réalisations individuelles et collectives par des modes de récompenses tant instantanées (*spot awards*) qu'annuelles. La plupart d'entre eux effectuent des enquêtes annuelles auprès de leurs employés pour évaluer l'efficacité de leurs régimes de récompenses et pour recueillir leurs suggestions. Plutôt que de tenter de s'accommoder des régimes de rémunération qui ne donnent plus les résultats escomptés ou de les rafistoler, ils préfèrent les remplacer par des régimes qui répondent mieux aux besoins actuels de leur entreprise et de leur personnel. Finalement, ces dirigeants prennent le temps de communiquer, d'expliquer et de justifier aux employés leur stratégie de récompenses et l'évolution des affaires de l'entreprise en recourant à divers supports (des vidéos, des manuels, des groupes de discussion, la formation des cadres, des journaux d'entreprise, des tableaux d'affichage, etc.). Chaque programme de récompenses s'appuie sur des règles formelles ou écrites.

Conclusion

Pour relever le défi que représente l'amélioration de la productivité, les dirigeants et les cadres doivent reconnaître le rendement des employés ou cesser de considérer celui-ci comme un dû. L'approche axée sur la reconnaissance nécessite la définition des facteurs de succès sur lesquels l'entreprise repose et auxquels elle rattachera diverses formes de récompenses: la communication, les comportements, les symboles honorifiques, la visibilité, les biens et les services, les conditions de travail et, enfin, la rémunération. Si l'on excepte la rémunération, les entreprises peuvent reconnaître le rendement d'une multitude de façons, qui gagneraient d'ailleurs à être exploitées davantage. En matière de rémunération, les dirigeants peuvent choisir, parmi différents régimes, des régimes basés sur le rendement individuel, sur le rendement de l'équipe ou sur le rendement collectif à court terme ou à long terme.

Quel que soit le système de récompenses retenu, il est important de respecter certaines conditions de succès pour maximiser son efficacité. Entre autres, il faut récompenser les bonnes choses, bien évaluer la bonne mesure du rendement, relier les récompenses au rendement, former les cadres et les inciter à reconnaître le rendement, bâtir un système de récompenses intégré et cohérent, et revoir continuellement l'efficacité du système de récompenses.

QUESTIONS DE RÉVISION

1. «Le fait de récompenser le rendement a un effet positif sur le rendement des employés.» Commentez et nuancez cette affirmation.

2. En plus de la rémunération, de quelles façons l'entreprise peut-elle reconnaître le rendement des employés?

3. «En dehors de l'argent obtenu en vertu des régimes de rémunération variable, les récompenses que les employés peuvent recevoir ne sont que des gadgets inutiles et inefficaces.» Commentez cette opinion.

4. Quels types de régimes de rémunération les dirigeants peuvent-ils implanter pour reconnaître le rendement individuel, le rendement des équipes de travail et le rendement collectif? Définissez ces divers régimes et discutez de leurs avantages et de leurs inconvénients respectifs.

5. La direction de votre entreprise songe à reconnaître de manière officielle le rendement individuel de ses cadres. Quels sont les avantages et les inconvénients reliés au fait de procéder au moyen d'augmentations de salaire ou de primes?

6. L'efficacité de tout régime de reconnaissance est fonction de la façon dont il est géré. Présentez les conditions de succès de l'implantation d'un tel régime.

Références

American Productivity and Quality Center (1988). « What motivates center members », *Consensus*, vol. 1, n° 4, juillet.

Beauregard, V. (1993). « Comment motiver les cadres d'entreprises? En en faisant des actionnaires », *La Presse*, 24 novembre, p. D1.

Booth, P.L. (1987). *Paying for Performance: The Growing Use of Incentives and Bonus Plans*, Ottawa, Conference Board of Canada.

Booth, P.L. (1990). *Strategic Rewards Management: The Variable Approach to Pay*, Ottawa, Conference Board of Canada.

Chaput, J.-M. (1994). « Le dompteur de lions », *PME*, juin, p. 6.

Conte, M.A. et J. Svejnar (1990). « The performance effects of employee ownership plans », dans *Paying for Productivity: A Look at the Evidence*, sous la direction d'A.S. Blinder, Washington, The Brookings Institution.

Deci, E.L. et R.M. Ryan (1985). *Intrinsic Motivation and Self-Determination in Human Behavior*, 2e éd., New York, Plenum Press.

Deming, W.E. (1986). *Out of the Crisis*, Cambridge, MIT Press.

Florkowsky, G.W. (1987). « The organizational impact of profit sharing », *Academy of Management Review*, vol. 12, n° 4.

Gagnon, D. et S. St-Onge (1995). « Le concours "Les Abeilles d'or" à la Fédération des caisses populaires Desjardins de Montréal et de l'Ouest-du-Québec », cas distribué par la librairie universitaire de la coopérative de l'École des HEC, n° 9 30 95 027, 7 p.

Gomez-Mejia, L.R. et D.B. Balkin (1992). *Compensation, Organizational Strategy, and Firm Performance*, Cincinnati, South-Western Series in Human Resources Management.

Gowen, C.R. (1990). « Gainsharing programs: An overview of history and research », *Journal of Organizational Behavior Management*, vol. 11, n° 2, p. 77-99.

Heneman, R.L. (1992). *Merit Pay: Linking Pay Increases to Performance Ratings*, Ohio, Addison Wesley HRM Series.

Hewitt & Associés (1996). *Programmes de rémunération variable, base de données : faits saillants et résultats de l'enquête 1995-1996*.

Kohn, A. (1993). *Punished by Rewards*, Boston, Houghton Mifflin.

Laprise, G. (1993). *Programme d'achat d'actions de Québec-Téléphone*, section XII, document des participants, Congrès sur la rémunération variable, Institut canadien, 18-19 janvier.

Lawler, E.E. (1988). « Choosing an involvement strategy », *Academy of Management Executive*, vol. 2, n° 3, p. 22-27.

Lawler, E.E., G.E. Ledford, Jr. et L. Chang (1993). « Who uses skill-based pay and why », *Compensation and Benefits Review*, mars-avril, vol. 25, n° 2, p. 22-26.

Lawler, E.E., S.A. Mohrman et G.E. Ledford, Jr. (1992). *Employee Involvement and Total Quality Management: Practices and Results in Fortune 1000 Companies*, San Francisco, Jossey-Bass.

Locke, E.A., K. Shaw, L.M. Saari et G.P. Latham (1981). « Goal setting and task performance: 1969-1980 », *Psychological Bulletin*, vol. 90, p. 125-152.

McAdams, J.L. (1996). *The Reward Plan Advantage*, San Francisco, Jossey-Bass.

Milkovich, G.T. et J.M. Newman (1996). *Compensation*, 5e éd., Homewood, Illinois, Richard D. Irwin.

Nelson, B. (1994). *1001 Ways to Reward Employees*, New York, Workman Publishing.

Pierce, J.L., S.A. Rubenfeld et S. Morgan (1991). « Employee ownership. A conceptual model of process and effects », *Academy of Management Review*, vol. 16, n° 1, p. 121-143.

Poole, M. et G. Jenkins (1991). « The impact of profit-sharing and employee shareholding schemes », *Journal of General Management*, vol. 16, n° 3, printemps, p. 52-72.

St-Onge, S. (1990). « The Impacts of the pay-for-performance formulas on supervisor's performance evaluations and allocation decisions and on subordinate's work motivation », *Rapport du congrès annuel de la section Personnel et ressources humaines de l'Association des sciences administratives du Canada*, vol. 11, n° 9, p. 136-145.

St-Onge, S. (1992). *A Field Investigation of Variables Influencing Pay-for-Performance Perception*, thèse de doctorat, Toronto, York University, mars.

St-Onge, S. (1993). « Variables influencing pay-for-performance perception in a merit pay environment », *Academy of Management Meetings Best Papers Proceedings*, août, p. 121-125.

St-Onge, S. (1994). « L'efficacité des régimes de participation aux bénéfices : une question de foi, de volonté et de moyens », *Gestion*, vol. 19, n° 3, février, p. 22-31.

St-Onge, S. et M. Magnan (1998). « La mesure de la performance organisationnelle : un outil de gestion et de changements stratégiques », *Gestion*, collection « Racines du savoir », à paraître.

St-Onge, S., M. Magnan, S. Raymond et L. Thorne (1996). « L'efficacité des régimes d'option d'achat d'actions : qu'en sait-on ? », *Gestion*, vol. 21, n° 2, p. 20-31.

Thériault, R. et S. St-Onge (1999). *Gestion de la rémunération*, Boucherville, Gaëtan Morin Éditeur, à paraître.

Tyson, D.E. (1996). *Profit Sharing in Canada*, Toronto, Wiley.

Vroom, V.H. (1964). *Work and Motivation*, New York, Wiley.

Weitzman, M.L. et D.L. Kruse (1990). « Profit sharing and productivity », dans *Paying for Productivity: A Look at the Evidence*, sous la direction d'A.S. Blinder, Washington, The Brookings Institution, p. 95-140.

Wilson, S.Y. (1995). « Effectively recognizing and rewarding employees : Lessons from Malcolm Baldridge National Quality Award winners », *ACA Journal*, vol. 4, n° 2, été, p. 36-47.

Lectures suggérées

Blinder, A.S. (sous la dir. de) (1990). *Paying for Productivity: A Look at the Evidence*, Washington, The Brookings Institution.

Knouse, S.B. (1995). *The Reward and Recognition Process in Total Quality Management*, Milwaukee, ASQC Quality Press.

Kohn, A. (1993). *Punished by Rewards*, Boston, Houghton Mifflin.

McAdams, J.L. (1996). *The Reward Plan Advantage*, San Francisco, Jossey-Bass.

Tyson, D.E. (1996). *Profit Sharing in Canada*, Toronto, Wiley.

CAS 10.1

LA RÉMUNÉRATION VARIABLE : OUTIL DE MOTIVATION OU SOURCE D'INSATISFACTION[5]

La Fonderie Saint-Cyr se spécialise dans la fabrication de pièces métalliques utilisées par les constructeurs de matériel de transport. Elle compte 200 employés de production, tous payés à l'heure. Bien que rentable, l'entreprise a subi une baisse de productivité au cours des deux dernières années. Le directeur de l'usine, M. Lacoulée, est convaincu que le système de rémunération actuel est responsable de cette situation, car il ne tient pas compte de la productivité des travailleurs.

Selon M. Lacoulée, si une partie de la rémunération des employés de la production était liée à leur rendement, cela augmenterait leur motivation au travail. Il décide de consulter les contremaîtres, qui se disent en général favorables à l'idée. Toutefois, ils s'interrogent sur les normes de rendement à établir et sur l'incidence d'un régime de rémunération variable sur la coopération entre les travailleurs et sur leur propre travail.

Après quelques mois de réflexion, M. Lacoulée décide de mettre en place un régime de rémunération variable. En vertu de ce nouveau régime, les employés recevront 80 % de leur salaire de base actuel, le reste étant fonction du nombre d'unités produites au-delà d'un certain seuil. Selon ses prévisions, les employés devraient être en mesure d'accroître leur rémunération de 30 %. Le directeur prévoit même une période de transition de six mois pendant laquelle la rémunération des employés ne peut être inférieure à ce qu'ils gagnaient auparavant.

Dès les premières semaines qui suivent l'implantation du nouveau régime de rémunération variable, un constat s'impose : les résultats sont catastrophiques. La productivité a baissé et le mécontentement des travailleurs est évident. Comme les salaires des employés étaient déjà inférieurs à ce qu'offraient les entreprises syndiquées de l'industrie, le nouveau régime de rémunération est perçu par les employés comme un moyen supplémentaire d'accroître la rentabilité de l'entreprise à leur détriment. Certains envisagent même de former un syndicat.

QUESTIONS

1. Quels facteurs peuvent expliquer l'échec du nouveau régime de rémunération variable ?

2. D'autres types de régimes de rémunération variable auraient-ils eu plus de chances de succès ? Lesquels ? Pourquoi ?

---

5. Cas rédigé par Mario Giroux sous la direction de Sylvie St-Onge. Reproduit avec permission de l'École des Hautes Études Commerciales de Montréal.

CAS 10.2

La reconnaissance du rendement chez Bingo inc.[6]

Bingo inc. est une entreprise spécialisée dans la conception, la fabrication et la distribution de jeux de société de toutes sortes. L'entreprise emploie 2 500 personnes, dont 250 cadres et professionnels non syndiqués. La politique de la rémunération pour cette dernière catégorie d'employés permet de reconnaître le rendement à l'aide de deux régimes.

Le premier régime reconnaît le rendement de l'employé au moyen d'augmentations de salaire annuelles. Le rendement est évalué sur une base annuelle en fonction d'objectifs préétablis. Les augmentations de salaire accordées dépendent de trois facteurs: la cote de rendement de l'employé, qui peut varier de A à E; la position de l'employé sur son échelle salariale; le budget annuel global approuvé par la direction de l'entreprise pour les augmentations de salaire. Quant au second régime, il permet l'attribution d'un montant forfaitaire pour une contribution jugée « exceptionnelle », c'est-à-dire qui correspond à une réalisation majeure et qui fait grandement progresser la mission de l'entreprise. Un budget annuel de 2 % de la masse salariale des cadres et des professionnels est généralement prévu pour ces primes d'excellence. Le montant forfaitaire accordé peut varier de 2 % à 10 % du salaire annuel de l'employé.

Les primes d'excellence ont toujours créé un certain malaise parmi les cadres et les professionnels de Bingo. Les plaintes formulées portent habituellement sur la difficulté de définir la notion de contribution exceptionnelle (« J'ai l'impression qu'ils veulent que je marche sur l'eau! ») ou encore sur l'écart entre le nombre de primes accordées par les différentes unités administratives (« J'aimerais travailler au service des finances, ce sont tous des supermans là-bas »). Mais le commentaire le plus fréquent fait état du « syndrome de la saucisse Hygrade », selon lequel ce sont les mêmes personnes qui reçoivent les primes d'excellence. En effet, la contribution exceptionnelle est souvent associée à une participation à des projets spéciaux très visibles dans l'entreprise ou au cumul de deux postes pour une période donnée. Dans ce contexte, plus on a d'occasions d'apporter une contribution, plus on a de chances d'obtenir une prime, plus on se fait offrir des possibilités d'apporter une contribution, plus on a de chances... Malgré tout, comme la majorité des cadres et des professionnels obtenait jusqu'à maintenant des augmentations de salaire assez généreuses d'année en année (entre 5 % et 8 %), la question du montant forfaitaire était vite oubliée, du moins jusqu'à l'année suivante.

Toutefois, la situation a changé au cours des deux dernières années. L'entreprise connaît des difficultés financières et le budget alloué aux augmentations de salaire a été réduit substantiellement. Il est maintenant impossible de donner des augmentations importantes à la majorité des employés. Pour éviter que certains bons employés n'obtiennent une augmentation de 1 % ou 2 % seulement, on procède même à un certain nivellement des augmentations de salaire. Ainsi, les cadres et les professionnels reçoivent sensiblement la même augmentation de salaire, que leur rendement soit moyen, bon ou très bon. Pour contourner ce problème, les dirigeants de certaines unités administratives ont octroyé davantage de primes d'excellence pour mieux récompenser les employés qui ont eu un très bon rendement au travail. Certains cadres et professionnels ont donc reçu des montants forfaitaires sans qu'il y ait vraiment apparence de contribution exceptionnelle, du moins du

---

6. Cas rédigé par Mario Giroux sous la direction de Sylvie St-Onge. Reproduit avec permission de l'École des Hautes Études Commerciales de Montréal.

point de vue de ceux qui n'avaient rien obtenu. Le malaise causé par ces primes d'excellence semble contribuer davantage à amoindrir la motivation et la coopération entre les cadres et les professionnels qu'à l'augmenter.

Sentant le problème s'aggraver, le vice-président des ressources humaines a décidé de l'ajouter à l'ordre du jour de la prochaine réunion du comité de gestion. Il veut attirer l'attention du comité sur le problème et ses causes, puis présenter des solutions. Aussi vous a-t-il chargé, en tant que directeur de la rémunération, de préparer un rapport sur ce problème.

Question

Quelle proposition pourriez-vous faire au vice-président des ressources humaines, sachant que les autres vice-présidents tiennent fermement au principe qui consiste à récompenser adéquatement les employés selon leur rendement?

CHAPITRE 11

Intervenir auprès des employés difficiles

OBJECTIFS D'APPRENTISSAGE

Après l'étude de ce chapitre, le lecteur devrait être plus apte à:

- Déterminer ce qu'est un employé difficile et comprendre qu'il est important d'intervenir adéquatement auprès de lui.
- Établir un diagnostic d'intervention auprès des employés difficiles.
- Décrire le *counselling* comme mode d'intervention auprès des employés difficiles.
- Préciser les conditions de succès d'un entretien de *counselling*.
- Départager les rôles et les responsabilités des cadres et des intervenants professionnels auprès des employés difficiles.
- Traiter de la discipline comme mode d'intervention auprès des employés difficiles.
- Indiquer comment on mène un entretien disciplinaire et rédiger une mesure disciplinaire.
- Distinguer les rôles des professionnels en ressources humaines, des syndicats et des compagnies d'assurances collectives au regard des problèmes que peuvent vivre certains employés.

MISE EN SITUATION

Employé-problème : changer le comportement plutôt que l'individu[1]

Le gestionnaire ne peut pas changer le caractère d'un employé ou résoudre les problèmes familiaux qui nuisent à son rendement. Par contre, son rôle est d'aider l'employé-problème à améliorer son comportement et sa façon de faire au travail.

Tel est l'avis d'André Hogue, chargé de cours en gestion des ressources humaines à l'École des Hautes Études Commerciales (HEC). Selon lui, un dirigeant peut aider un employé-problème de différentes façons.

« Il peut réaffecter l'individu à un autre poste, réaménager ses tâches ou développer ses connaissances et ses habiletés. »

Dans certains cas, le congédiement peut s'avérer nécessaire. « Cependant, ce doit être la solution ultime. »

M. Hogue est convaincu que la mise à pied n'est pas la façon de régler le problème. « Pourtant, 50 % des congédiements sont des règlements de comptes », a constaté celui qui est également président d'André Hogue Gestion Conseil, firme de consultation en ressources humaines, de Montréal.

M. Hogue a regroupé en quatre catégories les principales manifestations des employés-problèmes :
- rendement inadéquat au travail (faible productivité, erreurs, omissions, mauvaise qualité) ;
- exercice inadéquat de son rôle (troubles de personnalité, d'attitude ou de comportement, agressivité envers les clients ou les confrères de travail, problèmes de drogue, d'alcool, d'hygiène) ;
- conflits au sein des groupes de travail (déficience des relations interpersonnelles, clivage, refus d'intégration sociale, isolement, clique) ;
- contestation de l'autorité (résistance, critiques, défis, provocations).

Bien planifier sa démarche

« Face à ces manifestations, le gestionnaire doit entreprendre une démarche positive avec l'employé-problème », a expliqué le spécialiste.

Cependant, pour la mener à terme efficacement, il faut savoir planifier son intervention.

« Le problème, c'est qu'on ne documente pas assez le dossier de l'employé par des faits, des dates, des écarts à la norme et par les conséquences qu'ils produisent sur la clientèle ou le climat de travail », a soutenu M. Hogue.

À son avis, il faut forcer les entreprises à mieux se documenter, car cette information est à la base d'un échange fructueux avec l'employé.

Selon le consultant, il importe de savoir s'il s'agit d'un problème chronique ou circonstanciel. Car il y a une différence entre un employé qui refuse de s'adapter à une nouvelle technologie et un autre qui vit un divorce, une période de deuil ou une maladie.

« Si c'est chronique, l'attitude sera plus disciplinaire et la solution sera de réaménager les tâches ou réaffecter l'employé ailleurs. Si c'est circonstanciel, il s'agira de transformer la nature du problème par une relation d'aide. »

Dans le cadre de ces interventions avec les employés-problèmes, M. Hogue rappelle que le gestionnaire doit s'assurer de l'appui de la direction.

« Il doit informer ses patrons de son plan d'action, car un dirigeant qui agit seul peut être très vulnérable, surtout quand le problème existe depuis longtemps. »

Pour se garder une marge de manœuvre, il suggère également aux dirigeants d'établir différents scénarios de rechange.

Selon M. Hogue, le gestionnaire doit intervenir auprès d'un employé fautif pour lui dire clairement ce qu'on attend de lui, tout en établissant des délais raisonnables. « Sans pour autant le blâmer, il faut lui faire comprendre pourquoi il n'est pas conforme aux attentes. »

---

1. R. Bourdeau, Les Affaires, 9 mars 1996, p. 31.

M. Hogue suggère d'aller droit au but, sans dorer la pilule. Il déconseille de lancer des fleurs avant le pot. « Il n'y a rien de pire pour un employé que de se faire dire : tu fais un bon travail, mais… »

Selon le spécialiste, il faut conduire l'intervention en se concentrant sur les comportements inadéquats, de façon à en présenter les conséquences.

« Par exemple, il faut dire à l'employé, qui n'est pas toujours conscient de ses comportements, qu'à cause de son agressivité, on a perdu trois clients. »

L'individu doit être conscient des éventualités qui l'attendent. Dans le cas de problème chronique, les punitions peuvent aller jusqu'au congédiement.

Les récompenses, quant à elles, ne sont pas toujours monétaires. Comme source de motivation, on peut utiliser les valeurs de l'employé. « Le système de récompense sera efficace s'il tient compte des priorités de la personne concernée comme la reconnaissance, la réputation ou sa réintégration dans le groupe de travail. »

Un suivi serré du cas d'un employé-problème est nécessaire. « Il ne faut pas penser qu'après une seule rencontre, tout va disparaître par enchantement. »

Question

Quelles sont les principales conditions à respecter pour améliorer l'efficacité des intervenants auprès des employés difficiles?

Introduction

Les employés difficiles (souvent appelés « employés-problèmes ») ne sont pas nombreux dans une organisation. Toutefois, leur présence peut exiger beaucoup de temps des cadres et leur causer bien des soucis. Ce chapitre vise à améliorer les connaissances et les compétences en matière d'intervention auprès des employés difficiles. Après avoir défini les employés difficiles aux fins de ce chapitre, nous traiterons du fait qu'il est important que les cadres sachent intervenir à leur égard. Dans cette optique, nous verrons d'abord le diagnostic que les cadres doivent poser face à chaque cas problématique. Par la suite, nous distinguerons deux approches que l'on peut adopter à l'endroit des employés difficiles : le *counselling* (ou assistance sociopsychologique) et la discipline. Nous examinerons les avantages et les limites du *counselling*, le *counselling* spontané et le *counselling* formel, la conduite d'un entretien de *counselling*, les responsabilités d'autres intervenants (psychologues, conseillers juridiques, etc.) et l'utilité des programmes d'aide aux employés (PAE). En ce qui concerne la discipline, nous étudierons son importance, ses objectifs, les principes à respecter, son contenu et les circonstances d'une enquête disciplinaire, la tenue d'un entretien disciplinaire et la rédaction d'un avis disciplinaire. L'intervention auprès des employés difficiles restera toujours ardue et désagréable pour les cadres. Cependant, lorsque les cadres sont plus conscients de leurs responsabilités, des limites de leurs rôles, des principes à respecter et des approches à utiliser, ils améliorent leurs chances d'intervenir de manière efficace auprès des employés difficiles, ce qui est dans le meilleur intérêt de tous.

11.1 Qu'est-ce qu'un employé difficile ?

Une secrétaire a de la difficulté à s'adapter aux nombreux changements technologiques qui surviennent dans son travail. Malgré le fait qu'elle a participé à plusieurs sessions de formation et qu'elle peut consulter plusieurs ouvrages sur les nouveaux logiciels à utiliser, elle continue à tourner en rond. Elle dérange constamment ses collègues pour obtenir de l'aide — souvent à propos de tâches élémentaires — et revient vite aux anciennes façons de faire (logiciels, outils, techniques, etc.) pour réaliser ses activités. Plusieurs de ses collègues se plaignent de son rendement et de la surcharge de travail que sa présence entraîne pour eux.

Il y a trois ans, un professionnel de recherche syndiqué a été hospitalisé pour une maladie psychologique, puis traité pendant plusieurs mois; il a alors pu bénéficier de l'assurance-salaire. Depuis lors, ses retours au travail se font de plus en plus courts et ses départs coïncident régulièrement avec les périodes de pointe de travail dans l'année. Cette constante dans les comportements de l'employé a fini par exaspérer ses collègues de travail et les chercheurs. Tous sont fatigués d'avoir à former des personnes pour remplacer le professionnel, d'ailleurs de moins en moins professionnel puisqu'il ne met plus à jour ses compétences. Plusieurs songent même à abolir son poste ou à retenir les services d'un de ses remplaçants, qui se sont tous avérés plus compétents et efficaces que le professionnel.

La notion d'employé difficile a évolué, mais elle reste, encore aujourd'hui, ambiguë. Miner et Brewer (1976), par exemple, indiquent que, selon la philosophie des années 60, on regroupait sous ce terme les employés qui avaient des problèmes de rendement dus à divers facteurs, entre autres le handicap physique, l'âge, la nationalité et la condition sociale. Plus récemment, Rondeau et Boulard ont défini les employés qui font problème comme «des individus ou des groupes qui présentent un rendement inadéquat ou qui adoptent des attitudes et des comportements jugés inacceptables, compte tenu de ce qui est généralement attendu en pareilles circonstances» (1992, p. 32-33). Prise à la lettre, une telle définition peut amener le lecteur à dire avec raison que tous les employés causent des problèmes à un gestionnaire à un moment ou l'autre. Il suffit de penser aux employés ayant un potentiel élevé qui songent à quitter l'organisation faute de possibilités de promotion, ou aux employés qui abusent de l'alcool, ou encore aux employés qui s'absentent souvent. En fait, les postes d'encadrement sont en partie créés pour résoudre des problèmes humains.

Si tous les employés causent à leur façon certains soucis à leur supérieur, cela n'en fait pas pour autant des employés difficiles. En fait, ce n'est pas seulement la détermination du problème de rendement ou de comportement qui permet d'identifier les employés difficiles et d'intervenir auprès d'eux, c'est aussi la détermination des causes présumées ou réelles du problème de rendement ou de comportement. En effet, aux fins de ce chapitre, l'employé difficile correspond à l'employé dont les comportements ou les résultats au travail sont inacceptables (anormaux) en raison d'un certain déséquilibre psychologique ou social qui peut être plus ou moins temporaire ou plus ou moins normal. Selon la nature du déséquilibre psychologique ou social, l'intervention auprès d'employés difficiles sera sous la responsabilité de différentes ressources, comme le supérieur immédiat, un professionnel en ressources humaines ou un psychologue.

Plusieurs auteurs cherchent à préciser ce qu'est un employé difficile en se penchant sur la normalité du problème de rendement (il doit être plus critique que les problèmes courants) et sur la normalité de la santé psychologique de l'employé (dans l'affirmative, les cadres doivent intervenir par le *counselling* ou la discipline; dans la négative, l'employé a besoin d'une aide professionnelle):

> *Nous ne parlons pas de personnes ayant des problèmes psychologiques ou neurologiques; elles ont besoin d'une aide professionnelle. Nous ne parlons pas non plus d'une appréciation routinière du rendement où des critiques et des suggestions visant une amélioration sont précisées en des termes rationnels et objectifs. Nos propos correspondent principalement aux efforts de* counselling *faits auprès d'employés ayant des troubles moyens de comportement* (Bittel et Newstrom, 1990, p. 319).

> *Une précision importante: les stratégies suggérées pour gérer des comportements dysfonctionnels sont proposées pour des employés qui ont un profil psychologique normal. Si vous transigez avec un employé dont le comportement est en dehors de la normalité, n'essayez pas de traiter le problème par vous-même* (Mann, 1993, p. x).

11.2 L'importance de la gestion des employés difficiles

La gestion des employés difficiles pose un défi particulier à la société, aux organisations, aux cadres hiérarchiques, aux professionnels en ressources humaines et aux syndicats.

11.2.1 La société et les organisations

Du côté de la société et des organisations, il peut être justifié de penser que le défi à cet égard est croissant, puisque le nombre d'employés difficiles risque d'avoir un rapport avec la fréquence des divorces et des séparations, avec le taux de criminalité, avec la consommation de drogue et d'alcool, etc. Comme nous le verrons au chapitre 12, l'épuisement professionnel, les troubles nerveux et d'autres problèmes psychologiques se sont accrus énormément chez les employés au cours de la dernière décennie, ce qui a entraîné une hausse considérable des congés pour une courte et une longue durée. Une étude réalisée par la société Watson Wyatt auprès de 305 entreprises canadiennes indique que les coûts directs de l'invalidité de courte et de longue durée représentent 5,6% de la masse salariale des entreprises; cela ne comprend pas les nombreux coûts indirects tels les salaires des remplaçants, la perte de productivité, l'insatisfaction de la clientèle et les heures supplémentaires (*Les Affaires*, 1997). Ajoutons que le problème de l'employé difficile constitue fort probablement un problème pour son conjoint ou sa conjointe, ses enfants et ses autres proches, et qu'il se répercute aussi sur les attitudes et les comportements au travail de ces derniers.

Par ailleurs, on peut également avancer que même si le nombre d'employés difficiles s'accroît, ceux-ci restent et resteront une exception. Toutefois, il ne faut pas pour autant négliger de traiter ces cas exceptionnels, car une gestion inadéquate d'un employé difficile peut entraîner dans le milieu de travail de multiples conséquences négatives et coûteuses tant pour l'employé lui-même que pour ses collègues. Selon Odette Beaudoin, «les premières réponses aux personnes en difficulté doivent venir des personnes sur la ligne de feu (les cadres) puisque le nombre limité de psychiatres, de psychologues, de travailleurs sociaux ou de conseillers matrimoniaux ne permettrait pas de répondre à toutes les demandes» (1986, p. 79).

11.2.2 Les cadres hiérarchiques

Du côté des cadres hiérarchiques, leurs réactions les plus courantes consistent à nier le problème, à laisser aller les événements, à intervenir en se préoccupant de ne pas envenimer la situation, à refiler le problème à d'autres instances, à réorganiser le travail afin de réduire les conséquences du problème, à congédier l'employé, etc. Ces réactions s'expliquent de plusieurs façons. De nombreux cadres hiérarchiques se sentent démunis ou impuissants lorsqu'il s'agit de prendre les mesures correctives qui s'imposent. Il arrive souvent que leur organisation n'ait pas de politiques ou de pratiques établies susceptibles de guider ou d'appuyer leurs actions. Ou encore, ils n'ont ni l'expérience ni la formation nécessaires pour faire face à ces situations particulières où les émotions risquent vite d'être exprimées. Par ailleurs, plusieurs cadres hésitent à parler de leurs difficultés ou à demander de l'aide de peur de mal paraître ou de nuire à leur réputation de bon gestionnaire. Considérant tout cela, il est facile de comprendre que les cas d'employés difficiles sont sujets à bon nombre d'erreurs de jugement et d'intervention. À ce sujet, voici ce qu'indiquent Kisfalvi et Lapierre:

> **Garder le contact**: *Lorsque nous sommes confrontés à des difficultés dans des relations interpersonnelles, nous avons souvent tendance à nier qu'elles existent ou à les fuir. Il ne s'agit jamais là d'une solution acceptable à long terme et elle risque de nous éloigner de notre propre réalité. Elle ne peut donc pas constituer une solution au problème auquel nous faisons face. C'est seulement lorsque nous prenons notre courage à deux mains et que nous faisons vraiment face aux dilemmes humains qui nous confrontent inévitablement dans notre environnement de travail que nous pouvons marquer des progrès dans nos rôles de supérieurs et ainsi diriger efficacement nos subordonnés* (1997, p. 80).

Plus précisément, Rondeau et Boulard (1992) parlent de deux pièges qui guettent les cadres placés devant un employé difficile. Le premier piège consiste à croire que les caractéristiques individuelles de l'employé sont la cause du problème et que l'établissement d'une relation d'aide supérieur-subordonné va régler le problème. Historiquement, certaines approches prônées à l'égard des employés difficiles ont d'ailleurs insisté sur l'importance pour le cadre d'amener l'employé à reconnaître son problème (avec l'aide ou non d'un professionnel) et de l'appuyer dans la recherche d'une solution, ou encore de déterminer les causes du problème de rendement de l'employé. Selon Rondeau et Boulard, de telles approches sont insatisfaisantes parce que le fait de chercher à «habiliter le gestionnaire à utiliser des méthodes de *counselling* peut accentuer sa tendance à chercher la **cause** du problème et à vouloir la traiter alors que son véritable rôle est plutôt de se préoccuper des **effets** que produit ce problème au plan organisationnel» (1992, p. 33).

Quant au deuxième piège, il consiste à croire qu'une mesure strictement administrative, telle une réorganisation du travail, peut s'avérer suffisante pour éviter ou contourner le problème. En fait, l'isolement temporaire du problème ne fera pas disparaître le problème de comportement de l'employé.

11.2.3 LES PROFESSIONNELS EN RESSOURCES HUMAINES ET LES SYNDICATS

Ce chapitre est également important pour les futurs professionnels en ressources humaines et intervenants syndicaux. En effet, c'est vers eux que les cadres se tournent lorsqu'ils ont besoin de conseils en matière de gestion d'employés difficiles. D'ailleurs, les professionnels en ressources humaines sont souvent appelés à intervenir auprès des employés difficiles en recourant au *counselling* et à la discipline, deux approches que nous analyserons plus loin. La dernière section de ce chapitre portera d'ailleurs sur le rôle respectif des intervenants suivants en matière de problèmes humains au travail: les professionnels en ressources humaines, les syndicats et les compagnies d'assurances collectives.

11.3 L'INTERVENTION AUPRÈS DES EMPLOYÉS DIFFICILES

Lorsqu'un employé commence à causer un problème, que ce soit en raison d'une baisse soudaine ou graduelle de rendement, de comportements dysfonctionnels ou d'une influence néfaste qu'il exerce sur le rendement de son groupe de travail, son supérieur hiérarchique doit d'abord chercher à comprendre la situation afin d'évaluer les pistes de solution au problème. Dans cette section, nous tenterons de démystifier le diagnostic du cas d'un employé difficile et nous présenterons les différentes mesures permettant de résoudre les problèmes. En somme, nous traiterons de constatation, d'analyse et de documentation à l'égard de cas problématiques, alors que dans les prochaines sections nous nous pencherons sur les divers types d'interventions et les conditions de leur succès (tableau 11.1).

Notons que nous parlons ici de problèmes de rendement qu'un employé n'avait pas par le passé; il y a donc eu changement. Il est possible — bien que ce soit assez rare — d'embaucher un employé qui avait déjà de graves problèmes de comportements et d'attitudes. Dans ce cas, c'est le processus de sélection qui est en cause; il faut alors se séparer de l'employé, ne pas prolonger sa période d'essai.

11.3.1 Constater et analyser le problème

Suivant l'analyse de Rondeau et Boulard (1992), nous pouvons dire que le diagnostic du cas d'un employé difficile exige que l'on réponde à trois questions: quelle est la nature du problème? S'agit-il d'un problème chronique ou circonstanciel? L'employé est-il capable et désireux de changer?

Quelle est la nature du problème?

La première question consiste à déterminer la nature du problème de l'employé. Les mêmes auteurs précisent quatre grands types de problèmes: le rendement inacceptable, les attitudes et les comportements inacceptables, les relations interpersonnelles ou collectives inacceptables et la contestation abusive de l'autorité.

TABLEAU 11.1 L'intervention auprès des employés difficiles

- **Constater et analyser le problème**
  - Quelle est la nature du problème ?
  - S'agit-il d'un problème chronique ou circonstanciel ?
  - L'employé difficile est-il capable et désireux de changer ?
- **Documenter le cas de l'employé difficile**
- **Intervenir auprès de l'employé difficile**
  - *Counselling* spontané et formel des cadres
  - Aide des professionnels et programmes d'aide aux employés (PAE)
  - Discipline

Le rendement inacceptable

Le cadre doit d'abord établir en quoi les résultats de l'employé s'écartent de ce qui est acceptable et quelles sont les conséquences négatives de cet écart sur l'efficacité de l'unité. Pour constater l'ampleur du problème, il s'agit alors de comparer le rendement de l'employé aux normes ou aux seuils de rendement prescrits et reconnus. Plus l'écart est important et répété, plus le problème est critique. Bien entendu, lorsque l'employé occupe un poste qui comporte peu de normes claires et beaucoup d'autonomie (par exemple le travail social ou la recherche), il est plus difficile de poser un diagnostic. Ce type d'employés difficiles comprend ceux dont le rendement est inacceptable en raison de maladies du travail — mal de dos, épuisement professionnel, ulcère, fatigue chronique, etc. — qui peuvent être réelles et requérir des soins, mais qui peuvent aussi être plus ou moins fictives...

> *Toutefois, beaucoup de gestionnaires se sentent impuissants devant la maladie même lorsqu'ils doutent de l'honnêteté de l'employé qui s'en réclame. Ils doivent être conscients du fait qu'un empêchement physique d'exercer sa fonction n'a pas une durée illimitée et qu'il est légitime de chercher à remplacer un employé physiquement incapable d'accomplir son travail. Le gestionnaire est donc justifié de chercher à distinguer l'employé véritablement malade de celui qui est simplement habile à gérer sa « banque » de maladie* (Rondeau et Boulard, 1992, p. 35).

Les attitudes et les comportements inacceptables

Dans ce cas-ci, ce ne sont pas tant les résultats que les attitudes ou les comportements au travail de l'employé (ou la façon d'exercer son rôle) qui sont jugés incompatibles avec ce qui est normalement attendu de la part du titulaire du poste. Il peut s'agir de troubles de la personnalité (par exemple l'agressivité ou l'hostilité), de problèmes d'attitudes (par exemple la passivité ou le manque de motivation) et de comportements déviants (par exemple l'absentéisme, le retard, le vol, le vandalisme, l'insubordination, le harcèlement ou le manque d'hygiène personnelle) qui mènent à un rendement inadéquat ou qui ont un effet négatif sur l'efficacité de l'entourage au travail. Très souvent, l'employé qui éprouve ce type de problème se défend en soutenant que son rendement est adéquat. Finalement, rappelons que plus les problèmes de comportement ont été tolérés longtemps, plus ils seront difficiles à gérer.

Les relations interpersonnelles ou collectives inacceptables

Ce type de problème est lié à une dynamique de groupe malsaine basée sur des luttes de pouvoir, des rumeurs, des préjugés, etc. Il inclut les mésententes et les conflits importants entre les employés, l'émergence de sous-groupes ayant des intérêts qui sont néfastes au travail (comme les membres de sectes ou de groupes de pression qui font de la propagande sur les lieux de travail), la présence de cliques qui nuisent au travail ou encore le rejet de certains employés qui réduit la productivité de l'unité. Face à ces problèmes sociaux, le cadre croit souvent à tort qu'une simple discussion avec le groupe réglera le problème, alors qu'une intervention plus globale, appuyée par la direction, peut s'avérer nécessaire.

La contestation abusive de l'autorité

Ce problème met en cause la relation d'autorité et la façon de diriger du cadre. Les employés qui manifestent ce problème critiquent, contestent, défient ou remettent en question systématiquement l'autorité du cadre sans que la maladresse ou l'incompétence de ce dernier soit en cause, ce qui a une influence néfaste sur l'efficacité du groupe. Dans de telles situations, le cadre a intérêt à consulter son supérieur hiérarchique et le reste de l'organisation et à obtenir leur appui pour ne pas perdre sa crédibilité.

S'AGIT-IL D'UN PROBLÈME CHRONIQUE OU CIRCONSTANCIEL?

La deuxième question qu'il faut se poser pour établir un diagnostic du cas d'un employé difficile consiste à déterminer s'il s'agit d'un problème chronique ou circonstanciel. Si le problème de rendement persiste depuis longtemps, il faut intervenir, car les choses n'iront qu'en empirant si rien n'est fait. Ici, le problème peut être lié à des habitudes ou à des caractéristiques bien ancrées chez l'employé ou à un traumatisme vécu lors de l'enfance qui ont un effet permanent sur les comportements, ou encore à un potentiel ou à des aptitudes qui ne lui permettent pas de répondre aux exigences du travail. Si des événements — une frustration à la suite d'un insuccès ou d'une promotion manquée, un décès, un divorce, une maladie du conjoint, les difficultés d'un enfant, etc. — ont entraîné son problème de rendement, l'aide d'un spécialiste et le temps peuvent arranger les choses. Il faut toutefois veiller à ce qu'un problème circonstanciel ne devienne pas un problème chronique.

L'EMPLOYÉ DIFFICILE EST-IL CAPABLE ET DÉSIREUX DE CHANGER?

La troisième question consiste à se demander si l'employé est capable et désireux de changer. Lorsqu'un employé reconnaît de façon plus ou moins implicite qu'il a un problème de rendement et de comportement, et qu'il est prêt à tenter d'y remédier, l'intervention se fera de façon plus positive. Par contre, lorsqu'il nie l'existence d'un problème et refuse de modifier sa façon de faire, l'intervention reposera sur des mesures d'appui (*counselling*) autant que sur des mesures de contrôle (discipline). Comme le précisent Rondeau et Boulard, « il ne s'agit pas de tenir un double discours face à l'employé, mais plutôt de le placer dans une situation qui soit sans équivoque à la fois quant aux exigences fixées et quant aux efforts déployés pour l'aider à y satisfaire » (1992, p. 34). La capacité de l'employé de réussir à changer est plus épineuse. On peut estimer celle-ci après plusieurs essais et erreurs, mais il peut être difficile de l'établir surtout dans un contexte où les collègues de travail décident de protéger l'employé difficile incapable de changer, et donc susceptible d'être congédié. Par ailleurs, il faut comprendre que certains employés prendront tous les moyens pour camoufler leurs faiblesses: demander de l'aide à leurs collègues, déléguer certaines de leurs responsabilités à des conseillers ou consultants en prétextant que ceux-ci ont l'expertise nécessaire, s'engager activement dans des activités sociales ou dans divers comités de l'organisation afin de se rendre utiles en dehors de leur travail ou encore participer à des activités syndicales afin de mieux se protéger.

11.3.2 DOCUMENTER LE CAS DE L'EMPLOYÉ DIFFICILE

Le cadre doit non seulement déterminer le problème de son subordonné, mais aussi le documenter de façon que l'employé puisse prendre conscience de son problème, de ses répercussions négatives sur l'efficacité de l'unité et de la nécessité d'y remédier. Pour cela, le cadre doit faire les choses suivantes:

- démontrer l'existence du problème en s'appuyant sur des faits précis (comportements, résultats, événements);
- préciser en quoi ces faits dévient des normes existantes que l'employé se doit de respecter pour assurer la bonne marche des opérations;
- obtenir l'appui ou l'approbation de l'organisation dans ses interventions auprès de l'employé difficile (notamment de son supérieur immédiat, des dirigeants, des collègues de l'employé difficile et des professionnels en ressources humaines);
- prévoir différents scénarios afin de préciser jusqu'où il est prêt à aller pour amener un changement de la situation (mesure disciplinaire, programme d'aide aux employés, arbitrage, etc.) et prévoir la réaction de l'employé selon divers résultats (critiques des autres employés, révocation de sa décision par l'arbitre, congédiement de l'employé, etc.).

11.3.3 Intervenir auprès de l'employé difficile

La démarche corrective auprès d'un employé difficile s'appuie simultanément sur deux approches : la relation d'aide (qualifiée couramment de *counselling*) et l'approche disciplinaire. En effet, le cadre doit aider l'employé à modifier son comportement et lui faire prendre conscience qu'il n'a pas le choix de changer ; les développements en la matière seront consignés dans son dossier de façon à appuyer une éventuelle mesure disciplinaire. Le cadre transmet le message selon lequel l'employé a la responsabilité de démontrer sa capacité de répondre aux attentes légitimes de l'organisation à son égard.

Les interventions auprès des employés difficiles nécessitent souvent le recours à plusieurs approches à la fois, allant de la relation d'aide — entre l'employé, son supérieur et des professionnels — à la démarche disciplinaire. Dans les prochaines sections, nous présenterons ces approches en insistant sur les responsabilités des cadres.

11.4 Le counselling auprès des employés difficiles

Dans son sens large, le *counselling* correspond aux discussions ou communications au cours desquelles une ou plusieurs personnes tentent d'aider une autre personne à résoudre un problème actuel, à éviter un problème potentiel ou à faire un choix. L'objectif consiste à aider l'employé à mieux composer avec sa situation de sorte qu'il devienne plus efficace. Pour y parvenir, on peut faire appel à diverses techniques comme l'écoute active, l'utilisation judicieuse de questions, le reflet des sentiments ou la résolution de problèmes. Le *counselling* peut être effectué par des non-professionnels, tels les cadres hiérarchiques, et par des professionnels, tels les psychologues, les psychiatres et les travailleurs sociaux.

L'utilité du *counselling* est engendrée par divers problèmes que peuvent éprouver les employés: l'appréhension de la retraite ou d'une promotion, la toxicomanie, l'alcoolisme, des problèmes financiers, des problèmes familiaux, un problème de poids, le tabagisme, etc.

11.4.1 Les cadres et le counselling: les divergences d'opinion

Les écrits traitant du *counselling* voient de diverses façons le rôle qui est attribué au supérieur hiérarchique en cette matière. En fait, on peut remarquer que l'engagement face au *counselling* peut prendre trois formes (Beaudoin, 1986).

Selon la première forme, le superviseur assume la plupart des activités de *counselling* auprès du personnel, seuls les cas difficiles étant envoyés à d'autres ressources. Ce courant regroupe les auteurs qui se tournent vers les cadres pour leur enseigner comment faire face aux employés difficiles ou comment aider leurs employés à gérer leur carrière. On traite alors de la dynamique des employés difficiles et de stratégies à adopter à leur égard, comme la résolution de problèmes, l'affrontement constructif, les incidents critiques et la rétroaction. Quoique cette perspective favorise un *counselling* de supervision, tous les auteurs reconnaissent que les cas les plus graves ou les plus particuliers doivent être soumis à des ressources compétentes à l'intérieur ou à l'extérieur de l'organisation.

Selon la deuxième forme d'engagement, le *counselling* relève principalement des spécialistes, mais le superviseur, étant donné sa position privilégiée, devrait être mis à contribution. Ce courant, qu'on peut qualifier d'approche mitoyenne, regroupe des auteurs qui attribuent un rôle limité aux superviseurs dans le processus de *counselling*. On préférera alors le monitorat ou le *coaching* au *counselling*. Comme le montre le tableau 11.2, la principale distinction entre le *counselling* et le *coaching* est que le second se centre plus sur le travail et sur les faits alors que le *counselling* se centre sur la personne dans sa totalité. Selon cette perspective, la responsabilité du cadre ne commence que lorsque le rendement de l'employé ou de l'unité de travail est en cause. Le cadre peut alors, même si ce n'est pas son rôle, amener l'employé à reconnaître l'existence d'un problème personnel et l'aider à trouver une solution.

Selon la troisième forme d'engagement, le *counselling* est strictement l'affaire de professionnels. Ce courant regroupe des auteurs qui estiment

TABLEAU 11.2 Quelques différences entre le *counselling* et le *coaching*

Counselling	Différences	Coaching
Lorsqu'il y a un problème de rendement ou lorsque l'employé ressent un problème	Quand y recourt-on ?	Sur une base régulière
Un problème au travail ou un problème personnel	Quel est l'objet de la discussion ?	Un problème au travail
L'écoute	Quel est le rôle du superviseur ?	L'encouragement : conseils à l'employé en vue de s'améliorer
Des conseils imprécis : les subordonnés sont encouragés à trouver par eux-mêmes la solution	Quelle est la nature des solutions envisagées ?	Des conseils précis et fréquents sur la façon de résoudre le problème
Résoudre un problème qui perturbe l'employé : l'entretien est orienté vers la détermination des causes du problème	Quel est l'objectif de l'entretien ?	Améliorer le rendement : l'entretien est orienté vers les répercussions du problème sur le travail
Des employés difficiles	Auprès de qui ?	De tous les employés
Le superviseur et les professionnels	Qui a la responsabilité de le réaliser ?	Le superviseur
Recours limité, risque de s'aventurer dans un domaine où le superviseur n'a ni le mandat ni la qualification	Quels sont les limites ou les risques liés à l'intervention ?	Recours sur une base continue et élargie : il n'y a aucun risque à y recourir ; au contraire, cela permet de développer des habiletés
Le subordonné	Qui demande l'entretien ?	Le superviseur
Crainte de l'employé de se confier, peur que cela ne se retourne contre lui	Quelle est l'attitude de l'employé ?	Incite l'employé à s'améliorer : l'accent est mis sur son développement
Confidentialité	Exigence relative aux renseignements communiqués	Rien de confidentiel n'est communiqué

que les cadres ne devraient tout simplement pas s'occuper des problèmes personnels ou de la carrière des employés, ces derniers requérant les services de professionnels ayant une formation en ce domaine (comme des psychologues) ou de personnes ayant une expérience sur le sujet en question. Parmi les autres raisons invoquées, les superviseurs ne disposent pas d'assez de temps pour recevoir une formation adéquate en *counselling* et pour exercer un rôle de *counselling*, ils sont généralement réticents à affronter les employés difficiles — surtout lorsque les causes du problème sont étrangères au travail — et ils craignent les poursuites liées à une rencontre qui se déroulerait mal.

11.4.2 Le counselling d'encadrement : avantages et limites

Au-delà des positions bien campées de certains auteurs, la réalité n'est pas toujours aussi bien circonscrite en matière de *coaching*. Dans plusieurs cas, il peut s'avérer justifié de penser que le cadre est le plus en mesure d'intervenir pour régler la situation parce qu'il entretient souvent des relations quotidiennes avec lui, qu'il est généralement le premier informé de ses difficultés ou qu'il est le premier à constater que l'employé a un problème. Les raisons qu'on invoque le plus fréquemment en faveur de la formation des superviseurs en *counselling* sont les suivantes (Beaudoin, 1986) :

- leur meilleure connaissance de l'employé (de son rendement, ses habiletés, ses forces, ses ambitions, ses besoins, sa vie personnelle, etc.);
- leur disponibilité et leur accessibilité plus grandes;
- leur pouvoir d'intervention relativement à diverses caractéristiques situationnelles et organisationnelles;
- les possibilités qu'ils ont de mettre en place les conditions qui aideront l'employé à développer ses habiletés et à respecter les normes de rendement;
- le fait que leur intervention évite la stigmatisation et n'implique pas nécessairement l'élaboration d'un PAE ou le recours à d'autres formes d'aide comportant des coûts;
- le fait que leur habileté en *counselling* peut s'appliquer à leurs autres fonctions de supervision;
- le fait que leur supervision implique souvent une relation d'aide informelle avec leurs subordonnés;
- leur satisfaction de pouvoir aider leurs subordonnés et de se rendre compte qu'aux yeux de plusieurs ils font bien leur travail;
- leur attitude positive face à leur rôle d'aide, une dimension de leur travail perçue comme importante.

De l'avis de Beaudoin (1986), la position la plus réaliste et la plus pratique consiste à avancer que le *counselling* devrait être la responsabilité conjointe des superviseurs et des experts. De toute manière, la plupart des superviseurs assument cette fonction de façon informelle et consacrent du temps à la discussion des problèmes personnels que leurs employés cherchent à résoudre. Par ailleurs, si les superviseurs ne réalisaient aucun *counselling*, les professionnels ne seraient pas assez nombreux pour suffire à la tâche. En effet, lorsque les employés ont confiance en leur patron et le respectent, ils ont tendance à lui demander son avis sur différents aspects de leur vie. Les cadres doivent donc toujours, dans une certaine mesure, faire du *counselling*.

Une recommandation exprimée couramment consiste à dire qu'un employé troublé devrait préoccuper son superviseur dans la mesure où son rendement au travail devient insatisfaisant. Selon une autre recommandation, les conseils personnels doivent être prodigués avec prudence par les cadres étant donné qu'ils n'ont pas la compétence en la matière ni de temps à y accorder. Il y a alors un risque que leurs conseils soient inadéquats, et même qu'ils aggravent le problème de l'employé. Le *counselling* n'est pas sans danger... Y recourir, c'est ouvrir la boîte de Pandore; en effet, ce qui semble un simple problème d'absentéisme peut s'avérer un problème émotionnel profond qui nécessite l'aide d'un professionnel.

Par ailleurs, les employés ayant des problèmes personnels ont de la difficulté (des craintes, de la suspicion, de l'appréhension, etc.) à se confier à leur superviseur. Ce dernier ne peut envisager la situation avec détachement, du moins pas autant qu'un professionnel. De plus, un superviseur peut, consciemment ou non, prendre en considération des renseignements confidentiels pour prendre des décisions concernant le travail (pour les promotions, par exemple); l'ouverture dont a fait preuve l'employé se retourne alors contre lui.

Pour toutes ces raisons, de nombreuses organisations souhaitent que les rôles des superviseurs portent d'abord et avant tout sur les six tâches suivantes plutôt que sur le *counselling* d'ordre personnel:

1. S'assurer de la qualité du processus de sélection (vérifier les références, les expériences de travail, etc.).
2. Reconnaître que l'employé a un problème.
3. Documenter et maintenir à jour le dossier de l'employé difficile.
4. Appliquer le processus disciplinaire de l'organisation.
5. Adresser l'employé au représentant du programme d'aide ou à tout autre service professionnel s'il a besoin d'une aide professionnelle.
6. Aider l'employé à réintégrer le milieu de travail.

11.4.3 LE COUNSELLING D'ENCADREMENT: LES APPROCHES SPONTANÉE ET FORMELLE

Le *counselling* d'encadrement correspond essentiellement aux communications superviseur-subordonné visant à résoudre un problème de rendement ou de comportement au travail. Il est orienté vers le rendement au travail.

Le counselling spontané

Le *counselling* spontané, qui est de nature préventive, exige qu'on écoute l'employé, qu'on connaisse sa situation et qu'on lui fournisse une rétroaction particulière. L'objet qui préoccupe le superviseur peut alors être examiné de manière informelle avec l'employé au cours d'un lunch ou au bureau. Le but du *counselling* spontané est d'empêcher qu'un problème s'aggrave.

Dans ce type de *counselling* sans éclat, on n'affronte pas l'employé; on lui montre plutôt que son superviseur est prêt à l'écouter et à parler avec lui. Un cas typique est celui du cadre qui fait face à un subordonné qui arrive plusieurs fois en retard au travail; il lui parle rapidement de ce nouveau comportement pour indiquer qu'il s'en préoccupe. Lorsque cette réaction se manifeste à l'intérieur d'une relation de confiance, elle apprend à l'employé que le cadre accomplit son travail et cherche à réduire le risque de voir le problème persister. Une intervention de cette nature donne la chance à l'employé de s'ouvrir sur son problème et d'envisager des solutions. Elle devrait être faite sur une base continue selon les besoins.

Par exemple, récemment, Pierre, un de vos subordonnés, est arrivé plusieurs fois en retard de 15 ou 20 minutes. Vous lui faites alors la remarque suivante: « Pierre, rappelle-toi. Nos journées de travail commencent à 8 heures tous les jours de la semaine. » Si ses retards persistent, faites-lui comprendre que vous avez observé la situation et que cela vous préoccupe: « Pierre, j'ai remarqué que tu arrives encore fréquemment en retard. Nous avons déjà parlé de cela, et je suis préoccupé. Il est important que je sache que tu vas remédier à cette situation. » Si Pierre vous donne une explication, il importe que vous écoutiez et que vous lui lanciez le défi de trouver une façon de résoudre son problème. Évitez de lui dire: « Ça va pour cette fois », parce que cela peut l'inciter à continuer comme avant. Il doit comprendre que le non-respect de la ponctualité est inacceptable et qu'il a la responsabilité de découvrir une manière d'arriver à l'heure au travail.

Le counselling formel

Le superviseur doit recourir au *counselling* formel ou structuré dès qu'il se rend compte que le *counselling* spontané ne donne pas les résultats voulus et que le problème de l'employé s'aggrave. Ce type de *counselling* implique une discussion en tête-à-tête. L'objectif est d'aider l'employé à résoudre son problème et à offrir la contribution au travail à laquelle son employeur est en droit de s'attendre. Le cadre doit alors intervenir, car le problème ne disparaîtra pas de lui-même.

Toutefois, le législateur indique que les interventions des cadres auprès d'un employé difficile doivent se conformer à certaines exigences fondamentales. Ainsi, il faut que l'employeur ait exprimé clairement ses attentes à l'employé. Il faut également qu'il ait été manifestement de bonne foi avec l'employé en le soutenant et en le traitant avec considération et respect. Il s'agit de ne pas humilier l'employé ni de l'ignorer. Si ce dernier perçoit que son superviseur se préoccupe de lui en tant que personne et apprécie certains aspects de son travail, il sera plus disposé à écouter ses demandes et à changer. Il faut que le cadre ait tenté de modifier le comportement de l'employé, non sa personnalité. Finalement, il faut qu'il ait cherché à faire participer l'employé à la recherche d'une solution. Si celui-ci coopère, il reconnaîtra qu'il est bien placé pour trouver une solution et il sera plus motivé à entreprendre des changements qu'il aura lui-même proposés.

11.4.4 L'entretien de counselling formel mené par les cadres

Afin de respecter ces préalables, la conduite d'un entretien de suivi avec un employé ayant un problème de rendement important et persistant devrait être constructive, c'est-à-dire orientée vers la résolution du problème. Les étapes d'un entretien de *counselling* formel (Mann, 1993; Rondeau et Boulard, 1992) devraient être les suivantes: planifier l'entretien, commencer l'entretien en déterminant le problème et son importance, échanger avec l'employé sur les raisons du problème ou de sa persistance, se mettre d'accord sur un plan d'action pour corriger le problème, terminer l'entretien après avoir précisé les mesures s'il n'y a pas d'amélioration dans l'avenir, et exercer un suivi.

Planifier l'entretien

Le cadre doit planifier l'entretien de manière que l'employé comprenne qu'il a un problème et qu'il veuille le résoudre. L'objectif est de régler le problème, et non de faire en sorte qu'après l'entretien l'employé se sente stupide, persécuté, en colère, et ainsi de suite. Le cadre doit aussi tenter de prévoir les réactions de l'employé en se remémorant les comportements antérieurs de celui-ci. Il est important que le cadre se plie à cet exercice s'il veut avoir confiance en sa propre habileté à gérer l'entretien, s'il veut maîtriser l'entretien et se maîtriser lui-même. Enfin, le cadre doit connaître les politiques de l'organisation ou les façons traditionnelles de faire face à de tels problèmes de manière à proposer des mesures qui pourront être adoptées plus tard.

Le cadre doit également planifier le lieu et le moment de l'entretien. Il est important de rencontrer l'employé difficile en privé, dans un climat propice ; le cadre doit s'assurer que l'entretien ne sera pas interrompu par le téléphone, le télécopieur ou des visiteurs. Il ne faut surtout pas entreprendre un entretien lorsque le cadre ou l'employé est en colère ou que les nerfs de l'un d'entre eux sont à fleur de peau. À ce sujet, voici ce qu'indiquent Kisfalvi et Lapierre :

> **Éviter la réciprocité appauvrissante :** *Avec un subordonné qui démontre des signes d'impulsivité, il est important de conserver son autorité et de garder le contrôle de la situation, mais toutefois sans retourner son agressivité. Avec un subordonné compulsif, il est important d'éviter d'absorber et de réfléchir ses doutes et de maintenir une position ferme et décidée* (1997, p. 80).

Par ailleurs, le cadre doit planifier l'entretien à un moment de la journée où il dispose de suffisamment de temps. Cette rencontre peut être courte ou longue, selon ce que l'employé aura à dire.

DÉTERMINER LE PROBLÈME ET SON IMPORTANCE

L'entretien de *counselling* exige du cadre qu'il établisse un contact positif et respectueux avec l'employé. Il importe de faire en sorte que l'employé sauvegarde son estime de soi et comprenne que son superviseur veut l'aider à apporter les changements nécessaires. Toutefois, cela ne signifie pas que le supérieur hiérarchique doive être évasif ou positif au point que l'employé ne saisira pas le but de l'entretien.

Au contraire, le cadre supérieur doit déterminer clairement et sans détour la nature du problème de l'employé en démontrant l'écart entre son comportement et les normes, et en justifiant l'importance attachée au respect de ces dernières. Pour ce faire, le cadre doit appuyer ses propos sur des observations concrètes qu'il demandera à l'employé de corroborer. Il doit aussi dire pourquoi ces faits représentent un problème pour l'organisation. Par exemple, il peut s'agir de préciser les effets négatifs du comportement de l'employé sur l'efficacité de l'unité. L'objectif consiste à amener l'employé à reconnaître son problème ainsi que la nécessité de le corriger. Kisfalvi et Lapierre abordent ces idées de la façon suivante :

> **Définir la réalité et s'y tenir :** *La raison pour laquelle on veut améliorer la relation entre supérieur et subordonné est de mieux atteindre les objectifs*

> qui ont été fixés pour l'organisation. Le fait de fixer l'attention sur ces tâches et leur réalisation aide à garder la relation ancrée dans le réel et dans ses aspects les plus concrets (1997, p. 80).

Le mot d'ordre est donc d'éviter de recourir aux traits de personnalité (paresseux, indiscipliné, lunatique, etc.) ou encore d'exprimer des commentaires généraux ou vagues comme celui-ci: «Vous démontrez une mauvaise attitude.» On suggère aussi au cadre supérieur de centrer la discussion sur un ou deux comportements problématiques importants. Il faut éviter de dresser une liste de faits négatifs, car cela ne réussira qu'à mettre l'employé sur la défensive. D'ailleurs, lorsqu'on résout un problème fondamental, on peut généralement s'attendre à ce que les autres se résolvent.

S'il y a lieu, le cadre doit rappeler à l'employé les entretiens (spontanés ou formels) qu'ils ont eus précédemment sur le même sujet et démontrer l'insuffisance de l'amélioration. Reprenons le cas de Pierre, le subordonné qui arrive en retard au travail. «Pierre, nous avons discuté à plusieurs reprises de tes retards au travail. Je veux aider tous mes employés à faire leur travail. Lorsque tu es en retard, cela ne reporte pas seulement ton travail, mais aussi celui de tes collègues. Mardi dernier, comme tu n'étais pas au bureau à 8 heures, Marie Lambert a dû prendre une heure de son temps pour faire ton travail afin d'achever un rapport qui devait être remis ce matin-là. La politique de l'entreprise établit que la journée commence à 8 heures, et je m'attends à ce que tous les employés soient ici à cette heure.» Sur ce point, voici ce que disent Kisfalvi et Lapierre:

> ***Objectiver le conflit:*** *Composer avec les aspects qui sont reliés au travail plutôt que de s'attaquer au problème global qui peut remonter à des causes psychologiques profondes. Le gestionnaire devrait s'en tenir à décrire le conflit en termes aussi concrets et objectifs que possible et ne pas jouer au psychologue. Il pourrait ainsi éviter d'être appelé à jouer un rôle parental inapproprié* (1997, p. 80).

ÉCHANGER AVEC L'EMPLOYÉ DIFFICILE SUR LES RAISONS DU PROBLÈME OU DE SA PERSISTANCE

Après avoir déterminé le problème et justifié son importance, le cadre doit demander à l'employé les raisons du problème — ou de sa persistance — et écouter sa réponse. La technique de l'écoute active permettra alors à l'employé de libérer ses émotions. Il s'agit pour le cadre de se concentrer, d'écouter et d'exprimer le fait qu'il écoute par des expressions comme celles-ci: «Je vois», «O.K.». Quelles que soient les raisons que donne l'employé (les exigences sont exagérées, la supervision est inadéquate, les ressources sont insuffisantes, etc.), le cadre ne doit pas parler, ne doit pas alimenter les réactions émotives de l'employé.

Une fois que l'employé a eu la possibilité de fournir ses raisons, le cadre peut reformuler ses propos. Cela donnera l'occasion à l'employé de clarifier certains points s'il constate que le cadre ne l'a pas compris ou qu'il a mal interprété ses propos. Cela permettra aussi au cadre de faire ressortir les contradictions dans les propos de l'employé, s'il y a lieu. Dans notre exemple de Pierre, cela pourrait être : « Pierre, tu dis que tu es en retard parce que tu demeures loin et que la circulation est imprévisible. Quelquefois, c'est parce que tu dors profondément et que tu n'entends pas ton réveille-matin. »

SE METTRE D'ACCORD SUR UN PLAN D'ACTION POUR CORRIGER LE PROBLÈME

Une fois que l'employé a invoqué ses raisons, le cadre doit préciser l'amélioration exigée. Il s'agit alors pour eux d'envisager ensemble des solutions. Le cadre doit montrer qu'il veut aider l'employé à régler son problème ; il doit aussi l'encourager à suggérer des solutions. Aussi, en reformulant les propos de l'employé, le cadre doit éviter de proposer les solutions qui lui viennent à l'esprit (partir plus tôt de la maison, acheter un autre réveille-matin, etc.). Il doit plutôt amener l'employé à penser aux solutions possibles et à faire son choix. Par exemple : « Tu as expliqué pourquoi tu n'es pas à l'heure, mais cela ne règle pas le problème. Selon la politique de l'entreprise, tous les employés commencent leur journée à 8 heures. Comment vas-tu résoudre ton problème ? »

Le cadre et l'employé doivent alors établir un plan en s'entendant sur les moyens à prendre pour corriger la situation et sur les délais à respecter. Il s'agit ici de préciser les critères qui serviront à évaluer dans quelle mesure le problème est corrigé.

Notons que le plan d'action sera d'autant plus détaillé que le problème est complexe. Le cas échéant, le cadre doit offrir un appui particulier à l'employé, sans pour autant abaisser ses exigences, en le guidant notamment vers un service de santé ou un PAE. Il doit alors souligner le caractère confidentiel, l'expertise et l'objectivité d'une démarche d'aide auprès de professionnels.

TERMINER L'ENTRETIEN APRÈS AVOIR PRÉCISÉ LES MESURES S'IL N'Y A PAS D'AMÉLIORATION DANS L'AVENIR

Après que l'employé et le cadre se sont entendus sur un plan d'action, le cadre doit communiquer les mesures qu'il devra prendre si aucune progression n'est observée pendant une période précise et indiquer que ces mesures sont appuyées par l'organisation. Avant de terminer l'entretien, le cadre doit demander à l'employé de résumer ce qui a été dit et décidé. Il doit aussi révéler à l'employé qu'il croit qu'il peut s'améliorer, avant de fixer la date d'un entretien de suivi, de deux à huit semaines plus tard, selon le type de problème.

Il importe également que le cadre consigne ce qui a été dit et conclu lors de l'entretien formel, et remette à l'employé en mains propres une copie de ce compte rendu. Il doit demander à l'employé de signer sa copie du résumé de l'entretien pour confirmer qu'il est d'accord avec son contenu.

Exercer un suivi

Le cadre doit suivre le rendement de l'employé en prenant des notes. Si le problème se règle à la suite de l'entretien, il fera rapidement une rétroaction spontanée afin d'encourager l'employé à maintenir ses efforts et de lui communiquer le fait que ses progrès sont remarqués et appréciés. Si le cadre ne voit aucune amélioration, les entretiens de *counselling* subséquents devront être réalisés sur un ton plus ferme. L'important est de persévérer même si le cadre peut être tenté de mettre fin au processus par manque de temps ou par manque de goût pour de tels entretiens. En fait, chaque fois qu'on ignore un employé difficile, cela l'incite à maintenir son comportement. Finalement, notons que le nombre d'entretiens formels de suivi dépend de la nature et de la fréquence du problème: les retards d'un parent célibataire qui a des problèmes de garderie ne sont pas du même ordre que ceux d'un employé qui a de la difficulté à se réveiller.

11.4.5 Le counselling professionnel et les programmes d'aide aux employés

Les professionnels et les programmes d'aide aux employés

Un programme d'aide aux employés (PAE) correspond à «un ensemble d'interventions mises en place pour apporter aide et soutien aux personnes aux prises avec des problèmes personnels compromettant ou susceptibles de compromettre leur santé, leur équilibre psychologique et leur rendement au travail» (Brunet, 1993, p. 6). Selon Beaudoin (1986), l'objectif principal d'un PAE est d'aider un employé à retrouver un comportement et un rendement normaux au travail. Ses fonctions-clés sont la désignation, le traitement et la réhabilitation des employés qui ont des problèmes risquant d'influencer négativement leur rendement au travail. Notons toutefois que la plupart des PAE prévoient que les employés difficiles seront traités par des professionnels à l'extérieur de l'organisation. Comme l'indique cette auteure, le PAE permet d'ouvrir une brèche dans la conception formaliste du contrat de travail selon laquelle l'employé qui viole son contrat — parce qu'il a un rendement inférieur à la norme ou qu'il s'absente de manière injustifiée — peut être congédié (perte du salaire et des avantages sociaux offerts pour sa prestation de travail). En lui permettant un accès rapide et peu coûteux à des professionnels qualifiés, le PAE aide l'employé à trouver une solution à ses problèmes sans que l'employeur ait à réduire ses exigences légitimes quant au rendement au travail. En fait, l'employé difficile est libre de recourir ou non à l'aide fournie par un PAE, mais il n'a pas le choix de changer son comportement ou son rendement. D'une part, s'il accepte l'aide proposée et retrouve un niveau acceptable de rendement, aucune sanction ne sera prise à son endroit. D'autre part, s'il refuse cette aide et que ses problèmes persistent, la mesure disciplinaire sera appliquée.

Le recours aux services de professionnels comporte certains avantages: des services plus qualifiés, une confidentialité accrue, moins de conflits de rôle ou de biais pouvant résulter de la connaissance des causes du problème, moins de risques pour le professionnel de trop éprouver le problème de l'employé et moins de risques pour l'employé de voir se retourner la situation contre lui à plus ou moins long terme (méfiance, possibilités de promotion réduites, etc.).

LES CARACTÉRISTIQUES DES PROGRAMMES D'AIDE AUX EMPLOYÉS

L'encadré 11.1 indique que les employeurs optent de plus en plus pour une approche préventive envers les employés difficiles afin de réduire leurs incidences négatives, soit l'absentéisme, les accidents du travail, la réduction de la productivité et l'augmentation des primes d'invalidité. Les services d'aide offerts par les PAE portent sur divers types de problèmes familiaux, personnels ou professionnels tels que l'alcoolisme, la toxicomanie, les problèmes d'ordre émotionnel, financier ou juridique, d'équilibre emploi-famille, d'obésité et de carrière (anxiété causée par la retraite ou une promotion, etc.) qui influencent ou sont susceptibles d'influencer négativement le rendement au travail de l'employé.

L'intervention auprès des employés difficiles varie selon la nature du fonctionnement du PAE — s'il y en a un — ou de l'aide de professionnels rendue accessible dans l'entreprise. En effet, suivant l'organisation, l'ampleur des services offerts et des responsabilités des cadres à l'égard des employés difficiles fluctuera. Toutefois, les études indiquent que la démarche typique d'un PAE se présente de la façon suivante (Beaudoin,

ENCADRÉ 11.1
LES PAE : UNE NOUVELLE MISSION SOCIALE

Chaque année, de 10 % à 15 % des employés d'une entreprise éprouvent des problèmes personnels profonds. Résultat : absentéisme, accidents de travail, productivité affaiblie, augmentation des primes d'invalidité.

Le programme d'aide aux employés (PAE), mis en place par l'employeur pour répondre à ces difficultés spécifiques, devient de plus en plus populaire au sein des entreprises.

Une difficulté qui peut paraître insurmontable crée un stress. En offrant aux employés la possibilité d'en parler à des spécialistes extérieurs à l'entreprise, on leur ouvre une porte de secours. Généralement en quelques séances, l'employé devrait être en mesure de gérer de nouveau son quotidien et être motivé par son travail.

« On estime que les employés ayant des problèmes personnels sont 37,5 % moins productifs que ceux qui n'en ont pas, a fait observer Francine Clermont, vice-présidente, Québec, des Consultants Shepell.

« Nous avons constaté qu'avec les meilleurs fournisseurs de services d'aide aux employés, environ 90 % des cas peuvent être corrigés par le counselling. Si le nombre d'heures autorisées dans le plan ne suffit pas à régler ses difficultés, l'employé sera référé à une autre personne, mais à ses frais. »

Les consultants Shepell, pionniers dans le domaine, sont spécialisés en services de PAE. La firme compte actuellement 750 clients au pays.

Confidentialité

L'intérêt d'un tel programme tient au caractère confidentiel des services offerts. L'employeur ne reçoit des gestionnaires du PAE que des statistiques. En cas de vérification des livres du programme d'aide, les dossiers du personnel ne sont désignés que par des numéros.

Selon la nature du programme retenu, les employés peuvent consulter des spécialistes pour des problèmes d'alcoolisme, de toxicomanie, de stress, des difficultés juridiques et financières, d'orientation de carrière, de problèmes familiaux ou d'événements traumatisants. Ils bénéficient d'une consultation qui peut varier entre 5 et 12 séances par année.

Pour accéder au programme, l'employé compose un numéro 800 anonyme. En tout temps, tous les jours de l'année, il peut entrer directement en contact avec un conseiller qui le dirige vers le spécialiste compétent. Dans certains cas, les membres de la famille de l'employé peuvent profiter du service.

En moyenne annuelle, de 6 % à 8 % des employés utilisent le programme PAE. Parmi les motifs d'utilisation du programme, les préoccupations liées au travail ne représentent que 8 %, alors que les problèmes familiaux et personnels représentent respectivement 37 % et 23 % des demandes d'aide. Le stress accapare 17 % des consultations. Viennent ensuite les problèmes juridiques et financiers et les problèmes médicaux et de dépendance.

Rentabilité

Si les PAE ne coûtent rien à l'employé, il n'en va pas de même pour l'entreprise. Bien qu'ils soient exploités depuis une quinzaine d'années, il y a peu d'études sur les économies réalisées à la suite de l'implantation d'un tel programme.

Bernard Dalbec, président de Solareh (Société pour l'avancement des ressources humaines), n'en remarque pas moins que « chaque dollar investi dans un PAE en entreprise rapporte entre 3 $ et 7 $ d'économie au niveau des pertes de productivité et d'absentéisme ».

Solareh offre ses programmes d'aide aux employés en les intégrant dans les régimes d'assurances collectives. « Notre programme de résolution de problèmes Posaction présente trois garanties selon les besoins de l'entreprise, a précisé Claude Lajoie, coordonnateur des communications.

« Ces garanties varient suivant les services offerts, la promotion faite aux employés et le programme de formation aux gestionnaires sur le rendement et la présence au travail. Les PME peuvent donc offrir un tel programme. »

Le coût et la rentabilité ne semblent pas être une préoccupation des gestionnaires de PAE. « Pour l'entreprise, c'est avant tout une mission sociale, a affirmé Marcel Poitras, directeur, assurances collectives à Sobeco Ernst & Young, consultant en actuariat. Il est parfois difficile de mesurer ce qui est préventif. Cependant, on peut estimer que le coût d'un PAE revient entre 40$ et 60$ par employé. »

Paul Lippé, directeur, avantages sociaux et relations avec les employés d'Air Liquide, a indiqué que « nous avons un PAE depuis trois ans et nous estimons qu'il a aidé à réduire l'absentéisme. Nous n'avons pas encore d'étude objective pour le quantifier. Dans cinq ou six ans, nous verrons quels enseignements nous en tirerons. »

Pour choisir une société spécialisée en PAE, il est préférable de faire faire une évaluation par un service de référence indépendant. Il faut s'informer à savoir par quels moyens la communication, la promotion et le suivi des services seront donnés. La réputation, le professionnalisme, le temps de réponse aux demandes et la gamme des services doivent être aussi pris en considération.

Source : I. Chassin, *Les Affaires*, 6 avril 1996, p. B16.

1986). D'abord, le superviseur constate qu'un employé a un problème de rendement ou de comportement et lui suggère de consulter le personnel du PAE, constitué souvent de professionnels se trouvant à l'extérieur de l'organisation. La responsabilité du superviseur consiste donc à évaluer le rendement, à affronter l'employé difficile sans tenter de poser un diagnostic et à l'adresser au coordonnateur du PAE de l'entreprise pour vérifier si le recours au programme peut l'aider à régler son problème.

Au cours de cette rencontre, le coordonnateur explique à l'employé le PAE et ses politiques. Il établit le premier contact avec un agent de référence externe susceptible de diagnostiquer son problème et d'adresser l'employé à la personne externe capable de lui offrir l'aide appropriée (médecin, psychologue, avocat, conseiller familial, conseiller de carrière, etc.). Cet agent de référence doit prendre les arrangements avec le coordonnateur du PAE pour concilier les contraintes du suivi et celles de l'horaire de travail de l'employé.

Si l'employé refuse toute forme d'aide et que son rendement ne s'est pas amélioré après deux ou trois mois, on lui fait rencontrer, sans que cela soit noté à son dossier, un représentant de la direction, un représentant syndical, le coordonnateur du PAE ou son superviseur. Les conséquences du problème sont précisées et l'employé est averti que des mesures disciplinaires seront prises s'il refuse l'aide du PAE (adhésion obligatoire).

L'employé rencontre le personnel du PAE — des professionnels à l'intérieur ou à l'extérieur de l'organisation — afin d'évaluer, et éventuellement de traiter, son problème. Le coordonnateur du PAE dans l'organisation est alors informé de l'évolution de l'employé par le professionnel, qui lui fournit aussi régulièrement des données sur l'utilisation de ses services et leur efficacité. Selon la politique de confidentialité du PAE, le coordonnateur donnera des renseignements au supérieur immédiat de l'employé sur sa démarche et s'informera de l'évolution de son rendement au travail en respectant le principe de confidentialité.

Lorsque l'employé a dû cesser de travailler pour être suivi par le PAE, ses droits en matière de salaire, d'avantages sociaux, de promotion, d'ancienneté et de sécurité d'emploi sont maintenus. Lorsque les objectifs préétablis ont été atteints, l'employé reprend le travail en étant soumis à une période d'essai. À son retour au travail, l'employé peut décider de poursuivre des rencontres de *counselling* sur une base individuelle ou de groupe (par exemple les Alcooliques Anonymes) pendant plusieurs mois ou années.

Enfin, on peut réaliser un suivi des dossiers des employés afin de mesurer l'efficacité à long terme des PAE.

À la suite de sa revue de la documentation sur le sujet, Beaudoin (1986) résume les principales conditions de succès des PAE:
- l'adoption d'une politique officielle (écrite) sur le PAE qui est largement diffusée;
- l'établissement d'une procédure uniforme pour appliquer la politique du PAE;
- la confidentialité des informations assurée;
- l'appui des dirigeants et du syndicat;
- le recours à l'aide d'un personnel professionnel;
- la mise en place d'un mécanisme de suivi visant à appuyer les employés en cours de traitement et à leur retour au travail;
- l'intervention des superviseurs auprès des employés limitée aux employés qui ont un rendement au travail insuffisant;
- le remboursement ou le paiement de la totalité ou d'une partie des services de *counselling* par l'employeur (assurance);
- l'accès facile aux différents services offerts dans le but de venir en aide aux employés et aux membres de leur famille;
- l'accès aux services de *counselling* pendant une période limitée.

Une enquête réalisée auprès de 301 organisations du Québec (Guérin et autres, 1997) donne le profil suivant de la gestion des PAE. Un PAE est offert par 53% des organisations participantes. La grande majorité des organisations ayant adopté un PAE le gèrent de façon formelle ou officielle (79%) et le rendent accessible à tous les employés qui en font la demande sans qu'il y ait un critère d'admissibilité particulier (89%). Près de 70% des organisations ont implanté un tel programme au cours des 5 années précédant le sondage. Plus de 60% des organisations rendent leur PAE accessible aux membres de la famille de leurs employés. Dans 86% des cas, un responsable assure le suivi administratif. Les principaux services offerts sont le *counselling* (93%), l'aide à la gestion du stress (77%), les services d'information et de référence (71%), les services financiers (41%), les services juridiques (37%) et l'aide à la gestion du temps (26%).

De manière précise, l'entreprise PROACT PAE au Québec (Gosselin, 1996) gère plus de 70 PAE, dont 82% dans le milieu syndiqué de diverses industries. Ses services, qui s'adressent à près de 75000 employés et aux membres de leur famille, sont offerts par une équipe de près de 300 professionnels de la relation d'aide (des psychologues, des travailleurs sociaux, des conseillers d'orientation, etc.); ils présentent un taux d'utilisation moyen par entreprise de 6% à 7%. En 1995, PROACT PAE a ouvert près de 3000 dossiers : 27% d'entre eux étaient liés à des problèmes conjugaux, 24% à des problèmes psychologiques, 15% à des problèmes concernant le travail (c'est là que le bât blesse, car en 1992 de tels problèmes comptaient pour 7% des cas seulement), 13% à des problèmes familiaux, 9% à des problèmes d'ordre juridique et le reste, soit 12%, à des problèmes de carrière, de toxicomanie, de santé, financiers ou sociaux.

11.5 La discipline

La discipline corrective ou le processus disciplinaire s'applique lorsque l'employé, soit par incapacité, soit par manque de volonté ou par mauvaise foi, ne change pas son comportement déviant ou n'améliore pas son rendement de manière à répondre aux exigences légitimes de l'employeur. Le processus disciplinaire s'applique aussi lorsque des comportements déviants obligent le cadre à intervenir immédiatement parce que l'image de l'entreprise, la fidélité de ses clients ou l'atmosphère de travail sont compromises.

L'enclenchement d'un processus disciplinaire progressif s'avère un point tournant dans une intervention auprès d'un employé difficile. Cela survient généralement lorsque les démarches du *counselling* spontané et du *counselling* formel n'ont pas amené l'employé à améliorer son rendement ou à corriger son comportement. À ce moment-là, la discipline reste la seule voie à adopter même si, pour la plupart des cadres, il est plus facile de fermer les yeux. L'approche disciplinaire englobe les mesures, consécutives à des infractions, qui visent à décourager d'autres infractions afin que le rendement au travail respecte les normes.

Avant d'entamer un processus disciplinaire, le cadre supérieur doit être convaincu du fait qu'il congédiera l'employé s'il ne change pas son comportement. Dans le cas où les retards d'un employé ennuient un cadre sans que ce dernier soit prêt à le congédier pour autant, il doit intervenir différemment, par exemple en réduisant le salaire de l'employé lorsqu'il arrive en retard. Sinon, la crédibilité du cadre sera en jeu.

11.5.1 Les objectifs de la discipline

La gestion de la discipline est nécessaire quoiqu'elle ne vise qu'une minorité d'employés, la plupart des employés ayant un rendement ou des comportements respectant les normes. Selon Le Corre & Associés (1994), le processus disciplinaire vise trois objectifs: obtenir la correction d'un comportement répréhensible, respecter les autres employés, pouvoir justifier les mesures disciplinaires devant n'importe quel tribunal civil ou administratif.

Obtenir la correction d'un comportement répréhensible

Même si l'employé ayant un comportement répréhensible peut, aux yeux d'un cadre, sembler irrécupérable ou incorrigible, il faut lui accorder une possibilité réelle de s'amender.

Respecter les autres employés

Le processus disciplinaire témoigne aussi d'un certain respect ou d'une certaine équité à l'égard des autres employés qui font leur travail de façon satisfaisante. Certes, il s'agit d'un pouvoir, mais aussi d'une responsabilité de la direction. Le cadre doit gérer les employés qu'il supervise, notamment en leur donnant des instructions claires en ce qui a trait aux normes de rendement à respecter et en s'assurant que ces dernières sont respectées. Comme l'indique Gérin-Lajoie:

> Autrement dit, celui qui ne souhaite pas diriger ou sanctionner ne devrait pas le faire et serait avisé de refuser une promotion qui l'y mènerait. C'est une partie considérable du travail d'un cadre hiérarchique. Avis aux intéressés: s'en abstenir si cela rebute. Il vaut mieux refuser une promotion hiérarchique, par exemple, si on se sent incapable de dire à un ami, à 10 h

> le lundi matin: «Je constate que la production de la machine ou le service aux clients dont tu es responsable sont déficients» (1992, p. 244-245).

L'employeur doit s'occuper des cas problématiques, sinon le rendement et le moral des autres en souffriront. À long terme, les employés n'acceptent pas de faire le travail des autres; certains employés — souvent les meilleurs — peuvent même quitter leur emploi ou l'entreprise, avec tous les coûts que cela entraîne, parce que le climat de travail est devenu insupportable ou la charge de travail, inéquitable.

Finalement, l'application de la discipline décourage les autres employés de commettre les mêmes actions. En cette matière, ne rien faire, c'est inciter les employés à répéter le comportement inadéquat. Lorsqu'on ne discipline pas les employés qui persistent à ne pas respecter les normes de rendement et de comportement, les autres y lisent le message suivant: «Ici, quel que soit le rendement ou le comportement, il n'y a aucun danger d'être congédié.»

Pouvoir justifier les mesures disciplinaires devant n'importe quel tribunal civil ou administratif

À tous les niveaux de l'organisation, une mesure disciplinaire doit être prise par l'employeur pour une cause juste et suffisante dont le fardeau de la preuve lui incombe. Le superviseur a le devoir de convaincre ses subordonnés que sa mesure disciplinaire n'est pas injuste alors que l'entreprise a le devoir de faire cette démonstration devant l'ensemble des employés.

11.5.2 L'enquête

Plus une mesure disciplinaire est sévère, plus elle doit être étayée par une enquête. En nous appuyant sur le document de Le Corre & Associés (1994), nous résumerons les activités d'une telle enquête.

Les faits reliés au problème

Tous les faits qu'on invoque pour défendre la mesure disciplinaire doivent avoir été vérifiés; les rumeurs et les ouï-dire, même probables, ne doivent pas être pris en considération sans avoir fait l'objet d'une vérification. Si des personnes (cadres, collègues, clients, etc.) étaient présentes lors de l'incident reproché, il faut les rencontrer le plus tôt possible. Il faut consigner les versions des témoins; préférablement, on doit leur demander de signer une copie de ce document.

Le superviseur doit prendre en note toutes les raisons données par l'employé pour justifier ses retards, ses absences ou ses manquements (difficulté à se réveiller, bris du réveille-matin, panne de l'automobile, arrêt du métro, etc.).

Il est important de compiler un rapport parce que l'arbitrage sur une mesure disciplinaire peut survenir plusieurs mois après l'adoption de celle-ci. Et comme la mémoire est une faculté qui oublie, il faut indiquer dans ce rapport tous les détails pertinents: l'heure et le jour de l'incident, ce que les témoins ont vu et entendu, les coordonnées des personnes en cause, etc.

Les circonstances entourant le problème

D'une part, il est nécessaire que le contexte dans lequel se trouvait l'employé difficile présente le moins possible de conditions contredisant la mesure disciplinaire. Par exemple, l'employé a-t-il reçu une lettre de félicitations d'un cadre supérieur? A-t-il obtenu une bonne cote de rendement annuelle ou une augmentation au mérite alors que son supérieur lui reprochait son rendement? D'autre part, il faut étudier la possibilité selon laquelle le problème au travail reproché à l'employé est attribuable à des problèmes personnels (par exemple un divorce ou la maladie d'un proche). De telles circonstances sont prises en considération par les arbitres. À titre d'exemple, l'encadré 11.2 expose deux causes faisant référence à un même type de délit, soit le vol, où les décisions des arbitres sont très différentes en raison des circonstances entourant ces délits.

La légalité du motif pour justifier une mesure disciplinaire

Pour contester une mesure disciplinaire, les salariés syndiqués qui se sentent lésés peuvent présenter un grief (chapitre 14). La sanction disciplinaire imposée sera alors étudiée. S'il y a désaccord, le grief pourra être porté devant un arbitre qui a le pouvoir, selon la convention collective, de modifier ou d'annuler la décision ou, selon le Code du travail, d'y substituer la décision qui lui paraît juste et raisonnable.

Les salariés non syndiqués, après une certaine durée de service, peuvent utiliser les recours prévus à la Loi sur les normes du travail ou au Code canadien du travail. Il existe aussi un recours aux tribunaux civils pour réclamer des indemnités pour un congédiement sans cause. Une organisation non syndiquée a d'ailleurs intérêt à se soucier de l'équité de sa gestion de la discipline, puisque la présence ou la perception d'injustice à cet égard est un motif de syndicalisation.

ENCADRÉ 11.2
UN EMPLOYÉ MODÈLE EST CONGÉDIÉ POUR AVOIR VOLÉ 4 $

Le vol d'objets ou de sommes de valeur modeste peut entraîner la perte d'un emploi même lorsque le salarié fautif possède beaucoup d'ancienneté et un dossier disciplinaire vierge.

C'est du moins ce qui se dégage de la sentence arbitrale rendue dans Le Syndicat des travailleuses et travailleurs de Nutrinor (CSN) c. La Coopérative Agro-Alimentaire du Saguenay–Lac-Saint-Jean*.

Machine à café

Après avoir pris un salarié, à l'aide d'un système de surveillance vidéo, en train de voler les recettes d'une machine à café qui s'élevaient ce jour-là à quelque 4 $, l'employeur le congédia en dépit de ses 22 ans d'ancienneté et de son dossier disciplinaire immaculé.

Lors de l'audition, la preuve a révélé que les recettes de cette machine avaient fait l'objet de nombreux vols au cours des derniers mois et que l'employeur, avec l'accord des salariés et la collaboration du syndicat, avait adopté une politique en vertu de laquelle tout salarié qui commettrait un vol serait congédié.

Cette politique avait d'ailleurs été discutée à l'occasion de rencontres hebdomadaires avec les salariés, et de nombreuses affiches, placées à des endroits appropriés, en rappelaient l'existence: « Voler égale perte d'emploi ».

Le salarié n'a pas nié les faits révélés par l'enregistrement vidéo; il est demeuré silencieux au sujet des vols antérieurs que l'employeur lui imputait.

Le salarié a cependant expliqué, pour justifier son geste, qu'il vivait à l'époque du vol une situation familiale difficile. Qualifiant sa conduite d'irréfléchie, il a déclaré de plus qu'il ne recommencerait pas s'il était réintégré dans son emploi.

Sentence arbitrale

L'arbitre a souligné qu'il ne faisait aucun doute que le salarié avait volé son employeur. Analysant la preuve, il a conclu ensuite que l'on pouvait raisonnablement lui attribuer les vols antérieurs que l'employeur lui imputait, sa conduite dénotant une « forme d'expérience dans la manœuvre d'approche du lieu et d'ouverture de la machine, même sans clés ».

Étant d'opinion qu'il ne s'agissait pas là d'un geste isolé posé sans préméditation, il a ajouté: « le plaignant n'a pas admis avoir posé les mêmes gestes antérieurement, mais il ne l'a pas nié non plus ».

Afin de déterminer si le congédiement était juste et approprié dans les circonstances, l'arbitre a déclaré qu'il fallait garder à l'esprit qu'il ne lui appartenait pas de sanctionner la conduite d'un salarié à la place de l'employeur et qu'il devait respecter la décision de ce dernier si celle-ci « apparaît juste, raisonnable, proportionnelle et non discriminatoire ».

Il a précisé qu'il ne lui appartenait pas « de faire preuve de bonté, de tolérance, de compassion, d'indulgence, de clémence ou de mansuétude au nom de quelconques principes philosophiques, moraux ou humanitaires qu'il épouse, si en définitive la sanction respecte les conditions énoncées ci-dessus ».

Une mesure juste

Constatant que le congédiement fut imposé après mûre réflexion mettant à contribution plusieurs personnes afin d'étudier l'ensemble des circonstances pertinentes et que, par surcroît, cette mesure était en conformité avec la politique de l'employeur, laquelle était « claire, explicite et sans

---

* Le Syndicat des travaileuses et travailleurs de Nutrinor (CSN) c. La Coopérative Agro-Alimentaire du Saguenay–Lac-Saint-Jean, 23 juillet 1993, Me Jean Morency.

ambiguïté», l'arbitre a déterminé que la mesure imposée lui semblait «à sa face même... juste, raisonnable, non arbitraire et proportionnelle».

Examinant ensuite les «circonstances atténuantes» (faible valeur des biens appropriés, ancienneté, qualité des services rendus, caractère isolé et irréfléchi de l'acte, difficultés familiales et maintien possible du lien de confiance)», l'arbitre a exprimé l'avis que le salarié était pleinement en mesure d'évaluer la nature et la portée de ses gestes: «sa conduite s'explique mal, car son âge, son expérience et l'importance de conserver un emploi en ces temps difficiles, voire même ses difficultés familiales, auraient dû le guider et lui dicter retenue face au risque».

Ayant néanmoins choisi de voler son employeur, «le statut et les états de service du salarié aggravent sa situation plutôt qu'ils ne l'aident et obligent d'autant à lui faire assumer toutes les conséquences».

Rejetant le grief, l'arbitre a précisé que, s'il s'agissait d'une faute isolée, il s'agissait quand même d'un geste prémédité et intentionnel: s'il ne s'agit que «de la pointe de l'iceberg», alors «la préméditation et l'intention sont encore plus évidentes et donnent encore moins de raison d'intervenir».

Prudence

Malgré cette décision, il importe de demeurer prudent à l'égard des automatismes en matière de mesures disciplinaires pour vol.

Ainsi, si un vol d'objets ou de sommes de valeur assez importante n'entraîne pas nécessairement la perte de l'emploi, un vol de faible valeur n'entraîne pas nécessairement le maintien de l'emploi.

Chaque cas doit donc être examiné en fonction de ses caractéristiques propres, à la lumière de la jurisprudence, qui est en constante évolution.

Source: A. Johnson, *Les Affaires*, 4 décembre 1993, p. 27.

ENCADRÉ 11.2 (2ᵉ partie)
ANNULATION D'UN CONGÉDIEMENT POUR VOL: LA TOLÉRANCE A UN PRIX

Le 9 février 1996, l'arbitre Michel Bolduc concluait au bien-fondé d'un grief contestant le congédiement d'un employé pour vol*. Constatant la coutume instaurée pour les employés travaillant sur le quart de nuit et l'entente particulière concernant l'employé congédié, l'arbitre Bolduc décidait que ce dernier n'avait pas commis de faute et n'avait pas volé son employeur.

---

* Supermarché Pagano Shnaidman Inc. (I.G.A. numéro 108) — et — Union internationale des travailleurs et travailleuses unis de l'alimentation et du commerce, section locale 500, D.T.E. 96T-493.

Magasin d'alimentation

Dans cette affaire, l'employé travaillait dans un magasin d'alimentation depuis plus de 19 ans. Au moment de son congédiement, il était du quart de nuit avec trois ou quatre autres personnes. Il fut accusé de vol de marchandises.

Parallèlement à la politique d'achat en vigueur pour les employés en général, une coutume s'était établie en ce qui concerne ceux travaillant de nuit. Suivant cette coutume, les employés de nuit payaient leurs achats au responsable du quart de nuit qui, lui-même, versait le montant perçu à la secrétaire administrative du magasin.

→

En ce qui concerne l'employé congédié, la coutume était doublée d'une entente particulière suivant laquelle il payait directement à cette dernière, le vendredi ou le samedi, les marchandises achetées au cours de la semaine.

C'est dans ce contexte qu'un vendredi de septembre 1995, alors que l'employé congédié partait en vacances pour une semaine, un sous-traitant affecté à l'entretien ménager a remarqué qu'il apportait avec lui de la marchandise.

Ayant été avisé de la situation, le responsable du quart de nuit communiqua avec l'employé qui lui confirma avoir pris certaines marchandises. Il ajouta qu'il avait oublié de payer et qu'il paierait à son retour de vacances dans une semaine. Après avoir suspendu l'employé pour mener une enquête, l'employeur procéda à son congédiement considérant le vol et le bris irrémédiable du lien de confiance.

La décision

L'arbitre souligne que la coutume instaurée chez l'employeur, incluant les particularités reconnues en ce qui concerne l'employé congédié, était tout à fait exceptionnelle et très permissive. Malgré une politique voulant que le paiement s'effectue sur-le-champ au responsable du quart, une «coutume de tolérance» s'était développée chez l'employeur pour les employés du quart de nuit et de façon plus particulière à l'égard de l'employé congédié.

L'arbitre juge donc que c'est à la lumière de cette «coutume de tolérance» que les faits doivent être appréciés.

L'arbitre Bolduc décide que l'employé congédié devait être cru lorsqu'il disait avoir oublié de payer les marchandises qu'il avait prises le vendredi qui précédait sa semaine de vacances.

Reconnaissant que l'employé congédié n'avait pas adopté le comportement et l'attitude d'un voleur, l'arbitre Bolduc détermine finalement que ce vendredi, l'employé congédié avait simplement tiré profit de la coutume établie et oublié de payer mais n'avait pas volé son employeur.

Tolérance

Il va sans dire que chaque cas est particulier et doit être apprécié à son mérite.

Dans ce contexte du climat de confiance qui régnait dans l'affaire qu'avait à décider l'arbitre Bolduc, la décision qu'il a rendue peut très difficilement faire l'objet de critiques.

Mais que serait-il advenu si un tel climat de confiance n'avait pas été présent?

Pour éviter que la tolérance donne ouverture à des situations indésirables, il importe donc pour chaque employeur de mettre en place une politique claire et des mesures de contrôle concernant l'achat de marchandises par les employés.

Source: K. Brassard, *Les Affaires*, 25 mai 1996, p. 32.

Par conséquent, l'employeur doit s'assurer que le motif pour justifier la mesure disciplinaire est légal, sinon le salarié aura droit à deux recours, soit un grief (s'il est syndiqué), soit une plainte devant l'instance appropriée. Aussi, l'employeur doit être au courant des règlements ainsi que des recours auxquels les employés ont droit. Ces lois sont résumées aux chapitres 3 et 14: au chapitre 3, il est question, entre autres, du gouvernement comme acteur-partenaire en matière de GRH, alors qu'au chapitre 14 on se penche sur le Code du travail. Voici quelques-unes des lois qui contraignent l'action des employeurs.

- La Loi sur les normes du travail (articles 124 et suivants). Après trois ans d'ancienneté auprès d'un même employeur, un employé non syndiqué peut déposer une plainte pour un congédiement injuste; l'employeur a alors le fardeau de la preuve. Lorsque l'employé congédié est en mesure de prouver qu'il a été remplacé dès que son poste a soi-disant été aboli, cela sera considéré comme un congédiement injuste.

- Le Code du travail (articles 15 à 20). Un salarié syndiqué peut déposer une plainte auprès du commissaire général du travail s'il croit avoir été congédié, suspendu, déplacé ou victime d'une mesure discriminatoire à cause d'un droit protégé par le Code du travail, comme la participation à une campagne syndicale; l'élection à un poste syndical; la participation à toute procédure reliée à une convention collective, au Code du travail ou à un grief; l'exercice d'une grève légale; le fait d'avoir fait signer des cartes de membres et celui d'avoir assisté à une réunion convoquée par un syndicat qui tente de pénétrer l'entreprise.

- La Loi sur les normes du travail. Cette loi indique qu'une mesure disciplinaire ne devrait pas être justifiée par une série de motifs comme la réclamation par le salarié d'un congé férié, de son paiement ou de son report; la réclamation par le salarié d'heures supplémentaires; la réclamation par le salarié de paiements prévus à la Loi sur les normes du travail (pour un uniforme ou l'heure du dîner lorsque cela s'applique); la saisie du salaire du salarié; la grossesse de la salariée; l'absence de motif alors que le salarié aura accumulé dans quelques semaines trois ans de service ou qu'il a déclaré son intention d'avoir des enfants; ou le refus du salarié de faire des heures supplémentaires en raison d'obligations familiales.

- La Charte des droits et libertés de la personne (articles 10, 16 et 20). L'article 16 interdit toute discrimination entre autres dans les décisions de GRH, dans les décisions de mise à pied, de suspension et de renvoi. Les motifs à éviter pour justifier une mesure disciplinaire selon la charte sont l'âge, la religion, le sexe, l'origine ethnique, la race, l'orientation sexuelle, les convictions politiques, la grossesse, l'état civil, la condition sociale, le handicap physique ou mental, le dossier criminel, la langue, la prestation d'aide sociale et les liens de famille. En fait, selon les articles 10 et 20 de la charte, il y a discrimination illégale si une mesure disciplinaire semble motivée par les caractéristiques individuelles précédentes et que cela n'est pas requis pour l'emploi ou n'est pas justifié par le type d'organisation. Comme l'indique l'encadré 11.3, encore aujourd'hui, la principale cause de congédiement illégal chez les femmes est la grossesse.

- La Charte de la langue française. Sauf lors de circonstances précises et après avoir suivi une procédure donnée, l'employé peut porter plainte

ENCADRÉ 11.3
Des centaines de Québécoises écopent chaque année : mises à la porte parce qu'elles sont enceintes

Les discours véhiculés en cette Année de la famille prônent la procréation, la conciliation du travail et des enfants. Pourtant, encore aujourd'hui, la principale cause de congédiement illégal chez les femmes est la grossesse.

Une enquête réalisée par Le Journal a permis de constater que le congédiement des femmes enceintes n'est pas une pratique démodée. Elle est encore bien au cœur de nos mœurs.

Les statistiques sont éloquentes. D'avril 1992 à janvier 1994, 855 travailleuses ont déposé une plainte à la Commission des normes du travail pour congédiement illégal lié à la grossesse.

Du 1er avril 1993 au 31 janvier 1994, 426 femmes attendant un enfant ont subi des injustices au travail; 340 d'entre elles ont été mises à la porte. De ces cas, 185 ont été réglés à ce jour. Seulement 12 femmes ont réintégré leur emploi avec une indemnité, tandis que 45 sont retournées dans leur milieu de travail sans aucune compensation et que 73 autres se sont contentées d'un dédommagement financier.

Ces règlements sont intervenus entre les deux parties au moment de la médiation, avant une comparution devant le commissaire du travail. Les autres cas ont été transmis au commissaire (165) ou ont été simplement annulés (76), la plupart du temps en raison d'un désistement de la plaignante.

On estime qu'environ une victime sur deux porte plainte à la Commission. Les autres craignent souvent les représailles de leur employeur et d'être identifiées comme des « employées à problèmes ».

Le directeur général de la Commission des normes du travail, Aurélien D'Allaire, encourage les femmes à se prévaloir de leurs droits. « Ça vaut vraiment la peine pour les femmes enceintes de se battre parce que c'est facile pour elles de prouver la situation. De plus, seulement 3 femmes sur 100 perdent leur cause. »

Première cause

Selon les statistiques, le fait d'attendre un enfant est la première cause de congédiement illégal, avant la maladie et l'exercice d'un droit par une salariée (ce droit peut être relié à la grossesse).

Contrairement à certaines croyances populaires, les femmes victimes d'un congédiement illégal ne proviennent pas seulement du milieu ouvrier. On en retrouve dans tous les secteurs d'activité non syndiqués, mais particulièrement dans le commerce au détail, l'hébergement, la restauration et les professions telles le droit et la comptabilité.

Les milieux syndiqués sont rarement touchés par des renvois illégaux pour cause de maternité. « Si ça arrive, ils sont déguisés », précise la conseillère syndicale Carole Robertson, du Syndicat canadien de la fonction publique (SCFP).

Mais cela ne veut pas dire que la grossesse en milieu de travail syndiqué soit toujours une période rose, sans problème. La discrimination envers les femmes enceintes ne se fait pas que par le renvoi.

Une contribution

Mais la discrimination envers les futures mamans, qu'elle prenne la forme d'une mise à pied ou d'un harcèlement, n'a pas sa place en 1994, estime Mme Robertson.

« Même dans le milieu syndiqué, il existe de graves problèmes reliés à la grossesse. Cela prouve que notre société ne s'est pas mis dans la tête que mettre un enfant au monde est une contribution positive à la société. C'est encore vu comme quelque chose d'individuel.

«En milieu de travail, on conçoit la maternité comme un problème dont on n'a pas besoin, poursuit la conseillère syndicale. La grossesse dérange parce qu'on n'accepte pas les nouvelles réalités du marché du travail, dont le fait que les femmes composent maintenant 44% de la main-d'œuvre.»

Les employeurs qui mettent à la porte les femmes enceintes n'invoquent généralement pas la grossesse pour justifier leur geste. «Ils diront que l'employée n'est plus efficace, qu'elle n'est plus capable de faire le travail. Mais la jurisprudence a bien établi les règles à ce sujet. Lorsqu'une femme est enceinte, l'employeur doit s'attendre à un changement de comportement et il doit l'accepter», soutient Aurélien D'Allaire.

«C'est une bien belle théorie. Mais dans la pratique, ça ne se passe pas comme ça. Dans les faits, c'est l'enfer», dit une victime.

Source: N. Roy, *Le Journal de Montréal*, 7 mars 1994, p. 18.

(article 15 du Code du travail) s'il fait l'objet d'une mesure disciplinaire (par exemple une suspension ou un congédiement) parce qu'il ne connaît pas l'anglais ou une autre langue que le français.

11.5.3 Les principes disciplinaires à respecter

Des normes de rendement et de comportement raisonnables et connues

Pour démontrer la juste cause d'une mesure disciplinaire, l'employeur doit s'assurer qu'il établit des règles raisonnables et connues du comportement à adopter. Sans elles, la sanction risque d'être arbitraire et de reposer sur le caprice d'un cadre.

Des mesures disciplinaires appuyées sur une application objective et constante des normes de rendement

Une mesure disciplinaire doit résulter d'une enquête objective du cadre, où l'employé a eu la possibilité de donner sa version des faits et où la nature de la sanction est justifiée. Par ailleurs, l'organisation doit s'assurer d'une certaine constance dans ses interventions auprès des cas problématiques afin qu'elles soient perçues comme équitables par les autres employés: «[…] l'arbitre perçoit tous les gestionnaires d'une entreprise, aussi vaste soit-elle, comme n'étant qu'une seule et même personne, et si la discipline est appliquée de façon inégale ou même incohérente d'un gestionnaire à l'autre, il vous en sera fait reproche» (Le Corre & Associés, 1996, p. 7). La différence des mesures disciplinaires d'un gestionnaire à l'autre face à des cas semblables (retards, non-respect des pauses, absentéisme, etc.) réduit aussi la crédibilité ou l'équité du processus ou de la politique disciplinaire d'une organisation auprès des employés.

Une démarche disciplinaire respectant la gradation et la proportionnalité

Dans une démarche disciplinaire, la sanction devient en quelque sorte une solution (et non seulement une punition) apportée par un cadre pour amener l'employé à améliorer son rendement ou son comportement. Il revient au cadre de déterminer la sévérité de la sanction en fonction de la faute commise et du résultat à atteindre. On parle alors du principe de gradation des mesures disciplinaires, suivant lequel le cadre a recours à des sanctions d'une sévérité croissante: la réprimande verbale, la réprimande écrite, la suspension sans salaire et le congédiement.

11.5.4 Les sanctions disciplinaires

Quelle que soit l'étape de la démarche disciplinaire à laquelle on se trouve, lorsque l'employé se corrige, on retourne au *counselling* spontané et au *counselling* formel (non disciplinaires) pour exercer un suivi.

La réprimande verbale

La réprimande verbale est la forme de sanction la moins sévère; sa portée est seulement corrective. L'avertissement verbal peut être répété. Toutefois, lorsque le cadre a averti pour la troisième fois un même employé pour une même faute au cours d'une courte période, il doit songer à d'autres mesures disciplinaires formelles. L'objet et la date de cet avertissement verbal peuvent aussi être transmis à l'employé au cours de la communication de l'avertissement sous forme d'un avis écrit de correction que le cadre et l'employé signeront; une copie de l'avis pourra être consignée au dossier de l'employé. L'avis de correction comprendra le problème reproché sous forme de faits, la correction attendue et l'expression du fait que le cadre est confiant que l'employé est en mesure d'apporter cette correction.

La réprimande écrite

La réprimande écrite, qui est essentiellement corrective, est une sanction souvent utilisée à la suite d'infractions mineures répétées, tels des retards, le non-respect du temps des pauses ou des absences. En indiquant le sérieux de la situation, le caractère officiel de l'écrit vise à provoquer un changement. De plus, la réprimande écrite permet de mieux défendre un éventuel congédiement face aux tribunaux administratifs ou civils qui accordent peu de valeur aux reproches verbaux; en outre, ces derniers sont plus susceptibles d'être «oubliés» ou niés par l'employé (Le Corre & Associés, 1994). Elle peut être répétée plusieurs fois selon les caractéristiques de l'employé, de sa faute ou selon les pratiques de l'entreprise. À la limite, l'avertissement écrit peut être fait à la main sur une note de service, dont le cadre gardera une copie.

La suspension sans salaire

La suspension s'avère efficace car elle a un caractère à la fois punitif et correctif. En général, on recourt à de courtes suspensions, soit d'un jour, de trois jours et d'une semaine selon la gravité de la faute, la répétition de celle-ci et le dossier de l'employé. Lorsqu'on n'observe aucune amélioration de la situation après deux ou trois suspensions, le congédiement peut être envisagé. L'aspect punitif de cette approche a mené à l'adoption d'une approche quelque peu différente dans certaines entreprises: l'accumulation de points de pénalité. Selon cette dernière approche, au-delà d'un certain nombre de points de pénalité, l'employé peut être congédié, et chaque année exempte de pénalité pourra signifier le retrait d'un certain nombre de points de pénalité accumulés. Cette dernière approche est à court terme plus indulgente pour l'employé qui perd des points plutôt que de l'argent, et plus profitable pour l'employeur, qui n'a pas à remplacer un employé suspendu ni à assumer les coûts que ce remplacement entraîne. Toutefois, elle est également risquée: il est plus difficile pour l'employé qui reçoit des points de pénalité de percevoir le sérieux de cette mesure, alors qu'il est plus facile pour les cadres de rédiger des notes de pénalité que de procéder à des sanctions réelles, qui sont plus efficaces lorsqu'il s'agit de résoudre un problème et d'aider véritablement l'employé.

> À cet égard, les pratiques suivies dans la réhabilitation d'un alcoolique ou d'un toxicomane peuvent être instructives. [...] c'est la sévérité plutôt que la complaisance qui est la règle. On impose des sanctions lourdes, de six semaines ou de trois mois, elles-mêmes conditionnelles à la participation à un groupe volontaire (comme Alcooliques Anonymes). On laisse bégayer, c'est-à-dire qu'on répète avec sévérité les suspensions du salaire en cas de récidive. C'est là, semble-t-il, une condition essentielle de la réhabilitation. La remontée personnelle exige parfois d'avoir touché le fond. L'indulgence peut n'être que complice de la perdition, ne fournissant que la corde requise à la pendaison (Gérin-Lajoie, 1992, p. 252).

Le congédiement

Le congédiement, qui supprime la relation d'emploi, est une sanction strictement punitive pour l'ex-employé. Elle survient généralement lorsque l'employeur a épuisé les précédentes mesures disciplinaires sans obtenir de résultats ou lorsque la faute est telle que l'employeur ne peut plus faire confiance à l'employé (par exemple un vol ou une fraude). Il est important de distinguer le congédiement du licenciement. Un congédiement est une mesure prise pour se départir d'un employé qui ne répond pas aux normes de rendement de son poste pour diverses raisons (comme l'incompétence ou des comportements inadéquats). Quant au licenciement, il correspond davantage à une mesure administrative associée à l'abolition d'un poste. Aussi, lorsqu'il est question de rationalisation ou de réduction d'effectifs, « licenciement » est le terme approprié.

Ainsi que le recommande Gérin-Lajoie (1992), le superviseur a tout intérêt à éviter le congédiement impulsif: il est préférable de sommer l'employé difficile de quitter sur-le-champ le lieu de travail et de ne revenir que s'il le rappelle plus tard, après avoir pris une décision réfléchie. Une telle suspension d'un employé qui n'est pas accompagnée d'une décision disciplinaire immédiate correspond à une suspension dite « indéfinie », « d'une durée indéterminée » ou « administrative ».

Aussi difficile que cela puisse l'être, une mesure disciplinaire doit être communiquée à l'employé. Dans les deux prochaines sections, nous présenterons quelques conseils à suivre pour la tenue d'un entretien disciplinaire ou la rédaction d'un avis disciplinaire.

11.5.5 L'entretien disciplinaire

Lorsque le superviseur a pris la décision d'entamer une démarche disciplinaire, il doit faire face à l'employé au cours d'un entretien aussi rapidement que possible, c'est-à-dire dans la journée même, sans accepter d'excuses de sa part. S'il est convoqué pour le lendemain, il aura toute la soirée pour trouver une manière de s'en sortir.

Planifier l'entretien

Étant donné que le cadre a essayé à plusieurs reprises d'aider l'employé, ce dernier est responsable de la situation actuelle. L'attitude du cadre doit être calme, sérieuse et ferme; adoucir les propos ne fait que brouiller les cartes et rendre la démarche plus difficile pour tous. Par contre, comme l'objectif consiste à corriger le problème, il faut éviter de recourir à un langage agressif, blessant, négatif et émotif. Il est préférable de réaliser un entretien disciplinaire après les heures régulières de travail. L'employé fautif n'est alors pas obligé de revenir auprès de ses collègues tout de suite après l'entretien et de réagir devant eux sous le coup de l'émotion.

Si le but de la rencontre consiste à communiquer un congédiement, le cadre doit maîtriser la situation en déterminant à l'avance le moment, l'endroit et le contenu de l'entretien. L'entretien gagnerait à être le plus bref possible afin de limiter les possibilités d'affrontement ou les réactions émotives de l'employé. Rappelons qu'à ce stade-ci l'échange empathique et l'engagement de l'employé dans la recherche d'une solution n'ont pas donné les résultats attendus. En outre, il est préférable que cet entretien ait lieu ailleurs que dans le bureau du cadre: ce dernier peut alors facilement quitter les lieux si l'employé se met en colère, l'insulte ou insiste pour poursuivre l'entretien. Idéalement, un autre cadre devrait assister à l'entretien de congédiement, son unique rôle étant d'écouter et d'observer. Après l'entretien, l'employé devrait quitter l'organisation le plus rapidement possible en emportant ses objets personnels.

Pour faciliter sa recherche future d'un emploi, l'employé peut demander au cadre de remplacer le terme «congédiement» par celui d'«abolition de poste» ou de «démission». Il est risqué d'acquiescer à cette demande: si l'employé porte plainte, il pourra alléguer qu'il s'agit d'un congédiement déguisé. Pour la même raison, il est déconseillé d'écrire une lettre de recommandation afin d'aider l'employé à se trouver un autre emploi. Finalement, dans le cas d'une démission, afin de réduire le risque d'une poursuite pour congédiement sans juste cause, l'employeur devrait demander à l'employé de prendre deux ou trois jours de réflexion et de lui remettre une lettre indiquant clairement que sa démission a été décidée de façon libre et volontaire.

Déterminer le problème et son importance

Le cadre doit déterminer avec exactitude la nature et l'importance du problème de l'employé en s'appuyant sur des faits. Pour cela, il doit avancer les motifs véritables de la mesure disciplinaire (par exemple des absences, des retards, le refus de travailler en équipe, le refus d'utiliser la nouvelle technologie) et préciser les effets négatifs du comportement de l'employé sur l'efficacité de l'unité. Il s'agit d'amener ce dernier à reconnaître son problème en évitant de recourir à des qualificatifs blessants, mais en faisant preuve de franchise. S'il y a lieu, le cadre doit rappeler les entretiens précédents — spontanés ou formels — qu'ils ont eus à ce sujet et démontrer l'insuffisance de l'amélioration.

Préciser la démarche disciplinaire

Le cadre doit indiquer clairement à l'employé qu'il entame une démarche disciplinaire. Il doit lui présenter avec précision la nature des prochaines mesures qu'il devra prendre si le problème persiste, tout en soulignant que l'organisation appuie cette démarche. Pour reprendre l'exemple de Pierre, il peut s'agir de dire: «Pierre, au cours des derniers mois, nous avons discuté à plusieurs reprises de tes retards. Nous avons dit que cela nuit à ton travail et à celui de tes collègues. Cet entretien vise à te donner un premier avertissement. Si, au cours des trois prochains mois, tu arrives encore en retard, tu recevras un avis écrit, puis une suspension, et finalement tu seras congédié. Cela correspond au processus disciplinaire de l'organisation. Je suis très sérieux et j'espère que tu vas maintenant trouver une solution à ce problème.»

Consigner le contenu et le déroulement de l'entretien

Enfin, le cadre doit consigner la démarche et joindre cette pièce au dossier de l'employé. Il est souhaitable de mettre par écrit tout avertissement verbal; ce document doit être daté et signé par l'employé et le superviseur.

11.5.6 L'avis disciplinaire écrit

Idéalement, une mesure disciplinaire devrait faire l'objet d'une lettre disciplinaire d'une page comprenant les points suivants (Le Corre & Associés, 1994): décrire le problème et les mesures disciplinaires antérieures, décrire la sanction, souligner l'aspect positif de la mesure disciplinaire et préciser les mesures disciplinaires qui seront prises s'il n'y a pas d'amélioration dans l'avenir. De plus, il faudrait communiquer verbalement à l'employé l'avis disciplinaire.

Décrire le problème et les mesures disciplinaires antérieures

Le cadre doit d'abord faire un rappel des infractions antérieures et des avis verbaux qui ont été donnés à l'employé. Il s'agit de démontrer à l'employé et à tout autre lecteur éventuel que le principe de gradation des mesures disciplinaires a été respecté. De plus, ce rappel aide l'employé à se rendre compte du sérieux de son problème et lui indique que son cas s'alourdit.

Encore ici, le cadre doit résumer de façon précise les faits reprochés, ses attentes et, s'il y a lieu, la manière dont certains outils ou personnes-ressources pourront l'aider à s'améliorer.

Décrire la sanction

Pour être considéré comme un avertissement écrit, un avis disciplinaire doit indiquer clairement qu'il faut que cesse le comportement déviant. Si le cadre veut communiquer une suspension à l'employé, il doit préciser sa durée ainsi que les dates de départ et de retour au travail.

Souligner l'aspect positif de la mesure disciplinaire

Au cours des premières étapes de la démarche disciplinaire, il est nécessaire d'insister dans l'avis sur les qualités de l'employé qui pourront l'aider à corriger son problème et lui rappeler les moyens qu'il a convenu avec le cadre d'utiliser pour améliorer la situation. En fait, le cadre doit dire à l'employé qu'il a confiance en sa capacité de s'amender et mettre l'accent sur l'importance d'un travail bien fait tant pour son unité que pour l'organisation.

Préciser les mesures disciplinaires qui seront prises s'il n'y a pas d'amélioration dans l'avenir

Le ton de l'avis disciplinaire doit indiquer clairement que l'employeur est sérieux et préciser la nature des mesures plus sévères qu'il sera obligé de prendre s'il ne constate pas d'amélioration dans l'avenir. Lorsqu'il s'agit d'un avis ayant pour but d'informer l'employé d'une suspension, le cadre doit mentionner que l'emploi est en jeu si l'employé ne se corrige pas. L'idée est de s'assurer qu'on ne reprochera pas à l'employeur de n'avoir pas suffisamment secoué ou tenté de « réveiller » l'employé difficile. Bien entendu, selon la situation et l'objet de l'avis (communiquer un avertissement, une suspension, un congédiement, etc.), la présence de certains des éléments précédents, comme la description de la sanction, l'aide possible et l'aspect positif de la démarche, n'est pas appropriée.

Communiquer verbalement à l'employé l'avis disciplinaire

En plus d'être signé par les deux parties, l'avertissement écrit devrait faire l'objet d'une communication verbale à l'employé, de préférence avec un témoin qui pourra, au besoin, confirmer que l'employé a été averti.

11.6 LE RÔLE DE DIVERS ACTEURS DANS LA GESTION DES PROBLÈMES HUMAINS AU TRAVAIL

11.6.1 LES PROFESSIONNELS EN RESSOURCES HUMAINES ET LES DIRIGEANTS D'ENTREPRISE

Quoique ce chapitre s'adresse surtout aux superviseurs en délimitant leurs responsabilités et celles des professionnels de la santé, il faut insister sur le partage des responsabilités qui est à la base de toute intervention de l'organisation en matière de *counselling* et de discipline. En effet, c'est sur les épaules de la direction que repose principalement l'établissement d'un climat de **prévention** visant à inciter les employés à se discipliner eux-mêmes ou à éviter que les problèmes humains prennent de l'ampleur et persistent. Entre autres, les dirigeants doivent adopter une politique disciplinaire et veiller à faire connaître et comprendre les normes de l'entreprise dans ce domaine.

À cet égard, la contribution des professionnels du service des ressources humaines est également importante et variée (Werther, Davis et Lee-Gosselin, 1992). Ceux-ci doivent élaborer et implanter des programmes de contrôle des absences. Ils doivent déterminer et communiquer aux employés certaines normes de l'entreprise et encourager ces derniers à les suivre. Ils doivent gérer des activités de formation pour expliquer les raisons sur lesquelles se fondent les normes et pour créer un climat positif de discipline. Par ailleurs, ils doivent s'assurer que les employés participent à l'établissement des normes afin qu'ils y adhèrent davantage.

Finalement, les professionnels en ressources humaines doivent s'assurer que certains modes de gestion n'incitent pas les employés à agir à l'encontre du bien de l'entreprise ou n'entraînent pas l'apparition ou l'aggravation de problèmes humains. On peut penser, par exemple, à la manière de gérer les absences dans de nombreuses organisations, où la perte des journées de maladie qui ne sont pas prises a contribué à engendrer une culture d'absentéisme parmi les employés. En fait, dans la mesure où un groupe important d'employés éprouve des problèmes de rendement ou de comportement — comme un taux d'absentéisme moyen de 25 jours par année —, il faut reconsidérer les processus de gestion qui sont en place. Comme le problème est institutionnalisé, les dirigeants et les professionnels en ressources humaines ont alors la responsabilité de le résoudre.

11.6.2 LES SYNDICATS

Comme l'indique Chrétien (1996), l'adoption de PAE ne signifie pas le rejet des mécanismes de résolution de problèmes tels que la procédure de règlement des griefs ou la négociation collective, qui sont traités aux chapitres 3 et 14. Ces mécanismes représentent une première étape en vue de détecter des problèmes psychosociaux et d'éviter que des problèmes dont les causes sont liées au milieu de travail dégénèrent en problèmes de santé physique ou mentale. Toutefois, les mécanismes traditionnels de résolution de problèmes ne sont pas suffisants pour régler bon nombre de cas problématiques parce qu'ils ne satisfont pas à certains préalables comme l'expertise, la confidentialité et l'absence de préjudice et de biais.

Par ailleurs, l'augmentation des mises à pied massives, la multiplication des emplois précaires et la rapidité des changements technologiques et structurels, qui surviennent à une époque marquée par des divorces et des séparations de plus en plus fréquents chez les couples, ne sont pas sans provoquer des répercussions sur les attitudes et les comportements au travail des employés syndiqués, telles que l'absentéisme, l'épuisement ou la toxicomanie. D'ailleurs, les syndicats ont de plus en plus de difficulté à justifier ces problèmes : au cours des années 80, par exemple, la Fédération des travailleurs et travailleuses du Québec (FTQ) perdait plus des deux tiers des décisions arbitrales dans les cas de mesures disciplinaires pour cause de toxicomanie (Sylvestre, 1996).

Dans ce contexte, les modes d'intervention traditionnels des syndicats face aux problèmes humains apparaissent de plus en plus comme inadéquats, et plusieurs d'entre eux revoient leur rôle à cet égard.

Ainsi, Sylvestre (1996) décrit le cas de la FTQ, qui, au moyen des conseils du travail et en collaboration avec Centraide, a mis sur pied en 1984 le réseau des délégués sociaux. En mai 1996, la FTQ comptait plus de 2000 délégués au sein de ses syndicats affiliés ; ce sont des hommes et des femmes qui aident bénévolement des pairs qui vivent des problèmes d'ordre personnel. Le soutien sur une longue période (en moyenne six mois) caractérise l'action des délégués : il s'agit d'une démarche d'accompagnement visant à aider les personnes à trouver des solutions à leurs problèmes, lesquels sont, dans 40 % des cas, reliés à des tensions psychologiques, à du stress et à des relations interpersonnelles difficiles. Jusqu'ici, l'intervention des délégués a été centrée sur la « réparation ». Cependant, la FTQ souhaite que les actions des délégués soient à l'avenir davantage préventives, c'est-à-dire axées sur l'information et la sensibilisation. Par ailleurs, la FTQ expérimente depuis peu dans certains syndicats affiliés (notamment dans le secteur hospitalier), la mise sur pied de collectifs de travail, soit des lieux où les personnes qui vivent une situation difficile semblable, comme une mise à pied, un changement de conditions de travail ou l'épuisement professionnel, peuvent échanger et mettre au point des actions collectives. Comme le souligne Sylvestre, dorénavant, le travail de prévention de la FTQ « portera davantage sur l'action pour changer un environnement de travail inadéquat, plutôt que de travailler à "réparer" les personnes victimes de cet état des choses en les convainquant que ce sont elles, et elles seules, qui s'avèrent inadéquates! En somme, il faut continuer à aider les individus, mais aussi agir sur les causes qui sont à l'origine de leurs problèmes» (1996, p. 180).

11.6.3 LES COMPAGNIES D'ASSURANCES

Depuis une quinzaine d'années, les assureurs versent beaucoup plus de prestations d'invalidité pour des problèmes psychologiques (chapitre 12). Afin de mieux contrôler ces coûts et de mieux aider les employés, les compagnies d'assurances adoptent de plus en plus une approche de gestion intégrée ou préventive face aux employés ayant des problèmes personnels. Par exemple, un suivi est effectué auprès des employés qui s'absentent plus d'une quinzaine de jours pour en connaître la cause, ou encore l'aide de professionnels est offerte aux employés afin qu'ils reviennent le plus rapidement possible au travail à temps plein ou, si ce n'est pas possible, à temps partiel. En effet, l'expérience a montré aux compagnies d'assurances que plus les employés qui sont aux prises avec des problèmes personnels s'absentent longtemps de leur travail, moins ils tendent à reprendre celui-ci — cela est encore plus vrai lorsque les clauses des polices d'assurances font en sorte que le manque à gagner est minime pour les employés qui touchent des prestations d'invalidité à long terme. La véritable aide, celle qui incite l'employé à retrouver son état antérieur, consiste pour plusieurs assureurs à apporter une aide davantage préventive (ne plus être que des payeurs de prestations) et à veiller à ce que l'employé invalide subisse un manque à gagner significatif par rapport à l'employé au travail.

CONCLUSION

La gestion des employés difficiles implique des décisions de gestion et des attitudes particulières. Toutefois, il faut se rappeler que l'employé difficile reste une exception. Pour la plupart des employés, le *coaching*, le *counselling* spontané et le *counselling* formel assurés par les cadres suffisent à résoudre les problèmes qu'éprouvent les employés au travail.

Dans ce chapitre, qui s'est surtout adressé aux supérieurs hiérarchiques des employés difficiles, nous avons fait plusieurs clarifications, notamment en matière de *counselling* et de discipline, et résumé plusieurs conseils recensés dans la documentation sur ces sujets. On peut d'ailleurs associer ces conseils à différents proverbes (tableau 11.3).

TABLEAU 11.3 Quelques proverbes s'appliquant aux interventions auprès des employés difficiles

Proverbes	Lien avec les interventions auprès des employés difficiles*
Chacun son métier, les vaches seront bien gardées	Les cadres n'ont pas la responsabilité de jouer au thérapeute, au psychologue ou au psychiatre ni la compétence pour le faire.
Tout ce qui traîne se salit	Lorsque le cas d'un employé difficile n'est pas réglé, les effets négatifs s'intensifient et peuvent prendre des proportions insoupçonnées. Il faut se préoccuper davantage des effets que des causes du problème.
L'occasion fait le larron	Les problèmes émergent et persistent dans des milieux propices, par exemple dans un milieu où les règles sont insuffisantes, dans certaines dispositions de conventions collectives, dans un milieu où règnent les privilèges, dans un climat de laisser-aller, d'ignorance ou dans un contexte uniquement axé sur les résultats, dans un milieu où prédomine la peur des représailles, des griefs ou du dérangement.
Chaque âge a ses plaisirs	L'employé difficile voit certains avantages à se comporter de la sorte, comme une charge de travail réduite, l'appui de ses collègues, une supervision réduite ou la sympathie accordée aux victimes.
L'enfer est pavé de bonnes intentions	Pour les employés difficiles, il y a plus de droits que d'obligations. Les cadres doivent souvent réfuter des accusations de harcèlement, de discrimination, de xénophobie, etc.
Il faut tourner sept fois sa langue dans sa bouche avant de parler	Face aux employés difficiles, les cadres doivent éviter les réactions émotives; ces dernières ne font qu'accentuer les attitudes agressives ou défensives chez l'employé.
On ne saurait contenter tout le monde	Les cadres hésitent à intervenir auprès d'un employé difficile pour plusieurs raisons, comme la crainte de montrer certaines de leurs faiblesses (tolérance indue, émotivité, etc.), de se retrouver seuls face au problème ou de devoir jouer le rôle odieux de monter seuls le dossier de l'employé (les autres employés étant souvent peu enclins à collaborer ou à témoigner officiellement). Il faut du tact et de la ténacité pour surmonter les nombreuses difficultés liées à de telles interventions.

* Rondeau et Boulard (1992) traitent plus à fond de ces règles à respecter.

QUESTIONS DE RÉVISION

1. L'expression « employé difficile » peut avoir divers sens. Quelle définition ou interprétation a été retenue aux fins de ce chapitre ?
2. Pourquoi devient-il de plus en plus crucial d'améliorer l'efficacité des interventions auprès des employés difficiles ?
3. Quelle est la réaction la plus fréquente des cadres face aux employés difficiles ? Pour quelles raisons ?
4. Quelles sont les principales composantes d'un diagnostic à poser face à un employé difficile ?
5. Les opinions face au *counselling* pratiqué par les cadres hiérarchiques sont variées. Résumez les avantages et les inconvénients du *counselling* d'encadrement.
6. Distinguez le *counselling* spontané du *counselling* formel.
7. Décrivez le déroulement d'un entretien de *counselling* formel auprès d'un employé difficile en précisant les conditions de succès de cet entretien.
8. Départagez les responsabilités des cadres et celles des professionnels à l'égard des employés difficiles.
9. Quelles sont les caractéristiques et la fréquence d'utilisation d'un PAE ?
10. Quelle est l'utilité de la discipline vis-à-vis de certains employés difficiles ?
11. Quelles sont les caractéristiques d'une enquête disciplinaire adéquate et quels principes disciplinaires doit-on chercher à respecter ?
12. Présentez les principales sanctions disciplinaires selon leur gradation.
13. Comment le cadre doit-il mener un entretien disciplinaire ?
14. Comment le cadre doit-il rédiger un avis disciplinaire ?
15. Indiquez les responsabilités des professionnels en ressources humaines, des dirigeants d'entreprise, des syndicats et des compagnies d'assurances en matière de discipline.

RÉFÉRENCES

Affaires (Les) (1997). « Les coûts de l'invalidité représentent 5,6 % de la masse salariale », 20 septembre, p. 32.

BEAUDOIN, O. (1986). *Le counselling en milieu de travail*, Montréal, Agence d'Arc.

BOURDEAU, R. (1996). « Employé-problème : changer le comportement plutôt que l'individu », *Les Affaires*, 9 mars, p. 31.

BRASSARD, K. (1996). « Annulation d'un congédiement pour vol : la tolérance a un prix », *Les Affaires*, 25 mai, p. 32.

BRUNET, A.-M. (1993). « Les programmes d'aide aux employés : le cadre juridique », *Le marché du travail*, août, p. 6-11.

CHASSIN, I. (1996). « Les PAE : une nouvelle mission sociale », *Les Affaires*, 6 avril, p. B16.

CHRÉTIEN, L. (1996). « L'innovation dans la gestion des problèmes humains au travail », dans *Innover pour gérer les conflits*, sous la direction de J. Bélanger et autres, Québec, Les Presses de l'Université Laval, p. 159-172.

GÉRIN-LAJOIE, J. (1992). *Les relations du travail au Québec*, Boucherville, Gaëtan Morin Éditeur.

GOSSELIN, J. (1996). «Le programme d'aide aux employés: un outil dans la gestion des problèmes humains au travail», dans *Innover pour gérer les conflits*, sous la direction de J. Bélanger et autres, Québec, Les Presses de l'Université Laval, p. 173-175.

GUÉRIN, G., S. ST-ONGE, V. HAINES, R. TROTTIER et M. SIMARD (1997). «Les pratiques d'aide à l'équilibre emploi-famille dans les organisations du Québec», *Relations industrielles*, vol. 52, n° 2, p. 274-303.

JOHNSON, A. (1993). «Un employé modèle est congédié pour avoir volé 4$», *Les Affaires*, 4 décembre, p. 27.

KISFALVI, V. et L. LAPIERRE (1997). «Subordination et insubordination», *Gestion*, vol. 22, n° 21, juin, p. 76-80.

LE CORRE & ASSOCIÉS (1994). *Gestion moderne de la discipline et du congédiement*, Cowansville, Éditions Yvon Blais.

LE CORRE & ASSOCIÉS (1996). *L'approche disciplinaire: choix de sanctions, modèles et cas vécus*, Cowansville, Éditions Yvon Blais.

MANN, R.B. (1993). *Behavior Mismatch*, AMACOM, New York, American Management Association.

MCAFEE, R.B. et P.J. CHAMPAGNE (1994). *Effectively Managing Troublesome Employees*, Westport, Quorum.

MINER, J.B. et J.F. BREWER (1976). «The management of ineffective performance», dans *Handbook of Industrial and Organizational Psychology*, sous la direction de M.D. Dunnette, Chicago, Rand McNally, p. 995-1029.

RONDEAU, A. et F. BOULARD (1992). «Gérer des employés qui font problème, une habileté à développer», *Gestion*, février, p. 32-42.

ROY, N. (1994). «Des centaines de Québécoises écopent chaque année: mises à la porte parce qu'elles sont enceintes», *Le Journal de Montréal*, 7 mars, p. 18.

SYLVESTRE, J. (1996). «Le syndicat: un acteur indispensable dans la gestion des problèmes humains au travail», dans *Innover pour gérer les conflits*, sous la direction de J. Bélanger et autres, Québec, Les Presses de l'Université Laval, p. 176-180.

WERTHER, W.B., K. DAVIS et H. LEE-GOSSELIN (1992). *La gestion des ressources humaines*, Montréal, McGraw-Hill, Éditeurs.

Lectures suggérées

BEAUDOIN, O. (1986). *Le counselling en milieu de travail*, Montréal, Agence d'Arc.

BITTEL, L.R. et J.W. NEWSTROM (1990). *What Every Supervisor Should Know*, 6ᵉ éd., New York, McGraw-Hill.

LE CORRE & ASSOCIÉS (1994). *Gestion moderne de la discipline et du congédiement*, Cowansville, Éditions Yvon Blais.

LE CORRE & ASSOCIÉS (1996). *L'approche disciplinaire: choix de sanctions, modèles et cas vécus*, Cowansville, Éditions Yvon Blais.

MANN, R.B. (1993). *Behavior Mismatch*, AMACOM, New York, American Management Association.

MCAFEE, R.B. et P.J. CHAMPAGNE (1994). *Effectively Managing Troublesome Employees*, Westport, Quorum.

CAS 11.1

Un problème en attire un autre[2]

Sylvain Petit, technicien à l'entretien des pièces chez Électro inc., a toujours été apprécié par ses collègues et son supérieur immédiat. Il a toujours fait un excellent travail. Il y a trois ans, il a participé bénévolement et en dehors des heures de travail à l'élaboration d'un programme d'amélioration continue.

Au cours de la dernière année toutefois, le supérieur immédiat de Sylvain, Yves Charbonneau, a remarqué une forte baisse de son rendement. Il s'avère que Sylvain, durant cette même période, a connu plusieurs problèmes personnels: d'abord un divorce, puis la perte de la garde de ses enfants et, depuis quelques semaines, un glissement vers l'alcoolisme.

M. Charbonneau veut faire tout son possible pour aider Sylvain. Aussi, bien que le rendement de ce dernier soit maintenant sous la norme, il n'en fait pas mention sur le formulaire d'évaluation annuelle et lui accorde les cotes «très bon» ou «bon» à tous les critères.

---
2. Cas rédigé par Anabel Paquet-Gagnon sous la direction de Sylvie St-Onge. Reproduit avec permission de l'École des Hautes Études Commerciales de Montréal.

Toutefois, pendant l'entrevue d'évaluation, M. Charbonneau s'empresse de dire à Sylvain qu'il doit rétablir son rendement dans les plus brefs délais.

Au cours des mois suivants, le rendement de Sylvain Petit ne s'améliore pas. Au contraire, il s'absente et arrive en retard de plus en plus souvent. Qui plus est, il a commis dernièrement plusieurs erreurs qui ont causé des arrêts coûteux de production. M. Charbonneau n'en peut plus. Il convoque Sylvain à son bureau. Il lui rappelle qu'il lui a déjà offert la possibilité de se reprendre. Comme la situation s'est au contraire aggravée, il n'a pas le choix: il le congédie sur-le-champ.

Questions

1. Commentez la manière dont M. Charbonneau a géré le cas de Sylvain. A-t-il commis des erreurs? Lesquelles?

2. Comment M. Charbonneau aurait-il dû gérer la situation? Justifiez votre réponse.

CAS 11.2

Il n'est pire eau que l'eau qui dort[3]

Michel Belhumeur est au service de Papier Plus depuis cinq ans. En tant que technicien au contrôle de la qualité, sa fonction principale consiste à s'assurer de la qualité du papier à sa sortie de la production. Pour ce faire, il vérifie la couleur du papier, la texture et l'uniformité de la qualité au moyen de différents tests. Son travail, tout comme celui des autres titulaires de ce poste, fait l'objet d'une vérification au hasard par son supérieur, celui-ci devant veiller à ce que les normes de qualité soient respectées.

Il y a quatre mois, le superviseur hiérarchique de Michel est décédé accidentellement;

---
3. Cas rédigé par Anabel Paquet-Gagnon sous la direction de Sylvie St-Onge. Reproduit avec permission de l'École des Hautes Études Commerciales de Montréal.

il travaillait pour cette entreprise depuis 10 ans. Michel n'a donc connu aucun autre superviseur. Le mois dernier, on a choisi un candidat de l'extérieur pour le remplacer. Qualifié et expérimenté, le nouveau superviseur est vite accepté par les membres de son équipe.

Tout fonctionne bien jusqu'au jour où le contrôleur indique à Michel que ses tests de qualité ont été mal faits. Manifestement en colère, Michel retourne à son poste de travail pour effectuer une nouvelle série de tests. Une fois de plus, le contrôleur lui signale que ses résultats sont erronés; il lui fait remarquer également que le papier présente des irrégularités importantes.

Hors de lui, Michel le saisit au collet et le menace de gestes plus graves s'il rejette encore ses résultats. Surpris et apeuré, le nouveau contrôleur va aussitôt avertir son supérieur et le directeur des ressources humaines. À leur connaissance, c'est la première fois qu'un incident de ce genre survient.

Le directeur des ressources humaines décide d'interroger les collègues de travail de Michel qui ont été témoins de l'incident. Tous laissent entendre que Michel est un employé colérique qui n'hésite pas à utiliser la violence physique pour obtenir ce qu'il veut. D'ailleurs, certains ont appris à leurs dépens qu'il ne faut pas être en désaccord avec Michel. Le superviseur précédent, qui avait peur de lui, avait d'ailleurs décidé de ne pas intervenir et de ne pas le «déranger». Aux dires de certains employés, Michel agit de cette manière non seulement au travail, mais aussi à la maison! En fait, à ce jour, on semble avoir respecté la loi du silence, par peur ou par pitié.

Compte tenu de la gravité de l'incident, le directeur des ressources humaines convainc Michel de rencontrer un psychologue d'une clinique externe. Le diagnostic de ce dernier est le suivant: troubles comportementaux graves, violence compulsive, forte possibilité de récidive, probabilité d'amélioration très faible, voire presque nulle.

Questions

1. Quelles réflexions vous inspire cette situation?

2. Si vous occupiez le poste de directeur des ressources humaines chez Papier Plus, que feriez-vous?

PARTIE V

Les défis des conditions de travail

CHAPITRE 12

Offrir des salaires et des avantages sociaux équitables

OBJECTIFS D'APPRENTISSAGE

Après l'étude de ce chapitre, le lecteur devrait être plus apte à:

- Comprendre les préoccupations des employés au sujet de l'équité en matière de rémunération.
- Maîtriser les divers outils et techniques de rémunération qui permettent d'optimiser le caractère équitable des salaires.
- Connaître les tendances récentes dans le domaine de la gestion des salaires, notamment les bandes salariales élargies, les salaires basés sur les compétences et la Loi sur l'équité salariale.
- Présenter les enjeux actuels de la gestion des avantages sociaux au sein des entreprises.
- Montrer que la gestion de la rémunération varie selon la catégorie de personnel et le contexte d'affaires.
- Indiquer que la gestion de la rémunération, vu ses incidences multiples, doit être considérée sous les angles économique, politique, psychologique, symbolique et stratégique.
- Décrire certaines activités de la gestion de la rémunération, notamment l'évaluation des emplois, l'évaluation de la compétitivité de la rémunération, les structures salariales et la gestion des avantages sociaux.
- Prendre de meilleures décisions ou porter des jugements plus éclairés en matière de gestion des salaires et des avantages sociaux.

MISE EN SITUATION

Les coupures d'avantages sociaux sont loin d'être terminées[1]

Face à l'augmentation des coûts de santé et à la réduction des garanties des régimes d'État, de plus en plus d'entreprises procèdent à une révision de leurs régimes d'avantages sociaux. La solution pourrait se trouver du côté des programmes flexibles, qui gagnent d'ailleurs en popularité.

Voilà ce qui ressort du dernier sondage sur les avantages sociaux réalisé annuellement par la firme de conseillers en ressources humaines Towers Perrin auprès de plus de 200 grandes entreprises canadiennes.

«Je serais très surpris de voir des employeurs continuer à bonifier leur régime d'avantages sociaux ou même hausser les plafonds de remboursement. La tendance est plutôt à la réduction des coûts», constate Normand Gendron, conseiller, de Towers Perrin.

Même son de cloche du côté de la firme Sobeco Ernst & Young, qui a sondé l'opinion de 800 sociétés canadiennes. «La notion de contrôle des coûts est dans l'air depuis quelques années déjà, mais encore davantage ces derniers temps. En fait, l'entreprise ne contrôle pas les coûts mais plutôt leur augmentation», précisent Georges Ferland et Jean-Guy Côté, associés.

«Le coût des régimes privés d'assurance-maladie augmente annuellement d'au moins 20%, note pour sa part Jean-Guy Gauthier, conseiller-actuaire à la firme Hewitt & Associés.

«Le désengagement de l'État et les taxes, le nombre croissant d'employés plus âgés de même que les nouveaux produits ou techniques en sont notamment la cause. La gestion des coûts représente le défi des années 90.»

Régimes flexibles

Pour réduire les frais reliés à la gestion des régimes, les entreprises songent à mettre en place des régimes d'avantages sociaux flexibles, soit des régimes personnalisés faits sur mesure et mis au point pour répondre aux besoins spécifiques des travailleurs.

Il peut s'agir d'un régime de base comprenant de l'assurance-vie et maladie, auquel sont notamment greffées des options en matière de soins de santé complémentaires, de soins dentaires ou d'assurance-invalidité. Il y a aussi le régime modulaire qui, comme son nom l'indique, regroupe une série de protections selon différents modules. Ou encore, mais plus rarement, un régime entièrement flexible qui permet à l'employé de décider s'il désire ou non une protection en assurance-vie, assurance-maladie, assurance-invalidité ou assurance dentaire, par exemple.

Le sondage effectué par Towers Perrin démontre que le nombre de régimes personnalisés a presque triplé au cours des cinq dernières années: 56 employeurs offrent aujourd'hui ce type de régime, par rapport à 20 en 1989. De plus, une quinzaine d'employeurs procédaient ces derniers mois à la mise en place d'un tel programme.

Chez Sobeco, on note que 11,4% des entreprises ayant participé au sondage en 1994 avaient implanté un tel régime, comparativement à 8% l'année précédente. Une projection pour les années 1995-1997 démontre que le quart des entreprises pourraient alors offrir un programme flexible.

Du côté de Hewitt & Associés, qui s'est livrée au même exercice auprès de quelque 450 sociétés canadiennes, on observe la même tendance. «Les régimes flexibles s'inscrivent dans la nouvelle culture organisationnelle des sociétés. Les gens des ressources humaines veulent réorienter les programmes d'avantages sociaux, afin qu'ils reflètent mieux leur nouvelle philosophie de gestion», souligne M. Gauthier.

---

1. P. Théroux, Les Affaires, 8 avril 1995, p. B1.

«Dans le contexte de la qualité totale et du service à la clientèle, ces régimes visent à mieux sensibiliser et responsabiliser les employés. Ceux qui bénéficient d'une protection à 100% ont bien souvent perdu contact avec la réalité et ne recherchent pas nécessairement les meilleurs prix, ajoute M. Gendron.

«Or, la clé d'un régime personnalisé repose sur l'information. Les employés doivent bien comprendre son fonctionnement afin de pouvoir s'en servir le plus efficacement possible.»

Prise en charge importante

Cette prise en charge de la part des employés est d'autant plus importante que les travailleurs québécois voient maintenant une partie des éléments des régimes assujettie à l'impôt. Le gouvernement fédéral n'y a pas encore donné suite. Mais si tel était le cas, estiment bon nombre d'observateurs, on pourrait alors assister au phénomène déjà amorcé de l'*opting out*, c'est-à-dire le retrait de certaines protections pour lesquelles un employé ne veut pas payer d'impôt si elles ne sont pas réclamées.

Voilà sans doute pourquoi on assiste de plus en plus à la formation de comités d'assurances. Un peu à l'image des comités de retraite, ils entendent favoriser le dialogue entre employeurs et employés, voire même avec les conseillers-actuaires et les assureurs, afin d'assurer une meilleure compréhension des enjeux et du contrôle des coûts.

Qui dit contrôle des coûts dit plutôt transfert des coûts, estime pour sa part M. Côté. «L'entreprise offre un régime de base avec options, auquel elle alloue un budget et un pourcentage de hausse annuelle. L'employé décide de sa protection complémentaire et paie la différence. C'est comme si on passait d'un régime de retraite à prestations déterminées à un régime à cotisations déterminées.»

Protection familiale remise en cause

Par ailleurs, un grand nombre d'entreprises s'interrogent sur la pertinence d'une protection familiale. D'abord, parce que dans le cas où les deux conjoints profitent d'un régime collectif, il y a généralement un dédoublement du régime. Mais aussi parce que les employeurs jugent leurs obligations plutôt envers les employés qu'envers les personnes à charge. Pourquoi, se demande-t-on, un employé marié qui reçoit le même salaire et fait le même travail que celui qui est célibataire profiterait-il de sommes additionnelles aux fins de régimes d'avantages sociaux?

«L'étendue des protections trouve sa source dans les années de vaches grasses. L'austérité budgétaire a pour effet de tout remettre en cause», affirme M. Ferland en soulignant qu'une grande entreprise québécoise a justement décidé récemment d'orienter son régime vers les employés, à qui incombe maintenant la responsabilité de la protection familiale.

Une décision qui pourrait faire boule de neige.

Questions

1. Pour quelles raisons les entreprises révisent-elles leurs régimes d'avantages sociaux?

2. Quels sont les principaux changements apportés par les entreprises en matière de gestion des avantages sociaux?

Introduction

La pression économique et concurrentielle fait en sorte que le rendement des organisations constitue plus que jamais la préoccupation de leurs dirigeants. Dans ce contexte, les cadres prennent de plus en plus conscience du rôle stratégique de la rémunération des employés dans l'amélioration du rendement de leur organisation et de l'importance d'une gestion efficace des coûts de la main-d'œuvre, qui représentent une large part des coûts d'exploitation.

Ce chapitre traite d'un défi majeur de la gestion des ressources humaines: gérer de façon optimale les salaires et les avantages sociaux des employés. Compte tenu des montants importants investis dans les salaires et les avantages sociaux, il est essentiel que l'entreprise les gère de manière **optimale**, c'est-à-dire qu'elle incite les employés à adopter les attitudes et les comportements désirés, qu'elle satisfasse aux divers principes d'équité et qu'elle respecte les lois en cette matière.

12.1 LES COMPOSANTES DE LA RÉMUNÉRATION GLOBALE

Les employés sont rémunérés de diverses façons pour la contribution qu'ils offrent à leur employeur. Leur rémunération dite «globale» comprend le salaire de base, les avantages sociaux et la rémunération variable.

Le **salaire** consiste en un montant d'argent qu'un employé reçoit sur une base annuelle, mensuelle, hebdomadaire ou horaire pour le travail qu'il effectue. Le salaire représente la composante principale (environ 60%) de la rémunération globale.

Quant aux **avantages sociaux**, ils comprennent les régimes privés et publics de retraite et d'assurances qui visent à protéger les employés contre divers aléas de la vie, comme la mortalité, l'invalidité et la maladie. De même, ils comprennent les gratifications ou les avantages complémentaires que reçoit l'employé en vertu du poste qu'il occupe, comme une automobile, une place de stationnement, des frais de repas ou des frais de scolarité remboursés. Enfin, les avantages sociaux incluent les jours de vacances et de congé que les employeurs offrent à leur personnel en vertu de la Loi sur les normes du travail — mais ils vont très souvent au-delà des exigences de cette loi. Parmi les jours de vacances ou de congé, il y a les jours fériés, les congés pour raisons personnelles, les congés de maladie, de maternité, de paternité, de décès, de mariage, et ainsi de suite.

La **rémunération variable** comprend les primes et les récompenses. Les primes sont des montants forfaitaires en sus du salaire qu'un employé reçoit pour réaliser son travail dans des conditions particulières: des heures supplémentaires, un quart de travail de soir ou de nuit, un travail dans un lieu éloigné, un travail la fin de semaine ou pendant un congé, un travail dans des conditions dangereuses, etc. En ce qui concerne les récompenses, ce sont des commissions, des actions ou des options d'achat d'actions que l'employé peut recevoir s'il est admissible à un régime de rémunération variable (à court ou à long terme) et qui tiennent compte du rendement de la personne, de l'équipe, de l'unité administrative ou de l'entreprise.

Dans ce chapitre, nous traiterons principalement des composantes de la rémunération fixe, soit les salaires et les avantages sociaux. Les primes et les récompenses accordées aux employés en vertu de régimes de rémunération variable ont été examinées au chapitre 10.

12.2 Les incidences de la rémunération

La rémunération est plus un art qu'une technique puisqu'il faut la considérer dans des perspectives multiples en raison de ses nombreuses incidences. En effet, la gestion de la rémunération peut être envisagée dans des perspectives tant économique, politique, juridique, psychologique, symbolique, sociale que stratégique et synergique. Chacune de ces perspectives a d'ailleurs été plus ou moins prépondérante selon les années ou selon la discipline des auteurs (notamment l'économie, les relations du travail, la psychologie et la gestion), chacun privilégiant un effet particulier de la rémunération.

12.2.1 Les incidences économiques, politiques et juridiques

La rémunération est d'abord et avant tout une transaction de type économique. D'une part, les employeurs tentent d'obtenir le plus possible pour leur investissement ou de payer juste ce qu'il faut sur le marché pour attirer et retenir une main-d'œuvre compétente. D'autre part, les employés essaient de maximiser leurs rétributions — pécuniaires et non pécuniaires — pour leur contribution, puisque cela détermine leur niveau de vie et celui des personnes à leur charge. Dans ce contexte, on comprendra le caractère toujours politique des transactions de rémunération où les parties cherchent à sauvegarder leurs propres intérêts. Cette perspective politique en matière de rémunération est d'ailleurs au cœur des relations du travail patronales-syndicales.

Avant 1960, les écrits en matière de gestion de la rémunération proposaient surtout une perspective économique (par exemple Cartter, 1959). Il s'agit d'offrir aux employés ce que le « marché » accorde aux titulaires d'emplois similaires (on parle alors d'équité externe et d'enquêtes salariales). Cette perspective est peu exigeante pour les gestionnaires étant donné que ce sont les lois du marché — l'offre et la demande de travail —

qui dictent ou déterminent la rémunération des employés. Comme le résument Gomez-Mejia et Balkin, « l'entreprise est alors décrite comme un "preneur de prix" qui ne peut pas influencer les salaires sur le marché et qui doit payer les taux qui y prévalent afin d'attirer et de retenir ses employés » (1992, p. 8). Aujourd'hui, les dépenses en matière de rémunération peuvent s'élever jusqu'à 80 % des coûts d'exploitation pour les entreprises de services et jusqu'à 50 % pour les entreprises manufacturières. Dans un contexte de plus en plus compétitif, il devient alors très important d'optimiser cet investissement.

Par ailleurs, la rémunération est une transaction qu'on peut analyser dans une perspective juridique. Selon le Code civil du Québec, un contrat de travail n'existe pas sans rémunération puisque celle-ci en est une condition d'existence « par laquelle une personne, le salarié, s'oblige, pour un temps limité et moyennant rémunération, à effectuer un travail sous la direction ou le contrôle d'une autre personne, l'employeur » (art. 2085). La rémunération s'avère également un élément essentiel à considérer pour déterminer la nature du lien juridique — notamment s'il est contractuel ou non — existant entre un groupe d'employés et une organisation, et, par conséquent, pour décider de l'applicabilité des différentes lois du travail. Plus loin dans ce chapitre, nous traiterons des différentes lois qui contraignent la prise de décisions en matière de rémunération au Canada.

12.2.2 Les incidences psychologiques, symboliques et sociales

La rémunération a aussi de multiples incidences psychologiques, symboliques et sociales. Du point de vue psychologique, l'influence de la rémunération sur la satisfaction et la motivation au travail et, finalement, sur le comportement au travail est importante. Un des indicateurs de l'efficacité d'un système de rémunération repose d'ailleurs sur la perception qu'ont les employés de son équité. Au cours de la période 1960-1985, les auteurs et les chercheurs dans le domaine de la rémunération se sont appuyés davantage sur des théories de psychologie sociale pour prôner l'adoption d'une perspective psychologique. Selon eux, une gestion efficace de la rémunération doit contribuer à satisfaire et à motiver des employés qui veulent recevoir une rémunération juste par rapport aux salaires versés par le marché (équité externe), par rapport aux salaires accordés aux autres emplois dans l'organisation (équité interne et méthodes d'évaluation des emplois), et par rapport à leur contribution personnelle, comme leur rendement ou leur ancienneté (équité individuelle et régimes de primes, de commissions, à la pièce, au mérite, etc.), et à leur contribution collective (équité collective et régimes de participation aux bénéfices, de partage des gains de productivité, etc.).

Le premier livre de gestion portant sur la gestion de la rémunération qu'Edward Lawler a écrit en 1971 — *Pay and Organizational Effectiveness: A Psychological View* — illustre d'ailleurs fort bien cette perspective. Les chercheurs s'intéressent alors principalement aux effets de diverses composantes de la rémunération sur la satisfaction et la motivation au travail des employés ou encore aux caractéristiques d'un système de gestion de la rémunération satisfaisant et motivant aux yeux des employés (voir la revue de Heneman, 1985, et celle de Miceli et Lane, 1992).

On reconnaît aussi de plus en plus le caractère symbolique de la rémunération et de diverses formes de reconnaissance des employés. Cette dernière perspective aide à expliquer pourquoi certaines personnes sont prêtes à assumer plus de responsabilités pour une très faible augmentation de salaire (surtout si on déduit les impôts!), à se battre pour obtenir et conserver des gratifications qui peuvent paraître ridicules ou non importantes aux yeux d'autres personnes (par exemple le nombre de plantes dans un bureau, la hauteur des chaises ou une place de stationnement réservée).

Par ailleurs, on ne peut gérer la rémunération sans considérer les valeurs de la société où se trouve l'entreprise. Ainsi, les multinationales doivent relever l'important défi consistant à adapter les systèmes de rémunération des employés œuvrant au sein d'unités d'affaires situées dans différents pays aux besoins et aux valeurs des employés locaux. En fait, les modes de rémunération dans une société influencent les valeurs des citoyens et sont influencés par elles. On peut penser, par exemple, à la rémunération basée sur le rendement individuel en Amérique du Nord, aux régimes collectifs de rémunération variable en Asie, aux généreux avantages sociaux offerts en Europe, à la prise en considération de l'école d'où l'employé est diplômé dans la détermination des salaires en France, ou encore au régime des castes en Inde. L'équité est ainsi fonction des perceptions de chacun, lesquelles sont bien entendu influencées par la culture locale.

12.2.3 LES INCIDENCES STRATÉGIQUES

Au cours des années 90, les auteurs, qui ont de plus en plus une formation en management, considèrent les incidences stratégiques de la rémunération. Au fil des années, on a successivement prescrit de relier la stratégie d'affaires de l'organisation à la rémunération de différents groupes cibles: d'abord les dirigeants, ensuite les cadres intermédiaires, puis le personnel de recherche et, enfin, l'ensemble des employés. Cette perspective privilégie le point de vue des dirigeants d'entreprise: le fait de gérer efficacement la rémunération des employés consiste à s'assurer que celle-ci contribue à la réalisation des objectifs stratégiques des organisations. Encore ici, le livre de Lawler intitulé *Strategic Pay: Aligning Organizational Strategies and Pay Systems*, paru en 1990, illustre bien la prépondérance de cette perspective.

La perspective stratégique en matière de rémunération présume que les dirigeants d'entreprise ont une certaine marge de manœuvre à l'égard de la rémunération des employés, étant donné qu'elle n'est que partiellement déterminée par les caractéristiques de l'environnement (comme le marché et l'industrie). Ainsi, une gestion stratégique de la rémunération se fonde sur le raisonnement suivant: comme il y a différentes façons de rémunérer des employés et que la cohérence entre la gestion de la rémunération des employés et la stratégie d'affaires influence le rendement des entreprises, la gestion de la rémunération devrait appuyer la stratégie d'affaires des entreprises. Par conséquent, une gestion stratégique de la rémunération encourage l'innovation et la créativité en cette matière. Du coup, cela exige un certain courage de la part des dirigeants d'entreprise (Thériault, 1991): on ne peut plus se contenter d'imiter le marché, de respecter les lois et d'être équitable aux yeux des employés, il faut aussi que la rémunération favorise la réalisation des objectifs stratégiques de l'entreprise. Le tableau 12.1 résume les principales décisions de rémunération que les dirigeants doivent prendre en toute connaissance de cause parce qu'elles sont susceptibles d'avoir un effet stratégique, c'est-à-dire d'influencer la réussite des organisations.

12.2.4 La perspective synergique et la recherche de la solution optimale

Comme l'illustre le tableau 12.2, une multitude de facteurs influencent la manière de gérer la rémunération des employés. Ainsi, il y a les valeurs culturelles des sociétés: les salaires des employés sont gérés différemment selon qu'on se trouve en Europe, en Amérique du Nord, au Japon ou en Inde. La gestion de la rémunération varie également en fonction de diverses caractéristiques organisationnelles, telles que les possibilités de promotion, la fréquence et l'ampleur des changements technologiques et les politiques de GRH. Par exemple, pour qu'une politique de recrutement interne ou de rémunération du rendement soit respectée, il faut que la gestion de la rémunération l'appuie. Par ailleurs, la nature des emplois (travail de bureau, poste d'entrée, de production, d'encadrement, etc.), les catégories d'emplois (recherche et développement, direction et vente), les exigences de l'organisation du travail (flexibilité, collaboration, etc.) et les

TABLEAU 12.1 Quelques décisions de nature stratégique à l'égard de la gestion de la rémunération

Comment faut-il fixer la rémunération?
- En fonction des responsabilités rattachées à l'emploi ou des compétences du titulaire?
- En privilégiant l'équité interne, l'équité externe, l'équité individuelle ou l'équité collective?
- Selon une politique consistant à être à la remorque du marché, à être à son niveau ou à être à sa tête?
- En utilisant une approche standardisée ou individualisée?
- En s'appuyant sur une approche contemporaine ou traditionnelle quant à l'évaluation des emplois?
- Selon un rapport faible ou élevé entre la rémunération fixe et la rémunération variable?
- En accordant peu ou beaucoup d'importance aux avantages sociaux?

Que faut-il reconnaître?
- Le rendement, l'ancienneté, les compétences ou les responsabilités?
- Le rendement individuel ou le rendement collectif?
- Le rendement de l'entreprise dans son ensemble ou le rendement d'une unité d'affaires?
- Le rendement à court terme ou à long terme?
- Le rendement par des primes égales ou qui diffèrent selon le niveau hiérarchique?
- Le rendement par des récompenses de nature pécuniaire ou non pécuniaire?
- Le rendement au moyen de salaires ou de montants forfaitaires?
- Le rendement en s'appuyant sur une mesure quantitative ou qualitative?
- Le rendement plus ou moins fréquemment?

Comment faut-il gérer la rémunération?
- De manière officielle ou non officielle?
- De manière centralisée ou décentralisée?
- De manière transparente ou secrète?
- De manière participative ou autocratique?
- En conférant du pouvoir aux cadres ou aux professionnels de la rémunération?
- En se préoccupant du rendement à court terme ou à long terme?
- En privilégiant la réalisation d'un objectif particulier tel qu'attirer des employés, retenir des employés, réduire les coûts, reconnaître le rendement, inciter les employés à adopter certains comportements ou partager les risques?
- D'une façon qui diffère peu ou grandement selon le niveau hiérarchique ou la catégorie des emplois?

caractéristiques des employés (attentes, compétences) exercent toutes une pression sur les modes de gestion de la rémunération.

Depuis les années 80, les multiples changements technologiques, économiques, sociologiques, démographiques et concurrentiels ont été à

TABLEAU 12.2 La multiplicité des facteurs influençant la gestion de la rémunération des employés

Caractéristiques de l'environnement

- Culture du pays (individualisme, égalitarisme, etc.)
- Région
- Économie et productivité
- Syndicats
- Lois et règlements (normes, charte, code du travail, loi de l'impôt, équité salariale, etc.)
- Concurrence
- Etc.

Caractéristiques de l'organisation

- Taille
- Notoriété et prestige
- Valeurs des dirigeants
- Stratégie d'affaires
- Structure et organisation du travail
- Technologies
- Secteur d'activité économique
- Situation financière
- Politiques de GRH
- Etc.

Caractéristiques des emplois

- Responsabilités et exigences
- Catégories (R&D, direction, vente)
- Niveau hiérarchique
- Contenu des tâches et des responsabilités
- Organisation du travail
- Etc.

Caractéristiques des titulaires des emplois

- Scolarité et compétences
- Attentes et besoins
- Âge
- Sexe
- Disponibilité de la main-d'œuvre
- Etc.

l'origine de plusieurs innovations en matière de gestion de la rémunération, comme les bandes salariales élargies, la rémunération des compétences, l'équité salariale et les avantages sociaux flexibles. Nous traiterons un peu plus loin de ces changements.

Compte tenu des multiples déterminants de la gestion de la rémunération, de la multiplicité des perspectives selon lesquelles on peut l'aborder et de l'ampleur de ses effets sur les attitudes et les comportements au travail des employés, on comprend pourquoi elle correspond plus à un art qu'à une science. Dans ce domaine, il n'y a pas de solutions idéales, il y a seulement des solutions optimales. Par ailleurs, il est utopique de s'attendre à ce que les gens disent qu'ils sont parfaitement satisfaits de leur rémunération. Il s'agit plutôt d'adopter une perspective synergique dans laquelle on trouve non pas une bonne façon de faire universelle, mais plutôt des solutions plus ou moins optimales compte tenu de la situation: le type d'employés en cause (par exemple le personnel de R&D, de vente, de production ou de bureau), la situation financière de l'entreprise, l'importance relative des objectifs de rémunération, le cycle de vie de l'entreprise, la stratégie d'affaires, les lois, la région, etc. Par ailleurs, comme une solution particulière ne reste jamais optimale à long terme, il faut être vigilant et apporter des modifications à la gestion de la rémunération lorsque la situation change et que l'insatisfaction s'exprime (comme dirait un collègue: «Il faut huiler lorsque ça grince!»).

Sur ce dernier point, notons que les entreprises cherchent à atteindre trois grandes catégories d'objectifs au moyen de leurs systèmes de rémunération: attirer et retenir le personnel-clé, inciter les employés à adopter certaines attitudes ou certains comportements de manière à améliorer le rendement de l'organisation et à contrôler les coûts de la main-d'œuvre. L'importance relative attribuée à chacun de ces objectifs variera d'une entreprise à l'autre et même d'une catégorie de personnel à l'autre au sein d'une même entreprise. Selon le contexte et les employés visés, les dirigeants pourront avoir diverses priorités: encourager l'innovation et la créativité, accorder des conditions de rémunération très concurrentielles, favoriser la collaboration ou l'esprit d'équipe, reconnaître le rendement individuel, réduire les coûts, acquérir une main-d'œuvre stable, etc. Il est important d'établir ces priorités puisqu'elles déterminent la nature des politiques, des pratiques et des systèmes de rémunération. Par exemple, l'importance d'offrir des conditions de rémunération concurrentielles aux employés en recherche et développement fait en sorte que les enquêtes se révèlent un outil majeur à leur égard. D'autre part, comme ces objectifs peuvent s'avérer conflictuels, la gestion de la rémunération reste l'art d'optimiser l'efficacité de la rémunération. En effet, pour relever le défi consistant à attirer et à retenir le personnel-clé, une organisation peut offrir des conditions de rémunération sans égales, mais cela augmentera ses coûts de main-d'œuvre.

Une perspective synergique a des répercussions sur les compétences que les responsables de la rémunération du personnel doivent dorénavant démontrer. Ainsi, aujourd'hui, le profil idéal des professionnels de la rémunération est le suivant: ce sont des hommes ou des femmes d'affaires qui agissent comme consultants internes, stratèges et agents de changement. Ces personnes ne sont pas des techniciens qui se préoccupent de méthodes ou d'outils, mais plutôt des gestionnaires qui participent à l'élaboration et à l'implantation de la stratégie, et qui sont soucieux de formuler des programmes de rémunération qui appuient celle-ci. Plus précisément, Handshear et O'Neal (1993) recommandent aux responsables de la rémunération de reconnaître et de comprendre les particularités de leur organisation du point de vue de son personnel, de sa gestion, de ses affaires, de son industrie et de ses clients; de concevoir des systèmes de rémunération qui répondent aux besoins particuliers de leur organisation et d'établir un partenariat avec leurs premiers clients, soit les cadres opérationnels.

12.3 QU'EST-CE QU'UNE RÉMUNÉRATION ÉQUITABLE?

Les employés peuvent juger de l'équité de la rétribution ou des récompenses qu'ils reçoivent pour leur travail en fonction de diverses normes. Ainsi, un employé peut percevoir que la rétribution qu'il reçoit pour un travail est plus ou moins équitable selon qu'il la compare à celle qu'il recevait dans le passé (norme historique), à ses propres besoins (équité en fonction des besoins), à celle que reçoivent les autres employés dans l'entreprise (équité interne, équité salariale), à son rendement ou à son ancienneté (équité individuelle), à la rétribution qu'on accorde ailleurs pour un travail similaire (équité externe), au rendement de l'entreprise (équité collective), à la manière dont l'organisation gère le processus de rémunération (justice du processus) et aux lois (équité légale).

L'équité s'avère une question de perceptions individuelles et de choix de normes. Il est donc compréhensible que ce qui est perçu comme équitable pour une personne puisse sembler inéquitable aux yeux d'une autre en raison de leurs attentes, de leurs besoins et des normes qu'elles choisissent. Toutefois, les responsables de la rémunération doivent relever le défi consistant à gérer les systèmes de rémunération de manière à réduire le nombre de plaintes et le sentiment d'iniquité parmi le personnel en général. En Amérique du Nord, la gestion de la rémunération repose sur diverses préoccupations relatives à l'équité, que l'on peut regrouper en six catégories: l'équité légale, l'équité externe, l'équité interne, l'équité individuelle, l'équité collective et l'équité du processus (tableau 12.3).

12.3.1 L'ÉQUITÉ LÉGALE OU LE RESPECT DES LOIS

Comme toutes les autres activités de GRH, la gestion de la rémunération des employés est encadrée par des lois et des règlements que les employeurs doivent respecter. À titre d'illustration, le tableau 12.4 présente quelques exemples de lois auxquelles est soumise la gestion de la rémunération des employés et des dirigeants d'entreprise. Prises dans leur ensemble, ces lois touchent l'un ou l'autre des aspects suivants:
- la détermination de normes minimales à respecter en matière de salaires et d'avantages sociaux;
- le processus de détermination des salaires et des avantages sociaux pour les employés syndiqués;

TABLEAU 12.3 Les différents types d'équité à considérer en matière de gestion de la rémunération

1. **Équité légale.** L'organisation doit s'assurer du respect des différentes lois concernant la gestion de la rémunération.
2. **Équité externe ou compétitivité de la rémunération sur le marché.** L'organisation doit s'assurer qu'elle offre une rémunération comparable à celle des autres organisations pour des emplois similaires.
3. **Équité interne ou cohérence dans la rémunération des différents emplois de l'entreprise.** L'organisation doit s'assurer qu'elle offre une rémunération équivalente pour des emplois de même valeur et une rémunération différente pour des emplois de valeur différente.
4. **Équité individuelle ou reconnaissance de la contribution individuelle.** L'organisation doit s'assurer que la rémunération des titulaires d'un même emploi varie en fonction de leur contribution individuelle en ce qui a trait à l'ancienneté ou au rendement.
5. **Équité collective ou reconnaissance de la contribution collective.** L'organisation doit s'assurer que la rémunération des employés varie en fonction du rendement de l'équipe, de l'unité administrative ou de l'organisation entière.
6. **Équité du processus de gestion de la rémunération.** L'organisation doit s'assurer que les décisions et les activités de gestion de la rémunération sont prises de façon juste et qu'elles sont perçues ainsi par les employés.

- la protection du salaire et des avantages sociaux selon différentes circonstances (comme l'accouchement et l'adoption d'un enfant ou le décès d'un proche);
- la contribution des employeurs à différents régimes publics de protection des employés (comme les régimes de rentes);
- les obligations de nature administrative à l'égard de la gestion de la rémunération (comme les impôts).

Dans le cadre de ce chapitre, il est impossible d'examiner en détail le contenu et les répercussions de chacune des lois en matière de gestion de la rémunération. Notons toutefois que plusieurs organismes responsables de l'application de ces lois disposent d'un site sur Internet, ce qui permet d'obtenir rapidement une information à jour sur leur contenu (ainsi, au sujet de la Loi sur les normes du travail, l'adresse électronique est la suivante: http://www.cnt.gouv.qc.ca/fr/). De même, des agents d'information répondent par téléphone aux questions des employeurs et des employés, notamment celles qui ont trait à la rémunération.

Plus loin dans ce chapitre, nous traiterons de façon plus détaillée de la Loi sur l'équité salariale du Québec. Pour l'instant, retenons que cette loi a pour objet de corriger les écarts salariaux causés par la discrimination systémique fondée sur le sexe à l'égard des personnes qui occupent des

TABLEAU 12.4 Quelques lois encadrant la gestion de la rémunération*

Loi sur les normes du travail

Prévoit les conditions de travail minimales que tout employeur doit respecter dans sa GRH. La majorité des normes prévues touchent au salaire de base, à certaines règles administratives et aux modalités de rémunération selon certaines circonstances (heures supplémentaires, congés fériés, congés annuels, etc.). Cette loi oblige également l'employeur à verser une cotisation destinée au financement de la Commission des normes du travail.

Charte des droits et libertés de la personne

Définit les droits fondamentaux de la personne et interdit la discrimination sous tous les aspects qui touchent à la GRH. (Cette loi est présentée plus en détail dans ce chapitre.)

Loi sur la fête nationale

Fixe le jour de la fête nationale au 24 juin et en fait un jour férié payé et chômé.

Code du travail

Établit la négociation collective comme méthode de détermination des salaires et autres conditions de travail dans les entreprises syndiquées.

Loi sur les accidents du travail et les maladies professionnelles

Assure la protection financière des travailleurs en cas d'accident ou de maladie professionnelle. Ce ne sont pas les salariés qui doivent payer pour obtenir cette protection, mais l'employeur. La Commission de la santé et de la sécurité du travail perçoit les cotisations de l'employeur. Les sommes perçues permettent de verser des prestations aux salariés accidentés ou atteints de maladie professionnelle.

Loi sur l'équité salariale

Établit le principe du salaire égal pour un travail équivalent et vise à corriger les écarts salariaux découlant de la discrimination systémique fondée sur le sexe à l'égard des personnes qui occupent des emplois dans des catégories d'emplois à prédominance féminine.

Loi sur la santé et la sécurité du travail

Vise l'élimination à la source des risques reliés au travail. Cette loi établit des mécanismes de gestion préventive de santé et de sécurité du travail ainsi que certains droits pour les travailleurs. C'est à l'intérieur de ces mécanismes et de ces droits que l'on trouve des éléments qui touchent à la rémunération. Ainsi, la loi protège le salaire en cas de refus de travailler ou de retrait préventif et dans l'exercice de certaines fonctions reliées à la gestion de la santé et de la sécurité du travail (par exemple le représentant à la prévention).

Loi favorisant le développement de la formation de la main-d'œuvre

Oblige l'employeur à investir, pour la formation et le perfectionnement de sa main-d'œuvre, l'équivalent d'au moins 1 % de sa masse salariale. Un des effets importants de cette loi est que l'employeur veille davantage à formaliser ses politiques et ses pratiques de rémunération dans les situations de formation et de développement. Cette loi prévoit également la mise sur pied de régimes d'apprentissage dans les entreprises.

TABLEAU 12.4 Quelques lois encadrant la gestion de la rémunération* (suite)

Loi facilitant le paiement des pensions alimentaires

Oblige l'employeur à retenir à la source, sur le salaire du salarié visé par une ordonnance, certaines sommes qui devraient être remises au percepteur de la pension alimentaire.

Loi sur les impôts

Prévoit que toute personne qui verse, à une époque quelconque d'une année d'imposition, un traitement, un salaire ou toute autre rémunération doit retenir sur celui-ci certains montants calculés conformément à ladite loi et les verser au ministre du Revenu. Les principales retenues se rapportent au Régime de rentes du Québec et à l'impôt provincial. Les effets de la fiscalité se font surtout sentir dans le développement de programmes de rémunération particuliers ou dans certaines catégories d'emplois.

Loi sur le Régime de rentes du Québec

Établit un régime public et universel de protection contre l'invalidité de longue durée et de retraite. Un employeur doit déduire de la rémunération qu'il paie à son salarié le montant prescrit à titre de cotisation et contribuer un montant équivalent.

Loi sur les décrets de convention collective

Permet l'extension juridique d'une convention collective à l'ensemble des employeurs et des salariés du Québec ou d'une région déterminée du Québec dans le champ d'application défini dans le décret. Le décret devient en quelque sorte les normes minimales du secteur en cause.

Loi relative aux renseignements sur la rémunération des administrateurs de certaines personnes morales

Exige que certains employeurs divulguent à leurs actionnaires la rémunération versée aux cinq administrateurs dont la rémunération est la plus élevée.

---

* La compétence en matière de travail est provinciale. Bien que plusieurs entreprises, vu la nature de leurs activités, soient de compétence fédérale, nous limitons notre présentation aux principales lois provinciales. (Ce tableau a été préparé par Mario Giroux, de l'École des Hautes Études Commerciales de Montréal.)

emplois dans des catégories d'emplois à prédominance féminine. Autrement dit, la notion d'équité salariale vise à faire en sorte qu'au sein de chaque entreprise la rémunération accordée à des emplois à prédominance féminine d'une certaine valeur soit équivalente à la rémunération accordée à des emplois à prédominance masculine de valeur similaire.

Cependant, malgré le fait que toutes les entreprises doivent respecter les modalités de ces nombreuses lois, l'ampleur du défi varie d'une entreprise à l'autre. En effet, certaines lois pèsent plus ou moins sur la gestion de la rémunération des entreprises selon leurs caractéristiques, telles que leur nature (entreprise privée ou publique, leur taille, la présence d'un syndicat, etc.) ou leurs types d'emplois (de bureau, de production, etc.). Ainsi, selon qu'une entreprise est de compétence provinciale ou fédérale, des lois particulières, notamment la Loi sur les normes du travail et le Code canadien du travail, auront des effets sur la gestion de la rémunération de ses employés. Par ailleurs, le dépanneur du coin, un restaurant McDonald's et une entreprise comme Hydro-Québec n'éprouvent pas les mêmes problèmes quant à l'application de ces lois. Les cadres et les dirigeants d'entreprise soucieux de parfaire leurs connaissances sur le sujet peuvent également consulter des ouvrages de firmes d'avocats comme celui de Desjardins, Ducharme, Stein et Monast (1996) intitulé *L'entreprise et ses salariés*.

12.3.2 L'équité externe ou la compétitivité de la rémunération sur le marché

La recherche de l'équité externe en matière de gestion de la rémunération consiste à s'assurer que l'organisation offre une rémunération comparable à ce qu'on trouve dans d'autres organisations pour des emplois similaires. La compétitivité de la rémunération est cruciale puisqu'elle influence la capacité d'attirer et de retenir le personnel. Ce type d'équité est d'ailleurs particulièrement important pour certaines catégories de personnel telles que:
- le personnel qui se situe à la frontière de l'organisation, comme les représentants de commerce, qui sont au fait de ce qu'offrent les autres organisations;
- le personnel qualifié ou dont les compétences sont rares (les ingénieurs spécialisés, les programmeurs, etc.), qui sont plus loyaux à leur profession qu'à leur employeur;
- les vedettes du sport et des arts;
- les cadres supérieurs;
- le personnel expatrié;
- les travailleurs autonomes.

Quoique la majorité des organisations aient comme politique d'offrir une rémunération égale à celle du marché, d'autres décident d'être à la tête ou, au contraire, à la remorque du marché. Ce choix est important en raison de ses effets sur les coûts de main-d'œuvre, sur la capacité de recrutement et de maintien du personnel-clé et sur le désir des employés de se syndiquer. Il est fonction de divers facteurs tels que la stratégie d'affaires, la pression syndicale, le prestige et les habitudes de l'organisation, la capacité de payer, les autres activités de GRH et la présence de facteurs compensatoires comme la sécurité d'emploi, les horaires de travail et les perspectives de carrière.

Ainsi, une grande majorité des entreprises disent offrir une rémunération égale à celle du marché parce que cette politique est la moins risquée ou qu'elle facilitera le recrutement et diminuera le nombre de départs d'employés compétents. Certaines entreprises offrent une rémunération inférieure à celle du marché afin de diminuer les coûts de main-d'œuvre ou parce que d'autres conditions de travail compensent le manque à gagner aux yeux des employés, notamment un horaire de travail flexible, des possibilités de promotion alléchantes ou une localisation recherchée. Plusieurs petites entreprises du secteur de la haute technologie qui sont incapables d'offrir les conditions de rémunération des entreprises concurrentes attirent leur main-d'œuvre en donnant des options d'achat d'actions, un mode de rémunération qui peut permettre de devenir riche lorsque l'entreprise s'inscrira à la bourse. Enfin, d'autres entreprises décident d'être à la tête du marché en ce qui concerne la rémunération de la totalité ou d'une catégorie particulière de leur personnel. Dans bien des cas, il s'agit d'entreprises comme celles-ci:

- Des entreprises dont les dépenses d'exploitation sont liées davantage aux immobilisations qu'à la main-d'œuvre (*capital intensive* plutôt que *people intensive*), comme les organisations œuvrant dans l'industrie de l'acier.

- De grandes entreprises qui ont une certaine notoriété ou encore qui veulent se bâtir ou maintenir une image de «bon payeur» (ce qu'était traditionnellement Bell Canada).

- Des entreprises qui peuvent annuler une augmentation des coûts de la main-d'œuvre en augmentant le prix des biens et des services qu'elles offrent (jusqu'ici, les entreprises des industries informatique et pharmaceutique).

- Des entreprises qui ont une bonne situation financière.

- Des entreprises qui ont des emplois difficiles à combler en raison de leur grande qualification ou de leurs responsabilités (chercheurs, ingénieurs et programmeurs spécialisés).

- Des entreprises qui ont des emplois ou des postes incertains, qui offrent peu de sécurité, qui sont très risqués ou dont les conditions de travail sont particulièrement désagréables.

Généralement, l'entreprise s'assure de la compétitivité de la rémunération accordée aux emplois en réalisant sa propre **enquête de rémunération** ou en consultant des données d'enquêtes réalisées par des tiers. Dans une enquête maison, l'entreprise cherche à obtenir de l'information sur la rémunération offerte par d'autres entreprises sur le marché; pour cela, elle utilise un ou plusieurs moyens, comme l'enquête par téléphone, le questionnaire ou l'entrevue. L'entreprise peut également, moyennant un coût plus ou moins élevé, s'appuyer sur des résultats d'enquêtes effectuées annuellement par certains organismes. Parmi ceux-ci, il y a les organismes gouvernementaux, comme Statistique Canada, des organisations professionnelles, comme l'Ordre des ingénieurs, et des firmes-conseils, comme la Société Conseil Mercer ltée, Morneau Sobeco Coopers & Lybrand et Hewitt & Associés.

Le recours à des résultats d'enquêtes de rémunération implique plusieurs décisions pour l'entreprise. D'abord, une entreprise doit définir le **marché** des entreprises avec lesquelles elle se compare: s'agit-il des entreprises de la même localité, de la même région, du Québec, du Canada, de l'Amérique du Nord? Est-ce des entreprises de la même industrie? de la même taille? Etc. Le choix dépend évidemment de la nature des emplois au sujet desquels elle réalise l'enquête, notamment du marché où sont recrutés les titulaires de ces emplois. Il faut comprendre que le marché n'est pas donné comme tel; il faut plutôt procéder à un choix du marché, qui peut faire l'objet d'un enjeu politique. On peut penser aux syndicats qui veulent se comparer à certaines organisations, et aux dirigeants qui définissent différemment leur marché de référence!

Ensuite, comme l'entreprise n'a ni les moyens ni le temps de réaliser des enquêtes pour tous ses emplois, elle se limite souvent à collecter des données sur la rémunération d'un certain nombre d'**emplois-repères** ou **emplois-clés** qu'elle choisit en fonction de différents critères (tableau 12.5). Pour obtenir des renseignements sur la rémunération des emplois-repères, on peut procéder à un appariement entre, d'une part, le contenu et la rémunération des emplois-repères et, d'autre part, le contenu et la rémunération d'emplois semblables qu'on trouve dans d'autres entreprises. Cet appariement est souvent difficile à faire parce qu'il repose sur une description de trois ou quatre lignes, communiquées par téléphone ou dans un questionnaire, de chacun des emplois-repères d'une entreprise qui réalise sa propre enquête ou des emplois à propos desquels un organisme externe réalise une enquête. Par ailleurs, dans la mesure où l'on revoit plus fréquemment les emplois de manière à accorder plus de flexibilité, de latitude et de responsabilités aux titulaires, il devient plus difficile de décrire succinctement leur contenu et de les apparier à d'autres emplois.

Compte tenu de la variété des composantes de la rémunération des employés, on devrait idéalement collecter dans les enquêtes de rémunération de l'information sur le salaire de base, les points mini-maxi, les avantages sociaux, les gratifications, le temps moyen pour progresser du point minimal au point maximal sur l'échelle, etc. Toutefois, plus les renseignements demandés sont complexes et nombreux, moins les entreprises participantes sont en mesure de les communiquer. En fait, les enquêtes de

TABLEAU 12.5 Les principales caractéristiques des emplois-clés qui font l'objet des enquêtes de rémunération

- Ce sont des emplois jugés importants, qui groupent un grand nombre d'employés ou qui sont au cœur de la mission de l'entreprise.
- Ce sont des emplois représentatifs de l'ensemble des emplois de l'entreprise en ce qui concerne les responsabilités et la rémunération, contrairement aux emplois relativement plus complexes ou peu rémunérés.
- Ce sont des emplois dont le contenu est plutôt stable, bien décrit et connu par tous.
- Ce sont des emplois relativement répandus, qu'on trouve dans les autres entreprises.
- Ce sont des emplois considérés comme des emplois-clés par les syndicats et la direction.
- Ce sont des emplois perçus comme étant correctement payés sur le marché.

rémunération s'avèrent des instruments de planification globale qui indiquent les tendances du marché. Comme tous les autres types d'enquêtes, leurs résultats ne sont pas précis étant donné qu'il existe trop de facteurs que l'entreprise ne peut maîtriser, comme la compétence des participants aux enquêtes et le soin apporté à y répondre, l'ampleur des renseignements recueillis, et ainsi de suite.

12.3.3 L'ÉQUITÉ INTERNE OU LA COHÉRENCE DANS LA RÉMUNÉRATION DES DIFFÉRENTS EMPLOIS DE L'ENTREPRISE

La recherche de l'équité interne consiste à s'assurer qu'au sein d'une organisation la direction offre une rémunération équivalente pour des emplois de même valeur et une rémunération différente pour des emplois de valeur différente. Il s'agit d'évaluer la valeur ou l'importance relative des emplois, et non pas les titulaires des emplois, ces derniers faisant plutôt l'objet de l'évaluation du rendement.

On s'assure de la cohérence des salaires accordés aux différents emplois au sein d'une entreprise au moyen d'un **processus d'évaluation des emplois**. L'évaluation des emplois consiste à hiérarchiser les emplois à l'intérieur d'une organisation, en fonction de leurs exigences relatives, de façon à accorder des salaires de base proportionnels aux exigences des emplois. Traditionnellement, l'évaluation des emplois s'appuyait sur une analyse des emplois ou sur la lecture de leur description, soit un court document où est présenté le contenu de l'emploi suivant les responsabilités, les tâches et les devoirs qu'il comporte.

Jusqu'au début des années 90, ce processus se déroulait à l'intérieur de familles d'emplois (par exemple de bureau, de production, d'encadrement): on évaluait les emplois de bureau entre eux, les emplois de cadres entre eux, etc. Toutefois, la législation en matière d'équité salariale étend la comparaison des emplois à l'ensemble de l'organisation. Dorénavant, on se préoccupe aussi de l'équité entre les différentes familles d'emplois: ainsi, on compare les emplois de bureau à prédominance féminine aux emplois de production à prédominance masculine.

Généralement, l'entreprise constitue un comité d'évaluation des emplois qui a le mandat d'évaluer les emplois au moyen de la méthode retenue par la direction. Ce comité a aussi la responsabilité d'évaluer et de réévaluer les emplois au besoin, par exemple lorsqu'une restructuration ou un changement technologique se produit. Depuis la mise en application de la Loi sur l'équité salariale en 1997, un tel comité doit être bipartite (voir plus loin). Avant l'adoption de cette loi au Québec, les comités d'évaluation étaient le plus souvent composés de six à huit membres, c'est-à-dire des supérieurs hiérarchiques des emplois évalués, des spécialistes en ressources humaines et des membres de la direction.

On peut faire appel à différentes méthodes d'évaluation des emplois: la comparaison avec le marché, le rangement, la classification, les points et facteurs. Nous verrons sommairement ces méthodes, mais insisterons sur la méthode la plus répandue et la plus prônée: la méthode des points et facteurs.

La comparaison avec le marché

Cette méthode consiste à estimer la valeur relative d'emplois-repères en fonction de leur rémunération respective sur le marché et à ranger les autres emplois de l'entreprise en fonction de ces résultats. Selon l'enquête de Gaucher (1993) réalisée auprès de 319 entreprises du Québec, 12% des entreprises ont recours à la comparaison avec le marché. Toutefois, cette méthode n'est pas une véritable mesure de la cohérence dans la rémunération relative accordée aux emplois au sein de l'entreprise (l'équité interne), mais plutôt une façon d'évaluer la compétitivité (équité externe) des salaires. Les exigences actuelles de la Loi sur l'équité salariale interdisent le recours à cette méthode qui perpétue les iniquités du marché.

Le rangement des emplois

Cette méthode est pratique pour les petites entreprises parce qu'elle est simple. En effet, elle consiste à ranger les emplois les uns par rapport aux autres en fonction de l'importance relative de leurs exigences considérées de façon globale.

La classification des emplois

Cette méthode consiste à définir des classes (correspondant à différents niveaux d'exigences) en fonction de plusieurs facteurs et à ranger chaque emploi dans la classe qui reflète le mieux son niveau d'exigences. Par exemple, à une extrémité, la classe d'emplois 1 pourrait se lire ainsi: «Travail simple, très répétitif, effectué sous une direction étroite, nécessitant peu de formation, peu de responsabilités ou peu d'initiative», jusqu'à la classe 5, à l'autre extrémité, qui serait définie ainsi: «Travail complexe et varié effectué sous une direction générale. Haut niveau d'habiletés requis. L'employé est responsable de l'équipement et de la sécurité; fait régulièrement preuve d'une grande initiative».

La méthode des points et facteurs

Selon l'enquête de Gaucher (1993), seule une minorité d'entreprises a recours à la méthode de rangement des emplois (6%) et à la méthode de classification des emplois (6%) décrites précédemment. Cette enquête montre par ailleurs que près de 65% des entreprises sondées utilisent la méthode des points et facteurs dite «maison» (33%) et ses variantes «préétablies» (30%), généralement par l'entremise de sociétés de consultants. Quoique cette méthode ne soit pas obligatoire, la Loi sur l'équité salariale, notamment en exigeant que l'on tienne compte de quatre facteurs d'évaluation que sont les responsabilités, les conditions de travail, les efforts et les habiletés, laisse entendre qu'elle est préférable. C'est pourquoi nous ne présenterons en détail que la méthode des points et facteurs.

Définition, avantages et inconvénients

Cette méthode nécessite l'élaboration d'une grille contenant plusieurs facteurs et sous-facteurs, dont le poids et le degré de présence respectifs sont préétablis, définis et associés à un certain nombre de points, d'où l'expression «points et facteurs». On évalue alors chaque emploi en s'appuyant sur sa description d'emploi. L'analyse de la description d'emploi permet d'estimer à quel degré de facteur et de sous-facteur l'emploi correspond le mieux et de faire la somme des points obtenus pour les facteurs et les sous-facteurs. Le tableau 12.6 donne un exemple de cette grille et des descriptions des facteurs et des sous-facteurs qui peuvent servir à évaluer les emplois.

TABLEAU 12.6 La méthode des points et facteurs

A. Exemple : matrice d'un système de points et de facteurs

Facteurs d'évaluation des emplois	Niveaux			
	Minimal I	Faible II	Moyen III	Élevé IV
1) Responsabilités				
Sécurité de la personne	25	50	75	100
Équipement et matériel	20	40	60	80
Appui au personnel en formation	5	20	35	50
Qualité des services et des produits	20	40	60	80
2) Habiletés				
Expérience	45	90	137	180
Formation et scolarité	25	50	75	100
3) Effort				
Physique	25	50	75	100
Intellectuel	35	70	105	150
4) Conditions de travail				
Conditions physiques	10	20	40	60
Risques d'accident	10	20	40	60
Interventions dans le travail	10	20	30	40
	Total des points			1 000

B. Définition du sous-facteur « Responsabilités : équipement et matériel »

1) Responsabilités

Équipement et matériel. L'employé a la responsabilité de maintenir en bon état l'équipement et de s'assurer de la qualité du matériel. Ainsi, il doit rapporter toute défectuosité de l'équipement et du matériel, garder propres et en état de marche l'équipement et les matériaux, réparer l'équipement et les matériaux. L'entreprise reconnaît que la responsabilité à l'égard de l'équipement et du matériel varie dans l'organisation.

Niveau I	L'employé rapporte un mauvais fonctionnement de l'équipement ou une mauvaise qualité du matériel à son supérieur immédiat.
Niveau II	L'employé s'assure du bon état de l'équipement et commande les matériaux. Il vérifie la sécurité de l'équipement et la qualité des matériaux.
Niveau III	L'employé fait l'entretien préventif de l'équipement. Il exécute les réparations mineures que nécessite l'équipement ou corrige les défectuosités mineures du matériel.
Niveau IV	L'employé procède à l'entretien majeur de l'équipement ou à sa remise en bon état, ou encore il doit décider du type, de la quantité et de la qualité des matériaux à utiliser.

TABLEAU 12.7 Les qualités nécessaires aux facteurs d'évaluation des emplois

- Ils sont **pertinents**, c'est-à-dire qu'ils sont caractéristiques des emplois, et non des titulaires.
- Ils sont **distinctifs**, car ils permettent de ranger les emplois selon leurs exigences relatives.
- Ils sont **clairs**, bien définis.
- Ils sont **légitimes**, c'est-à-dire perçus par les titulaires comme devant être payés.
- Ils sont **indépendants**, ne présentent pas de redondance entre eux.
- Ils sont **suffisants** parce qu'ils rendent compte de l'ensemble des exigences des emplois.
- Ils sont **cohérents**, c'est-à-dire qu'il y a une correspondance entre eux et les valeurs et la stratégie d'affaires de l'entreprise.
- Ils sont **équitables** en ce sens qu'ils reflètent des exigences associées traditionnellement autant aux emplois à prédominance féminine qu'aux emplois à prédominance masculine.

La méthode des points et facteurs est assez facile à expliquer aux employés. La détermination de facteurs et de sous-facteurs standardisés permet de comparer les emplois sous divers angles. En outre, cette méthode est flexible. Ainsi, lorsque les responsabilités des emplois sont modifiées pour diverses raisons telles qu'un changement technologique ou la réduction des effectifs de l'entreprise, ou encore lorsque des emplois sont créés, ils sont réévalués ou évalués à l'aide de la même grille.

Toutefois, le caractère chiffré ou quantitatif de cette méthode lui procure une objectivité apparente seulement. La détermination des facteurs et des sous-facteurs, leur définition et leur poids relatif sont autant de décisions que les membres du comité d'évaluation doivent prendre subjectivement. Par ailleurs, il s'avère difficile de déterminer, aux fins de l'équité salariale, des facteurs d'évaluation communs à l'ensemble des emplois d'une même famille ou d'une même entreprise. Le tableau 12.7 liste un ensemble de qualités que doivent idéalement avoir les facteurs d'évaluation des emplois.

Les approches traditionnelle et structurée

Il existe deux approches ou variantes de la méthode des points et facteurs: l'approche traditionnelle et l'approche structurée.

Selon l'approche traditionnelle, le comité d'évaluation procède à la lecture des descriptions d'emplois et évalue ceux-ci en fonction d'une grille. Ce comité peut alors élaborer une grille maison d'évaluation des emplois, c'est-à-dire une grille propre à l'entreprise. Il peut aussi décider d'utiliser une grille préétablie, qui a été préparée par une société de consultants; la plus connue est sans doute la méthode des points et facteurs de la firme Hay pour l'évaluation des emplois de cadres.

Selon l'approche structurée, les titulaires des emplois évalués et leur supérieur immédiat doivent remplir un questionnaire d'évaluation des emplois. Au moyen d'outils technologiques appropriés, de plus en plus d'employeurs font participer leurs employés à l'évaluation des emplois. Pour mettre au point ce questionnaire, le comité d'évaluation doit choisir des facteurs d'évaluation et formuler des questions à choix multiple visant à déterminer leur importance relative pour chaque emploi évalué. On peut trouver des questions de ce type: «Quelle expérience requiert le poste? Deux ans ou moins, de 3 à 5 ans, de 6 à 10 ans, plus de 10 ans.» «À quelle fréquence le titulaire est-il en relation avec d'autres personnes? Rarement, à l'occasion, régulièrement, souvent, continuellement.» Lorsque le nombre d'employés est peu élevé (par exemple moins de 100), la pondération des facteurs est décidée par les membres d'un comité. Toutefois, lorsque le nombre d'employés est assez élevé, cette pondération peut être confirmée par une analyse de régression multiple, qui constitue une méthode d'analyse statistique.

L'approche structurée nécessite moins de temps que l'approche traditionnelle d'évaluation en comité pour les raisons suivantes: elle ne requiert pas de descriptions d'emplois, les analyses statistiques faites par la «machine» aident à prendre les décisions et elle réduit les possibilités de conflit entre les membres du comité d'évaluation. Par ailleurs, les pressions légales, sociales et politiques en vue d'imposer l'équité salariale favorisent le recours à des méthodes dans lesquelles les employés sont consultés. En outre, plus les employés sont appelés à participer à l'évaluation de leur emploi, moins ils seront portés à en critiquer les résultats.

12.3.4 L'ÉQUITÉ INDIVIDUELLE OU LA RECONNAISSANCE DE LA CONTRIBUTION INDIVIDUELLE

Un système de rémunération tient compte de l'équité individuelle lorsque la rémunération des titulaires occupant un même emploi dans l'entreprise varie en fonction de leur contribution individuelle quant à l'ancienneté, au rendement, aux compétences ou à l'expérience. Par exemple, dans un groupe de travailleurs qui occupent le même emploi et dont le salaire varie en fonction de leur ancienneté respective, ceux qui ont le plus d'ancienneté reçoivent un meilleur salaire, et vice versa. Ou encore, les salaires des ingénieurs d'une même classe peuvent varier de 35% en raison de leurs compétences et de leur expérience.

On tient compte de la contribution individuelle lorsqu'on établit des échelles (ou des fourchettes) salariales faisant en sorte que les salaires des titulaires d'emplois d'une même classe progressent d'un point minimal à un point maximal selon leur ancienneté ou leur rendement. De même, on tient compte de la contribution personnelle lorsqu'on accorde d'autres formes de récompenses — telles que des primes, des commissions, des actions, des options d'achat d'actions — en fonction des caractéristiques individuelles citées précédemment.

L'importance attribuée à l'équité individuelle dans la rémunération des employés varie d'une organisation à l'autre et même d'une catégorie de personnel à l'autre dans une même entreprise. On peut penser au personnel infirmier d'un centre hospitalier (secteur public) dont le salaire ne tient pas compte du rendement mais plutôt de l'ancienneté. Au sein d'une même entreprise, les représentants commerciaux peuvent être rémunérés en grande partie à commission, et les réceptionnistes peuvent recevoir la même rémunération que les employés de production syndiqués, cette rémunération variant en fonction de l'ancienneté.

La fréquence d'utilisation des régimes de rémunération visant à reconnaître le rendement individuel est importante; parmi ces régimes, signalons la rémunération au mérite, la rémunération à commission et la rémunération à la pièce. Les régimes de rémunération variable font d'ailleurs l'objet du chapitre 10.

12.3.5 L'ÉQUITÉ COLLECTIVE OU LA RECONNAISSANCE DE LA CONTRIBUTION COLLECTIVE

Un système de rémunération tient compte de l'équité collective lorsque la rémunération des employés varie en fonction du rendement de l'équipe, de l'unité administrative ou de l'organisation entière. On prend en considération la contribution collective lorsqu'on rend les employés admissibles à un ou plusieurs régimes collectifs de rémunération variable, soit à court terme (comme la participation aux bénéfices, le partage des gains de productivité ou la prime d'équipe) ou à long terme (comme l'achat d'actions, l'octroi d'actions ou l'option d'achat d'actions). Encore ici, les lecteurs peuvent se référer au chapitre 10 où sont étudiés les régimes collectifs de rémunération variable; ce chapitre est consacré à la reconnaissance du rendement, un sujet qui préoccupe de plus en plus les dirigeants et les cadres.

12.3.6 L'ÉQUITÉ DU PROCESSUS DE GESTION DE LA RÉMUNÉRATION

L'équité du processus de gestion de la rémunération consiste à s'assurer que les décisions et les activités relatives à celle-ci sont prises de façon juste et sont perçues de cette manière par les employés. Ici, il ne s'agit pas de se demander si la rémunération est suffisante (le «combien», ce qu'on qualifie généralement de justice distributive), mais si les décisions et les mesures en cette matière sont prises de façon juste (le «comment»).

Les règles à respecter pour s'assurer que le processus de gestion de la rémunération est juste peuvent être résumées comme suit:
- s'assurer que le processus de gestion est le plus standardisé ou uniforme possible;
- s'assurer qu'il ne favorise pas les intérêts de certaines personnes, autrement dit qu'il n'est pas biaisé;
- s'assurer qu'on communique et explique le processus de gestion;
- s'assurer qu'il prévoit un mécanisme d'appel selon lequel les décisions peuvent être révisées;
- s'assurer qu'il permet la participation des employés;
- s'assurer qu'il est établi dans le respect des lois;
- s'assurer que les employés possèdent la formation et les compétences nécessaires pour exercer leur rôle dans le processus de gestion.

Par ailleurs, au-delà de l'équité du processus officiel de gestion de la rémunération, il faut se préoccuper d'un processus non officiel qui intervient entre les cadres supérieurs et leurs subordonnés (d'aucuns parlent de justice interpersonnelle) au cours de l'actualisation de certaines étapes du processus telles que l'évaluation du rendement et la détermination du montant des augmentations individuelles de salaire. En dehors des règles précédentes, les autres conditions à respecter pour s'assurer de l'équité du traitement interpersonnel lors de l'implantation ou de l'administration d'un processus de gestion de la rémunération sont les suivantes: la rétroaction adéquate des résultats, la prise en considération du point de vue de l'employé, une explication suffisante des décisions de même que l'expression de certains traits personnels tels que l'honnêteté, la courtoisie et le respect. Ainsi, plus un mode de gestion de la rémunération nécessite l'engagement des cadres en cette matière (on peut penser, par exemple, aux salaires en fonction du rendement ou des compétences individuelles), plus l'entreprise doit former ses cadres afin que le processus soit perçu comme étant juste.

12.4 Les structures salariales traditionnelles

Traditionnellement, les structures salariales montrent la progression des salaires accordés à des classes d'emplois dont l'importance relative des responsabilités varie (figure 12.1).

Une structure salariale est constituée de deux axes. Sur l'axe horizontal, on trouve les classes d'emplois, qui correspondent à des groupes

FIGURE 12.1 La représentation d'une structure salariale

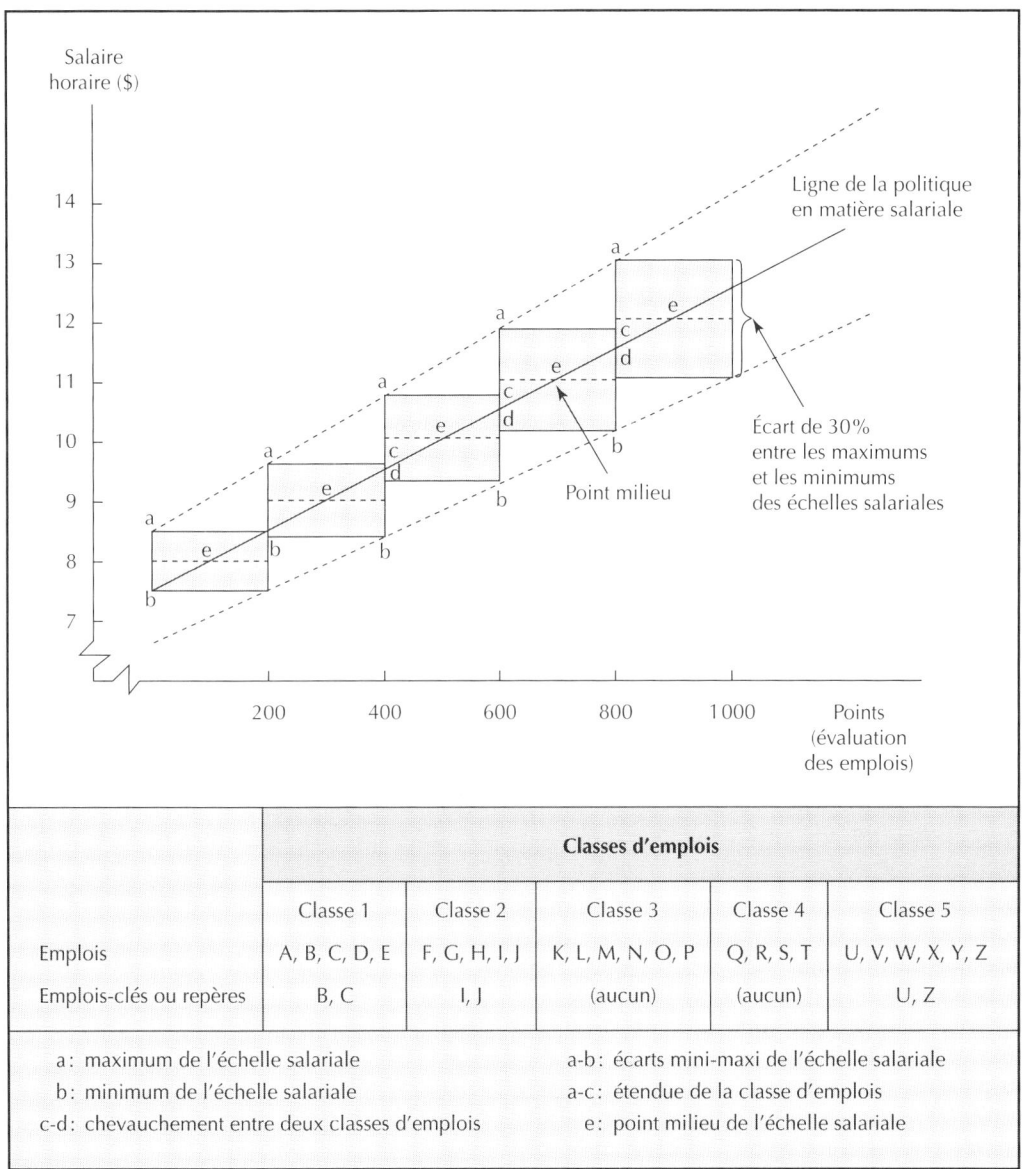

d'emplois dont les exigences sont similaires (par exemple entre 0 et 250 points, entre 251 et 500 points) et qui sont payés de la même façon (même salaire de base, même salaire maximum, etc.). Sur l'axe vertical, on trouve les échelles ou fourchettes salariales, qui correspondent à des emplois dont les salaires sont gérés de la même façon.

12.4.1 Les classes d'emplois

On regroupe en classes les emplois évalués qui comportent des responsabilités semblables (selon le nombre de points obtenus si l'on considère la méthode des points et facteurs) pour deux raisons principales. Premièrement, comme l'évaluation des emplois est subjective, même si elle est faite au moyen d'une méthode systématique de points, il est difficile de justifier le fait de rémunérer différemment des emplois ayant obtenu un nombre semblable de points. Deuxièmement, la gestion et la communication des salaires par classe d'emplois se trouvent facilitées. En pratique, il est impossible de penser à gérer une droite de salaires où un salaire différent correspondrait à un montant total de points différent, où, par exemple, un total de 430 points équivaudrait à un salaire de 375,00$ et un total de 432 points, à un salaire de 375,65$. Imaginons la complexité d'une telle gestion, sans compter la pression qu'exerceraient les employés pour faire réévaluer les exigences de leur emploi, chaque point gagné équivalant à quelques sous de plus!

Notons que le nombre de classes d'emplois est fonction d'une multitude de facteurs, notamment le nombre et la nature des emplois et la taille de l'entreprise; cependant, ce nombre ne doit pas être trop élevé ni trop bas. D'une part, lorsque le nombre de classes est trop élevé, les emplois de deux classes adjacentes risquent de ne pas être perçus comme ayant des exigences différentes. D'autre part, lorsque le nombre de classes est trop bas, des emplois d'une même classe risquent de ne pas être perçus comme ayant des exigences semblables.

12.4.2 Les échelles salariales

On détermine une échelle (ou fourchette) salariale propre à chaque classe d'emplois lorsqu'on veut tenir compte de l'équité individuelle — c'est-à-dire des caractéristiques individuelles, comme le rendement et l'ancienneté — dans la détermination des salaires des employés. Si l'on ne tenait pas compte des caractéristiques individuelles, il n'y aurait qu'un taux de salaire par classe d'emplois. Lorsqu'on prend en considération l'équité individuelle, les salaires des employés d'une même classe d'emplois varient d'une personne à l'autre selon un mode particulier de progression mini-maxi. Plus l'écart entre le salaire minimal et le salaire maximal de l'échelle est grand, plus l'équité individuelle est valorisée.

L'**étendue de l'écart mini-maxi** varie en fonction de deux facteurs. Elle varie d'abord en fonction de la famille d'emplois; ainsi, dans les emplois de production, on observe un écart de 10% à 25%; dans les emplois de bureau, de 20% à 35%; dans les emplois de cadres, de 30% à 50%. La raison de cela est que plus un emploi appartient à un niveau hiérarchique élevé, plus la rémunération du titulaire devrait être fonction de ses caractéristiques personnelles. L'étendue varie ensuite en fonction de la taille ou du nombre de paliers hiérarchiques: moins il y a de paliers hiérarchiques dans la structure de l'organisation, plus l'écart mini-maxi est grand.

Par ailleurs, il est important d'observer que le contrôle de la compétitivité des salaires d'une structure salariale s'effectue à partir du **point milieu** des échelles de salaires. Par exemple, on s'assure que le point milieu de la classe dont fait partie un emploi-repère, pour lequel on collecte des renseignements sur les taux de rémunération offerts sur le marché, correspond au taux du marché si telle est la politique de l'entreprise.

12.4.3 LA DÉTERMINATION DES SALAIRES INDIVIDUELS

Les fourchettes salariales peuvent être de trois types: avec des échelons, sans échelons ou mixte, c'est-à-dire avec des échelons jusqu'au point milieu de l'échelle, sans échelons après. Pour le personnel syndiqué et pour le personnel de bureau, on trouve souvent des échelles salariales comprenant généralement six ou sept échelons où le salaire des employés est fonction de leur ancienneté. Pour le personnel d'encadrement, les échelles salariales sont souvent sans échelons; les augmentations de salaire individuelles sont alors déterminées selon une grille de rémunération au mérite qui est révisée sur une base annuelle. Dans la plupart des cas, l'augmentation de salaire des employés est liée à la fois à leur rendement et à leur position sur l'échelle salariale (ratio comparatif). Le chapitre 10 traite des caractéristiques, des avantages et des inconvénients de la rémunération au mérite comme régime de rémunération visant à reconnaître le rendement individuel des employés.

12.4.4 LES RÉPERCUSSIONS DES STRUCTURES SALARIALES SUR LES COMPORTEMENTS ET LES ATTITUDES DES EMPLOYÉS

Les caractéristiques des structures salariales influencent les comportements et les attitudes au travail, comme l'acceptation de promotions, le taux de roulement, la motivation au rendement ou au développement et le désir de joindre les rangs de l'entreprise. Par exemple, une structure salariale qui reconnaît l'ancienneté favorise le maintien dans l'emploi. À l'opposé, une structure salariale «plate» — où il y a beaucoup de chevauchements entre les échelles salariales de classes d'emplois adjacentes et peu de différences entre les points milieux des classes d'emplois adjacentes — incite moins les employés à accepter des promotions ou à progresser dans la structure hiérarchique. Dans un tel environnement, les employés attachent souvent beaucoup d'importance aux titres des emplois et aux récompenses symboliques (comme l'épaisseur de la moquette, la hauteur du dossier de la chaise ou le nombre de fenêtres dans le bureau), puisqu'il y a peu de différences pécuniaires entre les titulaires de niveaux hiérarchiques différents. Faute d'une logique économique claire, les symboles prennent de l'importance!

En résumé, le mode traditionnel de gestion des salaires des employés, qui est encore le plus répandu, comprend les étapes suivantes: l'évaluation des responsabilités des emplois, le regroupement en classes des emplois dont la valeur est semblable et la gestion d'échelles de salaires pour les différentes classes d'emplois. Ce mode standardisé et centralisé de gestion des salaires convient particulièrement aux organisations ayant les caractéristiques suivantes: elles procèdent à peu de changements technologiques, elles font face à une concurrence peu importante, leurs produits ou leurs services ont de longs cycles de vie, leurs structures hiérarchiques sont lourdes et leur culture de gestion s'appuie sur le contrôle et sur une procédure formelle.

12.5 Les nouvelles approches de la gestion des salaires

12.5.1 La pression du nouveau contexte d'affaires

L'environnement actuel des entreprises se transforme: les technologies évoluent, la concurrence se resserre, les produits et les services changent, le nombre de paliers hiérarchiques diminue et la gestion s'appuie de plus en plus sur des modes d'organisation du travail flexibles qui favorisent la participation des employés.

Dans ce nouveau contexte d'affaires, le mode traditionnel de gestion des salaires, basé sur les responsabilités que comportent les emplois, peut s'avérer inadéquat puisqu'il ne rémunère pas les attitudes et les comportements au travail qui sont dorénavant exigés des employés, tels que le développement des compétences, l'ouverture au changement, la polyvalence au travail, la coopération et l'initiative; cela ne les incite donc pas à adopter ces attitudes et ces comportements. Au contraire, l'octroi de salaires en fonction des responsabilités des emplois conduirait plutôt leurs titulaires à refuser d'assumer des responsabilités supplémentaires si elles ne correspondent pas à une promotion dans une classe salariale supérieure ou, encore, à demander une réévaluation à la hausse de leur emploi afin d'obtenir une augmentation de salaire.

Par ailleurs, le mode traditionnel de gestion a souvent entraîné une multiplication des niveaux hiérarchiques et un grand nombre de classes salariales ayant un faible écart mini-maxi. Dans le contexte actuel — et particulièrement pour le personnel hautement qualifié comme les ingénieurs, les techniciens et les programmeurs —, il est souvent impossible de respecter les contraintes de ces structures salariales lourdes. Par exemple, les échelles mini-maxi sont de moins en moins respectées parce qu'elles ne permettent pas d'attirer le personnel et de le maintenir dans l'emploi ou qu'elles ne l'incitent plus suffisamment à accepter des promotions. Alors, la direction triche de plus en plus fréquemment en offrant davantage que le maximum de l'échelle salariale parce qu'elle n'a pas de choix!

Comme l'indique l'encadré 12.1, ce changement de contexte presse les dirigeants de revoir leur mode traditionnel de rémunération et d'adopter entre autres deux approches récentes en matière de gestion des salaires: les bandes salariales élargies et les salaires basés sur les compétences.

On s'attend à ce que ces approches rendent l'organisation plus flexible et plus performante en incitant les employés à améliorer continuellement leurs compétences, à accepter de fréquents changements de responsabilités et à travailler en équipe. Toutefois, les nombreux effets positifs de ces nouvelles approches sur les employés — tels leur polyvalence, leur créativité, leur motivation, leur engagement, leur satisfaction, leur assiduité, leur maintien dans l'emploi, leur productivité et la qualité de leur travail — sont encore présumés puisque leur efficacité a très peu été étudiée à ce jour. Nous décrirons maintenant ces deux approches.

12.5.2 Les bandes salariales élargies

L'approche des bandes salariales élargies consiste à regrouper en une même bande des classes d'emplois similaires. On adopte cette approche afin de simplifier la structure salariale, d'alléger l'évaluation des emplois ou de réduire le nombre de classes salariales. Cette approche permet aussi de mieux reconnaître la contribution individuelle des employés parce qu'elle offre plus de possibilités et de flexibilité sur le plan du cheminement de carrière et sur celui de la progression et des conditions de salaire.

Cette approche est très souvent implantée par des entreprises qui veulent appuyer des changements majeurs de stratégie ou de culture, qui ont réduit le nombre de niveaux hiérarchiques, qui veulent diminuer l'importance du titre des emplois et des promotions, qui désirent reconnaître davantage la contribution individuelle des employés, qui cherchent à favoriser le développement des compétences ou qui veulent accorder un plus grand pouvoir discrétionnaire aux cadres en ce qui a trait à la

ENCADRÉ 12.1
LES MODES DE RÉMUNÉRATION SONT APPELÉS À CHANGER

La récession et les transformations qu'elles ont suscitées au sein des entreprises les amènent à envisager la possibilité de modifier leur mode de rémunération, estime M. Jean-Charles Lima, vice-président pour le Québec de l'Association canadienne de rémunération.

Et ceci, afin de motiver véritablement le personnel, à qui on impose une charge de travail plus lourde que par le passé, alors que les hausses de salaires sont devenues à peu près inexistantes, disait-il hier dans une interview à La Presse.

« L'objectif ultime, c'est d'améliorer la performance de l'organisation. Et on pense pouvoir le faire par le biais des employés », ajoutait-il à l'occasion d'un colloque sur le sujet organisé par l'Institut international de recherche, une entreprise qui a son siège social à Londres.

Car avec la récession, rappelle-t-il, les firmes ont fait de nombreux licenciements, tout en réduisant bien souvent le nombre de niveaux hiérarchiques. Résultat, les possibilités de promotion ont diminué, cependant qu'« on demande aux employés de faire plus ».

La rémunération variable, venant s'ajouter à la rémunération fixe, peut corriger cela. « Ça vient compenser les hausses limitées de salaire. »

Réservé autrefois aux cadres supérieurs des entreprises, et représentant là où il existe de 3 à 10 p. cent du salaire, ce mode de rémunération tend à s'étendre à d'autres classes d'employés, dit-il.

Ainsi, montre un sondage fait l'an dernier auprès de 475 entreprises canadiennes par le cabinet de consultants Hewitt & Associés, spécialisé dans le domaine de la rémunération (M. Lima y travaille), 70 p. cent de celles-ci utilisaient alors la rémunération variable... « en incluant la rémunération pour les cadres supérieurs ».

Toujours selon la même enquête, 32 p. cent de ces entreprises avaient un régime de participation aux bénéfices, contre 20 p. cent dotées d'un régime de partage des économies faites grâce aux gains de productivité.

Conférencier au colloque d'hier, M. Lima a traité pour sa part de la réduction des niveaux hiérarchiques (broadbanding, en anglais), qui entraîne elle aussi des modifications aux modes traditionnels de rémunération.

« Il y a de 350 à 400 entreprises qui l'ont fait aux États-Unis, dit-il. C'est peu, mais ça suscite beaucoup d'intérêt. »

Exemple, la Banque Royale, qui a annoncé à son personnel, en décembre dernier, qu'elle allait de la sorte ramener de 22 à 8 le nombre de catégories d'employés.

Selon la norme traditionnelle, les entreprises comptent une vingtaine d'échelons de salaire, « avec un écart de 40-50 p. cent » entre le salaire le plus bas et le plus élevé. La nouvelle norme, elle, veut qu'on en réduise le nombre à quatre-cinq, l'écart pouvant alors atteindre de 75 à 300 p. cent entre les deux salaires extrêmes, note M. Lima.

On fusionne de cette façon en une seule plusieurs catégories d'employés, si bien que ce sont les compétences de chacun qui déterminent alors son salaire, et non plus sa tâche. Et avec un pareil système, ajoute-t-il, c'est aux chefs des services concernés de fixer le salaire de chacun, ce qui est normalement « une chasse gardée du service des ressources humaines ».

Les principaux avantages que cela présente : les chefs de service, qui sont ceux qui connaissent le mieux le personnel, bénéficient d'« une flexibilité accrue », laquelle ne peut que profiter à l'entreprise (elle s'adapte mieux au changement), cependant que les assises de la nouvelle culture d'entreprise s'en trouvent renforcées.

Source : J. Benoit, *La Presse*, 8 février 1995, p. D2.

détermination des salaires. Par exemple, aux États-Unis, General Electric (Abosch, Gilbert et Dempsey, 1994) avait une structure salariale comprenant 14 classes d'emplois, où chacune avait une échelle salariale comportant un écart mini-maxi d'environ 50%. L'approche des bandes salariales élargies a permis à cette entreprise de regrouper ses 14 classes d'emplois en 4 bandes d'emplois ayant des écarts mini-maxi d'environ 130%. Plus près de nous, la Banque Nationale du Canada a réduit ses 27 classes d'emplois en 7 bandes salariales ayant un écart mini-maxi de 80% et subdivisées en 3 zones : une zone inférieure correspondant à une phase de développement, une zone médiane équivalant à une contribution type et une zone supérieure permettant de reconnaître une contribution exceptionnelle soutenue, indice d'une relève prête à prendre des responsabilités à un niveau supérieur. À titre d'exemple, le tableau 12.8 montre à quoi pourraient ressembler une structure salariale pour le personnel de R&D d'une entreprise d'ingénierie avant et après l'exercice d'élargissement des bandes salariales.

12.5.3 LES SALAIRES BASÉS SUR LES COMPÉTENCES

Une tendance récente en matière de gestion des salaires est souvent proposée pour pallier les limites de l'approche basée sur les responsabilités des emplois (Lawler, 1996 ; Tremblay, 1996). L'approche des salaires basés sur les compétences consiste à relier le salaire des employés à la nature, à la variété ou à la spécialisation de leurs compétences, connaissances ou habiletés. En somme, selon cette approche, le salaire des employés devient fonction de ce qu'ils **sont** (ou peuvent faire) et non plus de ce qu'ils **font** comme le veut l'approche traditionnelle basée sur l'évaluation des emplois. Aux États-Unis, des entreprises aussi connues que General Foods, Johnson & Johnson, General Motors, Procter & Gamble, Polaroid et General Mills auraient implanté un tel mode de gestion des salaires. Au Québec, ABI de Bécancour, Alcan, Armstrong, Dowty, Marion Merrell Dow, Produits forestiers Alliance et QIT Fer et Titane, entre autres, ont adopté une forme ou une autre de rémunération basée sur les compétences.

Il y a de multiples façons de rémunérer les compétences. La figure 12.2 présente un exemple de structure salariale basée sur les compétences. Selon cette structure salariale, les employés techniciens doivent tous, à leur entrée dans l'entreprise, détenir des compétences de base préétablies pour obtenir le salaire horaire de base de 13,00$. Par la suite, l'employé pourra augmenter son salaire en suivant des cours de formation tant proposés qu'optionnels. Selon le nombre de points que valent les formations proposées suivies et le nombre de cours optionnels suivis, l'employé sera

TABLEAU 12.8 Un exemple de structure salariale du personnel de R&D avant et après l'élargissement des bandes salariales ($)

Avant l'élargissement des bandes				
Emploi	Classe	Minimum	Médiane	Maximum
Technicien spécialiste adjoint	50	35 100	43 800	52 500
Concepteur technique	51	40 020	46 200	55 380
Technicien spécialiste	52	40 100	48 800	58 500
Spécialiste en technologie	54	44 160	55 000	65 940
Technicien spécialiste en chef	55	46 620	56 200	69 780
Conseiller-expert technique	57	51 900	64 800	77 700
Chef de section	58	55 180	68 900	82 620
Directeur de R&D	58	55 180	68 900	82 620
Directeur de projet	60	63 100	78 800	94 500
Directeur des laboratoires	61	67 740	84 600	101.460
Directeur de la technologie	62	72 860	91 000	109 140
Directeur des essais	62	72 860	91 000	109 140
Directeur de l'ingénierie	62	72 860	91 000	109 140
Après l'élargissement des bandes				
Bandes salariales	Zone de développement		Zone de référence	Zone supérieure
1. Technicien spécialisé	34 800 — 43 500		43 501 — 54 375	54 376 — 67 968
2. Expert-conseil	51 600 — 64 500		64 501 — 80 626	80 627 — 100 784
3. Directeur	55 000 — 68 750		68 851 — 85 938	85 939 — 107 424

qualifié de technicien I, II, III ou IV et verra son salaire augmenté en conséquence, et ce quelle que soit la nature du travail qu'il exécute.

L'approche des salaires basés sur les compétences est censée se traduire par plusieurs avantages pour les employés et les employeurs. Par exemple, elle améliorerait la polyvalence, la créativité, la motivation, l'engagement, la satisfaction, l'assiduité et le maintien au travail des employés, entraînant du coup une qualité accrue des produits et des services et une productivité supérieure.

Les opinions des employés assujettis à un système de détermination des salaires basés sur les compétences sont toutefois nuancées (St-Onge et Péronne-Dutour, 1996). D'une part, les employés peuvent estimer que

FIGURE 12.2 Un exemple de structure salariale basée sur les compétences pour des techniciens, d'après Milkovich et Newman

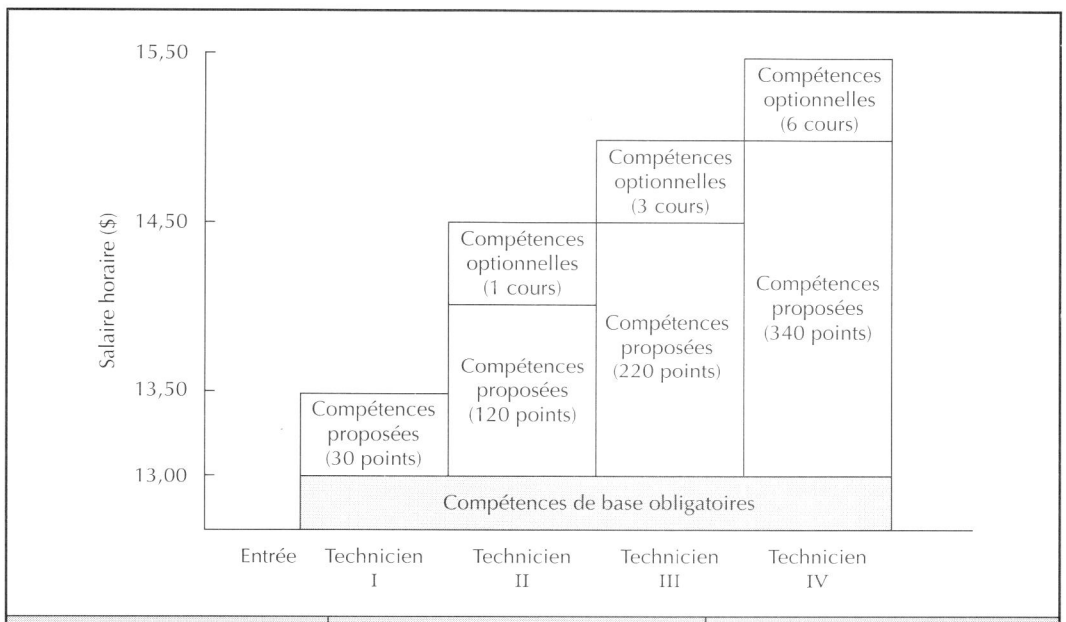

Formation obligatoire	Formation proposée Nombre de points		Formation optionnelle (nombre optionnel)
Qualité des produits	Fabrication de panneaux	15	Entretien
Manipulation du matériel	Fabrication de panneaux	20	Informatique — Excel
Vidéo : matières dangereuses	Fabrication de panneaux	25	Traitement de textes
Sécurité au travail	Peinture de finition	25	Centre d'évaluation du potentiel
Atelier d'orientation	Abrasif de finition	15	Développement de carrière
	Préparation des surfaces	15	Prise de décisions en groupe
	Assemblage des machines	20	*Coach* et facilitateur
	Inspection de finition	10	Résolution de problèmes
	Inspection des machines	25	Sécurité de l'usine
	Soudure	20	Gestion
	Réparation tuyauterie	10	Relations publiques
	Inspection des soudures	10	
	Opération de la machine MT13	35	
	Opération de la machine MT12	35	
	Dégraissage	5	
	Assemblage	20	
	Inspection à la réception	35	

cette approche est juste parce qu'elle a augmenté leurs salaires à un taux supérieur à celui du marché, qu'elle s'appuie sur une conception plus variée et enrichie du travail et qu'elle améliore leurs possibilités d'avancement. D'autre part, les employés peuvent l'estimer injuste parce qu'elle ne rend pas plus équitables les différences de salaires entre les catégories de personnel, notamment les différences entre les employés de production et les cadres (on parle alors d'iniquité interne), et entre les employés d'une même catégorie, notamment les différences entre les salaires des employés de production (on parle alors d'iniquité individuelle). En somme, certains employés ne perçoivent pas suffisamment le lien entre les compétences et les salaires soit parce qu'ils considèrent qu'on mesure mal les compétences ou que les personnes chargées d'évaluer les compétences sont incompétentes! Certains employés mentionnent également le risque d'augmenter les salaires en fonction des compétences sans tenir compte du rendement: l'employé le plus compétent, soit celui qui a reçu la plus grande formation, n'est pas nécessairement celui qui a le meilleur rendement au travail pour ce qui est des comportements ou des résultats. D'autres employés critiquent cette approche parce qu'elle ne tient pas compte de l'ancienneté, une caractéristique individuelle que les syndicats ont préférée historiquement car elle se prête à une mesure plus objective que les compétences.

Ces derniers reproches sont d'ailleurs les mêmes que ceux que les employés tant d'encadrement que de production ont faits historiquement à l'égard des systèmes traditionnels de rémunération au mérite qui tient compte du rendement individuel des employés dans la détermination de leur augmentation annuelle de salaire. Cela ne surprend guère: les compétences et le rendement des employés sont deux des caractéristiques individuelles (on parle d'ailleurs d'«individualisation» des salaires dans les deux cas) aussi difficiles à mesurer l'une que l'autre et aussi sujettes aux biais des cadres. Encore ici, tous peuvent être d'accord avec le principe consistant à rémunérer les employés compétents ou performants ou ceux qui ont plus de responsabilités tout en considérant comme injuste leur augmentation de salaire ou leur salaire parce qu'ils sont portés à s'estimer plus compétents ou plus performants que ce qu'indique l'évaluation de leur supérieur hiérarchique.

On peut résumer de la façon suivante les principales conditions de succès de l'approche des salaires basés sur les compétences:

– L'entreprise doit établir le type, le nombre et la valeur des compétences dont elle a besoin pour fonctionner efficacement.
– Elle doit prévoir les périodes nécessaires pour atteindre le taux de salaire maximal et pour apprendre chacune des unités (ou blocs) de compétences, incluant les périodes d'essai entre les formations.

- Elle doit fournir aux employés des possibilités de formation adéquates, fréquentes et structurées leur permettant de progresser rapidement sur l'échelle des salaires.
- Elle doit accorder les augmentations de salaire uniquement après que les compétences ont été certifiées par une méthode jugée valide, efficace et équitable; la certification devrait être formelle, par exemple sous forme de diplôme.
- Elle doit prévoir une politique et des règles à suivre sur la formation et les salaires lors des changements technologiques, afin d'éviter de rétribuer des compétences désuètes.
- Elle doit implanter ce mode de gestion des salaires auprès d'une catégorie d'employés afin d'optimiser le sentiment d'équité interne et d'éviter les plaintes ou les griefs des employés.
- Elle doit communiquer aux employés et aux cadres les objectifs poursuivis par ce mode de gestion des salaires et former les superviseurs pour qu'ils accomplissent leur nouveau rôle en cette matière.
- Elle doit faire participer les employés et le syndicat à la conception, à l'implantation et à l'administration de ce nouveau système de gestion des salaires.
- Elle doit implanter ce mode de gestion des salaires seulement dans un contexte où la culture est égalitaire et axée sur la mobilisation, l'engagement et la responsabilisation des employés.

Considérant ces conditions de succès, il apparaît que l'approche des salaires basés sur les compétences n'est pas moins lourde sur le plan administratif que l'approche des salaires basés sur les responsabilités. Toutefois, l'approche des salaires basés sur les compétences semble être plus qu'une technique; elle correspond à une philosophie de gestion où les employés constituent un investissement pour lequel on doit payer plus que le marché en échange des efforts qu'ils effectuent pour acquérir une formation. Les employeurs doivent alors s'assurer qu'ils utilisent adéquatement les compétences des employés dans leur travail.

12.5.4 La nécessité d'un changement culturel et stratégique majeur

Les nouvelles approches comme les bandes salariales élargies et les salaires basés sur les compétences risquent de faire plus de mal que de bien lorsque leur implantation ne tient pas compte du climat ou de la stratégie d'affaires. Aussi, une analyse des besoins et de la situation propres à chaque organisation peut mener à la conclusion qu'un changement est nécessaire ou que le mode traditionnel de gestion des salaires reste le plus approprié.

Ainsi, Cira (1994) traite du cas de compagnies d'assurances où une réduction du nombre de niveaux hiérarchiques et un changement de la structure des titres d'emplois risquent de créer de l'ambiguïté alors que la stabilité y est une vertu essentielle. Dans de telles circonstances, la solution la plus efficace consiste à conserver l'approche traditionnelle en comblant certaines de ses limites. Par ailleurs, il est possible de diminuer l'insatisfaction que suscite le mode traditionnel de détermination des salaires en évaluant les emplois sur la base des facteurs-clés de réussite de l'organisation. Finalement, les compétences peuvent être rémunérées autrement que par le salaire, de manière à réduire les exigences reliées à la gestion; par exemple, on peut penser à l'octroi d'une prime en sus du salaire de base qui serait accordée à la suite de l'acquisition d'une nouvelle compétence.

Par ailleurs, l'élargissement des bandes salariales et la rémunération des compétences augmentent le pouvoir discrétionnaire des cadres en matière de détermination des salaires. Parallèlement, ces approches changent le rôle des professionnels en rémunération, qui deviennent davantage des conseillers auprès des cadres que des contrôleurs qui veillent au respect des échelles et des grilles salariales. Par conséquent, la réussite de ces approches dans le domaine de la rémunération exige qu'on consacre du temps et de l'argent à la formation des intervenants en ce qui concerne ces nouveaux rôles.

Même si nous avons présenté de manière séparée les approches des bandes salariales élargies et des salaires basés sur les compétences, elles peuvent être implantées simultanément par une entreprise, les bandes salariales élargies permettant une meilleure reconnaissance des compétences individuelles. Dans ce contexte, l'entreprise peut, par exemple, décrire pour chaque bande salariale les compétences-clés requises par les emplois, les objectifs de développement des titulaires de ces emplois ainsi que le type et le contenu de la formation recommandée pour les employés de la bande salariale.

Rappelons qu'un rapport de l'American Compensation Association (1996) confirme que la rémunération est la dernière activité de GRH que l'on modifie dans un environnement où l'on gère la rémunération en fonction des compétences. Les auteurs expliquent ce phénomène de plusieurs façons:

1. Les organisations privilégient une approche de rémunération uniforme; le fait de changer le mode de gestion des salaires pour une catégorie de personnel seulement peut réduire l'équité apparente.

2. La rémunération a une incidence directe sur les attitudes et les comportements des employés ; c'est pourquoi n'importe quel changement suscite de nombreuses résistances.
3. Puisque la rémunération des compétences augmente la masse salariale, les dirigeants doivent être certains que l'implantation de cette approche sera rentable.
4. La rémunération des compétences entraîne de nombreux autres changements en matière de GRH, par exemple dans la sélection, la formation et l'organisation du travail.
5. Cette approche rend plus difficile le contrôle de la compétitivité des salaires sur le marché.
6. Plusieurs employeurs préfèrent attendre et apprendre des « essais et erreurs » des autres entreprises avant d'adopter un mode de rémunération basé sur les compétences.

12.6 L'ÉQUITÉ SALARIALE

Au Canada, la législation relative à la discrimination basée sur le sexe dans la détermination de la rémunération a évolué depuis les années 60. En 1956 et en 1964, le gouvernement fédéral et la province de Québec adoptaient successivement une loi obligeant les employeurs à verser **un salaire égal pour un travail égal**. Sensiblement au cours de la même période, d'autres provinces canadiennes poussaient la loi un peu plus loin en obligeant les employeurs à payer **un salaire égal pour un travail similaire** (par exemple, à l'époque, un concierge par rapport à une « femme » de ménage). En 1975, le Québec devenait un précurseur en adoptant une loi contraignant les employeurs à offrir **un salaire égal pour un travail équivalent ou de valeur égale**. Toutes ces lois visant à accorder un salaire égal pour un travail soit égal, similaire ou équivalent reposaient sur un système de plaintes. Elles avaient comme principe que la discrimination constitue l'exception (il s'agit alors d'une discrimination volontaire ou intentionnelle) et que l'employeur est présumé innocent tant que sa culpabilité n'est pas démontrée. En pratique, de telles lois ont eu une portée limitée puisque peu d'employées victimes de discrimination déposaient une plainte en raison de la difficulté d'établir la preuve, du temps et de l'argent à y consacrer, et ainsi de suite.

Le 11 novembre 1996, le Québec adopte une loi sur l'équité salariale (également appelée « relativité salariale »). En somme, les employeurs doivent démontrer qu'il n'y a pas de biais discriminatoire dans les pratiques de gestion sur le plan de l'évaluation des emplois à prédominance féminine en comparaison de l'évaluation des emplois à prédominance masculine. Ainsi, on part du principe que la discrimination constitue la règle (il s'agit alors d'une discrimination systémique) et qu'il appartient aux employeurs de démontrer leur non-culpabilité. En 1988, l'Ontario a été la première province canadienne à adopter une loi semblable tant pour les employeurs du secteur privé que pour ceux du secteur public. Par la suite, plusieurs autres provinces (comme le Manitoba, la Nouvelle-Écosse, l'Île-du-Prince-Édouard et le Nouveau-Brunswick) ont adopté une loi sur l'équité salariale, mais pour le secteur public seulement. En 1996, le Québec adopte une telle loi tant pour les employeurs du secteur privé que pour ceux du secteur public; celle loi est entrée en vigueur le 11 novembre 1997.

12.6.1 L'ÉQUITÉ SALARIALE ET L'ÉQUITÉ EN MATIÈRE D'EMPLOI

L'équité salariale a pour objet de corriger les écarts salariaux engendrés par la discrimination systémique fondée sur le sexe à l'égard des personnes qui occupent des emplois dans des catégories d'emplois à prédominance féminine. Autrement dit, l'équité salariale vise à faire en sorte qu'au sein de chaque entreprise la rémunération accordée à des emplois à prédominance féminine de valeur X soit équivalente à la rémunération accordée à des emplois à prédominance masculine de valeur X.

L'équité en matière d'emploi vise à fournir une représentation équitable des membres des groupes «protégés» (femmes, membres de communautés culturelles, autochtones et personnes handicapées) et à supprimer la discrimination dans le système d'emploi (recrutement, sélection, promotion, formation, etc.).

Ces deux notions ont une finalité commune: réduire l'écart de rémunération entre les hommes et les femmes (ces dernières étant un groupe protégé selon l'équité en matière d'emploi) pour ce qui est de la rémunération. On estime que cet écart est d'environ 30%, c'est-à-dire que, pour chaque dollar que les hommes gagnent, les femmes gagnent 70 cents (Gaucher, 1993). Toutefois, ces deux notions prônent des moyens différents et complémentaires en vue de réduire cet écart attribuable à plusieurs facteurs dont la ghettoïsation des femmes, le comportement au travail, le nombre d'heures travaillées par semaine, la mentalité de l'industrie, la discrimination dans l'évaluation des emplois et la présence limitée des femmes dans les emplois les plus rémunérés.

D'une part, l'équité salariale s'attaque à la **sous-évaluation** des exigences des emplois à prédominance féminine. Ainsi, une réévaluation des exigences de ces emplois devrait entraîner pour les femmes des hausses de salaire qui réduiraient l'écart historique entre la rémunération des femmes et celle des hommes. D'autre part, l'équité en matière d'emploi s'attaque à la **sous-représentation** des groupes protégés — dont les femmes — dans certaines catégories d'emplois, comme parmi les cadres supérieurs ou dans les emplois de production ou d'entretien. Ainsi, une meilleure représentation des femmes dans certains emplois devrait entraîner une hausse de leur rémunération, hausse qui réduirait l'écart entre les hommes et les femmes pour ce qui est de la rémunération.

12.6.2 Les grandes lignes de la Loi sur l'équité salariale

La Loi sur l'équité salariale soumet tous les employeurs ayant plus de 10 employés à certaines obligations légales, qui varient en fonction du nombre moyen de leurs salariés inscrits au registre de chaque période de paie entre le 21 novembre 1996 et le 21 novembre 1997. Le nombre d'employés, la syndicalisation des employés et le nombre d'unités d'accréditation sont autant de facteurs qui influencent la démarche à suivre par les employeurs.

Ainsi, les entreprises ayant entre 10 et 49 salariés doivent déterminer les ajustements salariaux nécessaires (obligation de résultats) de manière à offrir une rémunération équitable aux catégories d'emplois à prédominance féminine. Toutefois, ces entreprises ne sont pas tenues de constituer un comité d'équité salariale ni d'élaborer un programme d'équité salariale (aucune obligation en ce qui a trait à la démarche). Les employeurs ayant entre 50 et 99 salariés doivent élaborer au moins un programme d'équité salariale et sont tenus d'adopter une démarche conjointe patronale-syndicale sur la demande d'un syndicat. Finalement, les employeurs ayant 100 salariés ou plus doivent élaborer au moins un programme d'équité salariale et mettre en place un nombre correspondant de comités d'équité salariale.

Comme on peut le constater, le projet de loi est plus contraignant pour les employeurs comptant 100 salariés ou plus. Ces employeurs doivent former un comité d'équité salariale d'au moins trois personnes dont les deux tiers des représentants seront des salariés (désignés par leur association accréditée ou par l'ensemble des salariés si une telle association n'existe pas) et la moitié, des femmes. La loi permet aussi la constitution de comités sectoriels représentant des associations d'employeurs, des regroupements régionaux ou des associations sectorielles paritaires pour l'élaboration des programmes d'équité salariale. Après l'approbation des résultats par la Commission d'équité salariale, les outils préparés par ces comités sectoriels seront mis à la disposition des entreprises du secteur ou de la région.

Les employeurs doivent également assumer la formation des membres du comité d'équité salariale et leur permettre de s'absenter sans perte de salaire pour qu'ils puissent assister aux réunions du comité ou accomplir les tâches associées à ce dernier. Ils ont l'obligation de divulguer toute information nécessaire pour l'établissement du programme et, à la fin du processus, d'afficher les résultats dans des endroits visibles et accessibles aux salariés visés par ce programme. Ils doivent en outre afficher les résultats aux quatre étapes suivantes de la démarche entourant l'équité salariale :

1) la détermination des catégories d'emplois à prédominance féminine et masculine ;
2) le choix de la méthode d'évaluation des emplois ;
3) la comparaison des catégories d'emplois ;
4) la détermination des modalités de versement des ajustements.

La détermination des catégories d'emplois à prédominance féminine et masculine

Une catégorie d'emplois correspond à un regroupement des emplois comportant des fonctions ou des responsabilités semblables, une qualification semblable, la même rémunération et un même taux ou une même échelle de salaires. Une catégorie d'emplois peut être constituée d'un seul emploi. Afin de déterminer les emplois à prédominance féminine, la loi établit un taux de représentation de 60 % ou plus de femmes ou d'hommes dans une catégorie d'emplois. Pour trancher les cas ambigus, d'autres critères peuvent être considérés, comme les stéréotypes concernant l'emploi, l'évolution historique de la représentation des femmes ou des hommes dans une profession et le taux de représentation des femmes dans les catégories d'emplois.

Le choix de la méthode d'évaluation des emplois

La méthode d'évaluation des emplois (par exemple le rangement des emplois ou la méthode des points et facteurs préétablie ou sur mesure) est laissée au choix des responsables de l'élaboration du programme. Toutefois, la méthode retenue doit s'appuyer sur quatre facteurs d'évaluation : les compétences, les responsabilités, les efforts et les conditions de travail. L'employeur doit se soucier de la neutralité du processus de collecte de renseignements sur les catégories d'emplois (description d'emploi, questionnaire général ou structuré) et s'assurer d'un équilibre entre les facteurs selon qu'ils favorisent les emplois à prédominance masculine ou féminine, comme l'adresse manuelle, les aptitudes aux relations interpersonnelles, la fréquence des interruptions et des imprévus ou la concentration soutenue.

LA COMPARAISON DES CATÉGORIES D'EMPLOIS

La rémunération inclut le taux maximal de salaire ou de l'échelle pour la catégorie d'emplois, les régimes de rémunération flexible (rémunération basée sur les compétences, le rendement et l'intéressement selon le rendement de l'entreprise), les avantages à valeur pécuniaire (congés de maladie, vacances, jours fériés, régimes de retraite et d'assurances collectives) et les avantages en dehors du salaire. Pour calculer les écarts de rémunération entre les emplois à prédominance féminine et les emplois à prédominance masculine, l'employeur peut choisir des méthodes individuelles ou collectives.

La comparaison par paire, qui est une méthode individuelle, permet de comparer une catégorie d'emplois à prédominance féminine avec une catégorie d'emplois à prédominance masculine de même valeur. S'il y a plusieurs catégories d'emplois à prédominance masculine de même valeur mais des rémunérations différentes, on effectue la comparaison en utilisant la moyenne de leur rémunération respective. Lorsque la méthode par paire ne peut s'appliquer à une catégorie d'emplois à prédominance féminine, l'estimation de sa rémunération doit être établie en proportion de celle de la catégorie d'emplois à prédominance masculine dont la valeur est la plus proche.

Lorsque le nombre de comparaisons à faire est élevé, l'employeur peut utiliser une méthode globale comme la comparaison de chaque catégorie d'emplois à prédominance féminine avec la courbe salariale de l'ensemble des catégories d'emplois à prédominance masculine. Le choix de la méthode de comparaison doit toutefois respecter deux conditions: on doit comparer les catégories d'emplois à prédominance féminine avec les catégories d'emplois à prédominance masculine, et non avec des emplois mixtes ou neutres ou avec un ensemble d'emplois féminins et masculins; par ailleurs, on ne doit pas exclure de la comparaison une catégorie à prédominance féminine sous prétexte qu'il n'y a pas de catégorie masculine de valeur égale. Les entreprises ont jusqu'au 21 novembre 2001, soit quatre ans à partir de l'entrée en vigueur de la loi le 21 novembre 1997, pour élaborer un plan d'équité salariale.

LA DÉTERMINATION DES MODALITÉS DE VERSEMENT DES AJUSTEMENTS

Les employeurs peuvent répartir les coûts financiers résultant des ajustements salariaux sur quatre ans à partir de la date à laquelle l'élaboration du programme est terminée, soit jusqu'au 21 novembre 2005 au plus tard. Ce délai peut être prolongé de trois ans, soit jusqu'au 21 novembre 2008, si l'employeur démontre qu'il est incapable d'effectuer à temps les ajustements.

12.7 LA GESTION DES AVANTAGES SOCIAUX

12.7.1 LES CATÉGORIES D'AVANTAGES SOCIAUX

Les régimes d'avantages sociaux peuvent être classés en trois catégories: les régimes de protection du revenu, le temps chômé et payé et les avantages complémentaires ou les gratifications.

Premièrement, les **régimes de protection du revenu** sont censés offrir des assurances contre les aléas de la vie ou contre des événements fortuits ayant des répercussions financières significatives comme la maladie et les accidents, l'invalidité, la retraite, le décès et la cessation d'emploi. Une protection contre de tels aléas est offerte par des régimes publics et privés (tableau 12.9). La quasi-totalité des employeurs offrent des régimes collectifs de rémunération, qui permettent à près de 85 % de la population âgée de 18 à 64 ans d'être protégée par un régime collectif d'assurance-maladie (Picard, 1997). Ainsi, au Québec, la Loi sur l'assurance-médicaments est utile à 15 % de la population qui n'est pas admissible à un tel régime (principalement des étudiants, des prestataires d'aide sociale et d'assurance-emploi).

Deuxièmement, il y a les avantages sociaux liés aux conditions de travail ou encore le **temps chômé et payé**: les vacances, les jours fériés, les jours de maladie et autres.

Finalement, il y a les **avantages complémentaires** ou les **gratifications** (*perks*) comme l'automobile, la place de stationnement, les escomptes sur les produits ou les services, les prêts au personnel, le logement ou la propriété, les repas subventionnés, les frais de scolarité pour les employés ou pour les personnes à leur charge, les frais de congrès et de conférences, l'adhésion à des clubs, les conseils financiers et juridiques ou la garderie dans le milieu de travail.

Plusieurs raisons justifient l'attribution de ce type d'avantages sociaux aux employés (Picard, 1997). Pour ce qui est des employeurs, cela leur permet d'offrir une certaine sécurité financière aux employés face aux aléas de la vie (paternalisme) et d'accorder une rémunération concurrentielle qui leur permettra de recruter et de retenir des employés compétents. Pour ce qui est des employés, les avantages sociaux offerts par l'employeur sont

TABLEAU 12.9 Une classification de divers régimes d'assurances publics et privés selon les aléas de la vie

A. Aléas de la vie	Régimes publics	Régimes privés
Maladie et accident	• Hospitalisation • Maladie • Médicaments (loi 33)	• Aide médicale • Soins dentaires • Médicaments (loi 33) • Soins optiques
Invalidité	Temporaire : • Assurance-automobile • Accidents du travail (CSST) • Assurance-emploi (AE) Permanente : • Assurance-automobile • Accidents du travail • RPC et RRQ	Courte durée : • Assurance-salaire • Jours (congés) de maladie Longue durée : • Assurance-invalidité
Retraite	• RPC et RRQ • Sécurité de la vieillesse • Pension de sécurité de la vieillesse (PSV) • Supplément de revenu garanti (SRG)	• RPA : prestations ou cotisations déterminées • RER • RPDP • Régimes d'épargne • Régimes supplémentaires
Décès	• Assurance-vie de base • Assurance-vie complémentaire • Assurance-vie pour personnes à charge	• Assurance-vie de base • Assurance-vie complémentaire • Assurance-vie pour personnes à charge
B. Autres aléas		
Hospitalisation, médicaments, vision, voyage, dentaire, programme d'aide aux employés (PAE)	• Régime d'assurance-maladie du Québec (RAMQ) : hospitalisation, médicaments, dentaire	• Assurance-voyage • Assurance dentaire (par exemple examens, restaurations mineures, orthodontie) • Assurance-soins de la vue

plus généreux que ceux que prévoient les lois ou les régimes publics. Par ailleurs, comparée à l'assurance que les employés devraient négocier sur une base individuelle, l'assurance collective n'exige pas d'eux une preuve de bonne santé, et elle s'avère plus économique et avantageuse sur le plan fiscal. En effet, il est plus intéressant de recevoir 1 800 $ en avantages sociaux qu'en salaire parce que le taux d'imposition sur les premiers est moindre.

12.7.2 LES TENDANCES ACTUELLES DANS LE DOMAINE DES AVANTAGES SOCIAUX

Une multitude de changements environnementaux, qu'ils soient démographiques, économiques, sociologiques ou politiques, influencent la gestion des avantages sociaux et expliquent les tendances actuelles dans ce domaine ainsi que les défis qu'il faudra relever.

LE CONTRÔLE DES COÛTS DES AVANTAGES SOCIAUX

Sur le plan économique, les entreprises subissent une pression concurrentielle accrue alors que les coûts des avantages sociaux ont grimpé de façon considérable pour les raisons suivantes (Coward, 1991):
- Les régimes ont été élargis afin de rendre compte d'un plus grand nombre de situations qui, par le passé, étaient soit considérées de manière restreinte, soit exclues.
- Les conditions d'admissibilité ont été étendues à une plus grande proportion de la main-d'œuvre (notamment pour se conformer à la Charte des droits et libertés de la personne).
- Le nombre de demandes de règlement a augmenté avec le vieillissement de la population active et la scolarité accrue des employés qui a amené ces derniers à mieux connaître la protection à laquelle ils ont droit.
- Le nombre de retraités assurés et le niveau de protection ont énormément augmenté.
- Les coûts liés aux services et aux médicaments croissent constamment à cause de l'apparition sur le marché de nouveaux produits et techniques plus efficaces mais aussi plus coûteux.

Au cours des dernières décennies, le pourcentage de la rémunération globale des employés accordé aux avantages sociaux n'a pas cessé d'augmenter, pour s'établir aujourd'hui à près de 35%; ce taux est réparti entre les assurances collectives (3%), les régimes de retraite (7%), les régimes publics (10%) et le temps chômé et payé (15%). Depuis quelques années, les coûts des avantages sociaux ont augmenté plus vite que les salaires, soit de 8% à 10% par rapport à 2% à 3% (Picard, 1997). Comme l'indique la mise en situation du début de ce chapitre, les coûts des régimes privés d'assurance-maladie augmentent chaque année de plus de 20%. Ainsi, le vieillissement de la population a un effet important sur les coûts des régimes publics et privés. En effet, près de 40% des régimes collectifs privés s'appliquent aux retraités (Picard, 1997). Par ailleurs, comme les primes des assurances-vie et médicaments augmentent avec l'âge des employés, le vieillissement des employés se répercute sur les coûts des avantages sociaux des employeurs.

Par conséquent, pendant les prochaines années, il faudra s'attendre à des compressions draconiennes dans le domaine des avantages sociaux ou, du moins, à un ralentissement de la montée des coûts liés aux régimes de soins médicaux. L'époque où les employeurs bonifiaient leurs régimes d'avantages sociaux ou haussaient les plafonds de remboursement est terminée; l'heure est plutôt au transfert des coûts aux employés. Actuellement, les employeurs et les assureurs exercent un contrôle rigide des coûts; pour les employés, cela se traduit irrévocablement par une augmentation des primes à payer et des franchises.

Des avantages sociaux à réinventer

Face à la nécessité de contrôler et de réduire les coûts, les employeurs révisent leurs régimes d'avantages sociaux. Ainsi, plusieurs dirigeants d'entreprise adoptent et diffusent une nouvelle philosophie en cette matière.

Les régimes d'invalidité à long terme font l'objet d'une préoccupation particulière. En effet, pour de nombreuses raisons, les maladies mentales et les dépressions représentent aujourd'hui la première cause des réclamations d'invalidité à long terme pour les assureurs. Il y a 15 ans, ces maladies constituaient à peine 2% ou 3% des réclamations, alors qu'elles comptent maintenant pour près de 36% de celles-ci. Les employeurs et les assureurs se tournent de plus en plus vers une gestion intégrée de l'invalidité qui sera plus préventive. Il y est question de programmes d'aide aux employés.

Parallèlement, on évoque de plus en plus le défi consistant à réinventer les avantages sociaux afin d'en faire un outil stratégique pour attirer les employés-clés et les maintenir dans leur emploi. Ainsi, on proposera aux employés de nouveaux avantages dont ils pourront bénéficier alors qu'ils sont en bonne santé, comme des conditions visant à l'équilibre entre le travail et la famille, un horaire de travail plus flexible, la possibilité d'acheter un plus grand nombre de jours de vacances ou de prendre une année sabbatique, l'abonnement à un club de conditionnement physique ou l'accès à des soins d'homéopathie. Compte tenu du recours accru des entreprises aux emplois à temps partiel, l'admissibilité de ce type d'emplois aux régimes collectifs est étudiée.

Les entreprises ont aussi l'intention de réviser la gestion traditionnelle des avantages sociaux à la lumière des divers changements démographiques tels que la disparition de la famille traditionnelle où l'homme est le pourvoyeur et où la femme sans emploi rémunéré élève les enfants, l'augmentation du nombre de familles monoparentales, le vieillissement de la population, la présence plus marquée des femmes sur le marché du travail, l'accroissement du nombre de couples ayant deux carrières, la scolarité plus poussée des employés et l'inclusion dans la définition du mot « conjoint » des personnes de même sexe en matière d'assurances collectives au Québec depuis juin 1996. La notion d'avantages sociaux flexibles, que nous traiterons plus loin, sera de plus en plus envisagée par les employeurs.

Les nouveaux rôles de l'État, des employeurs et des employés

Au cours des dernières années, le désengagement de l'État s'est manifesté par le nombre de services qui ne sont plus assurés et par l'augmentation de la tarification. Parmi les nombreuses mesures allant dans ce sens, on peut penser à l'imposition des avantages sociaux en 1993, à la promulgation de la Loi sur l'assurance-médicaments en 1997, à l'imposition de frais par ordonnance pour les personnes âgées en 1992, à la limitation de la gratuité des soins dentaires pour les jeunes, l'âge ayant été ramené de 14 à 10 ans en 1992, à la suppression de la gratuité des examens de la vue pour les personnes âgées de 18 à 64 ans depuis 1992-1993, et ainsi de suite.

Jusqu'à maintenant, les employeurs ont souvent assumé les responsabilités que l'État a cessé d'assumer. Toutefois, un tel transfert des coûts ne devrait pas se maintenir longtemps. En effet, on remarque une réduction du paternalisme des employeurs en matière d'avantages sociaux. Particulièrement dans le domaine des régimes de retraite, les employeurs transfèrent le risque aux employés. Ceux-ci adoptent de plus en plus de régimes de retraite à cotisations déterminées (l'employé verse un montant X et sa pension sera fonction du rendement de son investissement) et de moins en moins de régimes à prestations déterminées (l'employé est assuré de recevoir une pension X).

Aussi, à l'avenir, les employés ne pourront plus compter autant sur l'aide de l'État et de leur employeur pour assurer leur sécurité. Ils seront forcés d'être plus responsables à cet égard. Ils devront également compter davantage sur leur épargne personnelle en prévision de leur retraite.

La position actuelle de l'État

Parallèlement à son désengagement dans le domaine des avantages sociaux, l'État multiplie les lois dans ce secteur. On peut penser à la Loi sur l'assurance-médicaments, à la Loi sur la protection des renseignements personnels ou à la Loi contre la discrimination dans les avantages sociaux adoptée en 1996, etc. Ces lois compliquent l'administration des avantages sociaux, ce qui amène de plus en plus d'employeurs à confier celle-ci à la sous-traitance. Les lois ont également augmenté les exigences quant à la divulgation des avantages sociaux par les employés et à leur consultation par ceux-ci. C'est le cas des multiples obligations créées au sujet du comité de retraite ou de la tenue d'une assemblée annuelle.

L'État réduit aussi les avantages ou les attraits fiscaux associés traditionnellement aux assurances collectives. Ainsi, les primes d'assurance-vie (au fédéral et au provincial) et de soins de santé (au Québec seulement) payées par l'employeur représentent maintenant un avantage imposable pour les employés. Les jeunes employés des entreprises sont pénalisés puisque leur taux d'imposition est fonction de l'âge moyen des employés: plus l'âge moyen est élevé, plus le taux d'imposition augmente. En outre, le gouvernement perçoit plus de 11% de taxes sur les primes d'assurances collectives (9% des primes sont payées par l'employeur et 2,35%, par les compagnies d'assurances). Finalement, l'universalité des programmes est remise en question et l'instauration d'un ticket modérateur est de plus en plus prônée. L'État s'avère de moins en moins généreux.

L'État a commencé à procéder à une révision majeure des régimes publics d'assurances. Des exemples de ce phénomène nous sont fournis par le virage ambulatoire, la réduction des ressources, l'apparition d'hôpitaux privés et la fermeture ou la restructuration d'hôpitaux.

L'EFFET DES CHANGEMENTS TECHNOLOGIQUES SUR L'ADMINISTRATION DES AVANTAGES SOCIAUX

L'évolution de la recherche et du développement crée une pression à la hausse sur les coûts du système de santé: les nouveaux médicaments et traitements sont de plus en plus efficaces, mais également de plus en plus chers. L'augmentation des franchises est d'ailleurs irrévocable. La traditionnelle franchise de 25$ dans le régime d'assurance-maladie a été implantée à une époque où ce montant équivalait à deux ou trois ordonnances, alors qu'aujourd'hui il ne correspond même plus à une ordonnance (Amyot, 1995).

D'autre part, les nouvelles technologies bouleversent la manière traditionnelle de gérer les avantages sociaux. Par exemple, les logiciels rendent de plus en plus facile la gestion d'avantages sociaux flexibles, ou encore la vidéo et le courrier électronique peuvent permettre de décrire des avantages sociaux aux employés.

LES CHANGEMENTS DANS L'INDUSTRIE DES ASSURANCES

Du côté de l'industrie des assurances, les multiples fusions, acquisitions et faillites créent une pression à la hausse sur les prix des services. La compétition entre des joueurs de plus en plus gros est féroce, sachant que le marché des employeurs-clients est assuré à près de 100%. La stratégie des assureurs consiste à maximiser leurs ventes en prenant des clients à leurs concurrents. Une fois qu'ils ont obtenu un client, ils tentent de le fidéliser en implantant, par exemple, un régime flexible d'avantages sociaux dont la gestion est complexe et où le suivi devient important. Une autre stratégie consiste à mieux contrôler les dépenses, soit le paiement des prestations, et à entretenir un communication plus étroite avec les bénéficiaires.

Les assureurs sont aussi préoccupés par le développement de nouveaux produits, pour combler le retrait de l'État en matière de soins de santé, de même que de produits mieux adaptés aux besoins et au contexte économique d'aujourd'hui. Ainsi, afin de limiter ses coûts, la coassurance à paliers de la SSQ-Vie (Amyot, 1995) rembourse à 60% les frais de médicaments jusqu'à concurrence de 2000$.

12.7.3 Les régimes d'avantages sociaux flexibles

Les régimes d'avantages sociaux flexibles et évolutifs permettent aux employés de choisir, généralement tous les deux ans, parmi différents types, modules ou plans d'avantages sociaux ceux qui leur conviennent le mieux et de modifier leurs choix au cours de leur vie. Il n'est alors plus question d'adhérer automatiquement, pour la durée du contrat chez un même employeur, à un programme uniforme ou standard établi pour tous les employés.

Il peut s'agir d'un régime de base comprenant une assurance-vie et une assurance-maladie auxquelles sont jointes des options en matière de soins de santé complémentaires, de soins dentaires, d'assurance-invalidité, etc. Il peut également s'agir d'un régime modulaire qui regroupe une série de mesures de protection selon différents modules. Finalement, dans quelques cas, il peut s'agir d'un régime entièrement flexible qui permet à l'employé de décider s'il désire différentes assurances, notamment une assurance-vie, une assurance-maladie, une assurance-invalidité ou une assurance dentaire.

Quoique seulement 15% des organisations comptant plus de 100 employés disposent de régimes flexibles (Picard, 1997), ces derniers gagnent de plus en plus en popularité (la mise en situation du début de ce chapitre donne des résultats d'enquêtes): les employeurs souhaitent les implanter et leurs employés s'y intéressent. Les régimes d'avantages sociaux complets, uniformes et applicables à tous les employés, qui sont le fait de 85% des organisations comptant 100 employés ou plus, coûtent cher aux employeurs et ne semblent pas pour autant appréciés par les employés parce qu'ils ne correspondent pas à leurs besoins ou n'ont pas une valeur suffisante selon eux. Quant aux régimes d'avantages sociaux flexibles, ils sont perçus comme ayant des avantages et des inconvénients; il faut toutefois les considérer avec prudence puisqu'ils ont fait l'objet de très peu de recherches empiriques.

LES AVANTAGES

Les régimes d'avantages sociaux flexibles permettraient de réduire les coûts et les demandes des employés en matière d'avantages sociaux, de mieux répondre aux besoins de plus en plus diversifiés des employés à cet égard et d'accroître la capacité d'attirer et de retenir les employés. En un mot, ils présentent une offre plus individualisée. Ce dernier avantage vaut son pesant d'or lorsque l'on veut combler des postes exigeant des compétences très spécialisées et rares ou que l'on gère des employés dans divers pays. De plus, lorsqu'on leur permet de faire des choix, les membres de couples ayant deux carrières peuvent éviter de se retrouver avec certains avantages sociaux en double.

Par ailleurs, les employés ont la possibilité de choisir les avantages sociaux qui répondent davantage à leurs besoins sans que cela influence la protection des autres employés et les coûts qui y sont reliés. Dans la mesure où le gouvernement impose les employés sur la contribution de l'employeur à leur régime d'avantages sociaux, ces derniers expriment le désir d'être imposés sur des avantages sociaux qu'ils sont susceptibles d'utiliser. Finalement, le régime d'avantages sociaux flexible rendrait les employés plus conscients de la valeur des avantages sociaux qu'ils reçoivent et les responsabiliserait davantage étant donné que ce sont eux qui déterminent leur protection en fonction des choix offerts par l'employeur.

LES INCONVÉNIENTS

Pour les employeurs, les régimes d'avantages sociaux flexibles coûteraient plus cher et seraient plus complexes à implanter et à gérer. C'est peut-être pour cette raison qu'on ne trouve pratiquement aucun régime complètement flexible (la pure « cafétéria ») où l'employé répartit en avantages sociaux un montant préétabli. On observe plutôt des modules ou des options d'avantages sociaux (en général, trois ou quatre modules incluent un régime de base obligatoire) plus ou moins coûteux parmi lesquels les employés font un choix. Entre autres, les employeurs doivent améliorer leur travail de communication afin de bien expliquer aux employés les choix qui leur sont offerts. Ils doivent également sonder régulièrement les besoins de ces derniers pour s'assurer que les mesures offertes y répondent de façon optimale. Si l'on souhaite transférer le pouvoir décisionnel aux employés en matière d'avantages sociaux, les dirigeants ont la responsabilité de leur fournir l'information nécessaire pour qu'ils puissent prendre des décisions éclairées. L'adoption d'un tel régime requiert davantage la formation de comités d'assurances qui visent à favoriser la communication entre les employeurs, les employés, les actuaires-conseils et les assureurs de manière à comprendre les enjeux du régime, à contrôler les coûts et à considérer les besoins des employés.

Ces régimes ne sont pas sans inconvénients pour les employés. Ils entraîneraient un phénomène d'antisélection, lequel correspond à une tendance des employés à choisir les avantages qu'ils sont le plus susceptibles d'utiliser, faisant en sorte que leur investissement soit le plus rentable possible à court terme. Un tel comportement mène à une augmentation des primes pour les employés. En effet, plus l'assureur fait de remboursements en cours d'année, plus il doit augmenter ses taux l'année suivante lors du renouvellement du contrat, car il doit transmettre l'augmentation des coûts aux employés; ce régime devient alors un simple plan de financement. Ainsi, à long terme, l'économie d'échelle associée aux régimes de protection collectifs est de plus en plus réduite.

L'ANTISÉLECTION ET LA RÉDUCTION DE L'ASSURANCE-BUDGET

Le phénomène de l'antisélection se produit lorsque, souvent pour répondre aux attentes des employés et des syndicats, les employeurs offrent des assurances sur des services qui sont utilisés peu fréquemment et qui s'avèrent peu coûteux comme les soins dentaires et les examens de la vue — on est loin du décès et de l'invalidité! Sauf pour quelques cas d'employés prudents, les employés qui choisiront le module offrant une bonne protection vis-à-vis d'événements moins fortuits exploiteront au maximum le «budget». Les assureurs qualifient d'ailleurs l'assurance sur les soins de la vue et les lunettes et sur les soins dentaires d'assurance-budget puisqu'elle représente des frais prévisibles (Amyot, 1995). L'idée qui se trouve derrière celle-ci est qu'à la fin du contrat la compagnie d'assurances estimera l'augmentation des coûts des primes pour ce module et l'employeur transmettra cette augmentation aux employés qui ont choisi ce module. On fait alors face à un dilemme.

Il arrive que l'augmentation des primes soit si élevée pour les employés qui ont choisi ce module que les employeurs soient tentés de transmettre une partie de cette augmentation aux employés qui ont choisi d'autres modules moins élaborés mais peu chers afin de ne pas avoir à subir les récriminations des plus grands utilisateurs! L'antisélection influence aussi les coûts des régimes de base pour les employeurs. En effet, les assureurs calculent les nouvelles primes à partir de la somme des remboursements des frais médicaux pour l'ensemble des employés, peu importe l'option ou le module choisi. Cela a pour effet de redistribuer les coûts de l'utilisation des services non seulement parmi les employés ayant choisi l'option enrichie, mais aussi parmi les autres options incluant le régime de base.

Pour réduire le problème de surutilisation des services causé par l'antisélection, il est possible de proposer des pourcentages plutôt que des montants maximaux de remboursement de manière que les employés soient obligés de débourser une somme d'argent chaque fois qu'ils consomment un service. Par ailleurs, on contraint généralement les employés de conserver leur choix d'option ou de module au moins deux ou trois ans. Cela permet d'éviter que des employés s'inscrivent au module enrichi, se prévalent rapidement de certains services offerts, comme un service d'orthodontie, puis se retirent du module.

Certains employeurs s'en tiendront au principe consistant à transmettre l'augmentation des coûts aux utilisateurs seulement, car ils savent qu'un jour viendra où il n'y aura plus véritablement d'avantages financiers pour les employés du plan enrichi ou que le montant de la prime sera tel que peu d'entre eux le choisiront. Aussi, il n'est pas surprenant de constater une tendance chez les employeurs à laisser tomber progressivement les régimes de soins dentaires et d'examens de la vue, qui relèvent davantage de l'assurance-budget. Dans ce contexte, il y a également le risque que certains employeurs décident de réduire leur protection à propos d'événements fortuits comme la mort et l'invalidité pour maintenir la protection sur les examens de la vue, les soins dentaires, la consultation de professionnels de la santé, etc. Ils pourront probablement brandir les résultats de sondages faits auprès d'employés pour appuyer cette décision. En effet, si l'on demande aux employés de comparer leur appréciation à l'égard de leur assurance-invalidité avec leur appréciation à l'égard de leur assurance dentaire, cette dernière aura bien des chances de l'emporter parce qu'ils l'utilisent! Toutefois, si on demande à la veuve et aux enfants d'un employé décédé de faire la même comparaison, la réponse sera sûrement tout autre.

En somme, la difficulté pour plusieurs employeurs consiste à se retirer du régime d'assurance-budget visant à défrayer des dépenses non fortuites (des acquis que les employés apprécient et que d'autres employeurs sur le marché peuvent offrir) et à se limiter à offrir une assurance contre les aléas véritablement fortuits et coûteux (des problèmes financiers que les proches des employés pourraient avoir si ces derniers meurent ou deviennent invalides).

Selon cette perspective, plusieurs employeurs préféreront se retirer de ce régime en accordant un montant donné aux employés et en les laissant libres de s'assurer comme ils le veulent. Certains employés le feront — et peut-être mieux qu'avant —, mais qui protégera les proches des nombreux employés qui mourront ou deviendront invalides sans pouvoir assurer la subsistance de leurs proches survivants? Même si aujourd'hui la plupart des femmes travaillent, le problème se pose. Comme l'indique la mise en situation du début de ce chapitre, les employeurs s'interrogent de plus en plus sur la pertinence d'une protection familiale, puisqu'ils jugent qu'ils ont une obligation envers leurs employés plus qu'envers les personnes qui sont à la charge de ces derniers. D'une part, face aux coûts et aux difficultés de la protection familiale (les nouveaux types de familles entraînent des défis qui n'ont pas encore été traités à ce jour), les employeurs pensent de plus en plus à se retirer de ce secteur. D'autre part, l'État semble vouloir également se désengager pour réduire son déficit. Aussi valables que soient leurs raisons, une réflexion s'impose. Les problèmes qu'a engendrés un prétendu excès de paternalisme de la part des employeurs et de l'État, soit l'augmentation du nombre d'abuseurs et la multiplication des coûts, ne sont pas moindres que ceux qu'entraînera une absence de paternalisme, soit l'abandon des proches des employés qui meurent ou deviennent invalides. C'est le juste milieu qu'il faut viser même s'il est difficile à atteindre.

12.7.4 Pour une meilleure communication de l'information

Tant les employeurs que les assureurs se rendent compte qu'il existe un manque de communication important. Comme la majorité des employés assurés ne connaissent pas les services qu'ils peuvent obtenir ni le coût de ces services, ils ne peuvent les apprécier à leur valeur. Considérant cela de même que tous les bouleversements à venir dans le domaine des assurances (la responsabilisation des employés, l'apparition de nouveaux régimes, etc.), les campagnes de communication et d'éducation auprès des utilisateurs prendront de plus en plus d'ampleur. Par ailleurs, les employeurs devront réinventer leurs avantages sociaux en consultant les employés et en les faisant participer au processus de manière à optimiser les services qu'ils offriront dans le domaine, c'est-à-dire à obtenir un meilleur rapport coûts-bénéfices.

Conclusion

Ce chapitre nous a permis de constater que la gestion des salaires est complexe en partie parce que la notion d'équité en matière de rémunération varie selon l'angle sous lequel on l'aborde (les lois, la manière dont les salaires sont gérés, etc.) et selon les personnes avec lesquelles les employés se comparent (les employés d'autres entreprises, ceux qui font le même travail qu'eux dans l'entreprise, ceux qui les supervisent, ceux qu'ils supervisent, etc.). Afin d'être en mesure d'optimiser le caractère équitable des salaires, nous avons résumé diverses pratiques de rémunération, notamment les enquêtes de rémunération, les méthodes d'évaluation des emplois, la rémunération des compétences et les plans d'équité salariale. Finalement, nous avons pu observer l'ampleur des changements économiques, sociaux, démographiques, technologiques et gouvernementaux qui exercent une pression sur la gestion traditionnelle des avantages sociaux. Cette dernière devra relever, au cours des prochaines années, un double défi: contrôler les coûts et répondre aux besoins variés des employés.

QUESTIONS DE RÉVISION

1. La rémunération peut être considérée selon différentes perspectives, toutes aussi importantes et complémentaires. Distinguez ces diverses perspectives que l'on trouve dans la documentation.

2. Pourquoi l'entreprise doit-elle s'assurer qu'elle gère bien la rémunération des employés?

3. L'équité est un phénomène complexe. Ainsi, le même salaire peut être perçu comme étant plus ou moins juste selon les critères sur lesquels les employés s'appuient pour porter leur jugement. Définissez les divers types d'équité ou de justice qui entrent en ligne de compte dans la gestion de la rémunération.

4. Énumérez cinq lois qui influencent la gestion de la rémunération des employés.

5. Pourquoi faut-il s'assurer de la cohérence des salaires au sein d'une organisation? Comment doit-on s'y prendre pour obtenir cette cohérence?

6. Pourquoi faut-il s'assurer de la compétitivité des salaires accordés dans une organisation? Comment peut-on obtenir cette compétitivité?

7. Quel est l'objectif de la Loi sur l'équité salariale au Québec? Décrivez cette loi dans ses grandes lignes.

8. La gestion traditionnelle des avantages sociaux est appelée à changer grandement. Discutez des diverses tendances qui créent une pression sur la gestion des avantages sociaux ainsi que des conséquences qu'elles entraînent dans ce domaine.

9. Plusieurs intervenants préconisent l'adoption de régimes d'avantages sociaux flexibles (l'approche «cafétéria») pour répondre à certains changements de l'environnement. Discutez des avantages et des inconvénients de cette approche.

10. Qu'est-ce que le phénomène de l'antisélection et que peut-on faire pour limiter ses répercussions?

Références

ABOSCH, K.S., D. GILBERT et S.M. DEMPSEY (1994). « Contrasting perspectives on broadbanding : Approaches of two organizations », *ACA Journal, American Compensation Association*, vol. 3, n° 1, printemps, p. 46-53.

AMERICAN COMPENSATION ASSOCIATION (ACA) (1996). *Raising the Bar : Using Competencies to Enhance Employee Performance*, Scottsdale.

AMYOT, S. (1995). « L'épuisement professionnel se fait très coûteux pour les assureurs », *Les Affaires*, 8 avril, p. B10.

BENOIT, J. (1995). « Les modes de rémunération sont appelés à changer », *La Presse*, 8 février, p. D2.

BOURGEOIS, P. et S. ST-ONGE (1997). *La rémunération des équipes de travail*, cahier de recherche, n° 97-14, Montréal, École des Hautes Études Commerciales.

CARTTER, A.M. (1959). *Theory of Wages and Employment*, Homewood, Illinois, Richard D. Irwin.

CIRA, D. (1994). *Broadbanding, Flattering your Job and Grade Structure*, William M. Mercer Inc., document inédit.

COWARD, L.E. (1991). *Le guide Mercer sur les régimes de retraite et les avantages sociaux au Canada*, Montréal, CCH Canadienne.

DESJARDINS, DUCHARME, STEIN ET MONAST (société en nom collectif) (1996). *L'entreprise et ses salariés*, vol. 1, Montréal, Les Éditions Transcontinental.

GAUCHER, D. (1993). *L'équité salariale au Québec : révision du problème : résultats d'une enquête*, Études et recherches du ministère du Travail, Québec, Les Publications du Québec.

GOMEZ-MEJIA, L.R. et D.B. BALKIN (1992). *Compensation, Organizational Strategy, and Firm Performance*, South-Western Series in Human Resources Management, Cincinnati, Ohio.

HANDSHEAR, N.A. et S. O'NEAL (1993). « Challenge and opportunity : The new pay and the new pay professional », *ACA Journal*, printemps-été, vol. 2, n° 1, p. 74-79.

HENEMAN, H.G. (1985). « Pay satisfaction », dans *Research in Personnel and Human Resources Management*, sous la direction de K.M. Rowland et G.R. Ferris, vol. 3, Greenwich, Connecticut, JAI Press, p. 115-139.

LAWLER, E.E. (1971). *Pay and Organizational Effectiveness : A Psychological View*, New York, McGraw-Hill.

LAWLER, E.E. (1983). *Pay and Organizational Development*, 2e éd., Readings, Massachusetts, Addison-Wesley.

LAWLER, E.E. (1990). *Strategic Pay : Aligning Organizational Strategies and Pay Systems*, San Francisco, Jossey-Bass.

LAWLER, E.E. (1996). *From the Ground Up : Six Principles for Building the New Logic Corporation*, San Francisco, Jossey-Bass.

MICELI, M.P. et M.C. LANE (1992). « Antecedent of pay satisfaction : A review and extension », *Research in Personnel and Human Resource Management*, vol. 9, p. 235-309.

PICARD, F. (1997). « Régimes d'assurance collective : évolution et enjeux », texte non publié, 26 novembre, 24 p.

ST-ONGE, S. et M.-A. PÉRONNE-DUTOUR (1996). *Une étude des perceptions de justice à l'égard de la rémunération basée sur les compétences*, cahier de recherche, n° 96-37, Montréal, École des Hautes Études Commerciales, septembre.

THÉRIAULT, R. (1991). *Guide Mercer sur la gestion de la rémunération : théorie et pratique*, Boucherville, Gaëtan Morin Éditeur.

THÉROUX, P. (1995). « Les coupures d'avantages sociaux sont loin d'être terminées », *Les Affaires*, 8 avril, p. B1.

TREMBLAY, M. (1996). « Payer pour les compétences validées : une nouvelle logique de rémunération et de développement des ressources humaines », *Gestion*, vol. 21, n° 2, juin, p. 32-44.

Lectures suggérées

CHICHA, M.T. (1997). *L'équité salariale : mise en œuvre et enjeux*, Cowansville, Éditions Yvon Blais.

HALL, G.M. (1996). *Mercer Handbook of Canadian Pension & Benefit Plans*, 11e éd., North York, Ont., CCH Canadian Ltd.

MILKOVICH, G.T. et J.M. NEWMAN (1996). *Compensation*, 5e éd., Boston, Richard D. Irwin.

THÉRIAULT, R. et S. ST-ONGE (à paraître). *La gestion de la rémunération*, Boucherville, Gaëtan Morin Éditeur.

CAS 12.1
LA GESTION DES SALAIRES CHEZ SERVICES EXCEL[2]

Produits Excel, une grande firme spécialisée dans la fabrication de diverses fournitures de bureau en papier, a des groupes commerciaux dans plusieurs provinces canadiennes. Cette entreprise vient d'acquérir une autre firme, Papiers de Luxe inc., qui œuvre dans le même secteur d'activité. Cette dernière firme, située au Québec dans une petite ville éloignée des grands centres urbains, fait face à de sérieux problèmes financiers.

Afin de décider de la façon dont la gestion de la rémunération des employés de Papiers de Luxe sera intégrée dans celle de Produits Excel, un professionnel en GRH décide de faire une enquête sur les modes de gestion qu'on employait jusqu'ici dans cette PME familiale. Son enquête, faite à partir de documents et d'entrevues avec plusieurs membres du personnel, révèle les éléments suivants:

1. Les salaires des employés de production varient de 4,95 $ à 14,58 $ l'heure. De plus, leur taux horaire est majoré de 50 % pour le travail exécuté après 180 heures par mois.

2. Les employés de production, qui sont très polyvalents, ont adopté au fil des années un mode de fonctionnement par équipes de travail. Ils connaissent bien les rouages de leur service et pourraient formuler des suggestions pour accroître le rendement de l'entreprise. Ils évitent toutefois de le faire en prétextant ceci: « Qu'est-ce que ça nous donnerait ? Ce sera toujours ceux d'en haut qui vont s'en mettre plein les poches ! »

3. Des salaires de base différents sont accordés à des employés occupant un même emploi selon qu'ils sont autochtones ou non, ou selon qu'ils ont des personnes à charge ou non.

4. Les employés de bureau se plaignent que leur salaire de base n'est pas proportionnel aux responsabilités qu'ils ont à assumer. À ce sujet, la secrétaire adjointe du service de production dit: « Je mérite plus pour ce que je fais. Mon salaire n'est pas assez élevé si je le compare à celui qu'on accorde à mes subordonnés. »

5. Les salaires des employés de production et de bureau sont bien en dessous — souvent de près de 18 % — de ceux qui sont offerts sur le marché pour des emplois similaires.

6. Une dizaine de secrétaires qui occupent un emploi similaire estiment qu'il est injuste que leur salaire respectif ne tienne pas compte de leur ancienneté dans l'entreprise. Elles déclarent: « C'est injuste de recevoir le même salaire ou presque que celui ou celle qui vient tout juste d'arriver ! »

7. Certains professionnels déplorent qu'on ne considère pas leur rendement individuel dans leur rémunération: « Qu'est-ce que ça me donne de me défoncer au travail ? Au bout du compte, je suis payé comme ceux qui font le strict minimum ! » a lancé l'un d'eux.

8. Plusieurs contremaîtres ayant un bon potentiel refusent des promotions. Selon eux, « les efforts à faire pour assumer des responsabilités supplémentaires n'en valent pas la chandelle ».

9. La rumeur d'une éventuelle acquisition de l'entreprise et la peur de voir leur poste aboli amèneront plusieurs employées de bureau à considérer les postes de production pour assurer leur avenir. Plusieurs d'entre elles se disent injustement payées lorsqu'elles comparent les exigences des emplois de bureau à celles des emplois de production.

---

2. Cas rédigé par Sylvie St-Onge. Reproduit avec permission de l'École des Hautes Études Commerciales de Montréal.

10. La gestion du système de rémunération au mérite, où les augmentations de salaire sont fonction du rendement individuel, fait l'objet de plusieurs plaintes parmi les cadres. Par exemple, on se plaint du peu de rigueur de l'évaluation du rendement, du favoritisme que pratiquent certains dirigeants et du faible lien entre les montants accordés et l'évaluation reçue.

Question

Quel problème d'équité est mis en évidence par chacun des faits précédents (par exemple l'iniquité légale, externe, interne, individuelle, collective, salariale ou l'injustice du processus)? Justifiez votre réponse.

CAS 12.2

Les avantages sociaux modulaires chez Bâtico inc.[3]

La firme Bâtico inc. est un important distributeur de produits d'électricité, de plomberie, de chauffage, de ventilation, de réfrigération et d'adduction d'eau. Ses principaux clients sont des entrepreneurs de construction résidentielle et commerciale. Elle compte près de 500 succursales au Canada et aux États-Unis et emploie environ 5 000 personnes, principalement des vendeurs, des acheteurs et du personnel administratif. Son siège social est situé à Québec.

Compte tenu des coûts croissants des avantages sociaux offerts et de leur incidence sur la rentabilité de l'entreprise, la direction de Bâtico charge son service des ressources humaines de revoir la gestion de ces programmes. L'objectif est de réduire les coûts tout en offrant des avantages qui répondent aux besoins des employés. Contrairement à la plupart des employeurs de son secteur d'activité qui n'offrent pas de régimes d'assurances collectives, Bâtico offre à ses employés un régime universel d'assurances collectives dont il assume 75 % des coûts, coûts qui ont considérablement augmenté au cours des dernières années.

Dans ce contexte, l'idée d'offrir des programmes d'avantages sociaux plus flexibles qui permettent aux employés de faire des choix en fonction de leur situation familiale et financière semble fort intéressante. Selon les responsables des avantages sociaux de Bâtico, les régimes d'assurances qui se prêtent le mieux à ce nouveau concept de flexibilité sont ceux qui offrent une protection en matière de soins de santé et de soins dentaires.

Après une période de réflexion et de consultation auprès des gestionnaires des différentes divisions de l'entreprise, les responsables des avantages sociaux élaborent des régimes d'assurance-santé et d'assurance dentaire comprenant chacun trois modules. Comparé au régime existant, le module A offre une protection inférieure à un coût moindre, le module B correspond au régime actuel en offrant une protection équivalente à un coût similaire, et le module C offre une protection supérieure à un coût plus élevé (tableau 12.10).

À la suite d'une vaste campagne de communication et d'information, les employés sont invités à choisir l'un des trois modules. Selon les spécialistes des avantages sociaux, une répartition égale (1/3, 1/3, 1/3) des choix des employés entre les trois modules permettrait à Bâtico de réduire considérablement sa contribution tout en répondant aux besoins des employés.

---

3. Cas rédigé par Mario Giroux sous la direction de Sylvie St-Onge. Reproduit avec permission de l'École des Hautes Études Commerciales de Montréal.

Deux surprises attendaient les responsables des avantages sociaux. La première survient dès la réception des choix des employés. Contrairement à ce qu'ils avaient prévu, les choix des employés se répartissent fort inégalement, soit 5 % pour le module A, 60 % pour le module B et 35 % pour le module C. Cette répartition diminue évidemment l'importance des économies prévues, mais les primes que versera Bâtico seront quand même moins élevées que celles de l'année précédente en vertu de l'ancien régime.

La deuxième surprise survient à la fin de la première année d'application du nouveau programme : on enregistre un déficit global de 540 000 $. Ce déficit provient surtout d'une surutilisation du module C. En effet, les indemnités versées pour ce module ont dépassé de 58 % les primes payées par les employés et l'employeur (taux d'utilisation de 158 %).

Suivant les ententes standard qu'imposent les compagnies d'assurances pour ce genre de programmes d'assurances collectives, tout déficit doit être comblé l'année suivante. Après avoir été informé de la situation, le président de Bâtico indique aux responsables des avantages sociaux que l'entreprise est prête à verser environ le tiers de cette somme, c'est-à-dire 200 000 $.

Question

Traitez du problème que doivent résoudre les responsables des avantages sociaux. Par exemple, expliquez ses causes et formulez des propositions qui permettraient de corriger la situation actuelle.

TABLEAU 12.10 Une description des trois modules des régimes de soins de santé et de soins dentaires

	Régime de soins de santé	
Module A	**Module B**	**Module C**
Franchise : 50 $ par personne, maximum de 100 $	Franchise : 25 $ par personne, maximum de 100 $	Franchise : 50 $ par personne, maximum de 100 $
Plafonds : 100 000 $ par année 500 000 $ à vie	Plafonds : 100 000 $ par année 500 000 $ à vie	Plafonds : 100 000 $ par année 500 000 $ à vie
• 100 % du coût d'une chambre à deux lits • 80 % du coût des médicaments sur ordonnance jusqu'à 2 000 $ et 100 % de l'excédent • 100 % du coût des soins à l'extérieur du pays • 80 % des autres frais • Professionnels de la santé : maximum de 300 $ par année	• 100 % du coût d'une chambre à deux lits • 90 % du coût des médicaments sur ordonnance jusqu'à 2 000 $ et 100 % de l'excédent • 100 % du coût des soins à l'extérieur du pays • 90 % des autres frais • Professionnels de la santé : maximum de 400 $ par année	• 100 % du coût d'une chambre à deux lits • 90 % du coût des médicaments sur ordonnance jusqu'à 2 000 $ et 100 % de l'excédent • 100 % du coût des soins à l'extérieur du pays • 90 % des autres frais • Professionnels de la santé : maximum de 500 $ par année • Naturopathes, acupuncteurs et masso-thérapeutes : maximum de 250 $ par année

TABLEAU 12.10 Une description des trois modules des régimes de soins de santé et de soins dentaires (suite)

Régime de soins de santé (*suite*)		
Module A	**Module B**	**Module C**
• Examen de la vue • Assistance médicale internationale	• Examen de la vue • Assistance médicale internationale	• Examen de la vue • Soins de la vue : 125 $ par 24 mois • Assistance médicale internationale
Coûts mensuels*		
Employé : 1,00 $ Conjoint : 1,00 $ Enfants : 0,67 $	Employé : 3,00 $ Conjoint : 3,00 $ Enfants : 0,67 $	Employé : 4,50 $ Conjoint : 4,50 $ Enfants : 3,00 $

* Primes payées mensuellement par l'employé pour chaque personne assurée.

Régime de soins dentaires		
Module A	**Module B**	**Module C**
Franchise : 50 $ par personne, maximum de 100 $ • 80 % du coût des soins de base • 60 % du coût des soins de restauration majeure • 60 % du coût des soins de périodontie et d'endodontie • 50 % du coût des soins d'orthodontie Plafond : 1 250 $ par année Guide des tarifs : année précédente Rappel : 9 mois	Franchise : 25 $ par personne, maximum de 50 $ • 100 % du coût des soins de base • 80 % du coût des soins de restauration majeure • 80 % des soins de périodontie et d'endodontie • 60 % du coût des soins d'orthodontie Plafond : 1 500 $ par année Guide des tarifs : année précédente Rappel : 9 mois	Franchise : 50 $ par personne, maximum de 100 $ • 100 % du coût des soins de base • 80 % du coût des soins de restauration majeure • 100 % du coût des soins de périodontie et d'endodontie • 60 % du coût des soins d'orthodontie Plafond : 1 750 $ par année Guide des tarifs : année courante Rappel : 6 mois
Coûts mensuels**		
Employé : 1,00 $ Conjoint : 1,00 $ Enfants : 0,67 $	Employé : 3,00 $ Conjoint : 3,00 $ Enfants : 0,67 $	Employé : 4,50 $ Conjoint : 4,50 $ Enfants : 3,00 $

** Primes payées mensuellement par l'employé pour chaque personne assurée.

CHAPITRE 13

Organiser le travail

OBJECTIFS D'APPRENTISSAGE

Après l'étude de ce chapitre, le lecteur devrait être plus apte à:
- Définir l'organisation du travail.
- Exposer les principales raisons qui expliquent la popularité des expériences de réorganisation du travail.
- Décrire les principales caractéristiques des nouveaux modèles d'organisation du travail.
- Connaître les perspectives organisationnelle (structure et réingénierie), collective (équipes de travail) et individuelle (analyse et conception des postes) de l'organisation du travail.
- Présenter les principales formes d'aménagement du temps de travail, des lieux de travail et de la relation d'emploi.
- Décrire les facteurs critiques assurant le succès et la durabilité des expériences de réorganisation du travail.

MISE EN SITUATION

Problèmes et défis à l'hôpital[1]

D'entrée de jeu, il semble que la réorganisation du travail soit à peine commencée dans les hôpitaux du Québec. On parle beaucoup de restructuration, de transformation, de reconfiguration du réseau. Certains malins parlent même de « défiguration » du réseau. Mais, sur le terrain, les efforts réels de réorganisation du travail sont encore trop peu nombreux. Les incitatifs positifs au changement sont inexistants et on agit comme si on attendait « la crise » qui force à bouger. Pourtant, l'hôpital doit changer et il n'aura pas le choix de changer parce que les forces de son environnement vont l'y contraindre.

Les forces en jeu

Quelles sont ces forces qui agissent sur l'hôpital et qui vont nécessiter une réorganisation du travail?

Les contraintes budgétaires

Elles sont réelles, elles sont importantes. D'un côté, le budget de la santé et des services sociaux représente à peu près 35 % des dépenses des programmes du gouvernement du Québec; les hôpitaux et la Régie de l'assurance-maladie du Québec représentent environ 70 % de ces dépenses sociosanitaires. De l'autre côté, les dettes provinciale et fédérale ont un taux de croissance qui rappelle celui de la bactérie mangeuse de chair: le déficit provincial ne semble pas vouloir baisser malgré les contraintes budgétaires, et le fédéral réduit ses transferts aux provinces pour les programmes à frais partagés comme la santé. Il ne faut donc pas se surprendre que l'hôpital soit la principale cible de contraintes dans le réseau de la santé. Un gel des ressources réparti sur trois ans dans les hôpitaux se traduit par une contrainte réelle parce que les dépenses de la mission santé et services sociaux ont crû, au cours des six dernières années, au rythme de l'indice des prix à la consommation (IPC) + 3,7 %. On parle donc, selon les régions et les hôpitaux, d'une contrainte équivalant à 10 % ou 15 % du budget au bout de la période de trois ans (1995-1998). Il est évident que des contraintes budgétaires de cette ampleur nécessitent des remises en question fondamentales sur les activités, et sur les façons de les faire, et pas uniquement des interventions à la marge. Il y a donc des choix organisationnels et sociaux à faire.

Les nouvelles technologies

L'hôpital a été, et demeure, un terrain de prédilection pour l'implantation de nouvelles technologies. On a souvent dit, dans le passé, que l'introduction de nouvelles technologies en médecine n'améliorait généralement pas la productivité du système hospitalier, contrairement à d'autres secteurs de l'économie. C'est moins vrai aujourd'hui. Le développement de nouvelles technologies médicales d'intervention, allié au développement de nouvelles technologies d'information, est en train de changer le concept même d'hôpital: que l'on pense à la chirurgie laparoscopique et autres techniques non invasives, à la robotisation, à la télémédecine, etc. Le résultat prévisible de ces développements, c'est que l'hôpital de demain ne se définira plus uniquement par ses lits et ses murs. On sera hospitalisé moins souvent et moins longtemps et beaucoup plus de soins seront donnés ailleurs qu'à l'hôpital (à domicile, en CLSC). L'hôpital passera d'une organisation conçue autour du lit et de l'unité de soins à une organisation conçue autour de processus de soins, pour des clientèles spécifiques, en lien avec les autres producteurs de soins dans les autres établissements et dans la communauté. L'hôpital est donc appelé à changer indépendamment des contraintes budgétaires.

---

1. L. Aucoin, dans *La réorganisation du travail: efficacité et implication*, sous la direction de R. Blouin et autres, Québec, Les Presses de l'Université Laval, 1995, p. 129-133.

Les besoins changeants

Il y a d'abord le vieillissement accéléré de la population, qui a entraîné, au cours des dernières années, une utilisation croissante de l'hôpital de soins de courte durée par la population âgée de 75 ans et plus. Il est évident que cette population croissante constituera la principale clientèle de l'hôpital, avec ses maladies souvent chroniques. Mais, en même temps, il y aura beaucoup de pressions pour n'utiliser l'hôpital de soins de courte durée qu'en dernier ressort, pour les épisodes aigus, ce qui n'est pas le cas aujourd'hui. Il faut donc s'attendre à la transformation de lits de courte durée, actuellement occupés par des patients de soins de longue durée, en lits de soins de longue durée.

Il y a aussi de nouveaux besoins de santé (SIDA, ré-émergence de maladies infectieuses) et de nouveaux besoins sociaux qui réclameront des ressources. Il y aura donc, en plus des contraintes budgétaires dans les hôpitaux, des projets de réallocation des ressources pour répondre à ces besoins nouveaux ou traditionnellement négligés.

Les attentes de la population

Enfin, l'hôpital risque d'être davantage mis en question par la population et par les divers groupes d'intérêt. De plus en plus de gens ont des attitudes de sains consommateurs vis-à-vis de l'hôpital, exigent de la qualité, un service rapide et ne veulent pas y «perdre leur temps». Ils veulent aussi des services personnalisés, accessibles, continus. Si l'hôpital ne les satisfait pas, ils vont réclamer de plus en plus de pouvoir aller ailleurs. Bref, l'hôpital de demain sera assurément très différent de l'hôpital d'aujourd'hui. Et demain risque d'arriver plus tôt que prévu, étant donné l'urgence d'agir à cause de l'ampleur des contraintes budgétaires.

En situant ces quatre changements de l'environnement de l'hôpital en relation avec l'organisation du travail nous en arrivons alors aux constats suivants:

– la nature et l'organisation du travail de l'hôpital vont changer;

– la structure et la distribution des pouvoirs à l'intérieur de l'hôpital devront changer;

– les changements dans la nature et l'organisation du travail de l'hôpital amèneront des changements dans la nature et l'organisation du travail dans les autres établissements (CLSC, CHSLD), dans les organismes privés (polycliniques) et communautaires et dans les familles;

– l'organisation du réseau des établissements de santé et la distribution du pouvoir dans ce réseau devront changer.

LES DÉFIS

Quelles seraient les conditions qui pourraient faciliter la réorganisation du travail de l'hôpital et la transformation de l'hôpital et du réseau sociosanitaire? Nous en avons retenu quatre qui représentent autant de défis.

Le premier défi est relié au rôle public de l'hôpital: il faut prendre conscience que la réorganisation du travail de l'hôpital implique à la fois des choix organisationnels et des choix de société ou politiques, et que ces choix sont interreliés. Il est donc souhaitable que les principales données, les grands enjeux, les orientations et les choix proposés soient présentés clairement et discutés tant à l'intérieur de l'hôpital et du réseau que dans la population. Que ce soit sous forme de forums, d'audiences publiques, de commissions ou d'autres mécanismes, il faut trouver un équilibre entre l'efficacité du processus et la participation des personnels et de la population à ces choix difficiles.

Le deuxième défi, plus complexe, est relié au rôle professionnel de l'hôpital: il faut que l'hôpital passe d'une dynamique de différenciation à une dynamique d'intégration. Toute la tradition des hôpitaux réside dans la différenciation avec peu d'intégration et peu de souplesse: structure médicale parallèle à la structure de gestion, organisation des services autour des catégories professionnelles (départements médicaux, soins infirmiers, service social, etc.), cloisonnement professionnel (CMDP, CII, CM), morcellement des soins au patient en «systèmes», morcellement et rigidité de la définition des tâches, conventions collectives, réglementation et procédures administratives compliquées et parfois paralysantes, etc. C'est le même phénomène entre les hôpitaux, les CLSC et les CHSLD: accent sur les missions différentes, regroupement en associations d'établissements (AHQ, FCLSC, etc.), stratégies de concurrence plutôt que de complémentarité, etc.

La réorganisation du travail de l'hôpital, compte tenu du contexte, exigera de plus en plus de stratégies d'intégration, d'abord à l'intérieur de l'hôpital. Il faudra décentraliser les pouvoirs et les budgets, créer des équipes de travail avec médecins, infirmières, autres professionnels et personnels, autour de programmes ou de clientèles. Dans plusieurs hôpitaux ontariens, on a abandonné la traditionnelle structure de gestion parallèle de soins professionnels et de soins infirmiers pour instaurer une structure par programmes/clientèles: centre mère-enfant, services aux personnes âgées, santé mentale, etc. Ces modifications nécessitent des changements d'attitudes chez les différents personnels, un partage différent des pouvoirs mais aussi une déréglementation, un assouplissement des politiques administratives, des contraintes professionnelles et des conventions collectives.

Il en est de même entre les établissements. Les liens entre l'hôpital, le CLSC et le CHSLD doivent devenir beaucoup plus étroits, souples et intégrés. Il faut que ces établissements se rapprochent. Ils desservent de plus en plus la même clientèle et sont de plus en plus interdépendants.

Le troisième défi c'est celui du leadership: leadership dans la réorganisation du travail à l'hôpital et leadership dans la transformation du réseau. Vu la nature et l'ampleur des changements prévus, il faut des personnes capables de gérer des budgets, mais surtout ayant des idées, de la créativité, des personnes prêtes à impliquer les gens, à leur donner du pouvoir, à leur permettre de prouver leurs compétences, des personnes capables de rassembler, de créer des ponts, de gérer des conflits, des personnes à l'aise avec l'incertitude, l'ambiguïté et le paradoxe.

Enfin, le quatrième défi, c'est celui de la période de transition. Le risque d'attendre une crise pour bouger c'est que l'état de crise génère son propre échéancier. Il est à souhaiter que le gouvernement, tout en maintenant la pression, soutienne les organisations et les régions qui prennent l'initiative de réorganiser le travail de l'hôpital et de transformer le réseau sociosanitaire. Des changements radicaux comme ceux envisagés nécessitent une assistance. Il faut que l'on accepte d'investir temporairement des sommes pour le soutien, la formation, l'adaptation des processus, la gestion de la transition, de façon à réaliser éventuellement des économies durables. Il faudrait que les règles budgétaires soient adaptées à la création d'incitatifs financiers reliés à l'atteinte des objectifs visés. En d'autres termes, la souplesse et la marge de manœuvre nécessaires pour réaliser les changements au niveau local requièrent l'équivalent de la part de l'État. C'est tout un défi.

Conclusion

L'hôpital québécois entre dans une phase de révision de sa raison d'être, de réorganisation du travail et de redéfinition de ses liens avec les autres établissements du réseau et avec la communauté. Il y a des tendances de fond qui se dessinent, un cap qui pointe à l'horizon, mais la route pour y aller est encore incertaine. Une chose est claire, cependant: le vent souffle fort, la tempête risque de faire rage et le bateau du départ aura pris une autre figure à son arrivée au port. Souhaitons que cette «reconfiguration» n'aura pas été le résultat d'un «chavirage», mais bien d'un virage avec changement de voiles et de gréement, réalisé avec succès par l'équipage en cours de route.

Questions

1. À quoi ressemblera l'hôpital de demain?

2. Quel sera l'effet de cette transformation sur l'organisation du travail?

3. Quelles conditions pourraient faciliter la réorganisation du travail dans le réseau de la santé?

Introduction

Au cours de la dernière décennie, l'organisation du travail a attiré l'attention d'un grand nombre de spécialistes et de praticiens de tous horizons professionnels. Les juristes, les spécialistes de la gestion, les informaticiens, les comptables, les ingénieurs, les sociologues, les spécialistes en relations industrielles, les psychologues, les syndicalistes et les fonctionnaires se sont mis à la tâche pour tenter d'ouvrir la boîte noire de l'organisation du travail. L'obsolescence des modèles traditionnels d'organisation du travail a donc provoqué plusieurs modes dans le domaine de l'organisation du travail: cela est allé de l'approche sociotechnique, popularisée sous le vocable de qualité de la vie au travail, et de l'approche de la démocratie industrielle à la réingénierie des processus et à la restructuration. L'organisation du travail peut être abordée à partir de différents points de vue et perspectives tout aussi intéressants les uns que les autres mais souvent divergents. La GRH situe de plus en plus l'organisation du travail au centre de ses préoccupations, car l'étude de ce phénomène permet de mieux comprendre comment les décisions en cette matière influencent toutes les pratiques de GRH et comment, à leur tour, les pratiques de GRH ont un effet sur l'organisation du travail.

Ce chapitre se divise en sept sections. Dans la première section, l'organisation du travail fera l'objet de définitions. Dans la deuxième section, les raisons expliquant l'importance de l'étude de l'organisation du travail pour la GRH seront exposées. La troisième section explore la recherche d'un nouveau modèle d'organisation du travail. La quatrième section présente les trois perspectives de l'organisation du travail, à savoir les perspectives organisationnelle, collective et individuelle. Par la suite, les cinquième et sixième sections traitent de l'organisation du travail dans le temps et l'espace, de même que dans la relation d'emploi. Enfin, la septième section expose les facteurs de succès et de pérennité des démarches de réorganisation du travail.

13.1 Définitions de l'organisation du travail

Lapointe définit l'organisation du travail comme «le double mouvement de division du travail et de sa réunification grâce à des mécanismes de coordination appropriée» (1995, p. 4). Mintzberg, pour sa part, définit la structure d'une organisation comme «la somme totale des moyens employés pour diviser le travail entre des tâches distinctes et pour ensuite assurer la coordination nécessaire entre ces tâches» (1982, p. 18). Ces définitions nous renvoient aux travaux de Taylor sur la division du travail, en ce sens que tout processus opérationnel ou flux d'activités (émettre une police d'assurance, assembler un véhicule, soigner un malade, transmettre des connaissances, etc.) est divisé en actions et en gestes plus simples. Ces actions et ces gestes sont par la suite regroupés de façon simple ou complexe pour former des postes de travail, qui seront coordonnés par divers mécanismes (des procédés, des règles, une supervision, un contrôle, la technologie, etc.).

Par exemple, une institution financière est caractérisée par certains processus de transactions et de services au comptoir. Ceux-ci vont de l'accueil du client jusqu'à la remise d'argent, à l'achat de services d'assurances ou au dépôt de montants dans des titres de placement, en passant par la demande d'information, la validation de l'identité, la mise à jour de l'information, l'analyse des besoins, les recommandations, etc. Une fois ces actions ou ces gestes déterminés, l'organisation a le choix entre la recomposition simple, où chaque tâche sera effectuée par une personne spécialisée, ou la recomposition complexe, où un regroupement de tâches sera confié à un groupe de personnes polyvalentes pouvant planifier et contrôler un certain nombre d'éléments du processus opérationnel ou du flux d'activités. Dans le premier cas, on instaurera une série de mesures de supervision ou de contrôle afin de coordonner le travail de chaque personne. Dans le second cas, le groupe lui-même verra à s'autoréguler et à s'assurer que les objectifs sont atteints et que les normes de qualité sont respectées.

Cette définition illustre le fait que l'organisation du travail est le résultat de choix stratégiques dans l'organisation et que l'on évoque la dimension formelle ou prescrite du travail. De nombreux théoriciens œuvrant dans le domaine de la sociologie du travail et des organisations insistent sur le fait que cette vision de l'organisation du travail ignore une facette importante de la dynamique de l'organisation, soit le caractère réel du travail ou encore l'engagement au travail (Lapointe, 1992, 1995). En effet, on a prouvé que quelle que soit la façon dont le travail est organisé (travail prescrit), il existe dans les organisations une réserve de productivité inexploitée qui est conditionnée par les rapports informels et les rapports sociaux. Cette réserve représente également le degré d'autonomie et de liberté des personnes qui accomplissent le travail, car même dans le cas d'un travail encadré et routinier, les travailleurs peuvent échapper aux contrôles les plus rigides (Terssac, 1992).

> *Les travailleurs peuvent exécuter leur travail, en en faisant tout juste assez pour que la production fonctionne sans avoir trop de problèmes ou ils peuvent en faire le maximum, donner le meilleur d'eux-mêmes pour sortir la production la plus élevée et la qualité la meilleure. Autrement dit, ils peuvent se traîner les pieds, ce que Taylor appelait la flânerie systématique, ou ils peuvent se défoncer au travail. Entre l'implication minimale,*

l'implication maximale et l'engagement total, il y a vraiment une question de degrés (Lapointe, 1992) (Lapointe, 1995, p. 6).

Bref, cette dimension de l'organisation du travail attire notre attention sur le conflit ou la tension qui existe entre l'efficacité technique ou économique du travail et l'humanisation du travail, ou, si l'on préfère, entre l'organisation du travail comme levier de rendement et l'organisation du travail comme lieu d'appartenance où se tissent des rapports humains. L'organisation du travail est donc une réalité très complexe qui va bien au-delà de la dynamique de la division et de la coordination des activités. La mise en situation du début du chapitre sur la réforme du système de santé au Québec illustre fort bien la complexité de l'organisation du travail et des relations entre les acteurs de l'organisation.

13.2 Pourquoi faut-il réorganiser le travail ?

La recherche de l'efficacité a plus particulièrement conditionné l'organisation du travail. Les travaux de Taylor ont démontré que la division entre l'exécution et la conception, la parcellisation du travail, la formalisation et la standardisation des postes, la recherche de la meilleure façon de faire (*one best way*), la sélection des employés selon les paramètres de l'exécution, la formation axée sur l'exécution de même que le contrôle serré par la supervision sont des choix stratégiques d'organisation du travail qui ont permis le passage de l'artisanat à l'industrialisation et à la production de masse (fordisme). Les principes tayloriens de l'organisation scientifique du travail ont façonné la société en général, incluant les valeurs de plusieurs générations de travailleurs et des institutions majeures comme les relations collectives du travail et même les politiques publiques du marché du travail. Dans la seconde moitié du XXe siècle, le taylorisme a montré des signes d'essoufflement et atteint ses limites comme paradigme dominant de l'organisation du travail. Le tableau 13.1 indique les principales raisons de ce phénomène.

TABLEAU 13.1 Les raisons du passage de l'organisation du travail à la réorganisation du travail

- Le passage de la production de masse à la spécialisation souple
- Les nouvelles technologies de l'information et des communications
- La recherche du rendement au moyen de la gestion de la qualité
- Le besoin d'épanouissement des personnes
- Le passage de l'économie matérielle à l'économie du savoir
- Les choix stratégiques face au dégraissage ou au redimensionnement

13.2.1 Le passage de la production de masse à la spécialisation souple

La consommation a eu tendance à se démassifier et à se personnaliser. Cela a eu pour effet d'augmenter la variété des gammes de produits et, par le fait même, de multiplier les ajustements sur les lignes de production ou dans la façon de fournir des services (Piore et Sabel, 1984).

13.2.2 Les nouvelles technologies de l'information et des communications

La complexification des systèmes techniques et la présence tentaculaire de l'informatisation ont permis de développer ce qu'il est convenu d'appeler la « production juste-à-temps » (Womack, Jones et Roos, 1990), phénomène également nommé « gestion à flux tendu » ou « production allégée ». Une telle conception de la gestion des opérations vise à éliminer les goulots d'étranglement, à faire la chasse aux temps improductifs et au gaspillage (à la non-qualité), à réduire les inventaires en amont et en aval, bref à gérer les systèmes et les humains sous tension, sans filet. Pour certains auteurs (Zarifian, 1996), la technologie est sur le point de bouleverser les pratiques d'organisation du travail, lesquelles s'adapteront à un travail de plus en plus relationnel, interdépendant et même délocalisé (télétravail). La technologie est également le catalyseur de la réingénierie des organisations, car elle représente une occasion de faire les choses de manière très différente. Malheureusement, elle ne tient pas compte de l'histoire des organisations ni des personnes qui les composent.

13.2.3 La recherche du rendement au moyen de la gestion de la qualité

Les années 80 ont été témoins de l'explosion des concepts, des approches et des modes de gestion gravitant autour d'une approche fondée sur la qualité, appelée de façon simpliste « qualité totale » ou « gestion intégrale de la qualité ». Malgré les conclusions sévères que l'on peut tirer sur les deux dernières décennies marquées par cette approche, il n'en demeure pas moins que la recherche de la qualité est au cœur de la réorganisation du travail. Ce constat est appuyé par une recherche récente qui désigne la qualité comme le premier domaine touché par toutes les formes de participation des employés dans l'ensemble des entreprises canadiennes, avant la santé et la sécurité, le rendement de l'unité de travail, les nouvelles technologies ainsi que l'aménagement des lieux et des horaires de travail (Betcherman et autres, 1994). Le tableau 13.2 présente les principes de la démarche

TABLEAU 13.2   Les caractéristiques de la démarche « qualité »

- La place centrale occupée par le client et la relation client-fournisseur dans la dynamique à la fois externe et interne de l'organisation
- La présence d'une stratégie globale et intégrée de gestion de la qualité
- La rigueur de la gestion, qui se traduit par la gestion des faits, des tableaux de bord, du contrôle statistique des procédés, de la standardisation des façons de faire et des processus
- La responsabilisation de chaque employé, dans son travail, par rapport à la qualité de ses interventions
- Le passage d'une mentalité de contrôle de la qualité finale à une mentalité de gestion préventive intégrée de la qualité
- L'assurance-qualité et la certification à des normes internationales (ISO, qualimètre, Malcolm Baldridge, etc.)
- L'amélioration continue assurée par des collectifs de travail (cercles de qualité) responsables du diagnostic et de la résolution des problèmes

« qualité » qui ont entraîné une remise en question de l'organisation traditionnelle du travail et une innovation dans la recherche de nouveaux modèles d'organisation du travail.

13.2.4   LE BESOIN D'ÉPANOUISSEMENT DES PERSONNES

Même s'il a respecté ses promesses concernant l'efficacité, le taylorisme a produit de multiples effets pervers associés à la déqualification du travail, à la disqualification du travail (rejet du marché du travail), à la détérioration de la qualité de la vie au travail et à l'inadéquation des aspirations de nouvelles générations de travailleurs. Bref, le travail a souvent aliéné les personnes qui l'accomplissaient. Ce phénomène a été documenté amplement sous l'angle de la crise du travail et de la période peu glorieuse des dysfonctions (absentéisme, roulement, accidents du travail, maladies professionnelles, sabotage, mauvaise fabrication, conflits larvés, conflits ouverts, grèves, griefs, etc.).

13.2.5   LE PASSAGE DE L'ÉCONOMIE MATÉRIELLE À L'ÉCONOMIE DU SAVOIR

Comme nous l'avons déjà mentionné dans le chapitre 4 sur l'environnement, la nouvelle économie est tributaire des savoirs, et la matière grise est maintenant au centre des activités économiques et des échanges. Il n'y a pas si longtemps, les activités de production manufacturière requérant une importante main-d'œuvre dominaient, ce qui n'est plus le cas. Ainsi, on ne peut structurer une entreprise ni organiser le travail dans le secteur des services comme on l'a fait depuis 50 ans dans le secteur manufacturier.

13.2.6 Les choix stratégiques face au dégraissage et au redimensionnement

Devant l'ampleur des changements que nous venons d'évoquer, beaucoup d'entreprises ont dû prendre des décisions difficiles concernant le dégraissage et le redimensionnement (*downsizing*). Cela s'est traduit et se traduit encore aujourd'hui par des mises à pied massives, des départs volontaires assistés, des préretraites, etc. Bref, il est souvent moins complexe de faire varier les effectifs que de réformer l'organisation du travail et de remettre en question la pertinence des processus. Mais cette stratégie comporte des limites, et plus une organisation se voit acculée au mur, plus elle a l'obligation d'interroger son organisation du travail. De nombreuses expériences dans le secteur privé ont fait l'objet de recherches au cours des dernières années[2], mais il est également intéressant de constater que le réseau de la santé, les services publics et le monde municipal traversent une période mouvementée relativement à ces choix stratégiques. Compte tenu de la place qu'occupe l'industrie des services (publics et privés) dans l'économie, il serait utile de suivre de près l'évolution des choix stratégiques de ces organisations par rapport à la transformation des milieux de travail.

En somme, ces quelques explications de l'évolution des forces de l'environnement externe font la preuve que le taylorisme n'est plus adapté et qu'il faut maintenant parler de réorganisation du travail, c'est-à-dire d'une nouvelle façon de concevoir l'organisation du travail. La recherche de nouveaux modèles donne lieu, par contre, à tout un éventail de pratiques, certaines étant en rupture avec le passé, d'autres prolongeant le système Taylor. Dans ce dernier cas, on parle de taylorisme, de taylorisation assistée par ordinateur (Coriat, 1990) ou encore de taylorisme démocratique (Adler, 1992).

13.3 La recherche de nouveaux modèles d'organisation du travail

Comme le souligne Lapointe (1995), certaines caractéristiques communes aux expériences récentes de réorganisation du travail nous permettent de

---

2. Pour une synthèse intéressante des expériences québécoises de réorganisation du travail, voir Grant, Bélanger et Lévesque (1997).

TABLEAU 13.3 Les caractéristiques des modèles traditionnels et des modèles renouvelés d'organisation du travail

Paramètres de l'organisation du travail	Modèles traditionnels	Modèles renouvelés
Flexibilité	Externe	Interne
Rigidité	Interne	Externe
Implication	Minimale	Maximale
Qualification	Déqualification	Requalification

Source : P.-A. Lapointe, « La réorganisation du travail : continuité, rupture et diversité », dans *La réorganisation du travail : efficacité et implication*, sous la direction de R. Blouin et autres, Québec, Les Presses de l'Université Laval, 1995, p. 23.

croire que de nouveaux modèles apparaissent. Des paramètres comme la flexibilité, la rigidité, l'implication et la qualification peuvent permettre de mieux comprendre la mutation des modèles d'organisation du travail (tableau 13.3).

Dans les modèles renouvelés[3], l'organisation du travail dans l'entreprise est caractérisée à la fois par une flexibilité interne et une rigidité externe. Cela s'explique par le fait que l'on favorise la sécurité d'emploi et un investissement important sur le marché interne du travail en échange d'une plus grande flexibilité fonctionnelle, c'est-à-dire de l'élimination du cloisonnement entre les métiers, la réduction du nombre de classifications, la polyvalence et la rotation des postes. En favorisant la flexibilité interne, l'organisation provoque une rigidité externe, en ce sens que le recours à la sous-traitance ou aux mises à pied est limité, faisant l'objet de règles d'encadrement strictes. Dans les nouveaux modèles, l'engagement des employés est suscité par une panoplie de pratiques d'échange de l'information, de redistribution du pouvoir (*empowerment*), d'identification (culture d'entreprise) et de valorisation ou de reconnaissance. Par opposition, le paradigme traditionnel (tayloriste) réduit au minimum l'engagement des employés en insistant davantage sur le respect des attentes quant à l'exécution du travail. En définitive, « moins on en sait, moins on en dit et mieux c'est ».

Finalement, les nouveaux modèles d'organisation du travail sont appelés à requalifier le travail, à reconstruire l'interface entre la conception

---

3. Une analyse relativement exhaustive de 104 cas de réorganisation du travail, menée par des chercheurs de l'UQAM (Grant, Bélanger et Lévesque, 1997), a démontré que la recherche de la flexibilité était la priorité dans 82 % des entreprises étudiées.

TABLEAU 13.4 Les modèles japonais et suédois d'organisation du travail

Caractéristiques	Modèle japonais	Modèle suédois
Finalité	Efficacité et contrôle	Qualité de la vie au travail et autonomie
Standardisation du travail	Très grande	Plutôt faible
Redistribution des pouvoirs	Formes subtiles de contrôle	Démocratisation
Approches de gestion	Changements dans les valeurs, les attitudes et les comportements	Élargissement des pouvoirs, des droits et octroi de nouvelles responsabilités

Source : P.-A. Lapointe, « La réorganisation du travail : continuité, rupture et diversité », dans *La réorganisation du travail : efficacité et implication*, sous la direction de R. Blouin et autres, Québec, Les Presses de l'Université Laval, 1995, p. 24.

et l'exécution, bref à élargir et à enrichir le travail. Cela permettra aux employés d'acquérir des compétences et des habiletés relativement, entre autres, au diagnostic de situations, à la résolution de problèmes, au travail en équipe, à la planification, à l'organisation et au contrôle. Aujourd'hui, on parle donc d'une organisation du travail **qualifiante**.

Cette réorganisation du travail peut prendre la forme de plusieurs modèles. Ces derniers sont-ils semblables ou divergents ? Lapointe (1995) détermine les deux pôles du continuum de ce que l'on pourrait appeler les nouveaux modèles. Ils se distinguent principalement par l'importance accordée au contrôle, à l'autonomie, à la standardisation et à l'intensité de la transformation des valeurs. Aux fins de la discussion, cet auteur illustre ces deux types de modèles par des modèles nationaux qui les représentent relativement bien, soit le modèle japonais et le modèle suédois (tableau 13.4).

13.3.1 Le modèle japonais

Le modèle japonais d'organisation du travail est défini par l'efficacité et la recherche de l'efficience sous toutes ses formes. Cette prédominance de la gestion de la qualité et de la productivité a donné lieu à des succès inégalés dans le monde, mais souvent au détriment de la qualité de la vie au travail et de l'autonomie. L'intensification du travail, les longues semaines caractérisées par beaucoup d'heures supplémentaires et l'augmentation du stress ont provoqué un épuisement de la main-d'œuvre (Lapointe, 1995). Le modèle japonais a également inspiré le mouvement mondial de la gestion de la qualité, dont un des principes, comme nous l'avons déjà mentionné, est la standardisation des procédés de transformation et des processus de travail. En codifiant les savoirs individuels tirés de l'expérience, en les standardisant dans des procédés relativement bien définis et en contrôlant le respect de ces procédés, les organisations qui appliquent le modèle japonais réduisent significativement la spontanéité, la créativité et l'autonomie des employés. Cette diminution de l'autonomie individuelle se fait au profit d'un renforcement de l'autonomie collective dans la mesure où le groupe participe à la définition et à l'amélioration des méthodes de production.

Les Américains ont importé avec beaucoup d'intérêt le modèle japonais, car, contrairement aux modèles scandinave et allemand, il ne remet pas en question la redistribution du pouvoir dans l'organisation. Ainsi peuvent cohabiter une structure participative de cercles de qualité (groupes de progrès ou de résolution de problèmes) et un modèle hiérarchique traditionnel.

13.3.2 LE MODÈLE SUÉDOIS

Dans le modèle suédois, la priorité est accordée à la qualité de la vie au travail, à l'autonomie et à la démocratie. La standardisation et la parcellisation sont remplacées par l'appropriation, par des collectifs de travail, de parties importantes des processus d'opérations à l'intérieur de cycles plus longs. L'autonomie individuelle et collective est alors plus grande et la démocratie s'exprime avec plus d'objectivité, ainsi que le démontrent les mécanismes de sélection des chefs d'équipes. Cependant, le modèle suédois connaît des ratés sur le plan de l'efficacité et du rendement, «comme en témoigne la fermeture de l'usine Volvo d'Uddevalla (Capelli et Rogovsky, 1994), qui a innové considérablement dans l'organisation du travail et de la production afin de procurer une meilleure qualité de vie au travail» (Lapointe, 1995, p. 25).

13.3.3 À LA RECHERCHE D'UN MODÈLE HYBRIDE

En résumé, le renouvellement de l'organisation du travail peut prendre plusieurs formes, illustrées par autant de modèles. Par contre, on peut affirmer que le modèle traditionnel ne permet plus vraiment aux organisations d'affronter le nouvel environnement des affaires et de la société. En matière d'organisation du travail, des pratiques innovatrices se situant quelque part entre le modèle japonais et le modèle suédois sont susceptibles de créer des milieux de travail performants et humanisants. Dans ce contexte, les acteurs de l'organisation gagneront à favoriser le passage de la productivité des ressources à la productivité de l'organisation (Vetz et Zarifian, 1994), à concevoir de ce fait une organisation du travail qualifiante, ce qui signifie davantage que des employés productifs.

13.4 Les trois perspectives de l'organisation du travail

Il existe une multitude de cadres de référence permettant de décrire les éléments constitutifs de l'organisation du travail. Mintzberg (1982) parle de paramètres de conception, Fabi et Jacob (1994) évoquent des principes directeurs, Guérin et Wils (1992) distinguent les pratiques de design organisationnel et les pratiques de design de l'emploi. D'autres auteurs comme Cadin, Guérin et Pigeyre (1997) renvoient davantage aux diverses formes de flexibilité. Le spécialiste américain Paul Adler (1997), pour sa part, avance que l'organisation du travail est caractérisée par quatre dimensions importantes, soit les compétences requises et trois autres dimensions désignées par le terme «relations», à savoir la nature de l'unité de travail, les relations horizontales qui rattachent l'unité de travail aux autres unités et les relations verticales en vertu desquelles les diverses unités de travail sont coordonnées et contrôlées.

Afin de mieux comprendre la nature de l'organisation du travail, ses éléments constitutifs et les frontières de ce concept, nous aborderons les trois perspectives traditionnellement reconnues de l'organisation du travail, puis nous décrirons des formes ou types (le temps de travail, la main-d'œuvre «contingente» et le télétravail) qui gravitent autour de ces perspectives.

Gomez-Mejia et autres (1997) démontrent que le travail peut être présenté selon trois perspectives: la perspective organisationnelle (que Guérin et Wils [1992] appellent «design organisationnel»), la perspective des équipes de travail et la perspective individuelle (figure 13.1).

13.4.1 La perspective organisationnelle

La structure organisationnelle peut être définie comme étant l'arrangement des relations formelles et informelles entre les membres d'une organisation. La structure représente la répartition des responsabilités et des rôles selon la dimension verticale de l'organisation (la hiérarchie) et selon sa dimension horizontale (les étapes de processus ainsi que les grandes fonctions comme le marketing, la production, les finances et les ressources humaines).

FIGURE 13.1 Les trois perspectives de l'organisation du travail

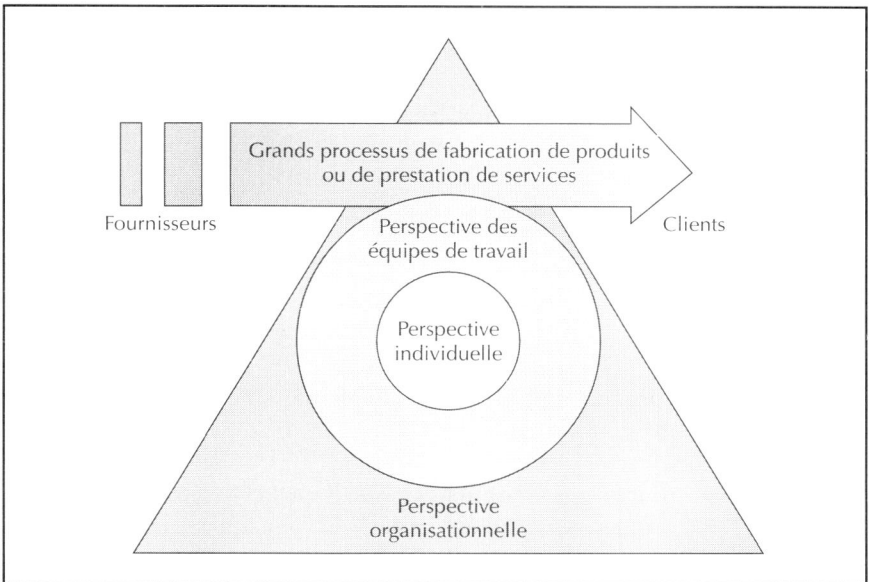

Dans la majorité des cas, la perspective organisationnelle entraîne un ensemble de décisions visant à affecter les ressources de manière à atteindre les objectifs poursuivis par l'organisation. Il existe de nombreuses typologies des structures de l'entreprise (Miles et Snow, 1978; Mintzberg, 1982). De nos jours, on ramène couramment les structures organisationnelles à trois grandes formes, à savoir la structure mécaniste, la structure organique et la structure en réseau.

La structure mécaniste

La structure mécaniste constitue le mode traditionnel d'organisation des relations dans une entreprise. Cette structure est caractérisée par un processus décisionnel (centralisé) qui part de la tête et circule verticalement jusqu'au bas de la pyramide. On y observe de nombreux niveaux hiérarchiques, et les emplois y sont spécialisés et décrits de façon stricte; quant aux carrières, elles se déroulent verticalement et se réalisent souvent à l'intérieur de la même fonction. Il y a de nombreuses frontières entre les fonctions et les unités, et les employés travaillent souvent de manière isolée et indépendante. Cette structure a démontré sa pertinence dans des contextes de stabilité, de planification à long terme, de permanence des personnes, de stratégies d'affaires plutôt défensives et centrées sur l'exploitation du potentiel d'affaires et sur la productivité par la standardisation.

Les grandes institutions financières et les diverses organisations qui offrent des services publics constituent des exemples de ce type de structure. Il faut avouer, cependant, que l'environnement actuel, tel que décrit dans le chapitre 4, exerce de fortes pressions sur les structures bureaucratiques pour qu'elles deviennent un peu plus aplaties, décentralisées et souples.

La structure organique

La structure organique se veut plus décentralisée afin de permettre à l'organisation de réagir rapidement aux occasions d'affaires qui peuvent se présenter, même lorsqu'un plan stratégique a été établi. Cette structure est caractérisée par un processus décisionnel décentralisé, c'est-à-dire que les unités opérationnelles possèdent la marge de manœuvre nécessaire pour poursuivre leurs objectifs; cela va jusqu'à une forme de responsabilité correspondant à la création de centres autonomes de profits et de coûts à l'intérieur de l'organisation. Dans cette structure, on observe un nombre restreint de niveaux hiérarchiques, les emplois y sont caractérisés davantage par la polyvalence et une définition large axée sur les responsabilités plus que sur les tâches; pour ce qui est des carrières, elles se déroulent horizontalement et se réalisent souvent par la mobilité entre les fonctions. Les frontières entre les unités sont perméables et flexibles, et les employés appartiennent à des collectifs de travail qui sont animés par les valeurs du travail en équipe. Cette structure a prouvé sa pertinence dans des contextes d'instabilité, de réajustement continu des plans, de stratégies d'affaires plutôt offensives et centrées sur l'innovation, la qualité et la productivité au moyen de la réorganisation du travail. ABB, une multinationale qui exploite des usines partout dans le monde, est souvent citée pour la petite taille de son siège social et pour la décentralisation de ses activités. Il en va de même pour Papiers Cascades au Québec.

La structure en réseau

L'organisation sans frontières ou en réseau possède plusieurs caractéristiques de l'organisation décentralisée aplatie. Cette organisation est composée d'équipes et d'unités relativement autonomes qui mettent en commun leurs diverses expertises afin de réaliser un projet donné. La structure matricielle, la structure par projet, l'entreprise-réseau sont des représentations de la structure en réseau. L'organisation peut être en réseau à l'intérieur de ses propres frontières ou avec d'autres organisations à l'extérieur de ses frontières. Cette structure est pertinente dans les cas de stratégies ou de démarches «qualité» très avancées, de pénétration de marchés étrangers comportant plusieurs barrières à l'entrée et dans les cas où le développement de nouvelles technologies est très coûteux et risqué.

Une illustration remarquable de ce type de structure est celle de la Chaire Bombardier en gestion du changement technologique de l'Université du Québec à Trois-Rivières. Elle a pour objectif de mettre au point un modèle synergique d'entreprises-réseaux entre un grand donneur d'ordres, appelé l'entreprise pivot, et des PME sous-traitantes, et entre celles-ci.

> *Le réseau en développement pourrait être défini de la manière suivante: un groupe d'entreprises indépendantes coopérant durablement ensemble à partir d'objectifs partagés en commun de façon à s'appuyer sur la capacité d'innovation de chaque firme partenaire et le partage systématique de savoirs stratégiques entre celles-ci en vue de mieux affronter la nouvelle compétitivité internationale. Le programme de recherche vise à opérationnaliser différents principes et technologies en vue de supporter cette mise en relation synergique* (Jacob, Julien et Raymond, 1997, p. 307).

Cette expérience d'entreprises-réseaux unique en son genre au pays peut donner lieu à des applications très intéressantes dans le champ de la GRH. Des observations préliminaires après quelques années de vie du réseau font émerger des défis cruciaux pour la GRH dans un contexte de synergie, comme la responsabilisation dans un univers où la gestion se fait en temps réel, la communication ou encore la formation qualifiante et continue dans une situation d'accélération et d'obsolescence de l'information.

L'ANALYSE DES PROCESSUS D'AFFAIRES

Une organisation est d'abord et avant tout une constellation de processus de toutes sortes. On y trouve des processus-clés comme la conception, le développement de nouveaux produits, la tenue d'inventaires, la fabrication, la distribution et le service à la clientèle. Sur ces processus se greffent des processus de moindre envergure comme la préparation d'une commande, la livraison d'un produit et l'établissement d'un contact avec le client. Finalement, il existe de nombreux processus administratifs visant à supporter les processus d'affaires et associés au bout du compte à des activités générant des coûts administratifs.

L'analyse des processus d'affaires est une démarche rigoureuse qui examine comment le travail crée et ajoute de la valeur à l'intérieur des divers processus que nous venons de nommer, c'est-à-dire comment le travail se déplace à travers l'organisation jusqu'à ce que le client prenne possession du produit ou consomme le service. Chaque employé reçoit du travail (*input*), ajoute de la valeur grâce à son propre travail et achemine son travail (*output*) vers un autre employé. L'analyse des processus d'affaires révèle alors les diverses étapes ou actions qui peuvent être combinées, simplifiées ou encore éliminées.

L'analyse des processus d'affaires a été récupérée au cours des années 90 par une approche américaine appelée «réingénierie des processus». La réingénierie des processus peut être définie comme étant «une remise en cause fondamentale et une redéfinition radicale des processus opérationnels pour obtenir des gains spectaculaires dans les performances critiques que constituent les coûts, la qualité, le service et la rapidité en utilisant les technologies de l'information» (CEFRIO, 1996, p. 8). L'encadré 13.1 portant sur la transformation en profondeur du Mouvement Desjardins illustre cette démarche.

ENCADRÉ 13.1
DESJARDINS CONSACRERA 500 M$ À LA RÉINGÉNIERIE DES PROCESSUS DE SES CAISSES D'ICI L'AN 2000

Le Mouvement Desjardins consacrera 500 M$ d'ici l'an 2000 pour la réingénierie des processus d'affaires de ses caisses populaires et d'économie.

Il en résultera une efficacité accrue puisque 2000 postes seront éliminés. Toutefois, personne ne perdra son emploi.

C'est ce qu'a révélé John Harbour, directeur général de la Confédération des caisses populaires et d'économie Desjardins à l'occasion des assemblées annuelles du Mouvement Desjardins tenues récemment à Montréal. Cet exercice comporte la révision de 14 processus, de l'accueil du membre jusqu'au contrôle, en passant par la distribution des produits en mode autonome (guichet automatique, automate chez un marchand, téléphone, micro-ordinateur) ou en mode assisté avec un caissier ou un conseiller financier.

Les terminaux utilisés par les caissiers seront remplacés par des micro-ordinateurs reliés à un serveur dans chaque caisse. Les serveurs seront eux-mêmes reliés à un système central. L'architecture du système informatique séparera les bases de données, les composantes de présentation (à l'écran ou à l'impression) et les composantes de traitement des données.

Les menus seront accessibles à partir d'icônes, comme dans les systèmes Macintosh et Windows.

Deux caisses pilotes ont été retenues pour l'élaboration des processus: la Caisse populaire de Saint-Eustache et la Caisse populaire Dessaules, de Saint-Hyacinthe.

Onze caisses, une par fédération, seront choisies pour l'expérimentation. Une fois que ces caisses auront peaufiné les processus, les fédérations implanteront les processus dans les autres caisses. La **Caisse de demain** vise à faciliter l'offre dans la caisse des différents produits offerts par l'ensemble des institutions du Mouvement Desjardins.

Les premiers effets de cette réingénierie se feront sentir d'ici la fin de l'année avec le déploiement de certains systèmes. Le grand objectif de la réingénierie des processus d'affaires des caisses est *l'acquisition par Desjardins d'une plus importante part de l'épargne québécoise.*

Claude Béland, président du Mouvement Desjardins, s'inquiète du fait que les dépôts d'épargne traditionnels, qui ont longtemps constitué l'essentiel de l'épargne des Québécois, ne forment plus que 35% de l'avoir des particuliers.

Ceux-ci investissent en effet de plus en plus dans les fonds communs de placement, les caisses de retraite et les valeurs mobilières.

Par ailleurs, les caisses de retraite (317 milliards), les fonds communs de placement (133 milliards) et d'autres formes de placement cumulent 550 milliards, somme identique aux éléments d'actif du système bancaire canadien, incluant Desjardins.

Or, dit M. Béland, les deux tiers des fonds des caisses de retraite sont gérés par des sociétés qui ont peu d'attaches québécoises et les fonds communs de placement sont surtout gérés par des sociétés non québécoises.

M. Béland a convié les membres, les employés et les dirigeants de Desjardins à «une plus grande vigilance» afin d'établir «une synergie encore plus grande et plus vivante» entre les caisses et les institutions du Mouvement dans les activités des nouveaux marchés. Cette stratégie est cependant mal vue par certains dirigeants de caisses, qui voient les produits des institutions comme une concurrence à l'épargne de la caisse.

«On ne peut pas, a dit M. Béland, parler sérieusement de développement local ou de développement régional sans compter essentiellement sur la participation des gens qui vivent dans ces milieux. C'est une utopie de penser que le développement d'une localité puisse être assuré par des passants qui viennent de loin et qui font périodiquement la récolte des épargnes pour les faire fructifier ailleurs.»

Source : J.-P. Gagné, *Les Affaires*, 8 avril 1995, p. 4.

Bien que l'analyse des processus d'affaires existe depuis longtemps (principalement depuis l'arrivée de la démarche «qualité»), la réingénierie des processus a fait fureur récemment parce qu'elle a promis des gains de productivité nettement supérieurs à ceux générés par l'approche fondée sur l'amélioration continue, elle-même associée à l'approche fondée sur la qualité. Certains reportages dans les médias ont fait état d'une amélioration de la productivité et de la satisfaction de la clientèle de 20% à 50%. Union Carbide, par exemple, a pratiqué la réingénierie, ce qui lui a permis de réduire ses coûts fixes de l'ordre de 400 millions de dollars sur une période de trois ans à peine (*Fortune*, 1993). Bref, la réingénierie promet de reconstruire la structure organisationnelle à partir d'une transformation radicale des processus d'affaires et des processus administratifs en vue d'une amélioration significative du rendement. Par contre, cette promesse ne s'est pas concrétisée dans toutes les organisations qui ont fait confiance à cette approche. En effet, il semble que, dans une forte proportion des cas (70% selon Hammer, 1990; 30% selon Bergeron et Boudreau, 1994, et Bergeron et Falardeau, 1994), les exercices de réingénierie n'aient pas atteint les objectifs poursuivis. Pourquoi? De nombreuses raisons sont avancées. La principale raison, c'est qu'on a négligé de prendre en considération les dimensions humaine, sociale et politique de l'organisation du travail en place. En effet, on ne peut pas déplacer indéfiniment les employés comme des pièces sur un échiquier, ni même créer de l'incertitude et procéder à des licenciements sans que des problèmes d'identité personnelle, professionnelle et collective se manifestent. Le bien-fondé du rendement de l'organisation (principalement économique) n'est pas nécessairement perçu de la même manière par les personnes qui vivent les bouleversements. Les autres raisons qui expliquent l'échec de la réingénierie des processus sont associées à l'absence de leadership et de compétences stratégiques des cadres supérieurs, à l'absence d'un sentiment d'urgence et au manque d'appropriation de la démarche par des ressources internes, qui sont souvent remplacées par des consultants.

13.4.2 LA PERSPECTIVE DES ÉQUIPES DE TRAVAIL

Les équipes de travail sont en train de se substituer à l'individu comme unité de base de l'organisation du travail. Le taylorisme a fait en sorte que les décisions se rapportant au travail à effectuer ont été acheminées vers un réseau de gestionnaires et de spécialistes. La tendance récente de rendre à des groupes de travailleurs le pouvoir de décision sur les activités de travail a eu comme effet de redonner de l'autonomie aux acteurs sur les lieux de travail. Par contre, on assiste à un déplacement de l'autonomie individuelle à l'autonomie collective. Ce déplacement entraîne des problèmes concernant le leadership et la direction des équipes, ainsi que la pression des pairs et la discipline appliquée par eux. Ainsi, cela provoque du stress sur des questions comme la santé et la sécurité du travail.

LA PÉNÉTRATION DU CONCEPT D'ÉQUIPES DANS LES ORGANISATIONS

Le concept d'équipes de travail s'est diffusé d'une manière extraordinairement rapide au cours de la dernière décennie. Des enquêtes menées auprès des 1 000 organisations américaines les plus importantes ont démontré que le pourcentage des employés travaillant dans des entreprises qui appliquent le concept d'équipes est passé de 28 % en 1987 à 68 % en 1995 (Adler, 1997). Des recherches plus larges conduites par des chercheurs réputés d'universités américaines (Lawler III, Mohrman et Ledford, 1995; Osterman, 1994) ont également démontré que 32 % des entreprises manufacturières instaurent des équipes de travail chez plus de 50 % de leurs employés-clés (*core workforce*). Cette transformation de l'organisation du travail est amenée principalement par des forces techniques et économiques, contrairement aux expériences des approches sociotechniques des années 70, dont les motivations étaient davantage sociales et cosmétiques. Dans des secteurs comme ceux de la finance, des assurances, de la production manufacturière et de la pétrochimie, l'automatisation a éliminé un ensemble d'activités de travail individualisées et manuelles, ce qui a donné aux travailleurs l'occasion de voir au bon fonctionnement et au contrôle des systèmes automatisés, au moyen d'une équipe de travail. Dans d'autres secteurs caractérisés par un environnement instable et imprévisible, les activités de travail et les tâches se transforment si rapidement qu'il devient beaucoup plus efficace, au point de vue technique, de laisser à un groupe d'employés le soin de décider de la façon de s'ajuster aux changements que d'attendre qu'un superviseur ou un spécialiste pose un diagnostic et réorganise le travail.

LES AVANTAGES DU TRAVAIL EN ÉQUIPE

Le tableau 13.5 présente les différents avantages reliés au fonctionnement du travail en équipe.

Toutefois, ces différentes sources qui décrivent les aspects positifs du travail en équipe ne reposent pas sur une approche globale du fonctionnement des équipes, traitent peu de l'analyse longitudinale et s'appuient

TABLEAU 13.5   Les avantages du travail en équipe

- Augmentation de la productivité et réduction des coûts
- Amélioration de la qualité des produits et des services
- Plus grande responsabilisation des employés
- Plus grande satisfaction au travail
- Amélioration de la communication dans l'organisation
- Amélioration du climat de confiance
- Plus grande motivation
- Réduction de l'absentéisme et du roulement
- Augmentation de la compétitivité
- Amélioration de la qualité de la vie au travail
- Incitation à l'innovation et à la créativité
- Amélioration de la satisfaction de la clientèle
- Meilleure identification à l'organisation et plus grand engagement

Source : Adapté de C. Higgins, L. Duxbury et N. Koziol, «Empirical evidence of teams», conférence présentée au colloque Relations industrielles et nouveaux systèmes productifs: de la recherche à l'innovation, Québec, Département des relations industrielles de l'Université Laval et Réseau canadien de recherche sur les milieux de travail, 18-20 septembre 1997.

souvent sur une vision managériale des choses. On peut alors soulever quelques questions, comme les suivantes: qu'entend-on par «équipe performante»? Quels sont les facteurs de la pérennité du succès d'une équipe? Quel est le degré de convergence entre les décideurs et les membres des équipes? Enfin, quand on parle d'équipes de travail, à quels types d'équipes fait-on référence?

Les types d'équipes de travail

Les écrits présentent trois types d'équipes, soit les équipes qui fonctionnent en marge de la structure formelle de l'organisation, les équipes de projet qui poursuivent des buts et des objectifs spécifiques et les équipes intégrées dans la structure formelle de l'organisation. C'est ce type d'équipes qui a attiré le plus l'attention des acteurs et des experts au cours des dernières années. La Confédération des syndicats nationaux donne d'ailleurs la définition suivante de l'équipe de travail:

> L'équipe de travail est un groupe restreint de personnes, responsables à des degrés divers et de façon permanente de l'organisation de leur travail et de la réalisation d'un ensemble de tâches reliées entre elles, travaillant en vue d'atteindre un certain nombre d'objectifs communs [...] L'équipe de travail qui nous intéresse est celle qui, pour poursuivre notre définition, réalise collectivement des tâches de production de biens et services propres à l'organisation. Il s'agit donc d'unités naturelles de travail constituées sur la base du processus de transformation du bien ou du service (CSN, 1995, p. 19).

Les équipes en marge de la structure formelle

Les équipes qui œuvrent en marge de la structure formelle tirent leur origine des premières expériences de cercles de qualité, popularisés au début des années 80. Ce sont des groupes ponctuels composés de volontaires provenant de la même unité fonctionnelle ou de différentes unités fonctionnelles. Ils ont comme mandat de procéder à une démarche collective de résolution de problèmes à l'aide de l'analyse de processus, du contrôle statistique des procédés, du processus de prise de décisions, de la créativité ou du travail en équipe. Ces équipes se réunissent la plupart du temps durant les heures de travail, sur une base plus ou moins régulière. Elles sont animées par un leader (souvent le superviseur), appuyées par un facilitateur (souvent un professionnel en ressources humaines), et rendent compte à un comité directeur (*steering committee*), composé de membres de la haute direction, qui valide et autorise les recommandations des équipes. On observe également que, dans un milieu syndiqué, le comité directeur intègre souvent des représentants de la partie syndicale. Ce type de fonctionnement des équipes de travail est le type d'équipe le plus populaire. Parmi les expériences les plus connues, citons le Défi Performance d'Hydro-Québec, l'approche fondée sur la qualité chez CAMCO (General Electric) et l'implantation des comités d'organisation du travail dans la fonction publique québécoise (CMOT).

Par contre, de nombreuses expériences de ce type ont enregistré des résultats médiocres, car, avec le temps, la structure formelle et traditionnelle de l'organisation n'a pas évolué, mettant même un frein à l'implantation d'une masse critique d'équipes de travail. En effet, seuls quelques employés privilégiés avaient accès aux équipes. En outre, les systèmes de reconnaissance, de rémunération, de mobilité, de formation et de classification ne tenaient pas compte des transformations dans l'organisation du travail. Par ailleurs, les superviseurs reprenaient vite leurs vieux comportements de patrons, et les dirigeants ne donnaient pas toujours suite aux mesures suggérées par les équipes. De plus, la flamme de l'amélioration continue avait tendance à s'éteindre, une fois que des gains de productivité reliés à une conjoncture avaient été réalisés.

Les équipes de projet

Une équipe de projet regroupe souvent des personnes ayant des expertises variées qui, la plupart du temps, travaillent de façon permanente au projet, que ce soit dans une structure organisationnelle temporaire associée au projet ou encore dans une structure matricielle. Selon Bourgeois et St-Onge :

> [Les équipes de projet sont généralement] *composées de spécialistes (par exemple, informaticiens, ingénieurs, spécialistes en marketing) qui mettent en commun une expertise variée dans le but de mener à terme un projet bien défini. Les membres de ces équipes se consacrent généralement à temps plein au projet pour une longue période de temps au cours de laquelle ils disposent des ressources, des connaissances et du pouvoir nécessaires à la prise de décision. Des exemples de projets auxquels ces groupes se consacrent comprennent le développement de nouveaux produits, la conception de systèmes d'information et la configuration du plan d'une nouvelle usine* (1997, p. 19).

Bien que ces auteurs parlent d'une longue période, les équipes de projet peuvent également performer sur une courte période ; c'est d'ailleurs le principe des équipes de *kaizen*-corvée qui sont créées sur une courte période et dont les membres sont libérés à temps plein pour analyser et résoudre des problèmes importants dans un système de production. Cette approche de gestion, originaire du Japon, a été adoptée récemment dans des entreprises québécoises comme Pratt & Whitney et Prévost-Volvo.

TABLEAU 13.6 Certaines organisations affiliées à la CSN faisant l'objet d'expériences de réorganisation du travail en équipe

Alcan Aluminium ltée Mauricie	Le Baron Hôtel-Motel
Celanese Canada Inc.	Papier Perkins ltée
CLSC Longueuil-Ouest	Produits chimiques Expro inc.
Domtar inc. Beauharnois	Produits forestiers Alliance inc. Donnacona
Gaz Métropolitain	Société d'électrolyse et de chimie Alcan Shawinigan

Source : CSN, *Travail en équipe et démocratie au travail*, Montréal, Service de recherche de la CSN, 1995, p. 13-14.

Les équipes intégrées dans la structure formelle

Les équipes de travail autogérées (ETAG), appelées aussi groupes semi-autonomes (GSA), sont issues du développement de l'approche sociotechnique, concept qui remonte aux travaux du Tavistock Institute de Londres dans les années 50 (Emery et Trist, 1975). Elles ont donné naissance à des démarches expérimentales au Canada et au Québec dans les années 70, dont les plus connues sont l'expérience du Centre de distribution des produits congelés de Steinberg (Brossard et Simard, 1990) et l'usine de Shell à Sarnia, en Ontario (Rankin, 1990). Aujourd'hui, l'approche sociotechnique, de même que sa variante associée de près ou de loin aux ETAG ou GSA, est présente dans une multitude de milieux de travail, comme l'illustre un document de la CSN (1995). Le tableau 13.6 indique les organisations qui ont servi à élaborer cette publication.

L'approche sociotechnique interprète l'organisation comme un système ouvert composé de divers flux d'activités, fonctionnant dans un contexte de rapports sociaux intenses et encadré par des buts. L'organisation du travail est le résultat de choix stratégiques et contextuels reposant sur un compromis entre les pressions exercées par le système technique de l'organisation et son système humain. Le tableau 13.7 présente les caractéristiques de l'approche sociotechnique.

La figure 13.2 illustre la transformation de l'organisation du travail conséquemment à une démarche d'analyse sociotechnique adoptée par un comité paritaire patronal-syndical dans les laboratoires de l'usine Expro.

En s'inspirant d'expériences inventoriées dans les comités patronaux-syndicaux, l'organisation doit franchir les étapes suivantes pour faire l'analyse sociotechnique et la réorganisation du travail : le diagnostic partagé ; la redéfinition de la mission et des objectifs de l'organisation ; la définition des valeurs communes et la création d'un climat de confiance ; la planification de la démarche et la structuration ; enfin, l'évaluation des résultats.

TABLEAU 13.7 Les caractéristiques de l'approche sociotechnique

- Orienter le travail vers la réalisation de la tâche première, c'est-à-dire les services ou les produits constituant la raison d'être de l'organisation.
- Permettre le soutien mutuel des aspects techniques et sociaux, de façon à favoriser l'autorégulation des activités, la réduction des écarts entre la réalité et les exigences, et l'innovation.
- Réduire le plus possible les variances (ou résultats non désirés) par des modifications de la technologie, des mécanismes de coordination et la résolution de problèmes en groupe.
- Créer des allégeances multiples en instaurant, par exemple, des comités de travail (sécurité, changements technologiques, etc.).
- Aménager le travail pour que les employés puissent participer aux décisions qui les concernent et acquérir une autonomie en ce qui a trait à la gestion de leur travail.
- Modifier les responsabilités des gestionnaires de premier niveau (contremaîtres) pour qu'ils deviennent des gardiens de frontière ou des agents de liaison (Westley, 1981) et pour que la régulation interne des unités de travail (découpées en blocs autosuffisants) soit confiée au groupe.

Source : A. Petit, L. Bélanger, C. Benabou, R. Foucher et J.-L. Bergeron, *Gestion stratégique et opérationnelle des ressources humaines*, Boucherville, Gaëtan Morin Éditeur, 1993, p. 171.

FIGURE 13.2 D'une structure fonctionnelle à une structure d'équipe chez Expro

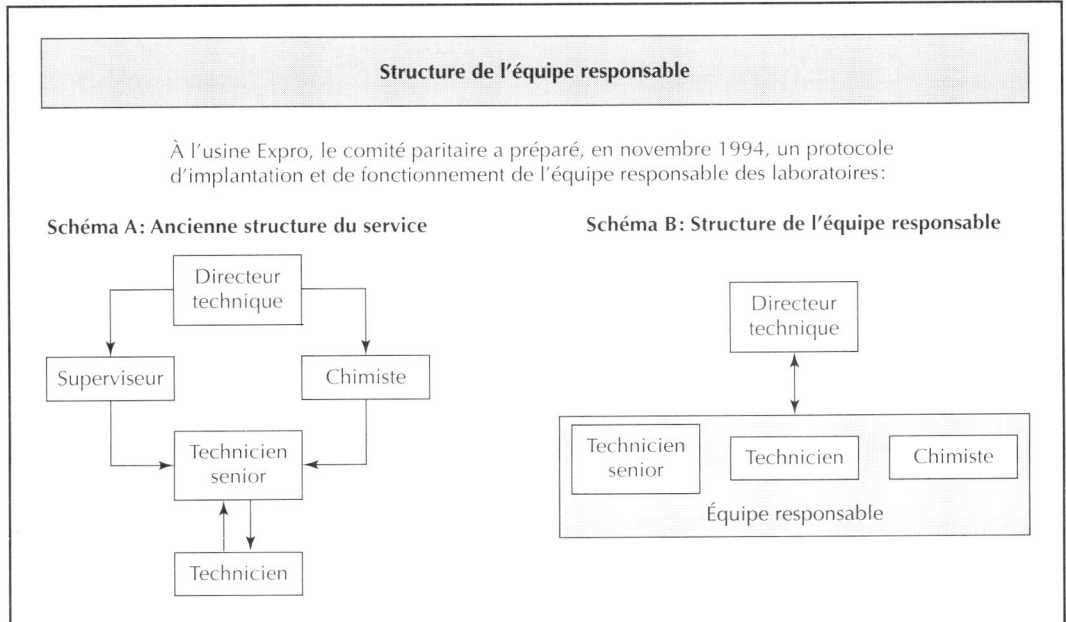

Source : CSN, *Travail en équipe et démocratie au travail*, Montréal, Service de recherche de la CSN, 1995, p. 92.

En ce qui concerne le diagnostic partagé, cette première étape de l'analyse sociotechnique est essentielle afin que les acteurs puissent réorganiser le travail et en assurer son fonctionnement sur une longue période. Certains auteurs parlent de l'importance de développer l'unité de pensée ou encore l'acteur collectif, étape préalable de l'unité d'action (Bélanger, 1996). Ce diagnostic vise donc à jeter un regard dynamique sur les forces sociales et techniques de toute l'organisation.

Au cours de la deuxième étape, il importe de remettre en question la mission et les objectifs de l'organisation ou de ses composantes (unités fonctionnelles). En outre, à cette étape, on peut établir les frontières légitimes entre les acteurs et reconnaître leurs points de convergence et de divergence.

Puis, à l'étape de la définition des valeurs communes et de la création d'un climat de confiance, on jette les bases d'un *modus vivendi*, qui donne souvent lieu à un contrat moral entre les acteurs sous les aspects suivants: le respect, la transparence, l'égalité des partenaires, les stratégies de communication et de formation, la place du syndicat, etc.

À l'étape de la planification de la démarche et de la structuration, les acteurs se penchent sur la programmation des activités et sur la répartition des responsabilités en fonction de certains paramètres comme le plan de travail, le comité directeur, les comités de travail opérationnels, les mandats, les modes décisionnels et la répartition des ressources.

À la dernière étape, soit l'évaluation des résultats, il s'agit de faire le bilan de la démarche et de porter un regard critique sur les résultats en ce qui a trait à la productivité et au climat qui règne dans l'organisation. On peut aussi, à cette étape, distinguer les apprentissages individuels et collectifs, et apporter les corrections nécessaires sur les plans des stratégies de l'organisation, de la structure et des pratiques de GRH.

Bref, de plus en plus d'experts semblent d'avis que la réorganisation du travail passe par une structure intégrée de participation à la prise de décisions et à la gestion dans des unités de travail dites naturelles. Les démarches de réorganisation se déroulant parallèlement à la structure formelle donneront de mauvais résultats; pour cette raison, elles ne pourront être durables. À cet effet, Joseph Kélada présente les ETAG de la manière suivante:

> *Les équipes auto-gérées, composées de cinq à quinze employés, se voient attribuer la responsabilité entière d'un produit. Ces membres sont capables d'effectuer toutes les tâches qui s'y rapportent, et s'échangent ces tâches à tour de rôle. De plus, l'équipe se charge de la planification et de l'ordonnancement du travail, des vacances de ses membres, des achats relatifs à leur production [...] Avec ce genre d'organisation, on a observé des gains*

de 30 % dans la productivité et un accroissement substantiel de la qualité des produits. On parle ici d'horizontalisation de l'organisation où les contremaîtres n'ont plus de raison d'être. Les employés sont en effet leurs propres patrons. C'est ce genre de travail d'équipe qui semble devoir se propager. D'après l'auteur [Hoerr], *c'est l'organisation de l'avenir, si l'on veut être et demeurer compétitif* (1992, p. 150).

13.4.3 La perspective individuelle

La troisième perspective de l'organisation du travail renvoie à la dimension individuelle, c'est-à-dire à la façon de structurer chaque poste de travail.

La conception même du travail

De la simplification à l'enrichissement en passant par l'élargissement

L'effet combiné des différents déterminants (la technologie, la situation économique, la stratégie compétitive, etc.) de l'organisation du travail a, de façon générale, permis de requalifier le travail (Adler, 1997). Cette requalification prend naissance dans l'élargissement des tâches (que certains appellent l'enrichissement horizontal) ainsi que dans l'enrichissement vertical des tâches. Comme le montre la figure 13.3, l'élargissement des tâches permet à une personne d'exécuter plusieurs tâches différentes ayant une égale complexité et une égale importance. Cet aspect du travail amène les employés à performer dans un contexte de variété des activités de travail, ce qui rompt la monotonie. Les nouvelles compétences exigées sont alors associées à l'élargissement du champ des connaissances, soit par rapport à des tâches simples, routinières et répétitives, soit par rapport à des tâches plus complexes.

Quant à l'enrichissement vertical, le principe sous-jacent est la recomposition d'un poste de travail dans lequel on intègre les tâches d'exécution et les tâches de conception. Pour cela, on part d'activités relativement simples, comme le contrôle technique des procédés et de la qualité, et l'on va jusqu'à des activités complexes de conception, en passant par des activités de gestion des pairs et de planification et programmation.

Ce courant de pensée relié à l'élargissement et à l'enrichissement des tâches repose sur l'hypothèse selon laquelle le travail doit valoriser l'employé, lui apporter de la reconnaissance et le motiver. Cette condition est essentielle si on veut obtenir un bon rendement et de la qualité. Plusieurs théories ont tenté d'expliquer ce phénomène (Herzberg, 1968; Locke, 1968; Lofquist et Dawis, 1969), donnant par le fait même des

FIGURE 13.3 La hiérarchie des tâches constitutives d'une activité de travail

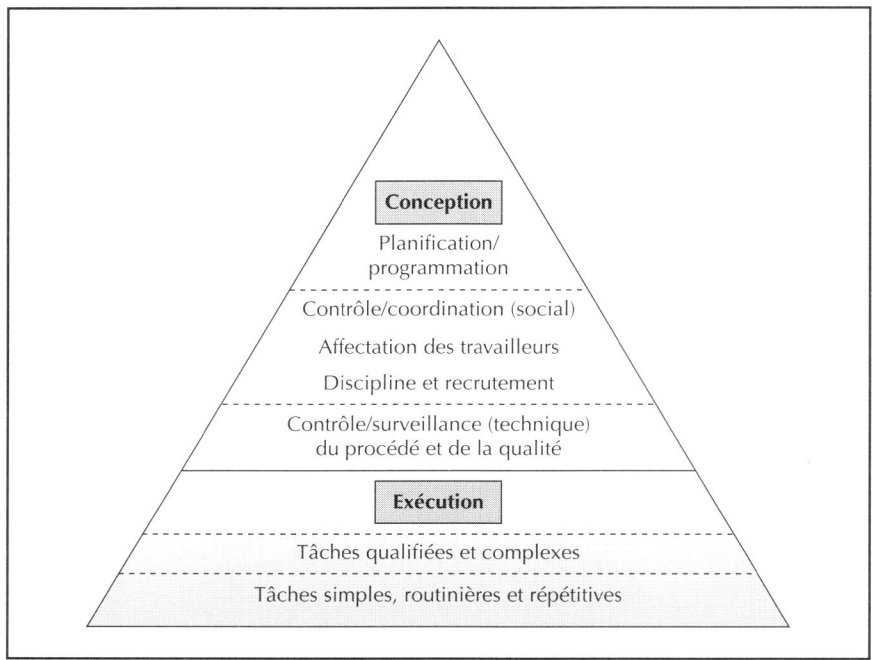

Source: Adaptée de P.-A. Lapointe, «La réorganisation du travail: continuité, rupture et diversité», dans *La réorganisation du travail: efficacité et implication*, sous la direction de R. Blouin et autres, Québec, Les Presses de l'Université Laval, 1995, p. 5.

points de référence aux praticiens afin qu'ils puissent prendre des décisions éclairées en matière de restructuration et de conception des postes de travail.

Le modèle de Hackman et Oldham

Élaborée par Hackman et Oldham (1975), la théorie des caractéristiques du travail (*job characteristics theory*) est sans doute la théorie qui permet le mieux de comprendre la dynamique de l'organisation du travail. Selon ce modèle, le degré de motivation et de satisfaction des employés est directement relié au fait qu'un poste de travail inclut un certain nombre de caractéristiques fondamentales et significatives. Ces caractéristiques créent des conditions permettant aux employés de vivre des états psychologiques, qui entraîneront, en retour, des répercussions sur la personne et l'organisation. Le degré de cohérence entre les caractéristiques, les états psychologiques et les répercussions est déterminé par l'intensité du besoin de croissance personnelle de l'employé (figure 13.4).

FIGURE 13.4   **Le modèle des caractéristiques du travail de Hackman et Oldham**

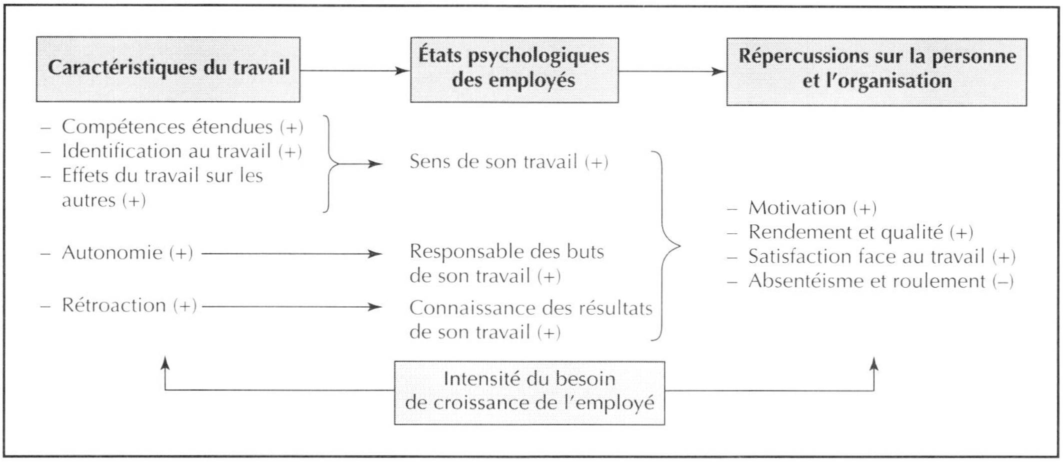

```
┌─────────────────────────┐     ┌─────────────────────────┐     ┌─────────────────────────┐
│ Caractéristiques du     │ →   │ États psychologiques    │ →   │ Répercussions sur la    │
│ travail                 │     │ des employés            │     │ personne et l'organisation│
└─────────────────────────┘     └─────────────────────────┘     └─────────────────────────┘
```

- Compétences étendues (+)
- Identification au travail (+)
- Effets du travail sur les autres (+)

  → Sens de son travail (+)

- Autonomie (+) → Responsable des buts de son travail (+)
- Rétroaction (+) → Connaissance des résultats de son travail (+)

  →
  - Motivation (+)
  - Rendement et qualité (+)
  - Satisfaction face au travail (+)
  - Absentéisme et roulement (−)

Intensité du besoin de croissance de l'employé

Source : J.R. Hackman et G.R. Oldham, « Development of the job diagnostic survey », *Journal of Applied Psychology*, avril 1975, p. 161.

Les cinq caractéristiques du travail sont la variété des tâches nécessitant des compétences étendues, l'identification à une partie du travail ou du processus, la signification des activités de travail ayant des effets sur la vie ou le travail des gens, l'autonomie et, finalement, la rétroaction à propos du rendement au travail. Les états psychologiques résultant de la combinaison des caractéristiques sont associés au sens que revêt le travail pour la personne, à sa responsabilité face aux résultats obtenus et à son degré de connaissance des résultats de son travail. Comme on peut le constater dans la figure 13.4, la variété des tâches, l'identification au travail et les effets du travail sur les autres sont liés à l'état psychologique correspondant au fait d'éprouver le sens de son travail. L'autonomie est reliée à la responsabilité et la rétroaction, au degré de connaissance et des résultats du travail. Ainsi, lorsqu'un poste de travail est conçu en fonction de caractéristiques, de manière que chaque employé puisse expérimenter ces trois états psychologiques, on observe un certain nombre de résultats bénéfiques pour l'individu et pour l'organisation.

Les tendances futures de l'organisation du travail

Dans de nombreuses expériences de réorganisation du travail, on constate que le travail se requalifie, c'est-à-dire que les compétences exigées par les nouveaux postes sont plus importantes et font appel à des connaissances, à des habiletés et à des attitudes ayant une complexité supérieure. Ces exigences sont de plus en plus intellectuelles et de moins en moins physiques, ce qui nécessite chez les titulaires une scolarisation plus poussée et une formation continue. Dans le débat portant sur les répercussions de la réorganisation du travail sur la requalification, la déqualification et la disqualification, Adler (1997) tranche de manière positive en décrivant les trois tendances suivantes par rapport à l'organisation du travail dans l'avenir:

1. La requalification, l'interdépendance et le travail en équipe accroîtront la sophistication intellectuelle du travail, sensibiliseront les différents acteurs à une vision plus large du monde et exerceront des pressions en vue d'obtenir plus de justice et d'équité dans les milieux de travail et dans la société en général.
2. Les travailleurs auront tendance à être plus intolérants à la gestion autocratique dans les entreprises: ils tenteront de provoquer la démocratisation de toutes les structures décisionnelles.
3. Les travailleurs s'opposeront aux forces destructrices du marché. Ils deviendront de plus en plus hostiles au caractère concurrentiel des marchés non régulés qui obligent les entreprises à embaucher et à licencier les employés en fonction de mouvements de croissance et de décroissance imprévisibles, doublés d'une défaillance des formes démocratiques de direction.

L'analyse des postes

Une fois les processus d'affaires de l'organisation analysés, la structure établie, les équipes déterminées et les postes conçus, les attentes des employés et des dirigeants face au travail doivent être définies et communiquées. Pour ce faire, les organisations adoptent une pratique connue sous le nom d'analyse des postes ou analyse du travail, qui consiste en un processus systématique de collecte de l'information concernant un poste pour une période donnée, ce qui permet de décrire le profil d'un emploi ainsi que ses spécifications. Les éléments reliés à la description des postes ont été traités dans le chapitre 6 portant sur le recrutement et la sélection.

La collecte de l'information

L'analyse des postes doit répondre à un certain nombre de questions, ce qui permettra de documenter la nature d'un poste de travail et son contexte. Que fait le titulaire du poste de travail? D'où provient ce dont il a besoin pour bien faire son travail? Quels sont les équipements et les outils requis? Quels types d'habiletés et de compétences le titulaire du poste doit-il posséder? Quelle supervision s'avère nécessaire? Quelles sont les attentes des supérieurs et des utilisateurs des fruits du travail? Qui sont les acteurs importants avec lesquels le titulaire doit traiter?

Il existe plusieurs outils ou méthodes de collecte de l'information. Parmi les plus utilisés, on trouve l'observation, le questionnaire, l'entrevue et le journal. L'**observation** peut être effectuée soit par un analyste, soit par un moyen électronique. Cette méthode consiste à documenter le travail réel exécuté par le titulaire ainsi que les conditions d'exercice de ce travail, et ce sans idées préconçues. L'observation fournit un éclairage sur les activités de travail pendant une période donnée (une journée, une semaine ou un mois).

Le **questionnaire** est un formulaire assez détaillé que remplit le titulaire du poste. Cela permet de documenter la nature du travail accompli et les conditions d'exercice du travail. Dans la plupart des cas, le questionnaire dûment rempli est révisé par le supérieur immédiat, qui valide les divers éléments qui y sont contenus. Le questionnaire peut être ouvert ou fermé, selon le type d'information recherché.

L'**entrevue** est souvent dirigée par un consultant interne (membre de la direction des ressources humaines) ou externe. L'objet de l'entrevue est le même que celui de l'observation ou du questionnaire. Cette méthode peut s'adresser à un individu (le titulaire) ou à un groupe (plusieurs titulaires d'un même emploi), et elle peut également être ouverte ou fermée. Mentionnons que l'entrevue peut être destinée au titulaire du poste, au superviseur ou encore à des experts.

Finalement, le **journal** consiste, pour un titulaire, à prendre des notes sur les principales tâches qu'il effectue et sur les incidents critiques reliés à l'exercice de son travail.

Chacune des méthodes précédentes a des avantages et des inconvénients. Le choix d'une ou de plusieurs méthodes d'analyse des postes dépend d'un ensemble de facteurs particuliers à chaque organisation. En effet, le type de poste analysé, la philosophie de gestion plus ou moins participative, les fonctions visées de même que le temps et les ressources disponibles influenceront le choix d'une méthode ou d'une combinaison de méthodes.

Les fonctions de l'analyse des postes

L'analyse des postes est une fonction pivot de la GRH. En effet, les produits créés par cette fonction (comme la description d'emploi) servent à nourrir les pratiques suivantes de GRH (figure 13.5):
- La conception du poste de travail. L'analyse du poste donne les renseignements nécessaires à la conception du poste de travail quant à l'élargissement ou à l'enrichissement du travail. Elle permet également de prendre des décisions pertinentes en matière d'ergonomie ainsi qu'en matière de santé et de sécurité du travail.

FIGURE 13.5   Les fonctions de l'analyse des postes

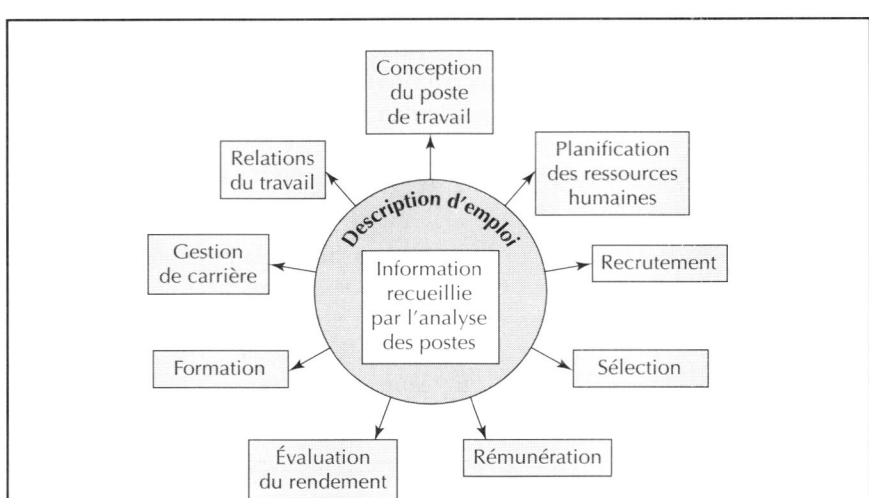

- La planification des ressources humaines. L'information résultant de l'analyse des postes sert à documenter les besoins en ressources humaines grâce à une analyse de la demande de travail et du profil des compétences.
- Le recrutement. L'analyse des postes permet d'établir le profil du travail à effectuer et des compétences exigées. Cette information est nécessaire si l'on veut avoir recours à diverses sources de recrutement.
- La sélection. C'est à partir de l'analyse des postes que les gestionnaires et les spécialistes en ressources humaines pourront établir les critères de sélection et choisir leurs instruments de mesure et d'évaluation. Le choix de critères valides et fidèles est important afin d'éviter les problèmes de discrimination dans l'emploi.
- La rémunération. L'analyse des postes apporte des renseignements indispensables à des fins d'évaluation des emplois, de classification et d'équité salariale. Les structures salariales dépendent davantage de la valeur relative des postes, valeur qui sera établie sur la base des renseignements recueillis au cours de l'analyse du travail.
- L'évaluation du rendement. L'analyse des postes a également comme fonction de circonscrire les critères du rendement attendu dans un poste de travail. Elle permet aussi de clarifier les rôles relativement au rendement attendu et de prendre des mesures pertinentes par rapport aux problèmes de rendement et aux employés difficiles.

- La formation. L'analyse des postes documente les compétences nécessaires pour accomplir un travail; ce faisant, elle sert de fondement à l'analyse des besoins en formation.
- La gestion de carrière. L'information résultant de l'analyse des postes sert à éclairer les décisions individuelles et organisationnelles conduisant à la détermination des plans de carrières. Il faut posséder cette information si l'on souhaite établir les exigences du passage d'un emploi à un autre et d'une famille d'emplois à une autre.
- Les relations du travail. Par son caractère systématique, l'analyse des postes permet de définir adéquatement les attentes de l'employeur par rapport aux différents postes de travail. Une formulation rigoureuse de ces attentes peut éviter bien des conflits entre le syndicat et l'employeur en ce qui concerne la santé et la sécurité du travail, les mouvements de main-d'œuvre, la détermination des salaires, les mesures disciplinaires, etc.

13.5 Organiser le travail dans le temps et l'espace

De façon traditionnelle, le temps et l'espace de travail correspondent à un horaire fixe de 37,5 heures, réparties selon le fameux 9 à 5, du lundi au vendredi, dans un même lieu physique. Organiser le travail signifie également organiser la dimension espace-temps à l'intérieur de laquelle le travail prendra forme. Ainsi, sous l'impulsion de processus de production continue (les raffineries, etc.), de services accessibles sur de plus longues périodes (le commerce de détail, les services personnels, etc.), des télécommunications (le télétravail, le bureau mobile, etc.) ou de la recherche d'une meilleure qualité de la vie, de nouvelles manières d'aménager le temps de travail apparaissent, et ce phénomène ira sans doute en s'amplifiant. On peut distinguer différentes formes d'aménagement du temps et du lieu de travail. Les plus connues sont la semaine comprimée, l'horaire variable ou flexible ainsi que le télétravail.

13.5.1 La semaine comprimée

La semaine comprimée a comme effet de réduire le nombre de jours travaillés durant la semaine et, par conséquent, d'allonger la journée de travail. Il existe de nombreuses adaptations de ce type d'horaire. D'un côté, on trouve la semaine de 4 jours de 9 ou 10 heures par jour. De l'autre, un mode de 4 jours de travail de 12 heures, suivis de 4 jours de congé. Ce type d'horaire est souvent appliqué dans des secteurs comme la pétrochimie, la sidérurgie, les pâtes et papiers et le transport, c'est-à-dire dans un contexte d'activités continues, 24 heures par jour. On constate des modes un peu différents de semaine comprimée dans les secteurs de la santé et des services publics (les policiers et les pompiers).

Les principaux avantages de cet horaire pour l'employeur sont les suivants :
- la réduction des temps morts dans les activités ou la prestation des services, ce qui entraîne une meilleure continuité du processus de production ;
- la réduction des problèmes d'équité dans les organisations qui fonctionnent 24 heures par jour ;
- une meilleure productivité générée par une adaptation optimale de la personne à son poste de travail ;
- la réduction de l'absentéisme et des retards, surtout dans des organisations situées dans des endroits isolés.

Pour les employés, les avantages de la semaine comprimée sont les suivants :
- la possibilité de disposer de périodes plus longues à des fins personnelles (loisirs, famille, etc.) ;
- une meilleure adaptation à des changements de quarts de travail entre le jour et la nuit.

Par contre, pour l'employé (et indirectement pour l'employeur), ce type d'horaire entraîne des problèmes personnels occasionnés par le stress et la fatigue. Ces problèmes peuvent toucher les sens et les réflexes, ce qui risque de provoquer des problèmes de rendement, voire de sécurité.

13.5.2 L'horaire variable ou flexible

L'horaire variable ou flexible permet à un individu de gérer le début et la fin de sa période journalière de travail. En général, avec ce type de formule, les employés doivent réaliser de 35 à 40 heures de travail par semaine, mais ils ont assez de latitude pour déterminer l'heure d'entrée au travail et l'heure de départ de celui-ci. Dans beaucoup de cas, les employés doivent respecter une plage fixe, c'est-à-dire une période le matin et une l'après-midi où ils doivent être présents. Ces plages fixes permettent à l'organisation de tenir des activités collectives (réunions) nécessitant la présence de tous les membres d'une équipe, par exemple. Chaque employé gère une banque d'heures et, par le fait même, peut accumuler du temps, ce qui lui permet de soustraire certaines journées de travail ou d'ajouter des congés à son dossier. Cependant, on fixe une période pour le report de même qu'un nombre maximal d'heures reportées.

Les avantages de l'horaire variable ou flexible sont les suivants:
- une diminution de l'absentéisme et des retards;
- une meilleure productivité des employés grâce à une adaptation à leur rythme;
- un climat de liberté et d'autonomie qui a un effet positif sur la flexibilité au travail;
- la possibilité pour les employés de mieux assurer l'équilibre entre le travail et la famille, et de tenir compte des contraintes auxquelles ils sont soumis.

Par contre, ce type d'horaire comporte les inconvénients suivants:
- un nombre insuffisant d'employés pouvant répondre aux exigences de l'organisation et des clients en début et en fin de journée;
- la très grande difficulté, voire l'impossibilité, d'implanter ce type d'horaire dans les activités continues, car celles-ci requièrent la présence simultanée de plusieurs personnes au même endroit et la prestation du service à la clientèle;
- la difficulté de concilier ce type d'horaire avec les impératifs du travail en équipe, lequel nécessite la présence de ses membres sur une base ponctuelle.

FedEx, par exemple, a une vision très étroite de l'horaire variable (McCallum, 1995). En effet, la variabilité de l'horaire est possible seulement 10 minutes au début et 10 minutes à la fin du quart de travail. Cela s'explique à la fois par la nature de l'activité (le transport de marchandises et de colis) et par l'importance accordée au travail en équipe.

Comme on peut le constater, l'horaire variable ne convient pas à toutes les situations et ne s'applique pas de la même façon dans le même genre d'entreprise. Une multitude de facteurs interviennent dans la décision de choisir le meilleur aménagement du temps de travail.

13.5.3 LE TÉLÉTRAVAIL

Le télétravail permet la flexibilité tant dans l'aménagement du temps de travail que dans celui du lieu de travail. Le télétravailleur peut ainsi mener des activités professionnelles à distance, à partir d'un poste de travail indépendant du lieu d'affaires de l'employeur, avec lequel il peut d'ailleurs communiquer au moyen d'un support informatique ou électronique. Outre l'élimination de la contrainte de lieu, c'est toute la notion de temps de travail qui perd de sa signification dans un tel contexte, puisque le télétravailleur dispose désormais de la liberté d'organiser son temps de travail en fonction de ses besoins personnels. La seule contrainte réside dans la production des résultats attendus indépendamment du lieu et du moment entourant l'exécution du travail.

Nous assistons donc à une véritable révolution dans les approches classiques de gestion de l'activité de travail, caractérisées traditionnellement par l'unité de lieu, de temps et d'action.

Le phénomène du télétravail gagne en popularité d'année en année. Du côté des Américains, on estime qu'en 1994 le nombre de télétravailleurs était de 8,7 millions, ce qui représentait 6% de la population active des États-Unis (Boivin, Rivard et Aubert, 1996). Au rythme où les expériences de télétravail voient le jour (Leduc, 1997), on croit qu'au tournant de l'an 2000 plus de un million de Canadiens vivront dans un contexte de télétravail. Certaines expériences récentes (Banque de Montréal, Bell Canada, Xerox Canada, IBM Canada, CIBC, 3M Canada, fonction publique fédérale) ont été documentées (Boivin, Rivard et Aubert, 1996), et les conclusions qu'on en tire en ce qui a trait aux avantages et aux inconvénients du télétravail sont présentées dans le tableau 13.8.

Il convient de mentionner que le télétravail, tout comme les autres formes d'aménagement du temps de travail, ne s'applique pas intégralement à toutes les organisations. Une combinaison de facteurs, comme le type de travail effectué, les qualités des personnes (le télétravailleur et le télésuperviseur) ou la structure et la culture d'entreprise, doit être présente pour que cette forme de travail puisse s'implanter. De plus, les expériences réussies de télétravail sont attribuables à l'élaboration et à la mise en place de stratégies cohérentes et intégrées de GRH en matière de formation, de communication, de socialisation, de sélection, de supervision et d'évaluation du rendement.

13.6 Organiser le travail dans la relation d'emploi

L'organisation du travail est le résultat des choix faits à l'égard de la nature (des perspectives) non seulement du travail et de l'aménagement du temps et de l'espace de travail, mais également de la relation d'emploi. Dans un contexte où la flexibilité est un défi majeur pour la GRH (voir le chapitre 4), l'organisation divise sa force de travail en deux groupes, soit le noyau et la force de travail (figure 13.6).

13.6.1 Le noyau

Le noyau (*core*) correspond aux employés permanents qui possèdent les compétences relatives à l'activité majeure de l'organisation et à sa mission.

TABLEAU 13.8   Les avantages et les inconvénients du télétravail

Avantages	
Pour l'organisation	**Pour l'employé**
• Accroît la productivité • Augmente la flexibilité de l'entreprise • Comprime les coûts (main-d'œuvre, locaux, stationnement, cafétéria) • Diminue l'absentéisme chez les employés • Permet de conserver et d'accueillir les meilleures ressources humaines • Réduit le nombre de niveaux hiérarchiques • Élargit la connaissance des processus de travail et des charges de travail	• Augmente la productivité • Optimise les horaires de travail • Procure une plus grande autonomie • Permet de concilier la vie professionnelle avec la vie privée • Élimine ou réduit le temps de transport • Comprime les dépenses liées au travail (transport, vêtements, repas) • Améliore la qualité de la vie (milieu moins stressant)
Inconvénients	
Pour l'organisation	**Pour l'employé**
• Oblige à mettre en place de nouveaux modes de supervision • Force à coordonner et à motiver une main-d'œuvre à distance • Complique l'évaluation des investissements et du temps associés à la mise en œuvre • Empêche la transmission des données • Supprime la synergie au sein de l'organisation • Diminue la loyauté à l'organisation • Remet en question la hiérarchie traditionnelle	• Lui fait perdre le statut social relié à un emploi régulier • Le rend moins visible dans l'entreprise • Réduit l'accès à des promotions et à une carrière • Affaiblit son sentiment d'appartenance • L'amène à trop travailler • Le plonge dans un isolement social et professionnel • Suscite des conflits entre la vie professionnelle et la vie privée • Entraîne des coûts supplémentaires (électricité, chauffage, ameublement)

Ces employés appartiennent à un marché du travail interne, caractérisé par une flexibilité qualitative ou fonctionnelle, et sont soumis à une gestion selon les principes de l'investissement dans le capital humain (la formation, le développement des compétences et de la carrière, la mobilité, l'organisation du travail selon la perspective des équipes, etc.). Ils jouent un rôle crucial dans le développement de l'organisation; pour cette raison, ils font l'objet de pratiques de mobilisation et de fidélisation.

FIGURE 13.6 L'entreprise flexible d'après Atkinson

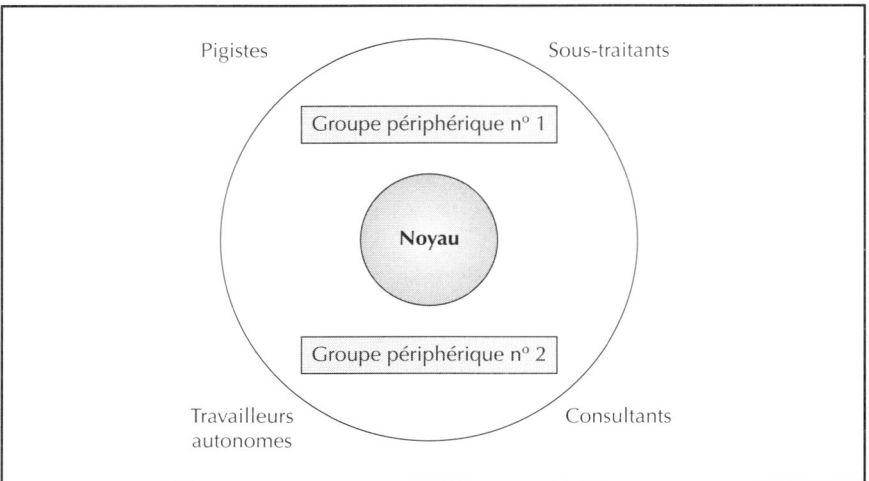

Source : Adaptée de J. Atkinson, « Manpower strategies for flexible organizations », *Personnel Management*, vol. 16, n° 8, août 1984, p. 29.

13.6.2 La force de travail

L'entreprise embauche la force de travail afin de s'adapter aux soubresauts de la conjoncture et pour pallier les fluctuations du volume de travail qui ne peuvent être absorbées par le noyau. Ainsi, quand la conjoncture est défavorable, l'entreprise sacrifie d'abord la force de travail, car elle veut préserver la stabilité du noyau et, par le fait même, l'investissement dans son avantage concurrentiel. Cette main-d'œuvre, qui est d'ailleurs plus facilement remplaçable que le noyau, ne fait pas toujours l'objet d'une attention particulière pour ce qui est des stratégies de GRH à long terme. La force de travail est composée de groupes périphériques et de populations externes.

Un premier groupe périphérique est constitué d'employés ayant un contrat à durée déterminée dont les possibilités de carrière et la sécurité d'emploi sont inférieures à celles du noyau. Un deuxième groupe comprend les personnes engagées selon des contrats d'emploi différents de ceux du noyau (emploi intérimaire, emploi à temps partiel, poste partagé, poste de stagiaire, etc.).

Finalement, l'organisation recourt aux services de populations externes, soit des personnes ou des groupes externes composés de sous-traitants, de travailleurs autonomes, de pigistes, d'agences d'intérim, de consultants, etc. Ce type de main-d'œuvre effectue un travail qui ne correspond pas à des besoins permanents (dans les champs de l'informatique, de la restructuration, du redressement, dans des projets particuliers, etc.).

Les choix relatifs aux modes de relation d'emploi revêtent une grande importance en ce qui concerne la gestion de la masse salariale et surtout la flexibilité de l'organisation. La relation d'emploi influence également la nature même du travail et la nature des pratiques de GRH, comme nous l'avons vu au sujet du noyau.

Les principaux avantages reliés à la force de travail sont les suivants:
– Sa flexibilité externe lui permet de s'adapter à la conjoncture.
– Elle permet un meilleur contrôle des coûts.
– Elle entraîne une diminution des frais relatifs aux avantages sociaux et à la masse salariale.
– Elle implique une plus grande motivation des employés temporaires qui aspirent à entrer dans le noyau.
– En restreignant l'accès au noyau et en recourant à de nombreux « satellites », elle crée une organisation virtuelle, qui constitue un modèle organisationnel. Un tel modèle permet d'affecter des ressources très rapidement en fonction des besoins et de la conjoncture afin de saisir des occasions d'affaires qu'on ne pourrait saisir autrement. Une compagnie comme Benetton (*The Economist*, 1994) est reconnue mondialement pour avoir réussi à mettre au point ce modèle organisationnel.

Par contre, les inconvénients de la force de travail sont nombreux:
– Elle provoque des problèmes de fidélisation des employés et de loyauté envers l'organisation.
– Elle développe un esprit mercantile et individualiste au détriment de la solidarité et de l'esprit d'équipe.
– Elle accroît les inégalités en ce qui a trait aux statuts et aux revenus.
– Elle crée des marchés du travail secondaire et tertiaire qui engendrent un cercle vicieux dans la structure de l'emploi et la recherche d'un emploi. Ainsi, les employés ayant un statut précaire ont moins de possibilités de développement et, par conséquent, moins de chances de décrocher des emplois appartenant au noyau, lesquels favorisent le développement et la carrière.
– Elle instaure une culture d'entreprise éclatée et conflictuelle qui transforme l'organisation en un ensemble de relations structurelles plutôt qu'en un lieu où s'affirme l'identité sociale.

13.7 Les facteurs de succès dans la réorganisation du travail

Les écrits portant sur les facteurs ou conditions de succès de la réorganisation du travail sont abondants, mais leur qualité est inégale. Lapointe (1995) en fait une synthèse pertinente en se basant sur une analyse approfondie de huit monographies d'entreprises. D'autres recherches sont assez critiques par rapport à cette problématique (CSN, 1995; Brossard et Simard, 1990). Le tableau 13.9 présente les cinq facteurs de succès et de durabilité de la réorganisation du travail.

13.7.1 Les pressions visant le changement

Il semble que les entreprises recherchent naturellement une certaine stabilité et que la transformation de l'organisation du travail se produit surtout quand les acteurs sont dans une position précaire, ont épuisé les solutions qui s'offraient à eux et considèrent l'organisation du travail comme l'ultime moyen de consolider des emplois et de remettre l'entreprise dans la voie du rendement. Deux séries de facteurs sont associés aux pressions, soit les facteurs reliés à l'environnement externe et ceux qui sont reliés à l'environnement interne.

Les pressions exercées par l'environnement externe, principalement les pressions à caractère économique, sont souvent citées comme l'élément déclencheur d'une démarche de transformation du milieu de travail. Le contexte du secteur d'activité, la compétitivité, la recherche d'une plus grande productivité, la lutte pour la survie, les pertes d'emplois, les exigences nouvelles de la clientèle, les décisions du siège social, voilà autant de facteurs rattachés à l'environnement externe. Il est intéressant de constater que plus l'environnement externe est hostile, plus il y a péril en la demeure, et plus il y a de chances de créer l'unité de pensée et d'action entre les acteurs de l'organisation pour affronter des ennemis qui tentent de les assiéger.

TABLEAU 13.9 Les facteurs de succès et de durabilité de la réorganisation du travail

- Les pressions visant le changement
- La dynamique des rapports sociaux
- Une stratégie intégrée de GRH et de relations du travail
- La cohérence des mesures adoptées
- Des gains mutuels

Les pressions exercées par l'environnement interne, quoiqu'elles soient moins significatives selon les expériences connues, jouent un rôle crucial dans la transformation du milieu de travail, surtout quand elles renforcent des pressions externes. Les conflits de travail, l'historique des rapports syndicaux-patronaux, les comportements dysfonctionnels de certains employés (l'absentéisme, les accidents du travail, le sabotage) et l'arrivée d'une nouvelle technologie dominante sont des facteurs qui, pris isolément ou collectivement, créent un sentiment d'urgence face au changement de l'organisation du travail. Les négociations de 1989 à Hydro-Québec, l'état des rapports de travail chez Gaz Métropolitain et le passé conflictuel des relations du travail au Centre hospitalier Robert-Giffard illustrent l'importance des pressions de l'environnement interne sur la réorganisation du travail.

Bref, l'entreprise change lorsqu'elle est contrainte de le faire et lorsqu'un stress majeur s'exerce sur elle. Il s'agit, malheureusement, d'un facteur de succès des transformations, sauf quelques rares exceptions[4]. Cependant, ces pressions peuvent également faire échouer certaines expériences d'organisation du travail, car, à long terme, les systèmes humains ont tendance à résister aux pressions productivistes des dirigeants (CSN, 1995).

13.7.2 La dynamique des rapports sociaux

Brossard et Simard (1990) ont démontré que, malgré un rendement impressionnant, une organisation qui a appuyé le développement d'un groupe semi-autonome pendant 10 ans a dû faire marche arrière et revenir à une organisation du travail traditionnelle, créant du même coup de l'amertume et de la frustration. Cette trajectoire s'explique par un ensemble de phénomènes internes associés à la dynamique des rapports sociaux dans l'organisation, principalement la dynamique du pouvoir ouvrier. L'ensemble des acteurs sociaux ont un rôle majeur à jouer pour garantir le succès de la réorganisation du travail. De plus, la résultante de la dynamique sociale entre les acteurs s'avère souvent le climat de confiance si nécessaire pour assurer le succès et la durabilité des expériences innovatrices concernant l'organisation du travail.

---

4. Le cas de l'implantation de la certification ISO 9000 dans la municipalité de Saint-Augustin, près de Québec, est un exemple intéressant d'une transformation où les pressions de l'environnement et le sentiment d'urgence ont cédé la place à la volonté collective de réaliser quelque chose qui constitue un déclencheur de la transformation (Côte , 1995).

La haute direction

Les écrits portant sur la transformation de l'entreprise abondent d'affirmations selon lesquelles le soutien et l'engagement de la haute direction sont un facteur-clé de la réussite d'un changement. L'organisation du travail n'échappe pas à ce constat. Des gestes symboliques posés par les cadres supérieurs et la gestion des occasions (*timing*) ont toujours énormément d'effets. L'engagement de la haute direction est d'autant plus important que les expériences de réorganisation du travail touchent souvent le reste de l'organisation, plus traditionnelle, et des systèmes de gestion qui ne sont pas toujours traditionnels. Dans une telle situation, les cadres supérieurs devront faire des arbitrages et donner des coups de barre.

Les gestionnaires

Les gestionnaires, principalement les leaders de l'expérience, jouent un rôle prépondérant dans le succès d'une démarche visant le changement. Comme le signale Lapointe:

> *Tout accroissement d'autonomie parmi les salariés ainsi que toute délégation de responsabilités et de pouvoirs en leur direction remettent inévitablement en question le rôle traditionnel des cadres qui peuvent résister ou au contraire accepter un nouveau rôle d'animateur et de personne-ressource. Souvent même leur existence est tout simplement remise en question et leur poste carrément aboli* (1995, p. 33-34).

Dans les écrits portant sur la transformation des organisations (Audet et autres, 1996), on observe également le fait que le succès dépend beaucoup du leader de la démarche, celui que certains appellent le champion ou la direction locale. La force de conviction d'un leader, sa volonté et la confiance qu'il inspire font souvent la différence. En outre, sachant que l'expérience est fragile et qu'elle repose sur quelques personnes-clés, il est important d'assurer une certaine continuité dans les postes de direction.

Les syndicats

Dans un contexte où la syndicalisation est étendue, comme c'est le cas au Québec, il va de soi que des transformations profondes de la structure du pouvoir dans l'organisation du travail ne peut se faire à l'insu des syndicats. Applebaum et Batt (1994), CSN (1995), Freeman et Medoff (1984), Lapointe (1995), Mishel et Voos (1992) et de nombreux autres auteurs accordent une importance capitale à la façon dont les syndicats participent à la réorganisation du travail. Des expériences menées récemment à la CSD dans de nombreux secteurs d'activité (principalement dans le secteur des services de vente et de réparation de véhicules automobiles) quant à la participation des syndicats dans des démarches de certification ISO 9000 témoignent de cette réalité.

LES EMPLOYÉS

L'identité collective du groupe et la solidarité entre ses membres constituent un facteur important de succès, surtout pour assurer la durabilité de l'expérience. Brossard et Simard (1990) ont même attribué l'échec relatif du GSA chez Steinberg aux tensions et aux dissensions internes qui se sont révélées après un certain nombre d'années d'expérimentation d'une nouvelle forme d'organisation du travail. Que ce soit dans les expériences de télétravail, de cercles de qualité (groupes de progrès) ou d'expérimentation des ETAG ou GSA, on observe que certaines organisations appliquent de façon très stricte le processus de dotation de manière à ne retenir que des gens démontrant des compétences exceptionnelles pour travailler dans de nouveaux contextes d'organisation du travail. On crée ainsi involontairement deux catégories de personnel et une organisation qui fonctionne à deux vitesses. Les organisations conscientes de ce phénomène ont plus de chances d'éviter le « syndrome Steinberg ».

13.7.3 Une stratégie intégrée de GRH et de relations du travail

Pour Lapointe (1995), la transformation préalable des relations du travail est un facteur crucial pour le succès et la durabilité des innovations dans le milieu de travail. L'instauration de relations du travail favorisant l'intégration et la coopération grâce à une négociation dite raisonnée ou gagnant-gagnant est un gage de réussite pour bon nombre d'artisans de la transformation du milieu de travail. La réorganisation du travail peut difficilement s'enraciner dans l'entreprise si l'on n'établit pas un nouveau contrat social redéfinissant les règles du jeu, les pouvoirs, les droits, les responsabilités et le partage des gains réalisés conséquemment à la réorganisation. De plus, l'institutionnalisation de ce nouveau contrat social (dans les structures et les conventions collectives) semble associée au succès des changements.

Outre les relations du travail, la réorganisation du travail gagne à être appuyée par un ensemble cohérent de sous-systèmes ou de pratiques de GRH et de gestion en général. Des pratiques d'information (transparence économique), de communication, de formation qualifiante, de mobilité, de rémunération, de reconnaissance, d'évaluation, de santé au travail doivent être agencées de manière à former un tout cohérent, nommé stratégie RH.

Comme on peut le constater, un tel programme ne peut se réaliser à court terme; il implique une stratégie de GRH et une stratégie de transformation de l'organisation qui s'échelonneront sur une longue période pour permettre à une nouvelle dynamique sociale de s'instaurer.

13.7.4 La cohérence des mesures adoptées

Le succès du changement repose souvent sur la cohérence des mesures adoptées sur une base quotidienne dans les organisations. Ici, la cohérence ne signifie pas la conformité ou la rigidité, elle est plutôt le ciment qui permet de rassembler tous les morceaux. Cette qualité essentielle d'une démarche visant le changement a fait l'objet, au cours des 15 dernières années, de travaux menés par des chercheurs du MIT sous la direction de Tom Kochan (Kochan et Osterman, 1994). Ces derniers auteurs précisent que l'intervention dans la transformation des systèmes humains comprend trois aspects, soit l'aspect stratégique, l'aspect fonctionnel et l'aspect des lieux de travail (*workplace*). L'aspect stratégique est caractérisé par la place que les ressources humaines occupent dans la mission et la stratégie de l'organisation, de même que par les valeurs et l'éthique des dirigeants. L'aspect fonctionnel renvoie aux pratiques traditionnelles de GRH et de relations du travail qui ont été décrites précédemment. Finalement, l'aspect des lieux de travail concerne l'espace et le moment où l'action se déroule sur une base quotidienne; il est incarné par la relation superviseur-employé tant sur le plan formel que sur le plan informel. Les observations empiriques sur la transformation des milieux de travail font état de l'importance de la cohérence entre ces trois aspects. En effet, non seulement les pratiques de chaque aspect doivent appuyer la transformation de l'organisation, mais de plus ces aspects doivent s'appuyer mutuellement et être le plus cohérents possible par rapport aux objectifs recherchés. Certains auteurs parlent d'harmonisation des pratiques et distinguent la cohérence au sujet du contexte de l'organisation (externe) et la cohérence au sujet des pratiques de GRH (interne) (Petit et autres, 1993; Wils, Le Louarn et Guérin, 1991).

13.7.5 Des gains mutuels

Le succès ou l'échec de toute expérience de réorganisation du travail dépend, en définitive, de ce que les acteurs en retireront comme groupe et de ce que les employés en retireront comme individus. Les gains pour les salariés et les syndicats sont associés à la qualité de la vie au travail, à la consolidation de l'emploi et au renforcement du rôle du syndicat dans l'organisation.

Un des facteurs les plus importants de la réorganisation du travail est relié aux gains obtenus sur les plans de l'amélioration des conditions de travail et de l'exercice du travail comme tel. Bien qu'il arrive fréquemment que les employés travaillent davantage et aient plus de responsabilités qu'avant, on observe que, ce qui compte finalement, c'est la possibilité pour chaque employé de s'accomplir dans son travail, de pouvoir s'exprimer sur son travail et sur les conditions de sa réalisation.

La question de l'emploi est également au cœur d'un débat souvent émotif sur la réorganisation du travail. Comme l'indique Lapointe:

> *De manière générale, il est possible d'affirmer que, sans garantie que la réorganisation n'entraînera pas de mises à pied et sans engagement ferme de la part de la direction à tout mettre en œuvre pour protéger les emplois, le succès et la durabilité des innovations sont fortement compromis. En effet, comment pourrait-on demander à des salariés de s'engager pleinement dans des innovations susceptibles d'éliminer leur propre emploi?* (1995, p. 38).

Pour ce qui est de l'employeur, il va de soi que le succès de la réorganisation du travail est directement proportionnel à l'amélioration de l'efficacité, de l'efficience et de la qualité des produits et des services offerts, ce qui constitue l'enjeu fondamental de la démarche visant le changement. Dans bon nombre de cas, la réorganisation du travail a donné lieu à des gains spectaculaires pour l'employeur, ce qui démontre que le jeu en vaut souvent la chandelle. Cependant, ces expériences demeurent fragiles, car non seulement elles reposent sur quelques personnes-clés, mais de plus elles sont réévaluées instinctivement par les différents acteurs en fonction du partage des gains réalisés. En effet, ces derniers se demanderont s'ils obtiendront leur part des profits ou si, au contraire, quelques privilégiés se sauveront avec la caisse. C'est là un débat que les organisations et même la société doivent faire après plusieurs années de tâtonnements en matière de réorganisation du travail.

Bref, les facteurs de succès n'ont pas tous le même poids dans la balance et leur configuration dépend beaucoup du contexte de chaque organisation et de chaque milieu de travail. Par contre, il est sûr que plus ces facteurs sont présents, plus il y a de chances pour que la réorganisation du travail soit un succès en ce qui a trait à ses buts et à sa durabilité.

Conclusion

L'organisation du travail est un enjeu majeur du renouvellement de la GRH. On ne peut plus considérer l'étude de la GRH sans procéder à une réflexion en profondeur sur le quoi, le pourquoi et le comment, et sans faire état de l'influence de l'organisation du travail sur les pratiques traditionnelles de GRH (planification, dotation, évaluation, formation, rémunération, santé et sécurité, etc.). Le modèle traditionnel d'organisation du travail, associé au système Taylor, a été remis en question par l'ensemble des acteurs sociaux et des spécialistes des théories de l'organisation. Le passage à une production souple et flexible, les nouvelles technologies de l'information et des communications, la quête de la qualité, l'épanouissement des personnes, l'influence de la nouvelle économie ainsi que les stratégies de redimensionnement sont parmi les principales causes de l'essoufflement du modèle tayloriste d'organisation du travail et des tentatives de renouvellement qui ont suivi. De ces tentatives on peut retenir qu'entre les modèles japonais et suédois il reste de la place pour un ensemble de formules d'organisation du travail qui permettent de poursuivre des objectifs de flexibilité, d'engagement et de qualification.

L'organisation du travail peut se faire selon les perspectives organisationnelle, des équipes de travail et individuelle, de même que selon l'aménagement du temps et de l'espace de travail et la relation d'emploi. Finalement, pour assurer le succès et la durabilité de la réorganisation du travail et des innovations dans le milieu de travail, certains facteurs doivent être présents, soit les pressions conduisant à la transformation, la dynamique des rapports sociaux, une stratégie intégrée de GRH et de relations du travail, la cohérence des mesures adoptées et la possibilité pour les salariés, les syndicats et les dirigeants d'obtenir des gains.

QUESTIONS DE RÉVISION

1. Comment définissez-vous l'organisation du travail et quelles différences faites-vous entre travail prescrit et travail réel?

2. Quelles sont les principales raisons qui motivent la réorganisation du travail?

3. En quoi l'approche fondée sur la qualité influence-t-elle la réorganisation du travail?

4. Quelles sont les principales différences entre les modèles japonais et suédois d'organisation du travail?

5. Quelle dynamique sous-tend les trois perspectives de l'organisation du travail?

6. Quelles sont les trois structures organisationnelles reconnues traditionnellement dans les écrits?

7. Quelles sont les caractéristiques de la structure en réseau?

8. Qu'est-ce que l'analyse et la réingénierie des processus d'affaires?

9. Après avoir décrit les trois types d'équipes de travail, précisez les principaux avantages de l'équipe comme mode d'organisation du travail.

10. Décrivez les principales méthodes de collecte de l'information utilisées dans l'analyse des postes.

11. Décrivez les fonctions de l'analyse des postes et illustrez-les par un exemple.

12. Quelles sont les principales formes d'organisation du temps et de l'espace ainsi que de la relation d'emploi?

13. Décrivez les principaux facteurs de succès de la réorganisation du travail.

Références

ADLER, P. (1992). « The learning bureaucracy : New united motor manufacturing Inc. », *Research in Organizational Behavior*, vol. 15, p. 111-194.

ADLER, P. (1997). « Work organization: From taylorism to teamwork », *Perspectives on Work*, vol. 1 n° 1, IRRA, p. 61-66.

APPLEBAUM, E. et R. BATT (1994). *The New American Workplace*, Ithaca, N.Y., ILR Press.

ATKINSON, J. (1984). « Manpower strategies for flexible organizations », *Personnel Management*, vol. 16, n° 8, août, p. 28-31.

AUCOIN, L. (1995). *La réorganisation du travail : efficacité et implication*, sous la direction de R. Blouin et autres, Québec, Les Presses de l'Université Laval, p. 129-133.

AUDET, M., R. JACOB, N. LAUZON et A. RONDEAU (1996). *Renouvellement des services publics et autoroute de l'information : vers un modèle stratégique de transformation et de critères d'aide à la décision*, rapport de recherche, Québec, CEFRIO, septembre.

BÉLANGER, M. (1996). « Les stratégies de changement à bénéfices mutuels au Québec », dans *Innover pour gérer les conflits*, sous la direction de J. Bélanger et autres, Québec, Les Presses de l'Université Laval, p. 43-62.

BERGERON, F. et M.-C. BOUDREAU (1994). *La réingénierie des processus d'affaires dans le secteur privé : une étude empirique*, document de travail, Québec, Université Laval, Faculté des sciences de l'administration.

BERGERON, F. et J. FALARDEAU (1994). *La réingénierie des processus d'affaires dans le secteur public au Canada*, document de travail, Québec, Université Laval, Faculté des sciences de l'administration.

BETCHERMAN, G., K. MCMULLEN, N. LECKIE et C. CARON (1994). *The Canadian Workplace in Transition*, Kingston, Ont., IRC Press.

BOIVIN, C., S. RIVARD et B.A. AUBERT (1996). « Le télétravail : un phénomène en émergence », *Gestion*, vol. 21, n° 2, p. 68-75.

BOURGEOIS, P. et S. ST-ONGE (1997). *La rémunération des équipes de travail*, cahier de recherche n° 97-14, Montréal, HEC, septembre.

BROSSARD, M. et M. SIMARD (1990). *Groupes semi-autonomes de travail et dynamique du pouvoir ouvrier : l'évolution du cas Steinberg*, Sillery, Presses de l'Université du Québec.

CADIN, L., F. GUÉRIN et F. PIGEYRE (1997). *Gestion des ressources humaines : pratique et éléments de théorie*, Paris, Dunod.

CAPELLI, P. et M. ROGOVSKY (1994). « Quelles qualifications pour les nouveaux systèmes de production ? », *Revue internationale du travail*, vol. 133, n° 2, p. 223-241.

CEFRIO (1996). *Les composantes essentielles de réussite d'un projet de réingénierie*, rapport de recherche, document B-30, Québec, Centre francophone de recherche en informatisation des organisations.

CORIAT, B. (1990). *L'atelier et le robot : essai sur le fordisme et la production de masse à l'âge de l'électronique*, Paris, Christian Bourgois.

CÔTÉ, D. (1995). « Réalité ou fiction », dans *La réorganisation du travail : efficacité et implication*, sous la direction de R. Blouin et autres, Québec, Les Presses de l'Université Laval, p. 177-179.

CSN (1995). *Travail en équipe et démocratie au travail*, Montréal, Service de recherche de la CSN.

Economist (The) (1994). « Benetton: The next era », 23 avril, p. 68.

EMERY, F.E. et E.L. TRIST (1975). *Towards a Social Ecology: Contextual Appreciations of the Future in the Present*, New York, Plenum Pub. Corp.

FABI, B. et R. JACOB (1994). « Se réorganiser pour mieux performer », *Gestion*, septembre, p. 48-58.

Fortune (1993). 23 août, p. 41-49.

FREEMAN, R.B. et J.L. MEDOFF (1984). *Pourquoi les syndicats*, Paris, Economica.

GAGNÉ, J.-P. (1995). « Desjardins consacrera 500 M$ à la réingénierie des processus de ses caisses d'ici l'an 2000 », *Les Affaires*, 8 avril, p. 4.

GOMEZ-MEJIA, L.R., D.B. BALKIN, R.L. CARDY et D.E. DIMICK (1997). *Managing Human Resources*, Canadian Edition, Toronto, Prentice Hall Canada.

GRANT, M., P.-R. BÉLANGER et B. LÉVESQUE (1997). *Nouvelles formes d'organisation du travail : études de cas et analyses comparatives*, Montréal, Harmattan.

GUÉRIN, G. et T. WILS (1992). *La gestion des ressources humaines : du modèle traditionnel au modèle renouvelé*, Montréal, Les Presses de l'Université de Montréal.

HACKMAN, J.R. et G.R. OLDHAM (1975). « Development of the job diagnostic survey », *Journal of Applied Psychology*, avril, p. 159-170.

HAMMER, M. (1990). « Reengineering work: Don't automate, obliterate », *Harvard Business Review*, vol. 68, n° 4, juillet-août, p. 104-112.

HERZBERG, F. (1968). « One more time : How do you motivate employees », *Harvard Business Review*, janvier-février, p. 52-62.

HIGGINS, C., L. DUXBURY et N. KOZIOL (1997). « *Empirical evidence of teams* », conférence présentée au colloque Relations industrielles et nouveaux systèmes productifs : de la recherche à l'innovation, Québec, Département des relations industrielles de l'Université Laval et Réseau canadien de recherche sur les milieux de travail, 18-20 septembre.

JACOB, R., P.-A. JULIEN et L. RAYMOND (1997). « Nouvelles formes organisationnelles, technologies en réseau et défis GRH : le cas d'organisations en réseau synergique », dans *GRH face à la crise : GRH en crise*, sous la direction de M. Tremblay et B. Sire, Montréal, Presses des HEC, p. 305-322.

KÉLADA, J. (1992). *Comprendre et réaliser la Qualité totale*, Montréal, Éd. Quafec.

KOCHAN, T.A. et P. OSTERMAN (1994). *The Mutual Gains Enterprise*, Boston, Harvard Business School Press.

LAPOINTE, P.-A. (1992). « Modèles de travail et démocratisation : le cas des usines de l'Alcan au Saguenay », *Cahier de recherche sociologique*, nos 18-19, p. 155-183.

LAPOINTE, P.-A. (1995). « La réorganisation du travail : continuité, rupture et diversité, dans *La réorganisation du travail : efficacité et implication*, sous la direction de R. Blouin et autres, Québec, Les Presses de l'Université Laval, p. 3-43.

LAPOINTE, P.-A., P.-R. BÉLANGER et B. LÉVESQUE (1993). *Grille de collecte de données pour une monographie d'usine*, Cahiers du CRISES, n° 9303.

LAWLER III, E.E., S.A. MOHRMAN et G.E. LEDFORD (1995). *Creating High Performance Organizations*, San Francisco, Jossey-Bass.

LEDUC, G. (1997). « Fonctionnaire... à domicile », *Le Soleil*, 24 décembre, p. A8.

LOCKE, E. (1968). « Toward a theory of task motives and incentives », *Organizational Behavior and Human Performance*, vol. 3, p. 157-189.

LOFQUIST, L. et R. DAWIS (1969). *Adjustment to Work : A Psychological View of Man's Problem in a Work-Oriented Society*, Englewood Cliffs, N.J., Prentice Hall.

MCCALLUM, T. (1995). « The old "seven to three" », *Human Resources Professionnal*, vol. 14, n° 4, p. 12-14.

MILES, R.E. et C.C. SNOW (1978). *Organizational Strategy, Structure and Process*, New York, McGraw-Hill.

MINTZBERG, H. (1982). *Structure et dynamique des organisations*, Montréal, Éditions d'Organisation.

MISHEL, L. et P. VOOS (1992). *Unions and Economic Competitiveness*, Amonk, N.Y., M.E. Sharp Inc.

OSTERMAN, P. (1994). « How common is workplace transformation and how can we explain who adopts it ! », *Industrial and Labor Relations Review*, janvier, p. 175-188.

PETIT, A., L. BÉLANGER, C. BENABOU, R. FOUCHER et J.-L. BERGERON (1993). *Gestion stratégique et opérationnelle des ressources humaines*, Boucherville, Gaëtan Morin Éditeur.

PIORE, M. et C. SABEL (1984). *Les chemins de la prospérité : de la production de masse à la spécialisation souple*, Paris, Hachette.

RANKIN, T. (1990). *New Forms of Work Organization*, Toronto, University of Toronto Press.

TERSSAC, G. DE (1992). *Autonomie dans le travail*, Paris, Presses Universitaires de France.

VETZ, P. et P. ZARIFIAN (1994). « De la productivité des ressources à la productivité de l'organisation », *Revue française de gestion*, janvier-février, p. 59-66.

WILS, T., J.-Y. LE LOUARN et G. GUÉRIN (1991). *Planification stratégique des ressources humaines*, Montréal, Les Presses de l'Université de Montréal.

WOMACK, J.P., D.T. JONES et D. ROOS (1990). *The Machine that Changed the World*, Boston, MIT Press.

ZARIFIAN, P. (1996). *Travail et communication : essai sociologique sur le travail dans la grande entreprise industrielle*, Paris, Presses Universitaires de France.

LECTURES SUGGÉRÉES

CSN (1995). *Travail en équipe et démocratie au travail*, Montréal, Service de recherche de la CSN.

GRANT, M., P.-R. BÉLANGER et B. LÉVESQUE (1997). *Nouvelles formes d'organisation du travail : études de cas et analyses comparatives*, Montréal, Harmattan.

LAPOINTE, P.-A. (1995). « La réorganisation du travail : continuité, rupture et diversité, dans *La réorganisation du travail : efficacité et implication*, sous la direction de R. Blouin et autres, Québec, Les Presses de l'Université Laval, p. 3-43.

MINTZBERG, H. (1982). *Structure et dynamique des organisations*, Montréal, Éditions d'Organisation.

CAS
LA FIRME TIC INC.

La firme Technologie de l'information et des communications inc. (TIC inc.) est une entreprise de matériel informatique (ordinateurs, télécopieurs et photocopieurs) qui éprouve un grave problème de productivité et de service à la clientèle. La concurrence féroce, la technologie qui se renouvelle sans cesse et les clients qui désertent l'entreprise sont trois facteurs qui ont plongé celle-ci dans la crise.

Le service de dépannage à la clientèle est relativement bureaucratisé et tout le travail se fait au moyen de communications téléphoniques. Ainsi, chaque technicien de dépannage est à un poste téléphonique où il répond aux questions des clients situés sur l'ensemble du territoire québécois. Les problèmes techniques correspondent à des niveaux de complexité, et ceux-ci ont influencé l'organisation du travail dans le passé. Au premier niveau, les techniciens traitent tous les appels selon leur disponibilité. Ils peuvent régler les problèmes simples, tandis que les problèmes complexes sont envoyés au deuxième niveau. À ce deuxième niveau, des techniciens plus qualifiés et mieux formés tâchent de résoudre les problèmes complexes qu'on leur soumet. Cependant, il arrive parfois que des situations dépassent le champ de leur compétence ou de leur pouvoir. Dans ce cas, les problèmes sont envoyés à un troisième niveau, représenté par une équipe d'ingénieurs des services techniques qui connaissent à fond les équipements et qui peuvent, à distance, dépanner les clients. Lorsqu'il leur est impossible de procéder au dépannage, quelques techniciens sur le terrain sont appelés à se rendre chez les clients. Ces techniciens téléphonent alors aux ingénieurs afin d'obtenir l'expertise qui leur permettra de faire les réparations nécessaires.

Chaque niveau représente une unité hiérarchique ou unité administrative qui est sous la responsabilité d'un gestionnaire et d'un adjoint. Le chef de chacune de ces unités doit veiller à la planification des ressources, y compris des ressources humaines, à la confection des horaires de travail, à la détermination de la charge et du rythme de travail et à l'évaluation du rendement.

Toutefois, ce mode d'organisation du travail crée les problèmes suivants:
- La personne qui répond aux clients n'est jamais la même.
- Chaque niveau collabore très peu avec les autres niveaux.
- Le technicien du premier niveau ne sait pas vers qui il dirige le client.
- Le technicien du premier niveau ne sait pas toujours si, consécutivement au transfert téléphonique, un technicien du niveau supérieur prendra effectivement l'appel.
- Les clients démontrent beaucoup d'insatisfaction, car ils sont envoyés d'un technicien à l'autre et d'un niveau à l'autre.
- Il se produit souvent un goulot d'étranglement, en particulier lorsqu'un technicien compétent dans un domaine névralgique est absent.
- Il arrive que les techniciens du deuxième niveau ne travaillent pas et qu'on soit obligé de fermer temporairement le service à la clientèle (on recourt au répondeur téléphonique) car le premier niveau est débordé.
- Il arrive que les techniciens du deuxième niveau soient surchargés. Alors le client en attente raccroche et doit repasser plus tard par le premier niveau pour avoir accès au deuxième niveau.
- Chaque fois qu'un client est dirigé vers un nouveau technicien, il doit réexpliquer son cas.
- Les gestionnaires vivent en vase clos, de sorte qu'ils annoncent souvent aux autres gestionnaires que tous leurs techniciens

sont occupés, même s'ils ne peuvent le constater, car chacun travaille dans un poste isolé par des cloisons et ne voit pas ses voisins ni son patron.

- Les problèmes complexes peuvent passer des jours et des semaines sur le bureau des ingénieurs avant d'être traités, car le dépannage n'est pas une priorité pour eux; de plus, ces derniers considèrent ce travail comme dégradant.

Comme on le constate, cette situation est invivable. Il faut donc apporter rapidement des changements majeurs à l'organisation du travail.

Questions

1. Quel diagnostic faites-vous de l'organisation du travail dans ce cas?

2. Quel mode d'organisation du travail recommanderiez-vous?

3. Quels facteurs de succès devrez-vous considérer afin de vous assurer que vos recommandations pourront être implantées avec succès?

CHAPITRE 14

Négocier et administrer des conventions collectives

OBJECTIFS D'APPRENTISSAGE

Après l'étude de ce chapitre, le lecteur devrait être plus apte à:

- Définir en quoi consistent les négociations collectives et expliquer les particularismes des négociations collectives de travail.
- Énumérer et expliquer les principales règles juridiques qui s'appliquent au processus de négociation collective de travail.
- Connaître les façons de bien se préparer tant à long terme qu'à court terme avant de négocier.
- Comprendre et pouvoir expliquer le rôle du pouvoir de négociation.
- Expliquer les composantes de l'approche des négociations raisonnées.
- Connaître et pouvoir expliquer les principaux mécanismes d'application des conventions collectives.

MISE EN SITUATION

Laval n'arrive pas à s'entendre avec ses pompiers : un médiateur tentera à nouveau de dénouer l'impasse[1]

Après des mois, sinon des années, de négociations infructueuses, la Ville de Laval et ses pompiers se retrouvent à la case départ. Les deux parties doivent bientôt reprendre les pourparlers en présence d'un médiateur qui devra tenter d'éteindre les feux.

À la veille d'entamer une autre série de pourparlers sous les auspices d'un médiateur, les pompiers de Laval et l'administration Vaillancourt restent de glace. L'heure n'est pas aux concessions de part et d'autre.

Les pourparlers achoppent sur la sempiternelle question des salaires. Les pompiers, qui n'ont bénéficié d'aucune augmentation de salaire véritable depuis cinq ans, veulent évidemment recevoir quelques espèces sonnantes et trébuchantes additionnelles. La Ville de Laval se dit prête à leur consentir une hausse salariale, mais uniquement sur la base de l'«autofinancement». En clair, la Ville n'a pas l'intention de débourser un sou de plus pour ses pompiers, qui devront faire des sacrifices pour obtenir de meilleurs salaires. Réaction du président de l'Association des pompiers, Mario Prévost: «On veut prendre quatre trente sous dans une poche et les changer en une piastre.» Selon l'Association des pompiers, l'autofinancement est une autre façon pour l'administration Vaillancourt d'offrir 0% d'augmentation.

Les pompiers, qui touchent un salaire annuel maximal de 50 000 $, veulent une hausse d'environ 3,5 %. «En 1993, nous étions les deuxièmes mieux payés au Québec. Là, nous sommes environ dixièmes», soutient Gilles Godon, vice-président de l'Association des pompiers. Chiffres à l'appui, les pompiers font remarquer que le budget du Service des incendies (14,3 millions) représente 3,43 % du budget total de Laval. À Montréal, Montréal-Nord et Saint-Léonard, cette proportion oscille autour de 7 %.

À la demande patronale d'autofinancement, il faut ajouter l'incontournable récupération de 6 % dans la masse salariale, qui se fait partout ailleurs dans la fonction publique municipale.

Le syndicat représentant les 193 pompiers de l'Île Jésus et les fonctionnaires de la Ville se rencontreront les 16 et 18 décembre prochains en présence du médiateur Yvan Saint-Onge, nommé par Québec. À ce jour, 16 séances de médiation ont eu lieu, mais cela n'a pas été suffisant pour rapprocher les deux parties.

Histoire d'exercer de la pression sur l'administration Vaillancourt, les pompiers ont adopté tout récemment des moyens de pression «plus agressifs». Par exemple, ils refusent le port du téléavertisseur en dehors des heures de service, ce qui rend plus complexe le recours à des renforts en cas de sinistre majeur.

Les pompiers de Laval sont sans convention collective depuis deux ans. L'expiration du contrat de travail, en décembre 1995, suivait de quelques mois une décision controversée de l'Union des municipalités du Québec (UMQ). Sous la présidence de Gilles Vaillancourt, l'UMQ avait recommandé à ses membres d'adopter une même ligne de conduite dans la négociation avec les pompiers et de s'en tenir à un gel de la masse salariale. M. Vaillancourt suggérait alors que toute augmentation de salaire soit conditionnelle à un réaménagement des conventions. Deux ans plus tard, les pompiers et les policiers de Laval sont toujours sans contrat de travail. «On est convaincus que les municipalités se sont assises sur la possibilité d'avoir une loi spéciale. Ils attendent la loi Bouchard», en conclut Gilles Godon.

---

1. B. Myles, *Le Devoir*, 6-7 décembre 1997, p. A3.

> **QUESTIONS**
>
> 1. Dans cette négociation, laquelle des deux parties détient, à votre avis, le plus important pouvoir de négociation, et pourquoi en est-il ainsi?
> 2. Comment qualifieriez-vous l'état du partenariat entre le patronat et les salariés représentés par leur syndicat à la Ville de Laval?
> 3. Pourquoi, à votre avis, ne fait-on pas appel à l'arbitrage du différend?
> 4. Les principes de la «négociation raisonnée» pourraient-ils s'appliquer à cette situation?

Introduction

Comme nous l'avons vu au chapitre 3 portant sur les droits des employés et les relations du travail, le taux de syndicalisation au Québec se situait en 1995 à 41,9%, avec un taux de 78,1% dans le secteur de la première transformation des métaux et un taux de 9,0% dans celui du commerce de gros. Cela implique donc que de très nombreux gestionnaires se retrouvent dans la situation de devoir négocier et administrer des conventions collectives de travail. Ces deux obligations font l'objet du présent chapitre.

Pourquoi examiner ces sujets dans un livre consacré à la gestion des ressources humaines, et dans quelle mesure ces notions sont-elles importantes pour des gestionnaires qui entendent, par exemple, œuvrer dans des secteurs non syndiqués? À la première question, nous répondons que les négociations collectives exercent une influence déterminante sur plusieurs autres facettes de la GRH, d'où l'intérêt d'aborder ces sujets. À la deuxième question, nous répondons que le fait d'œuvrer actuellement dans des secteurs non syndiqués ne garantit absolument pas que ces secteurs ne seront pas un jour syndiqués. Par ailleurs, les principes et les mécanismes associés à l'obligation de négocier avec des syndicats, puis d'administrer des conventions négociées, sont tout à fait applicables à plusieurs situations dans des entreprises non syndiquées, où l'on trouve fréquemment, par exemple, une procédure de plainte qui ressemble étrangement à ce que prévoient les conventions collectives.

Ce chapitre est structuré de la façon suivante. Dans la première section, nous présenterons une définition de la négociation collective et nous expliquerons brièvement les particularismes de ce mécanisme un peu spécial de détermination des conditions de travail. La deuxième section sera consacrée à l'aspect légal du processus de négociation collective. Nous pourrons alors constater qu'au-delà de certaines facettes techniques cet aspect légal est finalement assez simple. La troisième section portera sur les aspects plus pratiques (et, à notre avis, plus importants) d'une négociation collective. Nous traiterons, entre autres choses, de la nouvelle approche de négociation dite « négociation raisonnée ». Enfin, la quatrième section concernera les mécanismes d'application d'une convention collective.

14.1 Définition et caractéristiques de la négociation collective

Les **relations du travail** peuvent se définir comme « l'ensemble des rapports et des conflits survenant entre les employeurs et leurs salariés, ainsi que leurs organisations respectives s'il y a lieu, et dont l'encadrement est défini en partie par l'État » (Grant et Mallette, 1985, p. 606). Ces rapports et ces conflits naissent lors de la détermination des conditions de travail. Le principal mécanisme qu'on analyse alors est celui des négociations collectives, même si on admet que les conditions de travail peuvent être déterminées de plusieurs autres façons, par exemple sur la base d'une négociation privée entre un salarié et son employeur, à partir d'un décret ou d'une loi émanant de l'État, ou bien par une décision unilatérale de l'employeur, avec ou sans une consultation préalable des employés en cause.

Une négociation collective peut être définie simplement comme un **processus de tractations entre une partie patronale et une partie syndicale**. Ces tractations visent à déterminer, d'une part, les conditions de travail qui s'imposent aux salariés compris dans l'unité d'accréditation et, d'autre part, les mécanismes de relations entre les deux parties. Depuis 1935 aux États-Unis et 1944 au Canada et au Québec, les pouvoirs publics ont imposé aux employeurs l'obligation de négocier « de bonne foi » avec le syndicat ou les syndicats représentant la majorité des salariés d'une entreprise ou d'un groupe particulier de salariés.

Les **négociations collectives** représentent un type particulier de négociations, d'abord parce qu'il s'agit d'un processus réservé exclusivement à des « associations accréditées », d'où l'importance du processus d'accréditation que nous avons expliqué au chapitre 3. Parce qu'il est soumis au Code du travail, le processus de négociation collective implique, de la part des personnes susceptibles d'y être associées, la compréhension de quelques aspects légaux relativement simples que nous expliquerons dans la prochaine section.

Outre cet aspect juridique, les négociations collectives possèdent d'autres caractéristiques qui contribuent à leur particularité. D'abord, elles impliquent des parties qui doivent, dans presque tous les cas, continuer de cohabiter et assumer les résultats des négociations de même que les conséquences de la façon dont elles ont négocié. Cette caractéristique à elle seule devrait sensibiliser les négociateurs au fait qu'il importe d'adopter des comportements responsables et respectueux envers l'autre partie, qui ne doit pas, par exemple, être abordée comme un adversaire à abattre, mais plutôt comme un partenaire à convaincre. Les négociations collectives sont certes influencées par le pouvoir de négociation dont nous traiterons dans ce chapitre, mais, plus subtilement, elles impliquent le recours au conflit (ou plus souvent à la menace de conflit) comme mécanisme de résolution. Une autre caractéristique des négociations collectives concerne le recours à des représentants mandatés, ce qui amène une distinction entre les négociations interorganisationnelles (c'est-à-dire entre la partie patronale et la partie syndicale) et les négociations intra-organisationnelles (c'est-à-dire à l'intérieur de chacune des parties, entre les mandataires et leurs mandants), les secondes étant souvent plus difficiles et complexes que les premières.

Une dernière caractéristique des négociations collectives concerne le fait qu'elles se terminent, dans à peu près tous les cas, par la signature d'un document légal (une convention collective) qu'il faut interpréter et appliquer. Il peut donc faire l'objet de conflits de droit, dont la manifestation ultime constitue l'arbitrage des griefs, ce dont nous traiterons en fin de chapitre.

Nous abordons ce chapitre avec la conviction que, malgré la perception habituelle selon laquelle les relations du travail sont caractérisées d'abord par les conflits, il y a moyen d'instaurer et de maintenir dans les milieux de travail même syndiqués une relative harmonie. Les connaissances, les habiletés et les attitudes auxquelles se réfère ce chapitre devraient y contribuer.

14.2 L'ASPECT LÉGAL D'UNE NÉGOCIATION COLLECTIVE

14.2.1 L'avis de négociation

Seule une association accréditée a le pouvoir légal de forcer un employeur à participer, « de bonne foi », à des négociations collectives. Les négociations collectives débutent au moment où un avis de négociation a été donné suivant l'article 52 du Code du travail, ou est réputé avoir été donné suivant l'article 52.2. La partie qui donne l'avis de négociation (presque toujours la partie syndicale) doit en envoyer une copie au ministre du Travail le même jour. Ce geste prend tout son sens à la lecture de l'article 58, qui stipule que cet avis déclenche le compte à rebours (pour une période de 90 jours) pour l'obtention par les parties du droit de grève ou de lock-out.

Lorsque les parties négocient leur première convention collective, l'avis de négociation peut être donné en tout temps à partir de la date de l'accréditation. Une association nouvellement accréditée qui néglige de donner un avis de négociation sera réputée l'avoir donné 90 jours après la date de l'obtention de l'accréditation, et la copie de l'avis sera réputée avoir été reçue par le ministre le même jour.

Lors du renouvellement d'une convention collective ou d'une sentence arbitrale en tenant lieu, l'avis de négociation peut être donné dans les 90 jours précédant l'expiration de la convention collective ou de la sentence arbitrale en tenant lieu. Si aucun avis n'est donné, l'avis sera réputé avoir été donné le jour de l'expiration de la convention collective ou de la sentence arbitrale.

14.2.2 La conciliation

Cette phase des négociations collectives avait auparavant beaucoup d'importance, parce que le législateur avait lié le droit de grève ou de lock-out à la demande, par l'une des parties, de désigner un conciliateur (qu'on appelle souvent « médiateur ») pour les aider à résoudre leur différend. La conciliation n'est plus une condition d'obtention du droit de grève. Elle constitue cependant, dans le contexte de la négociation d'une première convention collective, une étape obligatoire avant que l'une des parties puisse demander au ministre de soumettre le différend à l'arbitrage.

Un conciliateur est un fonctionnaire du ministère du Travail. Le seul pouvoir dont il dispose est de forcer les parties à assister à toutes les réunions auxquelles il les convoque. Selon Gagnon, « l'absence pure et simple d'une partie convoquée à une séance de conciliation la rendra susceptible d'une condamnation pénale » (1996, p. 375). Ce qui justifie l'intervention d'un conciliateur dans le processus de négociation, c'est la croyance que cette intervention peut faire débloquer certaines situations entre les parties et faciliter l'obtention d'un accord. Selon les quelques recherches effectuées sur le thème de l'efficacité du processus de conciliation (ou de médiation), il semble bien que les résultats soient modestes (Kochan et Jick, 1978). Entre autres choses, il apparaît que la conciliation volontaire n'est pas plus efficace que la conciliation obligatoire (Ross et Brossard, 1990, 1995).

14.2.3 Le droit de grève ou de lock-out

En vertu du Code du travail du Québec, seuls les policiers et les pompiers au service d'une municipalité ou d'une régie intermunicipale n'ont formellement pas le droit, quelles que soient les circonstances, de recourir à la grève. D'autres lois rendent également la grève interdite pour des groupes déterminés. Ainsi, la Loi sur la fonction publique interdit toute grève aux agents de la paix, aux gardiens de prison, aux gardes-chasse et aux inspecteurs d'autoroutes. Les membres de la Sûreté du Québec n'ont pas non plus le droit de faire la grève, et leurs relations du travail sont soumises à une loi spéciale, la Loi sur le régime syndical applicable à la Sûreté du Québec.

Pour tous les autres salariés membres de syndicats accrédités en vertu du Code du travail, le recours à la grève légale est possible, sauf qu'il faut, dans chaque cas, respecter certaines conditions spécifiques. La première condition concerne le respect du délai prévu à l'article 58. Une deuxième condition importante a trait aux caractéristiques du vote de grève des salariés (article 20.2): le scrutin doit être secret, et son résultat doit indiquer une majorité calculée sur la base du nombre de membres «de l'association accréditée qui sont compris dans l'unité de négociation et qui exercent leur droit de vote». De plus, les membres doivent avoir été adéquatement informés de la tenue d'un vote de grève au moins 48 heures à l'avance. Si le vote est positif, l'association doit «en informer par écrit le ministre dans les 48 heures qui suivent le scrutin». Les «services publics» sont soumis à deux conditions additionnelles d'exercice du droit de grève: le maintien des services essentiels et l'avis préalable de grève.

Notons que la participation à une grève illégale (ou à un lock-out illégal) peut donner lieu à une poursuite judiciaire (article 142). Elle peut également donner lieu à une action en dommages et intérêts sur la base des règles générales de la responsabilité civile. Certains groupes (par exemple des patients d'un hôpital et des élèves d'une école) ont même déjà obtenu l'autorisation d'exercer un recours collectif contre un syndicat et des syndiqués à la suite d'une grève illégale.

14.2.4 Les briseurs de grève

Depuis le 1er février 1978, plusieurs dispositions du Code du travail du Québec restreignent considérablement la liberté de manœuvre des employeurs dont les salariés sont en grève ou en lock-out. Malgré les hauts cris jetés par le Conseil du patronat, le législateur a (presque) imposé l'arrêt des activités dans une unité de négociation en grève ou en lock-out. Il a banni le recours à ce qu'on appelle des briseurs de grève.

Dorénavant, la marge de manœuvre laissée à l'employeur par l'article 109.1 du Code du travail pour remplacer des salariés en grève ou en lock-out se résume de la façon suivante. Dans l'établissement touché par la grève ou le lock-out, l'employeur ne pourra utiliser les seuls services des cadres de cet établissement ou d'un autre établissement auquel appartiennent des salariés de l'unité de négociation en grève ou en lock-out que si ces cadres ont été embauchés avant le début de la période de négociation.

14.2.5 L'arbitrage possible du différend

Selon le Code du travail, un différend consiste en «une mésentente relative à la négociation ou au renouvellement d'une convention collective ou à sa révision par les parties en vertu d'une clause la permettant expressément». Par conséquent, lorsqu'elles négocient, les parties patronale et syndicale tentent de régler leur différend. En cas d'échec de la négociation, elles peuvent confier leur différend à un arbitre. Elles peuvent aussi se faire imposer un tel arbitrage.

Un arbitre de différends n'est ni un fonctionnaire ni un juge, et il agit sur une base ponctuelle. Il peut être choisi par les parties d'un commun accord, et nommé ensuite par le ministre du Travail. Si les parties ne s'entendent pas, le ministre nommera alors un arbitre de son choix, à partir d'une liste dressée annuellement par lui après consultation du Conseil consultatif du travail et de la main-d'œuvre (article 77).

En ce qui concerne la conduite des séances d'arbitrage, l'article 83 du Code du travail spécifie que l'arbitre a tous les pouvoirs d'un juge de la Cour supérieure, sauf qu'il ne peut imposer l'emprisonnement. En fait, son mandat est d'élaborer ou de déterminer le contenu d'une convention collective pour les parties et à leur place. La sentence rendue constitue le contenu d'une convention collective déterminée par une tierce partie. Cette sentence a d'ailleurs, selon les termes de l'article 93, «l'effet d'une convention collective signée par les parties». Ces dernières peuvent cependant s'entendre pour modifier le contenu de la convention en tout ou en partie. À défaut d'une entente contraire, les parties sont liées par la sentence arbitrale pour une durée d'au moins un an et d'au plus deux ans, selon la décision de l'arbitre.

Le régime général d'arbitrage des différends prévoit que les parties sont, sauf exceptions, libres de recourir ou non à ce mécanisme, en ce sens qu'il faut le consentement des deux parties pour que la demande écrite adressée au ministre soit valide. Ce choix a ensuite des conséquences très sérieuses: les parties perdent alors le droit de faire marche arrière et de récupérer leur droit de grève ou de lock-out. On comprend sans doute mieux pourquoi le recours libre ou facultatif à l'arbitrage des différends n'est pas très populaire. Les syndicats sont habituellement très réticents à perdre leur droit de faire la grève au besoin, et les employeurs hésitent à confier à une tierce personne le pouvoir de déterminer à leur place plusieurs règles importantes de fonctionnement et d'affectation des ressources de leur entreprise.

L'arbitrage du différend peut devenir obligatoire dans le cas de la négociation d'une première convention collective d'un groupe de salariés visés par une accréditation. Il faut alors, selon les articles 93.1 à 93.9, que l'intervention d'un conciliateur se soit avérée infructueuse, que l'une des parties ait demandé au ministre de soumettre le différend à un arbitre, que la demande adressée au ministre ait été faite par écrit et qu'une copie ait été envoyée à l'autre partie. Le ministre a alors la discrétion de disposer de la demande.

La première tâche d'un arbitre dans de telles circonstances est de décider s'il devra déterminer le contenu de cette première convention collective. Quelle que soit sa décision, il doit ensuite la communiquer aux parties et au ministre. Si cette décision est positive (l'arbitre annonce qu'il déterminera les conditions de travail), cela entraîne immédiatement les deux effets suivants: la fin d'une grève ou d'un lock-out en cours et le maintien ou le rétablissement des conditions de travail prévues à l'article 59 du Code du travail.

Le recours à l'arbitrage, en cas d'échec de la négociation, est aussi obligatoire dans tout différend mettant en cause des policiers et des pompiers municipaux. Le différend sera déféré par le ministre à un arbitre, soit à la demande d'une seule des deux parties, soit au moment où il le juge opportun, même si aucune des parties ne lui en a encore fait la demande.

14.3 LES ASPECTS PRATIQUES D'UNE NÉGOCIATION COLLECTIVE

La négociation collective constitue un phénomène varié et complexe. Pour utiliser un cliché, on pourrait dire que l'aspect juridique ne correspond qu'à la pointe de l'iceberg en ce domaine. Cependant, comme le signalent Boivin et Guilbault, «la compréhension du processus de négociation demeure très problématique» (1989, p. 211), et ce malgré les très nombreuses recherches effectuées sur le sujet par des chercheurs de diverses disciplines.

Les aspects pratiques sur lesquels nous nous pencherons sont premièrement la préparation des parties et deuxièmement le concept de pouvoir de négociation. Nous présenterons ensuite les étapes habituelles du modèle traditionnel de négociation. Puis, nous examinerons un modèle renouvelé de négociation appelé «négociation raisonnée». Nous terminerons cette section par l'analyse de deux autres facettes des négociations collectives: les structures et l'incidence des conflits.

14.3.1 Une préparation adéquate des parties

Pour que des négociations collectives se déroulent bien, il est essentiel que la phase préparatoire ait été planifiée soigneusement et suivie dans ses moindres détails. On peut distinguer deux sortes de préparation: la préparation à long terme et la préparation à court terme.

La **préparation à long terme** commence le lendemain même du jour où la dernière négociation se termine. Déjà, chacune des parties connaît divers problèmes qui n'ont pas été réglés par la négociation et qui, si on ne s'en occupe pas autrement, vont sans doute revenir à la prochaine séance de négociation. Également, les personnes appelées à représenter les parties doivent prendre diverses initiatives pour se maintenir au fait de l'évolution des contextes juridique, économique, social et politique.

Une autre cause fondamentale de l'échec possible des négociations collectives consiste à vouloir faire de ce processus légaliste le mécanisme par excellence de solution aux problèmes de fonctionnement de l'organisation reliés aux facteurs humains. Au contraire, les négociations collectives seront plus faciles et plus efficaces dans les situations où, **en dehors du cadre des négociations collectives**, les dirigeants auront fait des efforts pour trouver des solutions efficaces et satisfaisantes aux problèmes avant même qu'ils fassent l'objet de revendications syndicales. Ces comportements de recherche constante de solutions aux problèmes humains dans l'organisation constituent donc l'un des principaux mécanismes de préparation à long terme à une négociation réussie.

Comme **préparation à court terme**, les négociateurs doivent d'abord connaître à fond la convention collective actuelle, s'il y en a une. La deuxième démarche consiste à se procurer les conventions collectives du secteur ou de l'industrie et celles d'entreprises de la région, et d'en faire une analyse comparative. La troisième démarche recommandée est de procéder à une collecte de données tant à l'intérieur de l'organisation (problèmes de gestion posés par la convention) qu'à l'extérieur de l'organisation (synthèse de données économiques, sociales et politiques). Finalement, avant que débutent les négociations, il est important que, de part et d'autre, les négociateurs aient réfléchi à l'orientation générale que devrait prendre la négociation, et qu'ils aient obtenu le mandat le plus clair possible de façon à ne pas devoir revenir trop souvent devant leur mandant.

14.3.2 Le pouvoir de négociation

Le pouvoir de négociation, ou pouvoir de marchandage, est un autre concept que les spécialistes des négociations collectives ont longuement étudié. On peut le définir comme étant **la capacité d'une partie d'amener l'autre partie à s'entendre sur ses propres termes.** Selon les principaux analystes de ce concept (Boivin, 1994; Chamberlain et Kuhn, 1986; Leap et Grigsby, 1986), les deux parties à une négociation collective en viendront à un accord lorsque chacune d'elles sera convaincue que les coûts reliés à la mésentente sont ou risquent d'être supérieurs aux coûts reliés à l'entente.

Les coûts reliés à l'entente sont représentés par l'acceptation du règlement sur la base des propositions de l'autre partie, tandis que les coûts reliés à la mésentente sont représentés par les pertes occasionnées (ou susceptibles d'être occasionnées) par une grève ou un lock-out. Les coûts reliés à une entente peuvent inclure les éléments suivants: le coût relatif des augmentations de salaire et des avantages sociaux (pour l'employeur), ou la possible remise en question du leadership et le renversement politique par des éléments plus efficaces ou radicaux (du côté syndical). Les coûts reliés à une mésentente comprennent les suivants: les salaires perdus par les employés en cas de grève, le risque de fermeture de l'entreprise et de perte définitive des emplois en question, la mauvaise publicité associée au conflit et la perte possible de clients, la diminution de la production et les pertes de revenus découlant des ventes annulées. Dans le secteur public, les coûts d'un désaccord pour l'employeur sont surtout d'ordre politique alors qu'ils ne sont vraiment d'ordre économique que dans le secteur privé.

Un ingrédient important du pouvoir de négociation en matière de relations du travail concerne la capacité relative des parties de subir, sans trop de conséquences négatives, un arrêt de travail. C'est ce que permettent, du côté syndical, les fonds de grève et, du côté patronal, certaines assurances ou des arrangements avec les principaux clients et fournisseurs. L'idéologie du rapport de force et une compréhension simpliste du pouvoir de marchandage (utilisé par certains comme une fin en soi et non comme un moyen) amènent les parties à mettre en œuvre toute une batterie de moyens. Du côté syndical, on veut faire en sorte qu'un conflit de travail soit le plus efficace possible (d'où l'importance des lignes de piquetage avec les risques de violence que cela comporte) et provoque le maximum de coûts pour la partie patronale (avec, par exemple, une campagne de boycottage des produits de l'entreprise). Du côté patronal, l'objectif est que les coûts d'un désaccord soient surtout ressentis par les salariés (ce qui implique, dans certaines circonstances, de décréter un lock-out).

Le fait, pour certains négociateurs tant syndicaux que patronaux, de trop se concentrer sur le pouvoir de marchandage ou sur le rapport de force est, à notre avis, responsable de bien des échecs dans le domaine des négociations collectives. Ces négociateurs ont oublié ou décidé de ne pas considérer qu'une négociation collective n'est pas seulement l'établissement d'un rapport de force entre deux parties opposées, dont les intérêts sont divergents. Toute négociation collective implique une situation à la fois de conflit et de convergence d'intérêts. Même si les intérêts divergents (par exemple le niveau des salaires par rapport au niveau des profits) font ressortir le caractère inévitable du conflit, c'est la prise de conscience des intérêts convergents (par exemple le fait que l'entreprise puisse continuer de fonctionner et d'offrir des emplois aux employés et des profits aux actionnaires) qui entraîne finalement un règlement quelconque, auquel on parvient par un exercice plus ou moins complexe de marchandage comprenant des compromis.

Un grand nombre de variables, tels les circonstances économiques, les facteurs politiques et les facteurs technologiques, influencent le pouvoir de négociation et illustrent en même temps le caractère fluide et ambigu de ce concept. De plus, comme le signalent Fisher et Williams (1989), la situation où une partie possède à un moment donné un pouvoir de négociation plus grand que celui de l'autre partie peut rapidement se transformer au profit de l'autre partie. On sait que, d'une façon générale, les syndicats et les employés ont un pouvoir de négociation plus grand en période de prospérité économique, mais que les employeurs sont plus favorisés en période de récession. Boivin et Guilbault tirent des conclusions qui vont dans le même sens, puisque, selon eux:

> *Les circonstances ou les considérations qui peuvent modifier, influencer ou déplacer le pouvoir de négociation que possède chaque partie en présence sont innombrables, et il n'existe pas de mesure connue qui permette de quantifier et d'évaluer l'effet que chacun de ces facteurs peut avoir sur le pouvoir de négociation* (1989, p. 232).

Dans l'un des meilleurs textes qui aient été écrits sur les négociations collectives (et même s'il date de plus de 30 ans!), les auteurs Walton et McKersie (1965) rappellent cette réalité en insistant sur le fait que toute négociation collective présente des enjeux d'ordre distributif (où les intérêts des parties sont divergents) et des enjeux d'ordre intégratif (où les intérêts des parties sont convergents). Bien que le premier type d'enjeux puisse facilement s'accommoder des stratégies d'affrontement du type «je gagne, tu perds», les enjeux d'ordre intégratif devraient plutôt forcer les parties à adopter des stratégies où toutes deux peuvent être gagnantes. Dans un tel contexte, aucune des deux parties ne devrait essayer d'écraser l'autre. Les négociations collectives pourraient alors constituer un mécanisme de résolution de problèmes où, dans le respect mutuel, les parties acceptent de faire des compromis pour formuler des solutions imaginatives à des problèmes communs, des solutions qui pourraient être satisfaisantes pour les deux parties.

14.3.3 Le modèle traditionnel de négociation collective

Le modèle traditionnel de négociation collective a été très adéquatement décrit par Carrier (1980), selon qui les négociations collectives se déroulent habituellement en trois phases, soit la phase d'ouverture, la phase d'intensification et la phase de dénouement (ou de conclusion).

La phase d'ouverture

La première séance de négociation est «presque symbolique» (Ouellet, 1980). Il y est surtout question de s'entendre sur le déroulement des rencontres ultérieures de négociation. Cette première séance se termine généralement par le dépôt des demandes syndicales et, s'il y a lieu, des demandes patronales. La phase initiale des négociations se poursuit avec l'expression et l'exploration des revendications initiales. Au cours de cette phase, les parties présentent à tour de rôle le raisonnement qui sous-tend chacune de leurs demandes. Les tactiques utilisées sont d'abord l'information et l'écoute, puis la persuasion, où l'on s'appuie sur des faits, des données comparatives ou des principes, en vue de convaincre l'autre partie du bien-fondé de ses revendications.

Un élément essentiel de succès, à cette phase des négociations, est l'existence d'un écart entre les revendications initiales des parties et leurs préférences réelles, de façon qu'il reste une marge de manœuvre et que des concessions éventuelles soient possibles. Mais même si les demandes comportent un certain gonflement, elles doivent pouvoir se justifier pleinement.

La phase d'intensification

Cette deuxième phase des négociations collectives débute au moment où chacune des parties a terminé la présentation de ses revendications initiales. La stratégie mise en œuvre au cours de cette phase des négociations consiste justement à amener l'autre partie à faire des concessions sur ses demandes initiales comme sur ses préférences réelles, tout en réussissant à concéder soi-même le moins possible.

Les moyens utilisés pendant cette phase sont la persuasion, puis la coercition, dont les deux principales tactiques sont l'engagement et le bluff. Le but des tactiques de coercition est de réussir à convaincre l'autre partie qu'il vaut mieux pour elle qu'elle fasse des concessions, parce qu'autrement elle court le risque de subir les coûts reliés à une rupture des négociations et à un possible arrêt de travail. L'engagement consiste généralement à signifier à l'autre partie que, sur telle revendication, aucune autre concession ne sera faite et qu'à défaut de l'obtenir il y aura rupture des négociations. Une partie peut rendre cet engagement encore plus formel en le dévoilant publiquement ou en l'entourant d'une publicité intensive. Mais cette tactique est dangereuse, et «les négociateurs expérimentés ne l'utilisent d'habitude qu'avec beaucoup de parcimonie et de prudence» (Carrier, 1980, p. 487), car cela peut contribuer à bloquer les négociations plutôt qu'à les faire progresser.

Le bluff est une autre tactique de coercition communément employée. Elle se présente sous la forme d'une menace ou d'une allusion à l'usage possible de moyens de pression, mais qui ne se rend pas jusqu'à l'engagement ferme, puisqu'on n'a pas nécessairement l'intention de donner suite à cette menace. Le bluff ne peut fonctionner que si la menace est crédible.

La phase de dénouement

La phase finale des négociations peut prendre deux formes. Dans le premier cas, les négociateurs, surtout s'ils sont expérimentés, sentent qu'en raison des concessions réciproques qui ont été subtilement annoncées, ils ont atteint une «zone de contrat» et qu'un accord final est possible. Il reste à s'engager de façon prudente et réfléchie dans le dernier droit des négociations, qui représente un cycle délicat de concessions à diriger avec soin. Cette façon de faire est la plus répandue, puisqu'au Québec 90% des négociations collectives mènent à des accords sans que surviennent des arrêts de travail.

Dans le deuxième cas, cependant, les négociateurs peuvent conclure qu'aucune zone de contrat n'est perceptible et que le conflit est presque inévitable. Alors, les grands moyens (les ultimatums, les derniers délais, l'arrêt de travail) pourront être pris pour que les négociations aboutissent. Notons toutefois que l'utilisation prématurée ou abusive des moyens de pression serait souvent provoquée par la présence, à la table de négociations, de négociateurs intransigeants ou inexpérimentés.

La phase finale implique donc la proposition judicieuse de concessions. C'est une manœuvre délicate, puisque chaque partie veut éviter de faire une concession prématurée, insuffisante ou mal formulée. On procède donc le plus souvent par signes, c'est-à-dire qu'au lieu de faire franchement une concession, on utilise des moyens détournés, des allusions, des symboles. Par exemple, l'une des parties pourra déclarer à l'autre que «s'il y a entente sur le reste, il devrait y avoir moyen de s'entendre sur ce point». L'usage des signes peut graduellement permettre qu'une véritable stratégie de coopération s'instaure entre les parties et qu'on puisse conclure les négociations. Les négociations collectives ne représentent donc pas seulement (ni surtout) une épreuve de force; c'est également une épreuve de savoir-faire.

Les qualités d'un bon négociateur

Dans les textes décrivant le modèle traditionnel de négociation collective, un autre sujet sur lequel on s'attarde concerne les qualités d'un bon négociateur. À partir des nombreuses listes de qualités requises et de comportements appropriés attribués à de «bons négociateurs», voici celle que nous vous recommandons:

- rester calme, se montrer patient, maîtriser ses émotions et traiter l'autre partie avec respect;
- posséder un sens élevé de l'intégrité et disposer du courage nécessaire à l'expression claire de ses convictions;
- parler et écrire avec précision, écouter attentivement, posséder un esprit créatif et savoir inspirer confiance (Boivin et Guilbault, 1989);
- ne pas faire d'attaques personnelles, être poli, positif, confiant et traiter d'égal à égal avec l'autre partie, sans la défier inutilement;
- en plus de posséder l'expertise du contenu, faire preuve de doigté de manière à dire les choses au moment opportun.

14.3.4 La négociation renouvelée: le modèle de la négociation raisonnée

Malgré un bilan plutôt respectable (voir Bourque, 1995; Grant, 1990) et probablement à cause des abus commis par quelques praticiens, en particulier au cours des années 70, le modèle traditionnel de négociation collective est souvent perçu d'une façon négative par diverses personnes. Cette relative désaffection explique sans doute la popularité croissante, au cours des années 90, d'un modèle renouvelé de négociation collective qualifiée de «négociation gagnant-gagnant» (ou *win-win*), de «négociation à gains mutuels», de «négociation sur les intérêts» ou bien de «négociation raisonnée». Comme le souligne Reynald Bourque:

> Les appellations utilisées pour qualifier ces nouvelles approches de la négociation collective renvoient le plus souvent à une vision idéalisée des relations patronales-syndicales qui seraient radicalement transformées par l'adoption d'une formule innovatrice aux effets quasi miraculeux (1996a, p. 2).

Introduits initialement par Roger Fisher et William Ury (les auteurs du très populaire livre *Getting to Yes* paru en 1981, puis traduit en français sous le titre *Comment réussir une négociation*), les concepts de la négociation raisonnée n'ont pas été élaborés pour s'adresser d'abord au contexte des négociations collectives de travail; ils sont plutôt destinés à toute négociation au sens large. Mais il semble bien que le domaine des relations patronales-syndicales ait été mûr pour ce produit puisque, dès la parution de cet ouvrage, les concepts de la négociation raisonnée ont été récupérés par de nombreux experts et spécialistes en relations du travail, qui y ont vu un processus centré sur la résolution de problèmes dans une perspective mutuellement avantageuse pour les parties et un outil de facilitation de la démarche utilisée au cours de la négociation collective. La démarche préconisée par Fisher et Ury (1982) repose sur les quatre principes suivants:

1. Les personnes: il faut traiter séparément les personnes et l'objet de la négociation, soit le différend qui est au centre des discussions entre les parties.
2. Les intérêts: il faut concentrer les discussions sur les intérêts des parties et les problèmes à résoudre et non sur des positions.
3. Les solutions: il faut générer un grand éventail de solutions possibles en faisant appel à l'imagination des participants.
4. Les critères: il faut d'abord s'entendre sur des critères objectifs et vérifiables d'évaluation des résultats avant de procéder à des choix.

Le premier principe souligne que les négociateurs sont d'abord des personnes dotées d'une sensibilité et non des robots. Pour augmenter la probabilité de succès des négociations, il est souhaitable que chaque partie s'y engage en démontrant une attitude de respect envers l'autre partie et en reconnaissant la légitimité du rôle joué par les représentants de l'autre partie.

Le deuxième principe fait ressortir le fait que le modèle traditionnel de négociation (axé sur l'expression des positions) risque de masquer les véritables enjeux de la discussion. On augmente donc, encore une fois, la probabilité de succès de la négociation en consacrant du temps et des efforts à une bonne compréhension des perceptions de chacune des parties sur les problèmes à résoudre et des relations entre ces problèmes et les intérêts légitimes de chacune des parties.

Le troisième principe signale l'importance pour les participants d'élaborer ensemble un grand éventail de solutions avant de procéder à des choix de positions qui peuvent s'avérer prématurées. L'utilisation de la technique du remue-méninges (*brainstorming*) accentue la probabilité que, parmi les solutions imaginées, plusieurs fassent l'affaire des parties dans la négociation.

Le quatrième principe, enfin, consiste à insister sur un accord préalable portant sur une liste de critères justes et relativement objectifs (comme l'opinion d'une tierce personne experte en la matière) pour déterminer la zone à l'intérieur de laquelle des solutions pourraient être acceptables pour les deux parties. Cette activité contribue également à augmenter la probabilité de succès de la négociation. En somme, la négociation raisonnée (à la manière de Fisher et Ury) consiste à amener les parties à trancher les litiges sur le fond plutôt que de discuter interminablement de leurs positions et des présumées « concessions » qu'elles sont prêtes à faire et de celles qu'elles refusent absolument de faire.

En plus de ces quatre principes, Fisher et Ury (1982) proposent trois outils complémentaires susceptibles d'être utilisés dans le cadre d'une négociation raisonnée. Ce sont la « mesore » (ou « meilleure solution de repli »), le « jiu-jitsu » et la procédure à texte unique.

La « mesore » incite les négociateurs à imaginer l'échec possible des négociations et à tenter de déterminer alors la « meilleure solution de repli », c'est-à-dire la solution susceptible d'être appliquée en dehors d'un accord avec l'autre partie. Le « jiu-jitsu », de son côté, s'inspire d'un art martial pratiqué au Japon. Cette méthode consiste à tenter d'utiliser la force de l'adversaire pour l'orienter vers ses propres fins. Il importe donc de découvrir sur quoi repose la position de l'adversaire au lieu de s'y attaquer. Éviter de fournir une cible ou une position à attaquer, poser des questions au lieu de faire des affirmations, attendre en vue d'obtenir des réponses, voilà autant de gages de succès associés à cette méthode. La procédure à texte unique, quant à elle, implique le recours à une tierce personne dont le mandat est de tenter de rapprocher les parties sur la base des critères objectifs préalablement formulés. Cette tierce personne entend les propositions des parties, établit une première version du texte, recueille ensuite les critiques et ébauche une deuxième version. Quand elle juge que le projet a atteint sa maturité, elle le propose aux parties.

CRITIQUES DE LA NÉGOCIATION RAISONNÉE

Selon divers spécialistes des relations du travail, la négociation raisonnée comporte de nombreux avantages, mais aussi certaines limites. Au chapitre des avantages, la négociation raisonnée permettrait d'enrichir la pratique de la négociation collective. Cette méthode ne constituerait cependant qu'un modèle partiel de négociation en ce sens qu'elle ne s'appliquerait qu'au processus de la négociation intégrative. La négociation raisonnée ne concernerait donc que l'une des composantes d'une approche globale de la négociation collective qui comporte à la fois des processus intégratifs et distributifs, ce deuxième type de processus faisant appel à des tactiques de persuasion, mais surtout à des tactiques de coercition. Les critiques adressées à la négociation raisonnée se résument donc aux trois suivantes :

1. Cette approche minimise l'importance des conflits d'intérêts et des rapports de pouvoir qui seraient inévitables dans les négociations collectives.
2. Cette approche n'accorde pas suffisamment d'importance aux rapports que les négociateurs doivent entretenir, chacun de leur côté, avec leurs mandants.
3. Cette approche sous-estime l'importance de la confiance mutuelle comme préalable de la négociation raisonnée, de telle sorte que «les comportements préconisés peuvent accroître la vulnérabilité des personnes négociatrices en l'absence de relations de confiance bien établies» (Bourque, 1996a, p. 6).

Ces critiques sont donc une invitation à la prudence et à la modération dans l'évaluation de la valeur de la négociation raisonnée. À l'instar de Cutcher-Gershenfeld (1994), Bourque signale que «l'une des principales limites de la formation à la négociation raisonnée offerte par nombre de consultants en relations du travail est **la prétention à un modèle alternatif global** à la négociation traditionnelle de position» (1996a, p. 7). Par ailleurs, cela ne signifie pas de laisser de côté ces pratiques innovatrices qui valent la peine d'être expérimentées, si l'on se souvient que le modèle traditionnel de négociation continue probablement d'être le modèle le plus utilisé dans la négociation collective.

14.3.5 Les autres aspects de la négociation collective dans le contexte nord-américain

Pour conclure cette section, nous nous intéresserons maintenant à deux autres facettes de la négociation collective dans le contexte nord-américain : le degré de centralisation (ou de décentralisation) dans les structures de négociation et l'évolution récente de l'incidence des conflits de travail.

Le degré de centralisation des structures de négociation

Comme l'indiquent les données présentées au tableau 14.1, les négociations aux États-Unis ont été plutôt centralisées dans le passé, alors que les négociations concernant plusieurs établissements et employeurs constituaient 36 % des cas en 1961 et 40 % des cas en 1980. À cette époque, les puissants syndicats américains tels que ceux de l'automobile, de l'acier ou du transport routier (les fameux Teamsters) ont imposé des structures de négociation collective relativement centralisées, et cela d'autant plus facilement que le taux de syndicalisation dans ces industries était relativement élevé. L'objectif poursuivi consistait à harmoniser les salaires et les autres conditions de travail avec ceux offerts à la fois par l'entreprise et par l'industrie, de façon que le fait pour un établissement d'être syndiqué ne puisse pas constituer un handicap par rapport à la concurrence (elle-même syndiquée et soumise aux mêmes exigences). À partir de 1980, et en particulier en 1988, on note cependant que, même aux États-Unis, les négociations collectives ont de plus en plus tendance (à 51%) à se dérouler dans des structures décentralisées, c'est-à-dire un établissement à la fois.

TABLEAU 14.1 La proportion des conventions collectives selon le type d'unité de négociation en Amérique du Nord

Pays Années	Un établissement	Plusieurs établissements	Plusieurs employeurs
États-Unis[a]			
1961	28%	36%	36%
1980	30%	40%	40%
1988	51%	28%	21%
Canada[b]			
1966	56%	30%	14%
1980	53%	32%	15%
1990	53%	30%	17%
Québec[c]			
1980	92%	6%	2%
1984	88%	11%	1%
1989	88%	11%	1%

[a] Conventions collectives portant sur 1 000 salariés ou plus en 1961 et 1980, et sur 500 salariés ou plus en 1988.
[b] Conventions collectives portant sur 500 salariés ou plus, à l'exclusion de celles de l'industrie de la construction. Données tirées d'A.W.J. Craig et N.A. Solomon, *The System of Industrial Relations in Canada*, 4e éd., Scarborough, Prentice Hall, 1993.
[c] Toutes les conventions collectives, à l'exclusion de celles de l'industrie de la construction et du secteur parapublic.

Sources: R. Bourque, «Les transformations de la négociation collective dans le contexte nord-américain», dans *Le travail et son milieu: cinquante ans de recherche à l'École de relations industrielles*, sous la direction de R. Bourque et G. Trudeau, Montréal, Les Presses de l'Université de Montréal, 1995, p. 190; A.W.J. Craig et N.A. Solomon, *The System of Industrial Relations in Canada*, 4e éd., Scarborough, Prentice Hall, 1993, p. 182; G. Hébert, *Traité de négociation collective*, Boucherville, Gaëtan Morin Éditeur, 1992, p. 640.

Au Canada, les négociations collectives, qui sont principalement de compétence provinciale, se déroulent depuis longtemps surtout au sein de l'établissement seul (environ 55% des cas). Cependant, un pourcentage non négligeable de cas concerne plusieurs établissements (environ 30%) ou plusieurs employeurs à la fois (environ 15%). Au Québec, la proportion des négociations collectives faisant intervenir un établissement à la fois atteint des sommets inégalés ailleurs (environ 90%). Cette situation est confirmée par plusieurs analystes, dont Grant, qui soutient ceci:

> À part le secteur public, le secteur de la construction et celui des décrets de convention collective, le régime québécois de relations industrielles se caractérise par son caractère décentralisé et par la prédominance des petites unités de négociation (1990, p. 34).

Ainsi, dans une analyse publiée en 1989, on constate que, sur 7883 conventions collectives en vigueur, 69,9% concernaient des groupes de 49 salariés ou moins (Racine, 1989). Ce phénomène serait notamment attribuable à une plus faible concentration industrielle au Québec, à un pluralisme syndical plus accentué et au fait que le Code du travail du Québec ne reconnaît pas la légalité d'unités de négociation multiemployeur alors qu'une telle reconnaissance est possible en Ontario, en Colombie-Britannique et en vertu du Code canadien du travail (Hébert, 1992).

L'ÉVOLUTION RÉCENTE DE LA FRÉQUENCE DES CONFLITS DE TRAVAIL

Les données sur la fréquence des grèves au Canada rapportées au tableau 14.2 permettent de constater que, tout au long des années 70 et jusqu'au début des années 80, les conflits de travail ont provoqué un nombre appréciable de jours-personnes perdus, le sommet se situant en 1976 avec 11 544 166 jours-personnes perdus. On observe également que, même au cours des années les plus turbulentes, la proportion du temps perdu en conflits de travail par rapport au total du temps travaillé n'atteint jamais 1%, le sommet atteint en 1976 étant de 0,59%.

Le tableau 14.2 permet également de constater qu'à partir de 1982 on assiste à une diminution importante du nombre de grèves, mouvement qui s'intensifie avec l'arrivée des années 90.

Le tableau 14.3, quant à lui, indique que la fréquence des conflits est plus élevée dans certaines industries (soit les pêcheries, forêts et mines, la construction et le secteur manufacturier) et dans certaines provinces (soit Terre-Neuve, la Colombie-Britannique et le Québec). On remarque enfin qu'entre 1980 et 1993 le taux moyen de jours perdus par travailleur a chuté de près de 50%, passant de 0,60 jour à 0,35 jour.

TABLEAU 14.2 L'évolution de la fréquence des grèves au Canada (1970-1993)

	Nombre de grèves	Taille moyenne de l'unité de négociation	Durée (nombre moyen de jours perdus)	Total des jours-personnes perdus	Temps perdu en pourcentage du temps total travaillé
1970	544	481	25,0	6 539 500	0,39
1971	569	421	11,9	2 854 480	0,16
1972	598	1 180	10,9	7 716 287	0,43
1973	724	484	16,4	5 761 150	0,38
1974	1 217	487	15,6	9 222 256	0,46
1975	1 170	431	21,6	10 877 291	0,56
1976	1 040	1 525	7,3	11 544 166	0,59
1977	806	270	15,3	3 320 051	0,17
1978	1 057	379	18,4	7 357 185	0,36
1979	1 049	441	16,9	7 819 351	0,37
1980	1 028	427	20,8	9 129 956	0,42
1981	1 050	326	25,9	8 850 555	0,39
1982	680	683	12,3	5 712 537	0,27
1983	645	511	13,5	4 440 902	0,21
1984	716	261	20,8	3 883 398	0,18
1985	829	196	19,2	3 125 562	0,14
1986	748	657	14,8	7 151 471	0,31
1987	668	871	6,5	3 810 913	0,16
1988	548	377	23,7	4 901 263	0,20
1989	627	709	8,3	3 701 363	0,15
1990	579	467	18,8	5 079 191	0,20
1991	463	547	9,9	2 516 021	0,10
1992	404	370	14,1	2 109 749	0,09
1993	382	266	15,8	1 605 019	0,07

Source: M. Gunderson, D. Hyatt et A. Ponak, «Strikes and dispute resolution», dans *Union-Management Relations in Canada*, 3ᵉ éd., M. Gunderson et A. Ponak, Don Mills, Ont., Addison-Wesley, 1995, p. 377.

Le tableau 14.4, enfin, permet de constater que le Québec s'est considérablement assagi au cours des dernières années en ce qui a trait à la fréquence des conflits de travail. On se souviendra, en effet, qu'au cours des années 70 le Québec détenait le titre peu enviable de champion des arrêts de travail (avec, par exemple, près de 7 000 000 de jours de travail perdus à cause de conflits de travail en 1976). Cette mauvaise réputation ne correspond plus à la réalité. En 1996, 392 581 jours de travail étaient perdus au

TABLEAU 14.3 L'évolution de la proportion de jours de travail perdus par employé à cause de conflits de travail au Canada (1980-1993), par secteur industriel et par province

	1980-1985	1986-1993
Secteur industriel		
Agriculture	0,02	0,01
Pêcheries, forêts et mines	1,64	2,02
Manufacturier	1,22	0,63
Construction	1,26	0,97
Transports	0,80	0,65
Commerce	0,14	0,10
Finances	0,15	0,03
Services	0,32	0,14
Administration publique	0,46	0,35
Province		
Terre-Neuve	1,54	0,59
Île-du-Prince-Édouard	0,15	0,00
Nouvelle-Écosse	0,56	0,10
Nouveau-Brunswick	0,39	0,37
Québec	0,78	0,39
Ontario	0,43	0,25
Manitoba	0,16	0,12
Saskatchewan	0,33	0,17
Alberta	0,22	0,14
Colombie-Britannique	0,94	0,63
Moyenne	0,60	0,35

Source : M. Gunderson, D. Hyatt et A. Ponak, « Strikes and dispute resolution », dans *Union-Management Relations in Canada*, 3e éd., M. Gunderson et A. Ponak, Don Mills, Ont., Addison-Wesley, 1995, p. 380.

TABLEAU 14.4 Données récentes sur les grèves et les lock-out au Québec (1995-1996)

	1995	1996
Conflits déclenchés	76	89
Conflits en cours	96	105
Jours de travail perdus	529 690	392 581
Nombre de travailleurs touchés	62 438	14 778

Source : Communiqués de presse du 22 mai 1996 et du 27 mai 1997, de Lucien Paquin, responsable de la revue *Le marché du travail*, Publications du Québec (informations accessibles sur le réseau Internet).

Québec à cause de conflits de travail. Mais la même année, le Canada dans son ensemble enregistrait une perte de 3,3 millions de jours-personnes; cela signifie que la part du Québec dans ce bilan n'était que de 11,9%, ce qui est nettement inférieur à son poids relatif sur le plan de l'activité économique.

Le tableau 14.5 nous renseigne sur les augmentations salariales effectives prévues dans les nouvelles conventions collectives négociées au Canada de 1992 à 1995. Pour l'ensemble des branches d'activité (ou secteurs de l'activité économique), les salaires de l'ensemble des employés syndiqués n'auraient été ajustés que de 2,4% en 1992 et de seulement 0,7%, 0,4% et 0,9% en 1993, 1994 et 1995. Ces données à elles seules illustrent jusqu'à quel point la crise du début des années 90 a été grave, mais aussi jusqu'à quel point les salariés syndiqués ont été mis à contribution dans l'effort de redressement.

TABLEAU 14.5 Les augmentations salariales effectives dans les nouvelles conventions collectives

	1992	1993	1994	1995
	en %			
Ensemble des branches d'activité	2,4	0,7	0,4	0,9
Industries primaires	2,8	1,0	1,1	2,5
Industries manufacturières	2,3	1,9	1,9	2,4
Construction	3,4	1,5	1,4	1,0
Transport, communications et autres services publics	2,4	0,7	0,2	0,7
Commerce, finances, assurances et affaires immobilières	2,5	0,6	0,2	0,7
Services	2,5	0,8	0,0	0,5
Administration publique	2,4	0,7	0,2	0,7
Secteur commercial	2,5	0,8	1,2	1,3
Secteur non commercial	2,4	0,7	−0,2	0,4
Secteur privé	2,5	0,9	1,1	1,5
Secteur public	2,4	0,7	0,1	0,6
Sociétés d'État fédérales	3,0	2,3	1,8	0,9
Administration provinciale	2,2	0,3	0,0	0,9
Administrations locales	3,2	0,8	0,8	0,6
Éducation, santé et bien-être	2,4	0,8	−0,3	0,4
Téléphone et services d'électricité et d'eau	3,2	1,7	0,7	0,6

Source : Statistique Canada, CANSIM, matrice 4049 (informations accessibles sur le réseau Internet).

14.4 L'ADMINISTRATION D'UNE CONVENTION COLLECTIVE

14.4.1 Le contenu type d'une convention collective

L'aboutissement normal du processus de négociation collective, y compris le recours aux moyens de pression, est la signature d'une convention collective, que l'article 1 du Code du travail définit comme «une entente écrite relative aux conditions de travail conclue entre une ou plusieurs associations accréditées et un ou plusieurs employeurs ou associations d'employeurs». Notons que le législateur s'est abstenu de définir la notion de conditions de travail, de sorte qu'il n'y a à peu près pas de restrictions quant aux clauses que les parties peuvent inclure dans une convention collective. Ainsi, «la convention collective peut contenir toute disposition relative aux conditions de travail qui n'est pas contraire à l'ordre public ni prohibée par la loi».

La nullité d'une ou de plusieurs clauses d'une convention collective n'invalide pas l'ensemble de la convention. Une convention collective devient exécutoire à compter de la date de son dépôt au ministère du Travail. Ce dépôt a un effet rétroactif à la date prévue, dans la convention collective, de son entrée en vigueur ou, à défaut, à la date de sa signature. Le défaut d'effectuer le dépôt dans le délai de 60 jours après la signature de la convention collective donne la possibilité à une association rivale d'adresser une requête en accréditation.

La convention collective lie tous les salariés «actuels et futurs» visés par l'accréditation. Comme il n'est pas fait mention des anciens employés, les salariés qui ne sont plus au service de l'entreprise au moment de l'entrée en vigueur de la convention ne peuvent réclamer, par exemple, qu'on leur verse des sommes rétroactives, sauf si la convention contient une clause prévoyant expressément une telle obligation de la part de l'employeur.

Quant aux divers types de clauses contenues dans la convention collective, une classification commode retient entre autres les catégories suivantes:
- les clauses relatives à la structure des relations entre les parties: le but de la convention, sa durée et la procédure de règlement des griefs (de la procédure interne jusqu'à l'arbitrage);
- les clauses relatives aux droits des parties: le droit de gérance, la sécurité syndicale, etc.;
- les clauses salariales: tout ce qui a trait à la rémunération et aux avantages sociaux;
- les clauses relatives à la sécurité d'emploi: tout ce qui a trait aux mouvements internes de personnel (l'embauche, les promotions, les

TABLEAU 14.6 La fréquence de clauses diverses dans des conventions collectives du Québec (1981 et 1989)

	1981	1989
Sous-traitance	46 %	50 %
Protection contre les mises à pied causées par la sous-traitance	13 %	23 %
Préavis de changements technologiques	26 %	52 %
Indemnités de cessation d'emploi	18 %	21 %
Congé-éducation	11 %	20 %
Indemnité de vie chère	31 %	21 %
Prestations supplémentaires d'assurance-chômage	6 %	3,5 %
Fonds de pension et assurance-salaire	43 %	56 %
Volontariat des heures supplémentaires	53 %	57 %
Horaire flexible	2 %	4 %
Semaine comprimée	11 %	15 %
Congés de maternité	45 %	56 %
Congé parental	6 %	7 %

Source: Données tirées de R. Bourque, «L'objet de la négociation collective: adaptation ou innovation», dans *La négociation collective du travail: adaptation ou disparition?*, actes du 48e Congrès des relations industrielles, C. Bernier et autres, Québec, Les Presses de l'Université Laval, 1993, p. 101-102.

mutations, etc.) et aux mouvements externes (les licenciements et les congédiements), les listes d'ancienneté, etc.;
- les clauses relatives aux méthodes de travail, aux normes de rendement et aux conditions physiques de travail.

Le tableau 14.6 illustre le fait que les clauses des conventions collectives évoluent en fonction des stratégies des parties, des enjeux et des résultats des négociations collectives (Bourque, 1993). En 1989, on note, par exemple, une présence accrue de clauses relatives à la sous-traitance, à la protection contre les mises à pied, aux préavis de changements technologiques, aux indemnités de cessation d'emploi, etc. Par ailleurs, on remarque aussi une diminution de la présence de clauses plus «coûteuses» comme celles qui prévoient des indemnités de vie chère (c'est-à-dire des ajustements des salaires en fonction de l'évolution de l'indice des prix à la consommation) et celles qui prévoient des prestations supplémentaires d'assurance-chômage.

L'AMPLEUR ET LA COMPLEXITÉ DE LA CONVENTION COLLECTIVE

Dans certains milieux, et c'est surtout le cas dans le secteur public, il semble que d'une négociation à l'autre les conventions collectives deviennent de plus en plus complexes et volumineuses, certaines comportant plusieurs centaines de pages. Dans d'autres milieux, surtout dans le secteur privé, il semble qu'on privilégie plutôt la simplicité et la concision. C'est notamment le cas pour la convention collective signée au début des années 80 à l'usine pétrochimique Shell Sarnia, en Ontario (Bourque, 1993; Mansell, 1987; Rankin, 1990). Cette convention collective ne comptait qu'une dizaine de pages et ne portait que sur les salaires, les avantages sociaux, les heures de travail, les vacances et les congés.

14.4.2 Les mécanismes d'application d'une convention collective

Une fois signée, la convention collective constitue un ensemble de dispositions générales et particulières qui encadrent les décisions que prendront la direction et ses représentants. Les clauses d'une convention collective soulèvent inévitablement des problèmes d'application et d'interprétation, qui nécessitent, au minimum, une clarification des responsabilités entre les chefs de service et les spécialistes d'un service des relations du travail. Même si, en principe, les chefs de service sont censés détenir l'autorité hiérarchique et si les spécialistes en relations du travail sont censés n'être que des conseillers détenant une autorité consultative, les conseillers sont, en pratique, souvent appelés à formuler des « conseils » qui doivent absolument être suivis. Les raisons le plus souvent invoquées pour justifier cette situation sont le souci de cohérence et d'uniformité dans l'application des dispositions d'une convention collective. Il ne peut y avoir deux poids, deux mesures, et les chefs de service ne sont donc pas libres d'appliquer et d'interpréter la convention collective comme bon leur semble, d'autant plus que ces décisions peuvent faire l'objet de griefs dont le règlement engendre parfois des coûts élevés.

Même s'ils ont une série de règles et de consignes à respecter, et même s'ils peuvent (et doivent en certains cas) faire appel aux « conseils » des spécialistes en relations du travail, les chefs de service continuent d'exercer leur rôle de gestionnaire; cela implique qu'ils doivent prendre des décisions sur toute une série de sujets, dont plusieurs peuvent être traités dans la convention collective.

Lorsqu'un employé sent que ses droits de salarié syndiqué sont lésés, du fait qu'un chef de service applique ou interprète la convention collective d'une certaine manière, c'est généralement auprès de ce même chef de service qu'il est invité à déposer une plainte formelle, appelée un grief. Cela correspond à la première étape habituelle de la procédure interne de règlement des griefs. Après consultation (ou non) et à l'intérieur d'un certain délai, le chef de service a la responsabilité de communiquer sa décision au salarié en cause. Cette décision peut prendre deux formes: ou bien le gestionnaire maintient son geste (il devrait alors le justifier de façon qu'idéalement le salarié en comprenne et en accepte le bien-fondé), ou bien il annonce au salarié qu'il s'est trompé (il devrait alors expliquer comment cette erreur pourra être corrigée). Si la décision rendue est jugée insatisfaisante par le salarié (ou le syndicat), le grief peut être soumis à une deuxième étape de la procédure de règlement des griefs, sinon à une troisième étape. Si, après avoir franchi toutes les étapes prévues dans la convention, un grief n'a toujours pas été résolu à la satisfaction du syndicat, il pourra être soumis à l'arbitrage.

Dans un contexte de syndicalisation, les décisions des chefs de service peuvent donc être renversées (ou modifiées) non seulement par le responsable des relations du travail, mais aussi par un arbitre de griefs, c'est-à-dire un tiers extérieur à l'organisation et investi de pouvoirs quasi judiciaires considérables.

De nombreux chefs de service arrivent difficilement à accepter une telle situation. D'autres auraient plutôt tendance, s'ils avaient le choix, à ne pas accorder d'importance au contenu de la convention collective et à continuer de gérer leur service comme si de rien n'était. L'administration d'une convention collective exige donc que l'on forme (en plus de les informer!) tous les chefs de service en ce qui touche le modèle organisationnel de gestion des clauses de la convention collective. On doit les amener à prendre connaissance du nouveau contrat et des modifications apportées, et s'assurer qu'ils possèdent les connaissances et les habiletés requises pour le rôle qu'on souhaite leur voir jouer.

14.4.3 L'ARBITRAGE DES GRIEFS

Selon le Code du travail, un grief concerne «toute mésentente relative à l'interprétation ou à l'application d'une convention collective». Comme la grève et le lock-out sont interdits pendant la durée d'une convention collective, à moins qu'une clause particulière ne stipule le contraire (articles 107 et 109), il a fallu établir un mécanisme de résolution des divergences d'opinion sur la signification des diverses clauses d'une convention collective ou de leur application. Ce mécanisme consiste en la procédure de règlement des griefs, dont l'étape ultime, en cas de nécessité, est l'arbitrage.

En pratique, un grief est d'abord une plainte formulée par un employé, selon laquelle l'employeur ou l'un de ses représentants interprète mal ou applique mal telle ou telle disposition de la convention collective. La plupart des conventions collectives prévoient une ou plusieurs étapes, assorties de délais, où ladite plainte pourra être examinée et où l'employeur pourra soit maintenir sa décision, soit la changer en donnant raison à l'employé, totalement ou partiellement. À l'une ou l'autre de ces étapes, l'employé peut décider de retirer sa plainte ou de la maintenir.

Il faut cependant noter que, sauf si la convention collective contient une clause explicite à l'effet contraire, un grief appartient à l'association accréditée. Même si un employé décide de retirer sa plainte, le syndicat peut, en vertu des articles 69 et 100 du Code du travail, continuer de pousser le grief à travers les étapes de la procédure jusqu'à l'arbitrage. À l'inverse, il est impossible pour les salariés d'obtenir la nomination d'un arbitre par le ministre du Travail sans le concours de l'association accréditée, à moins que le Tribunal du travail n'en soit arrivé à la conclusion (article 47.5) que l'association accréditée a violé l'article 47.2, qui traite de l'obligation d'une association accréditée de représenter équitablement tous les salariés de l'unité de négociation.

Si une convention collective ne prévoit aucune procédure interne de règlement des griefs, le seul avis formel de grief transmis par une partie à l'autre, à l'intérieur des délais prévus, a pour effet d'enclencher le mécanisme de nomination d'un arbitre selon ce que prévoit l'article 100 du Code du travail. Comme dans le cas d'un arbitre de différends, un arbitre de griefs peut être choisi d'un commun accord par les parties ou, à défaut d'entente entre les parties, par le ministre. L'arbitre peut être secondé par des assesseurs si, dans les 15 jours suivant sa nomination, il y a entente à cet effet entre les parties.

L'arbitrage des griefs devient donc, dans la pratique quotidienne, un mécanisme de contrôle externe des décisions prises par l'employeur (Morin et Blouin, 1994). Tout grief non résolu et auquel l'une ou l'autre des parties désire donner suite doit être soumis à l'arbitrage; les parties n'ont pas la liberté de choisir un autre mécanisme de règlement. C'est dans ce sens que le recours à l'arbitrage, en cas de grief, est obligatoire. Dès que les droits sur lesquels une partie s'appuie découlent exclusivement d'une convention collective, seul un arbitre de griefs a juridiction pour agir en tant que troisième partie neutre dans tous les cas de violation prétendue de la convention collective.

La sentence arbitrale est sans appel, lie les parties et, le cas échéant, tout salarié en cause (article 101 du Code du travail). Ces termes indiquent bien qu'en matière de grief la juridiction arbitrale est exclusive. L'article 139 précise cette question en statuant que «sauf sur une question de compétence, aucun des recours extraordinaires prévus aux articles 834 à 850 du Code de procédure civile (chapitre C-25) ne peut être exercé ni aucune injonction accordée contre un arbitre».

Retenons également que la sentence d'un arbitre de griefs doit être fondée sur la preuve (article 100.11), c'est-à-dire sur les faits et les documents que lui soumettent les représentants de chacune des parties. Sauf en matière de discipline, son rôle se limite à interpréter la convention collective. Un grief sera normalement rejeté si l'arbitre juge conforme à la convention collective la décision de l'employeur qui est en cause. Lorsqu'un grief est accepté, cela signifie normalement que l'arbitre considère que l'employeur a mal interprété ou mal appliqué une disposition d'une convention collective.

Une autre cause fréquente de rejet d'un grief est le non-respect des délais ; on dit alors qu'il y a **prescription**, c'est-à-dire cessation d'un droit. L'article 71 du Code du travail stipule que « les droits et recours qui naissent d'une convention collective se prescrivent par six mois à compter du jour où la cause de l'action a pris naissance », ce qui a été interprété comme le jour où le plaignant a pris connaissance des faits à l'origine du grief. La convention collective peut prévoir des délais plus courts, qui doivent avoir été respectés.

Ce sont des raisons de célérité, d'objectivité et d'efficacité qui ont amené les parties et le législateur à confier les griefs à un groupe particulier de « juges d'occasion » plutôt qu'aux tribunaux de droit commun. Une évaluation sérieuse du régime actuel d'arbitrage des griefs serait nécessaire pour vérifier jusqu'à quel point il continue d'atteindre ses objectifs. Dans l'attente d'une telle évaluation, on peut encore mieux saisir les particularités des tribunaux d'arbitrage des griefs en les comparant aux tribunaux de droit commun ; c'est ce que présente le tableau 14.7.

TABLEAU 14.7 La comparaison entre les tribunaux d'arbitrage des griefs et les tribunaux de droit commun

Tribunaux d'arbitrage des griefs	Tribunaux de droit commun
• L'arbitre se rend sur les lieux • Les parties restent liées après l'audition et la sentence • L'arbitre est un itinérant, un occasionnel de la justice • L'arbitre peut être choisi par les parties • Les parties à la convention collective peuvent ensemble se soustraire à une sentence arbitrale qui les embarrasse	• Les parties se rendent au Palais de justice • Après l'audition, les parties partent généralement chacune de leur côté • Le juge est permanent, généralement stationnaire • La personne du juge est imposée aux justiciables • Le justiciable est lié par le jugement, sous réserve de l'exercice de son droit d'appel

Source : F. Morin, *Rapports collectifs du travail*, Montréal, Thémis, 1982, p. 475-476.

Conclusion

La négociation collective est un processus de détermination des conditions de travail qui implique des tractations entre une partie patronale et une partie syndicale. Le processus débute par un avis de négociation donné par l'une des parties. Son déroulement comporte habituellement trois phases: l'ouverture, l'intensification et le dénouement menant soit à un conflit ouvert, soit à un règlement et à la signature d'une convention collective. Chacune des phases se prête à l'utilisation de divers moyens: l'information, l'écoute, la persuasion et la coercition, qui comprend le bluff et l'engagement.

Au cours des négociations, l'une ou l'autre des parties peut demander l'intervention d'un conciliateur. Ce dernier cherchera à favoriser un règlement entre les parties. À défaut d'accord, les parties ont la possibilité légale de décréter soit une grève, soit un lock-out. Il faut alors respecter certaines conditions prévues par le Code du travail. Par contre, le recours à des briseurs de grève, c'est-à-dire des personnes appelées à remplacer les employés en grève, est à peu près impossible, sinon très difficile. En cas d'échec des négociations, les parties peuvent soumettre leur différend à l'arbitrage (ou se le faire imposer). Elles sont alors liées au jugement rendu, à moins qu'elles ne s'entendent pour en modifier le contenu, en tout ou en partie.

Le succès du processus de négociation collective repose sur diverses conditions, dont les suivantes:
- la perception des négociations collectives comme un mécanisme de résolution de problèmes dans le respect mutuel des parties;
- la recherche par les gestionnaires, en dehors du contexte des négociations, de solutions satisfaisantes aux nombreux problèmes qui concernent les droits des salariés;
- une bonne préparation des parties en cause;
- une approche positive de la négociation, par exemple l'adoption de la négociation raisonnée.

L'aboutissement normal d'une négociation collective réside dans une convention collective, dont les clauses constituent un ensemble de dispositions qui encadrent les décisions prises par la direction et n'importe lequel des gestionnaires. Ces clauses entraînent des problèmes d'application et d'interprétation, d'où la nécessité de clarifier les responsabilités des chefs de service et des spécialistes des relations du travail.

QUESTIONS DE RÉVISION

1. Nommez trois différences entre des négociations collectives de travail et d'autres types de négociations courantes dans d'autres domaines du fonctionnement d'une entreprise, comme dans le marketing (négociations avec des fournisseurs ou des clients) ou dans les finances (négociations avec un banquier).

2. Les négociations collectives débutent au moment où un avis de négociation a été donné à l'autre partie ou est réputé avoir été donné.
   a) Dans le cas d'une première négociation collective, quand cet avis peut-il être envoyé à l'autre partie, et quand sera-t-il réputé avoir été envoyé?
   b) Dans le cas du renouvellement d'une convention collective, quand cet avis peut-il être envoyé, et quand sera-t-il réputé avoir été envoyé?
   c) Dans l'un ou l'autre des cas qui précèdent, pourquoi est-il si important d'envoyer cet avis?

3. Nommez quatre conditions que doivent respecter les membres d'un syndicat regroupant des employés d'un service public pour pouvoir exercer légalement leur droit de grève.

4. Qu'est-ce que les briseurs de grève et à quelle condition un employeur doit-il satisfaire pour pouvoir faire appel légalement à de telles personnes?

5. Qu'est-ce qu'un arbitrage de différends et pourquoi le recours volontaire à un tel processus est-il si rare?

6. Décrivez cinq éléments de préparation à court terme et à long terme à des négociations collectives.

7. Nommez quatre moyens que la partie patronale ou la partie syndicale peut prendre (chacune de son côté) pour accroître son pouvoir de négociation ou réduire le pouvoir de négociation de l'autre partie.

8. Expliquez l'affirmation selon laquelle toute négociation comporte des enjeux d'ordre distributif et des enjeux d'ordre intégratif.

9. Précisez les tactiques susceptibles d'être utilisées à chacune des phases traditionnelles des négociations collectives.

10. Expliquez les quatre principes fondamentaux de la négociation raisonnée, puis présentez deux des critiques adressées à cette approche en ce qui concerne son applicabilité à des négociations collectives de travail.

11. Quelle a été, au cours des dernières années, l'importance relative des conflits de travail au Canada et au Québec?

12. Précisez deux clauses de conventions collectives qui sont devenues plus fréquentes entre 1981 et 1989 et deux autres clauses dont la fréquence a diminué durant cette période.

13. Pourquoi dit-on que les chefs de service ne sont pas libres d'appliquer et d'interpréter la convention collective comme bon leur semble, et quelles sont les deux conséquences de cette situation?

14. Donnez trois différences entre les tribunaux d'arbitrage des griefs et les tribunaux de droit commun.

Références

Boivin, J. (1994). « Bilan de la négociation collective dans les secteurs public et parapublic québécois », dans *Les relations industrielles au Québec : 50 ans d'évolution*, sous la direction de R. Blouin, J. Boivin, E. Déom et J. Sexton, Québec, Les Presses de l'Université Laval, p. 385-412.

Boivin, J. et J. Guilbault (1989). *Les relations patronales-syndicales au Québec*, 2e éd., Boucherville, Gaëtan Morin Éditeur.

Bourque, R. (1993). « L'objet de la négociation collective : adaptation ou innovation », dans *La négociation collective du travail : adaptation ou disparition ?*, actes du 48e Congrès des relations industrielles, C. Bernier et autres, Québec, Les Presses de l'Université Laval, p. 93-118.

Bourque, R. (1995). « Les transformations de la négociation collective dans le contexte nord-américain », dans *Le travail et son milieu : cinquante ans de recherche à l'École de relations industrielles*, sous la direction de R. Bourque et G. Trudeau, Montréal, Les Presses de l'Université de Montréal, p. 185-201.

Bourque, R. (1996a). « Négociation raisonnée et démocratie syndicale », dans *Colloque Gérard-Picard*, Montréal, CSN (texte accessible sur Internet à l'adresse http://www.csn.qc.ca).

Bourque, R. (1996b). « Les nouvelles tendances de la négociation collective en Amérique du Nord », dans *L'état des relations professionnelles : traditions et perspectives de recherche*, sous la direction de G. Murray, M.-L. Morin et I. Da Costa, Québec, Les Presses de l'Université Laval, p. 329-350.

Carrier, D. (1980). « La stratégie de la négociation collective », dans *La gestion des relations du travail au Québec : le cadre juridique et institutionnel*, sous la direction de N. Mallette, Montréal, McGraw-Hill, Éditeurs, p. 479-495.

Chamberlain, N.W. et J.W. Kuhn (1986). *Collective Bargaining*, 3e éd., New York, McGraw-Hill.

Chaykowski, R.P. (1995). « The structure and process of collective bargaining », dans *Union-Management Relations in Canada*, 3e éd., M. Gunderson et A. Ponak, Don Mills, Ont., Addison-Wesley, p. 229-253.

Craig, A.W.J. et N.A. Solomon (1993). *The System of Industrial Relations in Canada*, 4e éd., Scarborough, Prentice Hall.

Cutcher-Gershenfeld, J. (1994). « Bargaining over how to bargain in labor-management negotiations », *Negotiation Journal*, vol. 10, n° 4, p. 323-335.

Fisher, E.G. et C.B. Williams (1989). « Negotiating the union-management agreement », dans *Union-Management Relations in Canada*, 2e éd., J.C. Anderson, M. Gunderson et A. Ponak, Don Mills, Ont., Addison-Wesley, p. 185-207.

Fisher, R. et W. Ury (1982). *Comment réussir une négociation*, Paris, Éditions du Seuil (pour la traduction française).

Gagnon, R.P. (1996). *Le droit du travail du Québec : pratiques et théories*, 3e éd., Cowansville, Les Éditions Yvon Blais.

Gérin-Lajoie, J. (1992). *Les relations du travail au Québec*, Boucherville, Gaëtan Morin Éditeur.

Grant, M. (1990). « La négociation collective dans les années 1990 : la situation québécoise », communication présentée à l'Association canadienne des administrateurs de législation ouvrière (ACALO), 10 avril.

Grant, M. (1993). « Les structures de négociation : une adaptation nécessaire ? », dans *La négociation collective du travail : adaptation ou disparition ?*, actes du 48e Congrès des relations industrielles, C. Bernier et autres, Québec, Les Presses de l'Université Laval, p. 57-80.

Grant, M. et N. Mallette (1985). « La gestion des relations du travail », dans *La direction des entreprises : concepts et applications*, sous la direction de R. Miller, Montréal, McGraw-Hill, Éditeurs, p. 606-647.

Gunderson, M., D. Hyatt et A. Ponak (1995). « Strikes and dispute resolution », dans *Union-Management Relations in Canada*, 3e éd., M. Gunderson et A. Ponak, Don Mills, Ont., Addison-Wesley, p. 373-411.

Hébert, G. (1992). *Traité de négociation collective*, Boucherville, Gaëtan Morin Éditeur.

Hébert, G. (1995). « La négociation collective : bilan », dans *Le travail et son milieu : cinquante ans de recherche à l'École de relations industrielles*, sous la direction de R. Bourque et G. Trudeau, Montréal, Les Presses de l'Université de Montréal, p. 165-183.

Kassalow, E. (1988). « La négociation donnant-donnant : un nouveau rôle pour les syndicats et les dirigeants d'entreprise aux États-Unis », *Revue internationale du travail*, vol. 127, n° 5, p. 643-665.

Kochan, T.A. (1994). « L'avenir de la négociation collective », dans *Les relations industrielles au Québec : 50 ans d'évolution*, sous la direction de R. Blouin, J. Boivin, E. Déom et J. Sexton, Québec, Les Presses de l'Université Laval, p. 413-420.

KOCHAN, T.A. et T. JICK (1978). « The public sector mediation process : A theory and empirical examination », *Journal of Conflict Resolution*, vol. 22, n° 2, p. 209-240.

LEAP, T.L. et D.W. GRIGSBY (1986). « A conceptualization of collective bargaining power », *Industrial and Labor Relations Review*, vol. 39, p. 202-213.

MANSELL, J. (1987). *Workplace Innovation in Canada*, Ottawa, Economic Council of Canada.

MILLS, D.Q. (1994). *Labor-Management Relations*, 5e éd., New York, McGraw-Hill.

MORIN, F. (1982). *Rapports collectifs du travail*, Montréal, Thémis Inc.

MORIN, F. (1993). « La négociation collective selon le modèle de 1944 est-elle périmée ? », dans *La négociation collective du travail : adaptation ou disparition ?*, actes du 48e Congrès des relations industrielles, C. Bernier et autres, Québec, Les Presses de l'Université Laval, p. 13-43.

MORIN, F. et R. BLOUIN (1994). *Droit de l'arbitrage de grief*, 4e éd., Cowansville, Les Éditions Yvon Blais.

MYLES, B. (1997). « Laval n'arrive pas à s'entendre avec ses pompiers : un médiateur tentera à nouveau de dénouer l'impasse », *Le Devoir*, 6 et 7 décembre, p. A3.

OUELLET, J.-E. (1980). « La préparation au processus de la négociation collective : une approche patronale », dans *La gestion des relations du travail au Québec : le cadre juridique et institutionnel*, sous la direction de N. Mallette, Montréal, McGraw-Hill, Éditeurs, p. 449-478.

RACINE, F. (1989). « La syndicalisation au Québec », *Le marché du travail*, vol. 10, n° 12.

RANKIN, T. (1990). *New Forms of Work Organization : The Challenge to North American Unions*, Toronto, University of Toronto Press.

ROSS, C. et M. BROSSARD (1990). « La conciliation volontaire est-elle plus efficace que la conciliation obligatoire ? Le cas du Québec », *Relations industrielles*, vol. 45, n° 1, p. 3-21.

ROSS, C. et M. BROSSARD (1995). « L'influence des objectifs et des comportements des parties sur l'efficacité de la conciliation : le mythe de la boîte noire revu et corrigé », dans *Relations industrielles*, vol. 50, n° 2, p. 320-340.

WALTON, T.J. et R.B. MCKERSIE (1965). *A Behavioral Theory of Labor Negotiations : An Analysis of a Social Interaction System*, New York, McGraw-Hill.

LECTURES SUGGÉRÉES

BOIVIN, J. et J. GUILBAULT (1989). *Les relations patronales-syndicales au Québec*, 2e éd., Boucherville, Gaëtan Morin Éditeur.

BOURQUE, R. (1996b). « Les nouvelles tendances de la négociation collective en Amérique du Nord », dans *L'état des relations professionnelles : traditions et perspectives de recherche*, sous la direction de G. Murray, M.-L. Morin et I. DaCosta, Québec, Les Presses de l'Université Laval, p. 329-350.

FISHER, R. et W. URY (1982). *Comment réussir une négociation*, Paris, Éditions du Seuil (pour la traduction française).

GRANT, M. (1993). « Les structures de négociation : une adaptation nécessaire ? », dans *La négociation collective du travail : adaptation ou disparition ?*, actes du 48e Congrès des relations industrielles, C. Bernier et autres, Québec, Les Presses de l'Université Laval, p. 57-80.

HÉBERT, G. (1992). *Traité de négociation collective*, Boucherville, Gaëtan Morin Éditeur.

KOCHAN, T.A. (1994). « L'avenir de la négociation collective », dans *Les relations industrielles au Québec : 50 ans d'évolution*, sous la direction de R. Blouin, J. Boivin, E. Déom et J. Sexton, Québec, Les Presses de l'Université Laval, p. 413-420.

CAS
ÉTEINDRE LES FEUX

Rien ne va plus dans les négociations entre la Ville de Montrouge et ses pompiers. D'une part, la Ville considère que les demandes salariales de ses pompiers sont déraisonnables dans le contexte actuel de restrictions budgétaires. L'Association des pompiers demande une augmentation des salaires de ses membres de 2 % par année pour les trois prochaines années alors que la Ville désire que les salaires soient gelés. Par ailleurs, en raison du projet de fusion de la Ville de Montrouge avec une municipalité avoisinante, la direction veut maintenir une certaine souplesse dans ses relations avec ses pompiers, alors que l'Association des pompiers formule toute une série de demandes de modifications de la convention collective pour encore mieux protéger les intérêts de ses membres.

À l'heure actuelle, la Ville refuse de se présenter à la table de négociations. Sa stratégie consiste à s'en remettre à un arbitre pour dénouer la crise. L'Association des pompiers maintient que la question salariale est importante, mais qu'il ne faut pas oublier sa demande consistant à établir un plancher d'emploi comme préalable de toute entente. Maintenant que les négociations sont rompues, elle réfléchit sur les moyens de pression qui pourraient faire « bouger » la partie patronale.

Dans un communiqué paru dans le journal local la semaine dernière, l'administration municipale déclare qu'elle doit récupérer 6 % de compressions et que les demandes syndicales vont à l'encontre de cet objectif. En réaction à ces propos, l'Association des pompiers porte un jugement sévère à l'égard des comportements de l'administration municipale au cours des trois dernières semaines. Elle affirme avoir soumis une proposition pouvant contribuer à récupérer 20 millions de dollars en 3 ans, soit un montant qui permettrait d'atteindre le taux de 6 % de compressions. Toutefois, selon l'Association, la Ville n'aurait même pas examiné cette proposition. L'Association affirme également que la Ville ne veut pas négocier et qu'elle attend tout simplement l'intervention d'un arbitre ou d'une loi spéciale.

QUESTIONS

1. La stratégie patronale dans cette affaire est-elle bonne ?
2. Quels moyens de pression peuvent être utilisés par l'Association des pompiers ?
3. De quelle autre façon la Ville et l'Association auraient-elles pu procéder pour éviter cette impasse ?

CHAPITRE 15

Promouvoir la santé et la sécurité du travail

OBJECTIFS D'APPRENTISSAGE

Après l'étude de ce chapitre, le lecteur devrait être plus apte à:

- Énumérer les phases historiques par lesquelles le cadre légal global de la santé et de la sécurité du travail (SST) a évolué, en particulier en ce qui concerne la responsabilité patronale dans ces situations.

- Connaître les principales statistiques, les principales données financières et les principaux mécanismes de fonctionnement de ce domaine d'activité.

- Nommer les mandats de la CSST et expliquer de quelle façon est déterminée la cotisation d'un employeur à la CSST.

- Connaître les gestes à faire s'il se produit un accident du travail et expliquer les notions importantes relatives à l'admissibilité de toute réclamation pour lésion professionnelle.

- Connaître les distinctions entre les types de prévention primaire, secondaire et tertiaire, et nommer certaines conditions d'efficacité en matière de gestion de la prévention, ainsi que certains mécanismes de gestion considérés comme les plus efficaces.

- Énumérer certaines composantes d'un programme de promotion de la santé au travail (PPST).

- Définir en quoi consiste le stress au travail et nommer certaines composantes d'un programme efficace de gestion du stress au travail.

- Expliquer ce qu'est un programme d'aide aux employés (PAE) et discuter de l'efficacité relative d'une telle approche.

MISE EN SITUATION

La tragédie de la mine Westray : le juge distribue les blâmes[1]

Stellarton (PC) — L'explosion souterraine de la mine de charbon Westray, qui avait causé la mort de 26 travailleurs en 1992, est le résultat de l'« incompétence, de la mauvaise gestion, d'un gâchis bureaucratique, de la tromperie, de l'insensibilité, de la dissimulation, de l'apathie, de l'opportunisme ainsi que de l'indifférence cynique » des dirigeants de la mine ainsi que de fonctionnaires du gouvernement, écrit le juge Peter Richard dans son rapport rendu public hier. Le juge Richard n'y est pas allé de main morte, identifiant même les individus visés par cette litanie d'épithètes peu flatteuses et de reproches.

Le gouvernement de la Nouvelle-Écosse a réagi immédiatement en annonçant la création d'un comité ministériel qui sera chargé de répondre aux 74 recommandations du rapport. « Nous voulons que notre réponse soit connue avant Noël », a dit le ministre des Travaux publics, Don Downe, qui présidera le comité. Il a toutefois fait preuve d'une extrême prudence dans ses commentaires, hier, en raison des requêtes en compensation qui pourraient être formulées par les familles des victimes.

Après avoir attendu ce rapport pendant cinq ans, les veuves et parents des victimes n'ont pas été déçus. Ils souhaitaient que l'on établisse la responsabilité de certaines personnes et organisations dans cet accident, et c'est ce qu'a fait le juge de la Cour suprême de la Nouvelle-Écosse dans son rapport. « Nous savions depuis le départ que cet accident aurait pu être évité, a déclaré Genesta Halloran, dont le mari est décédé dans l'explosion. Je veux que ces recommandations soient appliquées sur tous les lieux de travail en Nouvelle-Écosse, pas seulement dans les mines de charbon. »

Le juge Richard n'épargne personne, à l'exception des mineurs. Le coup de grisou « n'a pas été le résultat d'une erreur isolée », écrit-il dans son rapport de quatre tomes. « Seules les personnes qui se complaisent dans l'ignorance (celles qui ferment volontairement les yeux) ou les cyniques qui ne pensent qu'à leurs propres intérêts peuvent se satisfaire d'une telle explication. »

---

1. *Le Devoir*, 2 décembre 1997, p. A8.

Questions

1. Qui, d'après l'auteur de cet article et selon le rapport du juge Richard, semble être responsable de la mort des 26 mineurs de la mine Westray ? S'agit-il d'une responsabilité criminelle ? Les personnes visées pourraient-elles, selon le droit québécois, être tenues individuellement pour responsables ?

2. Décrivez quelques-unes des conséquences susceptibles de caractériser la situation des gestionnaires de la mine Westray à la suite de tels incidents.

3. Quels moyens auraient permis de prévenir un tel gâchis ?

Introduction

Toutes les personnes qui s'intéressent à la gestion (ou tout simplement à l'actualité) ont pu noter que les problèmes de santé et de sécurité du travail (SST) sont devenus très préoccupants au sein des organisations, non seulement à cause des coûts de plus en plus élevés qu'ils génèrent, mais aussi à cause des gouvernements qui ont adopté plusieurs lois en ce domaine et des médias qui accordent également une importance accrue à cette facette du fonctionnement des organisations. Des incidents spectaculaires mais malheureux, comme ceux de Bhopal (contamination d'une région de l'Inde et plusieurs milliers de morts à la suite d'une fuite de gaz toxique dans une usine de Union Carbide), de Terre-Neuve (naufrage de la plate-forme de forage Ocean Ranger et noyade des nombreux travailleurs qui s'y trouvaient) et de la mine Westray en Nouvelle-Écosse, contribuent à maintenir cet intérêt. Les experts en GRH ou en relations industrielles participent à des colloques, à des congrès ou à des sessions d'étude sur le thème de la SST. Les universités, les unes après les autres, ont élaboré des programmes d'études spécialisées dans cette matière. Finalement, les parties syndicale et patronale en font régulièrement l'objet de leurs prises de position.

Il y a au moins quatre bonnes raisons qui devraient convaincre les gestionnaires de mieux gérer les dossiers de SST. Au premier rang, on trouve des considérations humanitaires: personne, même sous le prétexte de la recherche du profit maximal, ne devrait sciemment mettre en danger l'intégrité physique et la santé de qui que ce soit. Par ailleurs, il faut reconnaître que, d'une part, plusieurs emplois comportent des risques qu'il est souvent très difficile d'éliminer, et que, d'autre part, les individus prennent souvent des décisions qui mettent leur santé en jeu (prenons, par exemple, le simple fait de fumer!). Au-delà des considérations humanitaires, la deuxième raison consiste dans les considérations légales et les conséquences susceptibles de ternir la réputation d'une entreprise et de ses dirigeants lors de situations qui rendent évidente la délinquance de ces derniers. La troisième raison est strictement financière: il peut en coûter très cher de ne pas investir dans des mécanismes de prévention des accidents du travail (ou de l'atteinte à la santé des travailleurs) alors que, comme nous le verrons plus loin dans ce chapitre, ces mêmes investissements peuvent entraîner, à certaines conditions et dans certaines circonstances, des bénéfices importants. Enfin, la quatrième raison concerne l'amélioration des relations patronales-syndicales dans l'entreprise: les syndicats et les travailleurs seront naturellement plus portés à collaborer avec les membres d'une direction qui accordent de l'importance à ces questions. Par contre, la négligence dans ce domaine est plutôt source de conflits.

En raison de ses dimensions obligatoirement réduites, le présent chapitre ne constituera qu'une introduction à ce domaine vaste et complexe qu'est la SST. Les points suivants seront abordés: les données globales concernant la SST au Québec, la gestion des dossiers de SST, la gestion de la prévention et la promotion de la santé au travail.

15.1 Les données globales concernant la santé et la sécurité du travail au Québec

15.1.1 Un bref retour en arrière

Si l'on effectue un bref retour en arrière, on peut noter que les façons de traiter les problèmes de santé et de sécurité du travail ont traversé cinq grandes périodes que nous examinerons sommairement.

La révolution industrielle

Au cours du XIXe siècle et au début du XXe siècle, à cause de l'effet combiné de la révolution industrielle et du libéralisme économique, la conception dominante en matière de SST était que **le travailleur victime d'un accident était la plupart du temps responsable de son propre malheur**. Il pouvait sans doute, dans de rares cas, engager une poursuite contre son employeur, mais il devait alors prouver que ce dernier était responsable de l'accident. Ce fardeau de la preuve était très difficile et très coûteux à assumer.

Les premières associations de prévention

Vers la fin de cette période, certains employeurs ont contribué à la création des premières associations pour la prévention des accidents dans les usines. Le contexte juridique a cependant continué d'être celui du droit civil ou du droit coutumier (*common law*).

Les premières lois: la responsabilité patronale individuelle

Dans tous les pays industriellement avancés, des lois sont apparues pour corriger les principaux abus du système en place. Le grand changement a consisté à présumer que l'employeur (d'abord considéré individuellement), et non l'employé, était responsable de l'accident. Au Québec, c'est en 1910 qu'on a adopté la Loi régissant la responsabilité et les indemnités pour les accidents du travail. Les lacunes de cette loi sont devenues rapidement évidentes (Tobin, 1987), de telle sorte qu'à la suite des travaux de la Commission d'enquête sur le système d'indemnisation lors d'accidents du travail, le législateur a adopté, en 1931, la Loi des accidents du travail, ce qui allait permettre de passer à une quatrième période.

La responsabilité patronale collective

À partir de la promulgation de cette loi en 1931, le système d'indemnisation des accidentés du travail allait être administré par une commission gouvernementale, la Commission des accidents du travail (CAT), et les employeurs, dans un régime auquel ils seraient tenus de contribuer financièrement, seraient collectivement responsables des accidents du travail et de certaines maladies professionnelles. De plus, il s'agirait d'un système innovateur qualifié de « sans égard à la responsabilité civile », c'est-à-dire qu'un nouveau contrat social entre les employeurs et les salariés prévoyait qu'en échange de l'obligation imposée à tous les employeurs, qui seraient les seuls à payer la facture, les salariés perdraient désormais le droit de les poursuivre sur une base individuelle, sauf en cas de malveillance ou de négligence flagrante dans le respect de leurs devoirs en la matière.

Les réformes de 1979 et 1985

Au Québec, après près de 50 ans d'une relative stabilité en ce domaine, l'Assemblée nationale a adopté coup sur coup deux lois importantes qui constituent maintenant l'essentiel de la législation québécoise en matière de SST. Il s'agit de la Loi sur la santé et la sécurité du travail, adoptée le 21 décembre 1979 et mise en vigueur le 10 janvier 1980, et de la Loi sur les accidents du travail et les maladies professionnelles, en vigueur depuis le 19 août 1985. Ces lois ont été résumées au chapitre 3 portant sur les droits des employés, et nous y renvoyons les lecteurs.

15.1.2 Quelques points de vue sur la situation récente

Dans une analyse approfondie des fondements du régime établi au Québec en matière de SST, Lionel Bernier (1987) explique que, durant 40 ans, soit de 1931 à 1971, l'aspect financier du régime a été maîtrisé, l'évolution des coûts étant relativement stable et strictement justifiée par la hausse du coût de la vie et quelques changements socioéconomiques. Cependant, en 1974, en 1979 et en 1985, le législateur a bouleversé les règles traditionnelles de financement du régime, d'abord en revalorisant rétroactivement les rentes devant être versées aux accidentés du travail, puis en ajoutant au régime de nombreuses autres mesures « sociales », dont les coûts totalisent annuellement des centaines de millions de dollars. Ces coûts sont assumés par les employeurs, qui considèrent de plus en plus la cotisation payable à la CSST comme une surtaxe déguisée imposée aux entreprises et qui nuit à leur capacité concurrentielle.

> Si on fait le compte, la surtaxe totale à l'industrie imposée en onze ans aux employeurs pour améliorer le sort d'accidentés qui n'ont généralement plus aucun lien juridique ou économique avec la génération actuelle d'employeurs, s'élève, en capital seulement, à 520 millions de dollars. [...] Les employeurs dénoncent l'iniquité d'un tel système (Bernier, 1987, p. 200-201).

Bernard Brody (1987), pour sa part, signale que plutôt que de critiquer les coûts élevés du système, les employeurs devraient promouvoir la prévention comme moyen de réduire les coûts de la réparation. Selon ce spécialiste, les coûts indirects des accidents du travail atteignent des sommes colossales puisqu'elles « peuvent représenter une proportion de 4 à 30 fois les coûts directs ». Le faible investissement en prévention s'expliquerait, selon Brody, par « l'illusion du syndrome de l'iceberg », c'est-à-dire l'ignorance, par les employeurs, de l'ampleur des coûts indirects (ou non assurés). Cette ignorance mènerait à une « sous-estimation de la rentabilité de la prévention et, par le fait même, à un sous-investissement en ce domaine ». À cela, Bernier (1987) rétorque que la hausse des coûts a été telle au cours des dernières années que l'effet a été « de décourager les entreprises qui ont investi, et continuent d'investir, en prévention, en annulant, avec des hausses continuelles de cotisations, les retours prévus et attendus sur leurs investissements ».

15.1.3 L'ÉVOLUTION DES LÉSIONS PROFESSIONNELLES

À partir des statistiques publiées par la CSST et dont certains éléments sont rapportés au tableau 15.1, on constate que, de 1986 à 1994, le nombre total des accidents du travail au Québec est passé de 317 223 à 158 463, soit une diminution de près de 50 %. Pendant la même période, le nombre des maladies professionnelles est passé de 4830 à 10 650, soit une augmentation de 120 %. Par ailleurs, le nombre des décès survenus à la suite d'accidents du travail ou de maladies professionnelles est passé de 171 en 1986 à 130 en 1994, atteignant un sommet de 243 en 1989. Pendant une période antérieure à ces données (soit de 1976 à 1985), le nombre des lésions professionnelles pour lesquelles il y a eu indemnisation a augmenté de 70 %, à un rythme moyen de 6 % par année. Pendant la même période (1976-1985), le nombre total des travailleurs assurés n'a augmenté en moyenne

TABLEAU 15.1 L'évolution des lésions professionnelles depuis 1986

Année	Accidents du travail	Maladies professionnelles	Décès attribuables aux accidents du travail	Décès attribuables aux maladies professionnelles	Total
1986	317 223	4 830	151	20	322 224
1987	258 745	5 144	145	18	264 052
1988	255 188	6 717	158	48	262 111
1989	243 776	7 781	189	54	251 800
1990	232 819	8 607	147	38	241 611
1991	204 454	9 469	112	35	214 070
1992	177 049	10 115	84	27	187 275
1993	160 177	9 889	135	54	170 200
1994	158 463	10 650	98	32	169 243

Source : Rapports annuels de la CSST.

que de 1,9 % par année. Globalement, et compte tenu de la durée des interruptions de travail consécutives à ces lésions professionnelles, environ cinq millions de jours de travail seraient ainsi perdus chaque année, au Québec, à cause des accidents du travail et des maladies professionnelles.

15.1.4 L'évolution des dépenses et des revenus de la CSST

Le tableau 15.2 présente l'évolution, de 1986 à 1994, des revenus et dépenses de la CSST. On y constate que ces dépenses (qui ne représentent pourtant que la pointe de l'iceberg en ce qui a trait à l'ensemble des coûts de SST) ont dépassé le cap des deux milliards de dollars (en 1991), pour ensuite être ramenées aux environs de 1,5 milliard en 1994.

Quant à la distribution des dépenses, on constate qu'elles comprennent principalement les dépenses dites de « réparation », puis les dépenses de prévention, les dépenses affectées aux retraits préventifs de la travailleuse enceinte ou qui allaite (RPTEA) et enfin les frais administratifs. Ainsi, on constate, entre autres choses, que de 1986 à 1994 les dépenses de prévention ont augmenté de près de 50 %. Pendant la même période, les dépenses affectées aux RPTEA ont augmenté de 150 %. Quant aux revenus, ils sont principalement constitués des cotisations versées par les employeurs. En 1994, ces cotisations atteignaient plus de 1,5 milliard de dollars.

TABLEAU 15.2 L'état des revenus et dépenses de la CSST (en milliers de dollars)

Année	Revenus			Dépenses				Surplus ou déficit[d]	Réserve actuarielle (en dollars)	Pourcentage de réserve
	Cotisations	Placements	Autres	Réparation[a]	Prévention	RPTEA[b]	Frais d'administration[c]			
1986	945 695	235 908	3 287	1 252 471	60 526	32 225	139 985	(357 367)	4 389 284	50,07
1987	1 186 237	247 076	2 573	1 189 214	64 626	27 341	131 725	(90 650)	4 772 719	51,65
1988	1 437 703	315 195	1 087	1 023 935	68 291	39 150	160 304	103 148	4 756 559	58,81
1989	1 530 181	428 742	7 369	1 239 067	67 421	54 180	204 944	213 079	4 927 290	65,80
1990	1 445 347	398 089	4 993	1 639 982	69 753	78 395	244 804	(262 338)	5 425 525	64,90
1991	1 224 719	413 296	3 424	2 040 916	74 356	76 705	288 879	(791 875)	6 179 483	57,45
1992	1 289 600	378 500	3 100	1 576 900	84 160	79 740	227 939	(655 800)	6 471 400	54,20
1993	1 537 265	363 738	2 703	1 396 922	86 522	79 501	238 559	122 760	6 677 359	55,50
1994	1 647 400	304 200	6 100	1 112 600	90 700	80 800	250 600	125 600	6 677 400	58,30

[a] Les dépenses de réparation comprennent le coût des lésions professionnelles survenues dans l'année en cours et dans les années antérieures ainsi que les provisions pour les réserves actuarielles.
[b] RPTEA : retraits préventifs de la travailleuse enceinte ou qui allaite.
[c] Les frais d'administration incluent les créances irrécouvrables et les coûts de la Commission d'appel en matière de lésions professionnelles.
[d] Le déficit est indiqué entre parenthèses.

Source : Tiré des rapports annuels de la CSST.

Dans certains secteurs d'activité économique, les cotisations que les employeurs doivent verser à la CSST ont évolué d'une façon démesurée par rapport à l'évolution de la masse salariale. Par exemple, dans le secteur de la santé et des services sociaux, les cotisations ont connu, entre 1984 et 1995, une croissance de plus de 400 % (passant de 36,8 à 151 millions de dollars) alors que la masse salariale n'a augmenté, durant la même période, que de 80 %.

15.1.5 LES MANDATS DE LA CSST

La figure 15.1 indique que les deux lois principales appliquées par la CSST l'amènent à exercer quatre grands mandats, soit la prévention, l'inspection, le financement et la réparation. La réparation comprend la réadaptation des travailleurs victimes d'accidents du travail ou de maladies professionnelles de même que l'indemnisation, soit le versement aux travailleurs (ou à leurs bénéficiaires) de diverses indemnités telles que les suivantes :
- les indemnités relatives à l'incapacité temporaire ou permanente ;
- les indemnités de remplacement du revenu ;
- les indemnités relatives à des dommages corporels ;
- les indemnités de décès.

FIGURE 15.1 Les mandats de la CSST

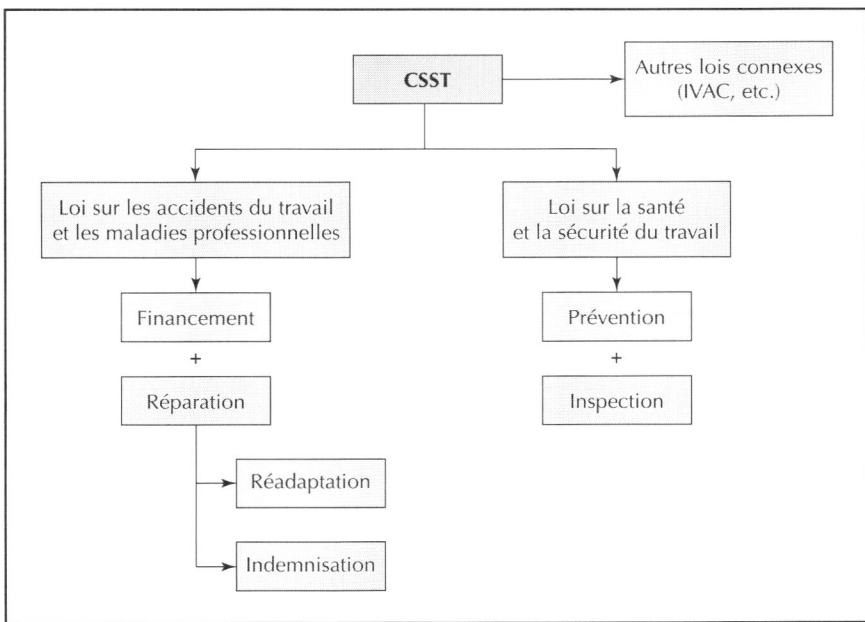

Comme dans tout régime d'assurance, ces indemnités (ou prestations) sont financées à l'aide de cotisations versées par les employeurs. Nous examinerons maintenant la manière de fixer cette partie de la facture annuelle de n'importe quel employeur que constitue la cotisation à la CSST.

15.1.6 Les cotisations à la CSST

Comme l'illustre la figure 15.2, les cotisations à la CSST versées par les employeurs sont établies à partir d'une évaluation annuelle des besoins financiers de la CSST. Cela permet d'en arriver, sur la base de la masse salariale de l'ensemble des employeurs, à un **taux moyen provincial**. Puis on essaie de tenir compte des risques, qui sont évidemment différents selon les secteurs d'activité économique. Cela produit une série de **taux par secteur**. À l'intérieur des secteurs, on précise ensuite des unités, c'est-à-dire des regroupements d'entreprises qui ont des niveaux de risque comparables. On obtient alors des **taux d'unité**. Il s'agit du taux que chaque employeur situé dans cette unité doit, en principe, payer. À titre d'exemple, signalons qu'en 1994 le taux moyen des cotisations payables à la CSST était de 2,75$ pour chaque 100$ de salaire assurable (le maximum annuel assurable était fixé à 48 000$). Le taux par secteur était de 1,98$ pour le secteur des services et de 10,54$ pour celui de la construction, et, entre eux, de 3,77$ pour le secteur manufacturier, de 5,93$ pour le transport et l'entreposage, et de 7,54$ pour le secteur primaire. Quant aux unités, elles étaient au nombre de 335 et comportaient des taux très variables.

En 1990, une réforme de la tarification a permis d'introduire trois régimes particuliers de tarification: le régime au taux de l'unité, le régime à taux personnalisé et le régime rétrospectif. Une seconde étape de cette réforme financière doit voir le jour en 1998. Le **régime au taux de l'unité** (dit «non personnalisé») s'applique aux employeurs de petite taille (93% des cas). Le **régime à taux personnalisé** s'applique à des employeurs dont la masse salariale est suffisamment importante (6% des cas). L'expérience de ces employeurs, c'est-à-dire l'historique de leurs dépenses en matière de SST, est considérée dans le calcul de la cotisation. Un «degré de personnalisation» reflète la proportion de l'expérience dont on tient compte dans la détermination du taux de cotisation personnalisé. Par exemple, un degré de personnalisation de 40% signifie que 40% du taux de cotisation est fonction de l'expérience de l'employeur et 60%, de l'expérience de son unité. Le **régime rétrospectif**, enfin, s'adresse aux rares employeurs (1% des cas) qui ont un degré de personnalisation de 100%. Signalons aussi que le taux personnalisé est calculé à partir de l'ensemble des dépenses connues de l'employeur pour les trois années précédentes. Par exemple, pour établir le taux personnalisé de 1997, on calcule l'ensemble des dépenses connues de 1993, 1994 et 1995.

FIGURE 15.2   Les modes de détermination de la cotisation des employeurs à la CSST

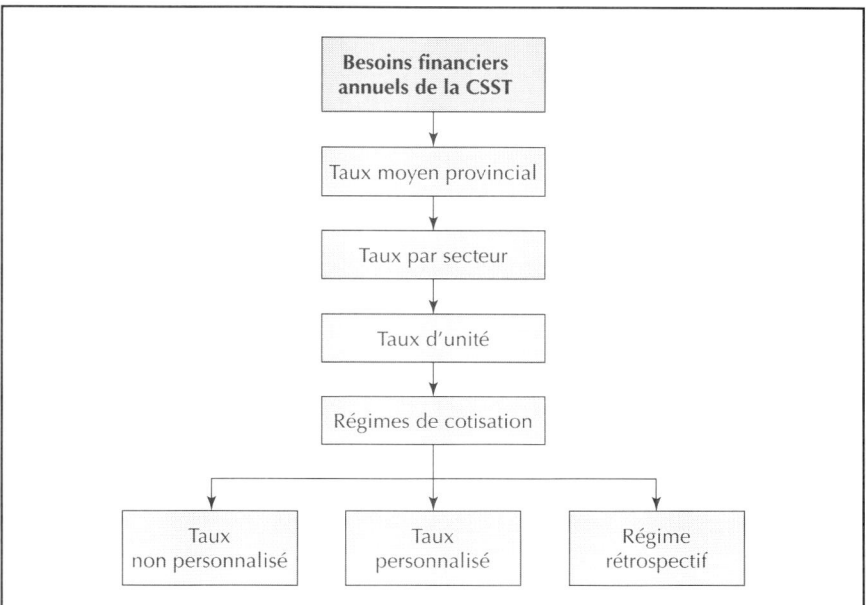

La détermination de la cotisation payable à la CSST ne constitue cependant qu'une partie minime des activités de gestion relatives à la SST. Dans la prochaine section, nous décrirons quelques autres mécanismes de gestion qu'un employeur doit utiliser dans ce domaine.

15.2 LA GESTION DES DOSSIERS DE SANTÉ ET SÉCURITÉ DU TRAVAIL

Dans cette section, nous présenterons les principales étapes du suivi médico-administratif des cas d'accidents ou de maladies professionnelles susceptibles de se produire dans toute entreprise. Nous insisterons sur les notions fondamentales que tout employeur devrait maîtriser.

15.2.1 L'ÉVÉNEMENT DÉCLENCHEUR ET LA DÉCLARATION DU SALARIÉ

Dès qu'il s'estime victime d'une lésion professionnelle, le travailleur (ou son représentant dans le cas d'un décès ou d'une incapacité d'agir) doit en aviser son supérieur immédiat dans les plus brefs délais possible et remplir un formulaire de déclaration d'accident du travail ou de maladie professionnelle. Si cela est nécessaire, l'employeur doit pouvoir fournir les premiers soins ou les premiers secours à tout travailleur victime d'une lésion professionnelle «et, s'il y a lieu, le faire transporter dans un établissement de santé, chez un professionnel de la santé ou à la résidence du salarié, selon son état» (article 190 de la Loi sur les accidents du travail et les maladies professionnelles). Si le travailleur doit s'absenter de son travail en raison de sa lésion, le salaire prévu pour cette journée (celle de l'accident) lui sera versé à 100% par son employeur. Ce paiement ne sera pas remboursé par la CSST (article 59). Si l'absence doit se poursuivre, les 14 premiers jours seront payés par l'employeur à 90% du revenu net du salarié, et l'employeur sera ensuite remboursé par la CSST. Pour toute absence consécutive à une lésion professionnelle et dont la durée se prolonge au-delà d'un quinzième jour, c'est normalement la CSST qui assume directement le paiement des indemnités de remplacement du revenu du salarié, sauf si une convention collective force l'employeur à verser ces indemnités directement au salarié. Ces sommes seront alors remboursables par la CSST, si le cas est jugé admissible.

15.2.2 Les critères d'admissibilité

En effet, toute réclamation pour une lésion professionnelle n'est pas automatiquement admissible, et les employeurs ont tout intérêt à bien comprendre les critères d'admissibilité.

Il faut d'abord savoir en quoi consiste une «lésion professionnelle». Selon la Loi sur les accidents du travail et les maladies professionnelles, il s'agit d'«une blessure ou une maladie qui survient par le fait ou à l'occasion d'un accident du travail, ou une maladie professionnelle, y compris la récidive, la rechute ou l'aggravation» (article 2).

La deuxième notion importante est celle de l'«accident du travail», que la loi définit de la façon suivante: «un événement imprévu et soudain attribuable à toute cause, survenant à une personne par le fait ou à l'occasion de son travail et qui entraîne pour elle une lésion professionnelle» (article 2). Notons que c'est l'événement qui doit être imprévu et soudain, et non la douleur ressentie. Par exemple, le fait pour un salarié de ressentir de la douleur (à la tête, au cou ou dans le dos) ne suffit pas pour conclure à une lésion professionnelle admissible, puisque même si la douleur est imprévue et soudaine, elle ne constitue pas en soi un événement accidentel. À l'inverse, si un salarié trébuche sur un obstacle inhabituel, tombe et se casse un membre, l'accident du travail sera évidemment beaucoup plus facilement admissible.

La troisième notion importante à connaître en matière d'admissibilité concerne la «présomption de lésion professionnelle». En effet, le législateur a prévu, à l'article 28 de la loi, qu'«une blessure qui arrive sur les lieux du travail alors que le travailleur est à son travail est présumée une lésion professionnelle». Une telle présomption, lorsqu'elle s'applique, fait en sorte que le travailleur n'a pas à démontrer l'existence d'un événement imprévu et soudain; il n'a qu'à démontrer la présence concomitante des trois éléments constitutifs de la présomption, soit l'existence d'une blessure, sur les lieux du travail, alors que le travailleur est à son travail. Pour renverser une telle présomption, l'employeur (ou son représentant) devra démontrer l'absence de l'un de ces trois éléments.

La quatrième notion importante concerne celle de «maladie professionnelle». À l'article 2 de la Loi sur les accidents du travail et les maladies professionnelles, l'expression est définie de la façon suivante: «une maladie contractée par le fait ou à l'occasion du travail et qui est caractéristique de ce travail ou reliée directement aux risques particuliers de ce travail». Aux articles 29 et 30 de la loi, on revient sur le concept de «maladie présumée professionnelle» et de «maladie professionnelle sans présomption». Ainsi, il y aura présomption de maladie professionnelle si deux conditions sont remplies: le travailleur est atteint d'une maladie mentionnée à l'annexe 1 de la loi et il a exercé un travail correspondant à cette maladie d'après l'annexe. Par ailleurs, si le travailleur est atteint d'une maladie non prévue à l'annexe 1, il devra démontrer la relation entre cette maladie et son travail. En d'autres termes, et selon ce que prévoit la loi, le travailleur devra «démontrer à la Commission que sa maladie est caractéristique d'un travail qu'il a exercé ou qu'elle est reliée directement aux risques particuliers du travail».

15.2.3 Le processus d'enquête et d'analyse

Qu'elle soit éventuellement jugée admissible ou non, toute déclaration d'un salarié relative à un accident du travail ou à une maladie professionnelle doit déclencher un processus d'enquête et d'analyse. Ce processus vise, d'une part, à valider l'admissibilité de la réclamation présentée et, d'autre part, à bien cerner les causes de la situation problématique de façon à prendre les mesures pour éviter qu'une telle situation se reproduise. À l'instar de Boisvert (1992), il faut se poser les questions suivantes:
- Qui mènera l'enquête?
- Sur quoi faut-il enquêter?
- Quand faut-il enquêter?
- Où faut-il enquêter?
- Comment faut-il enquêter?

L'enquête sur l'accident ne doit pas être un prétexte pour chercher des coupables. On doit plutôt essayer de refléter d'une manière valide les faits décrits par les personnes rencontrées et les circonstances entourant ces événements. Dans les cas plus complexes, on peut constituer des groupes de travail pour analyser les faits et proposer des voies de solution.

Par ailleurs, il faut aussi être conscient du fait que certains travailleurs (qui ne représentent cependant qu'une minorité) peuvent être tentés de tricher et de prétendre faussement qu'ils sont victimes de lésions. Il s'agit d'un petit jeu dangereux qui peut entraîner des conséquences dramatiques pour les travailleurs en cause, comme l'illustre l'encadré 15.1.

ENCADRÉ 15.1
Est bien pris qui croyait prendre
Santé et sécurité du travail: un travailleur ne peut feindre une invalidité pour ne pas travailler

Le travailleur qui prétend faussement avoir des limitations fonctionnelles importantes liées à un accident de travail dans le but de ne pas retourner travailler s'expose à rembourser à la Commission de la santé et de la sécurité du travail (CSST) les sommes qu'il a reçues sans droit.

C'est la conclusion à laquelle en arrive la Commission d'appel en matière de lésions professionnelles (CALP) dans une décision récente (Air Canada et Huntley-Crawford, D.T.E. 97T-1161).

Ce cas remonte à 1989. Peintre chez l'employeur, le travailleur se blesse au dos en 1989 alors qu'il est au travail. Après plusieurs chirurgies, la CSST lui reconnaît finalement une atteinte permanente de 37,5 %.

Il a aussi des limitations fonctionnelles importantes qui prévoient, entre autres, qu'il ne peut garder des positions statiques prolongées plus de 30 minutes, ni faire des mouvements de flexion et extension du tronc. Une assistance financière personnelle à domicile lui est même accordée par la CSST, compte tenu de son incapacité.

En 1994, dans le cadre du processus de réadaptation du travailleur, la CSST détermine qu'il peut effectuer un emploi convenable de commis comptable, ce que le travailleur conteste. Au cours de toutes ces années, il allègue des douleurs importantes et se déplace presque constamment en fauteuil roulant. Il allègue être dans l'impossibilité totale de travailler.

Une filature
L'employeur engage une filature qui lui révèle que l'employé se rend régulièrement à son commerce et qu'il marche alors avec rapidité, sans difficulté. Il fléchit le tronc de façon normale, ses gestes étant en discordance flagrante avec ses allégations à la CSST et au médecin de l'employeur.

En avril 1995, l'employeur demande à la CSST de mettre fin aux prestations du travailleur étant donné le résultat de son enquête. La Commission acquiesce et va même jusqu'à obliger le travailleur à reprendre son boulot de peintre et à rembourser les indemnités de remplacement du revenu qu'il a reçues depuis 1992, soit 92 603,86 $.

Le travailleur conteste la décision, mais le Bureau de révision donne raison à la CSST. Il annule cependant la décision de reconsidération et déclare que le travailleur n'a pas à rembourser la CSST.

➞

Un dernier appel

Tant l'employeur que le travailleur se pourvoient en appel à la CALP. Le commissaire Neuville Lacroix, qui entend l'affaire, constate que la preuve prépondérante établit qu'au moins depuis 1995 le travailleur ne présente pas le tableau pathologique qu'il dit éprouver.

Ainsi, ce n'est que lorsqu'il se rend à la clinique médicale qu'il boite ou utilise un fauteuil roulant. Chez lui ou à son commerce, il n'a aucune limitation de ses mouvements.

On ne peut donc accorder foi au témoignage du travailleur et de son épouse à cet égard.

L'ensemble de la preuve démontre, selon la Commission, que sa condition est identique depuis 1992 et que, depuis cette date, le travailleur a dissimulé sa condition physique réelle.

Il a cherché à se faire déclarer invalide pour ne pas avoir à travailler.

La CALP conclut qu'il n'avait pas les limitations fonctionnelles alléguées. La CSST pouvait de plus reconsidérer sa décision puisqu'elle a agi dans les 90 jours de la connaissance des faits, délai imposé par la loi. En effet, ce n'est qu'en 1995 qu'elle a reçu l'ensemble des documents qui lui permettaient de prendre une décision éclairée.

Vu le comportement du travailleur, on ne peut conclure qu'il était de bonne foi. La CSST était donc justifiée de lui réclamer les montants qu'il avait reçus sans droit.

Source : L. Dubé, *Les Affaires*, 29 novembre 1997, p. 39.

15.2.4 Le suivi administratif

Il faut éviter que des rapports d'enquêtes ne fassent que s'empiler sur des tablettes et tombent dans l'oubli. Pour assurer un suivi, il est préférable de désigner des responsables de la mise en œuvre des mesures correctives, de prévoir des échéanciers à respecter et de consigner ces renseignements sur un registre conçu à cet effet. Le suivi administratif des dossiers de SST implique également qu'on s'assure que toutes les démarches prévues dans la loi seront réalisées conformément aux droits et aux obligations de l'employeur et du salarié en cause.

15.3 La gestion de la prévention

Les expériences accumulées et les recherches effectuées sur le sujet (entre autres par Simard, Lévesque et Bouteiller, 1988) démontrent clairement que, pour être gérés d'une façon efficace, les dossiers de SST doivent être abordés comme tout autre important problème de gestion. Pour reprendre les termes de Simard, « l'expérience de nombreuses entreprises montre que le dossier SST est non seulement gérable, mais que les entreprises qui le gèrent efficacement en retirent divers avantages intéressants au plan économique et concurrentiel » (1990, p. 1-2). Le cas de l'entreprise Natrel (encadré 15.2) illustre cette affirmation. Après quatre années d'efforts, cette entreprise a en effet réussi à diminuer son taux de cotisation personnalisé à la CSST de 4,15$ à 1,58$.

ENCADRÉ 15.2
LA CLÉ : UN ENGAGEMENT TOTAL DE LA DIRECTION ET DES EMPLOYÉS
LA SANTÉ ET LA SÉCURITÉ SONT DEVENUES AUJOURD'HUI UN NOUVEL OUTIL DE GESTION

La santé est le bien le plus précieux des humains : il revient habituellement à chacun de préserver au mieux la sienne. Mais depuis que la Commission de la santé et de la sécurité du travail (CSST) a décidé, en 1990, de changer son système de cotisations pour pénaliser les entreprises où trop d'accidents du travail se produisent, elles aussi se sont mises à se préoccuper davantage de la santé.

Du coup, la santé et la sécurité du travail sont devenues aujourd'hui un nouvel outil de gestion, une manière de favoriser le bien-être à l'intérieur d'une compagnie, d'éviter les accidents du travail et de payer des factures moins salées à la CSST.

« Nous avons commencé à nous soucier de l'efficacité de nos comités de santé et sécurité au travail (SST) le jour où nous avons reçu d'énormes pénalités de la CSST, indique Danielle Jubinville, vice-présidente des relations publiques chez Natrel.

« Nous étions devenus la pire entreprise de toute l'industrie laitière. Il fallait faire quelque chose. »

En 1993, le taux de cotisation personnalisé atteignait 4,15 $ chez Natrel contre 3,35 $ en moyenne dans le reste de l'industrie laitière. La compagnie de Longueuil a dû verser 400 000 $ à la CSST. Pendant ce temps, les entreprises sans accidents de travail se faisaient rembourser leurs cotisations.

Quelques comités de SST plus tard, Natrel est rendue à 1,58 $ de cotisation personnalisée alors que la moyenne de l'industrie oscille toujours aux environs de 3 $.

L'IMPORTANCE DE LA COMMUNICATION

De la magie ? Pas du tout : de la communication. Des réunions entre la direction et le syndicat sur le seul thème de la sécurité, une prise de conscience des employés que la sécurité passe par la prudence, la volonté de la direction d'investir dans de l'équipement adéquat.

« Il faut encore insister sur le comportement en milieu de travail. Certains employés ne font pas assez attention. » Ce n'est pas le directeur général qui parle, mais le représentant des travailleurs au comité de SST, Réal Archambault.

« Avant 1993, le comité de SST n'avait pas d'outils, pas de pouvoir, pas de formation, explique Yvon Lafrance, chef de la prévention en santé et en hygiène.

« Maintenant, le comité se réunit chaque mois dans chaque usine pour résoudre les problèmes. Il mène des enquêtes sur les accidents et règle les dossiers en suspens. »

À travers le comité, c'est l'avis des travailleurs qui est sollicité pour augmenter la sécurité dans l'entreprise, c'est-à-dire l'avis de ceux qui sont aux premières loges pour savoir comment modifier une situation dangereuse. Et la participation des employés est encore le meilleur gage de réussite d'un tel projet.

Du côté de l'entreprise, les quelques investissements consentis sont largement remboursés par les gains de cotisations. D'autant que certains investissements (un transpalette électrique, par exemple, qui a aussi l'avantage de réduire les

> blessures au dos) étaient de toute façon rendus obligatoires par les besoins en productivité.
>
> Mais comme pour la qualité totale ou les normes de certification ISO, l'engagement de la direction en faveur de la sécurité doit être total.
>
> «À l'intérieur des comités, chaque voix est égale. Tout le monde travaille dans le même sens. S'il y a des divergences, nous en parlons», dit M. Archambault.
>
> Danielle Jubinville peut préparer le 5e anniversaire de ces comités de SST avec sérénité. Deux usines sur six affichent des taux de 1500 jours sans accident.
>
> Quant à celle de Saint-Laurent, M. Archambault estime qu'elle est en progrès. «Nous avons enregistré 45 accidents l'an dernier. Nous en sommes à seulement 13 depuis le début de cette année.»

Source: P. Boret, *Les Affaires*, 11 octobre 1997, p. B9.

En matière de prévention, nous examinerons maintenant un point de vue qui consiste à distinguer trois niveaux de prévention: le primaire, le secondaire et le tertiaire.

15.3.1 Les notions de prévention primaire, secondaire et tertiaire

Selon Boisvert, les éléments que nous avons abordés dans la section précédente relèvent de la prévention tertiaire. Un tel type de prévention, qui intervient après les faits, regroupe «l'ensemble des actions qui sont entreprises une fois que l'accident de travail ou la maladie professionnelle a eu lieu» (1992, p. 246). C'est une prévention qualifiée de «passive et post-traumatique», qui est essentielle, mais dont l'efficacité est limitée.

La prévention secondaire concerne «toute action qui vise à contrôler et à réduire le niveau de gravité d'une situation» (p. 184). Les mesures regroupées à l'intérieur de cette catégorie comprennent, par exemple, l'élaboration de plans d'action, c'est-à-dire des documents décrivant des objectifs à atteindre, des stratégies à utiliser et des gestes spécifiques à faire. On y trouve également l'établissement de règlements internes relatifs à la SST, des activités d'information et de formation, et la clarification des rôles des différents intervenants. Ce deuxième type de prévention permet d'atteindre des niveaux d'efficacité un peu plus élevés.

Quant à la prévention primaire, elle a trait à «la détermination et à l'évaluation des risques [...] avant que survienne un accident ou une maladie professionnelle» (p. 1). Ces moyens comprennent notamment les examens médicaux, les analyses sécuritaires de tâches et les inspections.

Au-delà de cette distinction entre les types de prévention, il apparaît que la gestion efficace de la prévention dans le milieu de travail implique la détermination des caractéristiques des entreprises qui ont réussi à mettre au point une telle approche. Sans prétendre traiter cette question de façon exhaustive, nous expliquerons sommairement les quatre éléments suivants: une conception intégrée de la SST, un engagement clair de la haute direction, une responsabilité clarifiée et partagée, et un ensemble adéquat de mécanismes de gestion.

15.3.2 Une conception intégrée de la santé et sécurité du travail

Une conception traditionnelle des lésions professionnelles consistait à en attribuer la responsabilité aux employés eux-mêmes en blâmant l'accidenté ou le malade, plutôt que d'essayer de comprendre le processus menant à l'accident ou à la maladie. Aujourd'hui, les experts soutiennent que les accidents et les maladies professionnelles résultent d'une combinaison de facteurs (techniques, organisationnels et humains) et qu'il faut donc concevoir des solutions qui tiennent compte de l'interdépendance de ces dimensions, en sollicitant la collaboration des gestionnaires, qui sont souvent les seules personnes capables d'apporter des solutions véritables aux causes fondamentales menant aux problèmes de SST.

15.3.3 Un engagement clair de la haute direction

Toutes les entreprises qui ont réussi à mettre au point une approche efficace en matière de SST se caractérisent par un engagement clair et ferme pris à cet égard par les membres de la haute direction. Cet engagement peut se manifester de plusieurs façons. Un premier et très important signe de cet engagement touche la formulation et la diffusion d'une politique formelle de gestion de la SST par laquelle on accorde la plus haute priorité possible à ces questions. Un deuxième indice de cet engagement est relié aux ressources consacrées à la gestion, en particulier le statut attribué à la personne nommée responsable de ce dossier. Un troisième élément concerne les attitudes et les comportements des membres de la direction. S'ils ne respectent pas les règles de sécurité et d'hygiène et n'en font pas une promotion active, il sera à peu près impossible de convaincre les chefs de service et les employés d'accorder de l'importance à ces mêmes questions.

15.3.4 Une responsabilité clarifiée et partagée

Dans toute entreprise, quelle qu'en soit la taille, une personne précise doit être identifiée comme ayant la responsabilité de planifier, de coordonner et d'évaluer l'ensemble des démarches et des facettes relatives à ce dossier. Si la responsabilité doit être claire (une personne précise est responsable), elle doit en même temps être partagée, c'est-à-dire que le responsable du dossier doit partager son pouvoir d'intervention avec plusieurs autres intervenants, au premier rang desquels on doit trouver les chefs de service, les employés eux-mêmes et les membres d'un comité de SST. Le responsable du dossier doit donc se comporter comme un coordonnateur de ressources dans des processus orientés vers la résolution de problèmes et la réalisation d'objectifs.

15.3.5 Un ensemble adéquat de mécanismes de gestion

Le tableau 15.3 présente certains résultats d'une recherche effectuée en 1982 aux États-Unis (Gricar et Hopkins, 1983). On y regroupe les activités

TABLEAU 15.3 Une illustration des activités de gestion en matière de SST

Aspects juridiques et politiques :
- Aspects juridiques
  - recours à des contre-expertises
  - contestation de certains dossiers devant les bureaux de révision ou devant la CALP
  - connaissance de l'évolution des lois et des règlements
- Aspects politiques
  - représentations auprès des instances politiques pour obtenir des changements

Aspects techniques :
- Entretien des lieux, des outils et des équipements
- Vérifications périodiques
- Changements et adaptation
- Choix des équipements de protection

Aspects administratifs :
- Structures
  - statut du responsable du dossier de SST
  - pouvoir, rôle et fonctionnement du comité de SST
- Procédures, politiques et programmes particuliers
- Dossiers financiers (cotisations, imputation des coûts, etc.)

Aspects informationnels :
- Formation des chefs de service et des employés
- Analyse de données et planification

Source : Adapté d'un tableau de B.G. Gricar et H.D. Hopkins, « How does your company respond to OSHA ? », *Personnel Administrator*, vol. 28, n° 4, 1983, p. 54.

de SST en quatre volets, soit les aspects juridiques et politiques, les aspects techniques, les aspects administratifs et les aspects informationnels. Les auteurs de cette recherche soutiennent que ce sont les aspects techniques et les aspects administratifs qui se sont avérés les plus importants pour expliquer les succès relatifs ou l'efficacité des entreprises en matière de SST et que, parmi les aspects administratifs, les éléments les plus importants ont été les suivants: le climat général de sécurité, le statut du poste de coordonnateur, le comité de SST et, finalement, les mécanismes de contrôle du respect des règles relatives à la SST.

Ces résultats sont très compatibles avec ceux qui ont été obtenus dans la recherche effectuée au Québec par le professeur Simard et les membres de son équipe. Ces derniers ont constaté que les entreprises qui ont obtenu les meilleurs résultats en matière de SST ont surtout utilisé les moyens de gestion suivants: inspections régulières et systématiques des lieux de travail, analyse des postes de travail, enquêtes approfondies sur les accidents, entretien préventif de l'équipement, mesures correctives concernant la machinerie, formation des contremaîtres et des employés aux comportements sécuritaires et à l'utilisation des protecteurs individuels, etc. Les comités de SST sont aussi présentés comme un mécanisme susceptible, à certaines conditions, d'apporter une contribution significative à la gestion efficace du dossier. Les approches participatives (comme les comités paritaires) ont en effet des limites, comme le souligne Bernier, selon qui, «avant même de songer au paritarisme, les gestionnaires doivent avoir assumé l'intégralité de leurs responsabilités et avoir le contrôle de leur gestion» (1987, p. 208).

15.4 La promotion de la santé au travail

Jusqu'à ces dernières années, les préoccupations relatives à la SST dans le milieu de travail ont surtout porté sur les accidents du travail. Cela est en train de changer et les préoccupations relatives aux maladies professionnelles (et donc à la santé au travail) prennent de plus en plus de place, corollaire des préoccupations touchant la protection des écosystèmes. Un sondage réalisé en 1991 par la firme Deloitte & Touche en Europe et aux États-Unis (cité par Boiral) indique que 85% des dirigeants de 250 entreprises européennes estimaient que «les conséquences des problèmes environnementaux pour l'hygiène et la sécurité du personnel étaient critiques ou importantes» (1997, p. 49).

Dans cette section, nous traiterons des programmes de promotion de la santé au travail (PPST), des programmes de gestion du stress et des programmes d'aide aux employés (PAE).

15.4.1 Les programmes de promotion de la santé au travail

Selon Pépin et Dionne-Proulx, un programme de promotion de la santé au travail peut se définir comme « un ensemble d'activités éducationnelles, organisationnelles et environnementales qui a pour but d'améliorer la santé des employés et de réduire les coûts reliés aux soins de santé » (1996, p. 45). Ces activités comprennent notamment la sensibilisation des travailleurs par des activités d'information et de formation à des fins de prévention, le changement de certaines habitudes de vie à l'aide de différents programmes (cours pour cesser de fumer, programme de conditionnement physique, etc.), la création d'un environnement de travail favorisant des habitudes de vie saines (politiques sur le tabac, initiatives visant à minimiser l'exposition à des facteurs de risque comme le bruit excessif ou les substances neurotoxiques) et les programmes d'aide psychologique aux employés (surtout pour les cas d'alcoolisme et de toxicomanie).

À partir des réponses obtenues des dirigeants de 51 entreprises manufacturières de 50 employés ou plus se situant sur le territoire du département de santé communautaire (DSC) de l'hôpital Charles-LeMoyne, Durand et autres observent « qu'un nombre élevé (34 sur 51) d'entreprises manifestait de l'intérêt pour les trois niveaux [...] de promotion de la santé » (1995, p. 426). Les trois secteurs d'intervention considérés comme potentiellement les plus efficaces étaient ceux des habitudes de vie reliées au tabagisme, à la nutrition et à l'activité physique. Cette recherche indique également que même s'ils sont majoritairement favorables à des PPST, la plupart des participants ne s'y engagent pas, soit parce qu'ils perçoivent des difficultés reliées à leur implantation, soit parce qu'ils ne sont pas convaincus de la rentabilité de telles initiatives. En effet, le système québécois (et canadien) de santé exige déjà des entreprises qu'elles contribuent financièrement au régime de santé et de sécurité du travail ainsi qu'au régime plus général d'assurance-santé ; la situation est très différente dans les entreprises américaines, où les employeurs sont plutôt appelés à contribuer directement au financement des primes d'assurance-santé de leurs employés. C'est surtout cela qui expliquerait qu'en matière de PPST « les initiatives les plus sérieuses sont venues en très grande majorité d'entreprises situées aux États-Unis » (Durand et autres, 1995, p. 430).

Parce qu'ils réduisent le taux d'absentéisme, qu'ils améliorent les attitudes et le moral des employés, et qu'ils contribuent à une amélioration sensible de la santé au travail des employés qui y participent, les PPST constituent, aux yeux de Pépin et Dionne-Proulx, « une pratique de gestion prometteuse », qui ne pourra jamais cependant « se substituer à un programme d'amélioration des conditions de travail ou d'organisation du travail, qui permettent le mieux d'éliminer le maximum de dangers (physiques, biologiques, psychosociaux) à la source» (1996, p. 49).

Parallèlement à l'intérêt croissant pour les PPST, on peut noter un intérêt accru pour le stress au travail. Nous aborderons ce sujet dans la prochaine section.

15.4.2 Les programmes de gestion du stress

Compte tenu des changements de plus en plus fréquents auxquels doivent se soumettre les membres des organisations qui veulent survivre dans le contexte de turbulences que nous connaissons, les problèmes de santé d'origine psychologique ont augmenté dans tous les pays industrialisés, et le Québec ne fait pas exception à cette tendance, comme l'illustre une recherche publiée en 1995 par le ministère de la Santé et des Services sociaux du Québec (Bellerose et autres, 1995). Ainsi, la détresse psychologique caractérisait 26,3 % de la population en 1993, alors que ce pourcentage était de 19,4 % en 1987. Chez les travailleurs, les pourcentages étaient de 25,5 % en 1993, par rapport à 17,3 % en 1987.

Pour expliquer la détresse psychologique, le stress est la plupart du temps mis en cause. Et, comme le souligne Dionne-Proulx, «lorsque les tranquillisants de type valium, tranxène, etc., sont les médicaments les plus couramment prescrits par les médecins aussi bien au Canada qu'aux États-Unis, c'est la preuve que les stresseurs ou la perception de ceux-ci ont des effets négatifs sur la santé des individus» (1991, p. 179). Le stress est cependant une réalité relativement complexe qui a fait l'objet d'une pléthore d'articles et de livres où on peut trouver à peu près autant de définitions du concept qu'il y a d'auteurs. Pour les besoins de la présente discussion, nous emprunterons la définition suivante de Cartwright et Cooper: «un stress est toute force qui place une fonction psychologique ou physique au-delà de ses limites habituelles de stabilité et qui produit une tension à l'intérieur de l'individu» (1997, p. 5). À partir de cette définition, on peut donc constater que le stress, c'est d'abord une réalité objective (des stimuli ou des sources de tension extérieurs à l'individu), mais c'est surtout une réalité subjective qui amène la personne à ressentir une tension qui, dans certains cas, peut être perçue comme stimulante (le «bon» stress), et qui, dans d'autres cas, sera perçue comme écrasante et menant à la détresse émotive.

Les programmes de gestion du stress devraient, selon Dionne-Proulx (1991), comprendre les quatre catégories d'activités suivantes: des activités de diagnostic; des activités d'information sur le stress, ses conséquences potentielles sur la santé et son management; des activités de promotion et de maintien d'une bonne santé physique, et des activités de modification des conditions de travail. L'importance de ce dernier type d'activités est soulignée par Bourbonnais et Comeau, qui soutiennent, en prenant pour appui les travaux présentés lors d'une conférence internationale sur le stress à Washington en 1995, que «les interventions visant à réduire le stress au travail, lorsqu'elles sont orientées exclusivement sur les individus, sont peu efficaces et qu'il est nécessaire d'intervenir également sur les organisations si on veut obtenir des résultats significatifs et durables» (1997, p. 18).

De quelles façons le stress est-il susceptible de se transformer en détresse, en épuisement professionnel ou *burnout*? Les réponses à cette question varient, mais celle de Mongeon et Sylvain (1995) consiste à dire que les causes d'un tel épuisement professionnel se répartissent en fonction de caractéristiques liées, d'une part, à l'emploi (manque de contrôle sur les conditions de travail, manque de relations significatives, responsabilités sans pouvoir, etc.) et, d'autre part, à la personne (sens exagéré du temps qui presse, sens exagéré de la compétition, etc.). Le défi des organisations pour contrer la détresse psychologique se résumerait aux quatre activités suivantes: essayer de faire participer les employés à la prise de décisions qui les concernent; faciliter, par des formules de roulement du personnel, l'accès à des activités de formation et de soutien; susciter des occasions de discuter directement du stress, de ses manifestations et de ses conséquences possibles, et mettre en œuvre des programmes d'aide aux employés.

15.4.3 Les programmes d'aide aux employés

Selon Sylvestre, les premiers programmes d'aide aux employés ont été créés aux États-Unis au début du XXe siècle, en même temps que les premiers postes de «secrétaires sociaux» d'entreprises qui devaient «étudier les conditions de bien-être des employés et suggérer différentes améliorations» (1990, p. 892). Un peu plus tard, les PAE sont apparus comme des programmes destinés à venir en aide aux employés alcooliques. Plus récemment, ils ont aussi été associés à des mécanismes d'aide à des employés affligés par diverses formes de toxicomanie. Aujourd'hui, les PAE peuvent être définis comme «un service subventionné par un employeur et destiné à aider les employés à trouver de l'aide (sinon des solutions) à des problèmes divers tels que l'alcoolisme, la toxicomanie, des problèmes de dépression, de santé mentale, de relations familiales, et d'autres problèmes d'ordre personnel [...] susceptibles d'avoir une influence négative sur le rendement au travail de ces employés» (Spicer, 1987, cité dans Burgess, 1995).

Ces programmes sont-ils efficaces et, au-delà de leur valeur humanitaire, fournissent-ils à l'organisation qui s'en sert des bénéfices au moins aussi élevés que leurs coûts? Bien sûr, les professionnels de l'aide psychologique et du *counselling* sont convaincus de la valeur financière de ces programmes et sont portés à confondre les sceptiques au moyen d'une charge de rectitude politique qui consiste à dire: «Comment peut-on oser remettre en question la valeur économique de programmes destinés à venir en aide à des employés aux prises avec des problèmes personnels aussi graves que la toxicomanie?» Par ailleurs, une évaluation rigoureuse de l'aspect économique d'un PAE est très difficile, puisque, d'une part, la constitution de groupes de contrôle est à peu près toujours absente et que, d'autre part, l'attribution au PAE de conséquences organisationnelles positives (comme la réduction de l'absentéisme, du nombre de cas de dépression ou du nombre de cas de violence dans le milieu de travail) implique qu'on tient compte des autres causes susceptibles d'influencer ces variables dépendantes. Autrement dit, si la situation s'améliore, est-ce vraiment grâce au PAE?

Une autre raison de douter de l'efficacité des PAE découle de l'affirmation présentée précédemment (Bourbonnais et Comeau, 1997) selon laquelle «les interventions orientées exclusivement sur les individus sont peu efficaces». Or, comme le souligne Bleau, les PAE comportent ce désavantage d'être une stratégie centrée sur l'individu, alors qu'«il est préférable que les mesures d'aide couvrent l'ensemble de l'organisation plutôt que les individus» (1997, p. 20). Les conclusions d'une recherche évaluative réalisée par Sonnenstuhl et Trice (1990) vont dans le même sens. Ces auteurs soutiennent en effet que le *counselling* seul est insuffisant et inefficace; il doit être complété par la possibilité au sein de l'entreprise de placer l'employé devant la nécessité de modifier ses comportements (ce qu'ils appellent la *positive confrontation*).

Conclusion

Nous avons d'abord vu dans ce chapitre que les questions relatives à la SST font partie des responsabilités de tout employeur depuis au moins 1931, mais que les obligations patronales récentes en cette matière sont surtout le résultat des importantes lois promulguées en 1979 (Loi sur la santé et la sécurité du travail) et en 1985 (Loi sur les accidents du travail et les maladies professionnelles). Ces lois sont nécessaires puisque les accidents du travail et les maladies professionnelles continuent, malgré des améliorations récentes, de provoquer des conséquences négatives pour un trop grand nombre de travailleurs et d'entreprises. De plus, le dossier de la santé et de la sécurité du travail comporte de lourdes dépenses directes (cotisations à la CSST) et des dépenses indirectes encore plus lourdes. Il est donc très important pour tout employeur de savoir non seulement comment réagir lors d'un accident du travail, mais surtout comment (c'est-à-dire par quels mécanismes concrets) prévenir de tels événements, d'autant plus qu'une telle démarche de prévention peut être très rentable, comme le démontre le cas de l'entreprise Natrel.

En matière de promotion de la santé au travail, nous avons pu constater que les programmes existants sont encore relativement peu développés et que les efforts à faire doivent, pour être efficaces, dépasser le strict niveau des individus pour atteindre le cadre organisationnel et les causes des situations problématiques. Encore une fois, donc, les gestionnaires sont conviés au rendez-vous. Il apparaît, comme l'ont déjà signalé à plusieurs reprises les instigateurs du Projet Minerva (Heath, 1989; Project Minerva Canada, 1993), que la formation en gestion devrait comporter une composante obligatoire portant sur les enjeux associés à l'environnement ainsi qu'à la santé et à la sécurité du travail.

QUESTIONS DE RÉVISION

1. Nommez et expliquez les cinq grandes périodes qui ont caractérisé le cadre légal de la SST.

2. Comment ont évolué, au cours des dernières années au Québec, les données relatives aux accidents du travail, aux maladies professionnelles ainsi qu'aux décès causés par les uns et les autres?

3. Quelle est la principale source de revenus de la CSST et pourquoi les employés n'ont-ils pas l'obligation de contribuer au financement de la CSST?

4. Quelles sont les principales sources de dépenses de la CSST?

5. Quelles sont les deux principales lois québécoises relatives à la SST et comment les mandats de la CSST se rattachent-ils à ces lois?

6. Comment la cotisation d'un employeur à la CSST est-elle déterminée selon que cet employeur peut disposer d'un taux non personnalisé, d'un taux personnalisé et d'un régime rétrospectif?

7. Quelles sont, en matière de paiement des indemnités de remplacement du revenu, les obligations de tout employeur lorsque survient un accident du travail?

8. Quelles sont les principales notions à connaître pour décider de l'admissibilité d'une réclamation pour lésion professionnelle? Expliquez ces notions.

9. Quelle définition donne-t-on des catégories de prévention dites primaire, secondaire et tertiaire? Nommez certaines mesures comprises dans chacune de ces catégories.

10. À quoi se réfère-t-on lorsqu'on parle de conception intégrée de la SST?

11. Nommez trois moyens qu'une direction peut prendre pour manifester clairement son engagement en faveur d'une gestion efficace de la SST.

12. À quoi se réfère-t-on lorsqu'on insiste sur le fait que la responsabilité d'un coordonnateur du dossier de SST doit à la fois être clarifiée et partagée?

13. Nommez cinq mécanismes de gestion de la prévention considérés comme très efficaces.

14. Nommez quatre activités susceptibles de faire partie d'un programme de promotion de la santé au travail.

15. Qu'est-ce que le stress? Indiquez quatre activités susceptibles de faire partie d'un bon programme de gestion du stress.

16. Qu'est-ce qu'un programme d'aide aux employés (PAE), et quelle semble être la principale limite à l'utilisation efficace de ce programme?

Références

Bellerose, C., C. Lavallée, L. Chénard et M. Levasseur (1995). *Et la santé, ça va en 1992-93?*, rapport de l'enquête sociale et de santé 1992-1993, Montréal, Ministère de la Santé et des Services sociaux, vol. 1.

Bernier, L. (1987). « Équité, indemnisation des victimes de lésions professionnelles et coûts à l'entreprise », dans *Les lésions professionnelles*, congrès annuel du Département des relations industrielles, sous la direction de R. Blouin et autres, Québec, Les Presses de l'Université Laval, p. 177-211.

Bleau, J. (1997). « Impacts psychologiques des changements sur les gestionnaires de 1er niveau », *Objectif Prévention*, revue d'information de l'Association pour la santé et la sécurité du travail, secteur Affaires sociales, vol. 20, n° 5, p. 19-20.

Boiral, O. (1996). *La dimension humaine et préventive de la gestion environnementale: une étude de cas dans trois usines chimiques québécoises*, thèse de doctorat en management, Montréal, École des HEC.

Boiral, O. (1997). « Protéger l'environnement naturel et la santé des travailleurs », *Gestion*, vol. 22, n° 4, p. 49-55.

Boisvert, C.Z. (1991). « Comment gérer la santé et la sécurité au travail », *Gestion*, vol. 16, n° 4, p. 78-84.

Boisvert, C.Z. (1992). *Gestion de la santé et de la sécurité au travail*, Boucherville, Gaëtan Morin Éditeur.

Boret, P. (1997). « La clé : un engagement total de la direction et des employés. La santé et la sécurité sont devenues aujourd'hui un nouvel outil de gestion », *Les Affaires*, 11 octobre, p. B9.

Bourbonnais, R. et M. Comeau (1997). « Santé psychologique et absence au travail », *Objectif Prévention*, revue d'information de l'Association pour la santé et la sécurité du travail, secteur Affaires sociales, vol. 20, n° 5, p. 16-18.

Brody, B. (1987). « Le processus de gestion des risques, les lésions professionnelles et la CSST », dans *Les lésions professionnelles*, congrès annuel du Département des relations industrielles, sous la direction de R. Blouin et autres, Québec, Les Presses de l'Université Laval, p. 246-252.

Burgess, E. (1995). *Assessing the Business Benefits of Canadian Employee Assistance Programs*, travail dirigé présenté à la Faculté des études supérieures en vue de l'obtention du diplôme de M. Sc. en relations industrielles, Montréal, Université de Montréal.

Cartwright, S. et C.L. Cooper (1997). *Managing Workplace Stress*, Thousand Oaks, Californie, Sage Publications.

Dionne-Proulx, J. (1991). *Santé et sécurité du travail: orientations et pratiques*, Trois-Rivières, Les Éditions SMG.

Dubé, L. (1997). « Est bien pris qui croyait prendre. Santé et sécurité au travail: un travailleur ne peut feindre une invalidité pour ne pas travailler », *Les Affaires*, 29 novembre, p. 39.

Dufour, G. (1987). « Table ronde : financement de la santé et sécurité du travail et paritarisme », dans *Les lésions professionnelles*, congrès annuel du Département des relations industrielles, sous la direction de R. Blouin et autres, Québec, Les Presses de l'Université Laval, p. 264-273.

Durand, P., B. Brossard, S. Marquis et J.-G. Pépin (1995). « La promotion de la santé en milieu de travail : besoins des entreprises et facteurs d'implantation », dans *Le travail et son milieu*, sous la direction de R. Bourque et G. Trudeau, Montréal, Les Presses de l'Université de Montréal, p. 417-432.

Gricar, B.G. et H.D. Hopkins (1983). « How does your company respond to OSHA? », *Personnel Administrator*, vol. 28, n° 4, p. 53-57.

Heath, E.D. (1989). *Occupational and Environmental Mishaps : Moving up on the Management Agenda!*, Cincinnati, The Minerva Education Institute Occasional Paper Series, Paper No. 1.9.

Lanoie, P. (1991). « L'intervention de l'État et les accidents du travail : l'expérience nord-américaine », *Gestion*, vol. 16, n° 4, p. 70-77.

Mongeon, M. et J. Sylvain (1995). « Du stress à l'épuisement en milieu de travail : comment ça se passe? », *Travail et santé mentale. L'intégration au marché du travail : mode d'emploi*, actes du colloque du 4 mai 1995 par l'Association canadienne pour la santé mentale, filiale de Montréal, p. 139-149.

Pépin, R. et J. Dionne-Proulx (1996). « Tour d'horizon sur les programmes de la santé au travail : impacts et facteurs de succès », *Gestion*, vol. 21, n° 2, p. 45-51.

Pérusse, M. (1990). « La santé et la sécurité du travail comme domaine de pratique professionnelle pour le spécialiste en relations industrielles », dans *Vingt-cinq ans de pratique en relations industrielles au Québec*, sous la direction de R. Blouin, Cowansville, Les Éditions Yvon Blais.

Project Minerva Canada (1993). *Integrating Occupational Health and Safety into the Curricula of Canadian Business Schools. Proceedings of the Project Minerva Workshop/Symposium*, 1er septembre, Kingston, Ont., Queen's University.

Simard, M. (1990). « Gestion de la sécurité au travail : quelles sont les stratégies gagnantes? », notes pour une conférence présentée à Sherbrooke, le 25 avril 1990, à l'Association des gestionnaires en ressources humaines de l'Estrie (AGRHE).

Simard, M., C. Lévesque et D. Bouteiller (1988). *L'efficacité en gestion de la sécurité du travail : résultats d'une recherche dans l'industrie manufacturière*, document de recherche.

Sonnenstuhl, W.J. et H.M. Trice (1990). *Strategies for Employee Assistance Programs : The Crucial Balance*, 2e éd., Cornell University, Ithaca, N.Y., ILR Press (Key Issues Number 30).

Spicer, J. (1987). *The EAP Solution : Current Trends and Future Issues*, Center City, Hazeldon Foundation.

Sylvestre, C. (1990). « Les programmes d'aide aux employés : 25 ans de développement », dans *Vingt-cinq ans de pratique en relations industrielles au Québec*, sous la direction de R. Blouin, Cowansville, Les Éditions Yvon Blais, p. 889-912.

Tobin, E. (1987). « Table ronde : financement de la santé et sécurité du travail et paritarisme », dans *Les lésions professionnelles*, congrès annuel du Département des relations industrielles, sous la direction de R. Blouin et autres, Québec, Les Presses de l'Université Laval, p. 253-257.

Lectures suggérées

Boisvert, C.Z. (1992). *Gestion de la santé et de la sécurité au travail*, Boucherville, Gaëtan Morin Éditeur.

Dionne-Proulx, J. (1991). *Santé et sécurité du travail : orientations et pratiques*, Trois-Rivières, Les Éditions SMG.

Lanoie, P. (1991). « L'intervention de l'État et les accidents du travail : l'expérience nord-américaine », *Gestion*, vol. 16, n° 4, p. 70-77.

Pérusse, M. (1990). « La santé et la sécurité du travail comme domaine de pratique professionnelle pour le spécialiste en relations industrielles », dans *Vingt-cinq ans de pratique en relations industrielles au Québec*, sous la direction de R. Blouin, Cowansville, Les Éditions Yvon Blais.

Simard, M., C. Lévesque et D. Bouteiller (1988). *L'efficacité en gestion de la sécurité du travail : résultats d'une recherche dans l'industrie manufacturière*, document de recherche.

Cas
L'HÔPITAL DES GRANDS MAUX

Comme plusieurs autres hôpitaux, le centre hospitalier Grands-Maux compose depuis quelques années avec la réorganisation du secteur de la santé, la réduction de ses budgets et des relations du travail tendues entre la direction et les cinq syndicats. De plus, il doit réorganiser le travail de ses médecins, infirmiers, techniciens, préposés et de son personnel de soutien afin d'être en mesure de faire encore davantage avec moins de ressources.

Jean-Marc Deslongchamps, le directeur des ressources humaines de cet établissement, comprend l'objectif de réduction des coûts, mais se questionne sur les effets de tous ces changements sur la santé des ressources humaines de l'hôpital. Plusieurs membres du personnel affirment avoir éprouvé un problème de santé majeur au cours des dernières années. Il semblerait que cela soit attribuable en partie à l'augmentation du niveau du stress à l'intérieur de l'hôpital depuis les trois dernières années. Monique Bertrand, la conseillère en santé et sécurité du travail pour l'établissement, constate, pour sa part, un plus grand nombre de cas d'anxiété, de détresse psychologique, d'ulcères, d'affections coronariennes et d'épuisement nerveux. Cela serait à la source de l'augmentation de l'absentéisme et des accidents du travail. À son avis, cette situation entraîne des dépenses énormes. De plus, elle associe les problèmes familiaux de certains employés à la situation difficile vécue au travail.

Convaincu que le problème est assez grave pour entreprendre une démarche sérieuse, Jean-Marc décide d'en parler au directeur général du centre hospitalier. En réaction aux propos de Jean-Marc, le directeur général déclare qu'il y aura toujours du stress dans le milieu de travail, mais qu'il appartient à chacun de l'utiliser de façon positive. Sa suggestion consiste à encourager le personnel à faire plus d'exercice physique et à mieux s'alimenter. Il ajoute qu'il va demander au responsable de la cafétéria de l'hôpital de préparer un menu santé à chaque repas, car cela contribuera certainement à corriger la situation.

QUESTIONS

1. Comment Jean-Marc devrait-il réagir aux propos de son directeur général?
2. Y a-t-il une relation entre la situation de travail dans ce centre hospitalier et l'état de santé des employés?
3. Quel doit être le rôle des professionnels en ressources humaines en ce qui concerne la prévention et la gestion du stress?

PARTIE VI

Les défis
de la légitimité

CHAPITRE 16

Évaluer et renouveler la gestion des ressources humaines

OBJECTIFS D'APPRENTISSAGE

Après l'étude de ce chapitre, le lecteur devrait être plus apte à:
- Décrire les grandes tendances et les défis de la gestion des ressources humaines.
- Comprendre la complexité du concept d'efficacité organisationnelle.
- Connaître les raisons qui militent en faveur de l'évaluation de la contribution de la GRH au succès de l'organisation.
- Décrire les principales dimensions de l'efficacité de la GRH.
- Comprendre la démarche permettant de mesurer la contribution de la GRH au succès de l'organisation.
- Connaître les approches d'évaluation de la GRH.

MISE EN SITUATION

Ressources humaines : naissance d'un nouvel Ordre

Les professionnels en ressources humaines et les conseillers en relations industrielles fusionnent pour renforcer leur visibilité[1]

Le 1er juillet 1997, l'Ordre des conseillers en relations industrielles du Québec (OCRIQ) et Les professionnels en ressources humaines du Québec (PRHQ) unissaient officiellement leur destin.

Toutefois, les noces ne furent pas consommées totalement sur-le-champ. Au cours de ces derniers mois, des représentants des deux regroupements ont passé au peigne fin les candidatures de tous les professionnels qui souhaitaient joindre les rangs de la nouvelle organisation baptisée provisoirement Ordre des conseillers en ressources humaines et en relations industrielles du Québec (OCRHRIQ).

« Le problème était de fusionner une association avec un ordre professionnel, précise Michèle Perryman, présidente-directrice générale de l'OCRHRIQ, dont le conseil d'administration compte 20 membres.

« À la base, par exemple, il fallait que tous les membres disposent soit d'un baccalauréat en administration, option ressources humaines, soit d'un diplôme de premier cycle universitaire en relations industrielles. »

La convention de fusion a eu pour effet de dissoudre les PRHQ. D'ici le printemps prochain, la nouvelle organisation devrait être reconnue officiellement par Québec aux termes de la Loi sur les ordres professionnels et récupérera définitivement l'appellation d'OCRIQ.

Fonction plus visible

Pour Mme Perryman, ce regroupement accentuera la crédibilité des professionnels en ressources humaines.

« Il est fondamental de renforcer notre visibilité auprès des entreprises à une époque où de plus en plus d'entrepreneurs reconnaissent, du moins dans leurs déclarations officielles, que la qualité de leur personnel constitue la valeur ajoutée numéro un de leur entreprise. »

Grâce à cette fusion, l'OCRIQ prendra la 16e place parmi les 43 ordres professionnels reconnus au Québec pour le nombre de ses membres. L'Ordre, ancienne formule, comptait 1 200 membres alors que les professionnels en ressources humaines totalisaient un effectif de 2 500 membres.

Selon Mme Perryman, le nouveau regroupement a suscité un élan d'enthousiasme qui s'est traduit par l'adhésion de 300 nouveaux membres, de sorte que le membership s'établit actuellement autour de 4 000 professionnels travaillant au sein de 1 500 entreprises.

De ce total, environ 10 % de l'effectif ne seront pas immédiatement reconnus comme membres agréés, mais plutôt comme associés. Il s'agit d'une catégorie provisoire qui coiffera les professionnels qui ne peuvent satisfaire pour l'instant aux exigences de formation académique décrites plus haut.

Harmonisation sans douleur

« Je n'ai pas noté de problème particulier d'harmonisation entre les deux professions lors de leur intégration au sein d'un même regroupement, affirme Mme Perryman.

« En réalité, cela fait une dizaine d'années que la fusion est devenue un thème récurrent dans nos conversations. L'idée, quant à elle, a fluctué notamment au gré des humeurs des différents conseils d'administration qui se sont succédé à la tête de chacun des deux organismes. »

---

1. M. De Smet, *Les Affaires*, 31 janvier 1998, p. B1.

Il est à noter que les professionnels en ressources humaines comptaient dans les rangs de leur défunte association davantage de femmes que les consultants en relations industrielles, cette dernière profession attirant traditionnellement plutôt les hommes.

L'OCRIQ, nouvelle version, compte organiser annuellement une trentaine d'activités majeures visant à développer les connaissances spécialisées de ses membres.

«Nous demeurons des généralistes. D'où l'importance de renforcer nos initiatives de formation sur des thèmes de spécialisation, insiste Mme Perryman.

«La fusion devrait nous servir en ce sens, puisque nous allons nous enrichir du vécu de membres qui ont jusqu'ici appartenu à deux organisations professionnelles différentes.»

Questions

1. Quelles différences y a-t-il entre une association professionnelle et un ordre professionnel?
2. Pourquoi un professionnel en ressources humaines devrait-il devenir membre du nouvel ordre professionnel?

Introduction

La GRH traditionnelle s'était peu préoccupée des effets significatifs de ses pratiques et de ses façons de faire. Les services des ressources humaines se concentraient principalement sur les activités à accomplir et ils pouvaient élaborer quelques indices de mesure et de contrôle de gestion qui leur donnaient des points de référence au sujet de leur efficacité. Dans un nouveau contexte où, comme nous l'avons vu au chapitre 4 portant sur l'environnement, les enjeux de GRH sont caractérisés par la recherche de flexibilité, la responsabilisation (surtout des gestionnaires), le partenariat, la variabilité des coûts de la main-d'œuvre et la formation qualifiante, il devient impératif que la fonction «ressources humaines» soit jugée quant à son efficacité et à sa contribution au rendement et à la mission de l'organisation. Ce jugement peut se faire à partir de différents points de vue et perspectives, il peut porter sur différentes dimensions de la GRH et cibler différents acteurs de la GRH. Guérin et Wils écrivent à ce sujet:

> Les changements de rôles que nous venons de décrire imposent une nouvelle définition de l'efficacité du service du personnel et une nouvelle manière de la mesurer. En s'appuyant sur la satisfaction du client, une telle évaluation reconnaît la nature subjective et pratique du concept d'efficacité. Elle pousse néanmoins le service à répondre aux besoins des cadres et à être mieux aligné sur les finalités organisationnelles (1992, p. 193).

Afin de saisir toute l'ampleur du renouvellement de la GRH et de ses défis futurs et afin de circonscrire ce besoin crucial d'évaluation de l'efficacité de la GRH, nous avons divisé ce chapitre en deux parties. Premièrement, nous présenterons les concepts de rendement et d'efficacité appliqués à la GRH en abordant successivement la définition de l'efficacité organisationnelle dans son sens large, les raisons qui militent en faveur de l'évaluation, sa démarche et ses approches. Deuxièmement, nous décrirons brièvement quelques grandes tendances de la GRH.

16.1 L'ÉVALUATION DE LA GRH

16.1.1 Définition de l'évaluation de l'efficacité de la GRH

Le rendement constitue une valeur qui est au cœur de la vie dans la société, l'organisation et la famille. À tort ou à raison, la société valorise l'excellence, le succès et le dépassement. Cette société nous a donné des héros et des institutions qui représentent cette valeur du rendement: Céline Dion, Donovan Bailey, Jacques Villeneuve, Le Cirque du Soleil, la firme Bombardier, pour n'en citer que quelques-uns. Le développement de la société repose sur le rendement des organisations publiques et privées, qui, à leur tour, reposent sur le rendement de leurs ressources humaines.

Mais qu'est-ce qu'une organisation performante? Est-ce une organisation rentable? une organisation productive? une organisation innovatrice? une organisation respectueuse de ses employés? une organisation respectueuse de son environnement?

Qu'est-ce qu'une personne performante au travail? Est-ce une personne qui travaille fort? une personne qui travaille bien? une personne heureuse? une personne mobilisée? une personne qui dépasse les attentes?

Qu'est-ce qu'une GRH performante? Est-ce une gestion qui contrôle bien l'information? une gestion qui permet à l'organisation d'atteindre ses fins? une gestion qui met à profit tous les talents? une gestion qui réduit les coûts de la main-d'œuvre? une gestion qui permet aux personnes de se réaliser? une gestion qui se conforme aux obligations législatives?

Et qu'est-ce qu'un service des ressources humaines performant? Est-ce un service qui appuie la haute direction? un service qui conseille bien les gestionnaires? un service qui satisfait les employés? un service qui respecte les syndicats? un service qui est efficace et peu coûteux?

Comme on peut le constater, le rendement et l'efficacité sont des concepts qui dépassent largement la fonction de la GRH. Aussi, pour bien saisir l'importance de l'évaluation de l'efficacité de la GRH, il est essentiel de bien cerner le concept d'efficacité organisationnelle. En effet, le cadre de référence que l'on adopte au sujet de l'efficacité risque de conditionner à la fois l'image que l'on se fait de ce concept et les déterminants de l'efficacité et du rendement. Comptables, ingénieurs, psychologues, sociologues, experts en gestion, conseillers en relations industrielles peuvent lire la même réalité organisationnelle de façon différente et porter un jugement divergent sur l'efficacité car leur paradigme et leurs croyances sont susceptibles de les éloigner de la problématique complexe de l'efficacité organisationnelle.

Morin, Savoie et Beaudin parlent de l'efficacité organisationnelle au même titre que du rendement organisationnel en démontrant qu'il s'agit d'un concept « culturellement chargé ». Ils définissent l'efficacité organisationnelle comme suit:

> [...] *un jugement que porte un individu ou un groupe sur l'organisation, et plus précisément sur les activités, les produits, les résultats ou les effets qu'il attend d'elle (Morin, 1989). De ce fait, le choix des critères et l'appréciation qui s'ensuit dépendent des intérêts et des valeurs de ceux qui évaluent l'organisation, ainsi que de l'usage qu'ils veulent en faire. Parmi les individus et les groupes qui peuvent avoir des intérêts à l'égard de l'organisation, il y a les investisseurs (créanciers, actionnaires, fournisseurs, etc.), les producteurs (administrateurs, gestionnaires, employés), les clients (distributeurs, consommateurs), les organismes régulateurs (gouvernement, associations)* (1994, p. 5).

Comme l'efficacité organisationnelle est un concept qui se fonde sur les valeurs des individus et des groupes, il ne faut pas se surprendre si on trouve dans la documentation et la pratique une multitude de significations attribuées à ce concept. Cette difficulté n'a pas empêché Morin, Savoie et Beaudin (1994) de pousser plus loin leur réflexion et de faire état des quatre perspectives associées à l'efficacité, soit les conceptions économique, sociale, systémique et politique. De ces différentes représentations du rendement, ces auteurs ont mis au point une conception intégrée de l'efficacité organisationnelle (tableau 16.1).

Cette conception intégrée de l'efficacité met en évidence les quatre constats suivants:

1. L'efficacité organisationnelle est un concept **multidimensionnel**, en ce sens que les organisations poursuivent simultanément plusieurs résultats et que ces multiples représentations révèlent de nombreuses facettes et dimensions.

2. L'efficacité organisationnelle est un concept **hiérarchique**, en ce sens qu'il se mesure d'abord et avant tout par la maximisation des résultats et la minimisation des coûts. Par la suite, la satisfaction des employés et celle des clients apparaissent comme des moyens à prendre ou des contraintes à respecter pour atteindre les objectifs de l'organisation.

3. L'efficacité organisationnelle est un concept **antinomique**, en ce sens que les dimensions et les indicateurs sont souvent contradictoires et conflictuels. Cette situation exige des dirigeants et des gestionnaires qu'ils soient ouverts et fassent constamment des choix.
4. L'efficacité organisationnelle est un concept **opérant**, en ce sens que c'est un construit social qui conditionne les comportements des individus et les façons de penser en fonction des représentations qu'ils se font de l'efficacité.

Bref, comme on peut l'observer, la « valeur ressources humaines » est une dimension cruciale de l'efficacité organisationnelle, ce qui implique un partage des responsabilités entre les acteurs de l'organisation pour évaluer cette efficacité. Il va de soi que la direction des ressources humaines (DRH) et les professionnels qui y œuvrent sont au premier rang des artisans qui ont la charge d'évaluer le rendement des ressources humaines de l'organisation.

Ainsi, l'évaluation de l'efficacité de la GRH pourrait se définir comme un processus systématique et formalisé visant à porter un jugement sur la légitimité, l'efficacité et l'efficience des pratiques, des politiques, des programmes et des activités de GRH conçus et implantés par la DRH, la haute direction et les gestionnaires, incluant une comparaison avec des paramètres internes (normes, objectifs) ou externes (*benchmarking* ou étalonnage).

TABLEAU 16.1 La conception intégrée de l'efficacité organisationnelle selon ses dimensions et ses indicateurs

Valeur des ressources humaines	Efficience économique
Mobilisation du personnel Degré d'intérêt que les employés manifestent pour leur travail et pour l'organisation ainsi que l'effort fourni pour atteindre les objectifs	**Économie des ressources** Degré auquel l'organisation réduit la quantité des ressources utilisées tout en assurant le bon fonctionnement du système
Moral du personnel Degré auquel l'expérience du travail est évaluée positivement par l'employé	**Productivité** Quantité ou qualité des biens et des services produits par l'organisation par rapport à la quantité de ressources utilisées pour leur production durant une période donnée
Rendement du personnel Qualité ou quantité de production par employé ou par groupe	
Développement du personnel Degré auquel les compétences s'accroissent chez les membres de l'organisation	

TABLEAU 16.1 La conception intégrée de l'efficacité organisationnelle selon ses dimensions et ses indicateurs (suite)

Légitimité de l'organisation auprès des groupes externes	Pérennité de l'organisation
Satisfaction des bailleurs de fonds Degré auquel les bailleurs estiment que leurs fonds sont utilisés de façon optimale **Satisfaction de la clientèle** Jugement que porte le client sur la façon dont l'organisation a su répondre à ses besoins **Satisfaction des organismes régulateurs** Degré auquel l'organisation respecte les lois et les règlements qui régissent ses activités **Satisfaction de la communauté** Appréciation que fait la communauté élargie des activités et des effets de l'organisation	**Qualité du produit** Degré auquel le produit répond aux besoins de la clientèle **Rentabilité financière** Degré auquel certains indicateurs financiers (par exemple, la rentabilité) de l'organisation augmentent ou diminuent par rapport aux exercices précédents, ou par rapport à un objectif fixé **Compétitivité** Degré auquel certains indicateurs économiques se comparent favorablement ou défavorablement avec ceux de l'industrie ou des concurrents

Source: E.-M. Morin, A. Savoie et G. Beaudin, *L'efficacité de l'organisation: théories, représentations et mesures*, Boucherville, Gaëtan Morin Éditeur, 1994, p. 116.

16.1.2 UN MODÈLE D'ÉVALUATION DE LA GRH

Comme l'indique le modèle de la figure 16.1, l'évaluation de l'efficacité de la GRH met en relation les stratégies en matière de ressources humaines et la responsabilité partagée de la GRH entre les acteurs prioritaires de l'organisation.

L'évaluation de la GRH est centrée sur la légitimité, l'efficacité et l'efficience de la stratégie en matière de ressources humaines. Ce processus permet d'interroger la légitimité des objectifs économiques et sociaux qui reposent théoriquement sur la mission, les orientations stratégiques et les valeurs de la gestion de l'organisation. Il permet également d'interroger la légitimité des pratiques reliées aux ressources humaines tout comme leur efficacité (le degré de réalisation des objectifs visés par les pratiques) et leur efficience (le rapport entre les résultats atteints et les ressources nécessaires). La légitimité des pratiques est une dimension importante de l'évaluation, car une pratique peut être efficace et efficiente mais pas nécessairement légitime eu égard aux valeurs de l'organisation et de la société ou encore à la conformité à des lois. Par exemple, la pratique de rémunération

FIGURE 16.1 Un modèle d'évaluation de l'efficacité de la GRH

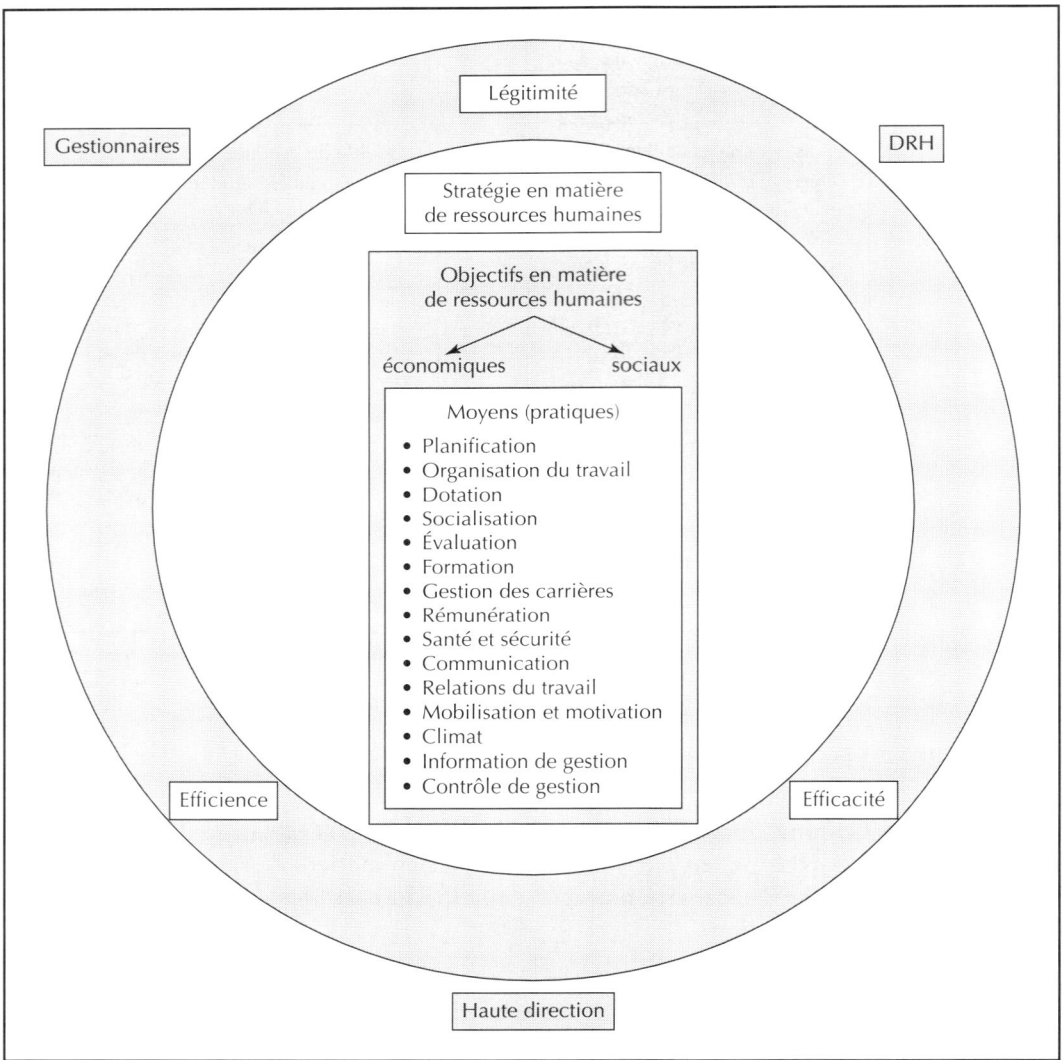

peut atteindre ses objectifs consistant à attirer des employés, à les mobiliser et à les amener à innover avec une utilisation optimale de la masse salariale, tout en allant à l'encontre de l'équité salariale et des valeurs de justice distributive dans l'organisation. Le modèle met aussi en évidence l'importance d'évaluer la pertinence des pratiques de GRH pour appuyer

TABLEAU 16.2 L'évaluation et la planification structurées selon les domaines de la GRH au sein des établissements canadiens, en 1993

	Plan structuré	Procédure d'évaluation structurée
	(En pourcentage)	
Conception et analyse d'emplois	39,4	33,4
Dotation	38,4	27,3
Formation et perfectionnement	44,7	30,6
Rémunération	58,2	44,6
Communication et participation des employés	36,7	22,1
Soins familiaux	14,2	7,5
Relations employeurs-employés	26,6	12,4
Tout domaine fonctionnel	75,4	60,4

Source : G. Betcherman, K. McMullen, N. Leckie et C. Caron, *Les transformations du milieu de travail au Canada*, Kingston, Ont., IRC Press, 1994, p. 36. Estimations des auteurs fondées sur des données du Sondage sur les pratiques en matière de gestion des ressources humaines.

les objectifs économiques et sociaux de la GRH[2]. Une troisième série de paramètres de l'évaluation fait référence aux acteurs de l'organisation. Ainsi le processus d'évaluation se centre-t-il uniquement sur la mission de la DRH, ses rôles et les activités qui sont de son ressort exclusif, ou, également, sur les responsabilités de GRH dévolues aux hauts dirigeants et aux supérieurs hiérarchiques.

Ce modèle d'évaluation de la GRH et la définition que nous venons de donner de l'efficacité nous portent à croire que les pratiques d'évaluation devraient être légion dans les organisations. Cependant, il en est tout autrement. Les recherches de Betcherman et autres (1994), de Dolan, Grégoriades et Belout (1995) et de Tsui et Gomez-Mejia (1988) nous permettent de tracer le portrait suivant de la situation :

– Comme l'illustre le tableau 16.2, dans tous les domaines de la GRH, exception faite de la rémunération, seule une minorité des organisations possède un plan officiel des ressources humaines, et les procédures d'évaluation sont encore plus rares. On estime également, selon la meilleure hypothèse, que moins de la moitié des organisations québécoises ont un plan de ressources humaines (embryon de stratégie)

---

[2]. Pour une discussion sur les objectifs reliés aux ressources humaines, voir Dyer et Holder (1988) et Wils et autres (1989).

intégré dans la planification stratégique globale de l'organisation. Toujours selon la meilleure hypothèse, au Québec, environ une entreprise sur trois pratiquerait l'évaluation de la GRH sur une base plus ou moins formelle.

- Quand il y a évaluation de la GRH, elle se fait surtout sur une base informelle et irrégulière.
- On observe un manque de rigueur dans l'évaluation, en ce sens que beaucoup de dirigeants font l'hypothèse que si le rendement des employés est évalué positivement, cela veut dire que la GRH est efficace.
- Les entreprises qui évaluent leur GRH sont des entreprises de grande taille, plus dynamiques et en meilleure santé.
- Les entreprises qui évaluent leur GRH ont une DRH bien organisée, pourvue de bons moyens et intégrée dans la haute direction de l'organisation. Dans ces organisations, l'évaluation est une responsabilité partagée entre la haute direction et la DRH.
- La DRH en tant que service est la dimension la plus évaluée et l'approche des constituantes multiples (clientèles) est la plus utilisée.

16.1.3 Pourquoi faut-il évaluer la GRH?

De nombreuses raisons peuvent expliquer la volonté des membres d'une organisation d'évaluer la GRH. Les objectifs poursuivis et les avantages de l'évaluation sont regroupés dans le tableau 16.3.

Devant autant d'avantages de l'évaluation de la GRH, comment peut-on expliquer la diffusion relativement faible de cette pratique dans les organisations? Rappelons que le concept d'efficacité est multidimensionnel et antinomique. Rappelons également que les systèmes humains, par opposition aux systèmes techniques et économiques, sont difficilement mesurables. Dans un ouvrage exhaustif sur les tableaux de bord de gestion, Voyer (1994) parle quant à lui des mythes à combattre en ce qui concerne la mesure. Il avance entre autres les mythes suivants: la mesure est menaçante, la précision est essentielle pour que la mesure soit utile, et la mesure subjective n'est pas sérieuse. Finalement, mentionnons que la pratique de l'évaluation a une nette tendance à bureaucratiser et à complexifier les choses et que, souvent, les organisations multiplient les évaluations sans savoir vraiment pourquoi elles font celles-ci ni à quoi serviront les fruits de leur travail.

16.1.4 La démarche d'évaluation

Une démarche d'évaluation de la GRH comporte une certaine logique et une séquence d'actions à entreprendre. La figure 16.2 illustre cette démarche.

TABLEAU 16.3   Les raisons de l'évaluation de la GRH

- Pour assurer la conformité des activités de GRH avec les diverses lois encadrant les rapports individuels et collectifs de travail.
- Pour contrôler la gestion et standardiser la prise de décisions.
- Pour préciser les problèmes, les prévenir et améliorer de façon continue les pratiques de GRH.
- Pour stimuler la fixation d'objectifs dans un contexte d'harmonisation de la GRH à la mission, à la stratégie et aux valeurs de gestion de l'organisation.
- Pour situer la contribution des spécialistes en ressources humaines à l'intérieur de l'entreprise et pour clarifier les rôles. L'évaluation permet également à ces spécialistes d'acquérir un plus grand professionnalisme.
- Pour tracer un portrait et faire le bilan de la fonction « ressources humaines », c'est-à-dire connaître la valeur des ressources humaines selon la conception de Morin, Savoie et Beaudin (1994).
- Pour attribuer les ressources et les budgets.
- Pour permettre à l'entreprise de se comparer et de se positionner.
- Pour motiver les ressources financières engouffrées dans les activités de GRH.
- Pour convaincre les membres de l'organisation en parlant le langage de la rigueur et de la preuve.

FIGURE 16.2   La démarche d'évaluation de la GRH

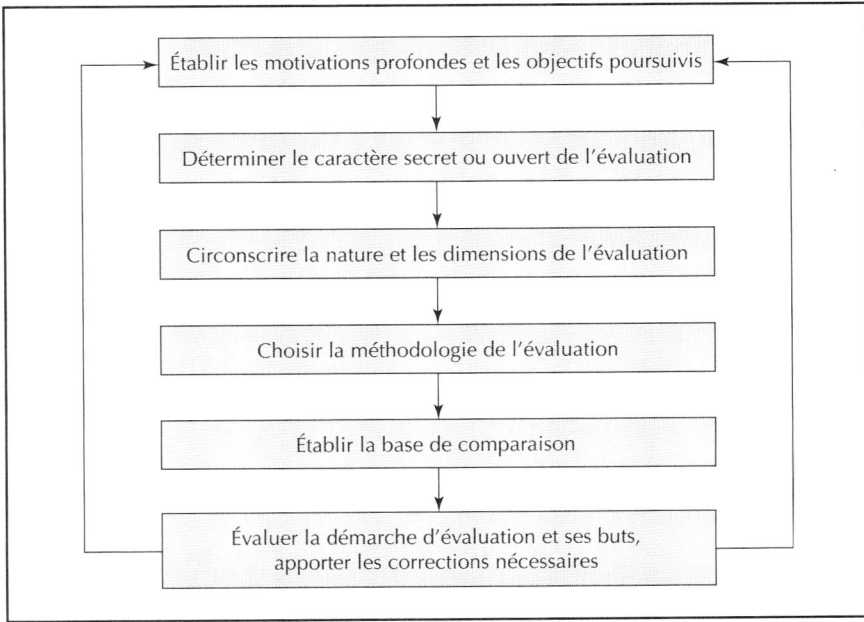

La première étape consiste à établir les motivations profondes et les objectifs poursuivis par l'évaluation. Cette étape est fondamentale, car elle permettra de mobiliser les acteurs autour de l'évaluation. La deuxième étape consiste à prendre position par rapport au caractère secret ou ouvert de l'évaluation. Il faudra aborder des questions relatives aux façons de faire, aux destinataires de l'évaluation et aux stratégies de communication des résultats. Quant à la troisième étape, elle vise à circonscrire la nature et les dimensions de l'évaluation. L'évaluation portera-t-elle sur la légitimité, l'efficacité et l'efficience de la stratégie relative aux ressources humaines ou simplement sur un certain nombre de pratiques? Portera-t-elle sur les buts économiques ou sociaux de la GRH? La DRH sera-t-elle le seul acteur qui fera l'objet de l'évaluation? Qui, parmi les autres acteurs et les clients, seront les juges de l'évaluation? Quelle précision est recherchée dans l'évaluation? Et ainsi de suite.

La quatrième étape de la démarche d'évaluation consiste à déterminer la méthodologie de l'évaluation. Il s'agit de choisir l'approche d'évaluation, le devis méthodologique (groupe sous évaluation, groupe contrôle, devis expérimentaux, etc.), la stratégie de collecte des données, le type de sources d'information, les critères et les indicateurs à retenir, etc. Puis, la cinquième étape permettra d'établir la base de comparaison, à savoir la situation actuelle par rapport à la situation désirée (les résultats par rapport aux objectifs) ou encore les cibles de comparaison qui serviront à procéder au *benchmarking*. Cette activité d'évaluation en relation avec d'autres organisations permet aux dirigeants de l'organisation ou aux spécialistes en ressources humaines de comparer leurs pratiques avec les meilleures pratiques dans un champ d'expertise donné. Finalement, la sixième étape consiste à évaluer la démarche d'évaluation et ses buts, à porter un jugement sur l'efficacité de cette démarche et à apporter les corrections nécessaires.

16.1.5 Les approches d'évaluation

Il existe de nombreuses approches d'évaluation de l'efficacité de la GRH. Certaines approches ont des points communs, d'autres sont plus des mécanismes d'évaluation que des approches. Nous retiendrons trois approches d'évaluation, soit la vérification, la comptabilisation des ressources humaines et, finalement, les constituantes multiples.

La vérification

Cette approche d'évaluation consiste à porter un jugement sur le degré de conformité des activités de GRH avec les objectifs préétablis ou certaines prescriptions du milieu professionnel reposant sur la théorie des meilleures pratiques (*best practices*). Pour Biles et Schuler (1986), la vérification de la GRH est un processus de contrôle de la qualité des activités de GRH de la division ou de l'entreprise, qui permet entre autres de porter un jugement sur la façon dont ces activités appuient la stratégie de l'organisation. Cette approche est probablement celle qui est la plus utilisée par les spécialistes pour évaluer la GRH. On peut définir la vérification de la GRH de la façon suivante: « il s'agit principalement de vérifier si les politiques et les procédures prévues pour la GRH sont effectivement respectées par les spécialistes du service des ressources humaines, et surtout par les supérieurs hiérarchiques » (Petit et autres, 1993, p. 723). Comme on peut l'observer, cette approche interpelle les principaux acteurs de la GRH (la DRH, la haute direction et les gestionnaires), et chacun peut faire l'objet d'une évaluation.

L'évaluation peut prendre une forme qualitative. Elle consiste alors en une longue liste de vérification qui est soumise à une appréciation de la part d'une ou plusieurs personnes de l'intérieur ou de l'extérieur de l'organisation relativement à la conformité de la situation présente avec un idéal (des prescriptions) ou avec des objectifs préétablis. Cette évaluation peut également prendre une forme quantitative, qui correspond à ce que certains auteurs appellent la méthode des indices et ratios ou des tableaux de bord de gestion. Cette façon de faire permet de mesurer à la fois la réalisation d'objectifs quantitatifs particuliers et l'efficience et la qualité des moyens mis en œuvre pour atteindre les objectifs (Fitz-enz, 1984). Le tableau 16.4 donne une excellente idée de l'approche de vérification ou de tableau de bord appliquée aux domaines suivants de la GRH: la mobilisation des ressources humaines, le développement des employés, le rendement des employés et le moral des employés.

Bref, cette approche, qui combine les méthodes quantitatives avec les méthodes qualitatives, permet de considérer la fonction « ressources humaines » dans son ensemble en isolant les responsabilités des acteurs les plus importants de la GRH, dont la DRH. Grâce à des indicateurs quantitatifs ou qualitatifs, l'organisation peut comparer sa situation actuelle avec une situation idéale attribuable à des éléments internes (stratégie, plans, objectifs) ou externes (*benchmarking*). Cependant, cette approche ne permet pas de saisir toutes les subtilités des activités de GRH; plus encore, la validité de ses mesures est limitée étant donné l'importance qui est souvent accordée à la façon d'évaluer (le comment) par rapport à l'objet de l'évaluation (le quoi). Finalement, cette approche exige la mise en place de toute une infrastructure pour colliger, traiter, analyser et diffuser les renseignements.

TABLEAU 16.4 Des exemples de dimensions, de critères et d'indicateurs de l'efficacité de la GRH

Critères	Individu	Groupe	Organisation	Environnement
Mobilisation	<ul><li>Adhésion aux objectifs et aux valeurs de l'organisation</li><li>Implication au travail</li><li>Implication à l'emploi</li><li>Engagement à l'égard de l'organisation</li><li>Ponctualité</li><li>Assiduité</li><li>Motivation au travail</li></ul>	<ul><li>Initiatives déployées par les membres du groupe</li><li>Nombre de suggestions ou d'idées soumises par les membres du groupe et mises en œuvre par le groupe</li><li>Taux de participation des membres du groupe aux activités sociales du groupe</li><li>Taux de participation des membres du groupe à des situations d'urgence vécues par le groupe</li></ul>	<ul><li>Initiatives déployées par le personnel, nombre de suggestions ou d'idées soumises par les employés et mises en œuvre</li><li>Taux de rotation des employés</li><li>Taux de participation des employés aux activités sociales</li><li>Taux de participation des employés à des situations d'urgence</li><li>Taux de ponctualité et d'assiduité des employés</li></ul>	
Développement des employés	<ul><li>Pourcentage des employés à qui l'on a attribué des responsabilités nouvelles ou élargies</li><li>Pourcentage de personnes ayant le statut de personnes-ressources</li></ul>	<ul><li>Degré d'appel à des groupes de travail internes</li></ul>	<ul><li>Mobilité interne des employés</li><li>Mesure des apprentissages en situation de perfectionnement</li><li>Mesure du transfert d'apprentissage en milieu de travail</li><li>Taux de promotions et de mutations internes par rapport au taux d'affichage total</li><li>Degré d'utilisation du parrainage</li><li>Pourcentage d'employés pouvant occuper un autre poste que le leur</li><li>Nombre ou pourcentage d'employés à qui on a offert des mandats hors cadre (reliés à l'individu, pas nécessairement au poste)</li></ul>	

TABLEAU 16.4 Des exemples de dimensions, de critères et d'indicateurs de l'efficacité de la GRH (suite)

Critères	Individu	Groupe	Organisation	Environnement
Rendement des employés	Données recueillies au niveau individuel sur une période déterminée: • quantité des extrants • qualité des extrants Appréciation (intuitive ou en relation avec un objectif ou un comportement): • quantité de la production • qualité de la production • valeur de la production • qualité des actes concourant à la production	Données recueillies au niveau groupal sur une période déterminée: • quantité des extrants • valeur économique des extrants • qualité des extrants • coûts de production des extrants Appréciation (intuitive ou en relation avec un objectif ou un comportement): • quantité de la production • qualité de la production • valeur de la production • qualité des actes concourant à la production	Données recueillies au niveau organisationnel sur une période déterminée: • quantité des extrants • valeur économique des extrants • qualité des extrants • coûts de production des extrants	
Moral des employés	• Mesure de la satisfaction • Absentéisme • Assiduité • Ponctualité	• Mesure de la satisfaction	• Taux d'absentéisme • Taux de maladies ou d'accidents • Taux de griefs • Taux de rotation des employés • Nombre de jours perdus pour arrêt de travail • Motifs de départ volontaire • Nombre d'actes déviants (sabotage, vol, etc.) • Mesure de la satisfaction	

Source: E.-M. Morin, A. Savoie et G. Beaudin, *L'efficacité de l'organisation: théories, représentations et mesures*, Boucherville, Gaëtan Morin Éditeur, 1994, p. 104-107.

La comptabilisation des ressources humaines

La comptabilisation des ressources humaines n'est pas une approche nouvelle, car elle a son origine dans les travaux de Flamholtz (Brummet, Flamholtz et Pyle, 1968), qui lui-même s'est inspiré des théories comptables ainsi que des théories du capital humain, lesquelles ont une longue histoire en économie. La comptabilisation des ressources humaines consiste à donner aux ressources humaines une valeur monétaire qui pourrait apparaître dans les états financiers, au même titre que les immobilisations, les inventaires, l'équipement, etc. Dans le monde d'aujourd'hui où l'efficacité d'une organisation est mesurée principalement par ses résultats trimestriels, ses résultats annuels et sa valeur comptable, il est intéressant de pouvoir évaluer les ressources humaines dans un langage comptable, de la même manière que les autres actifs de l'organisation. Ainsi, on pourrait enfin juger de la valeur réelle actuelle et future des ressources humaines. Par contre, plusieurs questions concernant les ressources humaines rendent difficile la diffusion de cette approche:

- Faut-il considérer les ressources humaines comme des dépenses qui doivent être soustraites des revenus courants ou comme des investissements qui se déprécieront au cours de leur vie utile?
- Comment peut-on évaluer la durée probable de l'emploi?
- Comment peut-on attribuer la valeur du marché à l'actif «ressources humaines»?
- Sait-on vraiment ce que rapportent les coûts d'acquisition, d'entretien et de maintien qui sont mesurés?
- Est-ce que la seule façon de mesurer les bénéfices réside dans la diminution des coûts de la main-d'oeuvre?

Afin de pallier ces problèmes, certains auteurs ont conçu des mécanismes d'évaluation comptables que l'on associe à l'analyse de l'utilité (Boudreau, 1988; Cascio, 1991; Schmidt, Hunter et Perlman, 1982). Cette forme d'évaluation des coûts et des bénéfices aide à se représenter les conséquences financières d'un programme ou d'une activité de GRH en mesurant les bénéfices réalisés par le programme ou l'activité en question par rapport aux ressources financières allouées à sa conception et à sa réalisation. Plusieurs schèmes expérimentaux et devis de mesure et de calcul permettent de circonscrire l'ensemble des paramètres comptables à considérer. Les conclusions que l'on peut tirer de l'évaluation des coûts et des bénéfices sont de trois ordres.

Premièrement, au moyen de cette méthode, on peut évaluer des programmes particuliers de gestion, comme une activité de formation, un processus de sélection, un programme d'aide aux employés ou un programme de santé et de sécurité du travail. Deuxièmement, il est relativement facile de mesurer les coûts, en ce sens qu'on peut attribuer une valeur monétaire au programme en isolant certains coûts directs et indirects liés à la conception, au développement, à l'implantation et à la gestion de ce programme.

Troisièmement, l'évaluation des bénéfices, c'est-à-dire de la valeur monétaire accordée aux effets d'un programme, est une démarche plus complexe que celle permettant d'évaluer les coûts. Les bénéfices proviennent soit d'une augmentation des revenus (augmentation du prix de vente ou du volume des ventes) ou d'une diminution des coûts (également considérée comme un gain financier). Ainsi, sachant que l'absentéisme représente un coût pour l'organisation, une réduction de l'absentéisme équivaut donc à un bénéfice pour elle. Il en va de même pour la santé et la sécurité du travail ainsi que pour le roulement du personnel. Grâce à une telle méthode, des professionnels en ressources humaines peuvent faire la démonstration que les coûts directs et indirects engendrés par un programme de formation, de 75000$ par exemple, permettent de réaliser des économies de l'ordre de 100000$ en diminuant l'absentéisme, le roulement et les accidents du travail. Une telle méthode pourrait également aider à démontrer que le programme de formation (75000$) rend chaque employé plus performant, ce qui entraîne une augmentation du volume des ventes ou de la production, laquelle apporte de l'argent neuf (100000$, par exemple) à l'organisation.

Par conséquent, la comptabilisation des ressources humaines permet théoriquement de mesurer la valeur des ressources humaines et de la GRH de même que les répercussions financières des activités et pratiques de GRH. Bien que ces objectifs soient valables, il semble que le caractère strictement comptable et économique de cette approche, sa faisabilité et sa complexité sur le plan de l'information à produire, nuisent à sa diffusion.

Cependant, une version plus simpliste, plus sociale et moins complexe de la comptabilisation des ressources humaines a été mise au point il y a une vingtaine d'années. Il s'agit du « bilan social » à la française, imposé par une loi en 1977, qui consiste à quantifier des éléments de la GRH et des pratiques de GRH sous la forme d'un rapport annuel qui correspond plus souvent à un tableau de bord de gestion qu'à un bilan comptable. Zardet reprend les propos consignés dans le rapport Sudreau (1975) qui a été à l'origine de cette obligation à laquelle sont soumises les entreprises françaises:

> *La gestion financière et économique s'appuie sur une information quantifiée et précise. Si l'on veut que la gestion sociale participe aux préoccupations statégiques de la firme, il faut qu'elle sorte du relatif et du subjectif même si, dans ce domaine, la quantification est difficile et le progrès relève surtout de l'ordre qualitatif. Le moment est venu de donner une base*

> *chiffrée au dialogue entre les partenaires de l'entreprise, permettant de mesurer l'effort accompli en matière sociale et de mieux situer les objectifs [...] Ce progrès est nécessaire si l'on veut définir les objectifs au niveau national* (1997, p. 596).

Bien que cette pratique ait eu peu d'effets en Amérique du Nord, il n'en demeure pas moins que certaines entreprises ont adopté ce type de bilan. Parmi elles, Cascades inc., une organisation québécoise bien en vue dans le secteur des pâtes et papiers, inclut un bilan social à l'intérieur de son rapport annuel. Pour l'année 1996, on peut y lire:

> *Au dernier exercice, nous avons embauché quelque 1 000 personnes, si bien que notre main-d'œuvre comptait près de 8 100 employés au 31 décembre 1996 comparativement à 8 500 un an plus tôt et ce, en dépit de la vente de six entreprises en cours d'année. Par ailleurs, en plus d'une masse salariale brute de près de 295 millions $, Cascades a versé à ses employés 26,3 millions $ à titre de partage des profits et 119,2 millions $ au chapitre des avantages sociaux, pour une rémunération totale de 440,3 millions $.*
>
> *En 1996, 8 millions $, soit 2,5 % de notre masse salariale, ont été investis dans la formation du personnel à travers le Groupe. Pas moins de 197 000 heures de formation, par rapport à 172 000 l'année précédente, ont été allouées pour rehausser les connaissances techniques de nos employés, leur permettre de développer de nouvelles habiletés, appuyer notre démarche de qualité totale, renforcer nos programmes de santé et sécurité au travail et former notre personnel aux mesures de protection de l'environnement* (Cascades inc., 1996, p. 42-43).

Le tableau 16.5 présente de façon plus détaillée les conclusions du bilan social de Cascades relativement aux dimensions suivantes: les effectifs, la rémunération, la santé et sécurité de même que la formation.

Les constituantes multiples

L'approche des constituantes multiples (*multiple-constituency approach*), qui est relativement nouvelle dans le domaine de la GRH[3], a été documentée principalement par Tsui (1984, 1987, 1990) et certains collaborateurs comme Gomez-Mejia et Milkovich (Tsui et Gomez-Mejia, 1988; Tsui et Milkovich, 1987). Quelques recherches sur le sujet nous ont permis de mieux comprendre la nature de cette approche et sa finalité (Belout, 1994;

---

3. Bien que cette approche soit récente dans le domaine de la GRH, on l'utilise depuis plusieurs décennies pour évaluer l'efficacité organisationnelle en général (Cameron et Whetten, 1983; Connolly, Conlon et Deutsch, 1980; Morin, Savoie et Beaudin, 1994).

TABLEAU 16.5 Le bilan social de Cascades inc. pour 1996

Groupes	Embauche	Départs	Embauche étudiants	Embauche stagiaires	Transferts inter-compagnies	Nombre d'employés
Effectifs						
Cartons plats	191	169	192	135	18	2 750
Papiers fins	167	78	66	12	1	1 081
Papiers tissu	59	101	51	9	14	892
Cartons caisse	107	80	143	32	14	1 122
Produits spécialisés	487	294	210	58	66	2 236
Total	1 011	722	662	246	113	8 081

Rémunération (en milliers de dollars)

Groupes	Taux (%) absentéisme	Salaires bruts	Avantages sociaux	Partage des profits	Rémunération totale
Cartons plats	4,3 %	111 354	48 754	8 627	168 735
Papiers fins	1,9 %	40 146	14 448	2 503	57 097
Papiers tissu	3,6 %	29 591	12 304	3 726	45 621
Cartons caisse	3,0 %	39 163	17 193	3 573	59 929
Produits spécialisés	3,5 %	74 534	26 473	7 902	108 909
Total	3,8 %	294 788	119 172	26 331	440 291

Santé et sécurité

Groupes	Heures travaillées (en milliers)	Nombre d'accidents	Nombre de jours perdus
Cartons plats	4 661	97	2 332
Papiers fins	1 933	45	542
Papiers tissu	1 560	86	474
Cartons caisse	2 124	58	1 608
Produits spécialisés	4 247	283	3 584
Total	14 525	569	8 540

Formation

Groupes	Nombre d'employés	Nombre d'heures	Coûts (en milliers de $)
Cartons plats	2 311	48 423	3 350
Papiers fins	877	27 065	1 023
Papiers tissu	589	24 011	822
Cartons caisse	882	27 454	944
Produits spécialisés	1 600	70 740	1 865
Total	6 259	197 693	8 004

Source : Cascades inc., *Rapport annuel*, Kingsey Falls, 1996, p. 47.

Belout et Dolan, 1996; Dolan, Grégoriades et Belout, 1995; Labelle et Wils, 1997; Tsui, 1990; Tsui et Gomez-Mejia, 1988; Wils, St-Onge et Labelle, 1994).

Dans cette approche, l'organisation est considérée comme un système ouvert et le service des ressources humaines est un des sous-systèmes qui se sert des buts d'autres sous-systèmes (le service de la production, par exemple) en tant qu'intrants et qui diffuse ses buts (extrants), qui, à leur tour, serviront d'intrants à d'autres sous-systèmes (le service des finances, par exemple). Cette notion de clients-fournisseurs ou clients-utilisateurs est également la base des démarches axées sur la qualité dans les organisations. Il ne faut donc pas être surpris que cette approche d'évaluation ait suscité l'engouement ces dernières années. Ainsi, cette façon d'évaluer l'efficacité de la GRH repose sur la capacité d'une DRH d'établir des relations harmonieuses avec les utilisateurs de ses services et de répondre à leurs attentes (satisfaction des besoins). Les différents utilisateurs du service des ressources humaines sont représentés dans la figure 16.3. Ces utilisateurs, il va de soi, ne disposent pas d'un pouvoir équivalent pour influencer la DRH et l'obliger à répondre à leurs attentes.

Devant l'absence d'une définition unique de l'efficacité et d'une vision commune du succès de l'organisation, certains sont préoccupés davantage par le rendement économique et financier, d'autres par un idéal, d'autres encore par les aspects humains et relationnels. Même à l'intérieur d'un groupe d'intérêt, on observe des divergences quant aux attentes. Le poste occupé, l'âge, le sexe, les aspirations professionnelles et les ambitions personnelles sont autant de facteurs qui diffèrent d'une personne à l'autre; pour cette raison, les attentes en ce qui concerne les services de GRH diffèrent également. Cette dynamique sociale soulève alors un certain nombre de questions. Ainsi, quelles dimensions ou pratiques, quels critères et quels indicateurs devront faire l'objet de l'évaluation[4]? Le jeu politique de l'organisation fait en sorte que, dans la majorité des cas, la coalition dominante et le groupe le plus puissant l'emportent. Bien entendu, l'idéal serait d'en arriver à un consensus, mais la réalité est tout autre. Qui portera un jugement sur les services offerts par la DRH? Les groupes d'intérêts économiques ou les groupes d'intérêts sociaux? Ici encore, il semble que le plus souvent la coalition dominante l'emporte, c'est-à-dire les cadres supérieurs et les gestionnaires.

---

4. Une analyse factorielle a permis à Dolan, Grégoriades et Belout (1995) de déterminer les dimensions suivantes et de les regrouper en deux catégories, soit les ressources humaines (appréciation du rendement, dotation, planification, formation, rémunération) et les relations du travail (conformité légale, conformité aux politiques, relations du travail, santé et sécurité, programmes d'aide aux employés).

FIGURE 16.3 Les clients-utilisateurs des services de la DRH

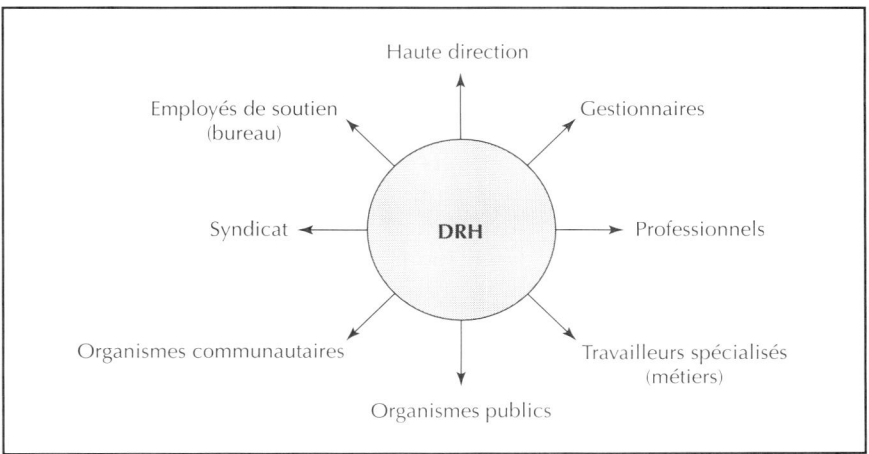

Tsui (1984) affirme que c'est en combinant les opinions de plusieurs groupes d'intérêts sur plusieurs dimensions des services offerts et en utilisant des critères distincts que l'on parviendra à l'évaluation la plus juste et la meilleure possible. Elle parle alors d'approche tripartite.

Dans des recherches récentes, on observe que la satisfaction des clients envers leur DRH est proportionnelle au niveau hiérarchique et, par le fait même, dépend du pouvoir respectif des clients ou utilisateurs. Ainsi, les gestionnaires constituent le groupe le plus satisfait (Tsui, 1987). Mais les résultats des travaux de Labelle et Wils (1997), de Tsui (1990) et de Wils, St-Onge et Labelle (1994) mettent en évidence le fait que la satisfaction des clients envers les services offerts par leur DRH est davantage influencée par la communication et la consultation que par le statut des employés.

En ce qui a trait à la méthodologie de cette approche, mentionnons que l'évaluation prend la forme d'un questionnaire sur la satisfaction ou les attitudes qu'on envoie à un échantillon ou à toute la population des groupes qui ont fait l'objet d'un choix. À un certain nombre de questions associées à chaque dimension retenue correspond une échelle de satisfaction standard.

Bref, cette approche est intéressante car elle rappelle à la DRH qu'elle constitue un service et qu'on ne peut mesurer son efficacité sans tenir compte du degré de satisfaction de ses clients-utilisateurs. De plus, elle respecte le pluralisme présent dans l'organisation. Par contre, sa principale faiblesse réside dans la subjectivité de l'évaluation et dans le fait que ce qui est bon pour une coalition dominante ou un groupe d'intérêt n'est pas nécessairement bon pour toute l'organisation.

16.1.6 Un constat sur l'évaluation de la GRH

Comme nous venons de le démontrer, l'évaluation de la GRH deviendra une pratique de plus en plus répandue dans les organisations modernes. En effet, il y a trop d'énergie, de temps et d'argent investis dans les différentes activités de GRH pour qu'on n'en mesure pas la valeur, les incidences financières et la contribution. Il existe cependant d'énormes difficultés à vaincre avant de pouvoir instaurer systématiquement une telle pratique, de sorte que les prochaines années seront sans doute fructueuses en ce qui touche les recherches visant à mettre au point des cadres de référence adéquats ainsi que des approches et des méthodes qui soient à la fois mobilisatrices et efficaces.

16.2 Le renouvellement de la GRH

Le renouvellement de la GRH a été analysé de façon systématique par Guérin et Wils (1996, 1997). Faisant la démonstration d'une mutation d'un paradigme traditionnel à un paradigme renouvelé de la GRH, ces derniers ont décrit le modèle renouvelé selon un certain nombre de caractéristiques. En nous inspirant de leurs travaux et de ceux de Jacob et Ducharme (1994) et d'Ulrich (1997), ainsi qu'en nous référant à nos conclusions aux chapitres 1 et 4, nous retiendrons les tendances suivantes ou défis de la GRH pour la prochaine décennie (tableau 16.6).

16.2.1 Une gestion plus stratégique

La GRH est appelée à devenir encore plus stratégique. Ce faisant, la dimension « ressources humaines » sera prise en considération dans la formulation de la vision, de la mission, de la stratégie et des valeurs de gestion d'une organisation. La GRH se concrétise davantage dans une approche prévisionnelle et intégrée, soit la stratégie relative aux ressources humaines, qui s'articule autour de quelques objectifs économiques et sociaux significatifs et de grappes de pratiques-clés qui présentent de la cohérence. Ainsi, la stratégie relative aux ressources humaines trouve sa légitimité dans la triade de l'environnement, à savoir l'adaptation à l'environnement externe (voir le chapitre 4), incluant l'environnement sectoriel, l'adaptation à l'environnement organisationnel, incluant la stratégie, la

TABLEAU 16.6   **Les défis de la GRH pour la prochaine décennie**

- Gestion plus stratégique
- Gestion plus culturelle
- Gestion plus participative et partagée
- Gestion plus centrée sur l'individu
- Gestion plus évaluative et informatisée
- Gestion plus internationale et ouverte sur le monde

technologie, la structure et la culture, et l'adaptation à l'environnement des ressources humaines du marché interne, incluant la diversité sociodémographique et la composition de la main-d'œuvre. Une fonction «ressources humaines» stratégique implique donc une capacité d'influencer a priori les décisions (par des analyses), une capacité d'influencer simultanément les décisions (par des évaluations des effets des scénarios et choix stratégiques potentiels) et une capacité d'aligner a posteriori les mesures reliées aux ressources humaines sur la triade de l'environnement (Wils, Le Louarn et Guérin, 1991). Une gestion stratégique des ressources humaines s'éloigne donc d'une gestion éparpillée, à la pièce et centrée sur les activités.

16.2.2   Une gestion plus culturelle

Les hommes et les femmes qui interagissent dans les milieux de travail sont à la fois l'objet et le sujet de la GRH, en ce sens que l'objet est géré par les pratiques, tandis que le sujet conçoit, développe, implante et évalue les mêmes pratiques. Les hommes et les femmes font donc partie d'un microcosme qui est nourri par une culture, c'est-à-dire par des valeurs qui prennent forme dans des discours, des comportements, des processus décisionnels, des pratiques, des artefacts et des symboles. La culture organisationnelle joue un rôle fondamental dans la vie des organisations. Elle est plus souvent émergente qu'imposée; par conséquent, elle est extrêmement difficile à gérer. Les spécialistes et les gestionnaires sont des acteurs-clés qui doivent à la fois comprendre la culture émergente et susciter des transformations culturelles visant à appuyer les changements organisationnels.

16.2.3   Une gestion plus participative et partagée

Nous avons démontré tout au long de ce livre que la responsabilisation est au centre de la réorganisation du travail et de l'innovation dans les pratiques de GRH. La GRH devient plus participative car elle implique un nouveau partage des activités et des décisions stratégiques et opérationnelles entre les différents acteurs. La fonction «ressources humaines» devrait être au centre de toutes les transformations du milieu de travail. Cela implique une sensibilisation à la participation, de même qu'une habilitation à la participation, surtout pour les gestionnaires, qui deviennent de plus en plus responsables de la gestion de leurs ressources humaines, et pour les employés, qui développent de plus en plus leur employabilité.

La GRH n'est plus la responsabilité première de la DRH, mais une responsabilité partagée où les cadres supérieurs, les gestionnaires, les syndicats et les employés se transforment davantage en acteurs dynamiques. Certains auteurs avancent le concept d'acteur collectif (Bélanger, 1996) pour exprimer cette convergence d'idées et d'énergies par rapport à la GRH.

16.2.4 Une gestion plus centrée sur l'individu

La GRH, longtemps marquée par la standardisation et la dépersonnalisation, est appelée à devenir plus flexible et plus souple afin de s'adapter à une diversité de plus en plus grande et surtout de respecter le caractère unique des personnes. Une politique uniforme et standardisée ne convient plus à des catégories d'employés où s'observent de nombreuses différences quant à l'âge, à l'ancienneté, à l'origine ethnique, aux acquis professionnels, aux projets de carrière, etc. Sans aller jusqu'à accorder à chacun sa propre convention collective, il reste que chaque employé devrait avoir la conviction qu'il est apprécié et traité de manière équitable. L'équité, qui constitue un des objectifs ultimes de la GRH, ne devrait donc pas être poursuivie exclusivement au moyen de mesures collectives, mais également au moyen de mesures individuelles dans le plus grand respect des différences. De plus, une GRH plus centrée sur l'individu devra considérer d'abord et avant tout les besoins de croissance et d'épanouissement de chacun. La GRH doit relever le défi consistant à mettre en valeur l'identité et l'intégrité des personnes, ce qui n'a pas toujours été compatible avec une conception plus administrative et productiviste de la GRH.

Depuis quelques années, l'approche de gestion des compétences a gagné en popularité (De Smet, 1998a), et l'on constate que de grandes entreprises tout comme de petites entreprises mettent sur pied des systèmes de GRH (dotation, formation, rémunération) qui appuient la logique de l'acquisition et du développement des compétences dans l'organisation. Cette logique permet aux personnes de se développer dans un contexte de polyvalence et de mobilité et, ainsi, de personnaliser la GRH. Elle permet également de bâtir la compétence collective, c'est-à-dire la synergie des compétences individuelles qui devient l'avantage concurrentiel et le moteur de l'organisation. Cette tendance associée au renouvellement de la GRH va dans le sens de la transformation des organisations en des organisations plus apprenantes, qui font fructifier le capital humain en élevant le capital des compétences de sa simple dimension individuelle à sa plus noble dimension collective (Le Boterf, 1997).

16.2.5 Une gestion plus évaluative et informatisée

Comme nous l'avons vu précédemment, la GRH devra se préoccuper davantage de l'évaluation de son efficacité et de sa valeur ajoutée dans l'organisation. Pour ce faire, le développement de systèmes d'information de GRH, intégrés dans ceux de l'organisation, en viendront à transformer substantiellement le rôle des DRH et des gestionnaires (Ulrich, Losey et Lake, 1997) en les libérant de tâches fastidieuses reliées à la collecte, à la saisie, au traitement, à l'analyse, à la transmission et à la diffusion de l'information, ce qui leur laissera plus de temps pour gérer les systèmes humains. Les nouvelles technologies de l'information et des communications (NTIC) permettent la délocalisation, l'interaction, l'accès aux sources d'information, la gestion en temps réel et la virtualité. Ces caractéristiques des NTIC transformeront radicalement les professions de gestionnaire et de spécialiste en ressources humaines (Jacob et Ducharme, 1994). En effet, une grande proportion des tâches reliées à la gestion des personnes au travail consiste en un travail administratif comportant une faible valeur ajoutée et n'apportant pas une contribution significative au développement de l'organisation. Certains services de gestion de la paie, de santé et sécurité, de gestion des avantages sociaux, de dotation et même de formation seront de plus en plus « assistés » par l'informatique, voire « impartis ». Le temps et l'énergie qu'on gagne ainsi devraient être accordés à des activités de gestion ayant une valeur ajoutée à la fois pour les personnes et pour l'organisation. Par ailleurs, la dotation est une activité qui se transformera complètement en raison de l'impartition et des NTIC. Par exemple, de plus en plus de sites Internet, que ce soit par l'entremise d'organismes publics (DRH Canada : www.hrdc-drhc.gc.ca) ou privés (www.recru-direct.com), permettent une meilleure circulation de l'information sur les marchés du travail et bouleversent les processus traditionnels de recherche et d'offre d'emplois. Un autre exemple de la révolution des NTIC est sans aucun doute la popularité croissante des réseaux intranets, qui modifient entièrement la communication organisationnelle et la gestion de l'information dans les entreprises. Qu'on le veuille ou non, les relations avec les employés et entre eux ne seront jamais plus les mêmes, à l'ère du cyberespace.

Dans son dernier ouvrage portant sur la réingénierie de la fonction «ressources humaines», Spencer (1995) affirme que les NTIC sont en train de transformer radicalement la GRH. Celles-ci ont des répercussions sur l'impartition, sur l'automation (les systèmes experts), sur l'intégration des pratiques dans des systèmes d'information de gestion des ressources humaines (SIGRH), sur la décentralisation de la prestation des services aux ressources humaines et, enfin, sur les rôles et les compétences des professionnels en ressources humaines.

Le cynisme à l'égard des NTIC et de leurs effets sur la transformation de la GRH tout comme l'adulation des NTIC, d'ailleurs, sont sans aucun doute les pires ennemis du développement et du renouvellement des organisations. Une lecture éclairée et critique de ce nouveau phénomène représente un défi majeur pour la GRH.

16.2.6 Une gestion plus internationale et ouverte sur le monde

À cette énumération des tendances en matière de GRH nous pourrions ajouter une gestion plus internationale des ressources humaines. En effet, un monde économique et social plus ouvert, moins réglementé et ayant une plus grande mobilité entraîne une problématique particulière. Une multinationale ou une entreprise-réseau implantera ses activités de production et de services non pas en fonction des lieux, mais en fonction du portrait de la main-d'œuvre et de la façon dont elle est gérée. La GRH devient donc un enjeu majeur dans la décision d'une entreprise québécoise et canadienne relativement au redéploiement de ses ressources et de ses activités au pays de même que dans certains États américains, dans des régions du Mexique ou ailleurs dans le monde. L'ouverture aux autres cultures, aux autres langues, aux autres pratiques nationales et à des institutions différentes devient alors un critère important pour les spécialistes et les gestionnaires préoccupés par une GRH plus internationale.

16.2.7 Les nouveaux défis, les nouveaux rôles et les nouvelles compétences

Les nouvelles tendances en matière de GRH, ou encore ce qu'il est convenu d'appeler le nouveau paradigme de la GRH, entraînent une mutation des rôles des gestionnaires et surtout des spécialistes en ressources humaines. À propos de ces derniers, Guérin et Wils (1997) insistent sur l'adoption d'un rôle de partenaire stratégique et d'agent de changement, sans délaisser pour autant le rôle de partenaire opérationnel, lequel devra peut-être être joué différemment.

Finalement, les nouveaux rôles des DRH amènent le développement de nouvelles compétences. Certaines de ces compétences sont actuellement assez bien assumées par les spécialistes; d'autres le sont beaucoup moins bien. Les compétences qui risquent de donner une réputation de premier ordre aux spécialistes en ressources humaines sont associées à la sensibilité à la culture organisationnelle, à la compréhension de la dynamique de l'organisation, au sens des affaires économiques et commerciales de l'organisation (rôle de partenaire d'affaires), à la recherche de l'innovation dans l'élaboration de pratiques de GRH, à la vision de la GRH dans l'organisation et à la capacité de la diffuser (rôle de leader), à la connaissance des NTIC et, enfin, à la capacité d'évaluer la contribution de la GRH au rendement de l'organisation. La figure 16.4 illustre les relations entre le renouvellement de la GRH, le renouvellement des rôles et celui des compétences. Cette comparaison permet d'établir un lien avec le chapitre 1 de ce livre, où est exposée l'évolution des compétences des spécialistes en ressources humaines suivant l'évolution de la fonction « ressources humaines ».

FIGURE 16.4   Le renouvellement de la GRH, des rôles et des compétences des spécialistes

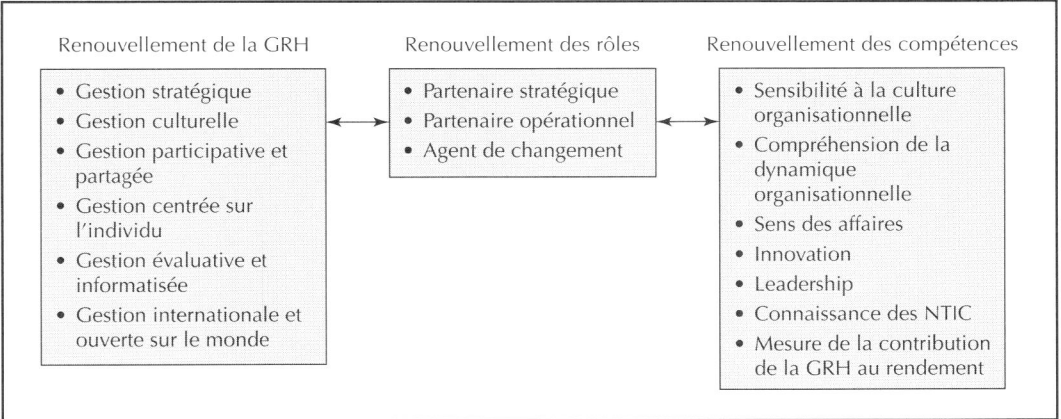

Conclusion

Le besoin d'élaborer des théories et des pratiques en relation avec l'évaluation de l'efficacité de la GRH est de plus en plus pressant. La haute direction, les gestionnaires et la DRH sont davantage responsables des résultats qu'ils obtiennent et surtout de la façon dont ils gèrent leurs ressources humaines. Cette affirmation est d'autant plus vraie pour les spécialistes qui œuvrent dans les DRH que cette profession est en pleine mutation dans un contexte où, plus que jamais dans l'histoire des théories de l'organisation, les ressources humaines sont considérées comme la source d'avantage concurrentiel la plus significative. Pour bien saisir la dynamique de cet enjeu, il est fondamental de situer l'évaluation de la GRH dans un plus grand ensemble, soit l'efficacité organisationnelle.

Dans ce chapitre, nous avons fait un certain nombre de constats selon lesquels l'efficacité est un concept multidimensionnel, hiérarchique, antinomique et opérant. Quant à l'évaluation de la GRH, il s'agit d'un concept qui comprend des dimensions (une stratégie, des objectifs, des moyens et des pratiques), des buts (l'efficacité, l'efficience et la légitimité) et une dynamique chez ses acteurs (la haute direction, les gestionnaires et la DRH). Nous avons exposé les raisons qui militent en faveur de l'évaluation et tenté d'expliquer pourquoi, malgré l'utilité évidente de l'évaluation, peu d'organisations procèdent à celle-ci avec rigueur. Après avoir décrit une démarche d'évaluation, nous avons présenté succinctement les trois approches de l'évaluation, à savoir la vérification (les tableaux de bord), la comptabilisation des ressources humaines (incluant le bilan social) et les constituantes multiples.

Par la suite, nous avons réfléchi sur les défis du renouvellement de la GRH et précisé quelques grandes tendances qu'on observe actuellement. Nous avons souligné entre autres les défis consistant à établir une GRH plus stratégique, plus culturelle, plus participative et partagée, plus centrée sur l'individu, plus évaluative et informatisée et, finalement, plus internationale et ouverte sur le monde. Ces défis nous permettent de constater que les rôles traditionnels de la DRH et des gestionnaires sont remis en question et que le renouvellement des rôles entraîne le développement de nouvelles compétences.

QUESTIONS DE RÉVISION

1. Définissez l'évaluation de l'efficacité de la GRH.

2. Pourquoi est-il important de mesurer la contribution de la GRH au succès (efficacité organisationnelle ou rendement) de l'organisation?

3. Quelles sont les principales dimensions de l'évaluation de l'efficacité organisationnelle?

4. Quels constats peut-on faire en ce qui a trait à la conception intégrée de l'efficacité organisationnelle?

5. Quelles sont les principales dimensions de l'efficacité de la GRH?

6. Quelles sont les principales étapes d'une démarche visant à évaluer l'efficacité de la GRH?

7. Décrivez les approches d'évaluation de l'efficacité de la GRH.

8. Décrivez les autres tendances majeures ou défis de la GRH à l'aube de l'an 2000.

Références

Bélanger, M. (1996). « Les stratégies de changement à bénéfices mutuels au Québec », dans *Innover pour gérer les conflits*, sous la direction de J. Bélanger, C. Bernier, J. Boivin, L. Chrétien et J. Sexton, Québec, Les Presses de l'Université Laval, p. 43-62.

Belout, A. (1994). *L'évaluation des directions des ressources humaines dans le milieu hospitalier québécois par l'approche « constituantes »*, thèse de doctorat, Université de Montréal, École des relations industrielles.

Belout, A. et S.L. Dolan (1996). « L'évaluation des directions des ressources humaines dans le secteur public québécois », *Relations industrielles*, vol. 51, n° 4, p. 726-755.

Betcherman, G., K. McMullen, N. Leckie et C. Caron (1994). *Les transformations du milieu de travail au Canada*, Kingston, Ont., IRC Press.

Biles, G.E. et R.S. Schuler (1986). *Audit Handbook of Human Resources Management Practices*, Alexandria, Virginie, American Society for Personnel Administration.

Boudreau, J.W. (1988). « Utility analysis », dans *Human Resource Management: Evolving Roles and Responsibilities*, sous la direction de L. Dyer et G. Holder, Washington, Bureau of National Affairs, p. 125-186.

Brummet, R.L., E. Flamholtz et W. Pyle (1968). « Human resource accounting: A challenge for accountants », *Accounting Review*, vol. 43, p. 217-224.

Cameron, K.S. et D.A. Whetten (1983). *Organizational Effectiveness: A Comparison of Multiple Models*, New York, Academic Press.

Cascades inc. (1996). *Rapport annuel*, Kingsey Falls.

Cascio, W.F. (1991). *Costing Human Resources: The Financial Impact of Behavior in Organizations*, Boston, Kent Publishing.

Connolly, T., E.J. Conlon et S.J. Deutsch (1980). « Organizational effectiveness: A multiple constituency approach », *Academy of Management Review*, vol. 5, p. 211-217.

De Smet, M. (1998a). « La gestion des compétences instaure un climat organisationnel dynamique », *Les Affaires*, 31 janvier, p. B2.

De Smet, M. (1998b). « Ressources humaines: naissance d'un nouvel Ordre. Les professionnels en ressources humaines et les conseillers en relations industrielles fusionnent pour renforcer leur visibilité », *Les Affaires*, 31 janvier, p. B1.

Dolan, S., C. Grégoriades et A. Belout (1995). *The Effectiveness of Human Resources Departments in the Quebec Pulp and Paper Industry: A Multiple Constituency Approach*, actes du congrès de l'Association des sciences administratives du Canada (ASAC), Windsor, p. 69-78.

Dyer, L. et G. Holder (1988). « A strategic perspective of HR management », dans *Human Resource Management: Evolving Roles and Responsibilities*, sous la direction de L. Dyer et G. Holder, Washington, Bureau of National Affairs, p. 1-46.

Fitz-enz, J. (1984). *How to Measure Human Resources Management*, New York, McGraw-Hill.

Guérin, G. et T. Wils (1992). *La gestion des ressources humaines: du modèle traditionnel au modèle renouvelé*, Montréal, Les Presses de l'Université de Montréal.

Guérin, G. et T. Wils (1996). « Gestion des ressources humaines: le nouveau paradigme, ses limites et ses exigences », dans *L'état des relations professionnelles: traditions et perspectives de recherches*, sous la direction de G. Murray, M.-L. Morin et I. Da Costa, Québec, Les Presses de l'Université Laval, p. 188-218.

Guérin, G. et T. Wils (1997). « Repenser les rôles des professionnels en ressources humaines », *Gestion*, vol. 22, n° 2, été, p. 43-51.

Jacob, R. et J. Ducharme (1994). *Changements technologiques et gestion des ressources humaines: fondements et pratique*, Boucherville, Gaëtan Morin Éditeur.

Labelle, C. et T. Wils (1997). « Restructuration d'une direction de ressources humaines: le point de vue des acteurs », *Relations industrielles*, vol. 52, n° 3, p. 483-506.

Le Boterf, G. (1997). « Construire la compétence collective de l'entreprise », *Gestion*, vol. 22, n° 3, p. 82-85.

Morin, E.-M., A. Savoie et G. Beaudin (1994). *L'efficacité de l'organisation: théories, représentations et mesures*, Boucherville, Gaëtan Morin Éditeur.

Petit, A., L. Bélanger, C. Benabou, R. Foucher et J.-L. Bergeron (1993). *Gestion stratégique et opérationnelle des ressources humaines*, Boucherville, Gaëtan Morin Éditeur.

Rapport Sudreau (1975). Rapport du Comité d'étude pour la réforme de l'entreprise, Paris, La Documentation Française.

Schmidt, F.L., J.E. Hunter et K. Perlman (1982). « Assessing the economic impact of personnel programs on workforce productivity », *Personnel Psychology*, vol. 35, p. 333-347.

SPENCER, L.M. (1995). *Reengineering Human Resources*, New York, John Wiley & Sons.

TSUI, A.S. (1984). «Personnel department effectiveness: A tripartite approach», *Industrial Relations*, vol. 23, n° 2, p. 184-197.

TSUI, A.S. (1987). «Defining the activities and effectiveness of the human resources department: A multiple constituency approach», *Human Resource Management*, vol. 26, n° 1, p. 35-69.

TSUI, A.S. (1990). «A multiple constituency model of effectiveness: An empirical examination at the human resource subunit level», *Administrative Science Quarterly*, vol. 35, n° 3, p. 458-483.

TSUI, A.S. et L.R. GOMEZ-MEJIA (1988). «Evaluating the human resource effectiveness», dans *Human Resource Management: Evolving Roles and Responsibilities*, sous la direction de L. Dyer et G. Holder, Washington, Bureau of National Affairs, p. 187-227.

TSUI, A.S. et G.T. MILKOVICH (1987). «Personnel department activities: Constituency perspectives and preferences», *Personnel Psychology*, vol. 40, p. 519-537.

ULRICH, D., M.R. LOSEY et G. LAKE (sous la dir. de) (1997). *HR Tomorrow's Management*, New York, John Wiley & Sons.

VOYER, P. (1994). *Tableaux de bord de gestion*, Sainte-Foy, Presses de l'Université du Québec.

WILS, T., C. LABELLE, G. GUÉRIN et J.-Y. LE LOUARN (1989). «La gestion stratégique des ressources humaines: un reniement du rôle social de l'entreprise», *Relations industrielles*, vol. 44, n° 2, p. 354-375.

WILS, T., J.-Y. LE LOUARN et G. GUÉRIN (1991). *La planification stratégique des ressources humaines*, Montréal, Les Presses de l'Université de Montréal.

WILS, T., M. ST-ONGE et C. LABELLE (1994). «La décentralisation des services de ressources humaines: impact sur la satisfaction des clients», *Relations industrielles*, vol. 49, n° 3, p. 483-502.

ZARDET, V. (1997). «Le bilan social français: quelle contribution à la prévention des crises en gestion des ressources humaines?», *GRH face à la crise: GRH en crise*, actes du VIIIe congrès de l'AGRH, Montréal, Les Presses des HEC, p. 595-609.

LECTURES SUGGÉRÉES

GUÉRIN, G. et T. WILS (1996). «Gestion des ressources humaines: le nouveau paradigme, ses limites et ses exigences», dans *L'état des relations professionnelles: traditions et perspectives de recherches*, sous la direction de G. Murray, M.-L. Morin et I. Da Costa, Québec, Les Presses de l'Université Laval, p. 188-218.

GUÉRIN, G. et T. WILS (1997). «Repenser les rôles des professionnels en ressources humaines», *Gestion*, vol. 22, n° 2, été, p. 43-51.

MORIN, E.-M., A. SAVOIE et G. BEAUDIN (1994). *L'efficacité de l'organisation: théories, représentations et mesures*, Boucherville, Gaëtan Morin Éditeur.

SPENCER, L.M. (1995). *Reengineering Human Resources*, New York, John Wiley & Sons.

ULRICH, D., M.R. LOSEY et G. LAKE (sous la dir. de) (1997). *HR Tomorrow's Management*, New York, John Wiley & Sons.

CAS

LAURENTIDE-LIBERTÉ : UNE NOUVELLE ENTREPRISE VOIT LE JOUR

Une fusion d'importance est sur le point de se réaliser dans le milieu des services financiers et des assurances au cours des prochains jours. Les renseignements suivants nous éclairent quelque peu sur la nature de ces deux entreprises.

LAURENTIDE

Laurentide est une entreprise de services financiers située à Québec, qui se spécialise dans les assurances, les rentes, les placements, les prêts, les hypothèques, etc. Elle est disséminée dans toutes les régions du Québec. En 1997, elle comptait 575 employés réguliers non syndiqués, soit 500 au siège social à Québec et 75 dans les différents bureaux régionaux. Elle évolue dans un marché très compétitif où la marge de profit est restreinte. Elle possède un style de gestion participatif considéré par certains comme étant d'avant-garde et très innovateur.

Pour Laurentide, les affaires vont très bien; sa force réside dans les groupes de clients. Elle a des visées d'expansion au sein des communautés francophones du Canada et des États-Unis. Elle ne néglige pas les particuliers, développant des produits et des services financiers modernes adaptés à leurs besoins.

La mission et les valeurs de gestion de Laurentide semblent devenir la raison d'être et le *modus vivendi* de la nouvelle entreprise. Sa mission est la suivante : « Laurentide est une entreprise mutuelle, qui vise à répondre de façon continue à des besoins financiers, prioritairement auprès des communautés francophones du Canada et des États-Unis. Elle offre une variété de produits individuels et collectifs de grande qualité, concurrentiels et appropriés, au coût le plus bas possible, en plus d'un service de grande qualité. » L'établissement des valeurs organisationnelles s'est réalisé il y a quelques années en étroite collaboration avec les employés. Les valeurs qui se sont dégagées au terme de l'examen de consultation sont les suivantes :

1) la primauté des clients ;
2) le respect des ressources humaines et de leur développement ;
3) la recherche de la qualité ;
4) le désir de progresser ;
5) l'engagement dans le milieu.

À quelques reprises depuis les 10 dernières années, le monde syndical a fait des tentatives pour syndiquer les employés de Laurentide. Malgré ces sollicitations, les employés n'ont jamais entrepris une démarche sérieuse dans le but de se syndiquer ; ils n'ont pas non plus exercé une pression pour obtenir quelque amélioration que ce soit en menaçant de se syndiquer si leurs demandes demeuraient infructueuses.

Dans ses politiques générales en matière de GRH, Laurentide indique qu'elle respecte la démocratie parmi le personnel. Elle a comme politique de s'assurer qu'il n'y a aucune interférence de la part de la direction dans l'administration et l'orientation de ces associations d'employés.

Récemment, à la suite de diverses rencontres, on a constaté que les employés de Laurentide ne semblaient éprouver aucun besoin de se syndiquer, et même que certains d'entre eux manifestaient des opinions assez négatives face à la syndicalisation. Plusieurs affirmaient qu'ils n'ont pas besoin d'un syndicat pour que des changements s'opèrent ou que leurs idées soient entendues. Ils semblaient considérer comme adéquats les mécanismes de consultation et d'information qui sont à leur portée et ils les utilisent au besoin.

Liberté

Liberté est également une entreprise de services financiers. Elle est située à Montréal et compte 280 employés, dont 196 employés de bureau et techniciens sont affiliés au Syndicat canadien de la fonction publique (SCFP). Elle possède une quinzaine de bureaux régionaux au Québec et une soixantaine d'employés travaillent dans les régions. Depuis quelques années, elle éprouve des difficultés sur le plan de la rentabilité. Elle pratique un style de gestion traditionnel, comme la majorité de ses concurrentes.

À Liberté, la situation est plutôt difficile. Elle se spécialise auprès des individus et la concurrence est très forte. Elle cherche surtout à rentabiliser ses activités. Elle aimerait percer davantage le marché des groupes.

À la fin des années 70, les employés de Liberté se sont affiliés à la FTQ et ils semblent relativement satisfaits de leur appartenance syndicale. La direction de Liberté a toujours reconnu à ses employés le droit de s'associer. Ces derniers ont d'ailleurs, au fil des années, éprouvé une certaine quiétude à l'idée de savoir que leurs droits sont confirmés dans un texte contresigné par l'employeur, qui s'intitule *Convention collective*. De plus, ils accordent une grande confiance à leur exécutif syndical actuel, qu'ils savent capable de les représenter adéquatement.

Le défi : intégrer les pratiques de GRH et développer une culture organisationnelle

Sur le plan des pratiques de GRH, ces deux entreprises auront des efforts importants à faire, car la première année d'exploitation devra permettre la mise sur pied d'une seule structure salariale, d'une seule politique de rémunération variable centrée sur le rendement, d'une politique intégrée de dotation et de mobilité interne pour toutes les catégories de personnel ainsi que d'une politique de formation qualifiante qui devra respecter un engagement concernant un investissement de 3 % de la masse salariale dans la formation. Les dirigeants de la nouvelle organisation née d'une fusion viennent tout juste de structurer la direction des ressources humaines. Ils ne feront aucune concession sur la qualité des services offerts aux gestionnaires (des services centraux et des bureaux régionaux), sur la promptitude à répondre aux besoins et sur le contrôle des coûts engendrés par les pratiques reliées aux ressources humaines.

En tant que nouveau membre de la direction des ressources humaines, votre patron, le nouveau vice-président des ressources humaines, vous demande de lui faire état de certaines de vos idées sur les sujets suivants.

Questions

1. Pourquoi faudrait-il investir du temps et de l'argent dans une démarche visant à mesurer la contribution de la DRH au succès de la nouvelle organisation ?

2. Quelles sont les principales dimensions qui devraient faire partie de l'évaluation de l'efficacité de la GRH ? Indiquez comment vous pourriez motiver, l'année prochaine, le fait que la fusion a été un succès sur le plan des ressources humaines.

3. Quelles approches seraient les plus pertinentes, compte tenu des dimensions que vous avez soulevées à la question précédente ?

4. Quels sont les principaux défis reliés aux ressources humaines que devra affronter Laurentide-Liberté au cours des prochaines années ?

Index

A

absentéisme, 639, 665
Academy of Management, 11
accident(s) du travail, 629, 630, 636
  au Québec, 624
  coûts indirects des ___, 624
  enquête sur l'___, 632
  prévention des ___, 625-627, 633-638
    voir aussi prévention
    associations pour la ___, 622
    mécanismes de ___, 621
    sous-estimation de la rentabilité de la ___, 624
  responsable d'un ___, 622
accréditation
  requête en ___, 94, 608
  unité d'___, 95, 588
    définition de l'___, 95
accueil
  des recrues, 246
  programme d'___, 246
acquisition des ressources humaines, 202
acteur(s), 465
  collectif, 560, 672
actions
  droits à la plus-value des ___, 405
  octroi ou achat d'___, 405, 408
  option d'achat d'___, 405, 408
  simulées, 405
activité(s)
  de GRH, 18, 44
  physique, 639
Adecco Personnel, 228
administration
  du personnel, 51
  écoles d'___, 10
  facultés d'___, 10
affectations temporaires, 317
affichage des postes, 220

agence(s)
  d'intérim, 572
  de placement, 228
    privées, 228
agent(s)
  de changement, 21, 53
  de contrôle, 53
aggravation, 630
ajustements salariaux, 517
Aktouf, O., 20
alcoolisme, 639
alignement a posteriori, 170
amélioration
  continue, 553
  des relations patronales-syndicales, 621
American Federation of Labor, 106
analyse
  de l'offre de travail, 184
  de l'organisation, 271
  de l'utilité, 664
  de processus, *voir* processus (analyse de(s))
  des besoins en formation, 268
  des individus, 272
  des tâches, 272
  du milieu de travail, 211
  du (des) poste(s), 211, 258, 299, 564, 565, 638
  du roulement, 186
ancres de carrière, 304
annonces dans les journaux et les revues, 222
antisélection, 526
apprentissage(s), 140
  objectifs d'___, 278
  organisationnel, 298
  régimes d'___, 256
  transfert des ___, 288
approche(s)
  d'évaluation, 660
  de l'économique institutionnelle du travail, 15

des relations humaines, 16
disciplinaire, 434, 450
  voir aussi discipline *et* principes disciplinaires
légaliste, 15
psychosociale, 15
« ressources humaines », 6
sociotechnique(s), 554, 558
stratégique en matière de GRH, 20
structurée, 497
systémique, 16
  appliquée à la GRH, 17, 18
techniciste, 15
traditionnelle, 497
APRHQ (Association des professionnels en ressources humaines du Québec), 12
aptitudes, 215
  cléricales, 242
  intellectuelles, 242
  mécaniques, 242
  physiques, 242
  tests d'___, 242
arbitrage
  conduite des séances d'___, 592
  des griefs, 589, 611
    tribunaux d'___, 613
  du (des) différend(s), 592
    régime général d'___, 592
arbitre
  de griefs, 589, 611, 612
    sentence d'un ___, 613
  nomination d'un ___
    mécanisme de ___, 612
    par le ministère du Travail, 612
Arcand, M., 22
aspects juridiques, 76
aspirations, 304
association(s)
  accréditée(s), 588, 612
  pour la prévention des accidents, 622
Association canadienne de relations industrielles, 11
Association de gestion des ressources humaines, 11
Association des professionnels en ressources humaines du Québec (APRHQ), 12

Association des sciences administratives du Canada, 11
assurance(s)
  voir aussi assurance-budget
  compagnies d'___, 467
  industrie des ___, 523
  régime(s) d'___, 519, 628
assurance-budget, 526
attentes, 346, 358
attitudes, 431, 636
  autocratiques, 13
attrition, 191
augmentation(s)
  au mérite, 337
  salariales effectives prévues dans les nouvelles conventions collectives négociées, 607
autoévaluation, 330, 366, 367
autoformation, 150
automation, 674
automatisation, 190
autonomie, 142, 148, 540, 546, 547, 554
autorité, 62, 432
  consultative, 610
  de conseil, 62
  fonctionnelle, 63
  hiérarchique, 62, 610
avantage(s)
  complémentaires, 518
  concurrentiel, 36
  sociaux, 208, 475, 477, 478, 518, 520, 528
    flexibles, 476, 524, 525
    imposition des ___, 522
avertissement
  écrit, 464
  verbal, 463
avis
  de cessation d'emploi ou de mise à pied, 85
  de négociation, 589, 590, 614
  disciplinaire, 461, 464
  écrit, 463

B

bandes salariales élargies, 505, 511
Banque de Montréal, 281
benchmarking, 660
Bernier, L., 623

besoins, 304
bilan social, 665, 666
Blancero, D., 21
bluff, 597, 598
Boiral, O., 638
Bombardier, 247
bonne santé physique, 641
Boroski, J., 21
boycottage, 595
brainstorming, 600
briseurs de grève, 97, 591, 614
Brody, B., 624
bruit excessif, 639
Bureau de révision, 632
bureaucratie, 149, 310
burnout, 641

C

cadre(s), 45, 59, 337, 435, 440
    conseillers en recrutement de ___, 229
    d'analyse des choix stratégiques, 77
    hiérarchiques, 42, 44, 46, 47, 428, 435
CAE, 229
Canadian Industrial Relations Association, 11
candidatures spontanées, 227
capacité concurrentielle, 624
capital de compétences, 301
caractère représentatif du syndicat, 96
carrière(s), 219, 332, 549
    ancres de ___, 304
    cheminement de ___, 305
    entretien de ___, 316
    gestion de(s) ___, 297, 299, 301, 567
        systèmes de ___, 320
    plafonnement de la ___, 308
    planification des ___, 192
    planification individuelle de ___, 313
    plans de ___, 299
CAT (Commission des accidents du travail), 623
catégories d'emplois, 517
    à prédominance féminine et masculine, 516
Centrale de l'enseignement du Québec (CEQ), 99, 111
Centrale des syndicats démocratiques (CSD), 96, 113

centrales syndicales, 107
    voir aussi syndicat(s)
CEQ (Centrale de l'enseignement du Québec), 99, 111
« cercle virtueux », 6
cercles de qualité, 547, 556, 577
chaînes de Markov, 186
Charte canadienne des droits et libertés, 90
Charte de la langue française, 207, 456
Charte des droits et libertés de la personne, 90, 205, 456
chefs
    d'équipes, 547
    de service, 610, 637
cheminement de carrière, 305
Cisco Solutions inc., 227
clarification des responsabilités entre les chefs de service et les spécialistes d'un service des relations humaines, 610
classes
    d'emplois, 500, 502
    lutte des ___, 98
classification, 149
    des emplois, 495
clauses d'une convention collective, 608, 610, 611
clients, 343
clients-fournisseurs, 668
clients-utilisateurs, 669
climat
    de collaboration, 117
    de confiance, 575
    de justice et de respect mutuel, 14
    des relations du travail, 101
coach, 148, 347, 349
coaching, 43, 282, 347, 348, 435, 436, 467
Code canadien du travail, 604
Code civil du Québec, 76
Code du travail du Québec, 94, 97, 456, 604, 614
coercition, 597, 602
cohérence, 487, 493, 578, 610, 670
cohésion des activités de GRH, 18
Collège Pro, 224
comité(s)
    d'équité salariale, 515
    d'évaluation, 498

de santé et de sécurité au travail, 90, 634, 637, 638
de sélection, 210
sectoriels, 515
Comment réussir une négociation, 600
Commission d'appel en matière de lésions professionnelles, 632
Commission d'enquête sur le système d'indemnisation lors d'accidents du travail, 623
Commission de la santé et de la sécurité du travail (CSST), 630, 632, 634
cotisation(s) à la __, 624, 628
Commission des accidents du travail (CAT), 623
Commission des droits de la personne du Québec, 245
Commission des droits de la personne et des droits de la jeunesse, 93
Commission des normes du travail, 86, 457
commissions, 398, 401, 480
communication, 40, 528, 634
organisationnelle, 673
compagnies d'assurances, 467
comparaison avec le marché, 494
compétence(s), 150, 166, 255, 306, 546
capital de __, 301
collective(s), 298, 312, 672
défis de la __, 23
gestion des __, 255
profil des __, 215, 216
rémunération des __, 513
requises en GRH, 22, 23
salaires basés sur les __, 507, 508, 510, 511
structure salariale basée sur les __, 509
compétitivité, 133
de la rémunération, 487, 490, 494
comportements, 335, 338, 346, 352, 353, 354, 355, 356, 359, 431, 442, 636
modèles, 284
responsables et respectueux, 589
comptabilisation des ressources humaines, 664, 665
concentration industrielle au Québec, 604
conception
du poste de travail, 565
intégrée de la santé et sécurité du travail, 636

stratégique, 19
concession(s), 597, 598
conciliateur, 614
conciliation, 590
obligatoire, 590
volontaire, 590
conditions de travail, 608, 641
défis reliés à la détermination des __, 24
conduite
antisyndicale, 116
des séances d'arbitrage, 592
Confédération des syndicats nationaux (CSN), 99, 109
conférence internationale sur le stress, 641
conférence-discussion, 283
confiance mutuelle, 602
conflit(s), 589
d'intérêts, 602
de droit, 589
de travail
fréquence des __, 605
jours-personnes perdus en raison de __, 604, 607
menace de __, 589
potentiel, 8
congé annuel, 84
congédiement, 456, 461, 462
sans une cause juste et suffisante, 85
Congrès des métiers et du travail du Canada, 106
connaissances, 215
Conseil consultatif du travail et de la main-d'œuvre, 592
conseillers en recrutement de cadres, 229
constituantes multiples, 666
Constitution canadienne de 1982, 90
consultants, 573
contenu des postes, 192
contingence, 38, 147
contrat(s)
individuel de travail, 76
social(ux), 100
nouveau entre les employeurs et les salariés, 623
zone de __, 598
contribution
collective, 487, 499

individuelle, 487, 498
contrôle, 379, 546
   agent de ___, 53
   statistique des procédés, 556
convention(s) collective(s), 107, 208, 220, 589, 607, 608, 610, 613, 614
   clauses d'une ___, 608, 610
      modèle organisationnel de gestion des ___, 611
   dépôt d'une ___, 608
      défaut d'effectuer le ___, 608
   première ___, 589, 593
   problèmes d'application et d'interprétation de la ___, 614
   renouvellement d'une ___, 590
coopération patronale-syndicale, 113, 117
Corporation professionnelle des conseillers en relations industrielles du Québec, 12
cotisation(s), 625
   payable(s) à la CSST, 624, 628
   syndicales, 97
counselling, 313, 315, 425, 427, 429, 430, 433, 434, 435, 436, 437, 438, 444, 448, 465, 467
   entretien de ___, 440, 441, 443, 444
   formel, 439, 440, 449, 467
   professionnel, 444
   spontané, 439, 449, 467
coûts
   indirects des accidents du travail, 624
   reliés à l'entente, 595
   reliés à la mésentente, 595
   reliés à la rupture des négociations, 597
crise du début des années 90, 607
critère(s)
   comportementaux, 356
   d'évaluation du rendement, 333, 338, 339
   de rendement, 335, 341, 344, 346, 348, 349, 361
   de réussite professionnelle, 231
CSD (Centrale des syndicats démocratiques), 96, 113
CSN (Confédération des syndicats nationaux), 99, 109
CSST, *voir* Commission de la santé et de la sécurité du travail
culture, 337, 671
   de la formation, 257

organisationnelle, 671
curriculum vitæ, 238
cyberespace, 673
cycles, 132

D

décentralisation de la négociation, 115
décroissance, 132
défi(s)
   de la compétence, 23
   de la légitimité en GRH, 24
   des organisations, 641
   du partenariat, 23
   du rendement, 23
   du renouvellement des pratiques de GRH, 23
   reliés à la détermination des conditions de travail, 24
   ultime, 24
degré de centralisation des structures de négociation, 602
délai(s), 598, 611
   prévus lors de l'arbitrage, 612
Deloitte & Touche, 638
demande(s)
   de travail, 180
      méthodes objectives de prévision de la ___, 183
      méthodes subjectives de prévision de la ___, 181
   patronales, 597
   syndicales, 597
démarche
   disciplinaire, 459, 461, 463, 464
   prévisionnelle, 164
démocratie, 547
démonstration, 281
département de(s) relations industrielles, 10, 15, 16
départs volontaires, 152
   assistés, 544
dépistage
   de drogue(s), 92
      tests de ___, 245
   du sida, 246
dépôt
   d'une convention collective, 608

des demandes syndicales, 597
dépression, 641
déqualification du travail, 13, 543, 564
description
    des postes, 211
    réaliste des postes, 230
détresse
    émotive, 640
    psychologique, 151, 640
développement, 337
    des ressources humaines, 256
        plan de ___, 274
    organisationnel, 256
Développement des ressources humaines Canada, 228
diagnostic, 19, 560, 640
différend(s), 592, 614
    arbitrage des ___, *voir* arbitrage (du (des) différend(s))
    mettant en cause des policiers et des pompiers municipaux, 593
Dionne-Proulx, J., 639
direction
    attitudes et comportements de la ___, 636
    des ressources humaines, 265
    haute ___, 576, 636
    par objectifs (DPO), 357, 358
dirigeants d'entreprise, 34, 35, 36, 37, 54, 59, 337, 465
discipline, 425, 427, 430, 433, 449, 450, 451, 465, 467, 613
    voir aussi approche(s) (disciplinaire), démarche (disciplinaire), mesure(s) (disciplinaire(s)), politique(s) (disciplinaire), principes disciplinaires *et* sanction(s) disciplinaire(s)
discrimination, 91, 238
    directe ou indirecte, 205
    indirecte ou systémique, 206
    motifs de ___, 91
disqualification du travail, 543, 564
diversité, 140
division du travail, 539
domaine
    des relations industrielles, 10, 16
    des relations patronales-syndicales, 600
dossier disciplinaire, 356

dotation, 189, 202, 577
downsizing, 544
DPO (direction par objectifs), 357, 358
drive system, 13, 14
drogue(s), dépistage de, 92, 245
droit(s)
    à l'assistance médicale, 87
    à l'indemnisation, 87
    à la plus-value des actions, 405
    à la réadaptation, 87
    au retour au travail, 87
    conflits de ___, 589
    de grève ou de lock-out, 589, 590
    de refus, 88
    des employés, 76
    des salariés, 614
    du travail, 15, 16
Dunlop, J.T., 15, 16
Durand, P., 639
durée du travail, 83
Dyer, L., 18, 21
dysfonctions, 543

E

Eastman Kodak, 21
écart
    de rendement, 269
    entre les revendications initiales des parties et leurs préférences réelles, 597
    mini-maxi, 502
échelle(s)
    de notation, 354, 356
    graphique, 354
    salariales, 501, 502
école(s)
    d'administration, 10
    de gestion, 16
    de relations industrielles, 15, 16
    des relations humaines, 14
École des Hautes Études Commerciales de Montréal, 10
École des relations industrielles, 10
économie
    du savoir, 543
    nouvelle ___, 130
économique institutionnelle du travail, 13, 15
    approche de l'___, 15

éducation, 140
effet discriminatoire, 205
efficacité, 4, 579, 655
  de la GRH, 652
  des programmes d'aide aux employés, 642
  organisationnelle, 653
    en tant que concept antinomique, 654
    en tant que concept hiérarchique, 653
    en tant que concept multidimensionnel, 653
    en tant que concept opérant, 654
  technique, 541
efficience, 4, 579, 655
élargissement des tâches, 561
embauche, 231
  gel de l'___, 191
emploi(s), 134, 135
  voir aussi emploi(s)-repère(s) *et* emplois-clés
  à prédominance féminine, 516, 517
  à prédominance masculine, 516, 517
  catégorie(s) d'___, 516, 517
  classes d'___, 500, 502
  classification des ___, 495
  équité en matière d'___, 514, 515
  évaluation des ___, 480, 493, 497, 498
    comité d'___, 498
    facteurs d'___, 497, 498
    méthode d'___, 494, 516
  filière d'___, 317
  foires de l'___, 224
  formulaire de demande ___, 235
  rangement des ___, 494
  relation d'___, 570, 573
  protection de l'___, 84
  sécurité d'___, 99, 297, 545
Emploi-Québec, 266
emploi(s)-repère(s), 492, 501, 503
emplois-clés, 492, 493, 501
employabilité, 150
employé(s), 54, 55, 577
  à temps partiel, 189
  alcooliques, 641
  difficile(s), 23, 425, 426, 427, 428, 429, 430, 433, 434, 437, 438, 441, 444, 452, 464, 467, 468
    voir aussi employé(s)-problème(s)
  droits des ___
  sources importantes des ___, 76
  évaluation des ___, 299
  participation des ___, 542, 634
  programme(s) d'aide aux ___, *voir* programme(s) (d'aide aux employés)
  programmes d'aide psychologique aux ___, 639
employé(s)-problème(s), 424, 425
  voir aussi employé(s) (difficile(s))
empowerment, 545
engagement, 597, 598, 636
enjeux d'ordre distributif, 596
enquête(s), 638
  de rémunération, 491, 493
  nationale sur la formation, 257
  salariales, 479
  sur l'accident, 632
enrichissement
  des tâches, 148
  vertical des tâches, 561
entraîneur, 347
entreprise(s)-réseau(x), 149, 550, 551
entretien
  de carrière, 316
  de *counselling*, 440, 441, 443, 444
  disciplinaire, 461, 462
  formel, 444
  préventif de l'équipement, 638
entrevue(s), 332, 565
  d'évaluation, 330, 364
    du rendement, 332, 352, 365, 366
  de sélection, 240
environnement, 129, 147, 149
  externe, 78, 179
épuisement professionnel, 151, 641
équilibre
  emploi-famille, 208
  travail-famille, 139, 151, 301
équipe(s), 347, 402, 554, 556
  autonomes, 365
  chefs d'___, 547
  de projet, 557
  de travail, 557
    autogérées (ETAG), 558, 560, 577
  travail en ___, 550, 555
équité, 475, 481, 486, 672
  collective, 480, 483, 486, 499

du processus de gestion, 499
en matière d'emploi, 514, 515
externe, 479, 480, 483, 486, 490, 494
individuelle, 480, 483, 486, 498, 499, 502
interne, 480, 483, 486, 493, 494
légale, 486
salariale, 486, 494, 497, 498, 513, 514, 516
  comités d'___, 515
  plan d'___, 517
  programme d'___, 515
ergonomie, 565
erreurs
  d'acceptation, 205
  de rejet, 205
essaimage, 149
ETAG (équipes de travail autogérées), 558, 560, 577
État, 476, 522
États-Unis, 639
étude(s)
  de cas, 244, 283
  des temps et des mouvements, 14
  spécialisées en GRH, 10
évaluation, 18, 19, 331, 332
  approches d'___, 660
  de la formation, 285
  de la performance, 332
  des emplois, *voir* emploi(s) (évaluation des)
  des employés, 299
  du potentiel, 353
  du rendement, *voir* rendement (évaluation du)
  entrevue(s) d'___, *voir* entrevue(s) (d'évaluation)
  simultanée, 171
  source d'___, 360
événement déclencheur, 629
examen(s)
  génétique, 245
  médical(ux), 92, 244
exercice du courrier, 243
exigences professionnelles normales du poste, 205
experts en GRH ou en relations industrielles, 621
exposé, 283
extrapolation, 183

F

facilitateur, 556
facteur(s), 495
  d'évaluation des emplois, 497, 498
  de succès, 342, 344, 350, 362
  humain, 20
Faculté d'administration de l'Université de Sherbrooke, 10
facultés d'administration, 10
famille, 141
  équilibre entre le travail et la ___, 139, 151, 301
fardeau de la preuve, 622
favoritisme, 13
Federal Express, 273
Fédération des travailleurs et travailleuses du Québec (FTQ), 99, 107, 140, 466
femme enceinte, 88
fidélité, 234
filature, 632
filière
  d'emplois, 317
  hiérarchique, 317
  professionnelle, 317
financement, 627
finances publiques, 131
Fisher, R., 600
flexibilité, 149, 569, 573
  fonctionnelle, 149, 545, 571
  interne, 545
  numérique, 149
  qualitative, 571
foires de l'emploi, 224
fonction de GRH, 7
fonds de grève, 595
Fonds de solidarité des travailleurs du Québec, 101
Fonds national de formation de la main-d'œuvre, 261
force de travail, 572, 573
  réduction permanente de la ___, 190
fordisme, 541
formateur, 264
formation, 140, 190, 208, 256, 335, 337, 567, 638
  analyse des besoins en ___, 268

assistée par ordinateur, 284
continue, 149, 300
culture de la ___, 257
dans le milieu de travail, 281
enquête nationale sur la ___, 257
évaluation de la ___, 285
hors du milieu de travail, 281
méthodes de ___, 264
plan global de ___, 275
plan spécifique de ___, 276
qualifiante, 150
formulaire(s)
  d'évaluation du rendement, 334, 348, 349, 351, 354, 360, 361
  de déclaration d'accident du travail ou de maladie professionnelle, 630
  de demande d'emploi, 235
formulation de la stratégie, 19, 169
fourchettes salariales, 501, 503
fréquence des conflits de travail, 605
FTQ (Fédération des travailleurs et travailleuses du Québec), 99, 107, 140, 466

G

gains
  de productivité, 6, 405, 406, 481
  mutuels, 578
gel de l'embauche, 191
génie industriel, 13
gestes de provocation et d'intimidation, 20
gestion
  à flux tendu, 542
  de la performance, 336
  de la prévention, 633, 635
  de la qualité, 542, 547
  des carrières, *voir* carrière(s) (gestion de(s))
  des compétences, 255
  des ressources humaines, *voir* GRH
  des salaires, 504
  du personnel, 16
  du rendement, *voir* rendement (gestion du)
  écoles de ___, 16
  équité du processus de ___, 499
  intégrale de la qualité, 542
  participative, 148
  philosophie de ___, 311
  pratiques de ___, 14
  stratégique, 482
    des ressources humaines, 671
    processus de ___, 19
  valeurs de la ___, 655
gestionnaires, 576, 636
  hiérarchiques, 9
  jugement des ___, 182
  spécialisés en GRH, 9
Getting to Yes, 600
Gosselin, A., 20
gradation des mesures disciplinaires, 459, 463
Grant, M., 604
graphologie, 244
grappes de pratiques-clés, 670
gratifications, 518
grève
  briseurs de ___, 97, 591, 614
  droit de ___, 589, 590
  fonds de ___, 595
  illégale, 591
  légale, 591
  vote de ___, 591
GRH
  activités de ___, 18, 44
  approche stratégique en matière de ___, 20
  approche systémique appliquée à la ___, 17, 18
  buts de la ___, 8
  compétences requises en ___, 22, 23
  défi de la légitimité en ___, 24
  définition de la ___, 6
  démarche prévisionnelle en ___, 164
  efficacité de la ___, 652
  études spécialisées en ___, 10
  fonction de ___, 7
  gestionnaires spécialisés en ___, 9
  modèles traditionnels de ___, 18
  partenariat en ___, 58
  participative, 672
  plus internationale, 674
  politiques de ___, 65, 66, 67
  pratiques de ___, *voir* pratiques (de GRH)
  pratiques dominantes de ___, 13
  recherches en ___, 11
  rôle des professionnels de la ___, 8
  stratégie de ___, 577
  système de ___, 16

griefs, 610
  arbitrage des __, 589, 611
  arbitre de __, *voir* arbitre
  deuxième étape de la procédure de règlement des __, 611
  procédure interne de règlement des __, 610
grilles d'augmentations de salaire, 399
groupe(s)
  de travail, 403, 632
  normes de __, 369
  performance du __, 364
  régimes de __, 403
  rencontres de __, 365
  rendement de __, 365
  semi-autonome(s) (GSA), 148, 558, 575, 577
GSA (groupe(s) semi-autonome(s)), 148, 558, 575, 577
Guérin, G., 20, 21

H

habiletés, 215
  interpersonnelles, 22
habitudes de vie, 639
Hafsi, T., 19
Haines, V., 22
harcèlement sexuel, 92
Harvard Business School, 11
haute direction, 576, 636
heures supplémentaires, 189
horaire
  flexible, 142, 568
  variable, 568, 569
humanisation du travail, 541
hygiène et sécurité du personnel, 638

I

idéologie, 142
  du rapport de force, 595
immigration, 139
impartition, 149, 674
imposition des avantages sociaux, 522
incidents critiques, 356
indemnisation, 627
  critères d'admissibilité à une __, 630
  des accidentés du travail, 623
  droit à l'__, 87

indicateurs de rendement, 410, 412
Industrial Relations Association of America, 10
Industrial Relations Research Association, 11
Industrial Relations Systems, 15
industrialisation, 97
industrie des assurances, 523
influence
  a priori, 171
  des syndicats, 115
information
  sur le stress, 640
  systèmes d'__, *voir* système(s) (d'information)
ingénierie simultanée, 137
innovation(s), 550
  patronales-syndicales, 100
  stratégie de domination par l'__, 174
inspection(s), 627, 638
instrument(s) de sélection, 233, 235
  fidélité d'un __, 234
  utilité d'un __, 235
  validité d'un __, 234
«intelligence pratique», 241
intérêts
  conflits d'__, 602
  convergents, 596
  divergents, 596
  tests d'__, 244
internautes, 136
Internet, 136, 224, 227, 228, 673
interruptions de travail consécutives à des lésions professionnelles, 625
intranet, 136, 673
invalidité feinte, 632
inventaire des ressources humaines, 184, 220
investisseurs, 343
ISO 9000, 577

J

jeu
  d'entreprise, 283
  de rôle, 243, 283
«jiu-jitsu», 601
journal, 565
jours fériés et chômés, 84

jours-personnes perdus en raison de conflits de travail, 604
   part du Québec des __, 607
jugement des gestionnaires, 182
juridiction arbitrale, 612
juste-à-temps, 137, 542
justice, 13, 14
   du processus de rémunération, 486

K

kaizen, 137, 557
Kravetz, D.J., 18

L

Lawson, T., 21
lecture dirigée, 283
légitimité, 24, 655
lésion(s) professionnelle(s), 86, 624, 625, 630
   admissible, 630
   présomption de __, 631
   victimes de __, 632
libéralisme économique, 622
liberté d'association, 94
licenciement(s), 191, 461
lock-out, droit de, 589, 590
Loi canadienne sur les droits de la personne, 90
Loi constitutionnelle de 1867, 82
Loi contre la discrimination dans les avantages sociaux, 522
Loi des accidents du travail, 623
Loi favorisant le développement de la formation de la main-d'œuvre, 261
Loi régissant la responsabilité et les indemnités pour les accidents du travail, 622
Loi sur l'assurance-médicaments, 522
Loi sur l'équité salariale, 515
Loi sur l'exercice des droits des personnes handicapées, 207
Loi sur la fonction publique, 591
Loi sur la protection des renseignements personnels, 522
Loi sur la protection des renseignements personnels dans le secteur privé, 207, 240
Loi sur la santé et la sécurité du travail, 86, 88, 259, 623
Loi sur le régime syndical applicable à la Sûreté du Québec, 591
Loi sur les accidents du travail et les maladies professionnelles, 86, 623
Loi sur les compagnies, 94
Loi sur les normes du travail du Québec, 83, 456
Loi sur les syndicats professionnels, 94
lois du travail, 145
lutte des classes, 98

M

main-d'œuvre
   pénuries de __, 217
   recyclage de la __, 256
   temporaire, 189
maladie(s), 636
   présumée professionnelle, 631
   professionnelle(s), 624, 629, 630, 631
   sans présomption, 631
mandat, 594
maraudage, 104
marché(s), 492
   comparaison avec le __, 494
   des biens et des services, 179
   du travail, 179
   externe, 312
   interne(s), 310, 312, 545
masse salariale, réduction de la, 192
matériel sécuritaire, 89
matières dangereuses, 90
Mayo, E., 14
mécanisme(s)
   de gestion de la santé et sécurité du travail, 629, 636, 637
   de nomination d'un arbitre, 612
   de prévention des accidents du travail, 621
   de résolution de problèmes, 596, 614
«meilleure solution de repli», 601
menace
   de conflit, 589
   de la syndicalisation, 81
mentor(s), 302, 311, 314, 315
mentorat, 282
mérite
   augmentation au __, 337
   rémunération au __, 400, 510
   salaire au __, 398, 399, 401
«mesore», 601

mesure(s)
  disciplinaire(s), 451, 452, 455, 456, 458, 459, 461, 462, 463, 464, 466
    voir aussi sanction(s) disciplinaire(s)
    gradation des __, 459, 463
  du rendement, 339, 342, 343, 344, 412
  organisationnel, 341
méthode(s)
  d'évaluation des emplois, 494, 516
  d'évaluation du rendement, 354
  de formation, 264
  de gestion du rendement, 357
  de prévision de l'offre interne de travail, 184
  de supervision, 14
  Delphi, 182
  des points et facteurs, 495, 496, 497
  objectives de prévision de la demande de travail, 183
  subjectives de prévision de la demande de travail, 181
Microsoft, 224
milieu de travail
  analyse du __, 211
  formation dans le __, 281
  formation hors du __, 281
  gestion efficace de la prévention dans le __, 635
Mintzberg, H., 19
mise(s)
  à pied, 544
  en œuvre de la stratégie, 19, 172
mission, 380, 655
mobilisation, 21, 347, 385
mobilité, 149, 300, 308
modèle(s)
  de la négociation, 599
  de planification stratégique des ressources humaines, 169
  dit de « haute implication », 21
  japonais, 546
  organisationnel de gestion des clauses de la convention collective, 611
  partiel de négociation, 601
  renouvelé de gestion générale, 20
  renouvelé de négociation, 599
  suédois, 547

traditionnel de négociation collective, 597, 599
  traditionnels de GRH, 18
mondialisation, 133
Mongeon, M., 641
Montreal Personnel Association, 12
motifs de discrimination, 91
motivation au travail, 480
mouvement(s)
  des relations humaines, 13, 14
  des ressources humaines, 186
  syndical, 106
moyens de pression, 598
mutation, 203

N

Natrel, 191, 634
négociation(s)
  avis de __, 589, 590, 614
  collective(s), 15, 587, 588, 599, 603, 614
    autres caractéristiques des __, 588
    compétence provinciale en matière de __, 604
    modèle renouvelé de __, 599
    modèle traditionnel de __, 597, 599
    phase d'intensification de la __, 597
    phase d'ouverture de la __, 597
    phase de dénouement de la __, 598
  d'une première convention collective, 593
  de bonne foi, 97, 588
  décentralisation de la __, 115
  degré de centralisation des structures de __, 602
  intégrative, 601
  interorganisationnelles, 589
  intra-organisationnelles, 589
  modèle de la __, 599
  modèle partiel de __, 601
  pouvoir de __, 589, 594, 596
  préparation des parties à la __, 594, 614
  raisonnée, 599, 601, 614
    avantages de la __, 601
    critiques de la __, 601
    évaluation de la valeur de la __, 602
    processus intégratifs et distributifs de la __, 601

renouvelée, 599
rupture des __, 597, 598
sectorielle, 104
type particulier de __, 588
niveaux de prévention, 635
nombre
 des décès survenus à la suite d'accidents du travail ou de maladies professionnelles, 624
 des lésions professionnelles pour lesquelles il y a eu indemnisation, 624
 des maladies professionnelles, 624
 total des accidents du travail au Québec, 624
 total des travailleurs assurés, 624
nomination, 222
 d'un arbitre de griefs, 612
normes, 357
 de groupe, 369
 de rendement, 363
noyau, 570, 573
nutrition, 639

O

objectif(s), 331, 332, 344, 346, 357, 358
 d'affaires, 344, 362
 d'apprentissage, 278
 de rendement, 357, 387
 direction par __, 357, 358
obligation de négocier
 avec des syndicats, 587
 de bonne foi, 588
observation, 565
octroi ou achat d'actions, 405, 408
offre
 de travail
  analyse de l'__, 184
 externe de travail, 184
  prévision de l'__, 186
 interne de travail, 184
  méthodes de prévision de l'__, 184
option d'achat d'actions, 405, 408
Ordre des ingénieurs du Québec, 224
Ordre professionnel des conseillers en ressources humaines et en relations industrielles du Québec, 12
organisation(s), 427
 analyse de l'__, 271
 apprenante(s), 150, 256

défi des __, 641
du travail, *voir* travail (organisation du)
productivité de l'__, 548
qualifiante, 298, 311
scientifique du travail, 13, 14
virtuelle, 573
orientation(s), 247
 des recrues, 246
 stratégiques, 655
outils de sélection, 228

P

PAE, *voir* programme(s) (d'aide aux employés)
paix industrielle, 80
paradigme, 132
 renouvelé, 670
parcellisation du travail, 541
paritarisme, 638
parrainage, 315, 316
partage
 des gains de productivité, 6, 405, 406, 481
 des responsabilités, 9
 du succès, 405, 407
 du travail, 192
partenaire(s)
 d'affaires, 21, 51
 stratégique, 171
partenariat, 21, 58, 59, 151, 347
 défis du __, 23
participation, 672
 à une grève illégale, 591
 aux bénéfices, 405
  régimes de __, 405, 481
 des employés, 542, 634
pénurie(s)
 de main-d'œuvre, 217
 de ressources humaines, 187
 quantitative de ressources humaines, 189
Pépin, R., 639
perfectionnement, 256
performance, 333
 du groupe, 364
 évaluation de la __, 332
 gestion de la __, 336
personnalité, 351
 tests de __, 242
 traits de __, 331, 351, 352, 353, 354, 442

personnel
 administration du __, 51
 gestion du __, 16
 hygiène et sécurité du __, 638
 représentant du __, 52
perspective
 contingente, 38
 stratégique, 18, 482
 synergique, 482, 484, 485
persuasion, 597, 602
pertinence, 341, 344, 350, 352, 358, 361
philosophie de gestion, 311
PIB, 133
pigistes, 572
piquetage, 595
placement
 agence de __, 228
 service de __, 226
plafonnement de la carrière, 308
plan(s)
 d'action, 346, 443
 d'équité salariale, 517
 de carrières, 299
 de développement des ressources humaines, 274
 de ressources humaines, 657
 global de formation, 275
 spécifique de formation, 276
planification, 164, 310
 de la relève, 186, 316
 des carrières, 192
 des ressources humaines, *voir* ressources humaines (planification des)
 individuelle de carrière, 313
 opérationnelle, 23
 stratégique, 23, 302, 658
pluralisme, 669
PME, 135
policiers et pompiers, 590, 593
politique(s), 63, 64, 66
 de GRH, 65, 66, 67
 disciplinaire, 459, 465
 formelle de gestion de la santé et sécurité du travail, 636
 sur le tabac, 639
portes ouvertes, 224

poste(s)
 affichage des __, 220
 analyse du (des) __, 211, 258, 299, 564, 565, 638
 contenu des __, 192
 de travail, 540, 561
  conception du __, 565
 description des __, 211, 230
 exigences professionnelles normales du __, 205
 rotation des __, 282
 standardisation des __, 541
potentiel, 350
 de rendement, 218
 évaluation du __, 353
poursuite contre l'employeur, 622
pouvoir
 de négociation, 589, 594, 596
 rapports de __, 602
pratiques
 de gestion, 14
 de GRH, 8, 18, 41
  renouvellement des __, 23
 dominantes de GRH, 13
 meilleures __, 661
précarité, 297
 économique, 15
prédicteurs, 232
préférences réelles des parties en négociation, 597
premiers soins ou secours, 630
préoccupations éthiques, 75
préparation
 à court terme, 594
 à long terme, 594
 de la relève, 220
 des parties à la négociation, 594, 614
préretraites, 544
prescription, 613
preuve, 633
prévention, 625, 627
 dépenses de __, 625
 des accidents du travail, *voir* accident(s) du travail (prévention des)
 gestion de la __, 633
 gestion efficace de la __, 635
 niveaux de __, 635

primaire, 635
secondaire, 635
tertiaire, 635
prévision de l'offre externe de travail, 186
primes, 339, 398, 400, 401, 480
principes disciplinaires, 458
privatisation, 149
problème(s)
chronique, 432, 433
circonstanciel, 433
de santé d'origine psychologique, 640
de santé et de sécurité du travail, 621
procédure
à texte unique, 601
de règlement des griefs, 610, 611
processus, 551
administratifs, 551
analyse de(s) __, 556
d'affaires, 551, 552, 553
d'enquête et d'analyse d'un dossier de santé et sécurité du travail, 631
de gestion stratégique, 19
disciplinaire, 438, 449, 450
menant à l'accident ou à la maladie, 636
réingénierie des __, 552, 553, 554
production allégée, 542
productivité, 133
de l'organisation, 548
des ressources, 548
partage des gains de __, 6, 405, 406, 481
réserve de __, 540
professionnels
de la GRH, 8
de la rémunération, 485
des services des ressources humaines, 52
du *counselling*, 435
en ressources humaines, *voir* ressources humaines (professionnels en)
profil des compétences, 215, 216
programme(s)
d'accès à l'égalité, 206
d'accueil, 246
d'aide aux employés (PAE), 438, 444, 445, 446, 447, 448, 449, 641
coûts et bénéfices d'un __, 642
efficacité des __, 642

évaluation rigoureuse de l'aspect économique des __, 642
valeur économique des __, 642
d'aide psychologique aux employés, 639
d'équité salariale, 515
de formation en relations industrielles, 15
de gestion du stress, 640
de promotion de la santé au travail (PPST), 638
projection des tendances par indexation, 183
Projet Minerva, 643
promotion(s), 139, 202, 337
de la santé au travail, 640, 643
programmes de __, 638
interne, 317
propension à favoriser la syndicalisation, 104
proportionnalité, 459
protection
de l'emploi, 84
des écosystèmes, 638
psychologie industrielle, 13
psychologues, 435
punition, 387, 388, 390

Q

qualité(s), 137, 550, 579
cercles de __, 547, 556, 577
d'un bon négociateur, 599
de la vie au travail, 578
de savoir-être, 23
gestion de la __, 542, 547
gestion intégrale de la __, 542
stratégie de domination par la __, 174
totale, 148, 542
Queen's University, 10
questionnaire, 565
questions
comportementales, 241
de mise en situation, 241
quotient émotionnel, 233

R

rangement des emplois, 494
rapports
de pouvoir, 602
sociaux, 575

réalisation d'objectifs organisationnels, 18
recherches en GRH, 11
rechute, 630
récidive, 630
récompense(s), 339, 367, 368, 379, 380, 383, 384, 385, 388, 389, 390, 395, 396, 410, 411, 412, 413, 414, 415, 416
reconnaissance, 349, 379, 381, 383, 385, 386, 390, 393, 394, 395, 396, 411, 414, 417
  du rendement, 368, 369, 396, 410, 414, 417
  non pécuniaire, 396
recours à la grève légale, conditions spécifiques du, 591
recrues, accueil et orientation des, 246
recrutement, 190, 202, 216, 566
  de cadres, 229
  externe, 222
  interne, 219
recruteurs, 200
rectitude politique, 642
recyclage de la main-d'œuvre, 256
redimensionnement, 544
réduction
  de la masse salariale, 192
  du temps de travail, 191
  permanente de la force de travail, 190
références, 238
réforme, 13
régime(s)
  à taux personnalisé, 628
  au taux de l'unité, 628
  basés sur le rendement boursier, 405
  collectifs, 404, 405
    de rémunération, 409, 410
  d'apprentissage, 256
  d'assurance(s), 519, 628
  d'avantages sociaux flexibles, 525
  d'invalidité à long terme, 521
  de groupe, 403
  de partage du succès, 405
  de participation aux bénéfices, 405, 481
  général d'arbitrage des différends, 592
  rétrospectif, 628
règles de financement en santé et sécurité du travail, 623
régulation, 312
réingénierie, 137, 542, 674

des processus, 552, 553, 554
relation(s)
  d'aide, 434
  d'emploi, 570, 573
  du travail, 16, 77, 567, 577, 588
    climat de ___, 101
    experts et spécialistes en ___, 600
    structure des ___, 79
    système de ___, 16
  formelles, 548
  humaines, 15
    approche des ___, 16
    école des ___, 14
    mouvement des ___, 13, 14
  industrielles, 10
    département de(s) ___, 10, 15, 16
    domaine des ___, 10, 16
    écoles de ___, 15, 16
    naissance du domaine des ___, 10
    programmes de formation en ___, 15
  informelles, 548
  patronales-syndicales, 57, 600
    amélioration des ___, 621
relève
  planification de la ___, 186, 316
  préparation de la ___, 220
rémunération, 150, 208, 300, 330, 479, 480, 566
  voir aussi avantage(s) (sociaux) *et* salaire(s)
  à la pièce, 398, 402
  au mérite, 400, 510
  cohérence dans la ___, 487, 493
  compétitivité de la ___, 487, 490, 494
  des compétences, 513
  enquête(s) de ___, 491, 493
  globale, 478
  incitative, 404
  justice du processus de ___, 486
  professionnels de la ___, 485
  régimes collectifs de ___, 409
  systèmes de ___, 485
  variable, 379, 386, 390, 396, 398, 401, 404, 405, 478
    régime collectif de ___, 410
rencontres
  d'information, 224
  de groupes, 365

rendement, 333, 335, 338, 340, 350, 364, 368, 431, 447, 652
  à valoriser, 341
  collectif, 404
  critères de ___, 335, 341, 344, 346, 348, 349, 361
  de groupe, 365
  défis du ___, 23
  écart de ___, 269
  évaluation du ___, 208, 333, 340, 348, 350, 356, 359, 365, 367, 566
    critères d'___, 333, 338, 339
    entrevue(s) d'___, 332, 352, 365, 366
    formulaire(s) d'___, 334, 348, 349, 351, 354, 360, 361
    méthodes d'___, 354
    sources d'___, 365, 366
  gestion du ___, 333, 334, 335, 336, 337, 339, 341, 348, 359, 363, 364, 365, 367, 369
    méthode de ___, 357
    système de ___, 361
  indicateurs de ___, 410, 412
  individuel, 398
  mesure(s) du ___, *voir* mesure(s) (du rendement)
  normes de ___, 363
  objectifs de ___, 357, 387
  potentiel de ___, 218
  reconnaissance du ___, 368, 369, 396, 410, 414, 417
  unités de ___, 405
renouvellement d'une convention collective ou d'une sentence arbitrale, 590
réorganisation du travail, 189, 429, 544
réparation, 625, 627
représentant(s)
  du personnel, 52
  mandatés, 589
réprimande, 459
  écrite, 459
requalification, 561, 564
requête en accréditation, 94, 608
réserve de productivité, 540
responsabilisation, 137, 142, 148, 551, 671
responsabilité(s), 344, 346, 636
  voir aussi responsabilités-clés
  partage des ___, 9

responsabilités-clés, 356, 360
responsable(s)
  de l'accident, 622
  de la mise en œuvre, 633
  de la santé et sécurité du travail, 637
  des ressources humaines, 60, 61, 62
ressources humaines, 4, 5
  acquisition des ___, 202
  approche ___, 6
  comptabilisation des ___, 664, 665
  développement des ___, 256, 274
  direction des ___, 265
  gestion des ___, *voir* GRH
  gestion stratégique des ___, 671
  inventaire des ___, 184, 220
  mouvements des ___, 186
  pénurie de ___, 187, 189
  plan de ___, 657
  planification des ___, 164, 165, 566
  planification opérationnelle des ___, 164, 177
  planification stratégique des ___, 164, 168
    modèle de ___, 169
  professionnels en ___, 21, 35, 45, 46, 47, 48, 49, 50, 51, 52, 59, 60, 335, 337, 429, 430, 465
    en tant qu'agents de contrôle et de changement, 53
    en tant que partenaires d'affaires, 21, 51
  responsable(s) des ___, 60, 61, 62
  révolution des ___, 18
  service(s) des ___, 9, 35, 46, 52, 54, 60, 330, 380
    professionnels des ___, 52
  surplus de ___, 188
  système d'information sur les ___, 220
restructuration, 131
résultats, 353, 357, 359
  au travail, 352
retrait(s) préventif(s), 88
  de la travailleuse enceinte ou qui allaite (RPTEA), 625
retraite anticipée, 191
rétroaction, 338, 346, 352, 356, 365, 367, 393, 444
  à 360°, 365
revendications initiales, 597
révolution
  des ressources humaines, 18

industrielle, 13, 622
rôle(s)
  des DRH, 675
  des professionnels de la GRH, 8
  jeu de ___, 243
rotation, 317
  des postes, 282
roulement
  analyse du ___, 186
  taux de ___, 186
rupture des négociations, 597, 598

S

salaire(s), 475, 478
  au mérite, 398, 399, 401
  basés sur les compétences, 507, 508, 510, 511
  gestion des ___, 504
  grilles d'augmentations de ___, 399
  minimum, 83
sanction(s) disciplinaire(s), 452, 459, 464
  voir aussi mesure(s) (disciplinaire(s))
santé
  au travail, 638
  voir aussi santé et sécurité du travail
    promotion de la ___, 638, 643
  mentale, 641
  physique, 641
santé et sécurité du travail (SST), 86
  voir aussi santé
  collaboration des gestionnaires en matière de ___, 636
  comité(s) de ___, 90, 634, 637, 638
  conception intégrée de la ___, 636
  échéanciers en matière de ___, 633
  engagement clair de la haute direction en matière de ___, 636
  évolution des coûts en matière de ___, 623
  mécanismes de gestion de la ___, 629, 636, 637
  politique formelle de gestion de la ___, 636
  problèmes de ___, 621
  registre de ___, 633
  responsabilité en matière de ___, 636
  suivi administratif des dossiers de ___, 633
satisfaction, 480
  des « clients », 203
savoir(s)

économie du ___, 543
individuels, 547
scrutin, 591
  secret, 97
secrétaires sociaux d'entreprises, 641
secteur de la santé et des services sociaux, 627
sécurité d'emploi, 99, 297, 545
sélection, 202, 231, 337, 430, 438, 566
  comité de ___, 210
  entrevue de ___, 240
  instruments de ___, *voir* instrument(s) de sélection
  outils de ___, 228
  tests de ___, 242
semaine
  comprimée, 567
  de travail réduite, 191
sentence
  arbitrale, 590, 612
  d'un arbitre de griefs, 613
Sérieyx, H., 21
service(s)
  de placement, 226
  de réaffectation, 191
  des ressources humaines, *voir* ressources humaines (service(s) des)
  essentiels, 591
  publics, 591
sida, dépistage du, 246
signes, 598
Simard, M., 638
socialisation, 247
société, 427
Société des alcools du Québec, 165
Société des conseillers en relations industrielles du Québec, 12
Society for Human Resource Management, 21
Sonnenstuhl, W.J., 642
souci de cohérence et d'uniformité, 610
source(s) d'évaluation, 360
  du rendement, 365, 366
sous-facteurs, 495
sous-traitance, 116, 149, 189
sous-traitants, 572
stades
  de la vie familiale, 309
  de la vie personnelle, 308

de la vie professionnelle, 307
standardisation, 546
  des postes, 541
standards, 357
stratégie(s), 18, 168, 344
  d'affaires, 79, 172, 173, 209, 263, 342, 481
  d'affrontement du type «je gagne, tu perds», 596
  d'engagement, 173
  d'investissement, 173
  d'opposition syndicale, 116
  de coopération, 599
  de domination par l'innovation, 174
  de domination par la qualité, 174
  de domination par les coûts, 174
  de GRH, 577
  de l'analyseur, 174
  de stimulation, 172
  du défenseur, 174
  du prospecteur, 173
  fonctionnelle, 172
  formulation de la __, 19, 169
  mise en œuvre de la __, 19, 172
  réalisable, 170
  RH, 577
  souhaitable, 170
stress, 546, 640
  bon __, 640
  conférence internationale sur le __, 641
  diagnostic du __, 640
  information sur le __, 640
  programmes de gestion du __, 640
  réalité objective du __, 640
  réalité subjective du __, 640
structure(s)
  de négociation, 602
    décentralisées, 603
  des relations du travail, 79
  en réseau, 550
  formelle, 556
  matricielle, 550
  mécaniste, 549
  organique, 550
  organisationnelle, 548, 553
  par projet, 550
  salariale(s), 500, 503
    basée sur les compétences, 509

du personnel de R&D, 508
  syndicales, 79
substances neurotoxiques, 639
suivi, 346, 444
  administratif des dossiers de santé et sécurité du travail, 633
  médico-administratif des cas d'accidents ou de maladies professionnelles, 629
supervision, 43, 59, 347, 348
  méthodes de __, 14
«sur mesure de masse», 132
Sûreté du Québec, 591
surplus de ressources humaines, 188
suspension, 460, 464
Sylvain, J., 641
Sylvestre, C., 641
symboles, 393
  honorifiques, 393
syndicalisation
  voir aussi syndicalisme et syndicat(s)
  menace de la __, 81
  propension à favoriser la __, 104
  taux de __, 101, 103, 587, 603
syndicalisme, 15
  voir aussi syndicalisation et syndicat(s)
  ailleurs dans le monde, 114
  d'affaires, 99
  d'entraide, 98
  politique, 98
syndicat(s), 13, 15, 55, 57, 429, 465, 466, 576, 578
  voir aussi centrales syndicales, syndicalisation et syndicalisme
  caractère représentatif du __, 96
  cotisations exigées par le __, 97
  indépendants, 113
  influence des __, 115
  locaux, 106
  nationaux, 107
  obligation de négocier avec des __, 587
  traditions et structures des __, 79
syndrome
  de l'iceberg, 624
  des survivants, 152
système(s)
  d'indemnisation des accidentés du travail, 623

d'information, 673, 674
  sur les ressources humaines, 220
  de gestion des carrières, 320
  de gestion du rendement, 361
  de GRH, 16
  de relations du travail, 16
  de rémunération, 485
  ouvert, 16, 17
  québécois (et canadien) de santé, 639
  théorie des __, 16

T

tabagisme, 639
tableau(x)
  de bord, 344, 661
  de remplacement, 185, 221
tâches
  analyse des __, 272
  élargissement des __, 561
  enrichissement des __, 148, 561
tactique(s), 18, 597
  de coercition, 602
  de persuasion, 602
taux
  d'unité, 628
  de cotisation personnalisé, 634
  de roulement, 186
  de syndicalisation, 101, 587, 603
    au Québec, 103
  moyen de jours perdus par travailleur en raison de conflits, 604
  moyen provincial, 628
  par secteur, 628
Taylor, F.W., 13, 14
taylorisme, 541, 543, 544, 554
Teamsters, 603
technique du remue-méninges, 600
technologie(s), 136, 137, 141
  nouvelles __, 261, 673
télétravail, 142, 542, 569, 570, 577
télétravailleur, 569
temps
  chômé et payé, 518
  de travail
    réduction du __, 191
  partiel, 192

perdu en conflits de travail par rapport au total du temps travaillé, 604
tertiarisation, 131
tests
  d'aptitudes, 242
  d'honnêteté, 244
  d'intérêts, 244
  de dépistage de drogues, 245
  de dépistage du sida, 246
  de personnalité, 242
  de sélection, 242
  situationnels, 243
Texas Instruments, 247
théorie des systèmes, 16
toxicomanie, 639, 641
Toyota, 209
traditions syndicales, 79
traits de personnalité, 331, 351, 352, 353, 354, 442
tranquillisants, 640
transfert des apprentissages, 288
travail
  à forfait, 149
  accidents du __, *voir* accident(s) du travail
  conditions de __, *voir* conditions de travail
  conflits de __, *voir* conflit(s) (de travail)
  demande de __, *voir* demande(s) (de travail)
  déqualification du __, 13, 543, 564
  disqualification du __, 543, 564
  division du __, 539
  droit au retour au __, 87
  droit du __, 15, 16
  durée du __, 83
  économique institutionnelle du __, *voir* économique institutionnelle du travail
  en équipe, 550, 555
  équipes, *voir* équipe(s) (de travail)
  force de __, 190, 572, 573
  groupes de __, 403, 632
  humanisation du __, 541
  lois du __, 145
  marché du __, 179
  milieu de __, *voir* milieu de travail
  motivation au __, 480
  offre de __, *voir* offre
  organisation du __, 148, 149, 300, 317, 539
    qualifiante, 546, 548

organisation scientifique du __, 13, 14
parcellisation du __, 541
partage du __, 192
poste de __, *voir* poste(s)
prescrit, 540
qualité de la vie au __, 578
relations du __, *voir* relation(s) (du travail)
réorganisation du __, 189, 429, 544
résultats au __, 352
santé au __, *voir* santé (au travail)
santé et sécurité du __, *voir* santé et sécurité du travail
violence sur les lieux de __, 13
travailleurs, 632
   autonomes, 152, 572
tribunaux
   d'arbitrage des griefs, 613
   de droit commun, 613
Trice, H.M., 642

U

ultimatums, 598
Union des producteurs agricoles, 229
unité(s)
   d'accréditation, 95, 588
   de négociation multiemployeur, 604
   de pensée, 574
   de rendement, 405
Université de Sherbrooke, 10
Université Laval, 10
Université McGill, 10
University of Toronto, 10

Ury, W., 600
usine(s)
   Hawthorne, 14
   pétrochimique Shell Sarnia, 610
utilité, 235, 352
   analyse de l'__, 664

V

valeur(s), 142, 342, 349, 350, 362, 671
   comptable, 664
   de la gestion, 655
   dominantes, 78
validité, 234, 341, 350, 352, 361
   conceptuelle, 234
   concomitante, 234
   de contenu, 234
   prédictive, 234
vérification, 660
vieillissement de la population, 138
violence sur les lieux de travail, 13
visibilité, 394
vision, 341, 342, 344
Volkswagen, 191
vote de grève, 591

W-Z

Wagner Act, 98
Western Electric, 14
Wils, T., 20, 21
workplace, 578
zone de contrat, 598

Nous reconnaissons l'aide financière du gouvernement du Canada par l'entremise du Programme d'Aide au Développement de l'Industrie de l'Édition pour nos activités d'édition.